비서 1급

초단기 합격

머리말

기업과 사회의 글로벌화가 가속화되면서 비서의 역할은 중요해지고 전문비서의 수요가 늘어나는 등 비서의 인기는 날로 높아지고 있습니다.

과거의 비서는 CEO의 일정을 조정하는 단순한 업무를 주로 담당하였으나 최근에는 재무구조 점검, 신규사업 프레젠테이션, 대외홍보, 우편물 및 서류관리, 상사부재 시 권한대행, 비즈니스 문서관리 등 포괄적이고 다양한 업무를 수행하고 있습니다. 비서는 CEO가 하는 업무를 가장 측근에서 보좌하는 사람으로서 정해진 시간을 가장 효율적으로 사용하고 상사가 경영능력을 최대한 효과적으로 발휘할 수 있도록 어학, 경영, 사무실무, 대인관계 등 다방면의 전문지식과 보좌능력을 갖추어야 합니다.

비서는 형태에 따라 단순 업무보조 역할을 하는 일반비서와 숙련된 전문능력을 바탕으로 상사를 보좌하는 전문비서로 나눌 수 있으며, 전문비서는 소속에 따라 법률비서, 의료비서, 회계비서, 종교비서 등으로 구분됩니다. 또한 수행하는 역할에 따라 행정업무비서, 안내비서, 서기비서 등으로 구분하기도 합니다.

SD에듀는 비서직을 준비하는 수험생들의 효과적인 학습을 돕기 위해 본서를 꾸준히 출간하고 있습니다. 본서에서는 그간의 출제경향을 분석하여 방대한 이론을 최대한 압축 · 정리하였으며, 모의유형문제(총 7회)와 실제유형문제(2019년 제2회, 2020년 제1 · 2회)를 담아 이론학습 후 실전처럼 문제를 풀어봄으로써 최종마무리와 함께 합격에 한 걸음 더 다가갈 수 있도록 구성하였습니다.

본서를 통해 비서시험을 준비하는 수험생 여러분이 뜻하는 목표를 이룰 수 있기를 진심으로 기원합니다.

비서교육연구소

최신기출
빈출내용 및 빈도분석(1급)

과목 및 주요항목		18년 제1회	18년 제2회	19년 제1회	19년 제2회	20년 제1회	20년 제2회	빈출 체크
비서실무	비서개요	4	4	6	3	2	2	
	대인관계업무	3	3	2	4	5	5	
	일정 및 출장관리	5	3	4	4	4	3	
	회의 및 의전관리	3	6	6	4	3	4	
	상사 지원업무	5	4	2	5	6	6	☆
경영일반	경영환경 및 기업형태	7	7	12	7	8	7	☆
	경영관리	5	7	6	8	6	7	
	경영활동	8	6	2	5	6	6	
사무영어	비즈니스 용어 및 문법	5	2	5	6	6	7	
	영문서의 이해	10	15	11	6	7	7	☆
	사무영어 회화	5	3	4	8	7	6	
사무정보관리	문서작성	6	4	3	7	5	6	
	문서관리	4	6	7	4	5	5	
	정보관리	10	10	10	9	10	9	☆

※ 빈출내용 및 빈도분석은 18년 제1회부터 20년 제2회까지 비서 1급의 기출문제 6회분을 기준으로 작성되었습니다. 이는 절대적인 기준에 의한 것이 아니므로 일부는 관점에 따라 다른 내용에 속할 수도 있습니다.

※ 비서실무와 경영일반은 약간의 차이만 있을 뿐 대체적으로 고르게 출제되었습니다. 출제비중이 비슷하기 때문에 일부에 치우치지 않고 공부해야 합니다. 반면 사무영어에서는 영문서의 이해, 사무정보관리에서는 정보관리 항목이 두드러지게 빈출되는 것을 알 수 있습니다. 이처럼 출제비중이 눈에 띄게 차이가 나는 경우 가장 비중이 높은 항목에 우선적으로 투자하는 것이 시간을 절약할 수 있는 지름길입니다.

※ 빈출체크의 '☆' 표시는 빈도분석을 기준으로 하여 과목별로 시험에서 빈출되는 항목을 표시한 것입니다.

2023 비서1급 초단기합격

과목별 공략 포인트

제1과목 비서실무

첫 번째 과목인 비서실무는 시험응시뿐만 아니라 실제 비서업무에서도 활용할 수 있는, 가장 기초적이지만 뿌리가 될만한 중요한 부분입니다. 상사와의 관계, 내방객응대, 전화응대, 일정관리, 출장관리 등 비서의 기본적인 업무에 대한 내용이 주를 이루는데요. 무조건 암기하는 것보다 실제로 그 상황에 처했을 때 가장 올바른 행동이 무엇인지를 이해하며 공부하면 술술 풀릴 수 있는 부분입니다. 또한 국제매너와 실용한자는 최신기출에서 꾸준히 출제되는 부분이니 기본적인 한자성어를 꼭 숙지해 두세요. 공부하는 동안 지루함이 덜하고 기출문제에서 비슷한 문제가 자주 출제되는 편이니 제1과목에서 고득점을 노리는 것도 좋습니다.

제2과목 경영일반

비서 자격증에 도전하는 수험생들이 가장 어려워하는 과목이라고 할 수 있는 부분입니다. 경영학 또는 경제학과 관련된 전공자이거나 관련 수업을 들은 적이 있다면 수월하게 넘어갈 수 있겠지만 처음 접하는 분들께는 정말 생소한 단어들이 쏟아져 나옵니다. 경영, 경제, 마케팅, 인사 등 모든 부분에 걸쳐 새로운 용어들이 등장하는데, 이런 용어들에 대해 하나하나 이해해 둘 필요가 있습니다. 하지만 처음 접하는 용어라고 미리 겁먹고 포기하지 마세요! 학문적 이해가 필요한 것이 아니라 어떤 의미인지, 우리가 흔히 신문에서 보던 단어들이 이런 의미로 사용되는 것이구나 하는 정도로만 알아두시면 시험문제를 푸는 데 있어 큰 문제는 없습니다. 한꺼번에 많은 용어를 공부하느라 머릿속에서 뒤죽박죽 혼동이 오는 사태를 대비해, 문제풀이를 통해 개념을 확립하는 방법도 있습니다.

제3과목 사무영어

낯설고 어려운 경영일반을 끝내고 나니 이번엔 영어입니다. 자신 있는 분들도 있겠지만 '영어'하면 왠지 꺼려지는 분들도 있을 텐데요. 사무영어 역시 헤쳐 나갈 방법이 있습니다. 사무영어 과목의 세부항목별 문제를 한 번 들춰보세요. 비즈니스와 관련된 대화 형식의 비슷한 상황에 대한 문제들이 반복적으로 출제되고 있으니 문제풀이와 함께 기본적인 단어 및 표현들을 숙지해 둔다면 어렵지 않게 통과할 수 있습니다. 시험 시간이 촉박할 때에는 지문을 읽기 전에 문제를 자세히 읽어보세요. 지문을 모두 읽지 않아도 해결할 수 있는 문제가 종종 출제되고 있으니 이런 방법으로 시간을 아낄 수 있답니다.

제4과목 사무정보관리

마지막 과목인 사무정보관리는 비서실무와 함께 실제 비서업무와 가장 근접한 내용이라고 할 수 있으며 각종 문서의 작성 · 관리, 사무정보의 관리 등에 관한 문제가 출제됩니다. 특히 우편물과 전자문서의 작성, 그래프와 도표의 이해 및 작성, 정보기기의 활용 등에 관한 문제는 빠지지 않는 단골입니다. 여기에 최근에는 인터넷활용과 SNS, 태블릿 PC 등 최신 이슈에 관한 문제도 나오고 있으니 이런 부분도 염두에 두어야 하겠습니다.

합격수기

비서직에서 일하고 있지만 자격증은 따로 없었던 현직자입니다. 그러다보니 실제 업무는 가능하지만 이직을 위해 이력서를 작성할 때 자격증이 아쉬워서 늦게나마 비서시험을 준비하게 되었습니다. 하지만 야근으로 인해 공부시간이 부족해서 시험 열흘 전에야 공부를 시작할 수 있었습니다. 다른 사람에 비해 긴 시간을 투자하지는 못했지만 반신반의하며 선택하게 된 SD에듀의 책 덕분에 한 번에 합격할 수 있었던 것 같습니다. 저처럼 비서 자격증을 준비하시는 직장인분들에게 조금이나마 도움이 될까 하여 제 합격전략을 정리하여 알려 드립니다.

첫 번째, 문제풀이의 반복!

이론을 간략하게 공부한 뒤에는 문제 부분을 반복해서 풀었습니다. 실무를 하고 있으니 문제를 접하기 전에는 손쉽게 점수를 얻을 수 있을 거라고 생각했는데, 막상 실무대로 풀어보니 실제 업무처리와 시험에서 원하는 답이 다른 경우가 있었습니다. 지문과 보기의 뉘앙스 차이로 정답이 갈리기도 해서 처음에는 정답을 맞히는 것이 쉽지 않았습니다. 그래도 여러 차례 반복해서 문제를 풀다보니 시험에서 원하는 답이 무엇인지 고를 수 있었고, 중복된 문제가 나오는 경우에는 체크해두고 따로 외웠습니다. 그렇게 대강의 문제유형을 파악하고 시험장에 갔는데 그동안 풀었던 문제들과 비슷한 문제들이 나와서 몇 문제는 금방 풀었습니다. 덕분에 검토할 시간이 생겨 여유 있게 시험을 볼 수 있었습니다.

두 번째, 시간 배분!!

80문제에 80분이라고 해서 문제당 1분으로 생각하시면 안 됩니다. 쉬운 문제는 금방 넘어가지만 지문이 길거나 어렵고 헷갈리는 문제가 있어 실제 체감되는 시간은 더 짧습니다. 1번에 어려운 문제가 있다고 해서 1번에서 5분을 허비하면 쉽게 풀 수 있는 마지막 문제들을 놓칠 수 있습니다. 문제 푸는 속도도 느려지니 집중력도 떨어집니다. 그래서 어차피 배점은 같으니 아는 문제를 최대한 많이 맞히는 것을 목표로 했습니다. 가장 자신 없는 경영일반을 마지막으로 남겨두고 3→4→1→2과목 순으로 ① 어려운 문제는 빠르게 넘기면서 문제를 끝까지 다 풀고 ② 확실한 답부터 우선 체크하고 ③ 건너뛴 문제들을 다시 풀었습니다. 확실히 시간을 재고 문제를 많이 풀어봐야 실전에 도움이 되는 것 같습니다.

세 번째, 과목별로 다른 전략!!!

전체 과목에서 각각 60점을 받을 것인지, 자신 없는 과목은 과락만 면하고 나머지 과목에서 고득점을 할 것인지 결정하고 공부 시간과 방법을 달리하는 것이 중요합니다. 또 과목마다 특성이 다르기 때문에 내가 어떤 과목을 잘하는지, 시간이 많이 드는 과목이 무엇인지도 잘 파악해야 합니다. 저는 상대적으로 자신 없는 경영일반은 과락만 피하기, 사무영어는 60점, 자신 있는 비서실무와 사무정보관리는 80점을 목표로 시험을 준비했습니다. 경영일반은 범위가 넓어서 자주 나오는 부분만 외웠습니다. 나머지는 눈에 익히는 정도로 지나가고, 필요하면 책 이외에 인터넷 검색도 병행하면서 부족한 부분을 채웠습니다. 사무영어는 영어를 손에서 놓은 지 오래돼서 처음에는 눈앞이 막막했지만 모르는 단어를 표시해서 평소에 틈틈이 보고, 문제를 반복해서 푸니까 금세 익숙해질 수 있었습니다. 비서실무와 사무정보관리는 틀린 문제들과 자주 나오는 이론을 집중적으로 외웠습니다. 그러니까 저절로 중요한 부분을 위주로 공부할 수 있었습니다.

높은 점수로 합격하진 못했지만 제 글을 통해 시간에 쫓기는 직장인분들도 자신감을 가지고 시험에 임하셨으면 좋겠습니다.

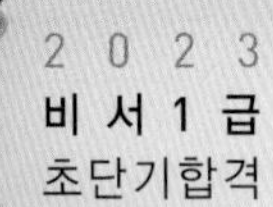

2023
비서 1급
초단기합격

구성과 특징

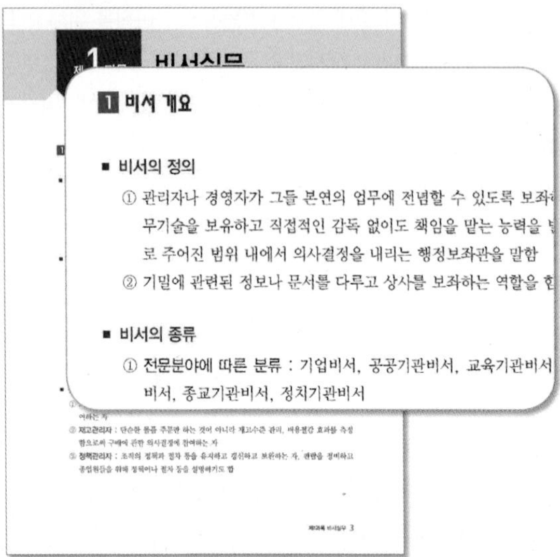

최신 기출 경향을 분석하여 핵심 이론을 정리하였습니다. 초단기완성을 위해 방대한 내용을 압축하여 중요하고 자주 빈출되는 이론만 쏙 담았습니다.

영어가 자신 없어도 걱정하지 마세요. 시험에 자주 나오는 용어와 회화를 해석과 함께 담았습니다. 내용은 매 시험마다 달라도 영문서의 기본 구성과 회화 종류는 일정하다는 점 잊지 마세요!

4 사무영어 회화

■ 내방객 응대

① 용건파악

• 무슨 일로 오셨습니까?

May I ask what your visit is for?

May I ask what your visit is in regard to?

May I ask your business purpose?

May I ask what is the nature of your business?

Could I ask what you want to see her about?

acquisition) 12, 16, 18, 19, 20년 기출

이상의 기업들이 하나의 기업으로 합쳐지는

시간 절약, 규모의 경제, 시장 지배력의 강

실제 출제된 기출연도를 표시하였습니다. 시험에 자주 출제되는 이론을 확인하고 꼼꼼하게 학습하세요.

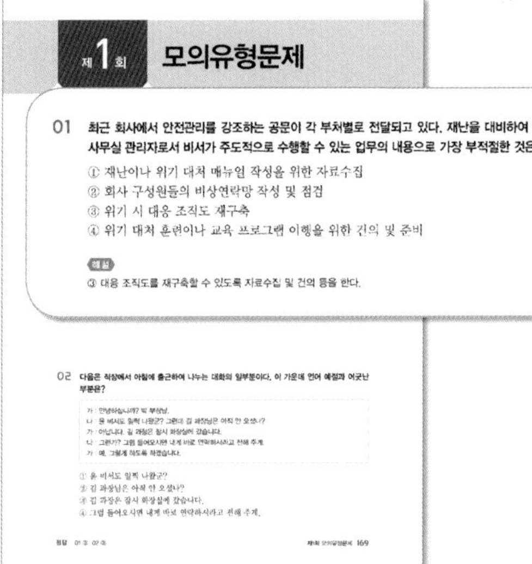

자주 나오는 중요내용들을 중심으로 실제 출제된 시험과 유사하게 문제를 구성하였습니다. 준비된 문제를 풀어보면서 부족한 부분을 살펴보세요.

문제를 풀면서 모르는 부분이 있어도 걱정 마세요. 비서교육연구소만의 친절하고 상세한 해설을 같이 담아서 바로바로 모르는 부분을 확인할 수 있습니다.

2019년 제2회～2020년 제1 · 2회 기출문제 총 3회를 수록하였습니다. 실제 출제된 기출문제를 풀어보면서 최신 기출 유형을 파악해보세요.

2023 비서 1급 초단기합격

기출문제 분석

❖ 비서시험에 출제된 문제의 일부를 분석한 것으로 참고용으로 활용하시기 바랍니다.

제1과목 | 비서실무

20년 제1회 1급 기출

예약 매체에 따른 예약방법에 대한 설명으로 가장 적절하지 않은 것은?

① 전화 예약은 담당자와 직접 통화하여 실시간으로 정보 확인을 하여 구두로 예약이 가능하므로 추후 다시 확인을 하지 않아도 되는 방법이다.
② 전화 예약 시에는 예약 담당자와 예약 정보를 기록해 두고 가능하면 확인서를 받아 두는 것이 좋다.
③ 인터넷 사이트를 통한 예약은 시간 제약 없이 실시간 정보를 확인하여 직접 예약을 할 수 있으나 인터넷 오류로 인해 문제가 발생되는 경우가 있으므로 반드시 예약 확인이 필요하다.
④ 팩스나 이메일을 통한 예약은 정보가 많거나 복잡하고 문서화가 필요한 경우 주로 사용하는 예약 방법이며, 발신 후 반드시 수신 여부를 확인할 필요가 있다.

① 구두로 예약이 진행되므로 예약이 정확하게 진행되었는지 재차 확인해야 한다. 예약 담당자와 예약 정보를 기록해 두고 가능하면 확인서를 받아두어야 한다.

➤ 일정 및 출장관리는 꾸준한 비중으로 출제되고 있습니다. 비서 실무에 있어서도 중요한 부분이므로 꼼꼼하게 공부하시길 바랍니다.

20년 제2회 1급 기출

다음 중 회의 용어를 올바르게 사용하지 못한 것은?

① “이번 회의는 정족수 부족으로 회의가 성원 되지 못했습니다.”
② “김영희 부장이 동의(動議)를 해 주셔서 이번 발의를 채택하도록 하겠습니다.”
③ “동의를 얻은 의안에 대해 개의해 주실 분 있으신가요?”
④ “이번 안건에 대해 표결(表決)을 어떤 식으로 할까요?”

② 의사나 의견을 같이함을 나타내는 동의는 '同意'라고 써야 한다.

➤ 한자의 경우 문제를 반복해서 풀어보면서 눈에 익히는 것이 중요합니다. 책에 나와 있는 문제들을 학습하면서 실력을 키워보세요.

제2과목 | 경영일반

20년 제1회 1급 기출

다음은 카르텔에 대한 설명이다. 옳지 않은 것은?

① 카르텔은 동종 내지 유사 산업에 속하는 기업이 연합하는 것이다.
② 독립적인 기업들이 연합하는 것으로 서로 기업 활동을 제한하며 법률적, 경제적으로도 상호 의존한다.
③ 카르텔의 종류로 판매 카르텔, 구매 카르텔, 생산 카르텔이 있다.
④ 일부 기업들의 가격담합 등의 폐해가 심각하여 국가에 의한 강제 카르텔 외에는 원칙적으로 금지 또는 규제하고 있다.

② 카르텔 참가기업들은 법률적으로나 경제적으로 독립성을 유지하면서 협약에 의거, 시장통제에 관한 일정사항에 관해서 협정을 체결한다.

카르텔(Cartel)
독점을 목적으로 하는 기업 간의 협정 또는 협정에 의한 횡적 결합으로 기업연합이라고도 한다. 같거나 유사한 기업 전부나 대부분이 경쟁의 배제로 시장을 통제하고 가격을 유지하기 위해 각자의 독립성을 유지한 채 협정에 가맹하는데, 그 내용에 따라 여러 가지 카르텔로 분류된다. 판매조건을 협정하는 조건 카르텔, 판매가격의 최저한을 협정하는 가격 카르텔, 생산량 또는 판매량의 최고한도를 협정하는 공급제한 카르텔, 판매 지역을 협정하는 지역 카르텔 등이 있다. 우리나라에서는 독점규제 및 공정거래법에 의해 카르텔이 금지된다.

➤ 기업결합의 형태 중 카르텔의 속성에 관한 문제입니다. 이렇게 시험에서 자주 나왔던 용어에 대해서는 해설 밑에 있는 용어 관련 설명을 읽어보며 자세하게 공부하시길 바랍니다.

20년 제2회 1급 기출

다음 중 유한회사의 설명으로 가장 거리가 먼 것은?

① 유한회사의 사원은 의결권 등에서는 주식회사와 유사하다.
② 50인 이하의 유한책임사원과 무한책임사원으로 구성된다.
③ 주식회사보다는 자본규모가 작고 출자지분의 양도도 사원총회의 승인을 받아야 한다.
④ 소수의 사원과 소액의 자본으로 운영되는 중소기업에 적당한 기업형태이다.

② 유한회사는 주식회사와 같이 출자자 전원이 유한책임을 진다.

➤ 유한회사, 주식회사 등 회사의 종류에 관한 문제가 최근에 자주 출제되고 있습니다. 이러한 부분에 대한 꼼꼼한 학습이 필요합니다.

2023
비서 1급
초단기합격

기출문제 분석

❖ 비서시험에 출제된 문제의 일부를 분석한 것으로 참고용으로 활용하시기 바랍니다.

제3과목 | 사무영어

20년 제1회 1급 기출

According to the following Mr. Lee's schedule, which one is NOT true?

Day & Date	Time	Schedules	Location
Monday 06/22/2020	10:20 am	Appointment with Mr. James Brook of KBC Bank	Office
	11:00 am	Division Meeting with Managers	Meeting Room 304
	6:00 pm	SME Association Monthly Meeting	ABC Hotel, 3rd Floor, Emerald Hall
Tuesday 06/23/2020	9:30 am	Meeting with Branch Managers	Meeting Room 711
	12:00 pm	Lunch with Ms. David Smith of Madison Company	Olive Garden
	4:00 pm	Keynote Speech at the 5th Annual Conference for Administrative Specialists	City Conference Center, 2nd Floor

① Mr. Lee는 월요일 오후 6시에 SME 협회 월간 회의에 참석할 예정이다.
② Mr. Lee는 화요일 오전 9시 30분에 지점 관리자들과 회의실에서 회의가 있다.
③ Mr. Lee는 화요일 오후 4시에 씨티 컨퍼런스 센터에서 폐회사를 한다.
④ Mr. Lee는 월요일 오전 10시 20분에 사무실에서 Mr. James Brook과 만날 예정이다.

③ Mr. Lee는 화요일 오후 4시에 City Conference Center에서 기조연설을 한다.

➣ 시험장에서 표가 문제로 나왔을 때 당황하게 되는 경우가 종종 있습니다. 기출실제유형문제를 풀어보며 표에 대해 익숙해지시고, 보기를 먼저 읽은 후 일정표와 비교해가며 답을 찾아 가시길 바랍니다.

20년 제2회 1급 기출

Choose the one which does NOT correctly explain the abbreviations.

① MOU : Merging of United
② IT : Information Technology
③ CV : Curriculum Vitae
④ M&A : Merger and Acquisition

① MOU : Memorandum Of Understanding 양해각서

➣ 회사, 경제, 공항 등 실무에서 자주 쓰이는 용어들은 시험에서도 자주 출제되니 약자와 함께 알아두시길 바랍니다.

제4과목 | 사무정보관리

20년 제1회 1급 기출

전자문서 관리에 대한 설명으로 틀린 것은?

① 파일명이 문서 내용을 충분히 반영하여 파일명만으로도 충분히 문서 내용을 유추할 수 있는지 확인한다.
② 전자 문서의 경우, 종이 문서와 동일하게 두 가지 이상의 주제별 정리를 이용할 경우 Cross Reference를 반드시 표시해 두어야 한다.
③ 조직의 업무 분류 체계를 근거로 하여 문서의 종류, 보안 등급에 따라 접근에 대한 권한을 부여하여 분류한다.
④ 진행 중인 문서의 경우, 문서의 진행 처리 단계에 따라서 문서의 파일명을 변경하거나 변경된 폴더로 이동시켜서 정리 · 보관한다.

② 상호 참조 표시(Cross Referencing)
두 개 이상의 제목으로 요청될 가능성이 있는 문서의 경우, 주된 제목의 폴더에 이 문서를 넣어두고 관계가 적은 편 제목의 폴더에는 상호 참조표를 넣어둠으로써 어느 경우라도 검색이 용이하도록 한다. 혹은 복사를 하여 양쪽에 보관할 수도 있다. 상호 참조를 위한 문서 제목에는 밑줄을 긋고 옆에 ×로 표시한다.

➢ 문서가 점차 전자화 됨에 따라 전자문서 관리에 대한 관심도 증가하고 있습니다. 앞으로도 출제될 가능성이 많으니 이론 학습 시 이러한 점을 유의하며 공부하시길 바랍니다.

20년 제2회 1급 기출

다음은 공문서 작성 시 항목(1., 2., 3., 4., …)을 구분하여 작성하는 방법이다. 항목 작성 시 표시위치와 띄어쓰기에 관한 설명이 가장 적절하지 않은 것은?

① 첫째 항목기호는 왼쪽 처음부터 띄어쓰기 없이 왼쪽 기본선에서 시작한다.
② 하위 항목부터는 상위 항목 위치에서 오른쪽으로 2타씩 옮겨 시작한다.
③ 항목이 한줄 이상인 경우에는 항목 기호(1., 2., 3., 4., …) 위치에 맞추어 정렬한다.
④ 항목이 하나만 있는 경우 항목기호를 부여하지 아니한다.

③ 항목이 두 줄 이상인 경우에 둘째 줄부터는 항목 내용의 첫 글자에 맞추어 정렬한다(예시 : Shift + Tab 키 사용).

➢ 비서는 문서를 작성해야 하는 일이 많으므로, 공문서 작성 방법에 관한 내용이 자주 출제되고 있습니다. 이와 관련한 내용들을 미리 학습하고 시험을 보면 답을 바로 찾을 수 있습니다.

2023 비서1급 초단기합격

이 책의 목차

벼락치기 핵심이론

모의(실제)유형문제

벼락치기 핵심이론

제 1 과목 비서실무

1 비서 개요

■ 비서의 정의

① 관리자나 경영자가 그들 본연의 업무에 전념할 수 있도록 보좌하는 사람으로서, 숙달된 사무기술을 보유하고 직접적인 감독 없이도 책임을 맡는 능력을 발휘하며 창의력과 판단력으로 주어진 범위 내에서 의사결정을 내리는 행정보좌관을 말함

② 기밀에 관련된 정보나 문서를 다루고 상사를 보좌하는 역할을 함

■ 비서의 종류

① 전문분야에 따른 분류 : 기업비서, 공공기관비서, 교육기관비서, 의료비서, 법률비서, 회계비서, 종교기관비서, 정치기관비서

② 소속에 따른 분류 : 개인소속비서(단독비서), 비서실 소속 비서(그룹비서), 공동비서(복수형비서), 부서소속비서(겸무비서)

③ 직능에 따른 분류 : 안내비서, 서기비서, 행정업무지원비서, 문서사무비서

④ 경력 및 승진서열에 따른 분류 : 수습비서, 비서, 선임비서, 수석비서, 수석 보좌역

⑤ 업무에 따른 분류 : 참모형비서, 부관형비서, 행정관리자로서의 비서, 정부요직으로서의 비서, 사무관리 책임자로서의 비서

■ 전문비서의 관리역할 16년 기출

① 커뮤니케이션 관리자 : 메시지에 담겨 있는 의미를 파악하여 전하는 전략적 의사소통에 기여하는 자

② 재고관리자 : 단순한 물품 주문만 하는 것이 아니라 재고수준 관리, 비용절감 효과를 측정함으로써 구매에 관한 의사결정에 참여하는 자

③ 정책관리자 : 조직의 정책과 절차 등을 유지하고 갱신하고 보완하는 자. 편람을 정비하고 종업원들을 위해 정책이나 절차 등을 설명하기도 함

■ 비서의 역할 12, 13, 14, 19년 기출

① 상사가 본연의 업무에 전념할 수 있도록 상사를 보좌하는 역할
② 상사의 본래의 업무에서 파생된 세부적인 업무, 부수적인 업무를 처리하는 역할
③ 상사의 상황판단이나 의사결정에 필요한 정보나 자료를 수집 · 정리해주는 역할
④ 인간관계 관리자로서 상사의 대내외 인간관계를 향상시켜 상사와 조직의 이미지를 제고하는 역할
⑤ 커뮤니케이션 관리자로서 상사의 사내외의 의사소통의 통로이며 조정자로서의 역할

■ 그룹비서, 공동비서 및 겸무비서 12, 13년 기출

① 그룹비서
- 우리나라와 일본의 기업이 가장 많이 채택하고 있는 형태
- 여러 명의 비서가 비서실에 배속되어 최고경영층의 업무를 분담하여 보좌
- 비서실 구성원 전체가 비서 업무를 분담하여 비서실장이나 비서과장의 책임과 지휘 아래 업무를 수행
- 경험이 부족하더라도 비서실 내에서 훈련이 가능하며 개인비서에 비해 업무범위가 불명확
- 외국의 그룹비서는 Secretary Pool이라는 Pool에 대기하고 있으며, 직속상사는 갖지 않고 부름을 받아서 일을 함

② 공동비서
- 한 명의 비서가 여러 명의 상사를 지원하는 경우
- 한 명의 비서가 여러 명의 지시사항을 처리해야 하므로 업무의 우선순위가 바뀌지 않도록 업무조정이나 계획을 신중하게 해야 함
- 개인에 속해 있는 비서에 비하여 여러 명의 상사를 지원하기 때문에 업무수행이 힘들지만 능력을 인정받을 수 있는 기회가 많음

③ 겸무비서(부서비서)
- 일반 업무를 수행하면서 부장이나 과장 같은 중간관리자를 보좌하는 어떤 부서에 소속되어 그 업무를 겸하는 형태
- 영업소와 출장소의 경우에 소속장의 비서가 경리업무를 겸하는, 즉 비서업무와 일상 업무를 겸하는 경우가 있음

■ 비서직의 특징

① **장점** : 취업 분야의 다양성, 취업 지역의 융통성, 다양한 업무, 높은 수준의 보수와 인정

② **단점** : 업무 내용의 가변성, 상사에 대한 예속성, 승진의 제한

■ 소속형태에 따른 비서의 상사 보좌 형태 15년 기출

① **팀소속비서** : 조직계통상 비서과(실)에 소속된 비서

② **개인비서** : 최고관리자, 중역 등 특정인 한 사람에게 소속된 비서

③ **복수형비서** : 둘 이상의 중역이나 상사에게 소속된 비서

④ **부서소속비서** : 영업부, 총무부, 연구부 혹은 프로젝트 팀 전체에 소속된 비서

⑤ **업무비서** : 비서의 업무와 다른 고유한 업무를 병행하는 비서

⑥ **임시비서** : 본래의 비서가 휴가 혹은 결근일 때, 타 부서로부터 파견을 나와서 비서업무를 수행하는 비서

■ 비서가 갖추어야 할 자질 15년 기출

① 상법, 기업법, 노동법 등의 법학지식과 기업경영, 인적자원관리, 마케팅 등의 경영학 지식

② 비서는 비정형적인 업무가 많으므로 상황에 따른 적절한 업무판단을 할 수 있는 판단력

③ 상사의 직접적인 지시가 없어도 스스로 솔선수범하여 업무를 찾아서 수행할 수 있는 적극성과 주도성

■ 비서의 시간관리 12, 15, 16년 기출

① **즉시처리의 원칙** : 미루지 말고 즉석에서 처리하고 결정함

② **계획에 의한 업무 추진** : 업무 수행에 필요한 목적을 설정하고 그 목적을 효과적으로 달성하기 위한 활동의 순서, 지침, 방향을 정함

③ **상사와의 업무 및 시간 조절** : 상사와 지속적인 의사소통으로 업무일정을 조율하고 상사의 일정에 맞추어 자신의 시간을 조절함

④ **스스로의 통제** : 생각날 때마다 기록하고 모든 물건을 항상 제자리에 놓으며, 일이 몰릴 경우에도 한 가지씩 차분히 처리함

⑤ 시간일지를 기록하여 시간계획을 세우는 데 참고해야 함

⑥ 시간일지를 작성할 때 시간단위를 너무 크게 나누어 기록하면 시간별로 기록한다는 의미가 없어짐

⑦ 예상치 못한 일정이 생길 수 있으므로 여유 있게 일정을 잡아야 함

■ 시간관리의 효과

① 시간을 낭비하는 것을 방지함
② 일을 진행하는 방식을 개선할 수 있음
③ 최선의 결과를 기대할 수 있음
④ 보다 높은 동기가 생김
⑤ 자신의 일에 대한 성취도가 높아짐
⑥ 크게 당황하거나 스트레스를 받는 일을 최소화할 수 있음
⑦ 실수를 줄일 수 있음
⑧ 보다 높은 차원의 일에 도전할 수 있는 자질을 함양함

■ 전문비서 윤리 강령 16년 기출

① 직무에 관한 윤리
- 상사 및 조직과 고객의 기밀 유지 : 비서는 업무와 관련하여 얻게 되는 상사나 조직, 또는 고객에 대한 정보의 기밀을 보장하고 업무 외의 목적으로 기밀 정보를 사용하지 않음
- 조직과 상사와의 관계 : 비서는 전문적인 지식과 사무능력을 보유하고 업무를 효율적으로 수행함으로써 상사와 조직의 이익을 증진시킴
- 예의와 정직 : 비서는 항상 상사와 고객에게 예의를 갖추어 친절하게 대하며 직무수행에 있어 직위의 범위를 벗어나는 언행을 삼가고 정직하게 임하여 신뢰를 받도록 노력함
- 동료와의 관계 및 팀워크 : 비서는 존중과 신뢰를 바탕으로 동료들과의 관계를 협조적, 우호적으로 유지하여 효과적인 팀워크를 이루어 나갈 수 있도록 노력함
- 보상 : 비서는 최선의 업무결과에 대한 정당한 대우를 받을 권리가 있으나 부당한 목적을 위해 제공되는 보상에 대해서는 응하지 않음
- 자원 및 환경 보존 : 비서는 업무 수행 시 경비 절감과 자원 절약, 환경보존을 위해 노력함
- 직무수행 봉사정신 : 비서는 자신의 직무와 관련된 사항에 대해 직무수행 효과를 제고함

② 전문성에 관한 윤리
- 전문성 유지 및 향상 : 비서는 지속적인 자기 계발을 위해 교육 훈련 프로그램에 적극적으로 참여함으로써 비서로서의 전문성을 유지 및 향상시킴
- 전문직 단체 참여 : 비서는 자신의 전문성을 향상시킬 수 있는 전문직 단체에 참여하여 정보 교환과 상호 교류를 통해 비서직 성장 발전과 권익 옹호를 도모함
- 품위 유지 : 비서는 직업의 명예와 품위 향상을 위하여 노력함
- 사회봉사 : 비서는 지역 사회의 발전 및 공공의 이익을 도모할 수 있는 각종 봉사 활동에 적극적으로 참여함

■ **비서의 직업의식** 12년 기출

① **주인의식** : 자신의 일과 직장에 대한 주인의식을 가지고 자발적으로 일을 찾아서 함
② **전문가의식** : 직업인은 직업에 대한 사회적 역할과 직무를 충실히 수행하고 책임을 다해야 함
③ **문제의식** : 주어진 일을 타성적으로 처리하지 않고 자신이 수행하는 업무를 보다 능률적으로 개선할 수 있는 방안을 꾸준히 연구하고 찾아야 함
④ **개인 생활과 직업인으로서의 역할을 구분** : 어떤 경우에도 개인적인 사정이 직업인으로서의 업무수행에 차질을 가져오지 않도록 노력하여 조화를 이루도록 해야 함
⑤ **자기개발** : 미래 지향적인 사고를 가지고 자신의 직업 분야에서 앞서 나가기 위하여 자기개발을 게을리하지 않고 항상 노력해야 함

■ **직장 내 성희롱 대처 방안**

① 행위자에게 명확하게 표현하지 않으면 허용하는 것으로 오해할 수도 있기 때문에 명확한 거부 의사를 표시해야 함
② 처음에는 행위의 시점에 정중하게 중단할 것을 요청하고, 그래도 성희롱 행위가 중단되지 않으면 문서화된 기록을 증거로 남기는 것이 필요함
③ 문제가 심각하다고 인식될 때에는 직장 내 선배, 상급자, 회사 내 상담요원 등에게 상담을 요청하거나 여성단체나 고용노동부(여성정책과, 지방노동청, 지방노동청 사무소)로 상담을 하거나 신고를 함

■ **기밀유지** 12, 15년 기출

① 기밀서류는 세심한 주의를 기울여 다른 사람에게 보이지 않도록 해야 함
② 묻기를 좋아하는 사람이나 직장에서 험담을 잘하는 사람과는 의식적으로 접촉하지 않도록 주의하여 신중히 사귀어야 함
③ "아, 그렇습니까?"라고 얼버무리기도 하고 "그것에 관해서는 잘 알고 있지 않기 때문에 알게 되면 알려 드리지요" 등으로 변명하는 기술을 몸에 익힘
④ 비서는 회사와 관련한 기밀정보를 많이 알게 되므로, 노동조합에는 가입하지 않는 경향이 있음

■ **비서의 신뢰성**

① 어떠한 경우에도 거짓 보고는 하지 않음
② 약속시간 내에 업무 완수
③ 일의 처리에 독선이나 독단은 금물
④ 언어의 정확성을 위해 문장을 작성한 후 소리 내어 읽어보고 숫자 등을 체크함
⑤ 아무리 시간이 급해도 한 번 보고, 한 번 읽는 여유가 필요
⑥ 오자나 탈자를 막기 위해 사전류 등을 최대한 활용

■ **비서의 업무처리 방식** 19년 기출

① 사무비품과 사무용품은 회사물품 청구일에 맞추어 신청
② 어떠한 업무를 먼저 처리할 것인가는 업무의 중요도와 긴급도를 기준으로 결정
③ 사무원가 절감을 위한 이면지나 재생활용지 사용 시 기밀문서는 제외
④ 기본적으로 일의 계획은 꼼꼼하게 처리하고 실행단계에서는 신속하게 처리

■ **비서업무의 유형** 13년 기출

① **매일같이 반복하는 일상 업무** : 우편물 처리, 서류정리, 전화 응대, 내방객 응대
② **상사로부터 지시를 받아 수행하는 업무** : 팩스의 초안 작성, 상사의 출장을 위한 교통편 · 숙박업소의 예약, 편지나 보고서를 일정한 형식에 맞추어 워드프로세싱하는 업무
③ **상사를 보좌하는 데 솔선해서 창의력을 발휘하는 업무** : 회사에서 사용하는 서식을 개발하거나 상사의 참고자료를 준비하는 업무
④ **우선순위를 설정하여서 하는 업무** : 기존의 우선순위를 고수하여 일을 처리하되 별도의 사항이 있으면 지시를 받음

■ **상사의 지시 없이 할 수 있는 비서의 홍보업무** 16년 기출

① 상사와 관련된 기사를 정기적으로 검색하여 스크랩하고 보고함
② 사내에서 친밀도가 높은 임직원의 기념일을 정리하여 알려드림
③ 상사의 외부 강연 활동에 대한 내용을 정리하여 이력서와 함께 관리함
④ 상사의 개인 블로그를 방문하는 것은 사생활 영역을 침범하는 것으로 지양해야 함

■ **업무처리의 기본원칙** 12, 14, 15년 기출

① 일상적인 순서에 구애받지 말고 사례별로 처리
② 일을 시작할 때 철저히 준비하고 마친 후에는 정리
③ 문서화된 모든 것에는 작성일자 또는 접수일자를 기입
④ 업무처리는 정확히 함
⑤ 업무는 진행과정을 추적하여 마무리함
⑥ 모든 서류를 일정한 기준에 따라 정리 · 보관
⑦ 기업의 비밀에 관한 사항은 보안에 특히 유의
⑧ 상사의 가치관과 업무스타일을 고려하여 업무의 우선순위를 정함
⑨ 즉시 처리할 일, 오늘 중으로 해야 할 일, 시간 나는 대로 할 일 등을 구분하여 수행

■ 비서업무 한계의 인식 12, 13, 14, 17년 기출

① 비서는 상사의 보좌 역할이지 상사 본인은 아니므로 상사의 대리 역할은 하지만, 상사가 가지고 있는 권한을 그대로 행사해서는 안 된다는 사실을 늘 기억해야 함
② 조언자의 입장에서 자신의 의견을 말할 수 있으나 경영관리상의 업무와 같은 상사 고유의 직무 권한에 대해서는 함부로 관여해서는 안 됨
③ 비서가 업무의 한계를 실천하지 않으면 회사에 피해를 끼치는 문제를 일으킬 수도 있음

■ 비서의 성실한 업무 태도 16년 기출

① 비서는 항상 최선을 다하여 자신의 업무를 수행해야 하며, 선배나 동료 비서가 있을 때에는 이들과도 상호 협조적인 업무 관계를 유지함
② 상사로부터의 지시 및 명령을 바르게 이해하여 충실히 이행해야 하고 그러기 위해서는 업무에 대한 목적, 내용, 방법, 순서, 기한 등을 정확히 알고 있어야 함

■ 스트레스 관리 요령 17년 기출

① 사람들이 표현하는 말, 행동, 태도를 그 사람의 독특한 성격특성으로 인정 · 수용
② 스트레스 관리를 위해 심신이완과 명상을 하고 건강관리를 위해 규칙적인 운동을 함
③ 행복한 삶, 가치 있는 삶을 위해 일의 의미와 삶의 의미를 항상 인식
④ 상대의 말, 행동을 고의성을 띤 것으로 해석하거나 감정적으로 맞서지 않고 문제 삼지 않기
⑤ 오늘은 내친김에 푹 쉬고 내일 조금 더 하면 된다고 미루지 않기
⑥ 일에 대한 갈등, 불안, 좌절을 인생의 낙오자로 비하시키지 않기
⑦ 인간관계에 대한 갈등으로 자신을 비하시키지 않기

■ 인사의 기본자세

① **표정** : 밝고 부드럽고 온화한 표정을 지음
② **시선** : 상대의 눈이나 미간을 부드럽게 응시
③ **턱** : 내밀지 말고 자연스럽게 당김
④ **어깨** : 힘을 뺌
⑤ **가슴, 허리, 무릎 등** : 자연스럽게 곧게 펴서 일직선이 되도록 함
⑥ **입** : 조용히 다물도록 함
⑦ **손** : 여성은 자연스럽게 오른손이 위가 되도록 두 손을 앞으로 모으고, 남성은 두 손을 계란을 쥔 모양으로 감싸 쥐며 바지 옆선에 가볍게 닿도록 함
⑧ **발** : 무릎과 발뒤꿈치는 서로 붙이고 양 발은 자연스럽게 가지런히 모음

■ 인사의 순서

① 정중하게 허리를 굽히고 등과 목이 일직선이 되도록 함

② 턱은 앞으로 나오지 않게 하고, 엉덩이는 힘을 주어 뒤로 빠지지 않게 하며 금방 고개를 들지 말고 0.5~1초간 멈춤

③ 천천히 고개를 들고 상체를 숙일 때보다 한 박자 천천히 들어야 함

■ 자기개발의 필요성 16, 17, 19년 기출

① 비서에게 자기개발이 필요한 이유는 과거의 지식과 경험으로는 변화하는 환경에 능동적으로 대처할 수 없기 때문

② 새롭게 도입되는 컴퓨터와 사무자동화 기기는 업무능률 향상을 위한 도구로 자유롭게 다룰 수 있어야 하고, 파일의 조작 · 관리 등과 관련된 업무 능력도 지속적으로 높여나감으로써 자기개발을 할 수 있어야 함

③ 요즘 기업체에서는 비서를 선발할 때 컴퓨터 활용, 홈페이지 관리, 인터넷 활용, 멀티미디어 기기조작 등 다양한 능력을 갖춘 사람을 희망하는 사례가 늘고 있음

④ 비서는 경영자인 상사를 보좌하는 역할을 하기 때문에 경영 전반에 대한 지식이 요구됨

⑤ 커뮤니케이션 능력을 향상시키기 위해서 경청과 표현능력뿐 아니라 인간관계 능력, 프레젠테이션 능력, 문제해결 능력, 논리력 등도 개발해야 함

⑥ 회계능력을 보유한다는 것은 한 단계 높은 수준의 비서로 자리매김하는 계기가 될 수 있음

⑦ **자기개발의 종류** : 업무에 관한 창의력, 각종 외국어 습득, 새롭게 개발되는 사무기기의 활용, 빠른 속도로 변화하는 컴퓨터 소프트웨어를 끊임없이 익히는 것 등

■ 자기개발의 방법 15, 16, 18, 19, 20년 기출

① **목표관리에 의한 방법**

- 효과적인 자기개발을 위해서 목표를 설정
- 현재의 능력, 환경 등을 고려한 구체적이고 실현할 수 있는 합리적인 목표를 세움
- 업무관련 목표(지식과 기술 습득), 자기 성장 목표(도달하고자 하는 직위나 업무에 대한 중 · 장기적인 계획 수립 및 실천), 삶의 질 향상을 위한 목표(취미, 운동 등)를 세움

② **업무를 통한 방법**

- 문서를 작성할 때 문서의 내용을 이해하면 상사가 하는 일에 대하여 배울 수 있는 좋은 기회가 됨
- 우편물은 업무나 조직의 상황에 대해 좀 더 알 수 있는 훌륭한 자료원이 됨
- 회사와 관련된 신문 기사 스크랩, 인터넷 검색 등을 통해 회사의 상품 · 업종에 대한 정보 수집
- 기존의 방법보다 시간 · 비용을 조금 투자하고 같은 효과를 거둘 수 있는 방안을 연구

■ 경력개발을 위한 자세 16년 기출

① 본인이 속한 조직의 업종에 관련한 공부를 지속적으로 하여 향후 동종업계 이직 기회 발생 시 경력 요소로 활용함

② 사내 프로젝트 및 기획에 대한 업무 참여를 통하여 기획에 대한 내용을 익히려고 노력함

③ 우편물, 문서, 업무일지 등을 통한 직무분석을 통해서도 개인 역량을 증진시킬 수 있음을 이해함

2 대인관계업무

■ 전화응대 태도 12, 17, 18, 19년 기출

① 친절하게 전화응대를 하면 상대방이 상사나 기업에 대하여 좋은 인상을 가질 수 있어 업무 관계가 원만히 이루어지는 데 기여할 수 있음

② 전화벨이 3번 이상 울리기 전에 받아야 하며 전화를 받을 때는 소속과 성명을 밝힘

③ 고객과의 언쟁은 피하고 자신의 불쾌한 감정을 목소리에 나타내지 않음

④ "여보세요"를 연발하지 않음

⑤ 상대방의 말이 끝날 때까지 전화를 끊지 않음

⑥ 수화기를 큰 소리 나게 내려놓지 않음

⑦ 불필요하게 긴 통화로 회사 경비를 낭비하지 않음

⑧ 사적인 전화는 하지 않음

■ 전화를 연결할 때 13, 19년 기출

① 다른 사람에게 전화를 연결할 때에는 보류 버튼을 누르거나 송화구를 손으로 막고, 상대방의 성명과 용건을 간단히 전하고 연결함

② 다른 부서로 연결할 때에는 끊어질 경우를 대비하여 내선번호나 전화번호를 안내해 주고 연결함

③ 즉시 바꿔주지 못하고 지연될 때에는 수시로 중간 상황을 알림

④ 상사가 바로 전화를 받지 못할 경우에는 상황을 알리고 계속 기다릴 것인지 여부를 물어봄

⑤ 상대방이 계속 기다린다고 하더라도 상사의 다른 전화 통화가 금방 끝나지 않을 것으로 예상되거나 상대방의 직위가 상사보다 높거나 고객인 경우 통화가 끝나는 대로 비서가 연결할 것을 제의함

■ 상사 대신 거는 전화일 때

① 번호를 누르고 상대방의 비서가 받으면 인사한 후, 상사의 부탁으로 전화하였음을 밝힘
② 상사가 원하는 상대방이 받기 바로 직전에 상사가 수화기를 들 수 있도록 중재함
③ 상사보다 지위가 높은 사람에게 전화를 할 때에는 우선 상대방 비서와 통화하는 것이 원칙이며, 상대방 비서에게 용건을 전하고 적당한 조치를 기다리는 것이 바람직함
④ 직급이 낮은 상사가 직급이 높은 상사보다 먼저 수화기를 들고 기다리도록 중재하는 것이 좋으며, 직급이 비슷할 때에는 동시에 수화기를 들 수 있도록 상대방 비서와 협의함

■ 상황별 전화 연결

① **전화를 연결할 때** : 다른 사람에게 전화를 연결할 때에는 보류 버튼을 누르거나 송화구를 손으로 막고, 상대방의 성명과 용건을 간단히 전하고 연결함
② **오래 기다리게 할 때** : 상사가 금방 전화를 받지 못할 경우에는 상황을 알리고 계속 기다릴지의 여부를 물어봄
③ **전화가 잘못 걸려 왔을 때** : 잘못 걸려온 전화라도 친절하게 응대해야 함
④ **회사의 위치를 물을 때** : 회사 근처의 대형 건물이나 대표적인 정류장 이름, 교통편 등을 익혀 놓고 현재 손님의 위치, 이용 차편을 묻고 그것에 따라 위치를 설명함
⑤ **항의 전화가 왔을 때** : 상대방이 화를 내는 이유를 충분히 들어 주고, 상대방의 감정을 가라앉히도록 노력함

■ 상황별 전화 걸기

① **동화 희망자가 부재중일 때** : 언제 돌아올 예정인지 묻고, 다시 전화할 것을 약속하거나 돌아오면 전화해 줄 것을 요청함
② **상사 대신 거는 전화일 때** : 상사의 부탁으로 전화를 하였음을 밝히고, 상사가 원하는 상대방이 나오기 바로 직전에 상사가 수화기를 들 수 있도록 중재함
③ **직급이 다른 상사들의 전화를 중재할 때**
- 상사보다 지위가 높은 사람에게 전화를 할 때에는 우선 상대방 비서와 통화하는 것이 원칙이며, 일단 상대방 비서에게 용건을 전하고 적당한 조치를 기다리는 것이 바람직함
- 직급이 낮은 상사가 직급이 높은 상사보다 먼저 수화기를 들고 기다리도록 중재하는 것이 좋음
- 직급이 비슷할 때에는 동시에 수화기를 들 수 있도록 상대방 비서와 협의

■ 전화 부가 서비스 16, 20년 기출

① **착신전환** : 걸려오는 전화를 다른 번호에서도 받을 수 있도록 착신을 전환하는 서비스
② **부재중 안내** : 걸려오는 전화를 받을 수 없을 때 부재중으로 인해 전화를 받을 수 없음을 알려주는 서비스
③ **3자 통화** : 동시에 세 사람이 함께 통화할 수 있게 하는 서비스
④ **대표 번호** : 전화 회선이 2개 이상일 경우 사업장을 대표하는 전화번호를 하나 정하고, 그 대표 번호가 통화 중일 경우에도 다음 회선에 순서대로 접속되어 통화할 수 있도록 하는 서비스
⑤ **다른 지역 번호 사용 서비스** : 다른 지역으로 회사를 이동하여 전화를 옮기는 경우 착신 전환 기능을 이용하여 전국 어디서나 일반 전화 또는 이동 전화에서 계속 받을 수 있게 하는 서비스
⑥ **미팅 콜** : 예약을 하거나 예약을 하지 않더라도 별도의 장비 없이 최대 32명까지 전화로 회의를 할 수 있는 음성 회의 서비스
⑦ **음성 생활 정보(ARS ; Audio Response System)** : 음성 정보를 제공하는 시스템으로 정보 이용료와 통화료가 부과되는 서비스
⑧ **로밍 서비스(Roaming Service)** : 한 통신업체가 다른 통신업체 망에 접속할 수 있도록 하는 것으로 주로 국가 간의 로밍 서비스를 말함

■ 국가별 국제전화 코드

나 라	코 드	나 라	코 드
미 국	1	대 만	886
오스트레일리아	61	중 국	86
싱가포르	65	일 본	81

■ 손님의 안내

① 복도의 크기를 고려하여 손님보다 약간 앞서 감
② 계단에서 안내할 때에는 손님과 1~2계단 떨어져서 안내
③ 에스컬레이터에서의 안내 시 안내자가 먼저 탔는데 손님이 미처 에스컬레이터를 타지 못할 수도 있으므로 올라갈 때나 내려갈 때 모두 손님을 먼저 타게 하고 안내자가 뒤따라야 함

■ 엘리베이터에서의 안내

① 엘리베이터를 탈 때에는 타기 전에 미리 가는 층을 알려줌
② 엘리베이터를 타고 내릴 때에는 문이 닫히지 않도록 손으로 문을 잡음
③ 비서가 먼저 타거나 내릴 때에는 양해를 구함

④ 승무원이 있는 경우에는 손님이 먼저 타고 먼저 내림
⑤ 승무원이 없는 경우 엘리베이터를 탈 때에는 비서가 먼저 타서 열림 버튼을 누르고, 다음에 손님이 타도록 함
⑥ 승무원이 없는 경우 엘리베이터에서 내릴 때에는 반대로 엘리베이터 문이 닫히지 않도록 비서는 열림 버튼을 누르고, 손님이 먼저 내리도록 함

■ **문에서의 안내**

① 여닫이문으로 문을 당겨서 열 경우에는 문을 열고 잡은 후 내방객이 먼저 안으로 들어가도록 안내하며, 문을 밀어서 열 경우에는 안내자가 먼저 문을 열고 들어가서 내방객이 안으로 들어오도록 함
② 미닫이문일 경우에는 들어가고 나올 때 모두 안내자가 문을 열고, 손님이 먼저 들어가고 나오게 함
③ 회전문의 경우에는 손님을 먼저 들어가게 하고, 안내자가 뒤에 따라 들어가 회전문을 밀어주며 들어감

■ **내방객 응대** 12, 16, 17, 19, 20년 기출

① 내방객의 접수와 안내, 상사가 없을 때의 내방객 응대, 상사와 내방객의 중개, 상사의 집무실 또는 응접실로의 안내, 다과 접대, 환송, 돌아간 후의 뒤처리 등
② 내방객을 응대하는 태도도 상사나 기업의 이미지에 영향을 끼치므로 항상 예의바르고 정중하게 대해야 함
③ 어떤 내방객이 어떤 용건을 가지고 오든 비서는 항상 호의적인 태도로 친절히 접대해야 함
④ 약속 시간보다 일찍 도착한 내방객은 우선 대기실로 안내하고 상사의 앞 일정이 종료되는 대로 말씀드리겠다고 양해를 구함
⑤ 자주 방문하거나 전화를 주는 고객의 성명, 회사명, 직위 등은 기본적으로 암기하고 있어야 하며, 손님에게서 받은 명함은 정리해 두었다가 참고자료로 이용
⑥ 내방객을 안내할 때에는 내방객보다 두서너 걸음 앞에서 안내하고 방문객의 대각선 방향(방문객에게는 130° 각도)에서 안내함
⑦ 팔은 45° 정도의 위치로 들고 안내
⑧ 손가락을 벌리지 않고 손바닥을 위쪽으로 해서 방향을 안내
⑨ 시선은 고개와 함께 움직여야 하고, 어깨를 펴고 등을 굽히지 않음
⑩ 신분을 밝히지 않으려는 내방객에게는 성명, 소속, 방문목적이 확인되어야 면담이 가능하다는 것을 내방객이 기분 나쁘지 않도록 잘 설명하도록 함
⑪ 내방객이 교통체증 등의 이유로 약속시간보다 늦는다고 연락한 경우에는 상사에게 내방객의 상황을 알리고 지시에 따르도록 함

■ 내방객을 맞이하기 위한 준비 업무 12년 기출

① 약속 전날 오후 거래처 사장님 비서와 오찬약속 확인전화 시 즐기시는 차의 종류를 미리 확인해둠
② 거래처 사장님과의 회의로 내방객이 방문했을 경우에는 내방객 도착 후 내부직원에게 연락하는 것이 아니라 미리 회의에 동석할 담당자가 회의실에서 준비하고 있어야 함
③ 오찬약속이 있던 식사장소에 전화하여 후식으로 드신 차 종류를 확인하여 적당한 음료를 선택하여 준비함
④ 사무실 도착시각을 예측하기 위해 차량기사에게 미리 부탁하여 식사장소에서 떠나는 시점에 연락을 받도록 함

■ 불만 처리의 5단계 16년 기출

① 불만사항을 다 털어 놓을 수 있도록 경청 및 공감
② 일단 사과한 후 불만의 원인 분석
③ 본인이 해결할 것인지 상사에게 보고할 것인지 결정
④ 문제의 해결책을 검토하고 고객과 확인 후 신속히 문제 해결
⑤ 불만 처리 결과 검토 및 파악

■ 직장 내 인간관계의 자세 16년 기출

① 신입사원에게 기억해야 할 이름, 사무실 위치, 회사 방침을 알려줌
② 신입으로 입사한 동료비서가 자신보다 나이가 많더라도 회사의 공식적인 부분은 입사연차에 따르도록 함

■ 응접실 상석의 구분 15년 기출

① 기본적으로 손님이 가장 편안하고 쾌적하게 여길 수 있는 곳이 상석으로 접견실의 구조나 계절에 따라 달라질 수 있음
② 일반적으로 상석이란 사람의 출입이 적은 곳, 소음이 적은 곳, 비좁지 않고 넉넉한 곳 등 심리적으로 안정을 줄 수 있는 좌석, 또는 미관상 보기 좋은 좌석임
③ 상사의 자리가 따로 마련되어 있는 경우에는 상사와 가까운 곳, 특히 오른편이 상석
④ 창문이나 액자가 있는 경우에는 전망이나 그림이 보이는 곳이 상석
⑤ 응접세트인 경우에는 긴 의자의 깊숙한 곳이 상석

■ 교통수단 상석의 구분 13, 14, 16년 기출

① **승용차** : 운전기사가 있는 경우에는 운전기사와 대각선에 있는 뒷 좌석이 상석, 운전기사 옆 좌석이 말석. 자가운전인 경우는 운전석 옆 좌석이 상석, 뒷줄의 가운데 좌석이 말석
② **열차** : 열차의 진행방향으로 밖을 볼 수 있는 창가가 상석이고, 마주 보이는 곳이 차석
③ **비행기** : 비행기 밖을 볼 수 있는 창가가 상석, 통로 쪽 좌석이 차석, 가운데 불편한 좌석이 말석

■ 상사와의 관계 12, 15, 20년 기출

① 상사와의 신뢰관계 형성을 위해 조직 내에서 상사의 위치와 업무영역을 이해하고 업무를 수행
② 상사의 성격적 특성을 파악한 후 단점은 비서가 보완
③ 상사와의 원활한 커뮤니케이션을 위하여, 업무 진행 중간에 의견 전달이 필요하다고 판단될 때는 진행 상황을 알리고 피드백을 받는 것이 좋음
④ 상사와 일하는 방식이 맞지 않을 때는 일단 서로 대화를 통해서 상호 변화를 이끌어 내도록 해야 함
⑤ 비서와 상사와의 관계는 업무에 대한 신뢰를 바탕으로 형성되기 때문에, 가급적이면 상사의 개인생활보다 업무스타일에 대해 빨리 파악하도록 해야 함(꼼꼼히 체크하는 스타일의 상사인 경우 사소한 사항도 보고하고 상사의 지시를 따르는 것이 바람직)
⑥ 상사가 많이 화가 난 경우 그 이유가 무엇인지를 그 자리에서 물어보기보다는 일단 감정이 가라앉을 때까지 기다리는 것이 좋음
⑦ 사소한 것이라도 놓치지 않고 늘 정확하고 꼼꼼하게 처리하여 신뢰도를 높이도록 노력해야 함
⑧ 두 명 이상의 상사를 모시는 경우 직위가 높은 상사와 직위가 낮은 상사의 업무를 잘 이해하고 직위가 높은 상사의 일을 우선적으로 처리하되 예절이 결여되지 않는 범위 내에서 중요 순으로 처리함
⑨ 상사의 개인적인 용무를 도와야 하는 경우에는 예절이 결여되지 않는 범위 내에서 돕고, 지나친 협력은 삼가야 함

■ 동료와의 관계 12, 13, 14, 15년 기출

① 직장 동료와의 관계에서 자신보다 나이가 어리지만 회사에서의 경력이 많다면 선배의 예우를 갖추어야 함
② 같은 신입사원 사이라도 학교 선배라면 이에 대한 예우를 해주는 것이 좋음
③ 나이 차이가 많이 나는 후배라도 실수를 했을 경우 타인 앞에서 야단치지 않음
④ 동료의 업무가 많을 경우, 먼저 도와주겠다는 의사를 표현해도 좋음
⑤ 직장은 다양한 배경을 가진 사람들이 모이므로 화제를 취사선택하여 말함

■ 외부 고객과의 관계 12, 13, 16년 기출

① 직위가 낮은 사람을 먼저 윗사람에게 소개하고, 그 다음에 윗사람을 아랫사람에게 소개
② 사회적 지위나 연령 차이가 있는 경우에는 성별과 관계없이 지위나 연령이 낮은 사람을 먼저 소개
③ 한 사람을 여러 사람에게 소개할 때는 그 한 사람을 먼저 여러 사람에게 소개하고 그 후에 각각 소개
④ 소개할 때는 소속, 성과 이름, 직책명 등을 포함해야 함
⑤ 외부 고객을 응대할 때 공평하게 대우하는 것이 필요함
⑥ 예약하지 않은 방문객이 찾아와도 하던 일을 멈추고 친절하게 인사함
⑦ 업무가 바쁘더라도 항상 미소와 예의 바른 태도로 외부 고객을 대함
⑧ 악수는 상급자, 연장자가 먼저 손을 내미는 것이 보통임. 외국인과의 악수 시 허리를 굽히거나 머리를 숙이지 않음

■ 차를 내는 순서

① 쟁반을 왼손으로 쥐고, 오른손으로 노크한 후 문을 열고 들어감
② 들어간 후 재빨리 문을 닫고, 두 손으로 쟁반을 잡은 후 인사를 함
③ 상석의 손님부터 차를 냄
④ 차를 다 내면 쟁반을 왼쪽에 끼고 두세 걸음 물러난 뒤 인사를 함
⑤ 문을 열고 나갈 때 등을 보이지 않도록 하며, 다시 한 번 인사를 하고 문을 닫음

■ 다과(茶菓)를 내는 법

① 다과를 낼 때는 과자를 먼저 내고 차를 내야 함
② 찻잔은 손님의 무릎 앞, 테이블 끝에서 5~10cm 위치에 놓음
③ 될 수 있으면 손님의 오른쪽에서 차를 냄
④ 차를 놓는 몸의 자세는 낮은 탁자일 경우에는 허리를 편 상태에서 무릎을 약간 굽히고 냄
⑤ 탁자 위에 서류가 있을 때에는 그 위에 놓지 말고, 양해를 구한 뒤 서류를 한쪽 옆으로 치우고 차를 냄

■ 명함 관리방법과 예절 12년 기출

① 명함을 교환할 때는 아랫사람이 먼저 윗사람에게 주어야 함
② 명함을 줄 때 자기의 이름이 상대방 쪽으로 보이게 오른손으로 내밀어야 함
③ 맞교환할 때는 왼손으로 받고, 오른손으로 건네야 함
④ 받은 명함은 그 자리에서 보고, 읽기 어려운 글자가 있을 때는 바로 물어보아야 함

⑤ 명함을 받고 성명과 직책을 확인한 후, 회의하는 동안 테이블 위에 앉은 순서대로 배열하여 참고해야 함

⑥ 명함은 주기적으로 정리하여 최신화하도록 하며, 신속한 사용을 위해 항목별로 구분하여 저장함

■ 홈페이지 내 서비스 불만 12년 기출

① 홈페이지 관리 담당자의 사생활을 고려하여 우선 이메일로 현황파악을 요청함

② 상사의 지시 없이 독단으로 항의성 글을 삭제하거나 양해의 글을 게재하기보다는 중요한 사안에 대해서는 상사에게 보고를 드리고 지시에 따라 행동을 취하도록 함

■ 집단 간 갈등

① **긍정적인 결과** : 조직문제의 정확한 이해, 집단 내의 응집력 증대, 권력한계의 명확화, 집단 간의 연계성 강화 등

② **부정적인 결과** : 정보의 은폐, 집단 간의 괴리증대, 소속집단의 이익 집착으로 고착화, 상호작용의 감소, 불신풍토의 조성 등

■ 갈등관리의 전략

① 갈등의 상황이나 근원을 근본적으로 변동시키지 않고 사람들을 적응시킴(인간관계기법)

② 조직상의 배열을 적극적으로 변동시켜 갈등상황을 제거

③ 조직의 순기능적인 갈등의 조장

■ 비언어적 의사소통

① 몸 짓

• 대부분의 사람들은 말 이외에 손짓이나 몸짓을 사용하여 의사를 전달함

• 때로는 몸짓이 말보다 더 강력한 의사를 전달하기도 함

② 얼굴표정

• 때에 따라 말보다 훨씬 정확하게 자신의 감정을 전달함

• 얼굴표정 중에서도 눈의 표정이 매우 중요함

• 처음 만난 사람 앞에서 시선을 여기저기로 옮긴다든가 뚫어지게 쳐다보는 것은 상대방을 불안하게 하고, 자신의 신뢰를 떨어뜨리게 됨

• 관심어린 표정이나 미소와 함께 몸을 앞으로 기울여 상대방의 말을 경청하는 태도가 중요함

③ 공간과 거리
- 공간의 크기나 거리에 의해서도 무언의 메시지가 전달됨
- 대화할 때에 마주 앉은 형태가 공적이고 토론하는 분위기라면, 옆으로 앉는 형태는 상대에게 보다 친밀감을 나타내며 사적인 이야기를 할 수 있는 분위기임
- 사람들은 타인과 일정한 거리를 유지하기를 원하며, 물리적인 거리가 지나치게 가까워지면 자신의 공간이 침해당한 것에 대한 불쾌감을 느끼게 됨

④ 접 촉
- 가장 강력한 형태의 비언어적 의사소통의 하나로 악수나 포옹 등을 말함
- 서양에서는 접촉을 통한 의사소통이 다양하게 발달되어 있는 반면, 동양에서는 접촉을 통한 의사소통에는 비교적 소극적임
- 악수를 할 때에는 손을 너무 꽉 쥐거나 마지못해 하는 듯 움츠리지 말고, 상대방의 손을 잡고 눈을 마주 보며 두어 번 가볍게 흔들며 인사말을 건넴

■ 공식적 의사소통

조직에서 권한의 체계와 업무처리의 절차를 명확히 하기 위한 의사소통 형태

① **하향식 의사소통** : 관리 계층별로 부하 직원에게 하달되는 의사전달을 뜻하는 것으로 대규모 회의, 소규모 집단 회의, 감독자 회의, 회사간행물, 종업원 가정통신 등 여러 형태가 있음

② **상향식 의사소통** : 상사로부터 지시를 받은 사항에 대하여 보고하는 보고형식으로부터 하부로부터의 아이디어의 표현에 이르기까지 다양한 형태를 취하는 것으로 보고서, 비공식적 토의, 감독자와의 면담, 태도조사, 불만처리절차, 카운슬링, 제안제도 등의 형태가 있음

③ **수평식 의사소통** : 동일 계층의 사람들 사이에서 이루어지는 의사전달의 형태로, 예를 들면 부서 간의 협조를 위한 대화가 이에 속한다고 할 수 있으며 서로 다른 부서 간의 감독자와 직원 사이에서도 공동의 관심사나 서로 연관된 업무에 대하여 의사전달이 자유롭게 이루어져야 함

■ 비공식적 의사소통

① 일이나 조직과 무관하게 발생(주로 같은 학교 선후배, 같은 지방 출신, 취미 동아리 등 비공식적 집단의 구성원들 사이에서 자유롭게 이루어짐)

② 장 점
- 융통성이 강하며, 행동의 통일성에 기여
- 배후사정의 이해가 용이하며, 관리자에 대한 조언 역할을 할 수 있음
- 전달이 신속하고 적응성이 강함
- 구성원이 긴장 · 소외감을 극복하고 개인적 욕구를 충족시킬 수 있게 함

③ 단 점
- 책임소재가 불분명하여 통제하기 곤란함
- 공식적 의사전달을 왜곡 · 마비시킬 수 있음
- 상관의 권위를 손상시킬 수 있음
- 의사결정에 활용할 수 없음

■ 경 청

① 장 점
- 상대방도 나의 말을 경청하게 됨
- 자유롭게 말할 수 있는 분위기 조성
- 상호관계가 깊어지고 인간관계가 증진됨
- 내면적인 변화가 생김

② 경청방안
- 메모하면서 듣기
- 감정이입하며 듣기
- 말의 전체 의미를 이해하려고 노력하기
- 편견이나 선입견을 배제하고 듣기
- 상대가 말한 것을 확인하기

■ 대화 예절

① 책상 위에 팔꿈치를 올려놓는다거나 팔짱을 끼고 앉아서 말하지 않음
② 상사나 선배가 책상 근처에 와서 말을 건네는 경우에는 아무리 바빠도 일어서서 대화에 응함
③ 시선은 상대방의 눈에 두되, 뚫어지게 보거나 위협적으로 보지 않음
④ 타인의 말을 들으면서 손으로 종이 · 물건을 만지작거리거나 낙서하지 않음
⑤ 주머니에 손을 넣은 채로 말하지 않음
⑥ 전화통화 중인 사람 옆에서 큰 소리로 말하지 않음
⑦ 개인적인 잡담은 될 수 있는 대로 삼가며, 특히 손님이 있을 때에는 업무 외의 개인적인 이야기는 하지 않음

■ 조직의 대외이미지 관리에 대한 비서 업무 12, 14년 기출

① 연말 사내 바자회 행사개최로 얻은 수익금을 상사와 의논하여 자선사업단체에 기부하는 업무
② 평소 회사 연혁, 글로벌 네트워크, 대표적 제품 등에 대한 정보를 지속적으로 습득하여 고객들에게 기업의 제품과 서비스에 대한 일반적인 정보를 전달할 수 있도록 하는 업무
③ 웹 관련 자격증을 취득하여 상사의 블로그를 효과적으로 관리하는 업무

④ 회사와 관련된 일간지 기사가 게재되었을 경우, 사본을 준비하여 상사에게 보고하고 사내에 회람시키는 업무

⑤ 사내 전문가 집단에 의해 작성된 신간 서적을 고객사에 전달하는 업무

⑥ 업무와 관련이 있거나 도움이 될 때 상사의 승낙을 얻어 조직 외부의 강연이나 행사에 참여하는 업무

3 일정 및 출장관리

■ 상황별 일정관리 16, 17, 19년 기출

① 매일 오후에 상사에게 다음날 일정을 보고하면서 미처 파악하지 못한 상사의 개인적 약속이 있는지 확인하고 최종본을 완성하여 상사에게 전달함

② 상사의 외출 중에 면담 약속을 정할 때에는 비서의 임의대로 정하는 것이 아니라, 상사에게 보고 후 최종 결정하도록 함

③ 잘 알고 있는 공휴일이나 회사의 정기일정이라고 하더라도 다른 일정과 겹치지 않도록 연말에 반드시 기입해 놓도록 함

④ 일정관리에 있어서 명심해야 할 것은 일정이란 언제든지 변경될 수 있다는 사실이므로 일정이 변경되는 상황에 유연하게 대처할 수 있는 자세를 가짐

⑤ 상사 출장 중 실시간으로 보고하여 지시를 받는 것은 옳지 않음

■ 거래처 관리 12년 기출

① 유사 서비스를 제공하는 업체는 많으므로 늘 가격 비교 및 서비스 비교를 통해 최신 정보를 얻는 것이 유리함

② 거래처의 관리에 있어서 최초 선정 시 또는 임원이나 동료의 추천 시에는 추천된 업체와 그렇지 않은 업체와의 가격이나 서비스의 비교를 통해 결정하고 결정된 업체와는 일정기간 거래를 유지하여 장기거래처로서의 이점을 활용하지만 오래된 거래업체라고 해도 가끔 타 업체와의 비교분석으로 교차점검을 하는 것이 바람직함

③ 사내임원이나 동료의 추천으로 거래처를 소개받았을 경우에는 기존의 거래처에서 변경하는 것이 좋음

④ 한번 선정된 업체는 가급적 변경하지 않고 동일 조건하에 계속 거래를 유지하는 것이 가장 바람직함

■ 일정표 작성 시 유의점 13년 기출

① 면담약속의 결정은 항상 상사의 승낙을 받아야 하며, 면담일정을 정할 때에는 예정된 일정에 유의해야 함

② 예상치 못한 일들을 고려하여 여유 있게 면담약속을 정함

③ 하루에 과다하게 여러 건의 약속을 잡지 않도록 주의하며, 하루 중 약속이 여러 번 있을 경우 간격을 너무 짧게 잡지 않아야 함

④ 만나는 장소가 회사 밖일 경우에는 점심시간이나 퇴근길에 정하는 것이 좋으며, 교통 사정 등을 감안해서 여유 있게 약속시간을 정함

⑤ 일정계획의 보고 시에는 비서가 미처 모르는 상사의 약속 여부를 반드시 확인하여 누락되지 않도록 하고, 상사의 일정에 맞춰 비서 자신의 업무 일정표를 작성함

⑥ 일정은 항시 변동되기 쉬우므로 사전에 확인하는 습관을 가져야 하며, 변경 시에도 업무에 차질이 있지 않도록 대비해야 함

■ 일정표의 종류

① 연간 일정표(Annual Schedule)
- 시무식, 종무식, 입사식, 주주총회, 사원체육대회 등 매년의 정기행사나 임시행사 등의 일정을 기록
- 기획실, 총무부 등 조직 전반의 행사를 관장하고 있는 부서가 연초에 모든 행사를 표로 만들어 각 부서로 통지하는 것이 일반적이나, 비서 자신이 만들 때에는 전년도의 일정표를 참고하고 일시, 장소, 회의내용 등은 상사나 행사를 담당하는 부서에 확인

② 월간 일정표(Monthly Schedule)
- 1개월간의 예정을 기록하기 위한 표로 정기적으로 발생하는 보고, 결재, 방문, 회의 등을 포함
- 연간 일정표보다 구체적인 것으로 행사명, 일시 및 장소 등을 기입하되, 전달의 마지막 주일 전까지 작성하여 상사에게 보이고, 수정할 사항이 있으면 정정함

③ 주간 일정표(Weekly Schedule)
- 주요일정, 내방객 방문 일정, 임원회의, 출장계획, 각 부서의 행사 등을 요일별 · 시간별로 구분하여 작성하는 것으로, 1주일간의 예정을 기록
- 변경 가능성이 적고 매우 명확하며, 시각 표시는 물론 각종 회합 장소도 기재
- 주간 일정표는 전주의 금요일까지 작성하여 상사에게 보이고 수정할 사항이 있으면 정정함

④ 일일 일정표(Daily Schedule)
- 하루 단위로 작성하는 일정표를 말하며 내방객 면담, 행사 및 각종 회의 등을 시간대별로 적어 두는 것으로, 가장 상세한 부분까지 기록되는 것이기 때문에 단순한 시간적인 예정뿐만 아니라 면회 약속이라면 예상되는 필요 자료에 대해서도 기록하도록 함

• 일일 일정표에는 약속시간, 약속장소, 이동시간, 연락처, 만나게 될 사람, 주제, 준비자료 등을 자세히 기록하는데, 이렇게 작성한 일일 일정표를 전날 상사가 퇴근하기 전까지 작성하여 상사에게 설명하거나 지시를 받음

■ 일정기입요령

① 모든 일정기입은 상사의 의견을 들어서 정함
② 업무 후의 저녁 약속은 상사의 개인적인 용무 등을 고려하고, 반드시 상사의 승낙을 얻고 난 다음에 시간과 장소를 기입함
③ 일정이 결정되면 즉시 비서의 종합 일정표에 기입하고, 그것을 토대로 상사의 일정표에 기입함
④ 상사가 비서를 통하지 않고 직접 정한 일정도 종합 일정표에 누락되지 않도록 함
⑤ 최초의 연간 예정은 비서의 종합 일정표에 옮김
⑥ 일정표는 가능한 한 상세하게 기입하고 기억해 둠
⑦ 일정을 여러 곳에 나누어 기록하면 혼란이 생길 수 있으므로 되도록 한 곳에 기록함
⑧ 일정표의 내용이 상사의 직무에 관련하여 기밀사항이 되어 있는 경우에는 특히 보안 유지에 주의해야 함
⑨ 잠정적인 예약은 연필로 기입하고, 결정되면 곧바로 펜으로 고쳐 씀
⑩ 교통체증, 약속장소로의 이동시간, 상사의 준비시간 등 시간적인 여유를 두고 작성함
⑪ 일정 중에 출장계획이 들어 있을 때에는 출발 및 도착 시각을 기입하고, 별도로 출장 일정표를 만듦

■ 일정확인

① 전화로 면담과 회의의 일정을 잡았을 때에는 가능한 한 문서로 작성하여 공식 일정으로 확정
② 회의와 방문은 하루나 이틀 전에 회의 주최자와 방문처에 연락하여 일시와 장소 등을 재확인
③ 매일 아침 당일의 일정을 상사의 일정표와 동시에 비교 · 확인
④ 주말에는 다음 주의 일정표를, 월말에는 다음 달의 일정표를, 연말에는 다음 연도의 일정표를 상사에게 전달
⑤ 회의 주최자가 상사일 때에는 회의실을 확인하고 외부 참석자의 비서에게 통지
⑥ 회사 업무용 차량을 이용하는 경우, 일시 및 장소를 명확히 기재한 1주일간의 외출 일정을 운전기사에게 전달하고, 예정에 없던 주말이나 공휴일에 일정이 생기면 될 수 있는 대로 빨리 연락하여 대비하게 함
⑦ 비서와 운전기사가 긴밀한 연락을 취함으로써 장소와 시간 등에 대한 실수가 없도록 함

■ 체크리스트 사용 시 좋은 점

① 반복적인 업무를 할 때 업무의 정확성을 기할 수 있음
② 장기간 지속되는 업무에 대한 그때그때의 추진상황을 기록할 수 있음
③ 시간을 절약하고, 실수로 해야 할 업무를 못 하는 경우를 방지할 수 있음

■ 상사 부재 중 업무 태도 12, 15년 기출

① 상사의 출장 기간에 비서는 상사의 부재 시의 업무지침을 마련해 두고 원활하게 모든 업무가 수행될 수 있도록 조치를 취해야 함
② 일정한 시각을 정해 놓고 통화를 하거나 이메일 등을 이용하면 편리하게 업무보고와 지시를 받을 수 있음
③ 상사 부재 사실의 공개 여부에 대한 원칙을 마련하여 이에 맞게 내방객과 전화업무, 우편업무를 처리해야 함
④ 상사가 없을 때에 비서의 근무 자세가 해이해지거나 자리를 자주 비우는 것은 다른 직원들에게 태만하게 보일 수 있으며, 사고는 방심할 때 생기기 쉽기 때문에 좋지 않음
⑤ 부득이하게 자리를 비워야 할 사정이 생기면, 외부나 상사로부터 급한 연락이 올지도 모르므로 다른 직원에게 전화를 부탁하고 외출 목적과 돌아오는 시각 등을 알려둠
⑥ 상사의 부재 기간이라도 스스로 일을 찾아서 하는 태도가 필요하며 이러한 시간을 활용하여 평소에 밀렸던 서류정리나 캐비닛 정리 등을 해 두는 것이 바람직함

■ 상사 부재 중 우편물처리 13년 기출

① 상사가 출장가기 전에 우편물 종류에 따른 취급 원칙에 대하여 미리 지시를 받아 두는 것이 중요함
② 개인 우편물은 개봉하지 않고 상사의 책상 위에 가지런히 놓아두는데, 장기출장인 경우에는 상사의 자택에 전달할 수도 있음
③ 업무상의 대외비 또는 특수취급우편물은 개봉하지 않고 상사의 대리인에게 전해 주는 경우가 많음
④ 보통의 업무용 서신은 개봉하여 일부인을 찍고 복사한 후에 사본을 상사의 대리인에게 전달
⑤ 개봉한 편지에는 일부인 옆에 전달자의 이름을 써넣고 서류철에 끼워 상사의 책상 위에 놓아둠
⑥ 상사의 출장이 장기간이고 급한 용건의 우편물을 접수했을 때에는 출장지의 상사에게 팩스를 보내 업무의 처리를 지시받도록 하며 원본은 비서가 보관함

■ 상사 부재 중 내방객 및 전화 관리 20년 기출

① 상사의 부재중에 방문한 내방객 명단을 만들어 일시, 회사명, 성명, 직함, 면회 대리자의 명단을 기록해 둠
② 전화메모는 기록해 두었다가 상사가 돌아오면 한꺼번에 책상 위에 둠
③ 장기출장일 경우에는 표로 정리하여 한눈에 파악되도록 함

■ 업무진행절차

① **계획단계(Plan)** : 비서업무 중에는 순서가 처음부터 정해진 정형적 업무가 많으나, 그렇지 못한 업무를 효율적으로 진행하기 위해서는 목적, 목표를 달성하기 위한 구체적인 계획을 수립
② **실행단계(Do)** : 계획에 따라 자주적으로 실제 업무를 수행하는 단계
③ **평가단계(See)** : 업무가 처음의 계획과 같이 진행되고, 또한 기대한 만큼의 결과에 도달했는지를 점검, 평가, 반성하는 단계

■ 예약업무 12, 19년 기출

① 오찬이나 만찬은 성격에 따라서 적절한 장소를 예약하고 음식의 경우 참석자의 성향과 문화를 고려하여 예약함
② 회담 등의 경우 상사가 선호하는 장소나 방을 선택하고, 외부예약 시 상사의 이름 외에도 상대방의 이름도 함께 알려주어 안내를 받을 수 있도록 함

■ 골프 예약 업무 16, 18, 19년 기출

① 그린피와 캐디피 · 카트피로 나누어지며, 캐디피와 카트피는 법인 카드 사용이 안 되는 곳이 대부분이므로 현금을 준비하도록 하고, 회원 여부 그리고 주말이나 주중에 따라서 가격이 달라지므로 해당 골프장 홈페이지를 참조해서 가격 정보를 확인함
② 회원권 소지자만 예약이 가능한 회원제 골프장과 일반인도 예약 가능한 퍼블릭 골프장이 있으며, 골프 예약은 주로 회사나 상사 개인이 회원권을 소유한 골프장을 이용하는 경우가 대부분이나 예약 대행사를 통해서 예약을 진행하기도 함
③ 골프장마다 자체적으로 정한 위약 규정이 홈페이지에 안내되어 있고, 규정을 어기면 벌점을 받게 되는데 일정 점수 이상이 되면 골프 예약이 불가하므로 규정을 잘 준수해야 함

■ 항공 관련 용어 13, 15, 16년 기출

① **보딩패스(Boarding Pass)** : 승객의 탑승을 허용하는 카드. 탑승구 · 탑승 시간 · 좌석번호 등이 표기됨

② **코드쉐어(Code Share)** : 특정 노선을 취항하는 항공사가 좌석 일부를 다른 항공사와 나누어 운항하는 공동운항 서비스

③ Transit : 여객 또는 화물이 중간에 잠시 들렀다가 '같은' 항공편으로 다음 도착지로 출발하는 경우

④ Stopover : 여정상 두 지점 사이에 잠시 체류하는 것으로 24시간 이상 체류 시에는 해당 국가 입국심사를 마치고 위탁 수하물을 수령하여 세관검사까지 마쳐야 함

⑤ Open Ticket : 일정이 확정되지 않아 돌아오는 날짜를 정확히 지정하기 어려운 경우 돌아오는 날짜를 임의로 정하여 예약하고 항공권의 유효 기간 내에서 일정 변경이 가능한 항공권

⑥ Overbooking : 판매하지 못한 항공권은 시간적으로 재판매가 불가능하므로 예약이 취소되는 경우와 예약 손님이 공항에 나타나지 않는 경우를 대비하여 실제 판매 가능 좌석수보다 예약을 초과해서 접수하는 것을 말함

⑦ Standby(Go-show) : 사전 항공권 예약 없이 공항에서 탑승 대기자로 등록하는 것. 좌석 상황에 따라 좌석을 배정

⑧ ATA(Actual Time of Arrival) : 실제 비행기가 도착하는 시간

⑨ ATD(Actual Time of Departure) : 실제 비행기가 출발하는 시간

⑩ Baggage Claim : 목적지에 도착해 탁송한 수하물을 찾을 수 있는 장소

⑪ Weight System(**무게 제한**) : 보통 국제선은 짐 20kg 이상일 경우 추가비용 발생

⑫ Frequent-flier Programs : 항공사의 마일리지 프로그램

⑬ IATA : 국제항공운송협회. 여기에 가입되어 있지 않은 저가 항공사의 경우 사고발생 시 많은 문제 발생

■ 면담 중 용건 전달 13, 19년 기출

① 면담 중 상사에게 전화가 걸려 왔거나 급한 전언이 있을 때에는 내용을 구두로 전달하지 않고 메모하여 상사에게 전달

② 이때, "말씀 중에 죄송합니다"라고 말하고 상사에게 메모를 보이며, 면담 중인 손님에게 전화가 걸려왔을 때는 상대방에게 손님과 직접 통화해야 하는지 또는 전화의 용건을 전달해도 좋은지를 물어 보고 급한 경우에는 용건을 메모하여 알려줌

③ 손님과의 면담이 너무 길어져서 다음 손님이 기다리거나 일정이 있을 때에는 적절한 시간에 상사가 면담을 마칠 수 있도록 다음 일정을 메모로 전함

■ 면담약속을 정하는 요령 16년 기출

① 만나고자 하는 목적을 먼저 파악한 후 약속 시간을 조정함
② 약속 일정을 정할 때 상대방에게 막연히 어느 때가 좋은지를 묻지 말고, 이쪽에서 가능한 시간을 2~3개 제시하여 상대방이 선택하도록 함
③ 상대방을 방문하는 약속인 경우 장소확인 및 목적지까지의 소요시간을 물어봄
④ 상대방이 찾아오는 약속인 경우 출발지로부터 차편에 따른 소요시간을 알려줌
⑤ 면담요청을 받을 때에는 반드시 메모를 하고 확인
⑥ 면담 · 식사약속 등은 반드시 기록으로 남김
⑦ 승용차의 준비 여부, 필요한 서류 및 정보 등을 미리 확인
⑧ 평상시 상사와 교류가 빈번한 상대방의 비서와 좋은 업무관계를 형성하여 만일의 사태에 대처하기 쉽도록 함
⑨ 보기 쉬운 약도(승용차용, 지하철용)를 준비해 두었다가 필요한 경우에 팩스로 보내거나 회사 홈페이지에 올려둠

■ 면담약속 시 피해야 할 시간

① 월요일 오전은 주말 동안 들어온 편지, 팩스, 결재 서류 등이 쌓여 있거나 회의가 있을 수 있으므로 피함
② 외출이나 식사 시간이 예상 외로 길어질 수도 있기 때문에 오후 1시에서 1시 30분 사이는 피함
③ 회의가 예정보다 길어져서 다음 약속 시간을 지킬 수 없게 되는 경우가 종종 있으므로 회의 직후는 피함
④ 출장 전날이나 출장에서 돌아온 다음 날에는 준비하고 처리해야 할 업무들이 많으므로 가급적 피함
⑤ 출근한 직후는 그 날 바로 처리해야 할 일 등이 있을 수 있고, 퇴근 직전은 약속 시간이 지연되어 퇴근 시간에 차질을 줄 수 있기 때문에 가급적 피함
⑥ 출퇴근 시간 약속은 교통 체증으로 지키지 못할 경우가 있으므로 가급적 피함
⑦ 토요일은 휴무인 회사가 많으며, 근무하더라도 주로 반나절만 근무하게 되어 짧은 시간 내에 끝내야 할 업무들이 많으므로 될 수 있으면 피함

■ **출장업무** 13, 15, 16, 19, 20년 기출

① 비서가 처리해야 하는 출장에 관련된 업무는 여행 일정표 작성, 교통편 예약, 숙박업소 예약, 출장경비계산, 휴대품 준비, 출장지의 연락 · 확인, 여행에 필요한 자료 · 서류 준비 등 다양

② 비서는 상사가 능률적으로 출장업무를 수행할 수 있도록 보좌하기 위하여 사전에 교통기관, 숙박시설, 해외여행 등에 대한 지식을 충분히 익혀서 이를 바탕으로 상사의 의견을 들어 출장 계획을 세움

③ 출장 일정표를 작성할 때에는 출장의 성격, 목적지의 기후 조건 등을 고려하고, 일정표에는 출장의 목적지, 출발일, 기간, 숙박시설, 목적지에서 만날 사람과 연락처, 개최되는 회의, 관계된 서류 등을 구체적으로 기입

④ 상사의 출장 기간 동안 위임된 업무를 수행하며, 주의해야 하는 일을 대리권자에게 알리거나 상사 부재 시의 영향을 최소화하는 방향으로 처리

⑤ 상사가 출장에서 돌아오면 방문객, 전화 등 부재중에 일어난 일에 대한 결과를 보고하고 상사가 가져온 자료를 정리하며, 보고서 작성과 출장여비 정산

⑥ 상사가 받은 명함을 정리하고, 필요에 따라 인사장을 작성하여 발송

■ **출장계획안 작성**

① 출장이 결정되면 상사는 우선 비서에게 출장지, 출발일, 도착일 등의 기본 내용을 밝힘

② 기본 내용들을 중심으로 하여 보다 구체적인 사항을 검토하면서 계획안을 작성

③ 출장과 관련된 예전의 문서철을 참고 자료로 이용해도 좋으며, 모르는 부분은 상사에게 질문함

④ 출장계획안을 작성하여 일정에 무리는 없는지, 빠진 것은 없는지를 검토한 후 상사에게 보여주고 의견을 구함

⑤ 필요하다면 수정하고 출장 일정을 확정

■ **출장일정표 작성** 12년 기출

① 숙소와 교통편이 정해지면 출발부터 도착까지의 일정을 알기 쉽게 정리한 출장일정표를 만듦

② 출장일정표는 출장 기간 중의 예정을 한눈에 볼 수 있도록 한 장의 표에 모아 작성함

③ 출장일정이 복잡할수록 일정표의 준비는 매우 중요하며, 완성되면 관계자(동행인, 출장지 담당자, 차량 운행자, 필요한 경우 자택)에게 배부

④ 해외출장 시 재외공관주소, 현지항공사연락처, 여권과 신용카드번호 및 만기일, 여행자수표번호, 각종 예약번호, 현지기상정보, 세계시차표, 지도 등을 정리해 두면 좋음

⑤ 출장일정표를 한 번에 완성하기는 어려우므로 여러 번 확인 · 점검을 한 후에 비로소 마무리 짓게 되며 비슷한 일정표가 여러 장 있으면 혼동하거나 틀리기 쉽기 때문에 초안이나 복사본은 즉시 폐기 처리함

■ 환전할 때의 유의점

① 적어도 출발하기 이틀 전에는 출장 가지급금을 가불받아서 환전해야 함
② 선진국에서는 신용카드의 사용이 편리하므로 상사와 의논하여 환전할 금액을 결정함
③ 환전할 때에는 상사의 여권을 지참하고 은행의 외환계를 이용
④ 일본 출장을 제외하고는 대부분 미국 달러화로 환전하는 경우가 많음

■ 상사의 해외출장 계획안 작성 시 고려 사항

① 여권만기일 및 비자발급 필요여부 확인
② 방문 예정지 확인
③ 출발 및 도착 일시 확인
④ 현지 기상상태 확인
⑤ 교통수단의 선정 및 예약
⑥ 숙박 장소 예약
⑦ 지참할 서류, 자료 등 휴대품
⑧ 상사의 건강상태 확인

■ 상사의 해외출장 시 수명(受命)과 보고 16년 기출

① 상사 출장 시 상사 업무대행자에게 사안을 보고하여 상사의 부재를 최소화함
② 상사 출장 중에 상사의 회신을 요하는 통신문이나 우편물은 미리 취급원칙을 정하고 상사에게 알려 회신이 늦어지지 않도록 함
③ 매일 회사의 주요 사안 및 중요 인물의 전화, 방문 등을 브리핑하는 이메일을 보내고 보충 설명이 필요한 경우 상사와 통화함

4 회의 및 의전관리

■ 회의업무 12, 14, 16, 17, 19년 기출

① 원활한 회의 진행을 위하여 각종 준비를 하고 회의가 끝난 후 필요한 사무를 처리하는 등 상사가 주재하거나 참석하는 회의가 원만하게 진행되기 위해서는 비서가 보이지 않는 노력을 해야 함
② 비서가 수행해야 하는 회의 관련 업무는 안내장의 작성과 발송, 참석자의 명단 작성, 통지서 발송, 회의 장소의 선정 · 예약, 회의장 운영, 필요한 비품의 준비, 회의 자료의 준비 · 작성 · 배부, 회의장에서의 접수, 출석 확인, 미도착 인사에 대한 연락, 다과 · 식사 등의 준비, 폐회 후의 뒤처리, 회의록의 작성 · 배부 등

③ 비서는 회의에 직접 참석하지 않더라도 회의의 성격이나 참석자의 범위, 사회자의 진행 발언, 내용과 토론, 결정 사항과 그 정리 등을 상사와 협의하여 녹음하거나 속기하도록 하여 능동적인 대처를 함
④ 회의에 관련된 업무는 상사와 상의하면서 순서대로 진행해 나감
⑤ 외부강사를 초청하는 경우 비서는 강사료를 강사가 원하는 방법으로 준비함

■ **주주총회 준비** 12년 기출
① 신문에 정기 총회 공고를 15일 전에 냄
② 주주총회는 교실형으로 좌석 배치
③ 주주총회의 장소를 결정할 때는 교통편만을 고려하는 것이 아니라 회의의 목적, 참석인원, 비용, 근접성을 총괄적으로 고려하여 결정
④ 주주총회 소집 통지서에 일시, 장소, 주주총회의 결의사항을 명시하고, 의결권위임장을 함께 동봉하여 발송

■ **직원교육 시 회의실 환경** 13년 기출
① 회의의 형식으로 워크샵 형태가 적절
② 교육인원이 소규모인 경우 대회의실을 이용하는 것은 비효율적임
③ 직원교육의 좌석배치는 ㅁ자형보다 V자형이 적당함
④ 신입비서들이 서로 이름과 소속을 쉽게 인식할 수 있도록 회의실 탁자 위에 명패를 비치함

■ **신입비서 교육용 업무매뉴얼에서 유의해야 할 요소** 13년 기출
① **일상적 업무내용** : 상사가 선호하는 업무처리방식을 기술해 놓음
② **업무상 자주 연락하는 전화번호** : 신입비서가 회사정보를 적절하게 관리할 수 있는 능력을 갖출 때까지 업무에 필요한 최소한의 정보만을 제공하는 것이 바람직함
③ **각종 서류의 위치** : 상사의 기호를 분석하여 기술함
④ **자주 사용하는 비품 위치** : 사내 구독하는 정기간행물 관련 정보를 분류하여 표기해 놓음

■ **회의장 좌석의 배치** 12, 19년 기출
① 회의장의 크기는 지나치게 넓으면 산만한 느낌을 주고, 지나치게 좁으면 답답하게 느껴지므로 유의해야 함
② 회의장의 좌석배치는 회의의 목적과 성격, 참석자 수, 회의장의 크기 등을 기준으로 하여 정함
③ 좌석의 배치는 사내 의전 규정을 따르며, 일반적으로 의장의 좌석은 의사진행을 하기 좋은 중앙에 배치하고, 내빈과 상사는 될 수 있는 대로 상석에 배치하며, 주최 측 중 회의 운영관련자는 입구 가까운 곳에 배치함

■ 회의 통지서 발송

① 회의 참석 통지문이나 청첩장은 받는 쪽을 생각해서 적어도 10일 전에 알리도록 함
② 비정규 회의라도 2~3일 전에 연락을 취하지 않으면 상대방의 일정에 맞추기가 어려울 수 있음
③ 통지서에는 필요한 정보를 빠뜨리지 않도록 주의하고, 간단명료한 표현을 쓰도록 함

■ 회의시설의 점검 16년 기출

① 회의장에 조금 일찍 도착하여 조명, 환기, 냉 · 난방, 책상과 의자의 수, 명패, 명찰 등 준비해 두어야 할 물건들이 잘 정돈되어 있는지 재확인
② 마이크와 녹음장치, 빔 프로젝터 등을 시험해 보고, 의사진행순서를 보기 쉬운 곳에 붙여 둠
③ 회의용 자료, 메모지, 필기구 등은 책상 위에 잘 정리하고, 정해진 자리의 순서에 따라 명패를 놓음
④ 다과 준비와 접대용 비품이 잘 갖추어져 있는지 점검

■ 회의의 형태

① **세미나** : 지정된 주제를 가지고 참가자들이 공동으로 토론 및 연구하게 하는 방법으로, 지명된 몇 명의 회원이 분담된 소주제에 대해 연구 · 발표하고 이를 바탕으로 회원 모두의 토론을 통해 대주제에 이르도록 하는 회의
② **심포지엄** : 여러 명의 전문가가 특정 의제에 대해 각자의 의견을 논하고 청중 혹은 사회자가 질문해 강연자가 여기에 답변하는 토의 형식
③ **버즈 세션** : 다수의 인원을 소그룹으로 나누어 정해진 짧은 시간에 자유롭게 발언해 나온 의견을 그룹 대표자가 전체 앞에서 발표함으로써 전체의 의견을 통합해 나가는 형식
④ **패널(공개토론)** : 토의할 문제에 대해 참석자 중에서 여러 대표자가 청중 앞에서 토론한 뒤 다시 전원에 의한 공개토론에서 질의응답을 하는 형식
⑤ **포럼** : 1~3인 정도의 전문가가 10~20분간 공개연설을 한 후에, 이 내용을 중심으로 참가자들과 질의 응답하는 방식의 토의

■ 국제영상회의 16, 18년 기출

① 모든 회의참석자들이 영상화면에 보일 수 있도록 테이블 형태 및 배치를 확인할 필요가 있음
② 타국가와의 영상회의 시 특히 Daylight saving time zone에 주의하여 회의시각을 결정해야 함
③ 나날이 발달하는 과학기술을 반영하는 하이테크 기기를 사용하면 비서 업무의 생산성과 효율성을 높일 수 있음
④ 사내 영상회의 시설이 설치되지 않았을 때에는 특급호텔의 비즈니스 센터에 마련된 영상회의장을 대여하여 활용할 수도 있음

■ **회의 시 접수업무** 12, 13년 기출

① 등록부 또는 방명록에 서명을 받음
② 가나다순으로 정리된 참석자 명찰을 해당 참석자에게 전달
③ 참석을 미리 통보하지 않은 사람이 참석할 경우를 대비하여 빈 명찰과 검정 사인펜을 여분으로 준비
④ 참가비나 회비를 접수할 때 영수증 발급(미리 직인을 찍어둠)
⑤ 식사시간이 있을 경우 식사 여부에 대해 체크하여 정확한 인원을 알려줌
⑥ 참석자의 주소록이나 동정에 관한 변경사항을 체크함
⑦ 회의용 자료나 회의 일정표 및 기념품 배부

■ **회의록 작성요령** 13, 17년 기출

① **결재란** : 회의에 참석하지 않은 상사나 상부에 회의 내용을 전달하기 위한 결재 과정
② **회의명** : 회의의 핵심 안건을 기재하는 항목, 여러 안건이 있을 경우 모두 적는 것이 좋음
③ **일시 및 장소** : 회의 개최 시기 및 장소를 적는 항목
④ **회의자료** : 회의를 진행하면서 필요한 자료를 첨부하여 회의 참석자들에게 배포하도록 함
⑤ **참석자 명단** : 회의에 참석한 사람과 불참한 사람들의 명단을 적는 항목
⑥ **회의 내용** : 회의 안건의 세부 사항을 적는 항목으로 회의 참석자들의 찬반 의견이나 회의 중 논의된 사항을 일목요연하게 정리하고 회의 안건에 대한 진행 사항이나 계획 등을 적으며, 다음 회의에 논의할 사항을 따로 기입해 둠
⑦ **결재자 의견** : 회의록을 결재한 상사의 의견을 적는 항목
⑧ **문서번호** : 상기와 같이 회의록을 작성할 경우에는 문서의 체계적인 관리를 위하여 문서의 고유번호 내지는 문서의 코드를 정해 문서를 일관성 있게 분류하여 관리해야 하며, 체계적으로 문서를 분류하여 관리하면 해당문서를 관리하거나 다시 찾을 때 보다 효율적인 업무 활용도를 나타낼 수 있음

■ **회의 진행 순서**

① **개회** : 출석(정족수 확인), 개회 선언
② 전(前) 회의록 통과
③ 의장(회장) 인사
④ 특별 순서(감사장 증정 등의 순서가 있을 경우)
⑤ 서기, 회계 보고
⑥ 임원회/위원회 보고
⑦ 전 회의에서 심의 미결된 안건
⑧ 새로운 의사진행
⑨ 폐회선언

■ 회의 용어 13, 15, 16, 17, 19년 기출

① **정족수(定足數)** : 회의를 개최하기 위하여 필요한 최소한의 출석인원수
② **동의(動議)** : 예정된 안건 이외에 전체 회의에서 심의하도록 안을 내는 것
③ **개의(改議)** : 동의와 관련하여 수정된 의안을 발의하는 것
④ **의안(議案)** : 회의에서 심의하기 위하여 제출되는 안건
⑤ **발의(發議)** : 회의에서 의견이나 의안을 내는 것
⑥ **채결(採決)** : 의장이 회의 참석자에게 거수, 기립, 투표 등의 방법으로 의안에 대한 가결 여부를 결정하는 것
⑦ **표결(表決)** : 채결에 참가하여 의안에 대하여 찬성인지 반대인지 의사표시를 하는 것
⑧ **표결(票決)** : 표결하는 과정에서 거수나 기립이 아닌 투표로 채결하는 것
⑨ **성원(成員)** : 구성원
⑩ **재청(再請)** : 타인의 동의를 얻어 거듭 청하는 것

■ 드레스 코드 16, 20년 기출

① 일반 행사는 평상복이 원칙임
② 야회복(White Tie)은 상의의 옷자락이 제비 꼬리 모양을 하고 있어 연미복(Tail Coat)이라고도 하고 주로 무도회나 정식 만찬 또는 저녁 파티 등에서 입음
③ 평상복(Informal)은 Lounge Suit, Business Suit라고도 하며 색깔은 진한 회색이나 감색이 적합함(재킷과 바지의 색깔이 다른 것을 입어서는 안 됨)

■ PCO(Professional Congress Organizer)의 주요 업무 15년 기출

① 국제회의 유치, 회의 전체의 운영, 회의 예산의 편성
② **회의사무국 업무대행** : 각종 문서작성, 수송, 숙박 등 각종 관련업체 수배
③ 동시통역, 일반통역의 제공
④ 회의 의사록, 프로그램, 초대장 등 회의관련 자료의 제작과 발송
⑤ 리셉션, 관광, 동반자 프로그램 등 관련행사 계획과 실시
⑥ 필요 인력 제공, 회의운영 종합 컨설팅 등

■ 국제의전원칙(5R) 18년 기출

① 의전은 상대방에 대한 존중(Respect)임
② 의전은 상호주의(Reciprocity)가 원칙임
③ 의전은 문화의 반영(Reflecting Culture)임
④ 의전은 서열(Rank)임
⑤ 오른쪽(Right)이 상석임

■ 의전 기본원칙 16, 18, 19년 기출

① 공적 직위가 없는 인사의 서열 기준은 전직(前職)과 연령을 기준으로 하되 행사 관련성도 고려함

② 정부기관인사가 참여했을 경우, 직위가 같을 때는 정부조직법상의 순서를 기준으로 자리를 배치함

③ 태극기와 외국기를 교차 게양할 경우는 밖에서 보아 태극기의 깃대는 외국기의 깃대 앞쪽으로 함

④ 정부의전행사에 있어서 참여인사에 대한 의전예우기준은 헌법 등 법령에 근거한 공식적인 것과 공식행사의 선례 등에서 비롯된 관행적인 것으로 대별할 수 있음

■ 다양한 문화의 비즈니스 관행 12년 기출

① 미국에서는 비즈니스 목적이 아닌 경우에는 명함교환을 안 하는 경우가 많음

② 브라질은 기업이나 관공서, 상점, 은행 등에서의 업무처리속도가 빠른 편이 아니므로 업무 시 끈기를 가지고 임해야 함

③ 아랍에미리트와 같은 이슬람 문화권 국가에서는 단식기간인 라마단기간에는 바이어상담에 응하지 않음을 유의하여 업무를 진행하여야 함

④ 나이지리아, 카메룬 등의 서아프리카 대부분의 국가들에서 선진국과 같은 정확한 시간계획에 의한 일정의 진행을 기대하기는 어려움

■ 상석의 일반적 기준 12년 기출

① 남성과 여성이 길에서 동행할 때에는 여성이 길 안쪽으로 걸어가도록 하는 것이 예의임

② 상석의 일반적인 기준은 중요인사의 오른쪽과 행사장 앞쪽임

③ 기차에서는 일반적으로 기차가 진행하는 방향쪽의 창가가 제1석, 그 건너편 창가가 제2석, 제1석의 옆자리가 제3석, 그 건너편 통로쪽 좌석이 제4석임

④ 엘리베이터 내부에서의 상석은 엘리베이터 안쪽이고 조작버튼 앞이 말석임

■ 외부인사 특강 관련 비용처리 12년 기출

① 특강료를 외부인사에게 지급하기 위해 주민등록증과 통장사본을 전달받아 원천징수한 금액을 외부인사 통장으로 입금함

② 특강에 필요한 기자재를 비서가 먼저 구매하면 구매 후 경리부에 세금계산서를 전달

③ 상사가 외부인사에게 선물을 준비하라고 하시면 그 비용은 법인카드로 지불

④ 기업에서 비용처리를 위해서는 간이영수증보다는 가급적 세금계산서 또는 법인카드로 지불한 카드영수증으로 처리함

■ 비즈니스 인간관계 예절 – 인사법

① 악수는 손을 마주잡음으로써 서로에 대한 친근한 정을 나누고 관계를 돈독히 하는 행위이나 제대로 하지 않을 때에는 상대방에게 불쾌감을 줄 수도 있음

② 악수를 할 때는 여성이 남성에게, 손윗사람이 아랫사람에게, 선배가 후배에게, 상급자가 하급자에게 먼저 악수를 청하는 것이 원칙임

③ 사교 모임에서 외국인을 만났을 경우에는 자신을 소개하면서 손을 내밀어 악수를 청하는 것이 좋음

④ 상대가 악수를 청할 때 남성은 반드시 일어서야 하는 것이 예의이나 여성은 앉은 채로 악수를 받아도 됨

■ 비즈니스 인간관계 예절 – 소개법

① 쌍방을 아는 소개자나 중개자가 있을 때 나이가 어린 사람이나 직위가 낮은 사람을 먼저 연장자나 높은 사람에게 소개함

② 중개자 없이 자신을 직접 소개할 때는 자신의 이름을 밝히면서 상대방에게 말을 건넴

③ 일단 상대방의 이름을 알고 나면 대화 중 상대방의 이름을 자주 사용하는 것이 예의임

■ 비즈니스 인간관계 예절 – 명함 사용법

① 악수를 하기 전에 명함을 먼저 제시하는 경우가 있는데 이는 서양 예의상 바람직하지 않음

② 서양인들에게 명함의 의미는 단지 서로 충분한 대화를 나눈 후 추후 연락할 필요가 있을 때 전화번호와 주소 등을 적은 메모 이상의 역할을 하지 않음

③ 일본인들과 인사를 할 때는 미리 명함을 찾아 들고 있다가 자신의 이름을 말하며 명함을 주는 동시에 허리를 굽혀 인사함

■ 비즈니스 인간관계 예절 – 호칭 17년 기출

① 외국 사람, 특히 북미나 유럽 사람들은 일단 인사를 하고 조금 친숙해지면 자신의 First Name, 즉 이름을 불러달라고 함. 예를 들면 "Call me Bob"과 같이 이름 중에서도 애칭을 부르며 일대 일의 평등한 관계에서 친밀감을 나타냄

② 외국인과의 인간관계가 많은 사람은 자신의 이름을 외국인이 알아듣기 쉽고 외우기 쉽게 약간 변형해서 불러달라고 하면 좋음

■ 비즈니스 인간관계 예절 – 복장 · 몸가짐

① 깨끗한 복장과 몸가짐은 인간관계의 기본임

② 단정하고 깨끗하면서도 시간과 장소에 맞는 옷차림에 유의하여야 함

③ 정장을 하고 갈 자리에 평상복 차림으로 가거나 주말 야외 모임과 같은 비공식적인 자리에

넥타이 차림으로 가는 것은 격에 맞지 않음

④ 일반적으로 서양 사람들은 구취, 체취와 같은 냄새에 대하여 예민하므로, 진하지 않은 향수나 방향제를 사용하여 상대방에게 불쾌감을 주지 않도록 함

■ **단상 좌석배치**

행사장의 단상에 귀빈들을 배치할 경우에는 행사에 참석한 최상위자를 가운데로 하고, 최상위자의 우측에 차상위자, 좌측에 그 다음 인사를 배치함. 즉, 차상위자 자리를 중심으로 단 아래를 향하여 우-좌의 순으로 교차 배치. 만약 차상위자가 부인을 동반한 경우라면, 중심의 우측에 최상위자를, 좌측에 부인을 배치한 후, 나머지는 마찬가지로 우-좌 순으로 교차 배치함

■ **국제회의 국기게양법** 16, 20년 기출

① 다수의 기를 게양할 때의 위치상 우선 순위는 기의 수가 홀수일 경우와 짝수일 경우가 다름

② 참여국이 홀수일 경우에는 개최국의 국기가 정가운데 위치하고 개최국을 기준으로 국가명 알파벳순으로 참여국의 좌우순으로 배치

③ 참여국이 짝수인 경우에는 개최국의 국기가 앞에서 게양대를 바라볼 때 왼쪽 첫 번째 위치하고 나머지 나라의 국기는 국명의 알파벳 순으로 그 오른쪽에 차례대로 게양함

■ **생활예절**

① 많은 사람이 모이는 공공장소에서는 질서를 지키며 자신의 행동으로 인하여 타인에게 피해가 돌아가는 일이 없도록 유의함

② 목소리를 높여서 언쟁을 하거나 금연 공간에서 담배를 피우는 행위 등은 주위 사람에게 피해를 줌

③ 외국인들은 타인의 근처(앞이나 옆)를 지나갈 때는 일단 그 사람의 공간을 침해한다는 의식이 있기 때문에 항상 “Excuse me(실례합니다)”라고 이야기하여 양해를 얻어야 함

④ 발을 밟았거나 옷깃을 스치더라도 “I am sorry(죄송합니다)”라고 이야기하는 것이 습관처럼 되어 있음

■ **초대예절** 19년 기출

① 초대를 받았을 때는 감사하다는 표현을 충분히 하며 자신이 준비하거나 도와줄 것은 없는지 물어봄

② 만약 초대장을 받았는데 참석 여부를 알려달라는 요청이 있을 경우에는 빠른 시일 내에 참석 여부를 알림

③ 당일에는 정시 5분 전에 도착할 수 있도록 시간을 고려함

④ 초대 가정에 가서는 주인의 관심사를 살펴 공통 화제를 찾도록 함

⑤ 초대를 할 때는 적어도 열흘에서 2주일 여유를 두고 받아볼 수 있도록 초대장을 미리 보내거나 전화로 연락함
⑥ 가정에서 간단한 저녁 식사 정도의 모임에는 구태여 초대장을 보낼 것까지는 없으나 공적인 성격을 띨 때는 반드시 초대장을 보내도록 함
⑦ 초대받은 사람들끼리 서로 어울리는 자리가 될 수 있도록 참석자들을 선정함
⑧ 서로 아는 사람들이 2~3명 있으면 분위기가 한결 부드러움

■ 식사 중의 대화

① 동양식의 식사 자리에서는 이야기를 많이 하는 것이 바람직하지 않지만 서양식에서는 착석하여 식사를 마칠 때까지 대화를 계속하는 것이 예의임
② 대화를 할 때는 일반적으로 조용히 그리고 빠르지 않게 이야기하며 입 안에 먹을 것을 넣은 상태에서는 말을 하지 않음
③ 화제는 심각하거나 전문적이기보다는 명랑하고 상호 관심이 있는 분야의 공통 화제를 찾아 나눔

■ 외국인과 선물을 주고받을 때의 매너 12, 13, 15년 기출

① **미국** : 백합은 죽음을 의미하므로 피하며, 선물은 받은 즉시 풀어보는 것이 예의
② **독일** : 흰색, 검정색, 갈색의 포장지와 리본은 사용하지 않고, 꽃은 짝수가 아닌 홀수로 선물하며 13송이는 피해야 함
③ **프랑스** : 빨간 장미는 구애를 뜻하므로 함부로 선물하지 않으며, 향수나 와인처럼 프랑스인이 잘 알고 있는 기호품은 좋지 않음. 또한, 카네이션은 장례식용 꽃이므로 선물용으로 사용하지 않음
④ **중국** : 종이 달린 시계는 종결이나 죽음을 의미하므로 선물하지 않으며, 과일 중 배는 이별을 상징하므로 피해야 함. 또한, 거북이는 우리나라에서는 장수를 상징하는 긍정적인 동물이지만 중국에서는 욕설과 발음이 비슷하기 때문에 선물로는 피해야 함
⑤ **일본** : 은장도 등의 칼은 단절을 의미하므로 선물로 좋지 않으며, 하얀색 종이는 죽음을 의미하므로 사용하지 않음
⑥ **중동** : 애완동물은 격이 낮은 선물로 취급받으며 손수건은 눈물이나 이별을 상징하므로 좋지 않음. 또한 선물을 주고받을 때는 반드시 오른손으로 해야 함
⑦ **라틴 아메리카** : 일본과 마찬가지로 칼은 단절을 의미하므로 선물하지 않음
⑧ **인도네시아** : 이슬람교의 영향으로 돼지고기를 먹지 않고 개는 불결한 동물로 여겨 가까이하지 않으므로 개나 돼지 모양의 선물은 피해야 함

* 선물을 받고 바로 개봉해야 하는 경우, 성의에 감사하고 그 자리에서 "열어 봐도 될까요?"라고 말한 다음 선물 상자를 풀어 본 후 감사의 표시를 하는 것이 매너임

5 상사 지원 업무

■ **지시를 받을 때 주의해야 할 점** 13년 기출

① **명령을 받을 때는 메모를 할 것** : 육하원칙, 즉 언제, 어디서, 누가, 무엇을, 어떻게, 왜를 활용

② **우선 끝까지 듣고 질문할 것** : 이해가 안 되는 점이 있으면 표시해 두었다가 중간에 끊지 말고 지시가 끝난 후에 질문을 함

③ **지시를 받은 뒤 간단히 복창하여 확인할 것** : 지시를 다 받고 난 뒤에는 지시 내용을 요령 있게 복창하여 잘못 들었거나 빠뜨린 것이 없나 확인하여야 함

④ **곧바로 지시받은 업무를 착수할 것** : 지시를 받으면 바로 일을 시작해야 함

⑤ 상사가 부르면 "네" 하고 분명하게 대답함

■ **보고의 요령**

① 지시한 사람에게 완료 즉시 직접 보고함

② 보고의 내용이 긴 경우, 결론 → 경과나 이유 → 소견 등의 순서로 말함

③ 보고할 내용이 몇 가지 이상 겹쳤다면 전체 상황을 먼저 이야기 하고, 하나씩 조목별로 번호를 매겨서 이야기하는 것이 좋음

④ 듣는 사람이 확신이 가도록 수치를 사용하거나 명확한 표현을 쓰며, 말의 끝을 분명하게 맺음

⑤ 보고는 시기가 매우 중요하며, 일이 종료되었을 때뿐만 아니라 어떤 문제가 예상될 때, 실수를 저질렀을 때, 갑자기 변경해야 할 때 등은 일이 해결될 때까지 기다리기보다는 중간에 보고함

⑥ 일이 순조롭게 진행되고 있는 사안에 대해서도 중간보고는 필수적임

⑦ 상사에게 보고할 때에는 상사의 정면을 피해서 약간 측면으로 적정 거리에서 보고함

⑧ 보고가 길어지는 경우에도 상급자의 권유가 있을 때까지 자리에 앉지 않도록 함

■ **보고의 일반원칙** 14년 기출

① **필요성의 원칙**
- 보고의 용도를 명확하게 제시
- 불필요한 보고 억제
- 활용할 목적에 합치되도록 함
- 적정한 보고의 양과 질 확립

② **완전성의 원칙**
- 철저한 자료 수집으로 관련 사실을 완전히 정리
- 보고서 작성 시 책임 한계를 명백히 함

③ 적시성의 원칙

• 경영활동을 위한 전략적 또는 전술적 조치를 수행할 수 있도록 적시에 보고함

④ 정확성의 원칙

• 독단과 편견을 배제하고 공정한 판단에 의하여 정확하게 작성

• 불확실한 자료는 제외하고 임의성은 배제

⑤ 간결성의 원칙

• 간결한 형식으로 내용을 요약함

• 보고서식은 간단명료하게 함

• 이해하기 쉬운 표현 사용

⑥ 유효성의 원칙

• 관리 통제나 방침 결정에 유용한 보고를 함

• 보고받는 사람이 즉시 활용할 수 있도록 함

■ 효과적인 정보 보고 19년 기출

① 간단명료한 상태일 것

② 신속한 보고일 것

③ 확실한 목적이 있는 보고일 것

④ 보고 내용은 문제의 핵심만 요약할 것

⑤ 현상 파악과 아울러 경향 파악을 할 수 있을 것

⑥ 탄력성과 융통성이 있을 것

⑦ 결론부터 보고할 것

⑧ 사실 그대로 보고할 것

⑨ 물어오기 전에 보고할 것

■ 경어의 표현 12, 13년 기출

존대어		겸양어		정중어	
있 다	계시다	**나, 우리**	저, 저희	**미안해요**	죄송합니다
만나다	만나시다	**말하다**	말씀드리다	**했어요**	했습니다
일	용 건	**만나다**	만나뵙다	**그래요**	그렇습니다
야 단	꾸 중	**찾아가다**	찾아뵙다	**~여요**	입니다
상대방 회사	귀 사	**우리 회사**	당사, 폐사	**아니에요**	아닙니다
집	댁	**주 다**	드리다	**고마워요**	감사합니다

■ 실용한자 13, 14, 19년 기출

① 단 어

- 採用(채용) : 사람을 골라서 씀
- 各位(각위) : 다수의 사람
- 貴下(귀하) : 상대방을 높여 부르는 말(직위가 있는 경우)
- 諸位(제위) : 여러분
- 先生(선생)님 : 남을 존대하여 부르는 말(직위가 없는 경우)
- 창업(創業) : 사업을 시작하다
- 개원식(開院式) : 원(院)을 공식적으로 처음 열 때에 하는 의식
- 참석(參席) : 모임에 참여하다
- 문의(問議) : 모르는 것을 상대에게 물어 의논하다
- 대표(代表) : 조직을 대신하여 일을 하거나 생각을 드러내다
- 소장(所長) : 소(所)의 우두머리
- 부고(訃告) : 사람의 죽음을 알리는 것

② 사자성어

- 朝三暮四(조삼모사) : 눈앞에 보이는 차이만 알고 결과가 같은 것을 모르는 것을 풍자함
- 同病相憐(동병상련) : 처지가 어려운 사람끼리 서로 동정하고 돕는 것
- 刮目相對(괄목상대) : 학문이나 그 밖의 실력이 눈에 띄게 늘었음을 가리킴
- 破竹之勢(파죽지세) : 대나무를 쪼갤 때의 맹렬한 기세라는 뜻으로 세력이 강대함
- 臥薪嘗膽(와신상담) : 한번 실패해도 포기하지 않고 새롭게 도전함
- 三顧草廬(삼고초려) : 훌륭한 인재와 파트너를 등용하는 노력
- 無限追求(무한추구) : 한 번 일을 시작하면 끝장을 내려고 노력함
- 脣亡齒寒(순망치한) : 입술과 이의 관계처럼 결코 끊어서는 안 되는 관계

■ 승진 · 취임 · 영전 축하 한자 12, 19, 20년 기출

① 祝昇進(축승진) : 직위가 오를 때
② 祝榮轉(축영전) : 더 좋은 자리로 전임을 할 때
③ 祝就任(축취임) : 맡은 자리에 처음으로 일하러 나아갈 때
④ 祝轉役(축전역) : 다른 역종으로 편입될 때
⑤ 祝遷任(축천임) : 다른 관직이나 임지로 옮길 때

■ 개업 · 창립 축하 한자 20년 기출

① 祝發展(축발전) : 좋은 상태로 나아가길 바라며
② 祝開業(축개업) : 영업시작을 축하하며
③ 祝盛業(축성업) : 사업이 잘되기를 바라며
④ 祝繁榮(축번영) : 일이 잘되기를 바라며
⑤ 祝創設(축창설) : 새롭게 시작함을 축하하며
⑥ 祝創刊(축창간) : 정기 간행물지를 시작했을 때
⑦ 祝移轉(축이전) : 사업장을 옮겼을 때
⑧ 祝開院(축개원) : 병원, 학원 등의 설립을 축하하며
⑨ 祝開館(축개관) : 도서관, 박물관 등의 설립을 축하하며

■ 약혼 · 결혼 축하 한자 12, 15, 20년 기출

① 祝約婚(축약혼)
② 祝結婚(축결혼)
③ 祝成婚(축성혼)
④ 祝華婚(축화혼)

■ 죽음 애도 관련 한자 13, 15, 19, 20년 기출

① 賻儀(부의)
② 謹弔(근조)
③ 追慕(추모)
④ 追悼(추도)
⑤ 哀悼(애도)
⑥ 弔意(조의)
⑦ 慰靈(위령)
⑧ 謹弔花環(근조화환)
⑨ 聘父喪(빙부상) : 장인어른 상

■ 생일 축하 한자

① 祝生日(축생일)
② 祝生辰(축생신)
③ 祝壽宴(축수연)
④ 祝華甲(축화갑)
⑤ 祝回甲(축회갑) : 61세를 축하하며
⑥ 祝古稀(축고희) : 70세를 축하하며

■ 이사 축하 한자

① 祝入宅(축입택)
② 祝入住(축입주)
③ 祝家和萬事成(축가화만사성) : 가정이 화목하길 기원하며

■ 상사보좌 업무 16, 19년 기출

① 비서는 중요한 모임의 초청장과 행사 안내장의 날짜에 형광펜으로 표시하여 올림
② 공휴일 다음 날이나 상사가 출장에서 귀국한 직후는 평소 출근 시간보다 조금 더 일찍 출근하여 업무를 시작하도록 함
③ 해외 출장의 경우 시차가 회복되지 않아 일찍 출근하시면 피로가 쌓여 있을 수 있으므로 더욱 긴장한 자세로 업무에 임함
④ 중요한 우편물의 경우 서류와 함께 올려 드리고, 급하지 않은 것은 오후에 업무가 바쁘지 않은 시간에 드리도록 함

■ CI (Corporate Identity)

① 사명, 심벌마크, 로고타입(사명, 브랜드명 등을 표시한 규격책자), 코포레이트 컬러(Corporate Color) 등의 시각적 요소를 중심으로 기업이념 등을 가미하여 이성보다는 감성에 강하게 소구(호소)하려는 계획
② 기업 측에서 이미지 변화를 목표로 한 특별한 프로젝트인 점이 일반 PR과는 다름
③ 이미지구성(메시지구성)의 프로젝트 중심으로 이를 어떻게 폭넓게 노출시킬 것인가를 일상 업무활동 중에 검토

■ 사무실 환경 12, 15년 기출

① 사무실 환경과 정리 상태는 마치 사람의 외모와도 같이 중요한 역할을 하며 업무 공간은 기능적으로 배치하고 정리 · 관리해야 할 뿐 아니라, 시각적으로도 기업과 업무 담당자의 바람직한 이미지를 창출할 수 있도록 꾸며져야 함

② 바람직한 사무실 환경을 조성하기 위해서는 사무 공간의 쾌적성, 안정성, 그리고 사무 공간의 배치를 점검함

③ 사무실 내의 환경 조건을 자주 점검하여 상사나 방문자, 또 비서 자신에게 쾌적한 환경이 되도록 관리함

■ 사무실 환경유지 12, 18년 기출

① 사무기기나 책상 등 집기의 색상도를 고려하여 통일감이 들도록 함

② 여름에 습도가 높아지면 불쾌지수가 높아지므로 쾌적한 환경조성을 위해서 제습기를 이용함

③ 조명은 자연 광선을 최대한 이용하되, 인공조명을 사용할 때는 직접 조명과 간접 조명을 적절히 사용함

④ 사무실 소음을 줄이기 위해 바닥에 카펫을 깔고 외래 방문객의 출입이 많은 부서는 입구 쪽에 배치함

⑤ 사무실의 환경 조건

- 천장 높이 : 2.5~2.6m가 적당함
- 실내 공기 : 기온 18~25℃, 습도 50~60%, 환기는 자주 함
- 실내 조명 : 책상면의 조도는 일반 작업일 경우 500~700Lux
- 실내 소음 : 사무실 내에서는 통상적인 대화에 방해가 되지 않는 40~50dB
- 실내 색채 : 밝고 부드럽고 따스한 색을 많이 사용. 가구 및 기기와도 어울리도록 함
- 전기 배선 : 통로, 바닥, 가구, 기기 등의 주위에 노출 배선이 없도록 함

■ 조 명

① 사무내용 · 사무실의 사용목적 등에 따라 조명도가 충분하도록 함

② 빛이 자극을 주어 눈을 피로하게 하거나 두통을 일으키지 않도록 함

③ 광원(光源)과 작업면과의 위치를 적절하게 조절하여 명암의 대비가 적당하도록 함

④ 광원의 종류와 채광방법에 따라 쾌적한 분위기를 느끼도록 함

⑤ 사무실의 조도는 주로 작업면(일반적으로 사무실 바닥에서부터 85cm 정도)에 있어서의 수평조도를 나타내며, 설계 · 제도 · 정밀계산 등의 작업을 할 경우에는 국소조명(局所照明)을 병용하는 것이 바람직함

■ 색채조절 요령

① 색의 경중감각을 이용하여 사무실의 안정감을 높이기 위해 사무실의 아래 공간은 명도가 낮은 색으로, 위 공간은 명도가 높은 색으로 하되 명도의 차이가 너무 심하지 않은 것이 좋음
② 색의 자극 정도를 이용하여 자주 접촉하는 책상 · 사무용품 또는 벽 등은 되도록 자극이 적은 색을 사용하고 단조롭고 정적인 사무를 처리하는 사무실은 활기를 조장하기 위하여 비교적 명쾌하고 자극성이 높은 색을 사용하는 것이 필요함

■ OA 증상

① 사무자동화의 진전에 따라 종래의 사무작업형태인 수작업에서 점차 정밀 · 고도화된 자동화 기기, 특히 개인용 컴퓨터를 주로 이용하는 작업형태로 바뀜에 따라 이에 대응하지 못하는 개인의 과잉 반응 또는 기피현상 등을 말함
② 모니터의 계속적인 주시로 인한 눈의 피로, 각종 기기에서 연속적으로 발생하는 소음에 의한 신경 피로 및 정신집중방해, 계속되는 고정 · 반복동작으로 인한 어깨 · 목 · 허리 · 팔 등 신체 각 부위의 피로도 가중 등이 대표적인 OA 증상임

■ OA 증상의 예방대책 13년 기출

① 모니터 화면의 높이를 눈높이보다 약간 낮게 조정하여 뒤쪽으로 10~20도 기울어지도록 하는 것이 좋음
② 키보드의 높이는 어깨의 힘을 뺀 상태에서 손가락 끝을 키보드에 가볍게 올려놓았을 때 팔꿈치의 각도가 90도가 되도록 함
③ 눈에서 모니터 화면까지의 거리는 40~50cm를 유지함
④ 직사광선을 차단하고 자연광에 가까운 조명으로 대체하는 것이 좋음
⑤ 섬광을 방지하기 위하여 보안경을 사용하도록 하되 화면의 휘도(輝度, 쏘는 빛)가 너무 떨어지지 않도록 함
⑥ 연속적인 작업에 종사할 경우 작업시간 중에 적정한 휴식시간을 갖도록 함

■ 경조사 업무 13, 16, 18년 기출

① 신문이나 각종 경로를 통하여 상사와 관련된 인사의 경조사에 관한 정보를 수집하고 확인
② 상사와 상의하여 경조전보나 화환을 보내고, 상사가 직접 참석해야 하는 경조사는 위치와 시각 등을 정확히 확인
③ 상사와 관련된 각종 행사의 안내, 초대장의 작성이나 발신을 하기도 하고, 경조사에서의 안내, 조사의 대리 출석, 선물의 구입 · 관리 · 발송 등의 교제업무도 수행
④ 회사의 경조사 업무는 상사의 재량보다는 관례나 회사의 경조규정에 따라 형식을 갖춤

⑤ 조문을 하는 절차는 조객록에 서명을 한 후 조의금을 전달하고 호상(護喪)에게 신분을 밝힌 후 조문을 함

■ **경조사 업무관리 순서**

① 회사의 경조 규정과 선례 알아두기
② 경조 소식 인지(사내와 정보 연락, 신문, 기타 방법)
③ 경조 상황 확인(경조 내용, 일시, 장소, 연락처 등)
④ 상사에게 보고 및 지시 받기(즉시 보고, 참여 방법 확인)
⑤ 경조사의 처리(참석, 축의금, 조의금, 선물, 화환 등)

■ **발송업무** 12년 기출

① **연하장 발송** : 다량 우편물 발송의 경우엔 요금별납서비스를 이용하도록 함
② **발송대상자 주소 및 인적사항 확인** : 발송대상자가 작년에 이미 발송을 했던 대상자라고 하더라도 이직 · 이전 · 승진 등의 변경이 있을 수 있으므로 확인해야 함
③ **연하장 샘플 수령 및 선택** : 대중브랜드의 연하장을 이용하는 것도 좋지만 회사의 이미지를 살려 주문제작된 연하장은 수령인에게 색다른 느낌을 전달할 수 있음
④ **임원 및 직원별 연하장 주문량 확인** : 사내 여러 임원이 미국본사의 동일인물에게 개별카드를 보내는 것보다는 공동명의로 연하장 한 장을 보내는 것이 합리적일 수 있음

■ **연하장 발송 관련 업무의 순서** 12년 기출

① **연하장 발송 대상자 명단 작성, 발송 대상자 주소 및 인적사항 확인** : 상사와 의논하여 발송대상자의 명단을 확정하고 발송대상자의 주소 및 회사명 직급 등에 변화가 있는지 확인함
② **연하장 샘플 수령 및 선택** : 금년 연하장으로 사용할 샘플을 요청하고 이를 상사께 보여드려 선택함
③ **임원 및 직원별 연하장 주문량 확인, 연하장 발송량 총합 확인 및 주문** : 자신이 보좌하는 임원 외에 다른 임원분들도 필요하다고 할 경우 수량을 확인하여 총주문량을 결정함
④ **연하장 발송** : 레이블작업을 통하여 연하장을 완성하고 이를 발송함

■ **조 문**

① 비서는 자사(自社)나 거래처 직원 또는 상사가 관련된 모임이나 단체 관계자의 사망, 또는 가족상을 당했다는 소식을 들으면 상대방의 직원이나 가족에게 다음과 같은 사항을 확인하고, 상사에게 보고한 후 지시를 받아야 함
- 상주의 성명, 주소, 전화번호
- 사망 · 사고 일시, 사인(死因)

- 문상 장소, 병원명 및 영안실 위치, 호수
- 장례의 형식, 장소, 시각, 장지(葬地)

② 조위금 및 조화의 준비

- 상을 당한 유가족에게 애도의 뜻을 표하고, 조금이나마 위로하기 위하여 돈이나 물건을 보내는 것을 조위금이라 함
- 조위금은 깨끗한 흰 종이에 싸고, 단자(單子)를 써서 함께 봉투에 넣으며 봉투 앞면에는 부의(賻儀), 근조(謹弔), 조의(弔意) 등의 글귀를 써넣음
- 조화를 보낼 때에는 백색과 황색의 국화 등을 주문하며, 리본을 쓸 경우 회사명 또는 상사의 이름을 넣는지 확인해야 함

③ 조위 전보(弔慰電報)

- 거리가 멀거나 부득이한 사정으로 조문을 갈 수 없는 형편이면 조위 전보를 침
- 조위 전보는 발인 전에 도착하도록 하고, 부의금을 보낼 경우에는 우편 서비스를 이용
- 전보를 신청할 때에는 경축 전화와 마찬가지로 국번 없이 115번을 돌려 전화를 건 쪽의 전화번호를 말하고 신청함

④ 문 상

- 문상을 가야 할 경우가 생기면 가급적 검정색 옷을 입고 가는 것이 좋으며, 식사 때에는 방문을 피하는 것이 좋음
- 소식을 접하는 즉시 문상하는 것이 바람직하되, 사망 직후에는 준비 시간이 필요하므로 이 점을 고려함

■ **장례절차 유의 사항** 16년 기출

① 외부 안내표시 작성 시 '故, 호, 이름, 직위, 영결식'이라고 씀

② 부고소식을 언론자료로 배포 시 고인의 약력과 업적, 발인일시, 향년 나이, 가족 관계 내용을 포함시킴

■ **금융업무** 12, 13, 14, 19년 기출

① 소액으로 판단되더라도 간이영수증이 처리되는지 확인 후에 비용처리 해야 함

② 외부인력에 대한 인건비의 경우 원천징수 금액을 제하고 입금하는 경우가 있으니 확인해야 함

③ 업무 관련 판매관리비는 가능한 법인카드로 규정에 맞게 항목별로 사용하고 영수증 처리해야 함

④ 상사의 통장과 도장은 기밀장소에 보관하고, 현금은 필요할 때마다 찾음

⑤ 신용카드 매출전표는 청구서가 오더라도 일정기간 폐기하지 않고 보관함

제2과목 경영일반

1 경영환경 및 기업형태

■ 기업환경 12, 13, 17, 18, 19, 20년 기출

① 기업이나 기업 활동에 영향을 미치는 기업의 내부 및 외부적인 요소를 말함

② 환경은 기업에게 기회와 위협을 동시에 제공함

③ 자연적 환경이 기업 활동에 있어 중요하게 부각된 것은 환경오염과 파괴가 사회적 문제로 대두되었기 때문임

④ **내부환경** : 기업의 내부에 존재하는 요소와 상황을 의미함(예 조직목표, 기업문화, 최고경영자의 관리스타일, 회사방침 및 종업원, 노조 등)

⑤ **외부환경** : 기업외부에 존재하는 환경으로 다양한 기회와 위협을 제공하는 일반환경과 기업목표달성에 직 · 간접적으로 영향을 미치는 이해관계자 집단을 포함하는 과업환경으로 나눌 수 있음

■ 일반환경과 과업환경 12, 13, 20년 기출

① **일반환경** : 범위가 넓고 조직에 간접적 영향(예 조직의 경제적, 정치적, 사회 · 문화적, 기술적, 자원환경)

② **과업환경** : 특정 경영체에 의해 직접적 영향(예 고객, 주주, 거래기업, 금융기관, 정부, 지역사회)

■ 기업경영의 거시 · 미시환경 12년 기출

① 거시환경은 그 변화 양상을 정확히 예측하거나 변화 패턴을 통제할 수 없으므로 경영자는 그 변화에 신속하고 적극적으로 대응하는 전략경영을 수립해야 함

② 거시환경의 변화에 대응하기 위한 기업의 전략경영은 바로 미시환경에 영향을 미침과 동시에 기업경영활동에 파급적 영향을 미치게 됨

③ 거시환경와 미시환경은 기업에 대해 서로 상호 연관된 형태로 영향을 미침

④ 미시환경은 기업에 밀접한 영향이 있는 것이 사실이지만, 거시환경 또한 미시환경과 상호 연관된 형태로 기업의 경영환경에 중요한 영향을 미치므로, 그 변화에 신속히 대응하는 것이 중요함

■ **기업의 사회적 환경과 경제적 환경** 12년 기출

① 기업의 사회적 환경 중 인구 통계적 특성이란 총인구 가운데 성별, 연령별 직업 소득수준 등을 의미

② 기업의 경제적 환경에는 GDP, 물가상승률, 실업률, 이자율, 국제수지 등의 요인이 포함

■ **사회적 책임의 주요내용** 14, 15, 19년 기출

① 사회적 책임은 우리 사회의 목표나 가치적 관점에서 바람직한 정책을 추구하고, 그러한 의사결정을 하거나 행동들을 좇아야 하는 기업인의 의무

② 기업의 사회적 책임은 기업의 활동으로 인해 발생하는 문제의 관점 및 기업과 사회의 관계를 지배하게 되는 윤리원칙의 관점에서 생각될 수 있으며 이러한 문제의 해결과 윤리의 준수가 곧 기업의 사회적 책임

③ 사회적 책임은 경제적, 법률적인 필요요건을 넘어서 사회로부터 정당성을 인정받을 수 있는 기업 활동을 의미

④ 사회적 책임은 주어진 특정 시점에서 사회가 기업에 대하여 가지고 있는 경제적 · 법적 · 윤리적 및 재량적 기대를 모두 포함

⑤ 사회적 책임을 가지는 기업은 공해 방지와 생활환경을 보호할 책임이 있음

⑥ 기업이 망하면 재화와 서비스 공급이 끊기고 실직자가 증가하므로, 경영자는 기업을 잘 유지하고 발전시켜야 하는 책임이 있음

⑦ 기업은 기업의 주인인 소유주 또는 주주에 대한 책임을 다하기 위해 기업 가치를 높이는 일을 추구해야 함

■ **기업의 사회적 책임** 12년 기출

① 기업이 사회적 책임을 수행하는 것은 기업 자체에 대해서도 장기적이고 지속적인 기업경쟁력의 원천이 됨

② 기업의 사회적 책임 수행은 국가행정기관에 의한 복지정책의 미흡한 부분을 보완해 주어 사회적 형평성을 제고시킴

③ 기업이 자발적으로 사회적 책임을 수행하면 사회적 감시비용이 줄어들게 됨

④ 기업이 사회봉사, 고용안정, 예술 활동 지원 등에 앞장서는 것은 사회적 책임의 적극적인 실현을 위한 활동에 해당함

⑤ 기업이 사회적 책임을 다한다면 고객이나 지역사회로부터 환영받게 되어 장기적으로 회사에 이익이 됨

■ 기업의 4가지 책임 15년 기출

경제적 책임	기업의 사회적 책임 중 제일의 책임이며 기업이 사회의 기본적인 경제단위로서 재화와 서비스를 생산할 책임
자선적 책임	기업에 대해서 명백한 메시지를 갖고 있지 않으며, 기업의 개별적 판단이나 선택에 맡겨져 있는 책임으로 사회적 기부행위, 보육시설 운영 등 자발적 영역에 속하는 활동
법적 책임	기업의 경영이 공정한 규칙 속에서 이루어져야 한다는 의미로, 기업이 속한 사회가 제정해 놓은 법을 준수하는 책임
윤리적 책임	법적으로 강제되는 책임이 아니지만, 기업이 모든 이해관계자의 기대와 기준 및 가치에 부합하는 행동을 하여야 할 책임

■ 기업윤리

기업윤리는 기업경영이라는 상황에서 나타나는 행동이나 태도의 옳고 그름이나 선악을 구분해 주는 규범적 판단기준, 또는 도덕적 가치를 반영하는 기업 행동과 의사결정의 기준. 경제 사회의 한 구성원으로서 가져야 하는 기업의 도덕적 책임도 포함

■ 사회적 책임과 기업윤리 12, 13, 20년 기출

사회적 책임	기업윤리
• 기업행동의 대사회적 영향력이라는 사회적 결과보다 큰 강조 • 수행주체로서 조직차원의 기업을 보다 강조 • 사회적 책임은 이를 실천하려는 기업의 자유의지를 반영하는 능동적 역할을 보다 강조 • 사회적 책임을 논하는 학자들의 기반은 대부분 경영학이나 경제학 등 사회과학	• 기업행위나 경영의사결정의 옳고 그름을 따지는 판단 기준 자체에 보다 큰 중요성을 부여 • 기업윤리는 상대적으로 이를 준수해야 한다는 수동적인 역할에서 시작함 • 수행주체로서 인적 차원의 경영자나 조직구성원을 보다 중요시함 • 기업윤리를 주장하는 학자들의 기반은 대부분 철학이나 윤리, 신학, 교육학 등 인문과학

■ 기업윤리의 중요성 16년 기출

① 기업윤리를 충분하고도 완전하게 준수하도록 함

② 경영활동의 윤리성이 기업의 내부적 이해관계자뿐만 아니라 외부적 이해관계자에게 미치는 영향이 큼

③ 기업윤리는 인간 또는 조직구성원의 윤리적 성취감을 충족시켜 줌

④ 기업윤리의 준수는 장기적인 면에서 조직유효성의 증대를 기대할 수 있음

⑤ 기업윤리는 사회적 윤리에 관계되는 일반의 인식과 제도 및 입법의 기본취지를 바탕으로 함

⑥ 기업활동의 부정적 효과를 감소시키기 위해 각국은 그 상황에 적합한 기업윤리강령이나 헌장을 채택하고 준수하도록 권장함

■ **벤처의 유형** 12, 13, 14, 15년 기출

① **합작벤처** : 벤처기업이 기술을 제공하고 대기업의 자본 및 판매망을 제공하는 형태로, 벤처가 고도의 기술력을 제공하고 대기업이 자본과 판매망, 기술개발 결과의 활용과 적용에 역점을 둔 형태

② **사내벤처(내부벤처)** : 회사 내부에 모험 자본을 마련해 놓고 기업 내부의 구성원들에게 사업 아이디어를 제안해 벤처비즈니스를 설립하게 하는 방식으로 기존 우수인력의 지속적 활용과 이탈 방지, 다양한 사업기회 포착 등을 위한 형태

③ **컨소시엄 벤처** : 벤처 캐피탈 회사가 다른 몇 개의 회사와 함께 컨소시엄을 구성하여 벤처기업에 투자한 형태

④ **벤처창업 절차** : 내부 여건 및 외부 환경 분석 → 창업아이템 선정 → 창업아이템 타당성 분석 → 사업계획 수립과 추천

■ **벤처비즈니스** 12, 17년 기출

① 벤처비즈니스는 자본력은 부족하지만 모험적 사업에 도전하려는 왕성한 기업가 정신을 가진 기업인에 의해 주도됨

② 벤처에 대한 정부의 정책적 지원에 힘입어 모험 자본과 투자자의 주요 회수시장인 코스닥이 형성된 것도 벤처창업의 촉진요인으로 작용

③ 미공개 벤처기업의 창업이나 초기단계에 필요한 자금이나 경영 노하우를 제공하는 벤처캐피탈과 엔젤로 인해 벤처기업의 탄생이 가능하게 됨

④ 벤처캐피탈은 법인이며, 엔젤은 개인투자가로서 자본이나 경영 수완이 부족한 벤처기업 창업가에게 경영 노하우와 지분투자 형태의 자금을 지원하는 개인투자가를 의미

■ **글로벌 경영** 15, 16, 17년 기출

① 경제활동이 일어나는 대상을 특정국가의 시장이 아닌 세계시장으로 하는 경영체제

② 자유무역체제가 확산되고 각국의 개방화가 진전됨에 따라 국경이라는 개념의 중요성이 사라지면서 등장함

③ 사업영역을 세계시장으로 확장하여 자사의 이익과 시장을 확보하기 위해 세계에 분산된 자원을 효율적으로 확보하는 것을 목적으로 함

④ 성공적인 글로벌 경영을 이행하기 위해 기업 사이에 적절히 협력과 제휴 관계를 맺어 타 지역의 시장에서 토착화할 필요가 있음

■ 글로벌 경영전략 15년 기출

의 의	세계를 하나의 시장으로 보고 범세계적 차원에서 사고하고 기업 활동을 계획 · 집행하는 것
목 적	• 국가 간 차이 : 생산요소의 차이를 활용, 각국 자원의 요소부존도 측면에서 차이 • 규모의 경제효과 : 생산규모 증대로 단위당 생산비 감소 • 범위의 경제 : 다수의 제품을 연계하여 생산할 때 소요비용이 절감됨
과 제	• 세계 차원에서의 사고와 행동 • 글로벌 기업의 개별기업들은 하나의 범세계적 분업과 전문화 체계연계, 긴밀한 협력과 의사소통 실현 • 국가 간에 회계적 균형유지 추구 • 현실적 문제(이중성문제) : 기업은 현지화 욕구와 글로벌화 욕구를 동시에 가지므로 융통성이 필요
글로벌 경영전략 수립의 주요요소	• 핵심역량의 이전가능성 • 가치사슬 배치 • 진출시장의 선정 • 진입방식의 선택 • 통제와 조정

■ 글로벌 스탠다드 전략 12년 기출

① 글로벌 시대라고 칭하는 요즘에는 인터넷의 발달, 통신매체의 교류 증대, 외국과의 교류 증대 등으로 인해 의식주에 대한 소비자의 기호와 습관이 동질화되는 경향이 나타남

② 국제기업은 거대한 시장규모를 대상으로 하므로 생산비, 구매비, 광고비 등 단위당 원가를 줄일 수 있음

③ 국가마다 다른 전략을 수립하기보다는 전 세계 시장을 하나의 시장으로 통합된 전략을 수립할 필요성이 높아짐

④ 모든 나라의 무역장벽이 낮아지고 자본, 인력, 기술의 이전이 쉬워지고 있음

■ 기업의 기능

① **생산활동** : 원재료를 기술적으로 결합하여 일정한 품질의 재화나 서비스를 창출하는 활동

② **마케팅활동** : 신제품 및 서비스 개발, 가격결정, 판매촉진 및 유통활동

③ **재무활동** : 기업에 필요한 자금의 조달 및 운용에 관한 활동

④ **인사활동** : 기업 활동에 필요한 인력의 채용과 교육, 임금관리, 노사관리활동

⑤ **회계 및 정보활동** : 기업 내의 활동을 숫자로 보고하고 분석하는 활동

⑥ **연구개발활동** : 신기술의 개발 및 연구 활동

■ 중소기업의 특성 12, 14, 15, 17, 19년 기출

① 종업원 수, 자본액 및 생산량 등에 있어서 중소규모의 독립기업을 말함
② 개인적 기호나 유행의 변화가 심하여 대량생산이 곤란한 제품의 경우에는 중소기업이 유리함
③ 경영규모가 작기 때문에 경기변동에 대해 탄력적으로 적응할 수 있음
④ 기계화가 어렵고 노동집약적인 제품생산의 경우 중소기업이 유리함
⑤ 원재료의 구입과 판매 면에서 거래조건상 불리한 경우가 많음
⑥ 경영규모가 작기 때문에 불황 시에는 타 산업으로 전환하여 탄력적으로 적응할 수 있음
⑦ 대개는 대기업과 대등한 관계를 유지하지 못하고 수직적인 거래관계를 이룸
⑧ 관료제 조직형태인 대기업에 비해 중소기업은 유연한 조직형태를 갖춘 경우가 많아서 기업 환경의 변화에 대해 보다 임기응변적으로 대처해 나갈 수 있는 이점이 있음
⑨ 대기업에 비해 신용도가 낮고 자금력이 부족한 경우가 대부분임

■ 중소기업의 범위(중소기업기본법 시행령 별표1 참고)

① **평균매출액 등 1,500억 원 이하** : 제조업(의복, 의복액세서리 및 모피제품, 가죽, 가방 및 신발, 펄프, 종이 및 종이제품, 1차 금속, 전기장비, 가구)
② **평균매출액 등 1,000억 원 이하** : 농업, 임업 및 어업, 광업, 제조업(식료품, 담배, 목재 및 나무, 화학물질 및 화학제품 등), 건설업, 수도사업, 도소매업 등
③ **평균매출액 등 800억 원 이하** : 음료 제조업, 인쇄 및 기록매체 복제업, 운수업, 비금속 광물제품 제조업 등
④ **평균매출액 등 600억 원 이하** : 전문, 과학 및 기술서비스업, 보건업 및 사회복지 서비스업 등
⑤ **평균매출액 등 400억 원 이하** : 숙박 및 음식점업, 금융 및 보험업, 부동산업, 교육 서비스업 등

■ 대기업의 특성 12년 기출

① 신용도가 높아서 자본조달이 용이
② 대량생산을 할 수 있어 규모의 경제효과를 얻을 수 있음
③ 분업을 통한 전문화가 이루어져 생산성이 높아짐
④ 자본력이 강하지만 경영규모의 확대에 따라 관리비용이 방만하게 운용될 가능성이 높음
⑤ 거액의 자본이 기계설비 등에 고정화되어 있어 수요의 변동에 대한 탄력성을 상실함
⑥ 분업에 따라 근로자의 일이 전문화되어 작업이 단조로워지므로 노동소외현상의 가능성이 높음
⑦ 시장지배력이 강하여 독과점 폐해가 발생할 확률이 큼

■ 대기업과 중소기업의 장 · 단점 18, 19년 기출

구 분	대기업	중소기업
장 점	• 수출의 주역 • 국가발전의 원동력 • 제조업 위주의 경제 성장주도 • 높은 생산성으로 타 기업 선도 • 조세를 부담하여 사회에 이바지 • 인재의 산실	• 창업과 폐업이 유리 • 창의성을 충분히 발휘할 수 있음 • 일반적으로 경기변동의 적응성이 높음 • 다품종 소량생산에 유리 • 저렴한 원가와 틈새시장의 확보에 유리 • 개인의 경제적 욕구 및 아이디어 실현 • 기업환경의 변화에 빠르게 대응
단 점	• 과잉중복투자 • 무분별한 다각화 • 과도한 차입 경영 • 작업의 단순화로 인하여 작업의욕 감퇴 • 시장변화에 대응하는 탄력성이 적음 • 관리비용 증대	• 약한 자본력과 부족한 자금 • 낮은 신용도와 독립성 유지 곤란 • 기술의 전문화, 능률화가 상대적으로 곤란 • 개인적 자력과 기술에 의존하는 경향이 큼

■ 회사기업의 종류 12, 13, 14, 15, 16, 18, 19년 기출

① **합명회사** : 무한책임사원만으로 구성된 회사로서 전형적인 인적회사

② **합자회사** : 무한책임사원+유한책임사원, 콤멘다가 기원

③ **유한회사** : 물적 회사와 인적 회사의 중간형태(지분의 증권화 불가능)

④ **주식회사** : 유한책임사원만으로 구성, 소유와 경영의 분리(전문경영인 고용)

■ 주식회사의 특징 12, 15, 16, 18, 19, 20년 기출

① 주식회사는 대중으로부터 대규모의 자본조달이 가능하며, 주주의 개인재산과 주식회사의 재산은 뚜렷하게 구별됨

② 자본은 소액단위의 주식으로 균등 분할되어 모집되며, 출자자인 주주는 의결권과 배당청구권을 행사할 수 있음

③ 주식회사의 출자자인 주주는 모두 유한책임사원으로서 출자액을 한도로 회사의 적자, 채무, 자본리스크에 대한 책임을 짐

■ 주식회사의 3대 기관 16년 기출

① **감사** : 이사의 업무집행을 감시하는 필요상설기관으로 회사의 회계감사 권한을 지님

② **이사회** : 법령 또는 정관에서 주주총회의 권한으로 정한 사항을 제외하고 모든 회사업무 집행에 관한 의사결정 권한을 위임받은 수탁기관

③ **주주총회** : 주식회사의 최고의사결정기관으로 이사와 감사의 선임과 해임, 정관의 변경은 이사회가 결정

■ 주식회사의 설립방법

① **발기설립(發起設立)** : 발기인만이 설립 시에 발행하는 주식총수를 인수하는 방법
② **모집설립(募集設立)** : 발기인이 주식총수의 일부만을 인수하고 나머지 주식은 발기인 이외의 주주를 모집하여 설립하는 방법

■ 주식회사의 주주총회 19년 기출

주식회사의 최고기관으로서 전체 주주로 구성되며, 이사나 감사의 선임 및 해임권이 있고, 이사나 주주 등은 그 의결에 반드시 복종해야만 함

① **정기총회**
- 정관에서 정한 장소에서 매년 1회 이상 일정한 시기에 이사가 소집
- 재산목록, 대차대조표, 손익계산서, 이익배당에 관한 토의를 함

② **임시총회**
- 이사가 필요하다고 할 때, 감사가 필요하다고 인정할 때, 자본을 10분의 1 이상 가지고 있는 주주가 청구할 때, 회사가 자본의 반액을 손실할 때 요구하게 됨
- 총회소집은 2주일 전에 각 주주에게 서면으로 통지해야 하며, 총회의 결의는 출석한 주주의 과반수 의결로 결정함
- 정관변경, 사채모집, 매수 및 합병의 결의는 주주의 과반수에 자본의 과반수를 점하는 주주가 출석하고 의결권의 과반수로 결의해야 함

■ 주식회사의 이사

① 이사의 선임은 주주총회의 전속권한으로 정관의 규정 또는 주주총회의 특별 결의로도 이사의 선임을 제3자나 타 기관에 위임하지 못함
② 이사의 수는 3인 이상이어야 하며, 그 임기는 3년임
③ 이사회의 소집권과 이사회에서의 의결권이 있음
④ 이사의 해임은 주주총회의 결의를 통해 이루어질 수 있으며, 중대한 잘못이 있음에도 불구하고 총회에서 해임결의가 부결되었을 경우 발행주식의 5% 이상에 해당하는 주식을 가진 주주가 의결일로부터 1개월 이내에 이사의 해임을 법원에 청구할 수 있음

■ 주식회사와 개인기업의 장 · 단점 13년 기출

구 분	주식회사	개인기업
장 점	• 주주는 회사에 대해 개인적으로 출자한 금액 한도에서 책임이 부여되기 때문에 안심하고 기업에 출자할 수 있음 • 주식이라는 유가증권을 통해 출자의 단위를 소액단위의 균일한 주식으로 세분하여 출자를 용이하게 하고 이를 주식시장에서 매매 가능하도록 하여 소유권 이전이 용이 • 대규모의 자금조달에 가장 편리한 기업형태	• 정부의 규제가 상대적으로 적음 • 설립과 해산이 간편함 • 신속한 의사결정, 기업의 비밀유지 보장 • 모든 이익이 소유자 개인에게 귀속
단 점	회사의 설립이 상대적으로 복잡하고 비용이 많이 듦	• 무한책임을 짐 • 자본규모가 작고 자본조달의 한계가 있음 • 경영능력의 전문성 결여 • 기업의 계속성이 보장되지 않음

■ 지주회사 12년 기출

① 여러 주식회사의 주식을 보유함으로써 다수기업을 지배하려는 목적으로 이루어지는 대규모의 기업집중 형태
② 증권대위방식과 피라미드형의 지배단계를 활용하여 자본적 지배관계를 형성
③ 순수지주회사는 뚜렷한 실체도 없고 독자적인 사업부문도 없이 전략수립, 인사, 재무 등 자회사의 경영활동을 총지휘하는 본부기능을 함
④ 타 기업을 지배하면서도 동시에 자신도 사업을 영위하는 사업지주회사의 경우 콘체른 형태로 기업결합이 이루어짐

■ 공기업의 특징

① 매년 국회의 의결을 얻어 확정되는 예산에 의해 운영됨
② 예산회계 및 감사관계법령의 적용을 받음
③ 직원은 공무원이며 그들의 임용방법, 근무조건 등은 일반 공무원과 동일함
④ 이 형태의 공기업은 중앙관서 또는 그 산하기관의 형태로 운영됨
⑤ 정부부처의 형태를 지닌 공기업은 창의력과 탄력성을 상실하기 쉽고, 많은 국가에서 정부부처의 형태를 지닌 공기업을 공사로 전환하고 있음

■ 사회적 기업 15년 기출

① 취약계층에게 사회서비스 또는 일자리를 제공해 지역주민의 삶의 질을 높이는 등의 사회적 목적을 추구하면서 재화 및 서비스의 생산 · 판매 등 영업활동을 수행하는 기업

② 주요 특징

- 취약계층에 일자리 및 사회서비스 제공 등의 사회적 목적 추구
- 영업활동 수행 및 수익의 사회적 목적 재투자
- 민주적인 의사결정구조 구비

■ 협동조합 운영원칙

① 소비자, 소규모 생산자 등과 같은 경제적 약자들이 협동하는 조합이며 조합원의 상호부조를 목적으로 함
② 무한생명을 가진 법적 실체이며 조합원은 유한책임을 짐
③ 조합원의 임의 가입 · 탈퇴를 인정, 각 조합원은 평등한 의결권이 부여됨
④ 조합 활동으로 생긴 잉여금은 원칙적으로 조합원의 조합이용도에 따라 배분함

■ 기업집중의 목적

시장 통제적 목적	시장에 있어서 기업 상호 간의 경쟁을 피하고 서로 유리한 조건을 유지하기 위해서 행해지는 경우로 이를 횡단적 또는 수평적 결합이라고 하며, 카르텔이나 트러스트는 대체로 시장 통제적 목적으로 이루어짐
생산공정의 합리화 목적	생산공정의 합리화를 통해 생산원가를 절감하거나 안정을 위하여 원료분야의 기업과 생산(제품)분야의 기업이 결합하는 경우로 이를 종단적 또는 수직적 결합이라고 하며, 산업형 콘체른이 이 같은 목적으로 이루어짐
금융적 목적	재벌 또는 금융기관이 기업을 지배할 목적으로 그 출자관계에 의하여 여러 기업을 집중하고 그 지배력을 강화하려는 경우로 자본적 결합이라고 하며 금융형 콘체른은 여기에 속함

■ 기업합병 13, 14, 17년 기출

<table>
<tr><td>정 의</td><td colspan="3">2개 이상의 기업이 합하여 법률적으로 하나의 기업이 되는 가장 강력한 기업결합의 수단</td></tr>
<tr><td>흡수합병</td><td colspan="3">2개 이상의 기업이 결합할 때 그중 1개 기업만이 법률적으로 존속하여 다른 기업을 인수하고, 인수되는 기업은 해산하여 소멸하는 합병 형태</td></tr>
<tr><td rowspan="3">신설합병</td><td rowspan="3">결합하려고 하는 기업이 모두 해산 · 소멸하고 제3의 새로운 기업이 설립되어 여기에 해산된 기업의 모든 권리와 의무를 이전시키는 방법. 이 경우 해산된 기업의 결손금은 신설된 합병기업에 승계되지 않음</td><td>수평적 합병</td><td>동일 시장, 동일 업종 간의 합병, 시장점유율 확보가 목적</td></tr>
<tr><td>수직적 합병</td><td>동일 업종의 기업이나 생산단계가 다른 기업 간의 인수합병</td></tr>
<tr><td>다각적 합병</td><td>수평적이나 수직적 관계에 있지 않은 이종시장에 있는 기업 간의 합병</td></tr>
<tr><td>우호적 합병</td><td colspan="3">상대기업의 동의를 얻고 그 기업의 경영권을 얻음</td></tr>
<tr><td>적대적 합병</td><td colspan="3">인수를 거부하고 방어를 취해 사전에 수립된 인수 전략에 따라 경영권을 얻음</td></tr>
</table>

■ 기업의 인수합병(M&A ; Merger and acquisition) 12, 16, 18, 19, 20년 기출

① 다른 기업의 경영권을 얻거나, 둘 이상의 기업들이 하나의 기업으로 합쳐지는 것

② 경영기반을 확립하는데 소요되는 시간 절약, 규모의 경제, 시장 지배력의 강화, 시너지 효과, 조세절감, 자금조달능력의 확대 등의 목적

③ 연구개발, 시장 등을 신속하게 수행하기 위한 외적 성장 기법

④ 합병은 한 회사가 존속하고 다른 회사가 흡수되는 흡수합병, 모든 회사가 합산되고 동시에 새로운 회사를 설립하는 신설합병으로 구분

⑤ 기업이 인수합병을 통하여 신규진출하는 경우 기존 경쟁사와의 마찰이 더 심해질 이유는 없음

⑥ 혼합합병은 상호관련성이 없고 경쟁관계가 없는 이종업종의 기업들 간에 이루어지는 합병. 주로 재무적 측면에서의 상승효과를 얻기 위한 합병이지만 일반관리기술의 이전 등 경영 측면에서의 효과도 있을 수 있음

■ 기업결합의 형태 12, 13, 16, 19, 20년 기출

① **카르텔(Cartel)** : 다수의 동종 산업 또는 유사 산업에 속하는 기업들이 독점적 지배를 목적으로 협정을 맺는 기업결합 형태. 카르텔의 참가기업들은 법률적 · 경제적 독립성을 유지하면서 협약에 의거, 시장통제에 관한 일정사항에 관해서 협정을 체결

② **트러스트(Trust)** : 기업합동 · 기업합병이라고 하며 카르텔보다 강력한 기업집중의 형태로서 시장독점을 위하여 각 기업체가 개개의 독립성을 상실하고 합동하는 것을 말함

③ **콘체른(Concern)** : 수 개의 기업이 독립성을 유지하면서 주식의 소유나 자금의 대부와 같은 금융적 방법에 의해 이루어지는 기업결합 형태

④ **콤비나트(Combinat)** : 상호보완적인 여러 생산부문이 생산기술적인 관점에서 결합하여 하나의 생산 집합체를 구성하는 결합 형태

⑤ **콩글로머릿(Conglomerate)** : 눈사람처럼 쌓여 자꾸만 확대되는 것을 의미하며, 흔히 '집괴기업'이라고도 불리며 복합합병의 일종임

2 경영관리

■ 경영자 13, 17, 19년 기출

① 최고경영자 : 회장, 부회장, 사장, 부사장, CEO 등의 명칭으로 불리는 이사회 구성멤버들이 여기에 속함. 최고경영자는 조직 전체의 경영에 책임을 지고 있으며 조직이 나아갈 방향을 제시하는 데 많은 노력을 기울임

② 중간경영자 : 처장, 국장, 실장, 부장 그리고 과장 등의 직함을 보유. 중간경영자는 최고경영자가 정한 목표를 달성하기 위해 자신이 책임지고 있는 하부조직의 구체적인 목표를 세우고 정책을 실행하는 데 중추적인 역할을 함

③ 일선경영자 : 현장경영자라고도 하며, 작업자의 활동을 감독하고 조정하는 경영자로 기업 내에서 가장 낮은 단계의 경영자를 말함. 따라서 일선경영자는 자신이 담당하고 있는 어떤 작업을 직접 실행하는 작업자만을 감독하고 다른 경영자의 활동은 감독하지 않음. 일선경영자로는 공장의 생산 감독자, 기술 감독자 또는 관리부서의 사무 감독자 등을 들 수 있음

■ Mintzberg의 경영자의 10가지 역할

대인관계적 역할	정보관리적 역할	의사결정적 역할
• 상징적 대표자의 역할 • 지도자의 역할 • 연락(접촉)자의 역할	• 정보 수집, 청취자의 역할 • 정보 보급, 전파자의 역할 • 대변자의 역할	• 기업가의 역할 • 분쟁(동요) 조정자의 역할 • 자원 배분자의 역할 • 협상자의 역할

■ 중간관리층

① 최고관리층의 바로 하위층에 분포하면서 전반적인 행정관리를 담당하는 관리계층

② 정책결정에 참여하여 보조적 역할을 수행하고, 전문적 지식과 기술에 의하여 정책을 구체적으로 집행하는 수준의 계층

③ 감독적 의사결정은 하급감독층의 역할에 해당함

④ 하급감독층은 중간관리층의 지시나 방침에 따라 사무의 진행순서를 바르게 조정 · 조절하고 업무와 관련해 지도 · 촉진하는 주임 · 반장 · 조장 등을 말함

■ 중간관리층의 기능

① 정책결정의 집행 · 조언기능

② 조정기능

③ 최고관리층의 권한대행

④ 지도기능

⑤ 통제기능

■ **경영관리기법** 12, 13, 14년 기출

① **전사적 자원관리(ERP)** : 기업 활동을 위해 사용되는 기업 내의 모든 인적 · 물적 자원을 효율적으로 관리하여 궁극적으로 기업의 경쟁력을 강화시켜 주는 역할을 하는 통합정보시스템
② **공급사슬관리(SCM)** : 공급자로부터 소비자에게 이르는 일련의 공급사슬을 통합화한 경영체계
③ **고객관계관리(CRM)** : 고객에 대한 정보관리를 통하여 고객의 욕구를 충족시키는 가치를 제공함으로써 수익을 창출하는 경영전반에 걸친 관리체계
④ **공급망 관리 시스템(SCM)** : 공급사슬망 전체의 정보를 각종 기능 도입을 통해 고객 서비스 수준의 제고, 원가절감, 이상 발생에 대한 대응력 등을 강화하여 유통 채널 및 협력 업체와 긴밀히 연계하고자 하는 시스템

■ **전사적 자원관리(ERP ; Enterprise Resource Planning)** 12, 19년 기출

① 기업 내의 전 부문에 걸쳐 있는 경영자원을 하나의 체계로 통합 시스템을 재구축하는 것으로 기업리엔지니어링의 한 기법
② 구매와 생산관리 물류, 제조, 판매, 서비스, 회계 등의 비즈니스 각 기능분야 전반에 걸친 업무를 통합하는 통합정보 시스템이라고 할 수 있음
③ 전사적 차원에서 통합된 데이터베이스를 구축하여 정보의 일관성 유지 및 효율적인 정보의 관리가 가능해짐
④ ERP 도입 후에도 정보시스템을 쉽게 확장하여 사용할 수 있게 됨

■ **카츠(Katz)의 경영관리기술**

① **전문적 기술** : 지식, 분석적 능력 및 특정 활동에서 도구와 기술의 사용에 숙련되어 있는 것
② **인적 기술** : 사람들과 함께 일하고 협조를 이끌어낼 수 있는 능력
③ **관념적 기술** : 기업을 하나의 전체로 보고 부분들의 의존관계를 파악할 수 있는 능력

■ **전사적 품질경영(TQM ; Total Quality Management)** 13년 기출

① 평가단계에서 경영내용을 변화시키는 기법으로 생산 부서의 통계적 품질관리(SQC ; Statistical Quality Control)와 사업부단위의 전사적 품질관리(TQC ; Total Quality Control)로부터 발전된 개념
② 전략적인 관점에서 회사 전체를 대상으로 기존 조직문화와 경영관행을 재구축하여 제품과 서비스의 질을 향상시키고 소비자의 만족도를 높이자는 것이 목적
③ 제품의 기능과 미관은 물론 구성원의 만족감과 긍지, 환경보호, 사회봉사 등을 포괄하는 총체적인 품질을 극대화하여 소비자, 조직구성원, 사회 등 모든 고객에게 기쁨을 주자는 것

■ 균형성과표(BSC ; Balanced Score Card) 12, 15, 16년 기출

① 균형성과표란 조직의 사명과 전략을 측정하고 관리할 수 있는 포괄적인 측정지표들의 집합으로 바꾸어주는 하나의 툴(Tool)
② 균형성과표는 재무적 시각, 고객시각, 내부비즈니스 프로세스 시각, 학습과 성장의 네 가지 시각에서 다각적으로 접근하여 조직의 사명과 전략을 포괄적으로 측정하기 위하여 고안된 도구
③ 균형성과표는 전통적인 단기투자영역이 아니라, 새로운 설비와 신제품 연구개발과 같은 미래에 대한 투자의 중요성을 강조
④ BSC 체계하에서 기업의 급여체계는 연공급보다 성과급이 더 적절함
⑤ 균형성과표는 재무적 성과지표와 동시에 비재무적 성과지표를 고려하는 성과측정이 기업경영에 있어 균형적이고 종합적 정보와 지식을 제공한다는 개념을 바탕으로 함
⑥ 균형성과표는 미래지향적인 비재무적 지표를 통합한 평가시스템이기 때문에 조직의 비전과 전략에 따라 차별적으로 설계, 운용될 수 있음
⑦ 균형성과표의 구체적 도입과 실행에 있어서는 각 조직의 성격에 맞게 설계되어야 함

■ 페욜(Fayol)의 관리 5요소와 관리원칙 12년 기출

① 페욜은 광산회사를 경영하면서 얻은 지식과 경험을 바탕으로 산업관리와 일반관리에 대한 자신의 생각을 정리하여 관리이론을 제시
② **경영활동** : 기술적 활동, 상업적 활동, 재무적 활동, 보호적 활동, 회계적 활동, 관리적 활동의 6가지 경영활동이 존재
③ **관리적 활동** : 계획, 조직, 지휘(명령), 조정, 통제라는 5가지 기능으로 설명함으로써 경영과 관리의 개념을 구분
④ **관리일반원칙** : 관리활동 수행 시 일반적인 규칙과 기준으로 14가지를 제시하고 있음(분업, 권한과 책임, 규율, 지시의 통일, 지휘의 통일, 개인이익의 전체 이익에 종속, 종업원의 보수, 권한의 집중, 계층조직, 질서, 공정, 종업원의 안정, 이니시어티브, 종업원의 단결 등)

■ 페욜(Fayol)의 관리순환과정 19년 기출

① **계획** : 부문별 계획+시간적 계획
② **조직** : 사업경영을 위한 물적 · 사회적 유기체의 구성
③ **지휘** : 사회체를 기능시키는 일
④ **조정** : 모든 사업 활동에 조화를 가져오는 것
⑤ **통제** : PDS(Plan-Do-See)의 경영 사이클에서 See의 과정

■ 목표관리(MBO ; Management by Objectives) 16년 기출

① 효율적인 경영관리체계를 실현하기 위한 경영관리의 기본수법
② 목표관리의 구성요소는 목표설정, 참여, 피드백
③ 목표관리는 연봉인상, 성과급 지급뿐 아니라 승진 등 인사자료로도 활용
④ 상급자와 하급자가 함께 목표를 설정하고 실행한 후 이를 평가하는 과정
⑤ 추상적이 아닌 핵심사항 중심으로 이해하기 쉽고 구체적인 목표
⑥ 목표달성 시기를 구체적으로 명시하고 가능하면 숫자로 측정 가능한 목표 설정
⑦ 반기 말에 업무 추진실적에 대하여 평가하는 제도로서, 근본적으로 인간의 자주성과 성취동기에 의한 자기관리에 기초를 두고 있음
⑧ 기업목표와 개인목표를 합치시키고 종업원의 근로의욕 향상을 꾀하며, 나아가 기업의 목표달성에 이바지할 수 있도록 하려는 것
⑨ 관리자는 명령하지 않으며, 종업원의 자주적 결정에 필요한 정보를 제공하고 종업원 상호간의 조정만을 관리함

■ MBO의 특징과 성격

① 통합적 · 종합적 관리방법
② 자기실현적 인간관리
③ 목표설정과정에서 부하의 참여
④ 조직 전체목표와 개인목표의 일치 모색
⑤ 장기적 · 전략적 성격, 집권화와 분권화의 조화
⑥ 성과와 능률의 중시, 의도적인 관리방법

■ 맥그리거(McGregor)의 XY이론

X이론	Y이론
• 인간은 원천적으로 일하기를 싫어함 • 인간은 책임지기를 싫어하며, 타인의 지휘와 통제받기를 좋아함 • 인간은 엄격히 통제되어야 하고, 조직목표를 달성하기 위해서는 강제적으로 다루어야 함	• 인간은 작업조건만 정비된다면 일하는 것은 자연스러운 것 • 인간은 조직문제를 해결하기 위한 창의력을 누구나 갖고 있음 • 인간은 적절한 동기부여를 하면 직무에 자율적이고 창의적임

■ 테일러(Taylor)의 과학적 관리론

① 경영의 합리화와 능률화의 요청에 따라 등장한 이론
② 최소의 노력과 비용으로 최대의 산출을 획득하기 위해 최선의 방법을 추구하는 관리이론
③ 종업원의 시간연구와 동작연구(Time and Motion Study)에 따라 객관화 · 표준화된 과업을 설정하고 경제적 욕구에 대한 자극을 통하여 공장경영을 합리화하려 하였음

■ **매슬로우(Maslow)의 인간욕구 5단계설** 19, 20년 기출

① **자아실현의 욕구** : 가장 고차원적인 단계로, 자신의 잠재능력을 최대한 발휘하고자 함(직무충실, 직무확대, 사회적 평가제고)

② **존경의 욕구** : 타인으로부터 존경받기를 원하는 단계(교육훈련, 제안제도)

③ **사회 · 애정의 욕구** : 이웃 사람과의 친밀한 인간관계(의사전달의 원활)

④ **안전의 욕구** : 외부 환경으로부터 생명의 안전 · 위협적인 요인을 제거하는 단계(고용안정, 신분보장)

⑤ **생리적 욕구** : 가장 하위욕구(의식주 문제와 관련된 보수, 시설 등)

■ **엘더퍼(Alderfer)의 ERG이론**

매슬로우의 5단계 욕구를 앨더퍼가 3단계로 수정하여 재분류한 이론

① **3단계** : 성장 욕구

② **2단계** : 관계 욕구

③ **1단계** : 존재 욕구

■ **피들러(Fiedler)의 상황모형에서의 상황적 요소** 12년 기출

① 지도자와 조직 구성원과의 관계

② 업무의 구조화 여부

③ 지도자의 권한의 정도

■ **조직의 사명** 13년 기출

① 조직이 원래 무엇을 하기로 되어 있는지를 간단하고 명확한 용어로 표현한 것

② 조직의 사명은 다른 기업과 해당기업을 차별화시켜 주고 활동의 영역을 규정함으로써 기업의 근본적인 존재 의의와 목적을 나타내는 것. 사명은 기업의 기본적인 지향점을 나타냄으로써 기업의 나침반 역할을 담당하게 되는 것으로 특별한 사정이 있지 않는 한 재정립하지 않음

③ 조직이 수행하는 업무에 대한 의미를 최고로 표현한 것

④ 조직의 모든 사람들이 힘을 합쳐서 해야 할 일, 즉 공유된 목표를 제시

■ **조직의 요소** 13년 기출

① **부문화** : 조직의 목표달성에 필요한 업무들을 합리적으로 분류하고 구성되어진 각종의 부서와 관리단위에 할당하는 과정을 의미. 즉, 직무를 어떻게 집단화해야 하는가에 관한 것

② **직무할당** : 조직에 있어 부문화가 이루어지면 모든 업무는 각 조직 구성원들이나 각 직위에 직무로서 할당되어야 하며, 직무가 할당되면 각 구성원은 자기가 해야 할 업무를 부여받게 됨

③ **권한배분** : 권한은 직무가 할당되고 직위를 부여받은 업무수행자가 직무를 수행하는 데 필요한 힘을 의미하며, 권한을 부여받은 자가 직무를 스스로 수행하거나 또는 다른 사람으로 하여금 직무를 수행할 수 있도록 하는 공적인 힘을 말함

④ **책임배분** : 책임은 주어진 권한의 행사에서 수반되는 행동에 대한 의무라고 할 수 있는데, 여기서 의무는 조직목표달성에 기여할 구체적인 의무를 말함

■ **조직구조의 구성요소** 12년 기출

① **과업의 분화** : 조직의 목표달성을 위해 필요한 업무들을 할당하는 방법

② **공식화** : 업무수행을 위해 필요한 규정과 절차를 명시하는 방법

③ **코디네이션(조정)** : 업무수행 과정에서 발생하는 갈등을 조정하는 방법

④ **권한의 배분** : 업무를 어느 정도나 담당자의 재량에 맡길 것인가를 정하는 방법

■ **조직구조의 유형별 특징** 12년 기출

① 매트릭스 구조는 다양한 기능별 전문가들을 하나의 팀으로 모아둠으로써 나타나는 경제성을 지속적으로 유지하면서 여러 가지 프로젝트를 독립적으로 다양하게 수행할 수 있음

② 네트워크 구조는 유행과 같이 변화가 빠른 시장이나 제품의 변화에 대응하기 위해 많은 유연성을 요구하는 경우에 유리한 조직

③ 사업부제 조직은 이익 및 책임 중심적으로 운영하므로 경영성과가 향상되고 업무수행에 대한 통제와 평가가 용이함

④ 사업부제 조직은 제품별, 고객별, 시장별로 분화된 각각의 조직을 독립적인 사업단위로 인정하여 운영하는 분권화 조직의 대표적인 형태. 따라서 이 조직에서는 사업부별 경영성과가 분명히 나타나고 그에 대한 보상이 이루어지기 때문에 동기부여가 용이하며, 하나의 사업부를 직접 경영하여 봄으로써 관리자의 능력개발 및 유능한 경영자의 양성이 수월함

■ **조직화 과정의 원칙** 12, 18년 기출

① **명령일원화의 원칙** : 모든 부하는 한 사람의 상사로부터 명령을 받아야 함

② **관리한계의 법칙** : 한 사람의 관리자가 가장 효과적으로 직접 지휘 · 감독할 수 있는 부하직원의 수는 한계가 있음

③ **계층화의 원칙** : 조직의 효율적 관리를 위해 직위의 정도에 따라 조직구성원들 간에 상하의 계층이나 등급을 설정하고 권한과 책임을 배분하여 명령계통과 지휘 · 감독계통을 체계화함

④ **권한위양의 원칙** : 권한을 가지고 있는 상급자가 하급자에게 직무를 넘겨주어야 할 경우에 그 직무수행에 관련된 일정한 권한도 부여해야 함

⑤ **전문화의 원칙** : 다양한 업무활동을 단일화 · 세분화하여 한 사람이 그 업무를 수행함으로써 전문적 지식, 기술, 경험 등을 익히게 하여 경영 활동의 효율성을 높여야 함

⑥ **권한과 책임의 원칙** : 조직에는 업무수행을 위한 각각의 직무와 직위가 있고, 거기에 적합한 권한과 책임이 동시에 수반되어야 함

■ 기능적 조직구조(기능별 부문화)

① 동일하거나 상호 밀접하게 관련된 활동 및 기능을 수행하는 직접 단위들을 별개의 부서로 관리단위화하는 것
② 기능별 규모의 경제를 달성
③ 과업 할당과 기술훈련 경험을 일치시킴
④ 관리 · 감독이 용이
⑤ 기능 부서 간의 협력과 의사소통이 어려움
⑥ 총괄 경영자 양성의 어려움

■ 가상 조직 12년 기출

① 다양한 업종의 기업이 각 개별업체가 보유하고 있는 경쟁력 있는 기술과 자원을 통합하여 우수한 제품 및 서비스를 고객에게 신속히 제공할 수 있도록 일시적으로 구성되었다가 목표가 달성되는 자동적으로 해체되는 조직
② 지리적인 근접성에 구애받지 않으며 참여기업 간 정보 공유로 원거리에서도 기업 간 협력이 가능
③ 기업 간 지속적 협력관계를 위해 참여기업 간에 조직의 운영규칙, 이익분배, 손실분담 등을 명확히 해 둘 필요가 있음
④ 전문성과 유연성을 확보할 수 있다는 장점이 있으나 협력자에 대한 통제력 상실의 위험이 따를 수 있음

■ 매트릭스 조직 13, 15, 16년 기출

① 조직구성원이 수직적으로는 기능별 조직의 일원으로, 수평적으로는 프로젝트 조직의 일원으로 조직에 이중으로 소속되는 조직구조 형태
② 기능식 구조이면서 동시에 사업부제적인 구조를 가진 상호 연관된 구조
③ **애드호크라시(Adhocracy)** : 조직에 해당되는 개념으로 다중명령체계라고도 부르며 조직의 수평적 · 수직적 권한이 결합된 형태
④ 종축과 횡축(행과 열)의 두 지휘명령 계통을 설치하고, 이원적 관리에 의해 활동함
⑤ 특수 과제를 맡은 팀에서 작업하는 직원들은 높은 수준의 주인의식, 몰입도 및 높은 작업 의욕을 체험할 수 있다는 장점이 있는 반면 팀 구성원들 사이의 혼란, 보고관계와 직무에 대한 책임이 명확하지 않을 수 있음
⑥ 장점으로 자원의 효율적인 활용, 즉 관리자는 유휴인력을 가진 거대집단을 구축하기보다는

오직 일을 완수하기 위해 필요로 하는 전문화된 스탭(Staff)만 활용

⑦ 이원적인 권한과 권력의 균형이라는 특성으로 인해 동태적이고 복잡한 환경에서 성장전략을 추구하는 조직체에 적합

■ **프로젝트 조직** 12년 기출

① 특정한 목표를 달성하기 위하여 일시적으로 조직 내의 인적 · 물적 자원을 결합하는 조직형태

② 조직을 둘러싼 환경조건이 다양해지고 변화의 폭이 증대함에 따라 분화 · 전문화의 원리가 지배하는 계층적 의사결정 구조에서는 환경변화에 따르는 불확실성을 극복하지 못하게 되었고 이에 따라 나타난 동태적인 조직형태

③ 프로젝트란 조직이 제 노력을 집중하여 해결하고자 시도하는 과제를 말함

④ 프로젝트 조직은 직능의 과정을 중심으로 해서 이것과 구조가 통합되고 있는 시스템이기 때문에 권한의 계층적 구조라는 성격보다는 직무의 체계라는 성격이 강하게 나타나고 있음

⑤ 프로젝트 조직은 스탭 조직이 아닌 라인 조직이므로 프로젝트 관리자는 라인의 장이며, 그는 프로젝트를 실현하는 책임과 권한을 갖고 있음

⑥ 프로젝트 자체가 시간적 유한성을 지니므로 프로젝트 조직도 임시적 · 잠정적임

■ **기능식 조직**

① 수평적 분업관계에서 연결되는 여러 전문기능별 직장들이 각기 그 전문적 입장에서 모든 작업자를 지휘 · 감독하는 조직체계

② 관리기능은 수평적 분화에 따라 지휘, 감독의 전문화로 높은 작업능률을 기대할 수 있음

③ 관리 기능별로 전문가 양성이 용이

④ 지휘자나 작업자 모두의 과업이 분명하기에 성과급 실시가 용이

⑤ 관리 기능별로 분업화되어 있어 기능별 전문가 양성이나 감독이 용이하나, 전반적인 관리자의 양성은 어려움

■ **라인 조직** 14, 15년 기출

① 상부에서 하부로 직선적으로 명령이 전달되는 형태로 직계 조직이라고도 함

② 임기응변에 의한 응급조치가 가능

③ 조직원들이 창의력을 발휘하기 어렵고, 각 부문 간의 유기적인 조정이 어려움

④ 명령 일원화의 원리에 의해서 경영활동의 통제가 용이함

⑤ 결정과 집행이 신속하고, 통일성 · 질서 유지가 용이하며, 책임의 소재가 명확함

⑥ 상위자에게 너무 많은 책임이 맡겨진다는 단점이 있으며, 소기업에 적합함

⑦ 인적 · 물적 자원을 조직화하며 지휘명령 계통을 가짐

⑧ 영업부, 생산부, 구매부, 제조부, 판매부 등의 부서에 해당됨

■ 스탭 조직

① 전문적인 지식을 활용해 라인에 조언하는 것이 주요 역할
② 기업 규모가 작을 때에는 라인만으로도 충분하지만 규모가 확대됨에 따라 직능이 분화하여 스탭을 두게 됨
③ 인사부, 경리부, 기술부, 조사부, 기획부, 관리부 등의 부서에 해당됨
④ 경영활동의 목적을 달성하는 데 간접적으로 기여

■ 네트워크 조직 15년 기출

① 조직 내부에서 수행하던 기능을 계약을 통해 외부 조직으로 아웃소싱(Outsourcing)한 결과로 나타나는 조직
② 계층이 거의 없고 조직 간의 벽도 없으며, 부문 간 교류가 활발하게 이루어지는 특징을 지님

■ 사업부제 조직 15년 기출

① 회사 내에 자주성을 갖는 통일적인 경영단위를 형성하는 것과 같은 부문화를 행하는 조직형태
② 사업단위별로 책임경영과 자율경영을 실시할 수 있음
③ 미래의 최고경영자를 양성할 수 있는 학습기회 제공
④ 사업부단위를 편성하고 각 단위에 대하여 독자적인 생산과 영업 및 관리 권한을 부여하는 조직형태
⑤ 전 사업부에 걸쳐 공통적으로 존재하는 자원과 부서가 중복됨에 따라 관리비용이 증대되는 단점이 있음

■ 팀 조직

장 점	단 점
• 업무추진에 있어 불필요한 부서 간의 장벽 제거 • 신속한 의사결정체계 • 매트릭스 조직의 이중적인 명령 보고체계 탈피 • 구성원의 의사가 최고경영자에게 바로 전달 • 성과에 대한 평가와 동기부여가 쉬움	• 무능한 구성원으로 팀을 구성하면 다른 형태의 조직보다 성과가 못할 수도 있음 • 구성원의 능력을 일정 수준으로 유지하도록 교육훈련에 많은 비용과 시간을 들여야 한다는 부담이 있음

■ 공식조직과 비공식조직의 특징 및 기능 14, 17, 20년 기출

공식조직	비공식조직
• 계층 및 부서 간의 권한 및 책임과 의사소통의 경로를 분명하게 함 • 모든 구성원에게 구체적으로 직무가 할당되며 지위, 신분의 체계가 문서화됨 • 조직 목적을 달성하기 위해 의도적으로 구성된 조직 • 조직 수명이 지속적	• 구성원들 간의 친밀감을 바탕으로 하여 의사소통을 원활하게 함 • 구성원 개인이 좌절이나 불행, 욕구불만 등을 느낄 때 토론하고 해소함으로써 조직 유지의 안전장치 구실 • 구성원들에게 일정한 행동양식, 규범, 가치체계 등을 제공함으로써 귀속감, 안정감, 만족감 등 정서적 만족 제공 • 구성원들 간의 협동 도모, 의사결정 참여, 유기적 상호관계 증진 등을 도모함으로써 업무를 능률적으로 수행하게 함 • 구성원들 간의 커뮤니케이션을 통해 조직의 생리 파악 가능

■ 경영체제(소유권 분산정도에 따른 경영권의 소재)에 따른 분류

① **소유경영자** : 기업의 소유자가 경영 전반에 관한 의사결정 권한을 행사하는 경영자일 때를 말하며, 기업이 거대화하여 경영의 내용이 복잡해질 경우 소유와 경영이 분리되는 현상이 나타남

② **고용경영자** : 소유자에 의해 위양된 특정 경영활동에 대해서만 책임을 지는 경우, 즉 소유경영자에게 고용되어 경영관리기능의 일부 또는 전부를 위탁받은 대리인으로서의 경영자

③ **전문경영자** : 출자기능만을 제외한 경영 전반에 대해 책임을 지는 경우, 즉 자본과 경영이 분리된 전문경영 체제하에 자율성과 영향력을 지니고 경영활동을 수행하는 경영자

■ 경영의 새로운 전략

① **경영전략** : 사업 기회 창출/핵심 역량 강화/범위의 경제, 속도 경영/차별화 중시/질적 경영

② **산업구조** : 핵심 역량을 기반으로 한 사업 구조 재구축

③ **마케팅** : 고객 중심의 마케팅

④ **경영관리** : 전사적 자원 관리, 현업 및 수익 중심의 경영 관리

⑤ **인력 · 조직** : 업적/능력 중시/자원 위주의 관리, 창의성/혁신성/국제 감각

⑥ **기업문화** : 네트워킹과 오픈 조직, 능력과 성과 중시

■ **지식경영** 12, 13, 16, 17년 기출

① 지식을 지속적으로 획득 · 창출 · 축적하고 전파 · 공유하여 고객에게 가치를 제공함으로써 기업성과를 달성하려는 것

② 암묵지와 형식지는 조직 내에서 형성되어 각각 독립적으로 작용하면서 지식변환프로세스를 형성

③ 기업이 계획을 진행시키기 위하여 의식적이며 포괄적으로 자사의 지식을 모아 조직화하고, 공유하고, 분석하는 것. 이는 조직 내 지식의 활발한 창출과 공유를 제도화시키는 것을 목표로 함. 이를 위해 조직구성원 개개인의 지식이나 노하우를 체계적으로 발굴하여 조직 내 보편적인 지식으로 공유함으로써 조직 전체의 문제해결 능력을 향상시키려고 노력

④ 형식지는 문서, 매뉴얼, 파일 등과 같이 외부로 표출되어 보관이나 전달이 가능

⑤ 지식경영최고책임자(CKO ; Chief Knowledge Officer)의 직위는 조직의 지적 자산의 포트폴리오와 지식의 전체 풀을 잘 관리하고 지속해서 재생산하는 것

⑥ 지식경영의 핵심은 지식의 보안과 개인적 관리를 의미하는 것이며, 목적은 지식을 경영자원으로 활용하여 기업의 가치를 향상시키는 것

⑦ 지식경영이 성공하기 위해서는 지식공유 및 보상체계 등 지식경영을 조직문화로 정착시키는 것과 권한과 책임의 현장위임과 같은 조직구조를 갖추는 것이 필요

⑧ 지식공유를 촉진할 수 있는 네트워크는 사람들 간에 신뢰와 배려가 형성되어 있는 경우

■ **직무분석 · 직무설계** 12년 기출

① 직무분석이란 직무수행을 위해 요구되는 경험, 기능, 능력, 책임 등을 분석하고 그 직무가 다른 직무와 구별되는 요인을 명확하게 밝히는 일련의 과정

② 직무분석은 직무의 단위 결정, 직무내용의 체계적 기술, 직무기술서 작성, 직무명세서 작성의 단계를 거침

③ 직무설계란 직무수행자에게 일의 의미와 만족을 부여하여 직무를 효율적으로 수행할 수 있도록 작업단위 · 직무내용 · 작업방법을 질적 · 양적으로 개선하거나 다시 설계하는 것

④ 직무확대는 수행하는 업무의 단위를 넓히는 것으로 양적 증가를 의미하여 직무의 범위를 새롭게 넓혀 주는 직무설계방법

⑤ 직무충실화는 수직적 확대라고도 할 수 있는데, 단지 신체적 활동의 내용을 다양화할 뿐만 아니라 여기에 다시 판단적 또는 의사결정적 내용을 추가하여 인간이 지닌 문제해결능력을 활용하기 위한 직무설계방법

■ 인사고과 12, 20년 기출

① 인사고과(Performance Appraisal)는 구성원들이 조직의 목표달성에 기여한 정도, 즉 업무수행상의 업적이나 잠재능력을 평가하는 과정
② 승급 및 임금관리 등의 자료로 활용하기 위해 실시
③ 중심화경향은 집단화 경향이라고도 하는데 피고과자에 대한 평가점수가 보통 또는 척도상의 중심점에 집중하는 경향
④ 평가자가 평가에 필요한 자료를 충분히 수집하지 않고 자신이 이미 가지고 있는 지각의 틀을 사용하여 편하게 평가할 경우 인사고과 시 오류가 발생

■ 기업의 경쟁력 강화기법

① **리스트럭쳐링(Restructuring)** : 미래변화를 예측하여 어떤 사업을 주력사업으로 하고 어떤 사업부를 축소 · 철수하며, 어떤 신규 사업으로 새로이 진입하고, 더 나아가 중복 사업을 통합함으로써 사업구조를 개혁하는 것
② **벤치마킹(Benchmarking)** : 타 업종이나 동일 업종의 최고 수준을 가진 기업을 모델로 삼아 그들의 독특한 비법을 배우면서 부단히 자기 혁신을 꾀하는 기법
③ **아웃소싱(Outsourcing)** : 기업의 내부 프로젝트나 활동을 외부의 제3자에게 위탁 처리하는 방식
④ **다운사이징(Downsizing)** : 기구축소 또는 감원을 의미하며 원가절감이 주요목표

■ 조해리의 창(Johari Window)

① 자기공개와 피드백의 측면에서 우리의 인간관계를 진단해 볼 수 있는 방법이 조해리의 '마음의 창(Johari's Window of Mind)'임
② 심리학자인 Joseph Luft와 Harry Ingham에 의해서 개발되었고 두 사람의 이름을 합성하여 '조해리(Joe+Harry=Johari)의 창'이라고 명명

■ SWOT 분석 14, 15, 19년 기출

구 분	의 미	비 고
강점(Strength)	우리의 장점	우리 기업 분석
약점(Weakness)	우리의 약점	
기회(Opportunity)	기업의 발전에 기여할 수 있는 요인	외부 환경 분석
위협(Threat)	기업의 생존에 위협을 주는 요인	

■ 전략평가시스템(SES ; Strategic Evaluation System)

① 기존의 평가시스템을 개선한 것이 아닌 새로운 그림을 그리는 차원에서 등장한 개념

② 경영환경의 변화를 고려하여 수립된 전략의 실행 및 결과를 평가하는 것이며, 조직 전체의 관점에서 기업경쟁력 강화를 추구하는 평가 여건까지 고려한 평가시스템

■ 파레토 최적

① 자원배분이 가장 효율적으로 이루어진 상태. 이탈리아 경제학자 파레토가 처음 이 개념을 경제분석에 사용함

② 파레토 최적이 이루어지기 위해서는 생산의 효율과 교환의 효율에 대해 다음의 조건이 충족되어야 함

- 생산의 효율에 있어서는 어떠한 재화의 생산량을 줄이기 위해서 다른 재화의 생산량을 감소시키지 않으면 안 된다는 조건
- 교환의 효율에 있어서 한 소비자의 효용을 증가시키기 위해서는 다른 소비자의 효용을 감소시키지 않으면 안 된다는 조건

■ 조직문화의 중요성 14년 기출

① 조직문화란 구성원이 공유하고 있는 가치관, 이념, 관습 등을 총칭

② 조직문화는 기업의 전략수행에 영향을 미침

③ 기업의 합병, 매수 및 다각화에 있어서 조직문화가 중요한 영향을 미침

④ 신기술을 도입하거나 통합하는 경우에 영향을 미침

⑤ 조직 내의 집단 간 갈등에 영향을 미침

⑥ 효과적인 회의나 의사소통에 영향을 미침

⑦ 조직구성원을 사회화하는 데 영향을 미침

⑧ 조직의 생산성에 영향을 미침

■ 조직시스템의 형상

① **업무핵심층** : 제품 및 서비스의 생산과 직접 관련이 있는 기본적인 업무를 수행하는 구성부분

② **전략상층부** : 조직의 목표를 효과적으로 달성해야 하는 책임이 있으며, 조직에 대한 전반적인 책임자

③ **중간라인** : 사장의 관리적 역할을 수행하지만 그 관리의 범위는 그가 속한 단위부서에 한정

④ **테크노스트럭처** : 다른 사람들의 업무에 영향을 미침으로써 조직에 공헌하는 분석자

⑤ **지원스탭** : 작업흐름과 분리되어서 조직상층부를 지원하는 전문화된 단위

■ 조직문화의 구성요소(조직 문화의 7S) 19년 기출

공유 가치 **(Shared Value)**	• 조직 구성원이 함께 가지는 신념이나 믿음을 말하며, 이것은 다른 조직 문화의 구성 요소에 영향을 줄 수 있음 • 일반적으로 조직의 비전을 달성하기 위해 공유된 가치를 강조하며, 조직 문화 형성에 의미 있는 역할을 함
전략 **(Strategy)**	• 조직의 장기적인 방향과 기본 성격을 결정할 수 있으며, 다른 조직 문화 구성 요소에 큰 영향을 줄 수 있음 • 조직 목표의 달성을 위해 추구하는 방향성을 의미하며, 이러한 전략은 조직의 사명이나 비전에 의해 도출될 수 있음
조직 구조 **(Structure)**	• 조직체의 전략수행을 위한 기본 틀로 권한 관계와 방침, 조직구조와 직무설계 등 구성원의 역할과 그들의 상호관계를 지배하는 공식요소를 포함 • 조직의 전략에 따른 목표 달성을 위해 요구되는 조직 및 부서 등의 특정한 형태 • 고유의 조직 구조에 따라 부서마다 다른 직무를 수행하고 권한이나 책임 등의 범위가 결정될 수 있음
조직 시스템 **(System)**	• 조직을 더 효과적으로 운영하기 위해 조직 내에서 실행하는 여러 제도들을 의미 • 조직경영의 의사결정과 일상 운영의 틀이 되는 보상 시스템, 복리후생제도, 성과 관리 시스템, 경영계획과 목표설정 시스템, 경영정보와 의사결정 시스템, 결과측정과 조정 · 통제 등 경영 각 분야의 관리제도와 절차를 포함
조직 구성원 **(Staff)**	• 조직 구성원의 인력 구성에 따른 특징 • 구성원들의 능력, 신념, 전문성, 욕구와 동기, 과업 수행에 필요한 행동이나 조직에 대한 태도와 행동 등을 포함
관리 기술 **(Skill)**	• 관리자가 조직 구성원을 통제하거나 목표를 달성하기 위해 사용할 수 있는 기법 • 조직체 내 변화 관리, 갈등 관리와 같은 문제를 다루는 데 필수적
리더십 스타일 **(Style)**	• 조직의 구성원을 이끌어 가는 관리자의 유형 • 구성원들의 동기부여와 상호작용, 조직분위기 및 조직문화에 직접 영향을 끼침

■ 동기부여의 내용이론 13, 14, 15, 19년 기출

① 동기를 유발하는 요인의 내용을 설명하는 이론

② 무엇이 개인의 행동을 유지 혹은 활성화시키는가, 혹은 환경 속의 무슨 요인이 사람의 행동을 움직이게 하는가에 관한 이론

③ 동기유발의 주요 내용이론으로는 매슬로우(Abraham H. Maslow)의 욕구단계이론, 앨더퍼(Clayton R. Alderfer)의 ERG이론, 허즈버그(Frederick Herzberg)의 2요인이론, 맥클레랜드(David C. McClelland)의 성취동기이론 등이 있음

■ 리더십 이론 13, 15, 16, 17, 20년 기출

① 리더십은 목표와 관련되며 타인에게 영향을 미치는 과정이며, 리더는 구성원들에게 비전을 제시하고 동기를 유발시키면서 이끌어가는 사람

② **허쉬와 블랜차드의 수명주기이론** : 하급자의 성숙도에 따라 적합한 리더십 유형을 보일 때 조직유효성이 오른다고 주장함

③ **리더십 특성이론** : 리더와 리더가 아닌 사람들의 개인적인 특성과 자질을 고려하는 이론

④ **피들러의 상황모형** : 상황적 요인에 따라 리더에게 필요한 행동이 달라지므로 리더는 부하와 과업환경을 고려하여 적절한 리더십 행동유형을 선택해야 한다는 모형

⑤ **블레이크와 모튼의 리더십 그리드 모형** : 생산에 대한 관심과 사람에 대한 관심을 통해 리더가 어떻게 하면 조직목표를 달성할 수 있는가를 설명. 이 이론에서는 과업수행과 대인관계를 둘 다 중시하여야 높은 수준의 참여와 팀워크를 형성할 수 있다고 봄

⑥ **리더-부하 교환 이론** : 리더와 부하가 서로 영향을 주고받는다는 이론. 리더는 부하직원의 역량과 능력, 책임감에 따라 다르게 대우함. 부하직원을 리더와 높은 상호작용을 하는 내집단과 공식적 관계만 유지하는 외집단으로 구분하여 설명

⑦ **경로-목표 이론** : 부하의 특성과 근무 환경의 특성에 따라 리더십의 유형을 네 가지로 나눈 것. 리더십의 유형에는 지시적, 지지적, 참여적, 성취지향적이 있음

■ 리더십의 유형 12, 18, 19년 기출

① **비전적 리더십** : 하위자들이 자기 자신을 스스로 관리하고 통제할 수 있는 힘과 기술을 갖도록 개입하고 지도하는 리더십

② **서번트 리더십** : 섬기는 자세를 가진 봉사자로서의 역할을 먼저 생각하는 리더십

③ **카리스마적 리더십** : 리더가 원하는 것과 하위자들이 원하는 보상이 교환되고, 하위자들의 과업수행 시 예외적인 사항에 대해서만 리더가 개입하는 리더십

④ **변혁적 리더십** : 리더가 부하들에게 장기적 비전을 제시하고 그 비전을 향해 매진하도록 부하들로 하여금 자신의 정서나 가치관, 행동규범 등을 바꾸어 목표달성을 위한 성취의지와 자신감을 고취시키는 리더십

■ 리더가 갖는 권력의 유형 19년 기출

① **강압적 권력** : 리더가 가지고 있는 강압적 권한에 의해 발생

② **합법적 권력** : 리더의 공식적인 권위와 개인적인 능력에 의하여 발휘되는 영향력

③ **준거적 권력** : 리더가 조직에 우호적이고 매력적인 카리스마를 가짐으로써 조직원들에게 믿음을 주며 생기는 영향력

④ **보상적 권력** : 리더가 조직원에게 원하는 보상을 줄 수 있을 때 발생하는 능력

⑤ **전문적 권력** : 능력이나 전문적 기술, 지식 등 리더의 개인적인 실력을 통하여 발휘되는 영향력

■ 의사결정의 중요요소

① **의사결정자** : 개인, 집단, 조직, 사회
② **의사결정상황** : 확신성, 위험, 불확실성
③ **의사결정대상** : 생산, 마케팅, 재무경영

■ 합리적인 의사결정의 과정

문제의 인식 → 정보의 수집 및 분석 → 대안의 탐색 및 선택 → 결과 평가

■ 전략적 의사결정 19년 기출

① 최고경영자의 의사결정 참여를 필요로 함
② 대규모의 자원 동원을 필요로 함
③ 기업의 경영성과에 장기적인 영향을 미침
④ 미래지향적임
⑤ 각 경영기능 또는 사업 단위들에게 파급효과가 큼
⑥ 외부환경에 대한 고려를 중요시함

■ 의사소통의 원칙

① **명료성의 원칙** : 전달하는 내용이 분명하고 정확하게 이해할 수 있게 해야 함
② **일관성의 원칙** : 전달내용은 전후가 일치되어야 함
③ **적시성의 원칙** : 필요한 정보는 필요한 시기에 적절히 입수해야 함
④ **적정성의 원칙** : 전달하고자 하는 정보의 양과 규모는 적절해야 함
⑤ **배포성의 원칙** : 의사전달의 내용은 모든 사람들이 알 수 있도록 공개해야 함
⑥ **적응성의 원칙** : 의사소통의 내용은 상황에 따라 융통성과 신축성이 있어야 함
⑦ **수용성의 원칙** : 피전달자가 수용할 수 있어야 함

■ 의사소통의 과정

① **부호화(Encoding)** : 전달자가 아이디어를 전달 가능하고 이해 가능한 형태로 변환시키는 과정
② **매체를 통한 전송(Transmission Through Media Channels)** : 부호화된 메시지는 의사소통 매체를 통해 수신자에게 전달되며, 전화선, 라디오, TV시그널, 광섬유 케이블, 우편 등 다양한 매체들이 이용될 수 있고, 매체는 대체로 전달하고자 하는 정보형태에 의해 결정됨
③ **해독(Decoding)** : 수신자는 전해진 메시지를 아이디어로 환원하는 해독작업을 수행
④ **피드백(Feedback)** : 메시지가 해독된 후 수신자가 메시지를 전달자에게 다시 전달하는 것
⑤ **잡음(Noise)** : 잡음은 전달과 수신 사이에 발생하여 의사소통의 정확도를 감소시킴

■ 커뮤니케이션 13, 20년 기출

① 커뮤니케이션은 정보의 전달(Communis)이라는 라틴어에서 유래
② 커뮤니케이션을 통해 종업원에게 희망을 주고 불만을 덜어 줄 수 있음
③ 공식적 커뮤니케이션은 조직의 권한체계나 공식적인 구조를 따라 구성원 간에 이루어지는 커뮤니케이션
④ 포도덩굴(Grapevine) 형태의 정보 교환은 비공식적 관계를 중심으로 이루어짐

■ 의사소통의 기능

① **정보전달기능** : 커뮤니케이션은 개인과 집단 또는 조직에 정보를 전달해 주는 기능을 함으로써 의사결정의 촉매제 역할을 함. 의사소통은 여러 가지 대안을 파악하고 평가하는 데 필요한 정보를 제공해 줌으로써 의사결정이 원활히 이루어지게 함
② **동기유발기능** : 커뮤니케이션은 조직 구성원들의 동기유발을 촉진시키는 데 사용됨
③ **통제기능** : 커뮤니케이션은 조직 구성원의 행동을 조정 · 통제하는 기능을 함
④ **정서기능** : 커뮤니케이션을 통해 조직 구성원들은 자신의 감정을 표현하고 사회적 욕구를 충족할 수 있음

■ 조직 내의 커뮤니케이션

상향식	• 하급자로부터 최상급자로 전달되어 조직계층을 따라 계속 위로 진행되는 형태 • 부하직원들의 태도와 느낌이 상부로 피드백됨 • 업무절차의 개선과 새로운 아이디어에 관한 하급자의 제안을 받을 수 있음 • 하부 조직원들의 불만과 그들이 원하는 바가 무엇인지를 알고 이에 효과적으로 대처할 수 있음
하향식	• 조직계층의 상위수준에서 하위 수준의 사람에게로 흐르는 형태 • 조직목표와 전략 수행, 규칙과 절차 설명, 작업지시와 성과 피드백
교 차	조직 내의 동일 또는 유사 수준에 있는 사람들 간의 정보의 수평적 흐름 및 직접 보고 관계에 있지 않은 상이한 수준의 사람들 간의 대각선적인 정보흐름

■ 브레인스토밍 12, 13년 기출

① 여러 명이 한 가지 문제를 놓고 무작위로 아이디어를 교환하며 해결책을 찾아내는 방식
② 복잡한 사안을 놓고 논리적으로 해결하기에는 한계가 있으므로 가능한 아이디어를 모두 쏟아 내면서 상대방의 아이디어에 자신의 의견을 첨가하고 또 다른 사람이 더 좋은 아이디어를 도출하는 방식으로 진행

3 경영활동

■ 마케팅믹스(Marketing Mix) 12, 14, 16, 17, 20년 기출

① 목표시장에서 기업의 목표를 달성하기 위하여 통제 가능한 마케팅 변수를 최적으로 배합하는 것
② 통제가능한 마케팅 변수는 제품(Product), 가격(Price), 유통(Place), 촉진(Promotion)을 포함하며, 머리글자를 따서 4P라고도 함
③ 제품관리의 핵심은 시장수요의 변화패턴을 의미하는 제품수명주기에 대한 이해가 필요
④ 제품수명주기는 일반적으로 도입기, 성장기, 성숙기, 쇠퇴기로 구분
⑤ 제품관리전략이란 시장의 변화를 검토하여 시장의 욕구와 필요에 부응하도록 제품의 구성을 끊임없이 조정하는 것

■ 마케팅환경

① **거시적 환경** : 인구통계학적, 사회경제적, 기술적, 정치적, 법률적, 생태적 환경
② **내부환경** : 최고경영층, 각 기능부서
③ **과업환경** : 원료공급업자, 유통기관, 고객 및 시장(조직에 직접적으로 미치는 영향 요인)
④ **제약환경** : 경쟁업자, 공중(금융 · 매체 · 정부 · 시민운동 등)
⑤ **소비자환경** : 소비자의 마케팅(제품, 가격, 유통, 촉진) 자극 요인

■ 마케팅관리 과정

① **마케팅기회 분석** : 기업의 마케팅활동 성과를 향상시킬 수 있는 장기적인 기회를 파악, 분석
② **표적시장의 선정** : 어떤 시장을 표적으로 선정하여 마케팅 활동을 전개할 것인지 결정
③ 마케팅믹스(통제 가능한 마케팅 수단의 집합)의 개발
④ 마케팅활동의 집행과 통제

■ 마케팅 기법 12년 기출

니치마케팅	시장의 빈틈을 공략하는 새로운 상품을 내놓아 경쟁력을 제고시키는 마케팅
프로슈머 마케팅	소비자의 요구 혹은 아이디어를 기업이 받아들여 신제품을 개발하는 마케팅
디마케팅	기업들이 자사 상품에 대한 고객의 구매를 의도적으로 줄임으로써 적절한 수요를 창출하는 마케팅
스프레드 마케팅	신문이나 방송 등에 광고를 내보내지 않고 인터넷과 입소문을 활용하여 소문을 퍼뜨리는 기법으로 비용을 줄이고 홍보효과는 극대화하는 마케팅

■ 고객유입 마케팅 기법 14년 기출

① **앰부시마케팅** : 스폰서의 권리가 없는 자가 마치 자신이 스폰서인 것처럼 행동하여 구매활동으로 이어지게 하는 마케팅 활동

② **넛지마케팅** : 공공활동 등 상품을 소개하지 않는 다른 활동으로 주의를 끌거나 긍정적 이미지를 갖게 하여 구매활동으로 이어지게 하는 마케팅 활동

③ **바이럴마케팅** : 입소문마케팅으로도 불리며 이슈를 만들고, 이를 각종 휴먼네트워크를 통해 확산시켜 구매활동으로 이어지게 하는 마케팅 활동

■ 그린 마케팅(Green Marketing) 13년 기출

① 자연환경과 생태계 보전을 중시하는 시장접근전략

② 기존의 상품판매전략이 단순한 고객의 욕구나 수요충족에만 초점을 맞추는 것과는 달리 공해요인을 제거한 상품을 제조 · 판매해야 한다는 소비자보호운동에 입각, 인간의 삶의 질을 높이려는 기업활동을 지칭하는 말

■ 목표시장 선정전략 15, 19, 20년 기출

① **시장세분화** : 다양한 욕구를 가진 소비자들을 특정제품 및 믹스를 필요로 하는 유사한 집단으로 묶는 과정

② **시장표적화** : 자사의 경쟁우위가 어느 세분시장에서 확보될 수 있는가를 평가하여 상대적으로 경쟁우위가 있는 세분시장을 선정하는 것

③ **제품 포지셔닝** : 자사제품이 경쟁제품과는 다른 차별적 경쟁우위 요인을 보유하여 목표시장 내 소비자들의 욕구를 보다 효율적으로 잘 충족시켜 줄 수 있다는 것을 소비자에게 인식시켜 주는 과정

■ 제품 포지셔닝 전략 16년 기출

소비자 포지셔닝 전략	경쟁적 포지셔닝 전략
• 소비자의 니즈와 자사 제품 편익의 연관성을 어느 범위에서 전달하느냐에 따라 구체적으로 포지셔닝하기도 하고 일반적으로 포지셔닝하기도 함 • 제품의 편익을 구체적으로 포지셔닝하면 포지셔닝의 효과는 크지만 고객의 범위가 작아질 우려가 있음 • 일반적으로 포지셔닝하면 범위가 크기는 하지만 막연하고 애매하기 때문에 커뮤니케이션에 문제가 생길 수 있음 • 제품의 편익과 소비자의 욕구를 연관시킬 수 있는 포지셔닝 전략을 세우는 것이 중요 • 제품의 편익과 연관성을 전달하는 방법에 따라서 정보를 제공하는 방법으로 포지셔닝하기도 하고 상징적으로 심상을 전달하는 방법으로 포지셔닝하기도 함	• 경쟁제품의 포지션을 바탕으로 포지셔닝하는 전략으로, 소비자들은 경쟁제품의 포지션에 자사제품의 포지션을 연관지어 인식하게 됨 • 주로 경쟁제품과의 차별화를 목적으로 비교 광고를 통해서 많이 수행되는데 보다 수월하게 포지셔닝을 할 수 있음 • 해당 제품에 대한 고객의 지각과 평판에 차이를 가져옴 • 소비자들의 혼란을 야기하고 경쟁제품의 인지도가 오히려 더 커질 수도 있음

■ 시장세분화 기준 설정

① **세분화 전제 조건** : 측정 가능성, 접근 가능성, 실질성(규모), 수행 가능성, 신뢰성, 유효·정당성(차별화)

② **세분화 개념** : 세분시장 상호 간에는 이질성 극대화, 세분시장 내에서는 동질성 극대화

③ **세분화 변수** : 인구통계학적, 심리 분석적, 구매행동 변수를 조합하여 효율적으로 사용

■ 래퍼곡선(Laffer Curve)

① 미국의 경제학자 A. Laffer에 의해 제시된 세율과 세수에 관한 곡선

② 세율이 0이면 세수 또한 0임은 자명한 일이고, 세율이 100%라면 누구도 소득을 얻기 위한 활동을 거부할 것이므로 세수는 0이 됨

③ 래퍼곡선은 그 중간에 세수가 극대로 될 수 있는 점의 존재를 주장하는 것이며, 일정의 세율(최적세 부담률)을 지나면 세수는 다시 감소됨

■ 밴드왜건과 베블런 19년 기출

① **밴드왜건 효과(Band-wagon Effect)** : 어떤 소비재의 가격하락 등으로 새로운 소비자가 이 소비재의 수요자로 등장한 결과, 즉 어떤 재화에 대한 수요가 많아지면 다른 사람들도 그 경향에 따라 수요를 증가시키는 현상

② **베블런 효과(Veblen Effect)** : 허영심에 의해 수요가 발생하는 것. 예를 들어, 다이아몬드는 비싸면 비쌀수록 사람의 허영심을 사로잡게 되어 가격이 상승하면 수요는 오히려 증대함

■ 제품수명주기 12, 13, 18년 기출

도입기	• 신제품이 처음 시장에 선을 보이면서 시작됨 • 이 시기의 마케팅활동은 소비자들과 중간상인들에게 제품의 존재와 제품의 이점을 알리는 데 중점을 두며, 광고와 판매 촉진에 많은 투자를 함 • 상대적으로 가격 경쟁이 가장 적은 단계
성장기	• 소비자들이 문제의 제품에 대해서 이미 어느 정도 알게 됨 • 매출액이 급격히 신장되고 실질적 이익이 뚜렷하게 증가하기 시작
성숙기	• 자사 제품의 독특한 점을 부각시켜 자사 제품이 경쟁 제품과 구별되도록 하는 데 주안점을 둠 • 매출액성장률이 성장기에 비해 둔화됨 • 새로운 고객을 찾기보다는 구고객의 사용률과 구매 빈도를 높여야 함 • 신제품 개발전략보다는 기존 제품의 시장점유율을 극대화시키는 전략이 중요함
쇠퇴기	• 판매 부진과 이익 감소로 인하여 몇몇 회사는 시장을 떠남 • 남은 회사들은 광고와 판매 촉진비를 줄이고 가격을 더 낮추며, 원가관리를 강화하는 등의 자구책을 강구하게 됨

■ 가격 관리 19년 기출

① 원가 중심 가격 결정

- 원가 가산 가격 결정법 : 제품의 단위당 원가에 표준 이익을 가산
- 목표 이익 가격 결정법 : 일정한 표준 생산량에서 총원가에 예정된 수익률을 가산

② 수요 중심 가격 결정

- 지각 가치 가격 결정법 : 구매자의 제품에 대해 지각된 가치에 입각하여 결정
- 수요차 가격 결정법 : 수요의 정도에 따른 가격 결정

③ 경쟁 중심 가격 결정

- 모방가격 : 자사의 생산 비용이나 시장 수요를 토대로 하여 가격을 결정하기보다는 경쟁사의 가격을 기초로 하여 결정
- 입찰가격 : 경쟁사보다 낮은 가격을 제시해야 계약을 체결할 수 있을 때 쓰는 방법

■ 파레토 법칙(80:20 법칙) 12년 기출

① 이탈리아 인구의 20%가 국가 전체 부(富)의 80%를 보유하고 있음을 발견한 것을 토대로 하여 생성된 경험법칙에서 유래

② 핵심적인 부분에 자원을 배분해야 함

③ 핵심적인 활동, 핵심적인 고객에 집중해야 함

④ 전체적인 숫자만 보지 말고, 의미가 있을 때까지 쪼개서 봐야 함

■ 해외시장 진입방식 12, 18, 19년 기출

① **라이선싱** : 상표 등록된 재산권을 가지고 있는 개인 또는 단체가 기업이 소유하고 있는 브랜드를 사용하도록 허가해주고 제공받은 디자인이나 제조기술을 활용하여 국내에서 영업할 수 있도록 하는 합작 또는 제휴의 형태

② **프랜차이징** : 외국기업이 자신의 상호, 상표, 경험, 노하우, 인지도 등을 자국에서 제품을 생산할 수 있도록 허락해 주고 그 대가로 로열티 수수료를 받는 방식으로 사업을 운영

③ **조인트벤처** : 한 기업과 그의 해외파트너가 각자의 지분을 가지고 새로운 회사인 합작회사를 설립하겠다는 협정

④ **위탁제조** : 외국의 기업에게 물품의 제조를 위탁하여 생산한 제품에 회사의 브랜드와 상표를 부착하여 판매하는 방식

■ 적시생산(JIT ; Just In Time) 방식 12년 기출

① 재고를 쌓아 두지 않고서도 필요한 때 적기에 제품을 공급하는 생산방식으로 재고비용을 최대한 줄이기 위하여 고안된 방식. 즉, 팔릴 물건을 팔릴 때에 팔릴 만큼만 생산하여 파는 방식

② 모든 생산 공정이 완벽하게 믿을 수 있도록 가동되어야 함
③ 문제가 발생하는 경우에 생산 공정을 중지시킬 수 있는 재량권을 종업원에게 줌
④ 문제가 발생하는 경우 그 근본 원인을 해결할 수 있도록 함

■ 인적자원관리 15, 19년 기출

① 조직의 목표달성을 위해 미래 인적자원 수요 예측을 바탕으로 인적자원을 확보 · 개발, 배치, 평가하는 일련의 업무
② 구성원들이 조직의 목적과 그들의 능력에 맞게 활용되고 그에 걸맞은 물리적, 심리적 보상과 더불어 실질적으로 조직의 구성원들의 발탁, 개발 그리고 활용의 문제뿐만 아니라 구성원들의 조직과의 관계 및 능률을 다룸
③ 채용, 선발, 배치부터 조직설계, 역량개발, 노경관계까지를 포괄하는 광범위한 활동에 있어 종래의 인사관리의 틀을 넘어선 보다 포괄적인 개념으로 주목받고 있음
④ 현대의 인적자원 관리는 구성원존중과 조직발전이 조직의 목표달성과 동시에 이루어질 수 있도록 초점을 두고 접근하는 경향이 크게 대두되고 있음

■ 인적자원계획 수립활동 16년 기출

① 불필요한 인적자원을 줄이는 해고계획을 수립하는 활동
② 현재의 종업원과 필요한 종업원 간의 수급불균형을 맞추기 위한 방법을 계획하는 활동
③ 종업원의 능력을 개발하기 위한 인적자원개발계획을 수립하는 활동

■ OJT(On the Job Training)

① '직장 내 교육훈련'이라는 뜻으로, 피교육자는 직장 내에서 직무에 종사하면서 상사나 선배 등에 의해 교육이나 훈련을 받게 됨
② 지도자와 피교육자 사이에 친밀감을 조성하며 시간 낭비가 적고 기업의 필요에 합치되는 교육훈련을 할 수 있다는 장점이 있지만, 동시에 지도자의 높은 자질이 요구되며 교육훈련 내용의 체계화가 어렵다는 등의 단점이 있음

■ 연봉제 도입의 장점

① 능력과 실적이 임금과 직결되어 있으므로 능력주의, 실적주의를 통하여 종업원들에게 동기를 부여하고 의욕을 고취시켜 조직의 활성화와 사기앙양을 유도할 수 있음
② 국제적인 감각을 가진 인재를 확보하기가 쉬움
③ 연공급의 복잡한 임금체계와 임금지급구조를 단순화시켜 임금관리의 효율성을 증대시키는 효과가 있음

■ 인사고과의 목적

① 인사의 공정성 확보
② 능력개발
③ 승진 · 배치전환의 자료

■ 인사고과상의 오류 20년 기출

① **상동적 태도(常同的態度, Stereotyping)** : 피고과자가 속한 사회적 속성에 대한 편견
② **현혹 효과(眩惑效果, Halo Effect)** : 어느 한 측면에서의 호의적 · 비호의적 인상이 다른 측면의 평가 시에도 영향을 주는 경향(후광 효과)
③ **관대화 경향(寬大化傾向, Leniency Tendency)** : 실제보다 과대 또는 과소평가하는 경향
④ **중심화 경향(中心化傾向, Central Tendency)** : 척도상 중심점에 평가가 집중(집단화 경향)

■ 인사고과의 분류 13년 기출

전통적 인사고과	현대적 인사고과
• 과거의 실적 중심, 인물, 특히 인격 강조 • 포괄적, 획일적 차원의 다목적 고과 • 추상적 기준, 일방적 · 하향적 평가 • 약점을 발견하여 상벌의 자료로 활용 • 1년 1회 정도로 실시	• 미래의 잠재력 개발 지향, 직책과 목표 강조 • 계층별 · 직능별로 업적, 능력을 분리하는 목적별 고과 • 구체적 기준, 상하가 공동으로 결정 • 장점을 발견하여 적재적소 배치 및 능력 개발에 활용 • 평상시에 수시로 평가

■ MIS의 기능구조

① **거래처리시스템** : 컴퓨터를 이용한 사무업무나 운용적 업무의 신속 · 정확한 처리를 위한 시스템으로, 그 주요기능은 거래처리, 마스터 파일의 보전, 보고서 출력, 데이터베이스에 자료제공과 검색 등
② **정보처리시스템** : 데이터베이스시스템이라고도 일컬어지며 의사결정에 필요한 정보를 제공하는 시스템
③ **프로그램화 의사결정시스템** : 구조적 의사결정을 위한 시스템으로서 주로 시스템에 의해서 의사결정이 자동적으로 이루어지게 함. 이러한 시스템은 의사결정절차가 구조적이며 업무처리 절차가 정의된 업무에 적용
④ **의사결정지원시스템** : 프로그램화할 수 없는 비정형적, 비구조적 의사결정을 위한 다양한 지원을 하는 시스템
⑤ **의사소통시스템** : 개인용 컴퓨터, 터미널, 팩시밀리, 워드프로세서, 컴퓨터 네트워크와 통신장치를 이용하여 환경과 시스템 간의 의사소통 또는 정보전달기능을 담당

■ 직무기술서와 직무명세서 12, 14, 17, 18년 기출

직무기술서(Job Description)	직무명세서(Job Specification)
• 직무의 책임, 의무, 활동의 정도 및 범위를 설명하는 직무평가의 기초자료로, 종업원의 채용 및 배치의 적정화와 직무의 능률화를 목적으로 함 • 일반적으로 직무명칭, 소속직군 및 직종, 직무의 내용, 직무수행에 필요한 원재료 · 설비 · 작업도구, 직무수행 방법 및 절차, 작업조건(작업 집단의 인원수, 상호작용의 정도 등) 등을 기록함	• 직무의 내용과 함께 직무에 요구되는 자격요건, 즉 직무담당자의 인적 요건을 설명한 문서 • 모집과 선발에 사용되며 직의 명칭, 소속 및 직종, 교육수준, 기능 · 기술수준, 지식, 정신적 특성(창의력, 판단력 등), 육체적 능력, 작업경험, 책임 정도 등에 관한 사항이 포함

■ 경영정보시스템의 기본형태

① **거래처리시스템** : 거래로부터 발생하는 자료를 수집하고 저장하는 시스템이며, 때로는 거래의 부분으로 발생하는 의사결정을 통제하기도 함

② **경영정보시스템** : 조직에서 사용되는 효과적인 정보시스템의 개발과 사용을 말함

③ **의사결정시스템** : 인간의 의사결정을 지원하기 위해 컴퓨터와 상호작용을 하는 시스템

④ **사무자동화시스템** : 사무실과 경영조직 내의 매일 매일의 업무소통과 정보처리업무를 지원하는 시스템

■ 정보시스템의 구성요소 15, 20년 기출

① **하드웨어** : 데이터를 처리하기 위한 컴퓨터 장치를 의미

② **소프트웨어** : 하드웨어를 작동시키고 원하는 작업을 수행하기 위한 프로그램

③ **데이터베이스** : 데이터를 정해진 규칙에 따라 모아놓은 것

■ 정보기술 15, 17, 20년 기출

① **빅데이터** : 디지털 환경에서 생성되는 데이터로 그 규모가 방대하고, 생성 주기도 짧고, 형태도 수치데이터뿐 아니라 문자와 영상 데이터를 포함하는 대규모 데이터. 빅데이터의 3V는 크기(Volume), 속도(Velocity), 다양성(Variety)을 의미

② **사물인터넷(IoT)** : 인터넷을 기반으로 모든 사물을 연결하여 사람과 사물, 사물과 사물 간의 정보를 상호 소통하는 지능형 기술 및 서비스

③ **NFC(Near Field Communication)** : 10cm 이내의 가까운 거리에서 다양한 무선 데이터를 주고받는 통신 기술

④ **클라우드** : 사용자가 음악이나 동영상, 문서 등 각종 콘텐츠를 데이터센터에 저장해 놓고 인터넷으로 사용하는 서비스. 사용자가 모바일 기기나 PC 등 다양한 수단으로 시간과 장소에 구애받지 않고 콘텐츠를 편리하게 이용할 수 있음

■ 본원적 경쟁전략 모형–마이클 포터 12년 기출

① 경쟁상황 결정요인에는 새로운 경쟁기업의 진출위협, 공급자의 교섭력, 구매자의 교섭력, 대체품의 위협, 기존 기업 간의 경쟁강도 등이 있음

② 기업이 경쟁우위 실현을 위해 다른 경쟁기업보다 제품을 현저하게 낮은 가격으로 소비자에게 제공하는 전략을 원가우위 전략이라고 함

③ 가격을 특별히 낮추든지 품질을 특별히 높이든지 하는 전략을 세우되 전 고객을 상대로 하는 것이 아니라 한정된 특수고객에게 집중하여 원가우위 혹은 차별화 전략을 쓰는 것을 집중화 전략이라고 함

④ 포트폴리오전략은 주로 펀드의 운용에서 많이 사용되는데 펀드의 위험성을 줄이고 안정성을 높여 수익성을 올리기 위한 방법

■ 경영정보시스템 13, 17년 기출

① CRM(Customer Relationship Management)은 고객의 내 · 외부 자료를 분석 · 통합한다는 점에서 데이터베이스 마케팅의 성격을 가짐

② SCM(Supply Chain Management)은 기업에서 생산 · 유통 등 모든 공급망 단계를 최적화해 수요자가 원하는 제품을 원하는 시간과 장소에 제공하는 '공급망 관리'를 뜻함. SCM은 부품 공급업체와 생산업체 그리고 고객에 이르기까지 거래관계에 있는 기업들 간 IT를 이용한 실시간 정보공유를 통해 시장이나 수요자들의 요구에 기민하게 대응토록 지원하는 것

③ ERP(Enterprise Resources Planning)는 기업 전체를 경영자원의 효과적 이용이라는 관점에서 통합적으로 관리하고 경영의 효율화를 기하기 위한 수단

④ 성공적 CRM을 위해서는 고객과의 접점인 웹사이트와 내부의 ERP가 통합되어 정보교환이 원활해야 함

■ 경제학적 비용 12년 기출

① **고정비용** : 기업의 생산량이 변화하여도 단기적으로는 변동이 없는 비용. 고정비용은 기업 시설의 존재와 유지에 관련되어 있으므로 비록 생산을 중단한다 하더라도 같은 액수만큼 발생

② **기회비용** : 어떤 재화의 여러 가지 종류의 용도 중 어느 한 가지 만을 선택한 경우, 나머지 포기한 용도에서 얻을 수 있는 이익의 평가액

③ **매몰비용** : 이미 매몰되어 버려서 다시 되돌릴 수 없는 비용으로, 의사 결정을 하고 실행한 이후에 발생하는 비용 중 회수할 수 없는 비용. 일단 지출하고 나면 회수할 수 없는 기업의 광고비용이나 R&D 비용 등이 이에 속함

■ 수직적 통합전략

① 생산과정상 또는 유통경로상에서 공급자나 수요자를 통합하는 전략
② 원가절감과 안정적 수요와 공급이 가능하다는 전략적 이점을 가짐
③ 수직적 통합은 원재료의 획득에서 최종제품의 생산, 판매에 이르는 전체적인 공급과정에서 기업이 이 일정 부분을 통제하는 전략으로 다각화의 한 방법
④ 자동차 회사가 부품공급업체를 수직 통합한다면 품질향상과 유지를 통해 제품차별화를 달성할 가능성이 높아질 수 있음
⑤ 수직적 통합을 하게 되면 경기의 변동이나 기업 내부의 운영에 대한 유연성이 떨어짐. 예를 들어 조선산업이 불황기를 맞게 되면 외부에서 구매하는 부품은 주문을 줄이면 되지만 자체적으로 부품을 만들고 있다면 불황기에도 많은 고정비용은 계속 투입됨

■ 분식회계

① 기업이 고의로 자산이나 이익 등을 크게 부풀리고 부채를 적게 계상함으로써 재무 상태나 경영성과 등을 고의로 조작하는 것
② 분식회계를 막기 위해 회사는 감사를 둬야 하고, 외부 감사인인 공인회계사에게서 회계감사를 받도록 되어 있음
③ 부채의 과소계상은 부채가 있음에도 재무제표에 기재하지 않는 분식회계 유형임

■ 손익분기점(Break Even Point)

① 한 기간의 매출액이 당해 기간의 총비용과 일치하는 점으로, 매출액이 그 이하로 감소하면 손실이 나며 그 이상으로 증대하면 이익을 가져오는 기점을 가리킴
② 손익분기점 분석에서는 보통 비용을 고정비와 변동비(또는 비례비)로 분해하여 매출액과의 관계를 검토하며 매출액은 매출수량과 매출단가의 관계로 대치되므로 판매계획의 입안에 있어서 이 분석방법은 중요한 실마리가 됨
③ 그들 상호의 인과관계를 추구하는 것에 의하여 생산계획 · 조업도(操業度)정책 · 제품결정 등 각 분야에 걸쳐 다각적으로 이용됨

■ 회계의 일반원칙

① **신뢰성** : 회계처리 및 보고는 신뢰할 수 있도록 객관적인 자료의 증거에 의하여 공정하게 처리
② **명료성** : 재무제표의 양식 및 과목과 회계용어는 이해하기 쉽도록 간단명료하게 표시
③ **충분성** : 중요한 회계방침과 회계처리기준, 과목 및 금액에 관하여는 그 내용을 재무제표상에 충분히 표시
④ **계속성** : 회계처리에 관한 기준 및 추정은 기간별 비교가 가능하도록 매기 계속하여 적용하고, 정당한 사유 없이 이를 변경해서는 안 됨

⑤ **중요성** : 회계처리와 재무제표 작성에 있어서 과목과 금액은 그 중요성에 따라 실용적인 방법에 의하여 결정

⑥ **안정성** : 선택 가능한 둘 이상의 회계처리방법이 존재하고 어느 방법이 더 타당한 방법인지 결정하기가 어려운 경우, 가능한 한 순이익이나 재무 상태에 가장 불리한 영향을 미치는 방법을 선택하여야 한다는 것

⑦ **실질성** : 회계처리는 거래의 실질과 경제적 사실을 반영할 수 있어야 함

■ 대차대조표의 구성요소(자산=부채+자본) 12, 16, 19, 20년 기출

구분	내용
자 산	• 경제적 가치가 있는 자원(가치가 있는 물건 또는 권리, 총자본), 대차대조표의 왼쪽(차변) • 현금과 예금, 유가증권, 매출채권(외상매출금, 받을어음), 대여금, 미수금, 선급금, 상품, 건물, 비품 등
부 채	• 미래에 남에게 갚아야 할 의무(빚, 타인자본, 타인으로부터 조달), 대차대조표의 오른쪽(차변) • 매입채무(외상매입금, 지급어음), 차입금, 선수금, 미지급금 등
자 본	• 본인 소유의 순수한 재산(자기자본, 자신이 조달), 대차대조표의 오른쪽(대변) • 자본금, 자본잉여금, 이익잉여금, 당기순이익

■ 손익계산서의 구성요소(수익–비용=순이익 or 순손실) 12, 19년 기출

구분	내용
수 익	• 일정기간 동안 경영활동을 통해 벌어들인 자산 및 자본의 증가 • 매출액, 영업외수익(이자수익, 임대료, 유가증권처분이익, 외환차익 등), 특별이익(보험차익 등)
비 용	• 수익을 얻기 위해 일정기간 동안 소비한 자산 및 자본의 감소 • 매출원가, 판매비와 관리비, 영업외비용(이자비용, 유가증권처분손실, 평가손실 등), 특별손실(재해손실 등), 법인세비용
순이익	• 수익>비용 → 당기순이익 • 수익<비용 → 당기순손실

■ 포괄손익계산서 16년 기출

① 일정기간 동안의 기업의 경영 성과를 한눈에 나타내기 위해 작성하는 재무재표

② 기업의 수익발생부분과 지출내역 등을 파악하고 그에 관해 미래를 예측할 수 있는 지표

■ 손익분기점을 결정하는 요소

① 매출액

② 고정비(감가상각비, 경영진의 임금, 보험료, 재산세, 임차료, 이자 등)

③ 변동비(재료비, 노무비, 판매수당, 포장비, 연료비 등 : 단위당 변동비는 일정하다고 가정)

④ 매출량 또는 생산량

■ 손익분기 분석의 특징 12년 기출

① 손익분기 분석은 설정된 이익목표를 달성하는데 필요한 최소판매량을 결정하는 데 이용될 수 있음

② 생산량의 감소나 증가에 대한 의사결정에 도움이 되는 자료를 제공하는 데 이용될 수 있음

③ 손익분기분석은 손익분기점을 결정하기 위한 원가와 조업도 및 이익과의 관계를 분석대상으로 하는 경영통제기법

④ 손익분기점은 한 기간의 매출액이 당해기간의 총수익이 아닌 총비용과 일치하는 점을 의미. 따라서 매출액이 그 이하로 감소하면 손실이 나고 그 이상으로 증대하면 이익을 가져옴

■ 재무관리의 기능

① **투자결정기능** : 기업이 필요로 하는 자산을 어떻게 구성할 것인가를 결정하는 기능

② **자본조달기능** : 투자에 소요되는 자본을 어떻게 효율적으로 조달할 것인가에 대한 기능

③ **배당결정기능** : 기업의 경영활동으로부터 창출된 순이익 중 얼마를 주주에게 배당하고 얼마를 기업 내에 유보할 것인가에 관련된 의사결정기능

④ **재무분석기능** : 재무의사결정에 필요한 정보의 제공을 위하여 기업의 회계와 재무자료를 분석, 정리하는 기능

■ 재무 분석 12년 기출

① 기업의 단기적 채무 지불 능력을 알기 위해서는 유동비율을 확인

② 자산회전율은 수익을 내기 위해서 자산이 얼마나 잘 활용되고 있는지를 보여줌

③ 자산회전율은 매출액을 총자산으로 나누어 계산. 이 비율을 통해 기업이 소유하고 있는 자산들을 얼마나 효과적으로 이용하고 있는가를 측정할 수 있음

④ 자산회전율이 높을수록 기업의 재정 건정성에 좋다고 볼 수 있음

■ 관리회계와 재무회계

관리회계	재무회계
• 기업의 내부 이해관계인 경영자에게 관리적 의사결정에 의해 유용한 정보를 제공하는 것을 목적으로 하는 회계 • 관리회계는 내부보고를 목적으로 탄력적이고 적시적인 계산을 하는 점이 외부보고를 주목적으로 하여 제도적 · 정기적인 계산을 하는 재무회계의 경우와 다름	• 기업의 외부 이해관계인인 주주나 채권자 등에게 경제적 의사결정에 유용한 정보를 제공하는 것을 목적으로 하는 회계 • 은행이나 주주들 및 고객에게 회사의 재정 상태에 대한 정보를 제공하는 재무제표 작성이 주요 목적인 회계

■ 위험을 나타내는 재무비율 12, 13년 기출

① 유동성 비율 : 기업의 단기채무지급능력을 측정하기 위한 비율
② 레버리지 비율 : 기업이 조달한 자본 중에서 타인자본에 의존하고 있는 정도를 나타내는 비율
③ 안정성 비율 : 경기변동에 대한 적응능력을 나타내는 재무비율로서 고정비율, 고정장기적합률 등이 포함

■ 수익력을 나타내는 재무비율 14년 기출

① 활동성 비율 : 기업이 소유 자산들을 얼마나 효과적으로 이용하고 있는가를 측정
② 수익성 비율 : 기업의 모든 활동이 종합적으로 어떤 결과를 나타내는가를 측정
③ 성장성 비율 : 기업이 지니고 있는 성장기회를 충분히 이용하고 있는가와 기업의 경쟁능력이 적절하게 유지되고 있는가를 나타내는 재무비율로 매출액증가율, 총자산증가율 등에 의해 측정

■ 채권의 정의 12년 기출

① 채권은 기업이나 정부가 원금과 이자를 향후 명시된 날짜에 돌려줄 것을 약속하는 부채계약
② 채권의 이자는 빌린 돈을 쓰는 대가로 채권 발행자가 채권소유자에게 지급하는 돈
③ 채권의 이자율은 경제현황 발행기업의 평판국채나 유사한 기업의 이자율과 같은 요인들에 따라서 변함
④ 채권의 이자율은 한번 정해지면 예외 없이 변경이 불가능함

■ 채권의 종류 12년 기출

고정금리부채권	변동금리부채권
채권의 이자지급 방법이 일정한 금액의 이자를 약정한 기일에 지급하는 채권으로 어떠한 대내외적 조건이 변하여도 약정한 채권이자 절대액은 상환일까지 변하지 않음. 우리나라의 경우 대부분의 국공채와 확정부회사채가 이에 속함	채권의 지급이자율이 대표성을 갖는 시장금리기준금리에 연동되어 매 이자 지급기간마다 재조정되는 중장기 채권으로서 만기상환일까지 금리가 고정되어 있는 고정금리부채권에 대응되는 개념

■ 각종 세금 13년 기출

① 토빈세 : 국제 투기자본이 나라 경제를 교란시키는 것을 막기 위하여 단기 외환거래에 저율의 단일세율로 부과하는 세금
② 버핏세 : 부유세(富裕稅)라고도 하며, 일정액 이상의 재산을 보유하고 있는 자에게 그 순자산액의 일정비율을 비례적 혹은 누진적으로 과세하는 세금
③ 로빈후드세 : 저소득층을 지원하기 위한 목적으로 고수익을 올리는 기업 또는 개인에게 부과하는 세금

■ **근로소득 간이세액표** 16년 기출

① 고용주가 매월 근로소득을 지급할 때 적용

② 월급여 및 부양가족에 따른 소득세 원천징수 금액을 지정해 놓은 것

■ **개인퇴직연금(IRP)** 16년 기출

① 개인 이름으로 개설하는 퇴직연금

② 이직 시 받은 퇴직금 등을 불입하여 은퇴 후 연금으로 활용 및 연말정산 시 세액공제 혜택

■ **환 율** 12년 기출

① 우리 돈과 외국돈의 교환비율로서 외국돈과 비교한 우리 돈의 값어치

② 기본적으로 외환시장에서 외환에 대한 수요와 공급에 의해 결정되나 물가상승률, 금리차, 정치사회의 안정여부 등 복합적인 요인에 의해 영향을 받음

③ **우리나라의 환율제도 변화** : 고정환율제도 → 단일변동환율제도 → 복수통화바스켓 제도 → 시장평균 환율

■ **단기금융시장**

① 단기자금의 수요자와 공급자 간 수급불균형을 조절하기 위하여 통상 만기 1년 미만의 단기 금융자산이 거래됨

② 자본손실위험 및 신용위험을 축소함

③ 개별 경제주체의 유동성 포지션을 적정수준으로 유지할 수 있게 함으로써 금융의 효율성을 제고함

④ 효율적인 통화신용정책의 장(場)을 제공

■ **금융기관의 기능**

① **거래비용절감기능** : 금융기관은 다수의 자금공급자의 수요자를 대상으로 금융자산을 거래하기 때문에 거래비용 면에서 규모의 경제를 발휘하는 것을 가능하게 함

② **자산변환기능** : 금융기관은 다수의 소액저축자로부터 자금을 Pooling하여 이를 투자자에게 거액자본으로 전환시켜주는 자금중개기능을 수행하며 자금의 규모, 이용기간, 이자율 등을 조정하여 자금의 수요자와 공급자 간에 거래를 성사시킴(금액변환, 만기변환, 위험변환)

③ **지급결제수단의 창출기능** : 금융기관은 화폐나 수표 등을 발행함으로써 거래를 구체적으로 실행시키는 지급결제수단을 제공

■ 증권의 종류

① **전환증권** : 약정된 기간 내에 정해진 수의 보통주로 전환할 수 있는 권리에 해당되는 전환권이 부여되어 있는 증권을 말하며 전환사채가 대표적인 예

② **보통주** : 주식회사가 출자에 대한 증표로 보통 주주에게 발행한 주권을 뜻하며 소유자 지분에 따라 회사에서 주인의 역할을 담당

③ **우선주** : 이익의 배당이나 잔여 재산의 분배 등에 보통주보다 우선해 권리를 행사할 수 있는 주식으로, 기업 정리 시 우선주주의 청구권은 채권자보다는 낮으나 보통주주보다는 그 순위가 앞섬. 안전성을 주로 추구하는 투자자들을 대상으로 자금 조달을 쉽게 하기 위해 발행되는데, 보통주에는 있는 의결권이 우선주에는 없음

■ 펀드의 종류

① **매칭 펀드(Matching Fund)** : 투자신탁회사가 국내 및 해외 투자자들을 대상으로 수익증권을 발행, 판매된 자금으로 국내증권과 해외증권에 동시에 투자하는 펀드

② **뮤추얼 펀드(Mutual Fund)** : 유가증권 투자를 목적으로 설립된 법인회사로 주식발행을 통해 투자자를 모집하고 모집된 투자자산을 전문적인 운용회사에 맡겨 그 운용 수익을 투자자에게 배당금의 형태로 되돌려주는 형태의 펀드

③ **헤지 펀드(Hedge Fund)** : 100명 미만의 투자자에게서 개별적으로 자금을 모아 국제증권과 외환시장에 투자해 단기이익을 올리는 민간투자기금

④ **자사주 펀드** : 상장기업이 자사 주식을 취득할 목적으로 투신사의 수익증권을 매입하면 투신사는 이 자금으로 해당 기업의 주식을 사고 이를 위해 상장기업이 매입하는 수익증권

■ 인플레이션 12, 13, 15년 기출

① **인플레이션(Inflation)** : 화폐가치가 하락하여 물가수준이 지속적으로 상승하는 현상

② **디플레이션(Deflation)** : 통화량의 축소에 의하여 물가가 하락하고 경제활동이 침체되는 현상

③ **애그플레이션(Agflation)** : 농업(Agriculture)과 인플레이션(Inflation)의 합성어로 농산물 가격 급등으로 일반 물가가 상승하는 현상

■ 스태그플레이션

① 경기가 침체되는데도 물가는 오르는 현상으로 경기침체를 의미하는 스태그네이션과 물가상승을 의미하는 인플레이션의 합성어

② 1970년대에 들어 경기침체 속에서 물가가 오르면서 등장한 개념

③ 스태그플레이션은 경기가 침체되더라도 이전소득(정부나 기업의 소득이 개인의 소득으로 대체되는 수입의 이전)의 증대, 임금의 하향경직화 등으로 물가가 오름세를 나타내기 때문에 발생하는 것으로 여겨지고 있음

■ 한계효용체감의 법칙

① 한계효용은 욕망의 강도에 정비례하고, 재화의 존재량에 반비례하므로 재화의 양을 한 단위씩 추가함에 따라 전부효용은 증가하나 한계효용은 점차 감소하게 되는데, 이것을 한계효용체감의 법칙이라고 함

② 한계효용의 합계는 전부효용과 같으며, 한계효용이 0일 때 전부효용은 극대가 됨(욕망포화의 법칙)

■ 자유무역협정(FTA)

① 국가 간 상품의 자유로운 이동을 위해 모든 무역의 장벽을 제거시키는 협정

② 특정국가 간의 상호 무역증진을 위해 물자나 서비스 이동을 자유화시키는 협정으로, 국가 간의 제반무역장벽을 완화하거나 철폐하여 무역자유화를 실현하기 위한 양국 간 또는 지역 사이에 체결하는 특혜무역협정

③ WTO가 모든 회원국에게 최혜국대우를 보장해 주는 다자주의를 원칙으로 하는 세계무역체제인 반면 FTA는 양자주의 및 지역주의적인 특혜무역체제로, 회원국에만 무관세나 낮은 관세를 적용

④ 시장이 크게 확대되어 비교우위에 있는 상품의 수출과 투자가 촉진되고 동시에 무역창출효과를 거둘 수 있다는 장점이 있으나, 협정대상국에 비해 경쟁력이 낮은 산업은 문을 닫아야 하는 상황이 발생할 수도 있다는 점이 단점으로 지적됨

■ 국제기업환경 문제가 중요한 이유

① 우리 기업이 진출하려는 나라마다 정치적, 경제적, 법적, 사회 · 문화적 체제나 제도가 다름

② 외국시장의 여러 환경요인들은 국내에서 보다 경직적, 일방적임

③ 언어 등과 같은 제반 문화적 환경요인은 불가피한 요인으로 작용

④ 각 나라마다 자국의 이익을 우선시하며 외국기업에 대한 강력한 통제와 규제가 많음

■ 주요금융용어 13년 기출

① **리보금리** : 런던 국제금융시장에서 은행들 간에 돈을 빌려줄 때 적용되는 금리. 리보금리는 국제금융거래에서 기준금리 역할을 함

② **머니 론더링(Money Laundering)** : 마약거래를 통해 얻은 부정자금을 계좌에서 계좌로 옮겨 자금의 출처나 수익자를 알 수 없게 하는 것

③ **머니마켓펀드(MMF)** : 공사채를 중심으로 투자하는 투자 신탁의 일종

④ **다우존스지수** : 뉴욕증권시장에 상장되어 있는 주식 가운데 가장 신용 있고 안정된 30개 종목을 표본으로 시장가격을 평균하여 산출하는 주가지수

⑤ **코스닥(KOSDAQ)** : 미국의 나스닥(NASDAQ)을 한국식으로 영문 합성한 명칭으로, 코스닥에서 거래되는 주식은 장외거래 대상종목으로 금융투자협회에 등록된 기업의 주식임
⑥ **차등배당** : 대주주가 소액주주에 비해 낮은 배당률을 받는 배당정책
⑦ **서브프라임 모기지** : 비우량임에도 불구하고 저소득층의 주택마련을 위해 자금을 빌려주는 제도
⑧ **핫머니(Hot Money)** : 국제 정세의 급변, 사회적 정치적 불안, 환율 변동 등이 예상되는 경우 금리차익을 노리고 국제 금융시장을 돌아다니는 유동성 단기자금

■ **국제무역환경** 12, 13, 16년 기출

① **IMF(국제 통화 기금)** : 1947년에 발족. 환율과 국제수지를 감시함으로써 국제 금융체계를 감독하는 것을 위임받은 국제기구
② **WTO(세계무역기구)** : 관광진흥을 통한 경제발전, 국제 평화와 번영에 공헌하는 목적으로 설립된 국제기구. 세계무역분쟁조정, 관세인하 요구, 반덤핑규제 등 막강한 국제적인 법적 권한과 구속력을 행사
③ **FTA(자유무역협정)** : 국가 간의 상호 무역증진을 위해 물자나 서비스 이동을 자유화시키는 협정으로 나라와 나라 사이의 제반 무역장벽을 완화하거나 철폐하는 것을 목적
④ **NAFTA(북미자유무역협정)** : 1992년 체결되어 1994년 1월부터 발효된 캐나다 · 멕시코 · 미국이 체결한 자유무역협정
⑤ **Green Round(그린라운드)** : 지구환경 보호문제를 협상에 올려 국제적으로 합의된 환경 기준을 만들어 국제무역거래에 각종제재조치를 가하도록 하자는 다자간 협상

■ **경영학적 주요 법칙** 12년 기출

① **파레토의 법칙** : 결과물의 80%는 조직의 20%에 의하여 생산된다는 법칙
② **롱테일 법칙** : 80%의 사소한 다수가 20%의 핵심 소수보다 뛰어난 가치를 창출한다는 법칙
③ **무어의 법칙** : 메모리의 용량이나 CPU의 속도가 약 1.5년에 2배씩 증가한다는 법칙
④ **메칼프의 법칙** : 통신망 사용자에 대한 효용성을 나타내는 망의 가치는 대체로 사용자 수의 제곱에 비례한다는 법칙

■ 시사용어 12년 기출

① **SNS(Social Network Service)** : 페이스북, 트위터, 인스타그램 등과 같이 웹상에서 인맥을 새롭게 쌓거나 기존 인맥과의 관계를 강화시킬 수 있는 서비스
② **통화스와프(Currency Swap)** : 서로 다른 통화를 약정된 환율에 따라 일정한 시점에서 서로 교환하는 외환거래
③ **더블딥(Double Dip)** : 경기가 일시회복 되었다가 다시 침체에 빠지는 이중경기 하강을 일컫는 신조어
④ **창조적 자본주의(Creative Capitalism)** : 빈익빈부익부(貧益貧富益富)를 심화시키는 기존 자본주의의 폐해를 시장의 힘과 작동 원리로 바로 잡아 소외계층들도 배려하는 자본주의

■ 아웃소싱(Outsourcing) 12년 기출

① 조직이 수행하던 활동을 외부에 맡김으로서 조직의 활동범위를 좁히는 것
② 정보통신 기술의 발전으로 인해 더욱 다양한 아웃소싱이 가능해짐
③ 거래비용이 감소하는 경우에 아웃소싱이 더 활발해짐
④ 상대적 비교우위에 있지 않거나 기타 부가적인 서비스를 전문적으로 제공하는 기관들의 도움을 받는 것

■ 금융 관련 용어 12, 13년 기출

① **투자손실준비금비율** : 한 기업이 투자로 인해 발생할 수 있는 손실의 보전에 충당하기 위해 설정하는 준비금. 즉, 경영상 많은 위험을 안고 있는 기업환경에서 운영을 건실하게 하고 있는지 평가하기 위해 투자손실준비금비율을 기준지표로 삼을 수 있음
② **BIS자기자본비율** : 국제결제은행(BIS)이 금융기관의 건전경영을 유도하기 위해 총자산에서 자기자본이 차지하는 비율을 8% 이상 유지하도록 규제하고 있는 것
③ **고정이하여신비율** : 은행의 총여신 중 고정이하여신이 차지하는 비율로서 은행의 자산건전성을 나타내는 지표
④ **무수익여신비율** : 무수익여신은 3개월 이상 연체여신 및 이자미계상여신(부도업체 등에 대한 여신, 채무상환능력 악화여신 및 채권조정여신)으로 실제 이자수익을 기대할 수 없는 여신을 말하며, 무수익여신비율이 증가했다는 것은 은행의 안정성이 저하됐다는 의미
⑤ **주식공매도** : 금융시장의 안전화를 위해 최근 각국이 적정수준에서 규제하는 조치 중 하나로 보유하지 않은 주식을 빌려 미리 판 다음 판매가격보다 싼 값에 해당 주식을 되사서 차익을 챙기는 매매기법
⑥ **옵션거래** : 주식, 채권, 주가지수 등 특정 자산을 장래의 일정 시점에 미리 정한 가격으로 살 수 있는 권리와 팔 수 있는 권리를 매매하는 거래

■ 회사채 12, 15년 기출

① 주식회사가 투자자에게 사업자금을 장기간 빌리려고 발행하는 채권으로 일반적으로 금융채보다 금리가 높음

② 회사채는 채권자의 권리를 기준으로 일반사채와 특수사채로 구분하고 특수사채에는 전환사채, 신주인수권부사채 등이 있음

③ 회사채 중 전환사채는 발행 시 사채로 보유하지만 일정 기간 내에 발행사의 주식으로 전환할 수 있는 청구권을 갖게 됨

■ 엔젤투자 13년 기출

① 창업 또는 창업 초기 단계인 벤처기업에 필요한 자금을 공급해 주고 경영에 대한 조언을 수행하는 개인 투자

② 엔젤의 주요 투자동기는 높은 수익성 추구이며 친분을 중시

③ 엔젤투자는 기업이 창업단계 투자와 성장단계 투자 사이의 자본공급 갭을 극복하게 하고 멘토링을 통해 창업기업에게 경영 및 기술, 마케팅 등의 지원을 제공하는 등 초기 기업 성장에서 필수적인 요소

④ 엔젤은 주로 개인투자자로서 일정한 법적 자격요건을 필요로 하지 않음

■ 노조가입 제도

① **오픈숍** : 조합원, 비조합원을 모두 고용할 수 있으므로 조합가입이 고용조건이 되지 않음

② **클로즈드숍** : 노조가입이 고용의 전제조건이 되는 강력한 제도

③ **유니언숍** : 사용자의 자유로운 채용은 허락되지만 일정한 수습기간이 지나면 본인의 의사와는 관계없이 자동적으로 노조에 가입하게 되는 제도

제3과목 사무영어

1 비즈니스 용어

■ 영문부서명과 직함명

① 회사 부서명

사장실 : President's Office

비서실 : Secretary's Office

기획부 : Planning Department

총무부 : General Affairs Department

인사부 : Personnel Department, Human Resources Department

영업부 : Sales Department

홍보부 : Public Relations Department

경리부 : Accounting Department

기술부 : Engineering Department

연구 및 개발부 : Research and Development Department

마케팅부 : Marketing Department

해외사업부 : Overseas Operation Department

재정부 : Financial Department

② 직함명

회장 : Chairman, President

사장 : President, CEO

부사장 : Vice-President

전무이사 : Senior Executive Managing Director

상무이사 : Executive Managing Director

이사 : Director

부장 : Department Head, General Manager

차장 : Deputy Department Head, Deputy General Manager

과장 : Section Chief, Manager

계장 : Section Chief, Subsection Chief
대리 : Deputy Section Chief
주임 : Assistant Manager
사원 : Staff

■ 약 어

① 편지에 주로 쓰이는 약어

e.g. (=for example) : 예를 들면
etc. (=et cetera, and so on) : 등등
ext. (=extension number) : 내선번호
vs. (=versus, against) : 대(對)
enc (=enclosure) : 동봉물
cc (=carbon copy) : 함께 받는 사람
bcc (=blind carbon copy) : 숨은 참조인
attn (=attention) : ~앞
P.S. (=post script) : 추신
R.S.V.P. (=reply, if you please) : 회답 주시기 바랍니다
FYI (=for your information) : 참고로
TBA (=to be announced) : 추후 공고함
ASAP (=as soon as possible) : 가능한 한 빨리

② 직위, 학위, 회사 관련

VIP (=very important person) : 귀빈
VP (=vice-president) : 부사장
CEO (=chief executive officer) : 최고경영자, 사장
CFO (=chief financial officer) : 재무책임자
CKO (=chief knowledge officer) : 지식관리자
R&D (=research and development) : 연구개발부
MBA (=master of business administration) : 경영학 석사
Corp (=corporation) : 기업, 회사
Inc. (=incorporated) : 유한회사, 주식회사 (영국에서는 Ltd.를 주로 씀)

③ 회의 관련

TO (=table of organization) : 편성표

ETA (=estimated time of arrival) : 도착예상시간

FAQ (=frequently asked questions) : 자주 묻는 질문

OHP (=overhead projector) : 오버헤드 프로젝터, 광학 투영기

VCR (=video cassette recorder) : 비디오 카세트 녹화기

④ 국제기구

WTO (=World trade organization) : 세계무역기구

OECD (=Organization for economic cooperation and development) : 경제협력개발기구

WHO (=World health organization) : 세계보건기구

NGO (=Non-government organization) : 비정부기구

⑤ 기 타

DOB (=date of birth) : 생년월일

Blvd (=boulevard) : 도로

DTP (=desktop publishing) : 전자출판

WPM (=words per minute) : 1분간 타자 속도

VAT (=value added Tax) : 부가가치세

F.O.C (=free of charge) : 공짜

C.O.D (=cash on deliver) : 화물인도 대금결제

■ 사무비품용어

audible effect : 음향

lapel microphone : 핀 마이크

laser pointer, laser marker : 레이저 포인터

message board : 메모판

place card : 테이블용 명패

seating chart : 좌석배치도

temporary phone : 가설전화, 임시 설치 전화

waiting room : 대기실

wired microphone : 유선 마이크

wireless microphone : 무선 마이크

slide projector : 슬라이드 영사기

slide viewer : 슬라이드 뷰어

2 영문법

■ 전치사의 목적어

전치사의 목적어로는 명사 상당어구(명사, 명사구, 명사절, 동명사 등 명사에 상응하는 어구)가 오며, 전치사의 목적어의 격은 목적격이 됨

- He is good at write. (×) / He is good at writing. (○)
- Look at he. (×) / Look at him. (○)

■ 형용사와 부사의 순서

① 형용사는 통상 수식의 대상이 되는 명사 앞에 쓰이나 '~thing, ~body, ~one'으로 끝나는 부정대명사를 수식하는 형용사, 단독 명사가 아닌 명사구 등 어구가 길어질 때, alike, alive 등은 후치 수식함

- I went over the car, but found nothing wrong.
  차를 잘 조사해 보았지만 아무데도 이상은 없었다.

② 형용사나 다른 부사를 수식하는 부사는 수식의 대상이 되는 형용사나 부사의 앞에 쓰임. 단, enough는 수식의 대상이 되는 형용사나 부사의 뒤에 쓰임

- She was kind enough to help me.
  그녀는 나를 도와 줄만큼 충분히 친절하였다(의역 : 그녀는 친절하게도 나를 도와주었다).

■ 사역동사

① 사역동사란 뒤에 오는 원형부정사의 동작을 하도록 '~을 시키다'라는 사역의 의미를 지닌 동사. 사역동사에는 let, make, have, help(준사역동사) 등이 있으며, 사역동사 뒤에는 동사의 원형부정사 형이 옴

- He did not let Tom use his dictionary.=He let Tom not use his dictionary.
  그가 톰이(에게) 그의 사전을 이용하지 못하게 했다.

② 사역동사의 구문이 수동태가 되면 아래 지각동사의 경우와 마찬가지로 to가 살아나 'to 부정사'가 됨. 다만 let과 have의 경우는 수동태로 할 수 없음

- I'll have him do it at once. (○)
- He will be had to do it at once by me. (×)

■ 지각동사

① 지각동사에는 feel, hear, notice, observe, smell, taste, see, watch, listen to, look at 등이 있음

- I saw him dance.
  나는 그가 춤을 추는 것을 보았다.

② 지각동사는 '완결된 동작'을 나타낼 때에는 '원형부정사'를 쓰고 '진행 중의 동작'을 나타낼 때는 '현재분사'를 보어로 취함

- I saw the man cross (crossing) the road.
  나는 그 남자가 도로를 가로지르는(가로질러 가고 있는) 것을 보았다.

③ 지각동사와 사역동사의 보어로 쓰인 원형부정사는 지각동사가 수동태가 되면 to 부정사의 형태로 사용됨

- I saw him fall. = He was seen to fall by me.
- They made him work too hard. = He was made to work too hard (by them).

■ 부정문

① to 부정사 및 현재분사는 바로 앞에 not을 써서 부정형을 만듦

- He told us not to go to the movies.
- Not taking this train, you will not arrive in London at six.

② 준부정어인 'hardly, scarcely, rarely, seldom, little' 등과 같은 부사들은 be 동사나 조동사 다음에 쓰고, 일반 동사 앞에 쓰는 것이 원칙

- My mother can hardly drive a car.
  어머니는 자동차를 거의 운전하지 못한다.
- I scarcely know him.
  나는 그를 거의 모른다.

■ 의문문

think, believe, guess, imagine, suppose, say 등의 동사로 묻는 의문문 다음에 간접의문문이 오는 경우에는 의문사가 문두에 위치하며, Yes나 No의 대답은 할 수 없음

- Do you think?+What do they want?
  → Do you think what they want? (×)
  → What do you think they want? (○)
  그들이 무엇을 원한다고 생각하니?

■ 수여동사

수여동사들 중 afford, carry, ensure, get, hand, intend, make, mean, pass, reach, read, sell, write, yield 등의 경우는 간접목적어를 주어로 하지 않는데, 이는 실제로 말이 안 되기 때문임

• Mother made Mary a new dress.
→ Mary was made a new dress by mother. (×)
→ A new dress was made for Mary by mother. (○)
메리를 위한 새 드레스는 어머니에 의해 만들어졌다.

■ 지각 · 사역동사의 수동태

지각 · 사역동사가 수동태가 되면 뒤의 원형부정사 앞에는 to가 살아나며 watch는 수동태가 안 됨

• I saw the train come. The train was seen to come by me. (○)
열차가 오는 것이 보였다.
• She watched me pack. I was watched to pack by her. (×)
그녀는 내가 짐 싸는 것을 지켜보았다.

■ 부정사와 동명사의 수동태

to 부정사는 〈to be+과거분사〉, 동명사는 〈being+과거분사〉의 형태로 수동태를 취함

• I was warned not to be late.
나는 지각하지 않도록 경고를 받았다.
• He felt sure of being elected to parliament.
그는 국회의원에 당선될 것을 확신했다.

■ 가주어 it

일기, 시간, 거리, 명암, 막연한 상황 등을 이야기하는 문장에서 필수성분인 주어를 갖추기 위해 그 자체로는 별의미가 없는 it으로 시작하기도 함

• It is snowing outside.
밖에 눈이 오고 있다.
• It is four years since he died.
그가 죽은 지 사년이 지났다.

■ 왕래발착동사

go, come, arrive, leave, begin, start 등 왕래발착을 나타내는 동사의 현재시제는 미래를 나타내는 부사상당어구와 함께 사용되어 미래시제를 표현함

- The train arrives at 7:30 this evening.
  기차는 오늘 저녁 7시 30분에 도착한다.
- He comes here tomorrow.
  그는 내일 여기에 온다.

■ 시간과 조건의 부사절

시간과 조건의 부사절에서는 현재형이 미래를 대신함

- Let's go to meet him before it rains. 비가 오기 전에 그를 만나러 가자.
- If it rains, we won't go on a picnic. 비가 오면 우리는 피크닉을 가지 않을 것이다.

■ 부정사만을 목적어로 취하는 동사

want(원하다), hope(희망하다), decide(결정하다), plan(계획하다), promise(약속하다), choose(선택하다), wish(원하다), desire(바라다), learn(배우다), refuse(거절하다), manage(그럭저럭 해내다) 등

■ 동명사만을 목적어로 취하는 동사

admit(인정하다), enjoy(즐기다), forbid(금하다), adore(좋아하다), delay(연기하다), deny(거절하다), risk(감행하다), advise(충고하다), excuse(변명하다), mind(꺼리다), avoid(피하다), miss(놓치다), understand(이해하다), consider(고려하다), escape(모면하다), practise(연습하다), stand(견디다), defend(방어하다), finish(끝내다), resist(저항하다), postpone(연기하다), go on(계속하다), give up(포기하다), have done[finish](끝내다), help(피하다), keep on(계속하다), leave off(그만하다), put off(연기하다) 등

■ would / used to

과거의 불규칙적인 습관은 would로 나타내고, 과거의 규칙적인 습관이나 지속적인 상태는 〈used to+원형부정사〉으로 나타냄

- He used to take a walk every morning.
  그는 매일 아침 산책을 하곤 했다.
- There used to be a book store around the corner.
  예전에는 길모퉁이에 서점이 있었다.

■ 인칭대명사의 격

인 칭	구 분		주 격	소유격	목적격	소유대명사	재귀대명사
1인칭	단 수		I	my	me	mine	myself
	복 수		we	our	us	ours	ourselves
2인칭	단 수		you	your	you	yours	yourself
	복 수		you	your	you	yours	yourselves
3인칭	단 수	남 성	he	his	him	his	himself
		여 성	she	her	her	hers	herself
		중 성	it	its	it	–	itself
	복 수		they	their	them	theirs	themselves

■ 의문대명사의 격

용 도	주 격	소유격	목적격
사 람	who	whose	whom
사물 · 동물	which	×	which
사람 · 사물 · 동물	what	×	what

■ 분 수

분자는 기수로, 분모는 서수로 읽음. 분자가 2 이상이면 분모에 s를 붙여 읽음. 숫자가 두 자리 이상일 때에는 분자, 분모 모두 기수로 읽으며 전치사는 over를 사용

- 1/2 one half (or a half)
- 1/6 a sixth (or one sixth)
- 2/3 two thirds

■ 배수사

배수사는 half(반의), double(두 배의), twice(두 배의) 등으로 표현하며, 3배 이상일 때는 〈기수사+times+as+형용사+as〉의 형태로 표현. twice는 '두 배'와 '두 번'을 뜻함

- That house is twice as large as this one.
  저 집은 이 집보다 두 배는 크다.
- I have been to Gwang-ju twice.
  나는 광주에 두 번 가봤다.

■ 형용사의 위치

형용사의 위치는 보통 〈관사+부사+형용사+명사〉의 순이지만, 두 개 이상의 형용사가 쓰이면 그 순서는 〈관사(또는 지시형용사)+수량형용사+성상형용사+명사〉로 됨(성상형용사는 성질, 상태를 나타내는 형용사)

- This is an interesting book.
- This is a very interesting book.
- Those two tall boys are her sons.

■ 비교급

① 비교급의 형용사 다음에 of the two 또는 of A and B라는 말이 올 때에는 비교급 앞에 정관사 the를 씀

- Bill is the taller of the two boys.
  빌은 두 소년 중에서 더 키가 크다.

② 라틴어 계통의 비교를 나타내는 단어인 superior, inferior, senior, junior 등은 다음에 than을 쓰지 않고 to를 씀

- He is superior to me in physics.
  그는 나보다 물리를 잘한다.

■ 최상급

최상급의 형용사 앞에는 the를 붙임. 최상급 다음에는 of나 in이 오는 경우가 많은데, '~중에서'라는 뜻. 지역이나 단체에는 in을 쓰고, 같은 종류의 비교는 of를 씀

- Bill is the tallest of the three boys.
  빌은 세 소년 중에서 가장 키가 크다.

■ very / much

Very는 형용사, 부사, 현재분사, 과거분사를 수식하고, much는 동사, 비교급, 최상급, 과거분사를 수식. Very가 형용사나 부사를 수식할 때에는 반드시 형용사나 부사 앞에 위치해야 함

- He is very honest.
  그는 매우 정직하다.
- He helped me much.
  그는 나를 많이 도와주었다.

■ too / either

'역시'라는 뜻으로 쓰일 경우 too는 긍정문, either는 부정문에 쓰임

- He is an engineer, too.
  그도 역시 엔지니어이다.
- He is not an engineer, either.
  그도 역시 엔지니어가 아니다.

■ already / yet / still

already	긍정문에 쓰임(이미, 벌써)
yet	의문문 · 부정문에 쓰임(이미, 벌써)
still	긍정문 · 부정문 · 의문문에 쓰임(지금도, 아직도, 여전히)

■ ago / since

ago는 명백한 과거를 나타내는 표현이므로 과거시제에만 사용할 수 있으며, since는 대체로 현재완료시제와 함께 쓰임

- We lived in Pusan ten years ago.
  우리는 10년 전에 부산에서 살았다.
- I haven't seen my sister since Chuseok.
  나는 자매를 추석 이래로 못 보았다.

■ 자동사+전치사

전치사의 목적어는 반드시 전치사 다음에 오며, 자동사와 전치사 사이에 올 수 없음

- Look at the picture. (○) 자동사+전치사+명사
- Look the picture at. (×) 자동사+명사+전치사

■ 타동사+부사

타동사의 목적어는 타동사 다음에 올 수도 있고, 부사 다음에 올 수도 있음. 하지만 목적어가 대명사인 경우 대명사는 타동사 바로 뒤에 와야 함

- Put on your coat. (○) 타동사+부사+명사
- Put your coat on. (○) 타동사+명사+부사
- Put on it. (×) 타동사+부사+대명사

■ till / by

둘 다 '~까지'를 의미하지만, till은 어떤 동작의 '계속'을 나타내는 반면, by는 일회적인 사건의 발생이나 어떤 동작의 완료를 나타냄

- I will wait here till five.
  나는 5시까지 여기서 기다릴 것이다.
- We need to get home by five.
  우리는 5시까지 귀가해야 한다.

■ 관계대명사의 종류

선행사	주 격	소유격	목적격
사 람	who	whose	who, whom
동물, 사물	which	whose, of which	which
사람, 동물, 사물	that	–	that

■ 관계부사의 종류

용 도	선행사	관계부사	전치사+관계대명사
시 간	the time	when	at (on, in)+which
장 소	the place	where	in (on, at)+which
이 유	the reason	why	for which
방 법	(the way)	how	in which

■ for / during / through

세 단어는 모두 '~동안'을 의미하지만, for는 구체적 시간, 일반적으로 숫자 앞에서 쓰이고, during은 구체적이지 않은 기간, through는 '처음부터 끝까지'라는 의미로 쓰임

- He has studied English for three hours.
  그는 영어를 3시간 동안 공부했다.
- I went to my uncle's (house) during the summer vacation.
  나는 여름방학 동안 삼촌네 집에 갔다.
- It kept raining through the night.
  밤새도록 비가 왔다.

■ 기타 중요 용어

① 공항 관련 어휘

- Admission : 입국허가
- Airline : 항공사
- Airline ticket : 항공권
- Baggage (=luggage) : 수하물
- Baggage claim area : 수하물 찾는 곳
- Boarding : 탑승
- Boarding area : 탑승장
- Boarding pass : 탑승권
- Carry-on baggage : 기내 휴대용 수하물
- Check-in : 탑승수속
- Check-in baggage : 탁송화물
- Check-in counter : 탑승창구
- Claim area : 수하물 찾는 곳
- Claim check : 수하물표
- Customs : 세관
- Customs declaration form : 여행자 휴대품 신고서
- Customs official : 세관원
- Declare : 신고하다
- Departure : 출발(↔arrival : 도착)
- Destination : 목적지
- Detector : 검색대
- Domestic line : 국내선
- Duration of stay : 체류기간
- Duty-free shop : 면세점
- Embarkation card : 출국카드, 승선권(↔disembarkation card : 입국카드)
- Excess baggage charge : 추가 수하물 운임
- Flight (=airplane) : 항공편
- Gate : 탑승구
- Immigration : 출국신고, 입국심사
- International line : 국제선
- Limousine bus : 리무진 버스
- One-way ticket : 편도편
- Passport : 여권
- Port of disembarkation : 도착지
- Purpose of visit : 방문목적
- Quarantine station : 검역소
- Round trip ticket (=return ticket) : 왕복표
- Visa : 비자, 입국사증

② 항공기 관련 어휘

- Aisle : (좌석 사이의) 통로
- Aisle seat : 통로좌석
- Beverage : 음료
- Business class : 비즈니스석
- Captain : 기장
- Cockpit : 조종실(석)
- Complimentary service : 무료 서비스
- Connection : 접속편 비행기
- Economy class : 일반석
- ETA (=estimated time of arrival) : 도착 예정 시각
- Flight attendant : 기내 승무원
- In-flight feature : 기내 영화
- In-flight magazine : 기내지
- In-flight meal : 기내식
- Jet lag : 항공 여행에서 시차 때문에 오는 피로
- Land : 착륙하다

- Life vest (=life jacket) : 구명조끼
- Nonsmoking area : 금연구역
- Occupied : (화장실 등을) 사용 중 (↔vacant : 비어 있는)
- Overhead rack : (기내의 짐 넣는) 선반
- Rest room : 화장실
- Runway : 활주로
- Stopover : 중간기착(지)
- Take off : 이륙하다
- Window seat : 창가좌석

③ 호텔 관련 어휘

- Accommodation : 숙박시설
- Bellboy (=bellhop) : 벨보이
- Booked up : 예약이 모두 된
- Capacity : 수용능력
- Check-in : 체크인, 투숙
- Check-out : 체크아웃, 퇴실
- Conference room : 회의실
- Doorman : 도어맨
- Double : 더블, 침대 한 개가 있는 2인용 객실
- Fitness center : 운동시설
- Key deposit : 열쇠 예치금
- Lobby : 로비
- Lounge : 라운지
- Maid : (호텔의) 여급
- Maid service : 객실청소서비스
- Meeting room : 회의실(대체로 소규모)
- No-smoking room : 금연층 객실
- Page : (구내방송이나 호출기로) 호출하다
- Party : 일행
- Receptionist : 접수계원
- Registration card : 등록카드
- Restaurant : 레스토랑
- Reservation : 예약
- Reservation number : 예약번호
- Reserve : 예약하다
- Room rate : 방값, 숙박료
- Room service : 룸서비스
- Safety box : 귀중품 보관함
- Sauna : 사우나
- Service charge (=tip) : 봉사료, 팁
- Single : 싱글, 1인용 객실
- Suite : 스위트
- Twin : 트윈, 싱글 침대 두 개가 있는 2인용 객실
- Valuables : 귀중품
- Wake-up call : 모닝콜

④ 은행 관련 어휘

- Accrue : (이자 등이) 붙다, (결과로서) 생기다
- ATM (=automatic teller machine) : 현금자동인출기
- Balance : 잔고
- Bankbook (=passbook) : 통장
- Banker : 은행가
- Branch : 지점
- Bank clerk : 창구직원
- Bank guard : 은행경비원
- Bank statement : 예금내역서
- Bill : 지폐
- Bounce : (수표가) 부도나다
- By wire : 전신으로, 전신환으로
- CD (=certificate of deposit) : 양도성 정기예금증서

- Checking account : 결제용 계좌, 당좌예금
- Clear : 결제하다
- Collateral : 담보(물)
- Compound : 복합의, 복리의
- Compound interest : 복리
- Confidential access number : 비밀번호
- Credit : (금융상의) 신용(도), 신용거래(대출), 외상
- Creditor : 채권자
- Credit to : ~에 입금하다
- Credit record : 신용평가기록
- Debt : 채무
- Debtor : 채무자
- Delinquent (=being overdue) : 체납되어 있는
- Delinquent account : 체납계좌
- Deposit : 입금(예금)하다
- Direct deposit : 봉급의 온라인 입금
- Deposit slip : 입금표
- Down payment : 계약금, 착수금
- Draw a bill : 어음을 발행하다
- Endorsement : (수표의) 배서
- Exchange : 환전
- Exchange rate : 환율, 외환시세
- Fee : 수수료
- Financial history : 신용거래실적
- Forge : 위조하다
- Have an account : 은행에 계좌가 있다
- Home equity loan : 주택담보대출
- ID (=identification) : 신분증
- Interest : 이자
- Joint account : 공동계좌
- Loan : 융자, 대출
- Loan office : 대출부서
- Make a deposit : 입금하다
- Minimum balance : 최소잔고
- Money order : 은행(우편)환
- Mortgage (loan) : 담보대출
- Note : 어음
- Open an account : 계좌를 개설하다
- Outstanding : 미해결의, 미지불의 (=unpaid)
- Overdraw : 초과 인출하다
- Overdue : (지불) 기한이 지난, 미지불의
- Paycheck : 급여
- Pay off : ~을 갚다
- Personal check : 개인 수표
- Principal : 원금
- Promissory note : 약속어음
- Redeemable : 상환할 수 있는
- Remittance : 송금
- Savings account : 저축용 계좌, 보통 예금
- Security : 저당, 담보
- Signature : 서명
- T/C (=traveler's check) : 여행자 수표
- Teller : 은행 창구직원
- Transfer : 이체하다
- Transact : 거래하다
- Utility bill : 공공요금
- Wire transfer : 전신송금
- Withdraw : 인출하다
- Withdrawal slip : 예금청구서

⑤ 자동차 관련 어휘

- Accelerator : 가속페달
- Back : 후진하다
- Brake : 브레이크
- Breakdown : 고장
- Cab (=taxi) : 택시
- Collision (=crash) : 충돌
- Compact car : 소형차
- Dent : 부딪혀서 움푹 들어간 곳
- Driveway : (도로에서 차고로 들어오는) 진입로
- Fare : 요금
- Flat (tire) : 펑크가 난 (타이어)
- Garage : 차고
- Hood : 후드, 보닛
- Horn : 경적
- Jeep : 지프
- License number : 차량번호
- License plate : 차량번호판
- Luxury car : 고급차
- Mechanic : 정비사
- Metro : 지하철
- Mileage : 주행거리
- Off-road vehicle : 비포장도로용 차량
- Pull over : (차를) 길가에 대다
- Rent-a-car : 렌터카
- Repair shop : 정비소
- Secondhand (=used) : 중고의
- Tow : 견인하다
- Transmission : 변속기
- Van : 밴
- Vehicle : 차량

⑥ 회사 관련 어휘

- Accounting department : 경리부
- Affiliate : 계열회사, 자매회사
- Assistant manager : 대리
- Board of directors : 이사회
- Branch : 지사, 지점
- CEO (=chief executive officer, President) : 최고경영자, 사장
- Company (=firm) : 회사
- Conglomerate : 복합기업, 대기업
- Coworker (=colleague) : 동료
- Demote : 좌천시키다
- Department : 부서
- Downsize : (기업) 규모를 줄이다
- Employee (=worker) : 사원
- Enterprise : 기업
- Executive : 경영진, 간부
- Executive board : 집행이사회, 운영위원회
- Executive director : 전무
- General manager (=department head) : 부장
- Incorporated (=Inc.) : 주식회사
- Layoff : (경영 부진 등으로 인한) 해고
- Main office (=headquarters) : 본사
- M&A (=merger and acquisition) : 합병과 인수
- Management : 경영진
- Manager (=section chief) : 과장
- Managing director (=executive managing director) : 상무
- Manufacture : 제조(업)

- Merge : 합병하다
- Personnel department : 인사부
- Position : 직급, 직위
- Promote : 승진하다
- Section : ~과
- Staff : 임직원
- Subsidiary : 자회사
- Supervision : 감독, 지휘
- Supervisor : 주임, 감독자
- Take over : 경영권을 인수하다
- Unemployment rate : 실업률
- Vice-president : 부사장
- Workplace : 작업장

⑦ 경제 관련 어휘

- Bankruptcy : 도산, 파산
- Boom : 반짝경기, 붐
- Brisk : 활기를 띈, 바쁜
- Capital : 자금, 자본
- Competitive edge : 경쟁우위
- Consumption : 소비
- Deflation : 디플레이션, 통화수축
- Depression : 불황
- Extravagant : 낭비하는
- Fluctuate : 오르내리다
- Goods : 상품
- Income : 수입
- Inflation : 인플레이션, 통화팽창
- Infrastructure : 산업기반, 기간시설
- Investment : 투자
- Output : 생산(량)
- Overconsumption : 과소비
- Plunge (=plummet) : 폭락하다
- Produce : 생산하다
- R&D (=research and development) : 연구개발
- Recession : 경기침체
- Sector : 부문, 분야
- Sluggish : 부진한
- Slump : 경기폭락
- Soar : 치솟다
- Stable : 안정된
- Stimulate : 활성화하다
- Supplier : 공급자
- Supply : 공급(량)
- Thrifty (=frugal) : 절약하는
- Trade deficit : 무역수지 적자

⑧ 증권과 보험 관련 어휘

- Allot : 배당하다
- Bond : 채권
- Cash value (=cash buildup) : 해약(만기) 환급금
- Claim : 청구하다
- Commercial paper : 상업어음
- Coverage : 보상범위
- Dow Jones Industrial Average : 다우존스 평균지수
- Dividend : 배당금
- Full coverage : 종합보험
- Futures trading : 선물거래(先物去來)
- Insurance : 보험
- Insurance agent : 보험중개인, 보험대리인
- Insurance company : 보험회사
- Insurance policy : 보험증서, 보험약관
- Insure : 보험에 들다, 가입하다
- Issue : 발행하다

- Liability : 책임보험
- Partial coverage : 부분보상
- Policyholder (=insured) : 보험계약자
- Policy terms : 보험약관, 보험 계약 조항들
- Portfolio : 포트폴리오
- Premium : 보험료
- Securities : 유가증권
- Share : 주, 주식
- Stock broker (=broker) : 증권중개인
- Stock exchange : 증권거래소
- Stockholder (=shareholder) : 주주
- Stock : 주식, 증권
- Stock price index : 주가지수
- Surrender : 보험해약
- Treasury bond : 장기채권

⑨ 무역 관련 어휘

- Barter : 물물교환, 구상(求償)무역
- Business correspondence : 상업통신문
- Buyer : 구매자, 바이어
- Claim : 클레임
- Contract : 계약(서)
- Deficit : 적자
- Delivery date : 납품일
- Dumping : 덤핑
- Embargo : 금수(禁輸)조치, 엠바고
- Export : 수출, 수출하다
- FOB (=free on board) : 본선인도
- Import : 수입
- Impose : 부과하다
- Invoice : 송장(送狀)
- L/C (=letter of credit) : 신용장
- Multilateral : 다자 간
- P.O. (=purchase order) : 구입주문서
- Reimbursement : 변상
- Shipment : 선적
- Stipulation : 조항, 약정
- Surplus : 흑자
- Tariff : 관세

⑩ 회의 관련 어휘

- Adjourn : 휴회하다
- Agenda : 의제, 안건
- Agreement : 합의, 합의서
- Alternative : 대안
- Approval (=consent) : 찬성
- Approve : 찬성하다
- Attendee : 참석자
- Board room : 중역회의실
- Brainstorming : 브레인스토밍
- Breakthrough : (난관의) 타개
- By majority : 다수에 의해
- Call A to order : A의 개회를 선언하다
- Chair : 의장(석)
- Conference room : 회의실
- Conference (=meeting) : 회의
- Deadlock : 교착상태
- Debate (=argument) : 토론
- Decision-making : 의사결정
- Handout : 유인물
- Opening address : 개회사
- Opinion (=view) : 견해, 의견
- Preside : 사회를 맡다
- Proposal : 제안

- Quorum : (의결에 필요한) 정족수
- Representative : 대표자, 대의원
- Session : 회의, 회의기간
- Turnout : 참석자 수
- Unanimous : 만장일치의
- Vote : 표결, 투표

⑪ 우편 관련 어휘

- Addressee : 수신인
- Addresser (=sender) : 발신인
- Address : 주소
- Air freight : 항공화물
- Airmail : 항공우편
- Correspond : 서신왕래하다
- Enclosure : 동봉물
- Enclose : 동봉하다
- Envelop : (편지) 봉투
- Express : 빠른, 속달의
- First-class mail : 제1종 우편
- Fragile : 깨지기 쉬운
- International mail : 국제우편
- Junk mail : 광고우편물
- Mail : 우편(물), 우송
- Mailbox : 우편함
- Mailman : 우체부
- Money order : 우편환
- POB (=post office box) : 사서함
- Parcel (=package) : 소포
- Postage (=postal rates) : 우편요금
- Registered : 등기의
- Regular mail : 일반우편
- Return address : 발신인 주소
- Seal : 밀봉
- Self-addressed : 반송용의
- Surcharge : 추가요금
- Telegram (=telegraph) : 전보
- Zip code : 우편번호

⑫ 전화 관련 어휘

- Answering machine : 자동응답기
- Area code : 지역번호
- Beeper (=pager) : 호출기, 삐삐
- Busy : 통화 중인
- Call : 전화하다
- Cellular phone : 휴대용 전화기
- Coin slot : 동전투입구
- Collect call : 수신자 부담 전화
- Connect : 연결하다
- Cordless (=wireless) : 무선의
- Country code : 국가번호
- Dial : 다이얼을 돌리다
- Direct call : 직통전화
- Discount rate : 할인요금
- Extension (number) : 내선번호
- Hang up : (전화를) 끊다
- Hold on (=hang on) : 전화를 끊지 않다
- Leave a message : 메시지를 남기다
- Local call : 시내전화
- Long-distance call : 장거리전화
- Operator : 교환원
- Person-to-person call : 지명통화
- Phone booth : 공중전화박스
- Reach : ~와 연락이 되다
- Receiver : 수화기
- Return one's call : ~의 전화에 회답하다
- Station-to-station call : 번호통화

- Telephone directory (=phone book) : 전화번호부
- Transfer : 전화를 돌려주다

⑬ 미디어 관련 어휘

- Anchorman : 앵커
- Article : 기사
- Bimonthly : 격월간지
- Broadcast : 방송하다
- Broadcasting station : 방송사
- Cablecast : 유선방송
- Cable channel : 유선방송사
- Channel : 채널
- Circulation : 발행부수
- Classified : (ad) (신문 · 잡지의) 항목별 광고
- Correspondent : 특파원
- Feature : 특집기사
- In-depth coverage : 심층보도
- Live : 생중계
- Monthly : 월간지
- News weekly : 시사주간지
- Newsstand : 신문가판대
- Obituary : (신문의) 부고란
- Paper (=newspaper) : 신문
- Quarterly : 계간지
- Real time : 실시간
- Reporter : 기자
- Scoop : 특종
- Section : (신문의) 섹션, 난(欄)
- Sitcom (=situation comedy) : 시트콤
- Soap opera : 연속극, 드라마
- Subscribe to : ~을 구독하다
- Subscriber : 구독자
- Tabloid : 타블로이드판 신문
- Talk show : 대담프로
- Up-to-the-minute (=up-to-date) : 최신의
- Web site : 웹사이트

■ 기타 영문법

① 1형식으로 착각하기 쉬운 3형식 동사

graduate(~을 졸업하다), complain(~을 불평하다), wait(~을 기다리다), experiment(~을 실험하다), sympathize(~을 동정하다), consent(~을 승낙하다), interfere(~을 간섭하다), read(~읽혀지다)

② 자동사와 타동사의 의미가 서로 다른 경우

동 사	자동사일 때	타동사일 때
become	되다(He became a teacher)	어울리다[Her new dress becomes her well (=match, go well with)]
grow	되다(He grew old)	기르다(He is growing a beard)
run	되다(The well ran dry) 달리다(He ran in the rain)	경영하다(He runs a small shop)
stand	(서)있다(There stands a tall tree)	참다(He couldn't stand such manners)
turn	되다(He turned pale)	돌리다(He turned his back)

③ 자동사로 착각하기 쉬운 타동사

괄호 안의 전치사를 쓰면 틀린 문장이 됨

address (to), accompany (with), approach (to), attend (at), await (for), reach (at), discuss (about), follow (after), leave (from), marry (with), mention (about), enter, resemble (with), answer (to), explain (about), greet, affect, approach, board, contact, follow, join, meet, obey, report, surpass, survive 등

④ 타동사로 착각하기 쉬운 자동사

전치사와 함께 써야 목적어를 취할 수 있음. 특히 아래 전치사와 함께 사용되어 파생되는 의미로 인해 착각하기 쉬움

account for, agree to, arrive at, complain about, graduate from, go into, listen to, look for, object to, reply to, start from, wait for, apologize to, assent to, compensate for, compete with, consent to, dissent from, interfere with, participate in 등

⑤ 진행형을 쓰지 않는 대표 동사

- 상태동사 : be(이다), seem(보이다), look(보이다)
- 지각동사 : feel(느끼다), see(보다), smell(냄새를 맡다)
- 감정 및 사고동사 : prefer(선호하다), love(사랑하다), hate(미워하다)
- 소유동사 : have(가지다), belong(소유하다), possess(소유하다)

⑥ 사람을 주어로 할 수 없는 형용사

necessary, natural, easy, important 등의 형용사는 사람을 주어로 할 수 없음

- You are necessary to go there. (×)
- It is necessary for you to go there. (○)
- It is necessary that you should go there. (○)

⑦ 분사구문

- 분사구문의 사례

  분사구문의 시제는 주문동사의 시제에 따라 판단하지만, 분사구문의 시제가 주절의 시제보다 이전일 때에는 〈having + 과거분사〉 형태(완료분사)를 사용

  – Never having seen him before, I didn't know who he was.
    전에 한 번도 본 적이 없었기 때문에 나는 그가 누구인지 몰랐다.

- 수동태를 나타내는 분사구문

  분사구문이 수동태를 나타낼 때에는 〈being + 과거분사〉, 〈having been + 과거분사〉를 사용. 문장의 앞에 오는 분사구문에서는 being은 생략되고 과거분사만 남는 것이 보통임

  – Compared with what it was, it has improved greatly.
    그것은 전과 비교하면 크게 개선되었다.

⑧ both / either / neither

both는 둘 다 긍정, either는 양자택일, neither는 둘 다 부정할 때 쓰임

- I like both of the books. 나는 그 책을 둘 다 좋아한다.

■ 콜론과 세미콜론

① 콜론(:)

- 콜론 앞에는 완전한 문장이 옴
- 내용을 열거하거나 인용, 추가설명, 동격의 강조, 소제목 등을 나타낼 때 표시
- 콜론 뒤에 소문자, 대문자 중 선택이 가능하나 일관성 있게 써야 함

② 세미콜론 (;)

- 접속사 기능으로 두 문장을 연결할 수 있음. '왜냐하면, 그래서, 반면에' 등의 뜻을 가진 접속사의 경우 이것 대신 세미콜론으로 대치 가능

  – I use a computer often in the office; I like it.
    나는 사무실에서 컴퓨터를 사용한다. 왜냐하면 그것을 좋아하기 때문이다.

- 앞에서 언급한 내용을 부연설명하기 위해 사용되기도 함

  – I studied all the summer; I didn't pass that exam.
    여름내내 공부했으나 그 시험을 통과하지 못했다.

• 여러 단계의 항목을 구분할 때 사용
  – My father has been to three countries ; Korea, Japan and Singapore.
    우리 아버지는 3개국을 다녀오셨으며 한국, 일본, 싱가포르이다.
• 세미콜론 뒤에는 항상 소문자로 시작

3 영문서의 이해

■ 영문서 작성의 기본사항

① 비즈니스 레터

• 문서의 구성요소
  – 제목 : Subject
  – 수신인 주소 : Inside Address
  – 끝인사말 : Complimentary Closing
• 비즈니스 서신의 순서
  레터헤드 → 날짜 → 우편물 내부주소 → 인사말 → 내용 → 결구(경의포함) → 서명 : letterhead → date → inside address → salutation → body → complimentary close → signature
• 영어의 날짜
  표기 월, 일, 연도, 요일의 순으로 표기
• 영문편지에서의 약어
  – Blvd. : Boulevard, (–가)
  – Ave. : Avenue , (남북으로 난)큰 도로
  – St. : Street, (동서로 난)도로
  – Rd. : Road, 작은 도로
• 편지 마무리 순서
  끝맺음 인사 → 이름 → 서명 → 직위 → 첨부내용(이력서 등)

Best regards,
Micelle Sanderson

Micelle Sanderson
Planning Manager
Enclosure

• 맺음인사의 예

일반적	Sincerely, Sincerely yours, Yours always
격식을 갖춤	Truly yours, Respectfully yours
감사편지 등	Gratefully yours
기타(친밀한 사이)	With Love, Yours, Best wishes, Regards, Best regards

• 수신인 주소의 순서

– 경칭+성명	Ms. Christina Anderson
– 직급명	Managing Director
– 회사명	Swany Hotel
– 거리명(또는 사서함 번호)	9 Hill Street
– 시, 주, 우편번호	Albany, NY 20221
– 국가명(모두 대문자로 표기)	USA

• 한글주소표기

한글주소의 영문표기법은 정반대. 행정구역사이에는 (,)로 구분하며 시 · 군 · 구에 해당하는 표기는 (-)로 구분

예 서울특별시 강남구 압구정로 29길 21

21, Apgujeong-ro 29-gil, Gangnam-gu, Seoul

② 봉투 작성법

David Jones (발신자)
Sales Director
ABC Corporation
1362 West Avenu
Los Angeles, CA 90210

CONFIDENTIAL

Stamp

Via Air Mail

Mr. James Brown (수신자)
Marketing Director
Daehan Semiconductors
Hellgrundweg 100
22523 Hamburg Germany

confidential : 기밀서류

sender : 발신자

recipient : 수신자

via air mail : 항공우편

③ 이메일(E-mail)

- 인터넷 또는 기타 컴퓨터 통신망을 통해 주고받는 우편방식으로 전자메일의 약어

  A system of sending written messages electronically from one computer to another.

  E-mail is an abbreviation of electronic mail.

> From : Susan Kim 〈Su11@kmail.com〉
> To : Mr. I.C. Choi 〈choi@lmail.com〉
> Cc : Ms. Wang 〈wiyong@kmail.com〉
> Re : meeting on Oct 15th
> Dear Mr. Choi
> I'm writing to confirm the Sep 15th at 15:00 for our meeting.
> If you need to talk with me prior to the appointment, feel free to call me at 012-345-678 Looking forward to meeting you.
>
> Respectfully,
> Susan Kim
> Sales Manager
>
> 9월 15일 오후 3시 회의를 확인하기 위해 이메일을 보냅니다. 약속 전에 말씀하실 것이 있으시면 012-345-678로 전화주시기 바랍니다.

④ 사내 메모(Inter-office memo)

- 사내에서 한 개인이 다른 개인에게 보내는 간략한 메모

  Short official note that is sent by one person to another within the same company or organization.

To: Mr. Jason Cooper		수신자
From: Ms. Olivia Easton		발신자
of: B&B Holdings,Ltd.		
Contact No. (673) 467-9845		연락처
Message:	(V) URGENT!	(V) 긴급사항
	just called	
	(V) please call back	(V) 전화요청
	will call later	
	other	
<u>must talk to you before noon today</u>		내용 : 오늘 오전에 대화요청
____________________		
____________________		
Message Taken by : Michelle Lee		메시지를 받은 사람
Time & Date : 10:40 a.m., June 7, 2016		시간 및 날짜

⑤ 팩스(Fax)

- 전화선을 따라 전자로 정보를 보내는 송수신 방식
  Send information electronically along a telephone line, and to receive copies that are sent in this way.
- Please find the enclosed pages of 3 including cover letter.
  첫 장 포함 3페이지를 확인해주십시오.
- I sent a fax to confirm my order.
  주문 내용을 확인하려고 제가 팩스를 보냈어요.
- Fax your report to me at this number.
  이 번호로 제게 보고서를 팩스로 보내주십시오.
- Mr. Brown wants to fax this report to Mr. Jones.
  브라운 씨가 이 보고서를 존스 씨에게 팩스를 보냈으면 하는데요.
- Please enter the Recipient Fax Number.
  수취인 팩스 번호를 입력하십시오.

⑥ 그 밖의 주요 영문서

- Cover letter : 자기소개서, Fax의 첫 장, 다른 자료들과 함께 제출하는 소개서 등
  A covering letter is a letter that you send with a parcel or with another letter in order to provide extra information.
- Letterhead : 보통 이름, 회사, 이메일 등이 위에 찍힌 편지지
  A letterhead is the name and address of a person, company, or organization which is printed at the top of their writing paper.
- Invoice : 송장이라고도 하며 공급하는 상품과 서비스 및 금액을 적은 서류
  A document that lists goods that have been supplied or services that have been done, and says how much money you owe for them.
- Manual : 특정 시스템을 사용하는 사람들에게 도움을 제공하기 위한 기술 소통 문서
  A book which tells you how to do something or how a piece of machinery works.
- Proposal : 사람들에게 생각하거나 결정하도록 제안하는 형식을 갖춰 작성된 어떤 계획이나 아이디어로 제안서의 표지에는 제목(Title), 목차(Table of contents), 개요(Abstract)를 포함시킴
  A plan or an idea, often a formal or written one, which is suggested for people to think about and decide upon.

- Resume : 자신의 정보를 기재해 회사 등에 보여주기 위해 제출하는 문서. 취업을 목적으로 지원자의 인적사항, 학력사항, 경력사항 등을 기재한 것
  brief account of your personal details, your education, and the jobs you have had.
  You are often asked to send a resume when you are applying for a job.
- Business card : 이름이나 회사이름이 지재된 카드, 명함
  A small card which they give to other people, and which has their name and details of their job and company printed on it.

⑦ 서식 사례

- 조문(Letter of condolence)

Dear Mr. Brown : We are sorry to learn about the demise of your beloved grand father. We wish to extend our deepest condolences to you and your family during this time bereavement. With best personal wishes, Jim Anderson 조부님의 사망소식을 접하게 되어 유감스럽게 생각하며 가족분들께 우리의 심심한 위로의 말씀을 전합니다.

- 초대장(Invitation letter)

Mr. Kang Requests the honor of your presence at a formal reception of our new Vice President on Wednesday, March 25th from 6 to 9 o'clock in the evening at Shilla Hotel. RSVP 010 515 2463 3월 25일 수요일 저녁 6시부터 9시까지 신라호텔에서 새로 부임하신 부사장님의 공식 리셉션에 정중히 초대합니다. 회신을 바랍니다. 010 515 2463

• 송장(Invoice)

ABC Sports Equipment
Invoice

To : Mr. Boris Douglas

Quantity	Product Number	Description	Price	Total
1	F-132	Football shoes	52.00	$52.00
2	T-86	Training outfit	44.00	$88.00
				Total : $140

* ABC Sports Equipment's Exchange or Refund Policy
Should you need to return a product or request a refund, contact our customer service department at 345-6789 with the serial number on the bottom of your receipt.

ABC스포츠 장비
송 장

To : Mr. Boris Douglas

제품번호		설 명	가 격	총 액
1	F-132	축구화	52.00	$52.00
2	T-86	훈련복	44.00	$88.00
				Total : $140

* 교환 및 환불 정책
제품교환 및 환불을 원하시면 영수증 아래 일련번호를 가지고 고객센터 345-6789로 전화 주십시오.

■ 영문서의 독해 및 작문 사례

- We were highly honored by your participation in our company's opening ceremony and we do thank you for your significant endeavor.
  당사의 개막식에 참석해 주셔서 영광으로 생각하며 귀하의 노고에 감사드립니다.
- We believe that ABC Corporation owes what it is to those who have given consistant encouragements and love to it by now.
  오늘의 ABC 회사가 있게 된 것은 그동안 변함없는 격려와 사랑을 보내주신 많은 분들의 덕분이라고 생각합니다.
- All staff will do their best to become the first major company in Korea.
  저희 전직원은 한국을 대표하는 회사가 될 수 있도록 최선을 다할 것입니다.
- We do hope your persistent interest and guidance to us, and we also hope your everything in business.
  앞으로도 변함없는 관심과 지도를 바라오며, 하시는 모든 일이 잘 되기를 바랍니다.

- I am pleased to inform you that we have decided to sign the contract with you.
  우리가 계약을 체결하기로 결정했음을 알려 드리게 되어 기쁩니다.
- Please note that this agency will be closed from the 6th until 9th.
  우리 영업소는 6일부터 9일까지 문을 닫으니 유념해 주시기 바랍니다.
- Please write back if you receive my e-mail, promptly.
  제 이메일을 받고 바로 확인메일을 보내주세요.
- Please let me know if you have any trouble when opening the file I am sending.
  제가 보내드리는 파일을 여는 데 문제가 있을 경우 저에게 알려 주십시오.
- Thank you for your letter concerning your recent order of October 25.
  최신 오더와 관련된 10월 25일자 편지에 대해 감사드립니다.
- Please accept our apologies for the inconvenience, and we look forward to serving you again.
  불편을 끼쳐드린 점 사과드리며 서비스로 보답하기를 희망합니다.
- Can you do me a favor? I need someone who proofreads this brochure.
  도와 주시겠습니까? 이 브로셔를 검수할 사람이 필요합니다.

■ 회의 상황

① 회의 관련 문서

회의보고서 : conference report
표제-목차-개요 : title page-table of contents-abstract
분기별 판매보고서 : quarterly sales report
원고, 초안 : draft
최종안, 확정안 : final draft
의제, 안건 : agenda
회의록 : minutes
계약서 : contract

② 회의 관련 표현

- The meeting will be held in the main conference room on the 3rd floor.
  회의는 3층의 주회의실에서 열리게 됩니다.
- Let me give you the direction to the conference room.
  회의실로 가는 길을 알려드리겠습니다.
- To summarize, we agree to Mr. Hong's cost-cutting idea.
  요약하면, 우리는 Mr.홍의 비용 절감 아이디어에 동의합니다.

- I want to summarize that we have another possibility that the process will be more simplified.
  프로세스를 더 간단하게 만들 수 있는 또 다른 가능성이 있다고 요약할 수 있을 것 같습니다.
- Let's just go over the main points we have suggested so far.
  지금까지 제기한 요점을 살펴보겠습니다.
- Let me summarize the matter just as it is.
  그 문제를 그대로 요약해 드리겠습니다.

③ 회의 도중 휴식

- Let's take a 10-minute break.
  10분간 휴식시간을 갖겠습니다.
- We will adjourn after lunch time and resume the conference at 2.
  점심시간 후까지 휴회하기로 하고 2시 정각에 회의를 재개하겠습니다.
- Let's have a short coffee break and resume at 3.
  잠깐 커피타임을 갖도록 하고 3시에 다시 시작하겠습니다.
- Now, we have twenty minute intermission.
  그럼, 20분간 중간 휴식시간을 갖겠습니다.

④ 종 료

- Before we close, please go over the main issues we have discussed.
  회의를 마치기 전에, 오늘 토론한 주된 사안에 대해 검토해 주시기 바랍니다.
- Thank you for your time, everyone.
  시간 내주셔서 감사합니다, 여러분.
- I really appreciate your presentation.
  오늘 발표해 주셔서 감사드립니다.
- Today's meeting is over now.
  오늘 회의를 마치겠습니다.
- Please let's meet again at regular meeting on the next Monday.
  다음 주 월요일 정례회의 시간에 다시 모이도록 하겠습니다.
- The next meeting is at 10 a.m. on May 4th.
  다음 회의는 5월 4일 오전 10시에 열릴 예정입니다.
- I declare today's meeting closed.
  오늘의 회의가 종결되었음을 선언합니다.

■ 출 장

① 출장일정(Itinerary)

Albert Denton : Tuesday, October 24

8:30 a.m.	Meeting with S.H. Park in Central Hotel lobby, Taxi to Extec Factory 센트럴호텔 로비에서 S.H. Park과 만나 택시로 Extec 공장 이동
9:00~11:30 a.m.	Factory tour 공장순회
12:00~12:45 p.m.	Lunch in factory cafeteria with factory executive managers 중역들과 공장 카페테리아에서 오찬
1:00~2:00 p.m.	Meeting with quality control supervisors 품질관리 감독자들과 회의
2:00 p.m.	Car to warehouse 물류창고로 이동
2:30~4:00 p.m.	Warehouse tour 물류창고순회
4:00 p.m.	Taxi to hotel (approx. 1 hour 30 min.) 택시로 호텔이동(약 한 시간 반)
6:00 p.m.	Dinner with senior managers 고위간부들과 저녁식사

② 출장경비 정산 관련 용어

Open an account : 신규계좌를 개설하다

Deposit money : 예금

Cash a check : 수표를 현금으로 바꾸다

Withdraw money : 예금을 인출하다

Travel expenditure, travel expense : 출장경비

Travel expense report : 출장경비보고서

Settlement costs : 비용을 정산하다

③ 출장경비 관련 영어 표현

• Could you arrange the foreign currency for me?
  외화를 준비해 주시겠어요?
• I need to change a thousand dollars into traveller's check.
  1,000달러를 여행자 수표로 바꾸어야 합니다.
• I'll get right on it.
  바로 준비하겠습니다.

4 사무영어 회화

■ 내방객 응대

① 용건파악

- 무슨 일로 오셨습니까?

  May I ask what your visit is for?

  May I ask what your visit is in regard to?

  May I ask your business purpose?

  May I ask what is the nature of your business?

  Could I ask what you want to see her about?

② 안 내

- I'll let her know that you are here.

  여기 오신 것을 말씀드리겠습니다.

- I'll see if he is available.

  시간이 가능한지 알아보겠습니다.

- Mr. Kim will be available soon. Would you please wait for a minute?

  Mr. Kim께서 지금 시간이 괜찮으십니다. 잠시만 기다려주시겠어요?

③ 접 대

- Would you like something to drink?

  마실 것 좀 드릴까요?

- Please make yourself comfortable.

  편히 쉬십시오.

- Please have a seat. I'll bring you some newspapers.

  앉으세요. 신문을 가져다 드리겠습니다.

- Mr. Peterson is waiting for you.

  Peterson 씨가 기다리고 계십니다.

④ 배 웅

- I hope to see you again.

  다시 뵙겠습니다.

- I'll take you to the lobby.

  로비까지 모셔다 드리겠습니다.

⑤ 상사 부재 시 응대

- 지금 자리에 안계십니다.
  She is not in at the moment.
  He is not in the office.
  He is not at his desk.

■ 전화응대

① 메시지를 남겨달라고 요청할 때

- Would you like to leave a message?
  메시지를 남기시겠습니까?
- Could you give me your contact information?
  연락처를 주시겠습니까?
- May I take a message?
  메시지를 받아도 되겠습니까?
- If you leave your telephone number, I'll let you know when he is available this afternoon.
  전화번호를 남기시면 오늘 오후 가능한 시간을 알려드리겠습니다.

② 잘못 들었을 때

- Can you repeat the number?
  번호를 다시 알려주시겠습니까?
- Could you spell out your last name?
  성의 철자를 알려주시겠습니까?
- I'm sorry, but I didn't catch your name.
  죄송합니다만 이름을 듣지 못했습니다.

③ 전화상의 문제

- Telephone has got confused a lot. = The lines are crossed a lot.
  전화가 혼선이 심합니다.
- There is an echo on the line.
  소리가 울립니다.
- We keep getting cut off.
  전화가 계속 끊깁니다.

④ 전화연결

- Hold on, please. I'll put you through.
  기다리세요. 바꿔드리겠습니다.
- Her line is busy at the moment.
  지금 통화중입니다.
- 잠시만 기다려주시겠어요?
  Could you hold on the line a few moments?
  Would you mind hanging on for a minute?
  Can I put you on hold for a second?

⑤ 전화스크린

- May I ask who's calling, please?
  어디신지요?
- May I ask your name and the nature of your business?
  성함과 용건을 여쭤 봐도 될까요?

⑥ 상황별 응대

- He is on the other phone.
  그는 통화중입니다.
- He left his desk for a while.
  잠시 자리를 비웠습니다.
- He is free of schedules.
  스케줄이 없습니다.
- His schedule is fully booked all day.
  오늘 하루 종일 스케줄이 꽉 차있습니다.

⑦ 상대방에게 전화할 때

- Could you ask her to call me back?
  저에게 전화 달라고 해주시겠어요?
- When do you expect him to be back?
  언제쯤 오실까요?
- I will call back.
  전화 다시 드리겠습니다.
- I will let you know my mailing address.
  메일주소를 알려드리겠습니다.
- Please give me a call.
  전화 주십시오.

- Could you get this information though to Mr. Kim?
  Mr. Kim에게 이것을 전해 주시겠습니까?
- I'll look forward to your call.
  전화 기다리겠습니다.
- I just couldn't get through to you.
  통화가 되지 않았습니다.
- I kept getting a busy signal.
  통화중 신호만 들렸습니다.
- Will you transfer this call to Mr. Kim?
  이 전화를 김 선생님에게 돌려주시겠습니까?

⑧ 전화 종류

Toll-free : 수신자 부담 전화
Free-from-charge : 무료
Long-distance : 장거리 전화
Emergency call : 비상전화
Overseas call : 해외통화
Coin-operated public phone : (동전 투입) 공중전화
International call : 국제전화
Interstate call : 주(州)간 전화

■ 예 약

① 숙 박

- I'd like to book a single room for this weekend.
  이번 주말에 1인용 침실을 예약하고 싶습니다.
- I didn't make a reservation. Do you have any vacancies?
  예약을 하지 않았습니다. 빈 방이 있습니까?
- I want 5 small rooms that can hold more than 10 people.
  10인 이상을 수용할 수 있는 작은 방 다섯 개를 원합니다.
- How much for a night?
  하룻밤에 얼마인가요?
- What time is check-in?
  체크인 시간은 언제입니까?
- Could you put me on the waiting list?
  대기자 명단에 올려주시겠어요?

- Could you check under the name, Kim?
  Kim의 이름으로 확인해주세요.
- I'm sure the reservation was made under the name, Kim.
  Kim의 이름으로 예약이 되어 있을 것입니다.

② 항 공

- I would like to book a flight to Incheon.
  인천으로 가는 항공편을 예약하고 싶습니다.
- One-way, or round-trip?
  편도인가요? 왕복인가요?
- Business (Ecomomy), please.
  비즈니스석 (이코노미석)으로 해주세요.
- Can I get my seat assignment now?
  좌석배치도를 볼 수 있을까요?
- I'd like to preorder my in-flight meals.
  기내식을 미리 주문하고 싶습니다.
- I'd like to leave Busan around April 4th and be back here by April 15th.
  저는 4월 4일쯤 부산을 출발하여 15일에 여기로 돌아오고 싶습니다.
- How do you spell your name?
  성함 철자를 알려주세요.
- Would you like a window seat or aisle seat?
  창가 또는 복도좌석 중 어느 좌석을 원하십니까?
- Aisle seat, please.
  복도로 부탁합니다.
- I have a carry-on and another 2 bags to check.
  가지고 탈 가방 1개와 부칠 가방 2개가 있습니다.

③ 레스토랑

- I'd like to book a table for this Monday.
  이번 주 월요일로 테이블을 예약하고 싶습니다.
- I have 4 guests and I'd like to come at 6:00.
  네 명이고 6시에 갈 것입니다.
- I'd like to book a table for 5.
  5인용 테이블을 예약하고 싶습니다.

④ 기 타

- I'd like to book a ticket for Busan.
  부산 가는 표를 예약하고 싶습니다.
- Is any seat available?
  자리가 있습니까?

■ 일정관리

① 스케줄링 관련

- How about Tuesday morning?
  화요일 오전은 어떠세요?
- I have another appointment by the tme.
  그때는 다른 약속이 있습니다.
- Would tomorrow afternoon be okay?
  내일 오후에 괜찮을까요?
- Could we meet in afternoon?
  오후에 만날 수는 없을까요?
- Can you set up a meeting?
  당신은 회의를 주최할 수 있습니까?
- When are you coming to Seoul?
  언제 서울로 돌아오시나요?
- Let me check my schedule first.
  제 스케줄을 먼저 확인해 보겠습니다.
- When is a convenient time (for you)?
  언제가 좋으십니까?
- I am afraid I can't make it.
  아무래도 안 될 것 같습니다.
- Let's meet in two days in your office.
  이틀 안에 당신의 사무실에서 만납시다.
- It is better to delay the meeting to another day.
  미팅을 다른 날로 연기해야 할 것 같습니다.
- I will be out of the office all day tomorrow.
  저는 내일 하루 종일 사무실에 없을 거예요.
- So how about next week?
  그럼 다음 주는 어떠세요?

• We may have to cancel the appointment.
약속을 취소해야 되겠습니다.

② 항공편 일정

CATHAY Pacific Airways		항공편 : CATHAY Pacific 항공
e–Ticket Itinerary / Receipt		티켓일정 / 영수증
Passenger name KIM / SUNGSOOMR		승객이름: KIM / SUNGSOOMR
e–Ticket number 16048376		티켓번호 : 16048376
Itinerary Booking Reference 6417485		예약번호 : 6417485
CX 411 Operated by CATHAY Pacific Airways		
Via : –		
Departure 서울(ICN)	06MAY07	출국 : 서울
16:25 Local Time	Termianl NO. : –	
Arrival 홍콩(HKG)	06MAY07	입국 : 홍콩
19:30 Local Time	Terminal NO. : 3	
Class B Status OK Fare Basis SYIA17		
Free Baggage Allowance 20KG		
Not Valid Before – After 14 APR23		유효기간 : 2023년 4월 14일 이후 유효하지 않음
CX 412 Operated by CATHAY Pacific Airways		
Via : –		

■ 보고와 지시

① 보고하기

• There is nothing fixed for that afternoon.
오후에는 결정된 사항이 없습니다.

• I have just finished writing the sales status report. Please refer to it.
매출현황보고서 작성을 방금 완료했습니다. 참조해 주십시오.

• The Finance Department is preparing 'Budget and Economic Outlook' report.
재무부에서 '예산 및 경제 동향' 보고서를 준비하고 있습니다.

② 지시받기

• Would you tell me any other direction for mails?
오늘 우편물에 대해서 지시할 것은 없으십니까?

• Would you have any other direction?
다른 지시사항은 없습니까?

• I'll do that right away.
바로 시행하겠습니다.

• I already did. Anything else?
이미 했습니다. 다른 것은 없습니까?

제4과목 사무정보관리

1 문서작성

■ 문서의 필요성 17년 기출

① 내용이 복잡하여 문서 없이는 당해 업무의 처리가 곤란할 때
② 사무처리결과의 증빙자료로서 문서가 필요한 때
③ 사무 처리의 형식상 또는 체제상 문서의 형식이 필요한 때
④ 사무 처리에 대한 의사소통이 대화로는 불충분하여 문서에 의한 의사소통이 필요한 때
⑤ 사무 처리의 결과를 일정 기간 동안 보존할 필요가 있을 때 등

■ 문서의 기능

① **의사전달기능** : 상급자와 하급자 간, 부서와 부서 간 업무의 원활한 진행을 보조
② **의사보존기능** : 문서에 의한 기록이 남아 있어 명확한 의사전달이 가능하며, 차후에 증거자료로서 이용할 수 있음
③ **자료제공기능** : 처리가 완료된 문서는 지정한 기간만큼 보관, 차후에 관련 업무를 진행할 때나 부가자료가 필요할 때 언제든지 열람할 수 있음
④ **협조기능** : 부서 간의 협조 업무가 필요할 때 단순히 구두로 행하는 것보다 일목요연하게 정돈된 문서로 대체하면 전달과정에서의 오류를 최대한 줄일 수 있고 목적을 확실히 이해할 수 있어 매우 효율적임

■ 문서 작성의 원칙

① **문서의 목적 파악** : 문서를 작성하는 목적이 무엇인지 분명하게 파악한 뒤에 문서를 작성해야 문서를 받는 사람의 입장에서 내용이 일목요연하게 전달됨
② **읽는 사람 중심 접근** : 작성된 문서를 받는 사람이 누구인지에 따라 문서의 표현과 형식을 다르게 접근
③ **분명한 메시지 진술** : 전달하고자 하는 메시지를 여러 번 반복하기보다는 분명하고 간결하게 한 두 문장으로 표현. 주제 문장을 먼저 진술하고 세부사항을 작성하는 두괄식으로 구성하면 분명한 메시지 진술을 할 수 있음

④ **단순하고 짧은 표현** : 가급적 단어를 적게 사용하면서 메시지를 분명하게 전달. 즉, 전달하고자 하는 결론적인 메시지가 눈에 띄도록 작성

⑤ **문서 전달 전략 수립** : 작성된 문서가 받는 사람에게 제 때에 전달될 수 있도록 전달 전략을 세워야 함. 우편, 인편, 전자적 등의 방법을 고려

⑥ **상사를 통한 최종 검토** : 상사를 대신해서 작성하는 문서는 초안 작성 후 상사의 최종 검토와 확인을 받아서 발송되도록 해야 함

■ 문서효력 발생 시기 16년 기출

① 우리나라에서는 효력 발생에 대한 견해로 도달주의를 채택

② 도달주의는 문서가 수신자에게 도착했을 때 효력이 발생하는 것

③ 표백주의는 문서작성완료 시점부터 효력이 발생하는 것

■ 문서관리의 목적

① 문서 색출 시간 절약

② 문서 보관 공간 절약

③ 사무환경 개선

④ 유지 · 보완

⑤ 표준화 · 간소화 기준을 설정 · 적용

■ 공문서의 처리원칙

① **즉일처리의 원칙** : 문서는 내용 또는 성질에 따라 그 처리기간이나 방법이 다를 수 있으나 효율적인 업무수행을 위하여 그날로 처리하는 것이 바람직함

② **책임처리의 원칙** : 문서는 정해진 사무분장에 따라 각자가 직무의 범위 내에서 책임을 가지고 관계 규정에 따라 신속 · 정확하게 처리하여야 함

③ **적법처리의 원칙** : 문서는 법령의 규정에 따라 일정한 형식 및 요건을 갖추어야 함은 물론, 권한 있는 자에 의하여 작성 · 처리되어야 함

④ **전자처리의 원칙** : 문서는 전자처리가 원칙임. 즉, 문서의 기안 · 검토 · 협조 · 결재 · 등록 · 시행 · 분류 · 편철 · 보관 · 보존 · 이관 · 접수 · 배부 · 공람 · 검색 · 활용 등 문서의 모든 처리절차가 전자문서시스템에서 전자적으로 처리되도록 하여야 함

■ 수신문서의 처리 12, 13, 14, 15년 기출

① 수신된 우편물 중 상사 개인에게 보내온 편지나 친전 편지 등은 개봉하지 말고 상사에게 직접 전하며, 은행, 증권회사에서 온 편지 등의 개봉 여부는 상사의 지시에 따름

② 수신문서는 받은 날짜가 중요하므로 문서는 개봉하여 서류의 여백에 접수 일부인을 찍음

③ 수신문서는 내용을 확인하여 상사에게 보일 것, 다른 부서로 보낼 것, 대리로 처리할 것, 폐기할 것 등으로 나누어 처리함
④ 비서가 처리해야 할 문서도 내용을 확인하여 중요한 것, 시급을 요하는 것과 그렇지 않은 것으로 분류함
⑤ 수신된 편지가 보낸 편지의 답장일 경우에는 발신했던 편지의 사본을 찾아 첨부해 두고 상품 안내서나 광고문은 그 내용이 상사에게 필요하겠다고 생각되는 것에 한해서 적절한 때에 전달함

■ 공문서와 사문서

공문서	사문서
• 행정기관 또는 공무원이 그 직무상 작성 또는 접수한 문서 • 사무관리규정에 의하면 '공문서'라 함은 행정기관 내부 또는 상호 간이나 대외적으로 공무상 작성 또는 시행되는 문서 및 행정기관이 접수한 문서로 정의 • 일반적인 문서는 물론 도면 · 사진 · 디스크 · 테이프 · 필름과 슬라이드 등도 포함됨	• 개인이 사적인 목적을 위하여 작성한 문서 • 사문서 중에서도 각종 신청서 등과 같이 행정기관에 제출하여 접수된 것은 사문서가 아닌 공문서로 취급됨

■ 문서의 분류 16, 17, 19년 기출

① **유통 대상에 의한 분류** : 대내문서, 대외문서, 전자문서
② **작성 주체에 의한 분류** : 공문서, 사문서
③ **문서의 성질에 의한 분류** : 법규문서, 지시문서, 공고문서, 비치문서, 일반문서, 민원문서
④ **문서사무의 처리절차에 의한 분류** : 접수문서, 배포문서, 공람문서, 기안문서, 이첩문서*, 결재문서, 미결문서, 시행문서, 완결문서, 보관문서, 보존문서

* 이첩문서 : 배포 문서의 내용이 타부서나 타기관의 소관사무인 경우 그곳으로 보내기 위하여 기안된 문서

■ 문서의 회람 16년 기출

① 업무와 관련한 글을 여러 사람이 차례로 돌려보는 것
② 회람을 할 때에는 여러 장 복사해서 배포
③ 기업이나 단체에서 전달해야 하는 내용을 개인적으로 발송하기 힘든 경우 한 문서로 여러 직원들에게 전달하고자 할 때 편리함
④ 다수가 보아야 하는 사안인 경우 각자가 문서를 열람하였다는 확인을 할 수 있도록 함

■ 공문서의 종류 16년 기출

① **법규문서** : 헌법 · 법률 · 규칙 · 규정 및 내규 등에 관한 문서

② **지시문서** : 지침 · 수칙 · 지시 · 예규 · 일일명령 등 기관의 장이 소속공무원에 대하여 일정한 사항을 지시하는 문서

③ **공지문서** : 고시 · 공고 등 일정한 사항을 소속기관, 공무원 또는 일반국민에게 알리기 위한 문서

④ **비치문서** : 비치대장 · 비치카드 등 소속기관이 일정한 사항을 기록하여 소속기관 내부에 비치하면서 업무에 활용하는 문서

⑤ **민원문서** : 민원인의 청원 · 진정 및 처분 등 특정한 행위를 요구하는 문서와 그에 대한 처리문서

■ 공문서 용지 규정

① **용지의 크기** : 용지의 크기는 한국 공업 규격에서 지정한 A4 용지를 기본 용지로 사용

② **용지의 색상** : 특별한 사유가 없는 한 용지의 색상은 흰색

③ **용지의 여백** : 기본적으로 위 30mm, 아래 15mm, 좌 20mm, 우 15mm의 여백을 원칙으로 함

④ **용지의 지질 및 중량의 결정 기준** : 보존 기간, 활용 빈도, 재활용 여부에 따라 결정

■ 공문서 작성요령 16, 18, 19년 기출

① 공문서는 두문, 본문, 결문으로 구성되어 있음

② 공문서의 두문에는 발신기관명, 분류기호, 시행년월일, 수신기관(경유, 수신, 참조) 등이 들어감

③ 두문의 여백에는 행정기관의 로고, 상징, 마크, 홍보문구 또는 바코드 등을 표시할 수 있음

④ 수신기관이 여럿인 경우는 '수신'란에 '수신자 참조'라고 기재하고, 결문의 발신명의 다음 줄에 '수신자'란을 만들어 수신자 기호 또는 수신자명을 표시함

⑤ 경유 기관은 수신기관에 앞서 중간에 거쳐 가는 기관임

■ 우편제도 16, 17, 19년 기출

① 내용 증명은 보통 3통을 작성하며, 1통은 수취인에게 발송되고, 1통은 발송인이, 그리고 나머지 1통은 우체국에서 보관

② EMS는 서류, 서신 등을 빠르고 안전하게 외국으로 배달하여 주는 국제우편 서비스

③ 통화등기란 현금을 발송할 때 이를 넣은 봉투에 그 금액을 표기한 우편물로 100만 원 이내의 금액을 발송할 수 있음

④ 민원우편이란 정부 각 기관에서 발급하는 민원서류를 우체국을 통하여 신청하고, 발급된 민원서류를 집배원이 배달하는 제도

⑤ 통화등기(현금배달서비스)는 우편으로 현금을 직접 수취인에게 배달하는 서비스로 배달 중 분실 시 전액이 변상됨
⑥ e-그린우편은 편지 내용문과 주소록을 우체국이나 인터넷 우체국에 접수하면 내용문 출력부터 봉투에 넣어 배달해주는 전 과정을 대신해주는 서비스

■ 우편물 처리 업무 16, 17년 기출

① 발신하는 모든 문서는 중요여부에 관계없이 복사본을 만듦
② 우편물에 Express라고 기재되어 있다면 속달의 의미임
③ 보안을 유지해야 하는 문서의 경우 수령인이나 인수자의 서명을 받게 함
④ 상사에게 우편물을 전달할 때 작은 동봉물은 문서의 앞쪽에, 큰 동봉물은 뒤쪽에 배치
⑤ 친전 또는 Confidential이라고 표기된 경우 우편물을 개봉해서는 안 됨
⑥ 내용증명으로 발송하기 위해서 원본 1부와 등본 2부를 준비
⑦ 상사가 100통이 넘는 우편물을 한꺼번에 발송하라고 지시하면 요금별납으로 우표 대신 스탬프를 찍어서 발송

■ 우편 업무 관련 용어 12, 15년 기출

① **회람문서** : 글 등을 여러 사람들이 차례대로 돌려 보는 문서
② **일부인(日附印)** : 편지나 서류 등에 그날의 날짜를 찍게 만든 도장
③ **등기** : 접수에서 배달까지 기록을 남기는 우편물로, 중요한 우편물을 보낼 때 이용
④ **내용증명** : 내용증명은 어떤 내용의 것을 언제, 누가, 누구에게 발송하였는지를 발송인이 작성한 등본을 근거로 우체국장이 공적인 입장에서 증명하는 제도
⑤ **요금후납등기** : 분실위험이 없이 안전하게 도착하며 회사가 우편요금을 부담하는 우편제도
⑥ **요금별납** : 같은 요금의 우편물을 동시에 많이 발송할 때 우표를 붙이는 작업을 생략하고 요금을 별도로 납부하는 제도
⑦ **유가증권 등기** : 우편환증서나 수표 기타 유가증권(상품권 등)을 보험등기봉투에 넣어 직접 수취인에게 송달해 주는 서비스
⑧ **우편요금감액제도** : 동일 규격의 우편물을 대량으로 발송할 때 우편요금을 감액해주는 제도

■ 상사 부재중 우편물 처리방법

① 상사 부재중에 수신한 회의 참석통지서나 초대장, 또는 상사의 의견이 필요한 우편물은 적절한 시기를 놓치지 말고 답해 줌
② 출장 중인 상사에게 우편물을 보낼 때는 분실 상황에 대비하여 복사본을 마련해 놓고, 상사의 대리권자에게 우편물을 보낼 경우에는 복사본을 전함
③ 출장 중인 상사에게 우편물을 보낼 경우에는 '수신우편물 요약지'를 작성하여 함께 송부함

④ 상사 부재중의 우편물은 회신을 내지 않고 상사의 처리를 기다리는 우편물, 사내의 타 직원에 의해 처리된 우편물 및 처리결과, 그리고 비서가 회신한 편지와 답장 복사본으로 분류하여 정리함

⑤ 상사 부재 시 처리한 우편물에 대해 보고할 경우에도 '수신우편물 요약지'를 작성하여 함께 제시함

■ 대내문서와 대외문서

사내(대내) 문서	사외(대외) 문서
• 기업이나 정부기관 내에서, 혹은 본점과 지점 사이에서 여러 가지의 업무 연락이나 정보의 전달을 목적으로 작성하는 조직체 내부의 문서 • 종업원에게 내리는 지시문이나 전달문, 본점과 지점 사이의 각종 보고서, 지시서, 전언 통신문, 각종 장표 등	• 외부의 다른 기업 혹은 다른 조직과 주고받는 문서로서 통지, 조회, 의뢰, 초대, 독촉 등의 형식을 취하는 문서 • 사외문서는 공문서에서부터 사교적인 문서에 이르기까지 다양함 • 상거래에 직접 관계되는 거래 문서를 상용 통신 문서라고 하는데 주문서, 청구서, 송품장, 검수증, 영수증 등

■ 봉투의 처리

① 봉투의 처리는 조직마다 그 특성에 따라 다르겠으나 하루 정도 보관하고 폐기하는 것이 일반적

② 봉투를 보관하여야 하는 경우

- 편지 속의 발신인 주소와 봉투의 주소가 다른 경우
- 잘못 배달된 편지가 회송됐을 경우, 이쪽에서 회신이 늦어지게 되는 이유가 되므로 봉투를 그 증거로 보관
- 편지 겉봉에 찍힌 소인의 날짜와 편지 안에 적힌 날짜가 많이 차이나는 경우
- 편지 속에 발신자의 주소와 성명이 없을 경우
- 동봉물이 있어야 할 우편물에 동봉물이 보이지 않을 경우
- 입찰이나 계약서 등의 서류 봉투에 찍힌 소인은 법적 증거가 되므로 보관해야 함

■ 문서의 정확성

① 자료를 완전히 갖추어야 하며 불완전한 자료로서 작성된 문서에서는 정확성을 기대할 수 없음

② 표기법을 정확히 해야 하고, 문자 · 언어를 정확히 사용함은 물론 문법상 · 관습상의 잘못이 없도록 주의할 필요가 있음

③ 작성이 합리적이어야 함

④ 공문서의 경우 6하원칙에 의해 전달할 내용을 정확하게 작성함

■ 5W1H

① 무엇을 쓸 것인가(what) : 테마, 내용을 정확히 인식하여야 함
② 무엇을 위하여 쓸 것인가(why) : 문서의 목적을 분명히 함
③ 언제 행해지는 것인가(when) : 회의개최의 일시, 출장 시의 도착일시 등을 정확히 기재하여야 함
④ 어디서 행해질 것인가(where) : 장소의 기술, 표시에는 세심한 배려가 요구됨
⑤ 누가 주최자인가(who) : 주최자가 분명하지 않으면 책임의 소재가 불분명해짐
⑥ 어떻게 할 것인가(how) : 문서 내용에 대하여 어떻게 할 것인가가 분명해지려면 그 방법, 절차 등이 제시되어야 함

■ 문서의 수정 19년 기출

① **문서의 일부분을 삭제 또는 수정하는 경우** : 원안의 글자를 알 수 있도록 삭제 또는 수정하는 글자의 중앙에 가로로 두 선을 그어 삭제 또는 수정하고, 삭제 또는 수정한 자가 그곳에 서명 또는 날인
② **문서의 중요한 내용을 삭제 또는 수정하는 경우** : 문서의 여백에 삭제 또는 수정한 자수를 표시하고 서명 또는 날인
③ **시행문을 정정하는 경우** : 문서의 여백에 정정한 자수를 표시하고 관인으로 날인
④ **전자문서를 수정하는 경우** : 수정한 내용대로 재작성하여 시행하되, 수정 전의 문서는 기안자 · 검토자 또는 결재권자가 보존할 필요가 있다고 인정하는 경우에는 이를 보존하여야 함

■ 문서의 적절한 표현

① 긍정문으로 작성함
② 문제점 및 결론을 먼저 씀
③ 한자는 상용한자의 범위 내에서 사용함
④ 문장은 짧고 간결하게 씀
⑤ 행을 적당하게 나눔
⑥ 한 번 읽어서 내용의 취지를 이해할 수 있도록 간단한 표제를 붙임

■ 문서의 신속성과 경제성

① **신속성**
- 신속히 작성하려면 표준화되어야 함
- 기업체의 일상 업무는 동일 업무의 반복이므로, 표준적인 예문을 준비해 두고 활용하면 노력과 시간을 절약할 수 있음
- 이를 위해서는 표준 예문, 상례문, 패러그래프 시스템(Paragraph System)을 활용하고 반복적인 문서는 워드프로세서를 이용하면 상당한 도움이 됨

② 경제성

- 기업의 경제활동을 위한 문서작성비용은 가능한 한 최소화시킴
- 경비 절감에 초점을 두고 워드프로세서와 같은 기기를 이용하며 기존 문서를 활용하는 등 작은 노력으로 큰 효과를 올릴 수 있는 문서작성방법을 고안해야 함
- 목적에 맞게 경제적으로 종이를 선택하는 등의 방법으로 경비를 절감할 수 있음

■ 문장의 작성방법

① 긴 문장은 적당히 끊음
② 주어와 술어의 관계를 분명히 함
③ 무엇인가를 병렬시킬 때는 분명히 함
④ 수식어를 정확히 사용함
⑤ 이해하기 쉬운 용어를 씀
⑥ 결론을 먼저 제시함
⑦ 예고형 부사를 활용함
⑧ 애매모호한 표현을 하지 않음

■ 문장의 의미가 애매한 경우

① 문장 작성 원칙 : 간단명료한 용어의 사용
② 애매모호한 표현이 나타나는 경우

- 문장이 지나치게 길어서 의미를 잘못 이해하는 경우
- 격조사(의, 를, 이, 가, 에서, 로)가 무엇을 받는지 분명하지 않은 경우
- 부정어법에 말려들어 잘못 이해하는 경우
- 술어가 애매하여 의미가 잘못 전달되는 경우

■ 문서의 면표시

① 문건별 면표시는 중앙 하단에, 문서철 단위 면표시는 우측 하단에 표기함
② 양면에 기재된 문서는 양면에 모두 표시함
③ 기록물 철의 면표시는 편철 순서대로 맨 위로부터 아래로 일련번호로 부여하되, 표지와 색인목록은 제외하고 본문(붙임 포함)부터 면표시를 시작함
④ 동일 기록물 철을 2권 이상으로 나누어 편철 시 2권 이후부터 철단위, 면표시는 전권의 마지막 쪽수 다음부터 시작하는데 이 경우에도 표지와 색인목록은 면표시를 제외함
⑤ 기록물 철단위, 면표시는 최초에는 연필로 했다가 기록물 정리가 끝나면 비로소 잉크 또는 넘버링 기기로 확정하여 표시함

■ 문서의 용어표기

① **글자** : 문서는 문화예술진흥법의 규정에 의한 어문 규범에 맞게 한글로 작성하되, 쉽고 간단명료하게 표현하고, 뜻을 정확하게 전달하기 위하여 필요한 경우에는 괄호 안에 한자나 그 밖의 외국어를 쓸 수 있으며, 특별한 사유가 있는 경우를 제외하고는 가로로 씀
② **숫자** : 특별한 사유가 있는 경우를 제외하고 아라비아 숫자로 씀
③ **연호** : 서기연호를 쓰되 '서기'는 표시하지 않음
④ **날짜** : 숫자로 표기하되 연월일의 글자는 생략하고 그 자리에 온점을 찍어 표시함

■ 문서용지의 규격

① 용지의 규격은 문서의 작성 · 처리 · 보관 · 보존에 있어서 매우 중요한 사항 중의 하나이며, 문서의 규격을 표준화하면 문서의 작성 · 분류 · 편철 · 보관 · 보존이 용이해짐
② 문서작성에 쓰이는 용지의 기본규격은 도면, 증표류 기타 특별한 형식의 문서를 제외하고는 가로 210mm, 세로 297mm(A4용지)로 함
③ 문서는 용지의 위로부터 30mm, 왼쪽으로부터 20mm, 오른쪽 및 아래로부터 각각 15mm의 여백을 두어야 함

■ 사내문서의 서식

① **두문(머리말)** : 문서의 상단에 수신자와 발신자명, 문서 번호, 발신 연월일 등을 기록
② **문서 번호** : 문서의 고유 번호로 다른 문서와 구별되는 표시가 되며, 문서의 왼쪽 상단에 표기
③ **발신 연월일** : 발신 연월일은 문서 오른쪽 상단에 쓰되 날짜를 표시하는 마지막 글자가 오른쪽 한계선과 만나도록 하며 연월일의 글자를 생략할 경우 마침표(.)를 찍어서 대신함
④ **수신자명** : 문서를 받아볼 상대방을 기입. 사내문서의 경우는 직명과 성명만 기입
⑤ **발신자명** : 그 문서 내용에 대해 책임을 지는 발신자의 성명을 기재
⑥ **본문** : 문서의 주된 내용을 기록
⑦ **제목(題目)** : 본문의 내용을 구체적으로 간략하게 표현하는 것으로, 너무 짧으면 이해하기 어려운 경우가 많음
⑧ **주문(主文)** : 문서의 주된 내용을 기록하되 간결하고도 정확하게 표현해야 함. 한편, 본문의 내용을 보기 좋고 알기 쉽게 표현하기 위해서 '별기'란을 사용하기도 하는데, '별기'란은 '다음', '아래' 등으로 나타내며, 주문의 내용을 함축해서 담고 있어야 함
⑨ **결문(結文)** : 문서의 아래 여백에 담당자명을 기록하며, 통신문서의 발신인은 그 문서의 내용을 실제로 처리한 담당자와 일치하지 않는 것이 보통임

■ 사외문서의 서식

① 두 문

- 문서 번호 : 문서 번호는 생략하고 기재하지 않는 경우가 많으나 관공서 앞으로 보내는 문서의 경우는 문서의 왼쪽 상단에 표시함
- 발신 연월일 : 사내문서의 서식과 동일함
- 수신인 : 사외문서는 수신인에 주소를 사용하는 경우가 많으나 주소는 생략해도 됨
- 발신인 : 그 문서 내용에 대해 책임을 지는 발신자의 성명을 기재함. 사외문서에서는 발신자의 주소, 회사명을 기재함

② 본 문

- 제목(題目) : 본문의 내용을 간략하게 한 마디로 간추린 것이므로 그 문서의 내용을 한눈에 파악할 수 있게 함
- 전문(前文) : 용건을 말하기 전에 하는 간단한 인사말로, 일반적으로 계절 인사와 더불어 상대방에 대한 축하의 말을 쓰고 평소의 깊은 관심과 도와주심에 대한 감사의 표현을 기록함
- 주문(主文) : 문서의 핵심에 해당되는 것으로, 전하고자 하는 내용을 간결 · 명확하게 나타냄
- 말문(末文) : 문장을 요약해서 매듭짓는 것이므로 행을 바꾸어 '우선', '일단' 등으로 쓰기 시작해서 '…해 주시면 감사하겠습니다' 등으로 끝내는 것이 관례임

③ 부기(첨기, 첨문) · 추신

- 본문에서 빠뜨린 것을 보충하거나 발신자가 본문 내용 중의 일부를 다시 강조하기 위해서 기록하는 부분으로 '추신(追伸)'이라고 쓰고 추가 사항을 첨가하여 본문이 끝나는 곳에서 2~3행 띄어서 씀
- 첨부물 : 통신문에 동봉하여 보내는 문서가 있을 경우, 그 문서의 명칭과 수량을 기입하는데, 첨부물의 내용이 많은 경우는 순서대로 첨부물 번호를 매김
- 담당자의 직위 및 성명 : 문서의 아래 여백에 담당자명을 기록하며 통신문서의 발신인은 그 문서의 내용을 실제로 처리한 담당자와 일치하지 않는 것이 보통임

■ 감사장 쓰는 목적 16, 19년 기출

① 축하나 문안 등의 편지를 받았을 때
② 신년이나 연말 등에 선물을 받았을 때
③ 출장에서 상대방에게 신세를 졌을 때
④ 개인적인 경조사에 상대방이 물품만 보내주었을 때

■ 감사장 작성 방법 16, 17, 19, 20년 기출

① 취임 축하장에 대한 감사장은 축하에 대해서 감사 인사를 한 후 포부와 결의를 밝힘
② 창립기념 축하연 참석에 대한 감사장은 먼저 참석에 대한 감사의 말을 전하고 앞으로 협력을 부탁하는 내용을 기술함
③ 출장 중의 호의에 대한 감사장은 출장지에서 돌아온 후에 즉시 작성하며 신세를 진 담당자와 그 상사에게 감사의 인사를 기술함
④ 출장 후 감사장은 출장지에서 신세를 많이 진 담당자뿐만 아니라 그 상사에게도 보냄
⑤ 행사 참석에 대한 감사장에 행사 중 미진함으로 인해 불편을 준 것에 대해 사과의 말도 함께 적음

■ 문서 발신 업무처리 16년 기출

① 문서를 발송하기 전 상사 확인 후 서명을 받아서 발송함
② 익일특급으로 발송하였을 때 등기번호를 잘 기록해 두어야 함
③ 사내로 전달하는 기밀문서인 경우 봉투에 봉한 후 직접 전달함

■ 문서 수신 처리방법 16년 기출

① 당직근무자가 접수한 문서는 익일 관련부서에 전달
② 접수문서는 문서수신부서에서 접수하여 등록대장에 기재
③ 접수문서는 접수인을 찍고 접수번호와 접수일시를 문서에 표시
④ 여러 부서원들이 보아야 할 문서는 복사본으로 회람함

2 문서관리

■ 문서정리의 대상

① **일반 문서** : 수신문서와 발신문서의 비본, 품의서, 보고서, 조사서, 의사록, 증서 등
② **장표** : 기재가 끝난 장부, 전표 등
③ **도면** : 설계도면, 청사진 등
④ **자료** : 정기 간행물, 스크랩, 카탈로그, 팸플릿 등
⑤ **도서** : 사전, 육법전서, 참고 도서 등
⑥ **기타** : 그 밖에 중요한 자료나 문서가 마이크로필름화되거나 광(光)디스크에 저장된 경우 파일링의 대상이 됨

■ 문서의 보관 방법

① **집중식 관리** : 문서를 전담하는 부서에서 모든 문서를 보관, 관리
② **분산식 관리** : 각 부서에서 문서를 직접 관리
③ **절충식 관리** : 일정한도의 문서는 각 부서별로 분산 관리하고, 중요 문서는 주관 부서에서 집중 관리

■ 문서정리체제(Filing System)의 조건

① **정확성** : 파일체계가 잘못되면 많은 노력과 시간이 낭비되므로 파일링 방법이 표준화되고 과학적인 정확성을 가진 시스템이 되어야 함
② **경제성** : 시스템이 완전하다 해도 성과에 비해 경비가 과다하면 실현 가능성이 적어지므로 관리수단인 파일링시스템에 소요되는 경비는 가능한 한 줄여야 함
③ **융통성** : 파일링시스템은 모든 조건변화에 적응할 수 있어야 하며, 조건변화에 대한 혼란이 없도록 확장 · 축소가 용이해야 함
④ **간이성** : 파일링시스템의 간소화는 정확히 취급할 수 있고 쉽게 이용할 수 있도록 난해한 분류와 자연스럽지 못한 사고는 피해야 함
⑤ **논리성** : 실제적으로 파일링시스템이 항상 논리적이라고는 볼 수 없음

■ 문서정리체제의 기본 원칙 19, 20년 기출

① **전원 참가** : 문서정리체제를 효율적으로 운용하기 위해서는 전 사원이 적극적으로 참여하여야 함
② **문서정리방법의 표준화** : 문서정리는 전사(全社)에 걸쳐 점진적으로 혹은 동시에 실시하게 되므로 문서정리방법 전반에 대한 내부 규정을 제정하여 표준화함
③ **문서검색의 용이화 및 신속화** : 필요한 문서를 쉽게, 그리고 신속하게 찾아낼 수 있도록 하며 문서가 보관된 서류함이나 서랍의 위치를 누구나 쉽게 알 수 있도록 소재를 명시함
④ **문서의 적시 폐기** : 쓸모없는 서류들 때문에 정작 필요한 자료를 찾기 위해서 많은 시간을 소비해야 하므로 수시로 정해진 규칙에 의해 폐기하는 것을 습관화, 제도화해야 함. 또한 불필요한 문서를 보관하게 되면 자리를 많이 차지하여 보관비용을 증대시킬 뿐만 아니라 반드시 보관 · 관리해야할 문서에도 지장을 줌
⑤ **부수(部數)의 제한** : 꼭 필요한 자료를 꼭 필요한 곳, 꼭 필요한 사람에게만 배포하고 있는지를 다시 한 번 생각해야 함. 또 자료 수집도 필요한 것만 한정하도록 하고 새로운 자료 입수 시에는 오래된 자료는 즉시 폐기하도록 함
⑥ **자동화** : 문서 관리를 자동화함으로써 신속하고 편리하게 관리할 수 있는 것

■ 문서의 분류 12, 13, 14, 16, 18년 기출

① **명칭별 분류법(거래처별 정리)** : 문서를 거래처별로 회사 명칭이나 고객 명칭으로 통합하여 정리하는 것으로 첫머리 글자를 기준으로 해서 가나다순이나 알파벳순으로 분류하는 것임. 동일한 개인 혹은 회사에 관한 문서가 한 곳에 집중되고, 색인이 불필요하며, 배열 방식이 용이하고 다양한 서류의 처리가 쉬움

② **주제별 분류법(업무별 정리)** : 문서의 내용별로 조직 내에서 문서가 다루고 있는 업무 내용에 따라서 배열할 수 있도록 분류하는 방법임. 주제별 분류를 전사적으로 실시하거나 통일된 문서정리를 하기 위해서는 업무 분류에 따른 문서 분류표를 작성하여야 함

③ **형식별 분류법** : 문서를 형식에 따라 품의서 · 보고서 · 계약서 · 의사록 등으로 정리하는 방법

④ **표제별 분류법** : 문서의 표제에 따라 분류 · 정리하는 방식으로, 견적서 · 생산월보 · 판매일보 등이 문서의 표제라고 하면 각각의 표제를 용어로 하여 동일 표제의 것을 한 파일에 모으는 방법

⑤ **프로젝트별 분류법** : 계약, 소송, 정기 행사 등 어떤 구체적인 행사나 프로젝트별로 일의 발생에서 부터 완결까지의 전 과정과 관련된 문서를 하나의 파일로 정리함

■ 문서정리의 일반적 순서 12년 기출

① **검사(Inspecting)** : 이 문서가 과연 파일하여도 좋은 상태로 되어 있는가의 여부를 검사하여야 함. 그 문서가 파일하여도 되는 상태이면 문서에 문서정리 인을 날인하고 담당 취급자의 날인과 처리 연월일을 기입함

② **주제결정(Indexing)** : 문서를 어느 제목으로 정리할 것인가를 정하기 위하여 내용을 읽음. 경우에 따라서 그 내용이 기술적이거나 전문적이어서 비서가 주제를 결정하기 어려운 경우 그 업무의 담당자에게 문의 · 결정하는 것도 한 방법임

③ **주제표시(Coding)** : 문서의 제목으로 정한 주제에 붉은색 밑줄을 그음

④ **상호참조표시(Cross Referencing)** : 두 개 이상의 제목으로 요청될 가능성이 있는 문서의 경우, 주된 제목의 폴더에 이 문서를 넣어두고 관계가 적은 편 제목의 폴더에는 상호참조표를 넣어둠으로써 어느 경우라도 검색이 용이하도록 함. 혹은 복사를 하여 양쪽에 보관할 수도 있으며, 상호참조를 위한 문서 제목에는 밑줄을 긋고 옆에 ×표시함

⑤ **분류 및 정리(Sorting & Storing)** : 문서를 한 장씩 편철하느라 같은 서랍을 여러 번 여닫지 말고 동선(動線) 절약을 위해 우선 큰 묶음으로 순서를 나눈 뒤 재분류하여 가나다 혹은 번호순으로 정리함

■ 명칭별 문서정리 방법

거래자나 거래 회사명에 따라 이름의 첫머리 글자를 기준으로 해서 가나다순 혹은 알파벳순으로 분류함

장 점	• 동일한 개인 혹은 회사에 관한 문서가 한 곳에 집중됨 • 직접적인 정리와 참조가 가능하며 색인이 불필요함 • 가이드나 폴더의 배열 방식이 단순함 • 잡건(雜件)의 처리가 용이
단 점	• 비슷한 명칭이 밀집해서 지장이 있음 • 명칭, 특히 조직명의 표시 방법에 관련하여 문서가 분산됨

■ 주제별 문서정리 방법

문서의 내용으로부터 주제를 결정하고 이 주제를 토대로 문서를 분류 · 정리하는 방법

장 점	• 같은 내용의 문서를 한 곳에 모을 수 있음 • 무한하게 확장할 수 있음
단 점	• 분류하는 것이 어려워 색인 카드가 필요함 • 잡건의 취급이 어려움 • 어떠한 관점으로도 찾을 수 있도록 상호참조를 해야 함

■ 지역별 문서정리 방법 12, 14년 기출

거래처의 지역이나 범위에 따라 가나다순으로 분류하는 방법. 예를 들어, 거래처가 전국으로 분산되어 있는 경우에는 단계별로 분류하며, 외국의 여러 나라와 거래를 하는 경우에는 국가, 지역, 거래처 명칭 순으로 분류 · 정리함

장 점	• 장소에 따른 문서의 집합이 가능함 • 직접적인 정리와 참조가 가능 • 잡건의 처리가 가능
단 점	• 지역별로 분류한 다음에 한글순, 알파벳순으로 구분하기 때문에 착오가 많고 노력이 많이 듦. 명칭과 같이 장소를 모르면 조사할 수 없음 • 카드 색인에 의존해야 함

■ 번호식 문서정리 방법 12, 13년 기출

숫자로 색인된 주된 문서정리는 활동 중의 거래처나 항목에 관한 왕복 문서가 일정량 모이면 개별 폴더에 넣어 숫자를 지정하여 주된 정리 서랍에 보관함

장 점	• 정확함 • 카드 색인이 그대로 거래처의 목록표가 됨 • 무한히 확장할 수 있음 • 문서를 구별하거나 부를 때에 번호를 사용할 수 있어 기밀을 유지할 수 있음
단 점	• 간접적인 정리 방법 • 잡문서가 별도의 철에 보관됨 • 인건비 등 비용이 많이 듦

■ 문서의 정리와 보관

① 문서의 작성, 유통, 처리가 끝난 문서의 대부분은 장래에 자료로서 이용되기 때문에 적절한 방법으로 정리하여 일정기간 동안 소중히 보관해야 함

② 당장 처리되지 않는 문서는 처리될 때까지 보관해야 함

③ 문서의 정리와 보관은 정보의 보관에 관한 사무로서 기업의 발전을 위하여 중요함

■ 문서관리의 표준화 12년 기출

① 표준화란 문서사무처리에 적용할 수 있는 여러 가지 방법 중에서 가장 타당한 것을 기준으로 정하는 것

② 문서관리의 표준화로 인해 문서사무의 통일성과 객관성을 유지할 수 있게 되며, 같은 내용의 문서 사무는 누가, 언제 처리하더라도 동일한 방법이 적용됨

③ 표준화의 대상은 용지의 크기, 정형문서의 서식, 문서의 접수 및 배부에 관한 사항, 그 밖에 문서의 작성 · 처리 · 발송에 관한 사항 등이 있음

■ 문서관리의 간소화 20년 기출

① 문서처리의 절차나 방법 중에서 중복되는 것이나 불필요한 것을 없애고 동일 종류의 문서처리는 하나로 통합하여 처리함

② 문서처리 시간을 단축하고 업무 능률을 증진시킬 수 있음

■ 문서관리의 전문화

① 문서관리 업무에는 문서의 작성 · 배포 · 접수 · 보관 등 여러 가지가 있는데, 이 중 특정 사무에 담당자를 정하여 전담하도록 함으로써 전문성을 높이는 것임

② 전문화를 이루면 문서사무의 숙련도를 높이고 문서사무의 능률을 증대시킬 수 있음

■ 문서관리의 기계화 · 자동화 20년 기출

① 문서관리를 자동화함으로써 신속하고 편리하게 관리할 수 있음

② 문서작성에 기계를 사용하여 자동화하는 것은 문서작성의 정확도를 높이고 문서처리 시간을 단축하는 데 그 의의가 있음

■ 문서정리 절차

① **검사** : 각 왕복 문서는 처리필의 결과, 정리에 회부되었다는 것을 확인하기 위하여 검사함

② **한글 혹은 알파벳순의 색인과 기호화** : 문서가 정리될 때의 명칭 혹은 항목을 결정하고 밑줄을 긋고 상호참조를 위한 명칭도 결정하고 표시함

③ **한글 혹은 알파벳순의 분류** : 문서는 한글 혹은 알파벳순으로 분류하고 수용함

④ **숫자의 기호화** : 카드 색인에 의하여 확인된 폴더 번호는 각각 문서의 상단 우측 구석에 기재하며 잡 폴더에 수용되는 문서에 관한 카드에는 Miscellaneous의 M(혹은 雜)이라는 기호를 기재하며 색연필을 사용함

⑤ **숫자의 분류** : 분류되는 문서는 우선 100단위로, 그 다음에 10단위, 그리고 마지막에 정확한 번호 순으로 분류함

⑥ **문서의 정리** : M이라는 기호가 붙은 문서는 잡 폴더에 수용하고, 숫자 번호를 가진 문서는 해당 개별 폴더에 수용함

■ 이관된 문서의 보존 · 관리

① 이관된 문서를 보존할 서고에는 보존문서 진열용 서가를 준비하고 보존문서의 변질이나 병충해를 막기 위한 적절한 시설을 갖춤

② 보존 장소를 최대한 활용하기 위하여 가급적 이동식 서가를 이용하며, 적절한 온 · 습도 유지 및 소독을 철저히 하고 항상 청결하게 관리함

③ 보존문서의 관리 책임자를 지정하여 문서의 보존 및 대출을 관장하도록 함

④ 보관 시에 사용했던 폴더, 바인더 등은 그대로 옮겨 사용함

⑤ 보존문서대장을 준비하고 보존이 시작되는 시기부터 기록하며 이 대장은 문서보존을 전담하는 부서에 비치함

⑥ 문서의 보존 기간은 일반적으로 1년, 5년, 10년, 영구 보존의 4단계로 구분됨

⑦ 대량의 문서를 보존해야 하는 정부 기관이나 대기업에서는 문서 내용을 축소하여 마이크로필름에 수록하여 이를 보존하고 이용함. 마이크로필름은 보통 16mm와 35mm를 사용하나 도면과 같이 큰 문서는 70mm 필름을 사용함

■ 문서의 폐기 15년 기출

① 폐기하고자 하는 문서가 재차 필요할 것인가의 여부는 사업 및 사무의 성질과 과거의 사례를 참작하여 판단함

② 폐기하고자 하는 문서가 어떤 예측할 수 없는 이례적인 사건이나 사정에 의해서 재차 필요하게 되는 경향의 유무를 검토해야 함

■ 명함의 분류방법 14, 16, 17, 19년 기출

① 분류 기준은 개인명, 회사명으로 두 가지 종류가 있음
② 보통은 개인별 가나다순으로 분류하지만 거래처의 회사가 많고 동일 회사에 여러 사람의 명함이 있을 경우에는 회사별로 분류함
③ 회사명을 가나다순으로 분류한 다음 다시 개인의 명함을 가나다순으로 분류하며, 회사 앞에 색 카드를 끼워 개인의 이름을 써넣는 경우도 있음

■ 명함의 관리방법

① 명함의 뒤에 날짜, 상황 등을 메모해 두면 편리함
② 정리 상자식으로 정리할 때는 빽빽하게 끼우지 말고 여유를 남겨두는 것이 요령임. 명함이 많아지면 상자를 빨리 증가시켜야 함
③ 1년에 1회는 오래 전의 명함이나 연락할 필요성이 없는 명함을 정리하도록 함
④ 주소, 전화번호, 회사명 변경이나 승진, 이동으로 칭호가 변경된 것을 알면 즉시 정정하여야 함
⑤ 연하장, 여름 인사장을 낼 때에도 최근의 명함으로 체크할 필요가 있음
⑥ 언제라도 필요할 때 사용할 수 있도록 항상 최근의 명함을 구비해 놓음

■ 스크랩 정리 12, 13, 14, 15, 17년 기출

① 우선 신문이나 잡지의 제목 또는 차례를 훑어보고 주제와 관련된 기사를 찾아낼 것인가, 내용을 대강 읽어보고 스크랩할 것인가를 결정함
② 미리 스크랩할 부분에 붉은 색으로 선을 긋고 중요한 대목에 밑줄을 그음
③ 앞뒤 양면을 오려낼 때에는 한쪽 면은 복사를 해서 오려내야 함
④ 신문은 그 다음날, 잡지의 경우는 다음 호가 온 후에 스크랩을 함
⑤ 스크랩한 기사 하나하나에 반드시 날짜 및 발간 사항(ㅇㅇ신문, ㅇㅇ잡지, 연월일, 호, 페이지), 건명(件名) 등을 기입해 둠
⑥ 오려낸 기사는 한 건마다 한 장이 되도록 함
⑦ 받침종이에 부착할 때에는 주제별 등 미리 분류한 색인지를 받침종이에 붙임
⑧ 오려낸 기사를 정리할 때에는 문서정리방법을 참고로 함

■ 도면정리 요령

① 도면을 받으면 우선 도면 번호를 확인함
② 도면은 회사의 재산이며, 비밀 서류에 속하는 경우에는 잠시라도 책상 위에 방치해서는 안 됨
③ 도면의 분류 · 정리는 사용 목적에 맞추어서 제품별, 거래처별 등으로 함
④ 도면의 대출 시에 대외비의 중요 서류인 경우에는 엄격히 규제함

■ 팸플릿 정리

① 팸플릿은 즉시 이용할 수 있도록 정리하는 것이 바람직하므로 수납은 간단하게 끝마치고 견출지나 목록 등의 정리는 생략해도 됨
② 팸플릿 중 일련번호가 있어 결번 없이 수록할 수 있는 것은 잡지와 마찬가지로 취급할 수 있음
③ 각 호에 독립한 표제가 있고, 체제가 정비되어 있으면 단행본으로 처리하여도 좋음
④ 개별 팸플릿은 저자별, 주제별로 정리하면 좋음

■ 문서접수 요령 12년 기출

① **문서과** : 수령한 문서를 기록물 배부대장에 기록하고, 문서접수란에 접수일시(접수등록번호는 기재하지 아니함)를 기재한 후 처리과에 배부하고, 기록물 배부대장의 인수자란에 처리과의 인수자를 기재하여야 함
② **처리과** : 처리과는 당해 처리과에서 직접 받은 문서(대내외문서 등 불문)와 문서과로부터 받은 문서를 기록물 등록대장에 등재하고, 접수문서의 문서접수란에 접수일시(문서과에서 받은 문서는 문서과에서 기재) 및 접수등록번호를 기재한 후, 처리과의 문서수발사무를 담당하는 자는 전자문서 시스템상에서 처리담당자에게 인계(배부)하고, 처리담당자는 접수된 문서에 대한 공람여부 및 공람할 자의 범위 등을 정함

■ 문서 관리 16년 기출

① 조직체의 업무 수행에 꼭 필요한 정보 교환의 매체인 문서를 통해 업무 효율을 향상시킬 목적임
② 문서의 작성 · 접수 · 정리 · 보관 · 폐기 등 각 단계별로 표준화 · 간소화 기준을 설정, 이를 적용하고 유지 · 보완하는 일련의 활동을 말함

■ 경유문서의 결재 및 처리

① 경유기관은 접수한 경유문서에 대한 검토를 마친 후 다른 경유기관의 장 또는 최종 수신자에게 경유문서를 첨부한 결재권자의 결재를 받아 경유기관의 장의 명의로 발송하여야 함
② 경유기관의 의견이 있는 때에는 그 의견을 본문에 표시하거나 첨부하여 보내야 함
③ 경유기관의 의견이 없는 경우에도 경유문서를 이송한다는 내용으로 결재권자의 결재를 받아 경유 기관의 장의 명의로 발송하는 문서에 경유문서를 첨부하여 이송하여야 함

■ 접수문서의 공람방법

① **종이문서의 공람방법** : 접수문서의 적당한 여백에 공람할 자의 직위 또는 직급을 표시하여 공람(서명)을 받음
② **전자문서의 공람방법** : 전자문서는 전자문서시스템 내에서 공람하였다는 기록이 유지되도록 함. 접수된 전자문서 자체에는 공람할 난이 없으므로, 전자문서시스템 내에서 공람자의 직위 또는 직급, 성명 및 공람일시 등이 자동으로 표시되도록 하여야 함

■ 문서의 반송 및 이송

① 행정기관의 장은 접수한 문서가 형식상의 흠이 있을 때에는 그 문서의 생산등록번호 · 시행일자 · 제목과 반송사유를 명시하여 발신 행정기관의 장에게 반송할 수 있음
② 처리과는 문서과로부터 그 소관에 속하지 아니하는 문서를 인계 받은 경우 지체 없이 문서과에 반송하여야 하며, 문서과는 당해 문서를 즉시 재배부하되, 문서과의 장이 지정하는 처리과로 보냄
③ 처리과에서 직접 접수한 문서가 그 소관에 속하지 아니하는 경우에는 이를 지체 없이 문서과에 보내어 해당 처리과에 배부하도록 요청하여야 함
④ 행정기관의 장은 접수한 문서가 다른 기관의 소관사항인 경우에는 이를 지체 없이 소관기관의 장에게 이송하여야 함

■ 서명의 종류 13년 기출

① **서명** : 기안자 · 검토자 · 협조자 · 결재권자 또는 발신명의인이 공문서(전자문서는 제외)상에 자필로 자기의 성명을 다른 사람이 알아볼 수 있도록 표시하는 것
② **전자문자서명** : 기안자 · 검토자 · 협조자 · 결재권자 또는 발신명의인이 전자문서상에 전자적 결합으로 자동 생성된 자기의 성명을 전자적인 문자 형태로 표시하는 것
③ **전자이미지서명** : 기안자 · 검토자 · 협조자 · 결재권자 또는 발신명의인이 전자문서상에 전자적인 이미지 형태로 된 자기의 성명을 표시하는 것
④ **행정전자서명** : 기안자 · 검토자 · 협조자 · 결재권자 또는 발신명의인의 신원과 전자문서의 변경여부를 확인할 수 있도록 당해 전자문서에 첨부되거나 논리적으로 결합된 전자적 형태의 정보로서 인증을 받은 것

■ 문서의 결재 12, 18, 19년 기출

① **전결** : 위임 전결(행정기관의 장으로부터 위임을 받은 자가 행하는 결재)
② **대결** : 급한 상황일 경우 그 일을 대리하는 자가 대리 결재
③ **후결** : 대결 후 결재권자가 문서의 내용 검토
④ **선결** : 시행문을 접수하여 결재권자가 최초로 결재(의사 결정권자의 일반적인 의미의 결재)

■ 완성형 한글 코드와 조합형 한글 코드의 비교

구분 내용	완성형 한글 코드	조합형 한글 코드
구성원리	완성된 모든 문자마다 코드값을 부여하여 한글을 표현함	초성, 중성, 종성의 코드값을 조합하여 한글을 표현함
기억공간	많이 차지함	완성형에 비해 적게 차지함
용 도	정보교환용	정보처리용
융통성	준비된 글자 외에는 사용할 수 없어 융통성이 없음	한글 자모의 조합에 의해 사용되지 않는 문자도 만들어낼 수 있음
정보교환	정보교환 시 충돌이 없음	정보교환 시 충돌이 발생

■ 문서저장형식

① **아스키 코드(ASCII Code)** : 정보교환을 위한 7비트 미국표준코드로 어떠한 시스템에서도 읽을 수 있지만 글자의 크기, 모양, 서식 지정이 불가능함
② **완성형 텍스트** : 완성형 코드로 저장된 문서파일
③ **조합형 텍스트** : 조합형 코드로 저장된 문서파일
④ **HTML 파일** : 인터넷의 웹 브라우저에서 읽을 수 있는 파일
⑤ **RTF(Rich Text Format)** : Microsoft, IBM, Apple 등 3개의 컴퓨터 회사가 응용프로그램의 텍스트와 그래픽을 포함한 문서의 호환을 위해 만든 파일 형식으로, OS와 관계없이 문서의 호환이 가능함

■ HTML(Hyper Text Markup Language)

① 컴퓨터의 기종에 관계없이 하이퍼텍스트 문서를 만드는 데 사용되는 언어의 규약으로 웹 문서의 표준으로 사용되고 있음
② HTML 문서의 규약에 대한 표준은 IETF의 HTML 워킹 그룹에서 규정됨

■ 전자우편에 포함되어야 할 사항

① From 및 Received : 이들 단어로 시작되는 행은 중요하지 않은 내용으로, 전자우편이 어느 곳을 경유하여 여기까지 도착했는가를 알려주며 그 내용은 보통 전자우편의 실제 발신자의 주소(답신을 할 상대편 정보)와 다름

② Date : 헤드는 메시지가 보내진 날과 시간을 나타내며, 전자우편을 보낸 이의 주소는 'From : '행에 나타난 것임. 가끔 이 행에 나타난 정보는 전체 이름을 보여주지 않는 경우도 있으며 매우 다를 수도 있으나, 보낸 이의 전자우편 주소는 항상 쓰여 있음

③ Message ID : 이 행은 주로 전자우편이 어떤 경로로 왔는지를 조사하는 데 사용되며, 일반 사용자에게는 중요하지 않음. 그리고 모든 전자우편의 'Message ID : '는 다름

④ To : 전자우편을 받는 이의 전자우편 주소를 보여주며 가끔 cc 헤드가 존재하는 경우도 있는데, 이것 역시 전자우편을 받는 이의 주소를 의미함

⑤ Subject : 마지막 행으로서 전자우편의 제목을 의미

■ 메일링 리스트(Mailing List)

① 공통의 관심사를 가진 사람들이 서로의 의견을 교환하기 위해 만든 그룹을 말하는데, 메일링 리스트는 한 명의 사용자처럼 취급되기 때문에 전자우편이 그룹가입자 모두에게 전송됨

② 특정 주제에 관한 포럼이나 뉴스 그룹에 전자우편 주소를 등록시켜 놓으면 거기서 오고가는 각종 정보들이 자동으로 그 주소로 전달되는 시스템

■ 전자 파일링 시스템(Electronic Filing System)

① 일상적인 파일과 구분하기 위하여 컴퓨터 내부에서 처리되는 데이터의 묶음으로 전자파일이라고 부름

② 전자파일 저장매체에 수록된 자료들의 데이터베이스에 의거, 색인을 작성하고 필요할 때마다 신속하게 데이터의 검색과 편집이 가능하도록 한 시스템

③ 전자 파일링 시스템을 구성할 때에는 문서발생건수에 따른 문서처리능력, 데이터베이스에 수록할 입력문서의 기준, 색인에 사용될 검색키의 합리적 설정, 보관 자료의 중복성 배제 등을 신중하게 고려해야 함

■ 전자결재 시스템의 기능 16, 17, 19, 20년 기출

① 결재 경로 지정 및 수정 기능

② 결재 진행 중 결재 경로의 변경 및 수정 기능

③ 의견 첨부 기능

④ 결재 상황 조회 기능

⑤ 문서작성 양식을 단순화

⑥ 문서 유통 과정 표준화
⑦ 문서작성 실명제

■ 데이터베이스 관리 시스템(Database Management System)

① 어떤 특정한 목적의 응용을 위해 상호 연관성이 있는 자료를 저장하고 운영할 수 있도록 모아둔 집합체
② 데이터베이스 시스템의 구성요소에는 데이터베이스 관리자(DBA ; Data Base Administrator)가 포함됨
③ 데이터베이스를 구축하는 목적은 통합되지 않은 데이터들을 체계적으로 정리하여, 데이터의 중복성을 최소화하고 데이터의 공유, 데이터의 일관성 유지, 데이터의 보안, 보장 등을 통하여 전체적인 업무의 표준화와 효율을 극대화시키는 데 있음
④ 데이터베이스 시스템이 가지는 단점은 운영비가 많이 들고 시스템이 복잡하며, 시스템 고장에 따른 영향이 너무 크다는 것임

■ EDI(전자데이터교환)의 효과 13, 17년 기출

① 송신 측의 문서발송 비용 절감
② 수신 측의 재입력 비용 절감
③ 송수신 양측의 오류 감소 및 수작업(자료의 분류, 저장, 보관, 발송) 비용 절감
④ 물품의 재고관리에 JIT(Just-In-Time)전략을 도입하여 창고면적 및 관리인원, 관리비 등을 절감
⑤ 적절한 생산계획 및 재고관리를 통하여 경영 업무의 효율성 증대
⑥ 정확한 정보 전달을 통해 업무의 정확성과 신뢰성 증대

■ EDIFACT(행정 · 상업 · 수송을 위한 전자자료교환)의 주요 특징

① 기존의 종이 서류양식을 전자파일로 대체시킴
② 국제 표준에 따라 작성된 메시지를 통일적으로 제공함
③ 개방통신을 통하여 응용력과 경쟁력을 향상시킴
④ 세계적인 승인과 국제적 지원으로 무역절차 및 거래를 간소화시킴
⑤ 현대적 네트워크 및 서비스를 최대한 이용할 수 있음
⑥ 행정, 상업 및 운송 업무 등에서 전 세계적으로 폭넓게 지원됨

■ EDMS(전자문서 관리 시스템) 12, 14, 16년 기출

① **개념** : EDMS(Electronic Document Management System)란 네트워크상의 여러 서버에 분산되어 있는 텍스트, 그래픽, 이미지, 영상 등 모든 문서 자원을 발생부터 소멸까지 통합 관리해 주는 문서관리 소프트웨어로서 윈도우 NT, 유닉스 등 다양한 플랫폼에서 워크그룹 간 정보 공유를 지원할 수 있음

② **특 징**

- 신속한 문서 조회 · 검색 및 활용 등을 통한 생산성 극대화
- 종이문서 보관장소의 획기적인 절감으로 쾌적한 사무환경 조성 가능
- 자료 집계 및 대장관리의 자동화로 업무 환경 개선과 조건검색에 의한 필요 문서를 즉시 제공받을 수 있음

■ 전자문서의 보존 · 관리 15, 19, 20년 기출

① 전자문서는 컴퓨터 파일로 보존하거나 출력하여 보존할 수 있으나 보존기간이 20년 이상인 전자문서는 컴퓨터 파일과 장기보존 가능한 용지에 출력한 출력물을 함께 보존하여야 함

② 전자문서를 보존 · 관리함에 있어서 멸실, 분실, 도난, 유출, 변조, 훼손되지 않도록 필요한 안전장치를 하여야 함

③ 보존기간이 20년 이상인 전자문서는 보존기간 중 이를 폐기할 수 있음

④ 컴퓨터 파일상의 전자문서를 출력하거나 복사할 경우 전자문서 출력대장 또는 복사대장에 출력일시 또는 복사일시, 출력자 또는 복사자, 출력매수 또는 복사매수 등을 표시하고 처리과의 장의 확인을 받아야 함

⑤ 파일명이 문서 내용을 충분히 반영하여 파일명만으로도 충분히 문서 내용을 유추할 수 있는지 확인하여야 함

⑥ 조직의 업무 분류 체계를 근거로 하여 문서의 종류, 보안 등급에 따라 접근에 대한 권한을 부여하여 분류하여야 함

⑦ 진행 중인 문서의 경우, 문서의 진행 처리 단계에 따라서 문서의 파일명을 변경하거나 변경된 폴더로 이동시켜서 정리, 보관하여야 함

■ 전자문서가 관계법령이 정하는 문서와 동일한 효력을 가지는 경우

① 전자문서의 내용을 열람할 수 있을 것

② 전자문서가 작성 및 송 · 수신된 때의 형태 또는 그와 같이 재현될 수 있는 형태로 보존되어 있을 것

③ 전자문서의 작성자, 수신자 및 송 · 수신 일시에 관한 사항이 포함되어 있는 경우에는 그 부분이 보존되어 있을 것

■ 전자우편 시스템의 사용 방법 15년 기출

① 전자우편은 업무용과 개인용으로 구분하여 사용하는 것이 좋음

② 아이디는 알파벳 엘(l)과 숫자 1(1)과 같이 혼동될 수 있는 것은 가급적 피함

③ 계정이 생기면 비밀번호(Password)로 자신 이외의 타인의 접근을 막을 수 있기 때문에 한 번에 한 사람에게만 보내지 않아도 개인정보 보호가 됨

④ 받는 사람 모르게 다른 사람에게도 같은 전자우편을 보내려면 숨은 참조를 사용함

■ 메일머지(Mail Merge) 13, 14, 17년 기출

① 여러 사람의 성명, 직책, 부서 등이 들어 있는 데이터 파일과 본문의 내용은 같고 성명, 직책, 부서 등의 개인별 인적 사항이 다른 '초대장', '안내장', '시행문' 발송 등의 본문 파일을 병합하여 서로 다른 문서를 한꺼번에 작성하는 기능

② 회원들에게 정기적으로 안내장 등을 발송할 때 많은 양의 단순 반복 작업을 '메일머지' 기능으로 대신할 수 있으며, 메일머지를 하기 위해서는 내용문 파일과 데이터 파일이 필요함

■ 전자공시 시스템 19년 기출

① 상장법인 등이 공시서류를 인터넷으로 제출하고, 이용자는 제출 즉시 인터넷을 통해 공시서류를 조회할 수 있도록 금융감독원에서 제공하는 기업공시 시스템

② 전자공시 시스템은 회사개황은 물론 얼마나 순이익을 내고 있는지, 매출액은 얼마인지 등 기업의 '신체검사'가 잘 나타나 있음

3 정보관리

■ 사무관리와 정보관리

사무관리	• 조직의 목표달성을 위해 정보를 수집 · 가공 · 저장 · 활용을 관리 • 지정된 데이터를 지정된 기일 및 방법으로 작성 • 사무관리의 범위는 정보관리의 기능 중 정보통제, 정보처리기능만을 대상으로 함
정보관리	• 의사결정을 지원하기 위하여 신속 · 정확 · 활용의 이성이 제공되어야 함 • 광범위한 정보의 생산 · 수집 · 검색 · 제공 • 관리범위는 정보관리가 넓음

■ 사무의 정보처리기능

① 사무의 기능을 향상시키기 위해서 외부로부터의 상황에 대처할 수 있는 유·무형의 자료가 사무에 적용됨으로써 현대의 사무관리는 정보처리라고 할 수 있음

② 사무의 실질적인 뜻은 정보를 필요한 사람에게 필요한 시간에 의사결정을 신속히 내릴 수 있도록 적절히 제공하는 조직적 서비스기능임

■ 사무정보화의 효과

유형적 효과	• 업무를 위한 사내·외 이동의 필요성 감소 • 공식적·비공식적 회의의 필요성 감소 • 보이지 않는 낭비의 감소 • 자동화에 의한 노동의 감소 또는 과정의 축소
무형적 효과	• 신속한 의사결정 질적으로 나은 의사결정 • 효율적이고 적시의 의사소통 • 고객에 대한 서비스의 질 향상 • 조직원의 태도나 사기의 증대로 인한 직무 만족의 증대

■ 정보화와 비서 업무

① 비서의 업무 내용을 보면 전화 송·수신, 각종 연락, 회의 일정조정 등 의사소통과 일정조정 작업에 많은 시간이 할애되고 있음

② 비서 업무는 첨단 사무정보화기기를 효율적으로 활용함으로써 생산성을 높일 수 있으며 대기업뿐만 아니라 정부 부처에서도 업무를 자동화시켜 비서 업무 능률의 향상을 꾀하고 있음

③ 컴퓨터를 활용하여 메시지의 송·수신, 일정조정 등을 하게 되면 훨씬 효율적으로 업무처리를 할 수 있음

■ PDF 파일 16, 19년 기출

① 컴퓨터 기종에 관계없이 호환이 가능한 문서 형식

② 소프트웨어 종류에 관계없이 호환이 가능한 문서 형식

③ 암호화 및 압축 기술을 통해 내용의 변조가 어려움

■ 자료와 정보

자료(Data)	특정 목적에 이용될 수 있도록 평가되지 않은 단순 사실이나 사건들로 대부분 인터넷에서 얻을 수 있는 내용들을 말함
정보(Information)	자료들을 수집·가공·재처리하여 어떤 목적에 활용될 수 있도록 체계적으로 정리한 것

■ 정보검색과 정보필터링

정보검색(Finding)	사용자의 질의에 따라 원하는 정보를 찾아주는 것
정보필터링(Removing)	사용자의 프로파일에 따라서 필요 없는 정보를 걸러주는 과정

■ 정보필터링의 단점

① **단어 선택** : 대부분의 관심도를 단어로 표현한다고 할 때 같은 관심 분야라고 하더라도 사람마다 선택하는 단어가 다를 수 있고 심지어는 같은 사람이라도 시간 경과에 따라 다른 형태로 표현할 수 있음

② **문서구조화** : 문서구조화가 되어 있지 않거나 일부만 되어 있는 경우, 사용자에게 유입되는 정보의 종류가 다양하고 각각이 서로 다른 구조를 가지고 있기 때문에 이를 모두 고려하는 작업이 필요함

③ **정보여과시스템의 학습** : 사용자의 프로파일은 처음에 사용자의 의도를 완벽하게 나타낼 수 없기 때문에 점진적으로 만족스러운 상태로 재구성해야 하는데, 관련성 피드백이나 사용습성에 따라 정보여과시스템을 학습해야 함

■ 비서에게 필요한 정보 관련 지식과 기술

① 상사의 정보 요구를 미리 파악할 수 있어야 함
② 필요한 정보를 어디에서 입수할 수 있는지 판단할 수 있어야 함
③ 필요한 정보와 불필요한 정보를 취사선택할 줄 알아야 함
④ 사내 정보의 흐름을 파악하고 있어야 함
⑤ 컴퓨터, 전화기, 팩시밀리 등 정보관리 관련 기술을 잘 알아야 함
⑥ 능률적인 정보관리시스템을 유지할 수 있어야 함

■ 비서의 정보업무

① 사업계획, 영업계획, 상품개발계획 등 기획에 관한 일
② 임원이나 종업원의 임용, 승진, 승인, 고시 등 인사에 관한 일
③ 예산, 결산, 자금운용, 재무제표 등 재무에 관한 일
④ 상사가 관여하는 기업 내외의 중요 회의에 관한 일
⑤ 담당부분이 불명확한 업무나 임시로 발생하는 업무에 관한 일
⑥ 기타 상사가 필요로 하는 정보 등

■ 비서의 정보활동 16년 기출

① 비서는 상사의 의사 · 의향을 기업 내외로 전하거나 기업 내외에서 듣게 되는 여러 가지 정보의 중개 · 집약 · 정비를 대신함에 따라 상사의 업무를 돕는 역할을 하게 됨
② 정보교환은 상사와 상대방 간에 개별적으로도 이루어지고 다수의 관계자가 회의를 함으로써 동시에 이루어지는 것도 많음. 주주총회, 이사회, 경영간부회의 등은 기업의 의사를 결정하는 중요 회의임
③ 기업의 회의에 상사가 참석할 경우에는 의제에 대비해서 의제내용을 명료하게 표현할 의안서나 기업 활동이나 사회동향의 흐름 간파를 정확히 하기 위한 자료작성이 필요함
④ 상사가 회의를 소집하는 경우에는 일정표의 조성, 회의 일정의 결정, 의제의 집회, 소집 통지, 회의장 준비, 의사록정리 등이 필요함
⑤ 비서는 상사의 지시에 따라 상사가 작성한 의안의 원안 메모, 의사록의 메모, 기업 내외의 여러 가지 자료를 기초로 하여 의안을 작성하고 관계자와의 연락 · 조성을 상의하는 등 회의에 관련한 업무수행의 보조대행을 함
⑥ 상사의 정보를 외부에서 요청한 경우 상사에게 보고한 후 지시를 기다리고 상사가 무심코 버린 문서 중 기밀에 해당하는 것은 세단기를 이용하여 파쇄함

■ 정보업무의 기본능력

① **사물을 표현하는 기술** : 언어, 문자, 기호, 도표 등의 표기기술
② **문서에 기록하는 기술** : 타이핑, 속기, 복사, 인쇄 등의 서기기술
③ **자료정리능력** : 산술, 주판, 계산기, 부기, 파일링 등의 처리기술
④ 상사의 요구에 적시 적절한 정보활동 수행능력
⑤ 정보의 유능한 처리, 미디어의 우수한 조작능력

■ 도표화의 이점 14년 기출

① **잠재적인 문제점의 부각** : 숫자만으로는 자칫 놓쳐 버리기 쉬운 문제점이 명확해지므로 개선 방향으로 연결짓기 쉽고 어디에 중점을 두어야 하는가의 해결책도 파악하기 쉬움
② **시계열적인 변화나 경향 파악** : 얻은 정보를 시계열로 그래프화 함으로써 문자나 숫자의 경우와 달리 그 내용의 변화 상태나 경향을 시각적으로 알 수 있음
③ **전체와 그 구성의 내용 파악** : 전체를 구성하는 개개의 요소 상태를 비유로 파악하는 경우, 원그래프로 표현하면 이해하기 쉬움
④ **목표달성 등의 동기부여에 도움** : 목표의 달성까지 조직이나 개인의 입장에서 앞으로 어느 정도의 노력을 기울여야 하는지에 대해 도표로 나타내면 쉽게 알 수 있음

■ 그래프화의 주의할 점

① **그래프의 목적 확인** : 데이터를 그래프로 전환할 때 '무엇을 나타내고자 하는가, 무엇을 알고자 하는 가'라는 질문을 해보며 목적을 확인함

② **가장 적합한 표현방법을 선택** : 그래프에는 몇 가지 유형이 있으므로 각각 그 특성에 따라 사용할 필요가 있음

③ **시계열적인 경향을 파악** : 어느 한 시점의 값이 저조하다고 할지라도 장기적으로 과거까지 거슬러 올라가 전체로서 파악하여 상승 경향에 있다면 좋은 평가를 할 수 있으므로 도표화 시 시계열로 경향을 파악해볼 필요가 있음

■ 선그래프의 활용 16년 기출

① **지수그래프** : 수치를 지수로 바꾸어 놓으면 다른 척도라도 모두 백분율로 나타낼 수 있으며 지수로 시계열의 데이터를 나타내기 위해서는 어느 시점을 기준으로 하여 그 데이터를 100으로 바꾸어 놓고 다른 시점의 데이터를 기준 시점의 데이터로 나누고 100을 곱하면 각 시점의 지수를 얻을 수 있음

② **층그래프** : 전체를 구성하고 있는 내역이 시계열적으로 보아 어떻게 변화했는가를 포착한 그래프

■ 원그래프의 활용 17년 기출

① **다중층(多衆層) 원그래프** : 원그래프에 있는 데이터가 대분류, 중분류 등으로 나누어질 경우 다중층 그래프를 사용하며 원의 내측에 대분류를, 외측에 중분류 이하를 배치하면 좋음

② **대응 원그래프** : 보통의 원그래프에서는 원주를 100%로 하지만 원주를 세로로 나누어 각각을 100%로 하고 대응시켜 비교하는 것으로 시계열에서의 변화를 보든가, 대칭적인 사항을 비교할 때 사용

■ 프레젠테이션 16년 기출

① 생각이나 주장, 제안, 요청, 설명 등을 시청각 자료를 활용해 청중에게 전달하는 작업

② 좋은 프레젠테이션을 위해서는 말의 완급, 강약, 고저, 장단, 순간 멈춤, 강조 등으로 변화를 줘야 함

■ 프레젠테이션 만들기의 기본 13, 18년 기출

① **프레젠테이션의 대상 파악** : 프레젠테이션의 자료를 준비할 때에는 먼저 참석할 대상을 파악한 후 그들에게 맞춰 화면과 시간을 선택하고 알맞은 기능을 사용하며, 유인물을 준비해야 함

② **검증된 자료 사용** : 제시하는 정보가 정확하지 못하면 개인이나 소속된 기업 또는 학교의 신뢰도가 떨어질 수 있으므로, 반드시 검증된 자료만을 사용해야 함

③ **핵심 내용만 입력** : 한 화면에는 핵심 내용만 입력하고, 유인물을 사용하거나 진행자가 설명을 곁들이는 것이 좋음. 본문은 5줄 내외로 입력하는 것이 적당하며 문자 부호는 생략해도 무방하나, 맞춤법은 정확하게 지켜야 함

④ **슬라이드 개수를 적절하게 줄임** : 슬라이드의 개수는 주제와 장소, 그리고 대상에 따라 적절하게 선정해야 함

⑤ **요란하게 꾸미지 않음** : 중요한 것은 내용이므로 소리, 동영상, 애니메이션, 각종 그림 등은 내용을 파악하는 데 도움이 될 정도로만 삽입하고, 시선을 분산시켜서 집중도를 떨어뜨릴 정도의 화려한 애니메이션, 화면전환 등은 피해야 함

■ 프레젠테이션의 준비

① 효과적인 시간 배분

- 프레젠테이션의 성격에 따라 다르기는 하지만 시간은 가능한 한 15분을 넘지 않도록 함
- 주어진 예정 시간보다 오히려 짧게 준비하여 끝난 후 수신자의 질문이나 의견 혹은 피드백 등을 유도함으로써 프레젠테이션의 효과를 높일 수 있음
- 시간이 길어질 경우에는 중간에 휴식 시간을 넣거나, 사용하는 시청각 기 · 자재를 다른 것으로 바꾸는 등의 배려를 함으로써 주의를 환기시킴
- 점심시간 직전이나 직후, 혹은 퇴근 직전 등은 주의력이 떨어지는 시간이므로 피하도록 함

② 기 · 자재 선정 및 준비

- 시각적 효과를 주는 여러 매체 중에서 비즈니스에서는 빔 프로젝터가 일반적으로 널리 활용되고 있음
- 비디오나 애니메이션을 사용한 그래픽 형태의 프레젠테이션도 늘고 있음

■ 프레젠테이션 발표 시 유의점 16년 기출

① 가능하면 프레젠테이션 장소에서 리허설을 진행함. 조명, 전원, 좌석 배치에 따른 문제점을 사전에 발견할 수 있을 뿐만 아니라 발표 당일 낯익은 환경에서 편안한 마음으로 발표하는 데에 도움이 됨

② 준비한 대본에 지나치게 의지하지 말고 발표 전 충분한 연습을 통하여 편안한 태도로 문어체가 아닌 회화체로 발표함

③ 프레젠테이션의 목적을 밝힘
④ 수신자의 입장에서 전달하도록 함
⑤ 빔 프로젝터를 사용하여 프레젠테이션을 할 때에도 스크린만을 응시할 것이 아니라 한 번씩 수신자를 향하여 시선을 줌으로써 수신자의 반응을 파악하여 일방적인 자료의 전달이 아닌 쌍방 의사소통의 효과를 높임

■ **소셜미디어의 관리** 19, 20년 기출

① 회사 및 경쟁사의 SNS를 수시로 모니터링함
② SNS 관련 모니터링 결과를 보고서로 작성
③ 다양한 SNS에 관심을 갖음
④ 작성된 모니터링 보고서는 타부서와 공유
⑤ 소셜미디어를 통해 항상 모니터링한 후 고객들의 반응과 의견을 정리하여 상사에게 보고
⑥ 소셜미디어의 기능과 특징에 대해 이해
⑦ 최근 사용 추이와 새로운 소셜미디어가 무엇인지 등에 대한 확인 필요

■ **기업정보시스템** 12, 13년 기출

① **중역정보시스템(EIS ; Executive Information System)** : 중역이 그들의 경영기능을 수행하고 경영 목적을 달성하는데 필요한 경영의 주요 정보를 신속하게 조회할 수 있도록 지원하는 터미널과 소프트웨어 인터페이스에 의해 제공되는 컴퓨터 지원시스템
② **전문가시스템(ES ; Expert System)** : 전문지식의 기억, 논리적 추론에 따라 결론을 도출할 수 있는 전문가와 같은 지적 능력을 갖는 소프트웨어 체계
③ **전략정보시스템(SIS ; Strategic Information System)** : 정보 기술을 기업 전략의 일환으로서 적극적으로 활용하여 경쟁에서 앞서 가기 위한 정보 시스템

■ **일정 관련 정보의 보안** 18년 기출

① 상사의 일정도 때에 따라서는 극비 정보가 될 수 있으므로, 상사에게 "사장님의 여행 일정에 대해 질문하는 임원이 있으면 일정을 말씀드려도 됩니까?"와 같이 구체적인 질문을 하여 일정 정보의 공개 여부를 파악해 두어야 함
② 상사의 일정에 대하여 질문을 받았을 때 "잘 모르겠습니다"라는 대답은, 일반적으로 상사의 일정을 물어 보는 사람은 비서가 모른다고 생각하지는 않기 때문에 바람직하지 않음. 이러한 상황에서는 "일정에 대한 자세한 말씀은 드릴 수 없습니다. 이해해 주시기 바랍니다"라고 대답하는 것이 좋음. 그래도 계속 알려달라고 하면, "업무 규칙상 말씀드릴 수 없습니다"라고 응대

■ 기밀정보의 누출방지 12, 13, 19년 기출

① 중요한 서류나 메모의 원본 · 사본은 쓰레기통에 함부로 버리지 말고 문서 세단기를 이용하여 파기한 후 버리고, 문서 세단기가 없을 경우에는 여러 번 찢어서 버려야 함
② 회사 내 친한 동료나 다른 부서의 윗사람에게도 함부로 기밀을 말하지 않음
③ 서류 취급 시 회사에서 정한 기밀 등급(극비, 대외비 등)에 따라 규정대로 유의하여 다룸
④ 서류함 열쇠 등은 눈에 띄지 않는 곳에 보관
⑤ 컴퓨터나 팩스, 복사기 사용 시에는 특히 보안에 유의
⑥ 사무실이나 회의실을 정비하면서 보안에 특별한 이상이 없는지 살핌
⑦ 서류함, 저장장치 등의 보안을 철저히 함
⑧ 중요한 서류를 자의로 회사 밖으로 가지고 나가지 않도록 함
⑨ 회사 밖의 사적인 모임에서 큰소리로 회사 관련 이야기를 하지 않음
⑩ 방문객이 회사나 상사의 근황에 관하여 필요 이상으로 자세히 물을 때에는 일단 주의하여 개략적인 답변만 함

■ 보안관리를 위한 노력 19, 20년 기출

① 스파이웨어와 악성코드 제거를 위하여 주기적으로 백신 프로그램 사용
② 주기적으로 주요 데이터를 외장하드에 백업
③ 가능한 윈도우 보안업데이트 패치를 모두 설치
④ 바이러스 예방 프로그램을 램(RAM)에 상주시켜 바이러스 감염 예방
⑤ 인터넷을 통해 다운 받은 파일이나 외부에서 복사해 온 파일은 반드시 바이러스 검사를 수행한 후 사용
⑥ 발신자가 불분명한 전자우편은 열어보지 않고 삭제
⑦ P2P사이트에서 파일을 다운로드받지 않아야 함

■ RSS 서비스 12년 기출

① 포털사이트나 블로그와 같이 컨텐츠의 업데이트가 자주 일어나는 웹사이트의 업데이트된 정보를 자동적으로 사용자들에게 제공하기 위한 서비스
② 각각의 사이트로부터의 정보는 개별적으로 관리가능함
③ 여러 웹사이트를 방문할 필요 없이 자동으로 정보를 이용하는 것
④ 사이트가 제공하는 RSS 주소를 RSS Reader 프로그램에 등록하면 업데이트된 정보를 찾기 위해 매번 로그인이나 방문할 필요 없이 자동적으로 정보가 제공되므로, 사용자는 쉽고 빠르게 정보를 조회할 수 있음
⑤ 온라인상에 콘텐츠를 배열하는 HTML과 이를 전송해주는 이메일의 장점을 하나로 묶은 기술이므로 이메일 수발신이 가능한 아웃룩 프로그램에서도 사용할 수 있음

■ **티클러 파일(Tickler File)** 12년 기출

① 해야 할 일들을 잊지 않도록 하기 위하여 12개의 월을 나타내는 표지와 날짜를 표시하는 31개의 파일을 준비하여 해당 날짜에 필요한 서류들을 넣어놓아 추후에 일정관리 및 서류정리에 도움을 주도록 하는 것으로 Bring Forward System과도 유사한 개념

② '월'을 나타내는 표지 12매와 '일'을 나타내는 표지 31매로 구성되어 있으며 각 '일'별 안내 표지 뒤에 해당 일에 해야 할 일이나 그 날 필요한 문서를 보관해줌

③ 추후에 처리해야 할 서류를 정리하는 데 도움을 주는 것으로 이곳에 보관하였다가 해당 날짜에 다시 꺼내볼 수 있음

■ **무선공유기에서 제공하는 보안기술** 16년 기출

구 분	WEP (Wired Equivalent Privacy)	WPA (Wi-Fi Protected Access)	WPA2 (Wi-Fi Protected Access 2)
인 증	사전 공유된 비밀키 사용 (64비트, 128비트)	사전에 공유된 비밀키를 사용하거나 별도의 인증서버 이용	사전에 공유된 비밀키를 사용하거나 별도의 인증서버 이용
암호방법	• 고정 암호키 사용 • RC4 알고리즘 사용	• 암호키 동적 변경(TKIP) • RC4 알고리즘 사용	암호키 동적 변경 AES 등 강력한 암호 알고리즘 사용
보안성	가장 취약하여 널리 사용되지 않음	WEP 방식보다 안전하나 불완전한 RC4 알고리즘 사용	가장 강력한 보안기능 제공

■ **개인정보보호** 12년 기출

① 갑작스런 정전으로 인한 손실을 보전하기 위해 비상전원공급장치 준비

② USB 드라이브에 도난방지용 암호 설정

③ 중요한 데이터는 별도의 드라이브(USB, Zip, CD 등)에 저장해 둠

④ 비밀번호를 변경할 때에는 같은 번호를 번갈아 사용하기보다는 새로운 번호로 설정하는 것이 보다 안전함

⑤ 콘센트가 부족할 경우 멀티탭을 사용하는데, 각 삽입구마다 스위치를 설치한 절약형이나 테이블 탭 몸체에 안전용 차단기를 설치한 제품 등을 사용하면 전기절약에 도움이 됨

⑥ 백신은 항상 업데이트하며, 주기적으로 검사함

■ IT 관련 용어 12, 13, 15, 16, 17, 18, 19년 기출

① **클라우드** : '어딘가'에 위치한 저장 공간에 내 정보를 보관해두고, 이것을 내가 필요할 때에 내가 가지고 있는 각종 단말기를 통해서 불러 올 수 있는 기술

② **인트라넷** : 인터넷 기술을 기업 내 정보 시스템에 적용한 것으로 전자우편 시스템, 전자결재 시스템 등을 인터넷 환경으로 통합하여 사용하는 것

③ **클리핑 서비스** : 신문이나 잡지 등에서 기사를 발췌해 다른 업체에 판매하는 서비스

④ **블루투스** : 디바이스 간 물리적인 연결선이 없으나 파일을 전송할 수 있는 무선전송기술

⑤ **LTE** : HSDPA(고속하향패킷접속)보다 12배 이상 빠른 고속 무선데이터 패킷통신 규격

⑥ **와이브로** : 이동 중에도 초고속인터넷을 이용할 수 있는 무선휴대인터넷

⑦ **와이파이** : 인터넷에 데이터를 전달해 주는 기능을 하는 AP(액세스 포인트)와 노트북이나 스마트 폰과 같이 사용자가 서비스를 받는 단말 간의 통신

⑧ **트위터와 페이스북** : 소셜 네트워크 서비스(SNS)의 일종으로 개인의 의견이나 생각을 공유하고 소통할 수 있는 사이트

⑨ **파밍** : 사용자가 자신의 웹 브라우저에서 정확한 웹페이지 주소를 입력해도 가짜 웹 페이지에 접속하게 하여 개인정보를 훔치는 것

⑩ **소셜 커머스** : 소셜 네트워크 서비스를 통하여 이루어지는 전자상거래

⑪ **클라우딩 컴퓨팅** : 하드웨어, 소프트웨어 데이터 등 각종 정보자원을 중앙 데이터 센터로 통합하고 인터넷을 통해 어느 때, 어느 곳에서든 사용할 수 있도록 제공하는 기술

⑫ **데이터웨어하우스** : 기업의 대단위 데이터를 사용자 관점에서 주제별로 통합하여 축적하여 별도의 장소에 저장해 놓은 것

⑬ **유비쿼터스(Ubiquitous)** : 시간과 장소에 구애받지 않고 언제나 정보통신망에 접속하여 많은 정보 통신서비스를 활용할 수 있는 환경

⑭ **모바일 오피스** : 노트북 PC와 휴대 전화 등을 갖추고 필요한 정보를 찾아보고 업무를 하여 결과를 보고하는 근무 형태

⑮ **랜섬웨어** : 사용자 컴퓨터 시스템에 침투하여 중요 파일에 대한 접근을 차단하고 금품을 요구하는 악성프로그램

⑯ **핑크메일** : 직원 해고 혹은 거래처와 거래를 끊을 때 보내는 메일

■ **전자문서 시스템** 12년 기출

① CRM : 고객의 정보(연락처, 거주지역, 연령, 구매패턴)를 데이터베이스화하여 고객과의 관계를 구축하고 발전시켜 나가는 마케팅의 종류로 데이터베이스화하기 때문에 전자문서시스템을 이용한 사례에 해당함

② BOLERO : 무역거래에 있어서 볼레로시스템은 중앙등록시스템을 사용하여 공개키/개인키 방식에 의한 디지털서명을 채용함으로써 전자선하증권이 물품보다 먼저 도착하는 문제점을 해결하기 위해 도입됨

③ NEIS : NEIS는 National Education Information System의 약자로, 전국의 초 · 중등학교와 시 · 도교육청, 교육부를 인터넷으로 연결하여 교육관련 정보를 공동으로 이용할 수 있는 전산환경을 구축하기 위한 교육행정정보시스템. 학생생활기록부, 건강기록부 등의 학사기록을 인터넷으로 통합 관리하고, 학생 · 학부모 · 교사가 함께 이용할 수 있도록 함

■ **저장 공간** 16년 기출

① **마이크로 SD** : SD 카드의 마이크로 버전으로 SD(Micro SD)는 디지털 카메라 같은 휴대용 전자 기기의 부족한 내장 메모리 문제를 해결함

② **외장형 하드디스크** : 컴퓨터에 내장하지 않고 휴대할 수 있도록 만든 것

③ **솔리드 스테이트 디스크(Solid State Disk)** : 반도체를 이용하여 정보를 저장하는 장치

④ **클라우드 서비스** : 각종 자료를 사용자의 PC나 스마트폰 등 내부 저장 공간이 아닌 외부 중앙 서버에 저장한 뒤 다운로드 받는 서비스

⑤ CD-R : 많은 양의 자료를 디지털 형태로 저장할 수 있는 광학 외부기억 매체

⑥ CD-ROM : 디지털 정보를 저장하는 광디스크로, 제작 시 최초 1회만 기록할 수 있고 그 후로는 읽기만 가능하며 주로 음악, 게임, 소프트웨어 등을 담아 판매할 때 주로 사용

■ **이메일 관련 용어** 12, 13, 15, 16, 20년 기출

① SMTP(Simple Mail Transfer Protocol) : 서로 다른 메일 서버로 메일을 보내거나 받을 때 이용되는 프로토콜

② POP(Post Office Protocol) 3 : 메일 서버에 도착한 메일을 클라이언트 사용자가 전송받을 때 이용하는 프로토콜

③ MUA(Message User Agent) : 사용자가 메일을 보내기 위하여 사용하는 프로그램(Outlook 등)

④ MTA(Message Transmit Agent) : 사용자의 MUA에 의해서 전달받은 메시지를 다른 메일 서버로 전달해 주는 프로그램(Sendmail 등)

⑤ 답장메일을 전송하면 수신자의 메일 제목 앞에 'Re:'로 표시되어 나타남

■ 이메일 접수에 관련한 비서의 업무 16년 기출

① 상사의 업무메일을 주기적으로 확인하여 업무 처리가 늦어지지 않도록 주의함
② 상사가 직접 처리해야 하는 메일의 경우 이메일 내용을 인쇄한 후 중요한 부분에 형광펜으로 표시하여 종이 문서의 형태로 상사에게 전달함
③ 상사가 이메일 열람 권한을 주지 않을 때에는 상사가 전달해주는 이메일의 처리만을 함
④ 상사의 이메일 중 다른 부서에서 처리해야 할 메일인 경우는 해당 부서 담당자에게 포워드함

■ 사무기기 12, 15, 16년 기출

① **플립차트** : 윗 부분을 고리 따위로 철한 도해 · 설명용 차트
② **실물화상기(실물환등기)** : 각종 문서, 사진, 그림, 물건, 필름 등을 TV 또는 LCD 프로젝터, 모니터 등 영상화면 확대 장치와 연결하여 실물 그대로의 컬러 영상을 볼 수 있게 하는 기기
③ **환등기** : 환등장치를 이용하여 그림, 필름 따위를 확대하여 스크린에 비추는 기계
④ **OHP** : 투명 필름 환등기(Overhead Projector)
⑤ **링제본기** : 제본 후 묶을 경우에 사용하는 사무기기
⑥ **빔 프로젝터** : 극장의 영사기처럼, 영상을 빛으로 쏘아 내 흰 스크린에 출력하는 영상장치

■ 정보전송기기 19년 기출

① **팩시밀리(Facsimile)** : 일반적으로 줄여서 팩스라고도 하며 문서나 도면을 송 · 수신하는 기기로, 본인의 필적이나 서명을 원형 정보 그대로 보낼 수 있다는 장점이 있음
② **화상 전화기** : 화상 전화기로 통화하면 목소리뿐만 아니라 상대방의 표정까지 전달되므로 비서는 상냥한 목소리와 함께 친절한 표정으로 통화를 해야 함
③ **전자우편시스템** : 컴퓨터를 이용하여 전자적 방식으로 메시지를 송 · 수신하는 것으로 이 시스템의 가장 큰 장점은 수신자가 원할 때에 수시로 검색 · 출력해 볼 수 있다는 점임
④ **원격화상회의시스템** : 지역적으로 떨어진 장소에 있는 사람들이 컴퓨터와 통신 수단을 이용하여 한자리에 모이지 않고서도 의사소통을 할 수 있도록 해주는 시스템으로, 원격 회의실 컴퓨터에 연결된 대형 스크린이나 전자 흑판 등을 이용하여 서로 다른 장소에 있는 상태에서 회의를 진행할 수 있음
⑤ **이동 전화** : 언제 어디서나 음성 정보뿐만 아니라 문자 정보와 화상 정보를 전송받아 활용할 수 있으며, 기술 발전이 가속화됨으로써 인터넷을 검색하거나, 파일을 송 · 수신하는 작업도 가능함

■ 와이어 제본기의 특징 15, 16년 기출

① 360도로 자료를 펼치거나 접기 쉬움

② 링 크기가 작아 보관이 편리함

③ 문서의 제거는 가능하지만 추가는 거의 불가능함

④ 제본 상태가 견고함

■ e-Business 12년 기출

① e-SCM은 대리점, 협력업체 등 공급사슬망 파트너 간의 업무협조 및 정보, 실물흐름의 동기화를 위한 온라인 커뮤니케이션 수단의 활용을 말함

② e-SEM은 전략적 경영의사 결정을 지원하는 통합 경영관리를 말하며, 이는 투자자, 주주관계 관리에 의한 기업가치 제고, 경영전략의 효율적인 내부 수행관리, 통합된 목표설정, 계획 관리 및 실적분석의 기능이 있음

③ e-CRM은 고객의 데이터베이스를 활용한 것으로 고객관리차원에서 개별고객의 상세한 거래특성 정보를 획득, 분석하여 고객의 기여도를 극대화하는 제품, 서비스를 제공하는 기능을 담당함

④ e-HR은 Web을 기반으로 HR관련 정보를 수집, 공유, 처리하고 관련 업무를 수행하는 시스템을 말함

⑤ e-CIM은 고객 상호관리로서, 단순히 걸려온 전화를 받아 응대하는 수동적인 콜센터나 일방적인 CRM과 달리, 음성, 전자우편, 팩스, 웹, 영상 등 새롭고 다양한 미디어를 통한 다양한 접촉 창구를 이용하여 양방향으로 기업과 고객 사이의 접촉을 지원하고 관리하게 됨

⑥ e-Business의 의의 : e-비즈니스, 인터넷 비즈니스, 전자상거래 등의 각 개념은 국가나 기관별로 다양하지만 대체로 e-비즈니스는 네트워크 기술을 기반으로 한 상품 서비스 정보 및 지식의 전달과 교환 등을 핵심요소로 하는 경제활동이며, 이는 인터넷 비즈니스와 전자상거래(e-Commerce)를 포괄하는 개념으로 정의되고 있음

⑦ e-Business의 배경

- e-Business는 1997년에 IBM이 마케팅을 위해 새로운 용어를 사용하기 시작하면서 처음 등장함
- 그 당시까지도 기업들이 관심을 갖던 분야는 전자상거래였으며, 체계화된 e-Business 개념이 정립된 것은 아니었음
- 이후 인터넷이 폭발적으로 확산되면서 몇 단계의 변화 과정을 거쳐 e-Business라는 용어가 정착됨
- e-Business는 단순히 새로운 경영기법의 등장보다는 경영 패러다임의 변화와 경영방식의 변화를 의미함

■ e-Business의 유형 13, 15년 기출

① 개념 : B는 원래 비즈니스(Business)를 뜻하지만 전자상거래에서는 기업을 의미함. C는 일반 소비자(Consumer), 고객(Customer), G는 정부(Government)를 의미함(2는 to의 뜻)
② C2B : 소비자가 주체가 돼서 기업과 상거래를 하는 것. 역경매가 대표적
③ C&C2B : 여러 소비자가 기업을 상대하는 것, 즉 공동 구매
④ B2C : 기업과 소비자 간 거래. 일반 소비자가 인터넷쇼핑몰 등에 들어가 물품을 구입하는 형태
⑤ B2B : 기업 간 거래. 조달 · 구매 등 기업들이 협력 · 하청 관계로 인터넷 공간에서 상호 거래 관계를 맺는 행위
⑥ B2G : 기업–정부 간 거래. 조달청의 물품 판매, 공문서 교환 등
⑦ G2B : 정부–기업 간 거래. 정부 전자조달. 물품이나 용역의 입찰, 공문서 교환 등
⑧ B2E : 기업–종업원 간 거래
⑨ C2G : 소비자–정부 간 전자상거래. 세금이나 각종 부가세 등을 인터넷으로 처리하는 것
⑩ G2C : 정부–소비자 간 전자상거래. 정부에서 물품을 소비자에게 조달하는 경우
⑪ C2C : 소비자 간 전자상거래. 옥션, 이베이 등 경매형태

모의(실제)유형문제

제 1 회 모의유형문제

제 1 과목 비서실무

01 최근 회사에서 안전관리를 강조하는 공문이 각 부처별로 전달되고 있다. 재난을 대비하여 평소 사무실 관리자로서 비서가 주도적으로 수행할 수 있는 업무의 내용으로 가장 부적절한 것은?

① 재난이나 위기 대처 매뉴얼 작성을 위한 자료수집
② 회사 구성원들의 비상연락망 작성 및 점검
③ 위기 시 대응 조직도 재구축
④ 위기 대처 훈련이나 교육 프로그램 이행을 위한 건의 및 준비

해설

③ 대응 조직도를 재구축할 수 있도록 자료수집 및 건의 등을 한다.

02 다음은 직장에서 아침에 출근하여 나누는 대화의 일부분이다. 이 가운데 언어 예절과 어긋난 부분은?

> 가 : 안녕하십니까? 박 부장님.
> 나 : 윤 비서도 일찍 나왔군? 그런데 김 과장님은 아직 안 오셨나?
> 가 : 아닙니다. 김 과장은 잠시 화장실에 갔습니다.
> 나 : 그런가? 그럼 들어오시면 내게 바로 연락하시라고 전해 주게.
> 가 : 예. 그렇게 하도록 하겠습니다.

① 윤 비서도 일찍 나왔군?
② 김 과장님은 아직 안 오셨나?
③ 김 과장은 잠시 화장실에 갔습니다.
④ 그럼 들어오시면 내게 바로 연락하시라고 전해 주게.

정답 01 ③ 02 ③

해설

직장에서 윗사람에 관해서 말할 때에는 듣는 사람이 누구이든지 '-시-'를 넣어 말하는 것이 원칙이다. 즉, 직장에서는 압존법이 인정되지 않는다. 따라서 ③은 "김 과장님은 잠시 화장실에 가셨습니다."라고 해야 가장 적절한 표현이 된다. 반면 아랫사람에 관해서 말할 때에는 누구에게 말하는가에 관계없이 '-시-'를 넣지 않고 말하는 것이 원칙이나 아랫사람을 그보다 더욱 아랫사람에게 말할 때에는 '-시-'를 넣어 말하는 것도 허용된다.

※ 다음은 동양철강의 김진표 사장이 외국의 고객사와 납품을 위한 협상에 참석하기 위한 E-Ticket이다. 다음의 질문에 답하시오. (03~04)

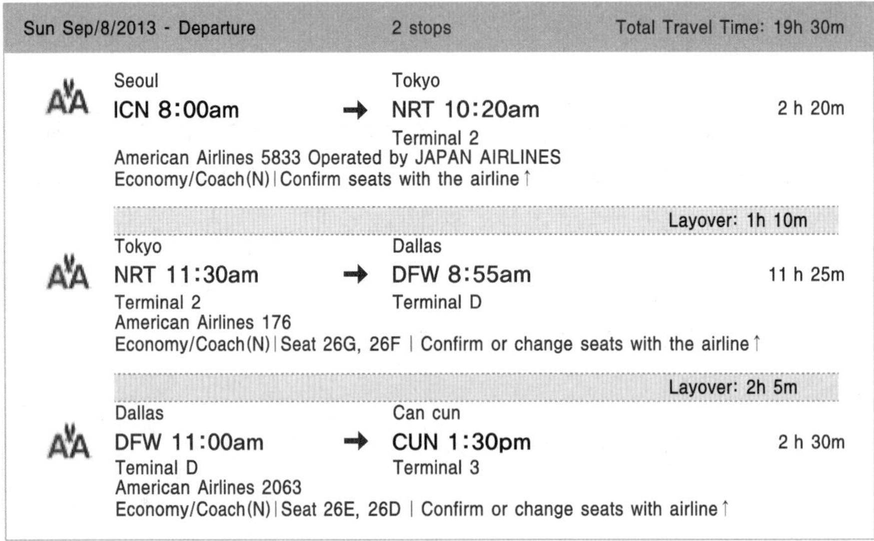

Sun Sep/8/2013 - Departure | 2 stops | Total Travel Time: 19h 30m

AA
Seoul → Tokyo
ICN 8:00am → NRT 10:20am | 2 h 20m
Terminal 2
American Airlines 5833 Operated by JAPAN AIRLINES
Economy/Coach(N) | Confirm seats with the airline ↑

Layover: 1h 10m

AA
Tokyo → Dallas
NRT 11:30am → DFW 8:55am | 11 h 25m
Terminal 2 | Terminal D
American Airlines 176
Economy/Coach(N) | Seat 26G, 26F | Confirm or change seats with the airline ↑

Layover: 2h 5m

AA
Dallas → Can cun
DFW 11:00am → CUN 1:30pm | 2 h 30m
Teminal D | Terminal 3
American Airlines 2063
Economy/Coach(N) | Seat 26E, 26D | Confirm or change seats with airline ↑

03 위의 E-Ticket과 관련된 내용으로 가장 거리가 먼 것은?

① 서울에서 칸쿤까지 가는데 걸리는 총 소요시간은 19시간 30분이다.
② 비행시간이 가장 긴 것은 도쿄 → 달라스 구간이다.
③ 달라스에는 한국시간으로 오전 8시 55분에 도착예정이다.
④ E-Ticket은 잃어버려도 재출력하거나 아니면 예약번호만 알고 있어도 Boarding Pass를 받을 수 있다.

해설

달라스에는 현지 시간으로 오전 8시 55분에 도착예정이다.

03 ③ 정답

04 다음 중 E-Ticket의 용어가 틀리게 연결된 것은?

① Baggage Allowance : 무료 수하물 허용량
② APPLY PENALTIES : 수하물 허용량 초과시 추가금액 지불
③ Itinerary : 여행 일정표
④ CHGFEE : 노선 변경시 수수료 부과

해설

APPLY PENALTIES : 항공권 날짜 변경이나 환불시 추가금액을 지불해야 한다.

05 다음 중 상대방 회사의 상사나 손윗사람과 전화통화할 경우 가장 잘못된 것은 무엇인가?

① 직위가 높은 사람에게 전화를 할 때는 상대방 비서에게 용건을 전달하고 적당한 조치를 기다리는 것이 원칙이다.
② 통화 도중에 상사보다 윗사람에게 전화가 오면 먼저 걸려온 전화를 처리하기 위해 윗사람에게 기다려줄 것을 요청한다.
③ 전화가 도중에 끊어졌을 때 원칙적으로 건 쪽에서 다시 걸지만, 건 사람이 손윗사람인 경우 받은 쪽에서 다시 건다.
④ 상사가 통화를 부탁한 상대의 직급이 높을 경우 상대방이 수화기를 들기 전에 상사가 먼저 수화기를 들도록 중재한다.

해설

통화 도중에 상사보다 윗사람에게 전화가 오면 먼저 걸려온 전화를 빨리 끝내고, 전화를 다시 연결한다.

06 해외출장을 마친 김 사장에게 출장 기간에 발생한 전화메모 내용을 보고하려 한다. 다음 중 다량의 전화메모를 보고하는 방법으로 가장 적절한 것은?

① 상사 출장 직후 수신일자별로 정리하여 가장 오래된 내용부터 구두 보고하도록 한다.
② 상사 출장 중에도 매일 보고를 통하여 전화메모내용을 알리고, 출장 직후 문서로 정리한 내용을 출력하여 전달한다.
③ 전화수신일자보다는 전화메모 내용의 중요도에 따라 분류하여 중요도가 높은 것부터 차례대로 구두 보고한다.
④ 상사 출장 중 매일 보고를 통하여 이미 보고 드린 경우 굳이 반복된 업무내용 보고를 할 필요는 없다.

해설

상사가 출장 중일 때는 이메일 등을 사용하여 보고드리고, 출장을 마친 후 전화수신상황 및 전화메모를 문서로 기록하여 구두 보고와 함께 드리도록 한다. 출장 중 이미 보고 드린 내용이라 하더라도 기록으로 다시 보고하여야 한다.

정답 04 ② 05 ② 06 ②

07 **다음 중 통상적인 회사의 회의순서에서 가장 나중에 진행되는 것은?**

① 회의참석자들의 보고(reports of officers)
② 인원점검(roll call)
③ 정족수 발표(announcement of quorum)
④ 지명선출(nomination and election)

해설

일반적인 회의순서
① 의장의 개회선언(call to order by the presiding officer)
② 인원점검(roll call)
③ 정족수 발표(announcement of quorum)
④ 전회의록 낭독(reading of minutes of previous meeting)
⑤ 전회의록 승인(approval of the minutes)
⑥ 회의참석자들의 보고(reports of officers)
⑦ 미결안 건의처리(unfinished business)
⑧ 새 안건의 토의(new business)
⑨ 위원지정(appointment of committees)
⑩ 지명선출(nomination and election)
⑪ 차회회의 날짜선정(date of next meeting)
⑫ 폐회(adjournment)

08 **사내 임직원을 위하여 호텔과 숙박료 할인 업무협약을 맺는 데 필요한 기초 자료를 취합하고자 오피스 매니저 최수영이 준비하고 있는 내용이다. 중요도가 가장 낮은 것은?**

① 사내 임직원이 작년에 투숙한 호텔과 숙박일수를 확인하여 소속 기업의 객실료 규모성과 객실 할인율의 적절성을 살펴본다.
② 자사 해외 지사에서 업무협약을 맺고 있는 호텔 협약서를 취합하여 내용을 분석하고 활용할 요소가 있는지 살펴본다.
③ 대표이사의 호텔 선호도를 우선 고려하여 대표이사의 인맥을 통해 추진하도록 한다.
④ 타 기업의 호텔 협약서 사본을 구하여 가격을 비교해 보고 유사한 가격경쟁력을 호텔측에 요구하도록 한다.

해설

대표이사의 호텔 선호도를 어느 정도 고려할 필요는 있겠지만 업무협약을 맺으면서 대표이사의 인맥을 통하는 것은 바람직하지 않다. 어느 정도 규모가 있는 기업들은 여행사, 호텔, 항공사 등과 계약을 체결하여 할인, 등급 상향조정, 포인트 혜택 등 다양한 혜택을 받는다.

07 ④ 08 ③ 정답

09 다음 의사록의 빈칸에 알맞은 한자어로 나열된 것은 어느 것인가?

> **이사회의 의사록**
>
> 2016년 5월 10일 시, ○○시 ○○구 ○○동 ○○번지 본 회사 창립사무소에서 이사 및 감사 전원의 (가)로 상법 제390조 제2하 소정의 소집절차를 생략하고 다음 의안을 심의하기 위하여 이사회를 (나)하였다.
>
> 의안 : 대표이사 선임의 건
> 이사들의 호선에 따라 이사 000를 임시의장으로 (다)하였다.
> 의장 000은 즉석에서 이를 승낙하고 개회를 (라)한 후 본 회사의 대표이사를 선임할 것을 구한바, 이사들은 전원일치로 다음 사람을 대표이사로 선임하였다.
>
> 대표이사 ○○○
> 위 피선자는 즉석에서 취임을 승낙하였다.
> 이상으로 금일 의안의 심의를 종료하였으므로 의장은 00시 00분에 폐회를 선언하였다.
> 위 결과를 명확히 하기 위하여 이 의사록을 (마)하고 의장과 출석한 이사 및 감사가 다음과 같이 기명날인함
>
> 2016년 5월 10일
> ○○○주식회사
> 의장, 대표이사 ○○○ (인)

	(가)	(나)	(다)	(라)	(마)
①	動議	開催	先出	宣言	作成
②	同意	開催	選出	宣言	作成
③	動議	開催	選出	善言	作成
④	同意	開催	先出	善言	鵲聲

해설

(가) 동의(同意), (나) 개최(開催), (다) 선출(選出), (라) 선언(宣言), (마) 작성(作成)

10 다음 중 상사가 부재중일 때 비서의 우편물 처리에 대하여 설명한 것으로 옳지 않은 것은?

① 출장 중의 전화 메모, 내방객 명단 및 우편물 목록을 정리해서 보고한다.
② 상사의 부재기간이 일주일 이상이면 상대방에게 상사가 출장으로 돌아오는 즉시 회답을 준다는 뜻을 전한다.
③ 상사 부재중 우편물은 폴더로 구분하여 분류하며 폴더 내의 순서는 문서가 도착한 순으로 정리한다.
④ 급한 용건 등으로 사내 타 직원에게 처리토록 할 때는 문서를 복사하여 이를 회람하고, 어떻게 처리되었는가를 메모하여 둔다.

해설

상사 부재중 우편물 처리방법

- 상사 부재중에 수신한 회의 참석통지서나 초대장 또는 상사의 의견이 필요한 우편물은 적절한 시기를 놓치지 말고 답해 준다.
- 출장중인 상사에게 우편물을 보낼 때는 분실상황에 대비하여 복사본을 마련해 놓고, 상사의 대리권자에게 우편물을 보낼 경우에는 복사본을 전한다.
- 출장중인 상사에게 우편물을 보낼 경우에는 '수신우편물 요약'지를 작성하여 함께 송부한다.
- 상사 부재중의 우편물은 회신을 내지 않고 상사의 처리를 기다리는 우편물, 사내의 타직원에 의해 처리된 우편물 및 처리결과, 그리고 비서가 회신한 편지와 답장 복사본으로 분류하여 정리한다.
- 상사 부재 시 처리한 우편물에 대해 보고할 경우에도 '수신우편물 요약'지를 작성하여 함께 제시한다.

11 비서의 업무상 화법으로 가장 적절하지 않은 것은?

① "사장님은 지금 결재 서류를 검토하고 계시는 중입니다."
② "제일물산 사장님을 만나보니 저희 학교 선배님이셨습니다."
③ "큰 불편이 없으시다면 처리해 주시면 감사하겠습니다."
④ "모처럼 시간을 내어 오셨는데 대단히 죄송합니다."

해설

제일물산 사장을 만나보라는 지시로 만났다면, 본인이 아는 분이었다는 내용이 중요한 것이 아니라 어떤 내용을 전달하거나 전달받았는지를 보고해야 한다.

12 하늘기업의 손미진 비서는 상사인 김태진 사장의 자서전 출판기념회를 준비하고 있다. 손 비서의 행사준비 방법으로 가장 적절치 않은 것은?

① 출판기념회 축사를 해주실 특별 손님을 미리 섭외한다.
② 사장님은 행사 시작 전까지 사모님과 함께 행사장 입구에서 손님을 맞이하시도록 준비한다.
③ 리시빙 라인(Receiving Line)의 위치는 문 밖에서 보아 오른쪽에 위치하도록 한다.
④ 출판기념회장의 좌석은 연회형으로 배치하였고, 주빈석은 좌석마다 명패를 미리 준비한다.

해설

③ 리셉션이나 각종 행사장에서 주빈과 주최측 인사들이 파티장 입구에 한줄로 늘어서서 손님을 맞이한다. 이를 리시빙 라인(Receiving Line) 혹은 리셉션 라인(Reception Line)이라고 한다. 리시빙 라인의 위치는 문 밖에서 보아 왼쪽에 위치하도록 한다.

11 ② 12 ③ 정답

13 **서울기획 김현아 비서가 상사의 금융업무를 보좌하는 방법으로 가장 적절치 않은 것은?**

① 신용카드 매출 전표를 보관해 두었다가 카드회사 명세서의 내역과 대조 및 확인하도록 한다.
② 소액현금을 관리하기 위하여 금전출납부에 기입하고 증빙서류는 파일링하여 보관하도록 한다.
③ 해외 출장 시 신용카드의 해외사용 한도액을 미리 확인하여 사용에 불편이 없도록 한다.
④ 대금명세서와 매출전표는 은행 예금 구좌에서 계좌이체가 되어 처리된 후 폐기하도록 한다.

해설

대금명세서와 매출전표는 거래내용을 기재하여 장부상 증거자료가 되도록 하는 문서이다. 이는 회계거래의 발생 사실을 타인에게 전달하고 후일의 장부상의 증거자료로서 보존하는 중요한 역할을 한다. 따라서 일정기간 폐기하지 말고 별도로 보관하도록 한다.

14 **비서가 내방객을 응대하는 태도 중 가장 올바르지 않은 것은?**

① 손님이 방문하면 하던 일을 멈추고 얼른 자리에서 일어나 공손하게 인사한다.
② 약속이 되어 있지 않은 손님의 경우는 성명, 소속, 방문목적을 확인한 후 상사에게 보고하고 상사의 지시를 따른다.
③ 동시에 두 사람 이상의 손님이 잇달아 방문하였을 때는 용건이 간단한 손님이나 연령이 많은 손님을 우선 안내한다.
④ 약속이 되어 있는 손님이 오셨을 때, 상사가 통화 중이거나 먼저 방문한 손님이 있을 때는 메모로 알려서 상사의 지시에 따라 손님을 안내한다.

해설

동시에 두 사람 이상의 손님이 잇달아 방문하였을 때는 먼저 온 손님이나 약속된 손님을 우선 안내한다.

15 **다음 중 명함을 주거나 받는 박 비서의 행동으로 가장 적절하지 않은 것은?**

① 상사를 찾아온 외국인 손님이 미소를 띠면서 악수를 청하기에 먼저 명함을 드리고 악수를 하였다.
② 상대가 두 사람 이상일 때에는 손윗사람에게 먼저 드린다.
③ 명함을 맞교환 할 때 왼손으로 받는 동시에 오른손으로 준다.
④ 받은 명함의 이름을 확인하고 "대한기업의 김성수 부회장님이시군요."라고 다시 반갑게 인사하였다.

해설

악수를 하기 전에 명함을 먼저 제시하는 경우가 있는데 이는 서양 예의상으로는 바람직하지 않다.

정답 13 ④ 14 ③ 15 ①

16 **다음 중 상사와의 갈등을 해결하기 위해 비서가 취한 행동으로 가장 바람직한 것은?**

① 지시사항을 잘못 처리하게 된 이유에 대해 상사가 이해를 할 수 있도록 하나하나 조목조목 설명한다.
② 상사가 감정을 다 표현할 때까지 기다렸다가 그 즉시 잘못된 점을 말씀드린다.
③ 잘못된 지시를 내린 상사에게 "이런 건 이렇게 하면 어떨까요?"라고 말씀드린다.
④ 폭언을 퍼부으며 묻는 상사 앞에서 대답을 하지 않고 조용히 서 있는다.

해설

비서는 상사의 다양한 경영적 잡무를 덜어주고 사무실의 절차와 흐름이 능률적으로 되도록 조정하고 유지하는 역할을 수행한다. 상사도 인간이므로 감정을 가지며 오류를 범할 수도 있다. 이 경우 비서는 상사의 기분이 상하지 않도록 융통성 있게 자신의 의견을 피력하는 것이 필요하다.

17 **다음은 비서 이수진이 상사의 원활한 업무 처리를 위해 평소 처리하는 일들이다. 비서 이수진이 유의해야 할 사항으로 가장 거리가 먼 것은?**

① 상사가 사용하는 프린터의 토너를 주문할 때는 만일의 경우를 대비하여 여유분을 고려하여 주문한다.
② 상사가 개인적으로 보고 있는 경영관련 잡지의 구독 기간이 끝났을 경우 상사에게 연장 여부를 확인할 필요 없이 구독 연장을 한다.
③ 사내 도서관에서 빌린 책들은 대출기간을 점검하여 필요한 경우 미리 대출 연장을 한다.
④ 여러 가지 이유로 상사의 직함이나 전화번호가 바뀌었을 때는 명함을 새로 주문하고 이전 명함을 폐기한다.

해설

상사가 개인적으로 보고 있는 경영관련 잡지의 구독 기간이 끝났을 경우 상사에게 연장 여부를 확인한다.

18 **업무상 필요한 자료가 있다며 상사가 구해줄 것을 요청하였다. 현재 서점에서는 구할 수 없는 자료여서 지역 도서관에 확인해 보니 관외 대출은 불가능하고 관내 대출 및 부분복사가 가능하다고 한다. 다음 중 비서가 취할 수 있는 행동으로 옳지 않은 것은?**

① 상사에게 이 사실을 알리고 지시에 따른다.
② 관외 대출이 불가능하므로 상사가 직접 도서관에 가서 열람하도록 전한다.
③ 급한 자료라면 비서가 상사로부터 양해를 구하고 도서관 폐관시간이 되기 전에 해당 도서관으로 가서 자료를 복사한다.
④ 급한 자료가 아니라면 근무시간 중에 자리를 비우지 말고 해당 도서관에 우편복사 서비스를 이용할 수 있는지 문의한다.

16 ③ 17 ② 18 ② **정답**

해설

도서관 외부로의 대출이 불가능하다면 상사가 직접 도서관에 가도록 할 것이 아니라, 필요한 자료가 어느 부분인지 확인한 후 비서가 복사해서 상사에게 제공하도록 한다.

19 **회사 내 선배 및 동료들과 좋은 관계를 유지하기 위한 방법으로 옳지 않은 것은?**

① 출근하면 항상 선배 및 동료에게 "안녕하십니까?"하고 먼저 인사를 건넨다.
② 퇴근할 때는 아직 업무를 끝내지 못한 다른 사람에게 방해되지 않도록 사무실을 살짝 빠져 나온다.
③ 동료에게 부탁한 일이 이루어졌을 때는 반드시 감사의 말을 한다.
④ 새로 입사한 후배가 빨리 회사에 적응하고 업무를 익히도록 관심을 가진다.

해설

업무가 밀려 퇴근하지 못하고 있는 동료가 있으면 가능한 한 도와주도록 하는 것이 바람직하다.

20 **다음 중 새로이 상사로 부임한 미국인 부사장과의 관계에서 보여줄 수 있는 올바른 예절에 해당하는 것은?**

① 부임 전 현지에서 한국식 예절 교육을 받았다는 이야기를 들었으므로 첫 대면에서 정중하게 허리를 굽혀 인사하였다.
② 편하게 이름을 불러도 좋다는 말을 듣고 언제나 상사의 이름을 불렀다.
③ 처음 인사에서 상사와 악수를 하는 것이 무례한 것 같아 부사장이 청한 악수를 사양하였다.
④ 부사장과 대면 시 호전적으로 보일까봐 눈을 피하고 대화하였다.

해설

② 편하게 이름을 불러도 좋다고 하더라도 장소를 가려서 이름을 부르도록 한다.
③ 부사장이 청한 악수를 사양하는 것은 굉장히 무례한 행동으로 비쳐질 수 있다.
④ 외국인과 대면 시 눈을 피하고 대화하면 외국인은 상대방이 진실되지 않다고 생각할 수 있다.

정답 19 ② 20 ①

제2과목 경영일반

21 다음 중 기업의 인수 및 합병에 관한 설명으로 가장 적절한 것은?

① 기업이 인수 합병 전략을 사용하여 신규진출하는 경우 진입장벽은 보다 쉽게 넘을 수 있으나 기존 경쟁사와의 마찰은 더욱 심화될 수 있다.
② 혼합합병은 경쟁관계가 있는 두 산업 내 기업 간의 합병으로 이는 제품군을 다각화하고 확장하는 데 목적을 둔다.
③ 기업들이 인수 합병 전략을 선택하는 동기에는 규모의 경제 확보, 조세절감, 자금조달 능력의 확대 등이 있다.
④ 합병은 한 기업이 다른 기업의 경영권을 매입하는 것으로 기업매수 또는 주식취득에 의한 사업결합을 의미한다.

해설

① 기업이 인수 합병을 통하여 신규진출하는 경우 기존 경쟁사와의 마찰이 더 심해질 이유는 없다.
② 혼합합병은 상호관련성이 없고 경쟁관계가 없는 이종업종의 기업들 간에 이루어지는 합병을 말한다. 주로 재무적 측면에서의 상승효과를 얻기 위한 합병이지만 일반관리기술의 이전 등 경영 측면에서의 효과도 있을 수 있다.
④ 합병에는 합병 당사자인 모든 회사가 해산하고 동시에 새로운 회사를 설립하여 해산회사의 사원과 재산을 새로운 회사에서 포괄적으로 승계하는 신설합병과, 해당 회사 중에서 한 회사가 존속하고 다른 회사는 해산하여 그 재산과 사원을 존속회사가 포괄적으로 승계하는 흡수합병이 있다.

22 매트릭스조직의 채택이 불가피한 상황이 아닌 것은?

① 두 가지 이상의 전략부문에 대한 동시적 · 현실적 목표가 존재할 때
② 환경변화에 대한 고도의 정보처리가 불확실할 때
③ 새로운 과제를 부여받은 때
④ 경영체의 인적 · 재무적 자원이 제약될 때

해설

① · ② · ④와 같은 상황하에서 매트릭스조직은 신축성과 균형적 의사결정권을 동시에 부여함으로써 경영을 동태화시키지만 조직의 복잡성은 증대하게 된다.

21 ③ 22 ③ 정답

23 **다음 중 기업이 사업 확장이나 창업을 위해 필요한 자금을 조달하는 방법에 대한 설명으로 가장 적절하지 않은 것은?**

① 회사채는 장기 자본 조달을 목적으로 기업이 발행하며 채권자는 정해진 이자와 만기일에 원금을 받을 뿐 기업의 주요 의사결정에는 참여할 수 없다.
② 기업어음은 단기 자본 조달을 위해 발행하며 기업과 투자자 사이의 자금수급 관계를 고려하여 금리를 자율적으로 결정한다.
③ 기업은 자기 신용이나 담보물을 근거로 은행에서 대출을 받는 은행차입을 통해 자금을 조달할 수 있다.
④ 주식발행에서 우선주는 보통주에 비해 안전성이 떨어지지만 보통주 취득자보다 우선적 권리와 투표권이 주어진다.

해설
우선주는 이익의 배당이나 잔여 재산의 분배 등에 보통주보다 우선해 권리를 행사할 수 있는데, 보통주보다 많은 수익이 보장되는 대신 의결권은 없다.

24 **기업의 규모에 관한 올바른 설명은?**

① 기업의 규모가 클수록 항상 경영에 유리하다.
② 부품생산이나 제품의 종류가 많을 경우 규모가 커야 효율적이다.
③ 기업의 규모는 기업입지와 기업형태, 그리고 자본력에 따라 달라져야 한다.
④ 우리나라의 경우 잠재적 실업과 저임금 때문에 기업의 대형화가 가능했다.

해설
기업 규모는 크다고 좋은 것은 아니며, 기업 규모란 기업입지와 기업형태, 그리고 그 기업의 자본력에 따라서 결정되어야 한다.

25 **e-비즈니스 환경에 대한 설명으로 옳지 않은 것은?**

① 상거래 정보시스템과 의사결정지원의 환경이 변하고 있다.
② 클라이언트-서브구조 등의 확산으로 경영관리자로부터 일반인까지 혜택을 보고 있다.
③ e-비즈니스로 인해 웹 기반이 점차 쇠퇴되고 있다.
④ 인트라넷과 엑스트라넷의 확산으로 인해 e-비즈니스 혁명이 가속화되었다.

해설
e-비즈니스는 웹 기반의 활용을 점차 가속화하고 있다.

정답 23 ④ 24 ③ 25 ③

26 파레토 최적에 관한 서술 중 옳지 않은 것은?

① 사회 내의 어떤 사람의 후생을 감소시키지 않고서는 다른 사람의 후생을 증대시킬 수 없는 실현가능한 배분상태를 파레토 최적이라고 한다.
② 사회에 두 사람만이 존재하고 두 상품만이 존재할 때 이 두 사람의 두 상품에 대한 한계대체율이 같으면 교환의 파레토 최적이 달성된다.
③ 모든 시장이 완전경쟁시장이라면 그 결과로 나타나는 균형은 파레토 최적이다.
④ 파레토 최적의 개념은 자원배분의 효율성과 형평성을 모두 의미한다.

해설

④ 파레토 최적은 자원배분의 효율성만 분석할 뿐 형평성을 고려하지는 않는다. 20세기 초에 고안된 개념으로서 이는 생산의 효율과 교환의 효율 두 가지에 대하여 다음 조건을 충족시켜야 한다. 즉, 전자에 대해서는 어느 한 재화의 생산량을 증가시키기 위해 다른 재화의 생산을 감소시켜야 하는 상태에 있어야 하고, 후자에 대해서는 어느 소비자의 효용을 증가시키기 위해 다른 소비자의 효용을 감소시키지 않으면 안 될 상태에 있어야 한다. 파레토 최적의 상태란 이상의 두 가지 조건이 동시에 성립하고 있는 경우를 가리킨다. 파레토 최적은 자원배분의 효율성에 관하여 그 중핵을 이루는 중요한 분석개념이지만, 이 이론은 자원배분에만 관여하고 소득분배에 대해서는 아무런 언급이 없다. 또 파레토 최적 상태는 무수히 존재하여 우열의 결정이 안 된다는 한계가 있다.

27 금융시장의 안정화를 위해 최근 각국이 적정수준에서 규제하는 조치 중 하나로 '보유하지 않은 주식을 빌려 미리 판 다음 판매가격보다 싼 값에 해당 주식을 되사서 차익을 챙기는 매매기법'에 해당되는 용어로 다음 중 가장 적절한 것은?

① 매칭펀드
② 주식공매도
③ 헤지펀드
④ 옵션거래

해설

① 매칭펀드 : 투자신탁회사가 국내외에서 조달한 자금으로 국내외 증권시장에 분산투자하는 기금, 또는 다수의 기업들이 공동으로 출자하는 자금
③ 헤지펀드 : 단기이익을 목적으로 국제시장에 투자하는 개인모집 투자신탁
④ 옵션거래 : 주식, 채권, 주가지수 등 특정 자산을 장래의 일정 시점에 미리 정한 가격으로 살 수 있는 권리와 팔 수 있는 권리를 매매하는 거래

26 ④ 27 ② 정답

28 다음 설명에 해당하는 유가 증권으로 옳은 것은?

- 화폐 발행 비용이 절감된다.
- 신용 거래 수단으로 이용된다.
- 은행이 자기를 지급인으로 하여 발행한다.
- 화폐 사용에 따른 계산상, 휴대상 불편을 해소한다.

① 환어음
② 당좌수표
③ 자기앞수표
④ 약속어음

해설

신용 거래 수단으로 이용되는 금전 증권에는 수표와 어음이 있다. 그 중 은행이 자기를 지급인으로 하여 발행하는 것은 자기앞수표이다.

29 다음 (가), (나)에 해당하는 국제 경영 형태를 바르게 짝지은 것은?

(가) A호텔은 다른 나라의 호텔에 상호 사용권을 30년간 이전하고 실내 장식, 마케팅 노하우 등을 제공하였다.
(나) B회사는 동남아시아의 C국가와 합작 투자 형태로 출자를 통해 법인을 설립하여 기업을 성공적으로 운영하고 있다.

	(가)	(나)
①	관리 계약	해외 간접 투자
②	라이선싱	해외 직접 투자
③	라이선싱	해외 간접 투자
④	프랜차이징	해외 직접 투자

해설

프랜차이징은 본사가 실내 장식, 기술, 경영 기법 등을 가맹점에 제공하고, 상표 · 상호의 사용권에 대해 사용료를 받는 형태이며, 해외 직접 투자는 기업이 해외 현지에 사업체를 신설 또는 기존 사업체를 인수하여 경영에 직접 참여하는 것을 목적으로 하는 투자이다.

정답 28 ③ 29 ④

30 **그림은 GDP와 GNP의 구성을 나타낸 것이다. (가)에 해당하는 사례를 〈보기〉에서 모두 고른 것은?**

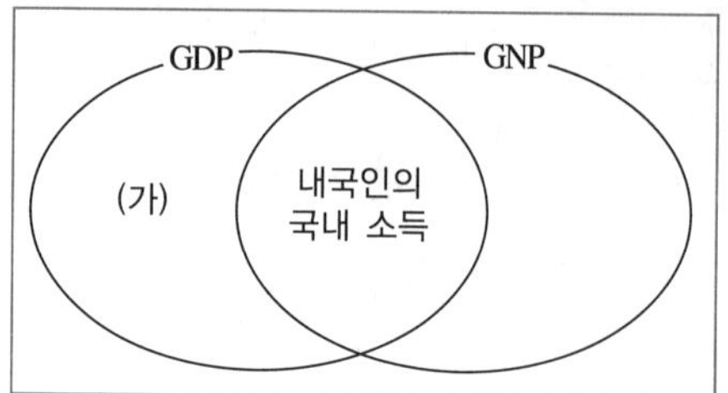

보 기

ㄱ. 우리나라 대학생 A가 편의점에서 아르바이트로 번 수입
ㄴ. 우리나라 사람 B가 홍콩에 있는 은행에서 일하고 받은 소득
ㄷ. 인도네시아인 C가 국내 유명 전자 회사에 근무하고 받은 소득

① ㄱ
② ㄴ
③ ㄷ
④ ㄱ, ㄴ

해설

GNP는 한 나라의 국민이 자국과 외국에서 일정 기간 생산한 최종 생산물의 총계이며, GDP는 한 나라 안에 거주하는 자국 국민과 외국 국민이 일정 기간 생산한 부가 가치 또는 최종 생산물의 합계를 말한다. (가)는 외국인의 국내 소득이다.

31 **다음 중 벤처기업에게 필요한 외부자금을 제공하는 엔젤투자자에 대한 설명으로 가장 적절하지 않은 것은?**

① 엔젤은 사업구상에서 초기 성장단계의 투자를 주로 한다.
② 엔젤의 주요 투자동기는 높은 수익성 추구이며 친분을 중시한다.
③ 엔젤은 기업에 자금만 지원하는 형태로 경영자문 및 경영참여의 비중이 거의 없다.
④ 엔젤은 주로 개인투자자로서 일정한 법적 자격요건을 필요로 하지 않는다.

해설

엔젤투자는 창업 또는 창업 초기 단계인 벤처기업에 필요한 자금을 공급해 주고 경영에 대한 조언을 수행하는 개인 투자를 말한다. 엔젤투자는 기업이 창업단계 투자와 성장단계 투자 사이의 자본공급 갭을 극복하게 하고 멘토링을 통해 창업기업에게 경영 및 기술, 마케팅 등의 지원을 제공하는 등 초기 기업 성장에서 필수적인 요소로 평가받고 있다.

30 ③ 31 ③ 정답

32 **사업을 다각화하는 방법에는 수직적 다각화, 수평적 다각화 및 복합기업화가 있다. 이에 대한 설명 중 옳지 않은 것은?**

① 메모리 반도체 제조회사가 반도체장비 제조업에 진출하는 것은 수직적 다각화이다.
② 철강 · 제련업체가 영화산업에 진출하는 것은 복합적 다각화이다.
③ 철강 · 제련업체가 영화산업에 진출하는 것은 수평적 다각화이다.
④ 오토바이 제조업체가 엔진기술을 바탕으로 자동차 제조업에 진출하는 것은 수평적 다각화이다.

해설

③ 복합적 다각화에 해당한다. 복합적 다각화(집성형 다각화)란 현재의 제품과 시장면에서 전혀 관련이 없는 분야로 다각화하는 것을 말한다.

33 **전사적 마케팅개념과 가장 밀접한 것은?**

① 마케팅활동은 사회에 대한 책임을 우선으로 해야 한다는 것이다.
② 기업의 총매출액을 극대화시키기 위한 것이다.
③ 국내 · 외의 시장을 총괄하여 마케팅활동을 전개하는 것이다.
④ 기업의 모든 경영활동을 마케팅활동 중심으로 통합하는 것이다.

해설

전사적 마케팅이란 마케팅활동이 판매부문에만 국한되어 수행되는 것이 아니라 기업의 모든 활동이 마케팅기능을 수행하게 된다는 통합적 마케팅과 같은 개념이다.

34 **침투가격제도란 무엇을 말하는가?**

① 대량구매자에게 할인해 줌으로써 고객확보를 위하여 사용한다.
② 일정기간을 정해 놓고 그 기간에 한하여 염가판매하는 제도이다.
③ 고가격을 통하여 고소득층에 침투하려는 전략이다.
④ 저가격을 통하여 시장을 개발 · 확보하려는 전략이다.

해설

침투가격정책이란 신제품을 시장에 도입하는 초기에 저가격을 설정함으로써 신속하게 시장에 침투하여 시장을 확보하고자 하는 정책을 의미한다. 이 정책은 대중적인 제품이나 수요의 가격탄력도가 큰 제품의 경우에 많이 이용된다.

정답 32 ③ 33 ④ 34 ④

35 경기 침체 후 잠시 회복을 찾다가 다시 침체에 빠지는 현상을 무엇이라 하는가?

① J커브
② 스태그플레이션
③ 더블딥
④ 베어마켓랠리

해설

③ 경기침체와 회복을 반복하며 'W'자와 비슷한 사이클을 보인다.

36 총체적 품질관리(TQM)의 주요 특성으로 옳지 않은 것은?

① 관리자와 전문가에 의해 고객의 수요가 규정된다.
② 사실자료에 기초를 두고 과학적 품질관리기법을 활용한다.
③ 통제유형은 예방적 · 사전적 성격을 띤다.
④ 결점이 없어질 때까지 개선활동을 지속적으로 되풀이한다.

해설

총체적 품질관리(TQM)는 고객에 초점을 두고, 전 직원의 참여와 지속적인 개선을 통하여 고객만족경영을 추구하는 통합관리체계이다. 따라서 품질의 기준과 고객에 대한 수요 규정은 내부관리나 전문가가 아니라 고객의 만족 여하에 의해 규정된다.

37 다음 경제이론과 관련이 있는 것은?

> 1980년대 말 버블경제의 붕괴 이후 지난 10여 년간 일본은 장기침체를 벗어나지 못하고 있다. 이에 대한 대책의 하나로 일본 정부는 극단적으로 이자율을 낮추고 사실상 제로(0) 금리정책을 시행하고 있으나, 투자 및 소비의 활성화 등 의도했던 수요확대 효과가 전혀 나타나지 않고 있다.

① 화폐 환상
② 유동성 함정
③ 구축 효과
④ J커브 효과

해설

② 유동성 함정 : 금리가 한계금리 수준까지 낮아져 통화량을 늘려도 소비 · 투자 심리가 살아나지 않는 현상
① 화폐 환상 : 화폐의 실질적 가치가 물가수준이 상승하면 저하되고, 물가수준이 하락하면 증대하듯이 물가수준의 변화와 반대로 나타나는 현상
③ 구축 효과 : 정부의 재정적자 또는 확대 재정정책으로 이자율이 상승하여 민간의 소비와 투자활동이 위축되는 효과
④ J커브 효과 : 환율의 변동과 무역수지와의 관계를 나타낸 것으로, 무역수지 개선을 위해 환율상승을 유도하더라도 그 초기에는 무역수지가 오히려 악화되다가 상당기간이 지난 후에야 개선되는 현상

35 ③ 36 ① 37 ② 정답

38 **다음 중 기업들이 해외에 생산시설을 직접 건설하는 전략을 선택하는 이유가 아닌 것은?**

① 관세의 회피　② 운송비의 절감
③ 규모의 경제　④ 환위험의 회피

해설
규모의 경제를 생각한다면 한 곳에 대규모 생산시설을 건설하는 게 바람직하다.

39 **다음 중 Z이론의 설명으로 옳지 않은 것은?**

① 맥그리거의 XY이론과 밀접한 관련이 있다.
② 단기고용과 개인적 의사결정을 강조한다.
③ 노동자 상호간 협력, 집단적 의사결정과 집단적 책임을 중시한다.
④ 미국식 경영의 장점과 일본식 경영의 장점을 선택해서 절충형으로 개발되었다.

해설
오우치가 주장한 Z이론은 미국의 경영이론과 일본의 경영이론 중 장점들을 취사선택한 이론이다. 맥그리거의 XY이론을 본떠 Z이론이라고 하였고, 종신고용제를 주장하며 전문화된 인사배치도 강조하고 있다.

40 **전략(Strategy)이나 목표(Goal)와 비교하여 조직의 사명(Mission)에 대한 다음 설명 중 가장 적절하지 않은 것은?**

① 조직이 원래 무엇을 하기로 되어 있는지를 간단하고 명확한 용어로 표현한 것이다.
② 환경과 자원의 변화를 반영하거나 새로운 기회를 활용하기 위해 정기적으로 재정립된다.
③ 조직이 수행하는 업무에 대한 의미를 최고로 표현한 것이다.
④ 조직의 모든 사람들이 힘을 합쳐서 해야 할 일, 즉 공유된 목표를 제시한다.

해설
조직의 사명(Mission)은 다른 기업과 해당 기업을 차별화시켜 주고 활동의 영역을 규정함으로써 기업의 근본적인 존재 의의와 목적을 나타내는 것이다. 사명은 기업의 기본적인 지향점을 나타냄으로써 기업의 나침반의 역할을 담당하게 되는 것으로 특별한 사정이 있지 않는 한 재정립하지 않는다.

정답 38 ③ 39 ② 40 ②

제3과목 사무영어

41 Which of the following is the most appropriate expression for the blank?

Harris	: Is it true that we are having the meeting today? What time does it start?
Ju-Young	: I think it's 4 o'clock.
Harris	: Oh! I've got only less than two hours. What am I going to do?
Ju-Young	: Haven't you prepared the presentation ________________?
Harris	: I haven't. I thought the meeting was tomorrow.
Ju-Young	: Oh, no! You're in big trouble.
Harris	: Where did you say the meeting will be at?
Ju-Young	: In the conference room on the sixth floor.
Harris	: Is the president going to attend the meeting?
Ju-Young	: Yes, he is. Calm down. I'll help you to get ready for your presentation.
Harris	: Thank you. That's relief.

① budget
② materials
③ agenda
④ appointment

해설

Harris	: 오늘 회의가 있다는 게 사실이야? 몇 시에 시작해?
Ju-Young	: 4시인 것 같아.
Harris	: 오! 두 시간도 안 남았네. 어떻게 해야 하지?
Ju-Young	: 발표자료를 준비 안 한거야?
Harris	: 안 했어. 난 회의가 내일이라고 생각했어.
Ju-Young	: 오! 넌 큰일났다.
Harris	: 회의는 어디서 열리지?
Ju-Young	: 6층에 있는 회의실이야.
Harris	: 사장님도 참석하시니?
Ju-Young	: 응, 참석하셔. 일단 진정해. 내가 발표 준비 도와줄게.
Harris	: 고마워. 정말 다행이다.

41 ② 정답

42 Which of the following is the most appropriate expression for the blank?

Ms. Brown : I'm Louise Brown. May I talk to Mr. Higgins, please?
Secretary : Do you have and appointment, Ms. Brown?
Ms. Brown : No. But we talked on the phone this morning. He's waiting for me.
Secretary : I'm afraid ________________________
Can you wait a moment, please?
Ms. Brown : Yes, certainly.
Secretary : Where are you from, Ms. Brown?
Ms. Brown : From Vancouver.
Secretary : They say it's a very nice place. Is it cold?
Ms. Brown : Yes. But for me it's the perfect weather.
Secretary : Do you prefer cold to heat?
Ms. Brown : Definitely.

① he's on a business trip.
② his schedule is fully booked today.
③ he's in a conference now and won't be back all morning.
④ he's with a customer at the moment.

해설

Ms. Brown : 저는 Louise Brown입니다. Mr. Higgins와 대화할 수 있을까요?
Secretary : 약속을 하셨습니까, Ms. Brown?
Ms. Brown : 아니요. 하지만 오늘 아침에 전화로 이야기했습니다. 나를 기다리고 있을 겁니다.
Secretary : 그는 지금 고객과 면담 중인 것 같습니다. 잠시만 기다려주시겠습니까?
Ms. Brown : 그럼요.
Secretary : 어디서 오셨습니까, Ms. Brown?
Ms. Brown : 밴쿠버에서 왔습니다.
Secretary : 참 좋은 곳이라고 들었습니다만 춥지는 않나요?
Ms. Brown : 추운 편이긴 하지만 저한테는 적당합니다.
Secretary : 더운 것보다는 추운 것을 좋아하시는군요.
Ms. Brown : 그렇습니다.

정답 42 ④

43 Which of the following correction is NOT appropriate?

Secretary : Good morning, sir. May I help you?
Visitor : Good morning. I'm Jack Smith from Daehan Trading in Atlanta. ① I'm writing Mr. Lee on my visit in Seoul. I wonder if he can spare ② several minute for me now.
Secretary : Oh, yes, Mr. Smith. I remember that ③ corespondance. I'm sorry, but Mr. Leeis in a meeting right now and won't beback in the office until noon. ④ How much will you stay in Seoul?
Visitor : I'm leaving tomorrow evening

① I'm writing → I've written
② several minute → several minutes
③ corespondance → correspondance
④ How much → How long

해설

대화 속의 ①~④를 잘못 고친 것을 찾는 문제이다. 서신을 의미하는 ③의 철자를 다시 고치면 correspondence가 된다.

① 'I'm writing~', 'This is to~'는 서신의 초두에서 용건을 밝힐 때 쓰는 표현이다. 대화 속에서는 비서의 상사인 Mr. Lee에게 앞서 서신을 작성한 사실을 알리고 있으므로 과거로부터 현재까지 있었던 일을 나타내는 현재완료를 쓴다.

④ how much는 금액이나 양을 나타낼 때 쓴다.

44 Read the following letter and choose one set which is arranged in correct order.

Dear Mr. Hopkins :
a. We will send you the correct items free of delivery charge.
b. We are very sorry to hear that you received the wrong order.
c. Once again, please accept our apologies for the inconvenience, and we look forward to serving you again in the future.
d. Thank you for your letter dated October 23 concerning your recent order.
e. Apparently, this was caused by a processing error.

① c - e - a - d - b
② d - b - e - a - c
③ b - c - a - e - d
④ e - a - b - d - c

해설

a~e를 바른 순서로 재배열하면 다음과 같다.

d. 귀사의 최근 주문에 관한 10월 23일 서신 감사드립니다.
b. 잘못된 주문품을 받으셨다니 매우 유감입니다.
e. 처리상에 오류가 있었던 것으로 보입니다.
a. 제대로 된 상품을 무료 배송으로 보내드리겠습니다.
c. 불편을 끼쳐드려서 거듭 사죄드리며, 가까운 시일에 다시 거래할 수 있기를 바랍니다.

43 ③ 44 ② 정답

45 Belows are sets of korean sentences translated into English. Choose the one which is NOT translated appropriately.

① In the past quarter our domestic sales have increased by 50% while our overseas sales by 19%.
– 지난 분기 우리의 국내 판매는 50% 증가하였고 반면 해외 판매는 19% 증가하였습니다.

② I am wondering if I am able to postpone the meeting scheduled this Friday to next Friday.
– 나는 당신이 이번 금요일로 예정된 회의를 다음 주 화요일로 왜 미루었는지 알고 싶습니다.

③ If you have any further queries, please do not hesitate to contact me on my direct line.
– 질문이 더 있으시면 주저하지 마시고 제 직통전화로 연락하십시오.

④ Manual and service industry workers are often organized in labor unions.
– 육체노동자들과 서비스 산업 종사자들은 종종 노동조합에 가입되어 있다.

해설

② I am wondering if I am able to postpone the meeting scheduled this Friday to next Friday.
– 나는 이번 금요일로 예정된 회의를 다음 주 금요일로 연기할 수 있는지 알고 싶습니다.

46 Read the passage below and fill in the blank with the most appropriate name of department.

> I founded Universal Computer 20 years ago. We started with a small office in Seoul.
> Now we have branches all over Korea, with about 500 employees. Many of the offices are open-plan: everyone works together, from managers to administrative staff, as well as people selling over the phone, and people in technical support giving help to customers over the phone. Recruitment is taken care of in Seoul, by the ______________________.

① General Affairs Department
② Secretarial Department
③ Human Resources Department
④ Public Relations Department

해설

채용(구인)은 서울에 있는 인사부(Human Resources Department)에서 담당한다.
① General Affairs Department : 총무부
② Secretarial Department : 비서실
④ Public Relations Department : 홍보부
• open-plan : 칸막이가 없는

정답 45 ② 46 ③

47 Which of the following is providing INCORRECT explanation about the given acronym?

① M&A – Merger and Acquisition
② CEO – Chief Executive Organization
③ EU – European Union
④ FOB – Free on Board

해설

① M&A : Merger and Acquisition 인수합병
② CEO : Chief Executive Officer 최고경영자
③ EU : European Union 유럽연합
④ FOB : Free on Board 본선인도

48 Which of the following is the most appropriate for the blank?

> For further information, ________ this form and send it to ARCO International, Box 105, NY, New York.

① write
② fill up
③ make
④ fill out

해설

「문서나 양식을 기입하다」는 fill out이다. fill up은 「~을 채우다, 충만시키다」의 뜻이므로 적합하지 않다.

> 더 자세한 정보가 필요하시면 이 서식을 작성하여 뉴욕주 뉴욕시 사서함 105호 ARCO 인터내셔널로 보내 주십시오.

47 ② 48 ④ 정답

※ Read the following conversation and answer the question (49~50).

David : David Jones.
Edwards : David, it's Bill.
David : Yes, Bill. Thanks for calling back.
Edwards : Excuse me, David. ___(A)___ Hold on a second, please. Yes, cindy?
Secretary : Excuse me, Mr. Edwards. It's your wife on line two.
Edwards : Thank you. David? That's my wife. Would you mind hanging on for a minute?
David : Of course.
Edwards : Honey?
Wife : Hi. Are you busy?
Edwards : Yes, actually. But what's up?
Wife : Are you still going out with Suzy and Josh tonight?
Edwards : Yes, we are. But, honey, I have someone on hold. So let me get back to you in a bit.
Wife : Okay, honey. Call me on my cell phone.
Edwards : David? Sorry about that. ___(B)___

49 Which of the following is the most appropriate for the blank (A)?

① That's my other line.
② Would you speak up, please?
③ Would you mind hanging on for a minute?
④ Can I put you on hold for a second?

해설

① 다른 전화가 왔군요.
② 좀 더 크게 말씀해 주시겠어요?
③ 잠시만 기다려주시겠어요?
④ 잠시만 통화 대기시켜도 될까요?

50 Which of the following is the most appropriate for the blank (B)?

① Now, where were we?
② I apologize for the interruption.
③ I had to take that call.
④ I don't have the slightest idea.

해설

① 자, 어디까지 얘기했죠?
② 통화를 중단하여 사과드립니다.
③ 그 전화를 꼭 받아야 했거든요.
④ 전혀 모르겠습니다.

정답 49 ① 50 ①

데이비드 : 데이비드 존스입니다.
에드워즈 : 데이비드, 저 빌이에요.
데이비드 : 예, 빌. 다시 전화해 주셔서 고마워요.
에드워즈 : 잠깐 실례해요, 데이비드. 다른 전화가 와서요. 잠시만 기다려줘요. 예, 신디?
비　　서 : 죄송합니다. 에드워즈 씨. 2번 라인에 사모님에게서 전화 왔습니다.
에드워즈 : 고마워요. 데이비드? 집사람한테 전화가 와서 그러는데. 잠깐만 기다려주시겠어요?
데이비드 : 그러죠.
에드워즈 : 여보?
부　　인 : 네 전데요. 당신 바빠요?
에드워즈 : 음, 실은 좀 바빠요. 그런데 무슨 일이오?
부　　인 : 우리 수지하고 조쉬 데리고 오늘 밤에 외출할 거죠?
에드워즈 : 그래요, 맞아요. 그런데 여보, 다른 사람이 전화 대기 중이에요. 나중에 다시 전화하겠소.
부　　인 : 알았어요, 여보. 휴대폰으로 전화해요.
에드워즈 : 데이비드? 미안해요. 자, 어디까지 얘기했죠?

51 Which of the following is the most appropriate term for the blank?

Bob : Would anyone like to comment on that last suggestion?
Linda : ______________________. I can see how it could really help sales.
Bob : Thank you. Let me give you some more examples of other companies.

① That's not a good idea
② I totally agree with you
③ That doesn't really make
④ I don't get your idea

해설

Bob이 지난번의 제안에 대한 의견을 묻자 Linda는 매출에 긍정적이라는 반응을 보였고, 이에 Bob은 타사의 견본도 보여준다고 말하고 있다. 따라서 선택지 중 긍정적인 대답인 ②가 공란에 들어갈 내용으로 적절하다.

52 Choose the word which is the best for the underlined blanks in common.

______________ beverage will be available during the conference.
______________ copy of the magazine should be ready for every participant.

① congratulatory
② complimentary
③ executive
④ extraordinary

51 ② 52 ② 정답

해설

회의 참석자들에게 제공되는 음료 및 자료는 무료이므로, 밑줄 친 공란에 들어갈 어휘는 complimentary이다. 같은 의미를 가진 단어에는 free도 있으나 이것은 그야말로 '공짜'라는 의미이며, 호텔이나 레스토랑 등 '접대', '서비스'의 장소에서 무료로 비치되었다는 의미로서 complimentary를 쓰면 보다 격식에 맞다.

① 축하의
③ 고급의, 중요인물을 위한
④ 눈에 띄는, 비범한

※ Read the following conversation and answer the question. (53~55)

Secretary : Excuse me, Mr. Edwards. It's Mr. Jones from Asia Corporation. He's calling long distance.
Edwards : ______(A)______
Secretary : He's responding to the e-mail you sent him.
Edwards : Ah, yes. Okay. Put him through.
Secretary : Mr. Jones? ______(B)______
David : Thank you.
Edwards : Bill Edwards.
David : Mr. Edwards, this is David Jones from Asia Corporation. Thanks for taking my call.
Edwards : David. Good to hear from you! Don't be formal, through. we've already been introduced. Call me bill.
David : Oh, thank you. Um, actually, I'm calling about your e-mail. I'm afraid that I can't seem to locate the shipment. I've tried to track it, but no luck.
Edwards : That's unfortunate.
David : Yes. I'm not sure, but I think this foul-up might be related to the work stoppage.
Edwards : Your employees are on strike?
David : Just some of the blue-collar workers. They're protesting our austerity program.
Edwards : Yes. I saw some footage of that on the news. So, David, what do you propose we do about the delivery?
David : Well, if you'll give us another __(C)__, I'm sure that we can make good on it.
Edwards : Of course.

53 Which of the following is not appropriate for the blank (A)?

① What does he want?
② What's this about?
③ What can I do for you?
④ What's this regarding?

해설

① 그 사람 용건이 뭡니까?
② 용건이 무엇인가요?
③ 무엇을 도와드릴까요?
④ 용건이 무엇인가요?

정답 53 ③

54 Which of the following is the not appropriate for the blank (B)?

① I'll transfer you to Mr. Edwards.
② I'd like to speak with Mr. Edwards, please.
③ I'll put you through to Mr. Edwards.
④ I'll connect you with Mr. Edwards.

해설

② 에드워즈 씨와 통화하고 싶은데요.
① 에드워즈 씨에게 연결해 드리겠습니다.
③ 에드워즈 씨에게 연결해 드리겠습니다.
④ 에드워즈 씨에게 연결해 드리겠습니다.

55 What is the most appropriate term in the blank (C)?

① excellence ② desire
③ equipment ④ shot

④ shot : 기회, 시도(chance, opportunity, attempt 등과 같은 의미인데 이들보다 훨씬 일상적인 표현)
① excellence : 탁월성
② desire : 희망
③ equipment : 설비

비 서 : 실례합니다만, 에드워즈 씨. 아시아 주식회사의 존스 씨인데요. 장거리 전화입니다.
에드워즈 : 용건이 뭡니까?
비 서 : 보내신 이메일 때문에 전화하시는 거라는데요.
에드워즈 : 아, 그래요. 알겠어요. 연결해 주세요.
비 서 : 존스 씨? 에드워즈 씨에게 연결해 드리겠습니다.
데이비드 : 감사합니다.
에드워즈 : 빌 에드워즈입니다.
데이비드 : 에드워즈 씨, 아시아 주식회사의 데이비드 존스입니다. 전화 받아주셔서 감사합니다.
에드워즈 : 데이비드, 연락해 주셔서 반가워요! 편하게 말씀하세요. 이미 소개도 했잖아요. 그냥 빌이라고 불러요.
데이비드 : 아, 고맙습니다. 음, 사실 보내신 이메일 때문에 전화 드리는 겁니다. 화물이 어디 있는지 찾을 수가 없군요. 추적해 봤지만, 실패했습니다.
에드워즈 : 유감이군요.
데이비드 : 예, 잘은 모르겠지만, 이 문제가 파업과 관련이 있는 것 같습니다.
에드워즈 : 직원들이 파업 중인가요?
데이비드 : 일부 생산직 근로자들만요. 그들은 긴축 재정 계획에 반대하고 있어요.
에드워즈 : 알아요. 뉴스에서 몇 번 봤어요. 그럼 데이비드, 납품은 어떻게 하실 건가요?
데이비드 : 음, 다시 한 번 기회를 주시면, 반드시 좋은 결과가 있을 겁니다.
에드워즈 : 물론이죠.

54 ② 55 ④ **정답**

※ Questions 56~57 refer to the following inter-office memo.

To All Staff members :
This is to inform you, all company staff that we will execute a tight money policy, beginning on May 1st, Monday. As you are aware, the advertising trade is in a financial distress due to the general trend to cut down on all expenses including those for advertising and publicity. While renewing our efforts to serve our clients with the maximum efficiency and minimum cost, we should all curtail office-related expenditures.
Let's turn off our desk light when we leave the office even for a brief lunch. The last person to leave should make sure all lights are off.
Telephone bills, transportation expenses, especially cab fares require extra attention. One and each employee is requested not to make private phone calls unless absolutely necessary.
Personnel/Administration Department will issue a follow-up memo on June 1st to report how much you have saved with your personal saving efforts.

56 **This inter-office memo is intended ____________ .**

① to congratulate each staff member for his/her remarkable work in raising the annual income.
② to warn the staff members of the impending financial crisis.
③ to urge each staff member to save all expenses as part of the tight money policy.
④ to encourage each staff member to obtain a new customer.

해설

공고문은 사내 비용절감을 내용으로 하고 있다.
③ 각 직원에게 긴축재정의 일환으로 절약하기를 촉구하기 위해서
① 각 직원이 연 수입을 올리는 데 뛰어난 일을 한 것을 축하하기 위한 것
② 직원들에게 임박한 재정위기를 경고하기 위해서
④ 각 직원이 새로운 고객을 확보하도록 격려하기 위해서

모든 직원들에게 :
이것은 모든 직원들에게 3월 1일 월요일부터 우리가 긴축 재정을 실시하겠다는 것을 알려드리기 위한 것입니다. 여러분들도 아시다시피 광고와 홍보비용을 포함한 모든 비용을 삭감하려는 전반적인 경향에 따라 광고업이 재정적 어려움에 처해 있습니다. 고객들에게 최소의 비용으로 최대의 효과를 제공하려는 노력을 새롭게 하는 한편, 우리는 모든 사무실 관련 비용을 삭감해야 합니다.
간단한 점심식사를 하기 위해서라도 사무실을 나갈 때는 반드시 책상의 불을 끕시다. 사무실을 마지막으로 나가는 사람은 모든 불이 꺼졌는지 확인해야만 합니다.
전화 요금, 교통비, 특히 택시 요금은 특별한 주의를 요합니다. 개개의 직원 모두는 꼭 필요한 경우가 아니면 개인적인 전화를 하지 않기 바랍니다.
인사/관리부에서는 6월 1일 여러분들의 개인적인 노력으로 얼마나 많이 절약이 됐는지 알려드리기 위한 후속 메모를 발행하겠습니다.

정답 56 ③

57 What sort of business is this company in?

① Manufacturing ② Banking
③ Advertising ④ Transportation

광고 관련 비용을 삭감하려는 전반적인 경향에 따라 광고업이 재정적 어려움에 처해 있다는 내용에서 추론할 수 있다.
③ 광고업
① 제조업
② 은행업
④ 운송업

※ Questions 58~59 refer to the following Want Ad.

WANTED Secretary for production department. MUST have good word-processing skills. Able to set up filing system. Minimum one year experience. Good salary. Non-smoking office.

58 The position is in __________ .

① a large office building
② the filing branch
③ a word-processing company
④ the production department

해설

생산부 비서를 구하고 있다.
④ 생산부
① 대형 사무실
② 자료보관 지점
③ 문서작성 회사

57 ③ 58 ④ 정답

59 "Non-smoking office" probably means ____________ .

① employees may not smoke in the office
② the building is fireproof
③ the office is air conditioned
④ no burning is allowed

해설

"Non-smoking office"는 사무실 내 금연을 의미한다.
① 직원들은 사무실에서 담배를 피우면 안 된다.
② 빌딩은 방화설비가 되어 있다.
③ 사무실은 냉방이 되어 있다.
④ 어떤 것도 태워서는 안 된다.

60 Which of the following is the most appropriate for the blank?

> Important : Do not use if foil inner seal printed "Sealed For Your Protection" is disturbed or missing.
> Comments or Questions : Call (ⓐ) 1-800-245-1040 weekdays.
> Control No. 7F1307
> Exp. Date : 12/2023

① direct
② toll-free
③ free-from-charge
④ long distance

해설

미국에서 주로 기업들이 고객 서비스용으로 사용하는 수신자부담 장거리 자동전화는 800으로 시작하는데(앞의 1은 미국을 가리키는 국가지정번호), 대개의 경우는 여기서와 같이 toll-free란 말을 앞에 붙여 사용한다. 우리나라 기업들이 요즘 많이 사용하는 1588 서비스와 거의 같은 개념이다. toll은 영국에서는 원래 '통행세, 사용료'의 뜻으로 사용되었는데, 미국에서는 주로 '장거리 전화료'란 뜻으로 쓰인다.
② 수신자부담
① 직 통
③ 무료요금
④ 장거리 전화

> 주의 : "안전상 밀봉됨"이라고 적힌 포일내부 밀봉이 변형되거나 없어졌을 경우에 사용하지 마십시오.
> 문의사항 : 평일 1-800-245-1040으로 전화 주십시오.
> 통제 번호 : 7F1307
> 유효기간 : 12/2023

정답 59 ① 60 ②

제4과목 사무정보관리

61 다음은 최신 정보 통신 기술에 관한 기사이다. 이 기사에 나타난 정보 통신 기술로 알맞은 것은?

> 이것은 각종 자료와 소프트웨어를 PC가 아닌 사이버 공간에 모아 놓고, 언제 어디서나 인터넷으로 접속해 꺼내 쓸 수 있는 서비스이다. 이 서비스가 본격화되면 개인들은 스마트폰이나 태블릿 PC로 연결만 하면 언제 어디서든 자료를 이용할 수 있게 된다.
>
> – 20○○년 ○월 ○○일자, ○○일보 –

① RFID
② QR코드
③ 증강현실
④ 클라우드 컴퓨팅

해설

자료와 소프트웨어를 네트워크로 연결된 각종 서버에 설치해두고 이를 필요할 때마다 언제 어디서나 자유롭게 다양한 기기에서 활용할 수 있도록 해주는 서비스를 클라우드 컴퓨팅 기술이라고 한다.

62 김 대리가 다니는 손해보험회사는 전국에 백만 명 정도의 고객을 확보하고 있다. 하루에도 몇 만 건씩 사건접수가 이루어지고 있어서 새 파일을 만들 때 무한정 확장할 수 있어야 한다. 또한 고객의 전화번호, 주민등록번호, 자동차번호 등의 고객의 개인정보는 철저히 보안유지가 되어야 한다. 이 사례에 가장 적절한 파일링 방법은?

① 사건의 종류별로 파일정리를 하고 있다.
② 고객의 주민등록번호로 파일정리를 하고 있다.
③ 지역별 고객의 이름으로 파일정리를 하고 있다.
④ 계약건별 보험증서번호로 파일정리를 하고 있다.

해설

파일을 만들 때 무한정 확장할 수 있어야 한다면 계약건별로 파일정리하는 것이 불가피하다. 더구나 고객의 개인정보에 대한 보안유지라는 측면에서도 계약건별 파일링이 가장 유리하다.

61 ④ 62 ④ **정답**

63 **비서는 업무상 각종 기밀사항을 취급하므로 상사가 수행하는 중요업무를 보좌하는 업무와 함께 기밀보안에 유의하여야 한다. 비서의 보안관리태도 중 가장 부적절한 것은?**

① 기밀 내용의 구분 및 등급체계를 갖추고 별도 관리한다.
② 전화, 텔렉스, 팩시밀리 등을 통해 도청되지 않도록 통신 보안에 유의한다.
③ 각종 기밀자료, 메모지 등은 철저히 파기 · 확인하여야 하며, 이미 시효를 넘긴 기밀자료는 휴지통에 버린다.
④ 비서는 타인들과의 관계에서 가급적 무리한 행동을 자제한다.

해설

③ 문서 세단기 등을 이용하거나 찢어 버린다. 사무실에서 서류를 파기할 때에는 기밀에 해당하는 것은 특히 유의해서 파기해야 한다.

64 **제품닷컴 회사는 아래와 같은 문제에 처해있다. 이 문제를 해결하기 위해 도입해야 할 것으로 가장 적당한 것은?**

> 제품닷컴 회사는 제품생산과정에서 기존의 FAX, E-mail을 이용한 수주처리는 중간유실성이 높았지만, 데이터의 공유와 실적관리는 미흡하였다. 매출실적 관리 또한 과도하게 시간이 소요되었다. 경영 전반에 IT를 기반으로 한 생산-재고-납품관리 시스템이 요구되었다. 경쟁사는 인사-자재-생산관리 등 별도의 전산프로그램을 사용하는 통합관리 시스템으로의 전환을 검토하고 있다.

① ERP(Enterprise Resource Planning)
② EC(Electronic Commerce)
③ SNS(Social Network Service)
④ EDI(Electronic Data Interchange)

해설

ERP는 '전사적 자원관리'라고 한다. 기업 전체를 경영자원의 효과적 이용이라는 관점에서 통합적으로 관리하고 경영의 효율화를 기하기 위한 수단이다. 쉽게 말해 정보의 통합을 위해 기업의 모든 자원을 최적으로 관리하자는 개념으로 기업자원관리 혹은 업무 통합관리라고 볼 수 있다. 좁은 의미에서는 통합적인 컴퓨터 데이터베이스를 구축해 회사의 자금, 회계, 구매, 생산, 판매 등 모든 업무의 흐름을 효율적으로 자동 조절해주는 전산시스템을 뜻하기도 한다. 기업 전반의 업무 프로세스를 통합적으로 관리, 경영상태를 실시간으로 파악하고 정보를 공유하게 함으로써 빠르고 투명한 업무처리의 실현을 목적으로 한다.

정답 63 ③ 64 ①

65 **다음 중 효과적인 프레젠테이션을 위한 시각자료 작성 시 유의사항으로 바르게 설명된 것끼리 짝지어진 것은?**

> (가) 여러 장의 자료를 준비해야 하는 경우 각 장의 형식은 통일시킨다.
> (나) 내용은 청중의 이해를 돕기 위해 빽빽하게 많이 넣어 자세히 설명한다.
> (다) 내용의 배치는 보고서와 같은 형태인 세로로 긴 방향으로 처리한다.
> (라) 같은 페이지 안에는 같은 주제에 관한 문장이나 단락으로 구성한다.
> (마) 숫자는 도표보다 그래프를 사용한다.

① (가), (다), (라)　② (가), (나), (라)
③ (나), (다), (마)　④ (가), (라), (마)

해설
(나) 한 화면에는 핵심 내용만 입력하고, 유인물을 사용하거나 진행자가 설명을 곁들이는 것이 좋다.
(다) 세로방향으로 하는 것보다 가로 방향으로 배치하는 것이 더욱 안정감이 있다.

66 **다음 중 라벨지 사용에 대한 설명으로 가장 옳지 않은 것은?**

① 김 비서는 입사직후 정식 명함이 나오기 전 라벨지를 이용하여 임시용 명함을 만들어 사용하였다.
② 이 비서는 매월 개최되는 월례회의 녹화용 비디오테이프를 깔끔하게 정리하기 위해 라벨지를 사용하였다.
③ 박 비서는 다음 달에 있을 제2공장 준공식 초청장을 라벨지를 이용하여 작성하였다.
④ 권 비서는 새로 출시한 제품의 판매를 위해 라벨지를 사용하여 비고드를 출력하였다.

해설
초청장에 붙일 주소 정도를 라벨지를 이용하여 작성하는 것은 일반적이나 초청장 자체를 라벨지로 작성할 수는 없다.

67 **다음 중 발신 문서의 처리방법에 대한 설명으로 가장 옳지 않은 것은?**

① 특별 우편물은 편지 본문 오른쪽 상단에 특별 우편물 표시를 한다.
② 발신문서는 복사본을 만들어 보관하며, 발신기록부를 만들어 기록해 둔다.
③ 기밀을 요하는 경우에는 사내문서라 할지라도 봉투를 봉하여 전달한다.
④ 발송 문서의 양이 많은 경우에는 요금 별납 혹은 요금후납이 인쇄되어 있는 봉투를 사용하거나 스탬프를 찍는다.

해설
특별 우편물은 봉투에 특별 우편물의 표기를 한다.

65 ④ 66 ③ 67 ① 정답

68 **다음은 1,000명을 대상으로 미래의 에너지원(원자력, 석탄, 석유) 각각의 수요예측에 대한 여론 조사 자료이다. 이 자료를 통해 볼 때, 미래의 에너지 수요에 대한 여론을 옳게 설명한 것은?**

수요예상 정도	미래의 에너지원(단위 : %)		
	원자력	석 탄	석 유
많 이	50	43	27
적 게	42	49	68
잘모름	8	8	5

① 앞으로 석유를 많이 사용해야 한다.
② 앞으로 석탄을 많이 사용해야 한다.
③ 앞으로 원자력을 많이 사용해야 한다.
④ 앞으로 원자력, 석유, 석탄을 모두 많이 사용해야 한다.

해설

③ 원자력을 많이 사용해야 한다는 사람(50명)이 적게 사용해야 한다는 사람(42명)보다 많았다.
① 석유를 많이 사용해야 한다는 사람(27명)보다는 적게 사용해야 한다는 사람(68명)이 많았다.
② 석탄을 많이 사용해야 한다는 사람(43명)보다는 적게 사용해야 한다는 사람(49명)이 더 많았다.
④ 원자력에 대해서만, 많이 사용해야 한다는 사람이 적게 사용해야 한다는 사람보다 많았다.

69 **엑셀에서 워크시트 상에 수록된 데이터베이스의 특정 필드값을 대상으로 원하는 데이터를 검색하기 위해 그림과 같이 실행하였을 때 사용한 기능은?**

	A	B	C	D
1	NO	성명	전화번호	주소
2	1	박정남	123-4567	경기도 안양시 만안구 안양동
3	2	강남성	335-5687	서울시 영등포구 영등포동
4	3	김준경	325-7893	경기도 수원시 팔달구 영통동
5	4	이도령	335-9643	경기도 용인시 기흥읍 구갈리
			332-4722	

① 자동필터
② 함수마법사
③ 유효성검사
④ 피벗테이블

해설

자동필터 기능은 워크시트 상에 수록된 데이터베이스의 특정 필드 값을 대상으로 자신이 원하는 데이터를 검색하기 위해 사용하는 것이다. 목록 내에서 하나의 셀을 선택하고 자동필터 기능을 적용하면 목록 셀 부분에 역삼각형 모양의 화살표가 만들어져 검색키를 선택할 수 있게 해준다.

정답 68 ③ 69 ①

70 **"관심을 갖고 있는 한국 제품 및 대상은 무엇인가?"라는 질문으로 일본의 리서치 전문회사가 일본인 1만 5204명을 대상으로 조사한 것이다. 관심 갖는 제품에 대하여 복수선택을 하도록 하였고, 어떠한 한국 제품에도 관심이 없다고 응답한 사람은 남자 28%, 여자 31%였다. 이 조사결과에 대한 해석으로 틀린 것은?**

항 목	남 성	여 성
식품 · 주류	34	43
가전제품	31	11
영 화	17	21
드라마	10	20
컴퓨터	23	6
미용 · 건강식품	4	17
연예인	10	11
의 류	6	10
음 악	7	8
자동차	12	3
인터넷	7	2
스포츠	5	1
아무런 관심 없음	28	31
무응답	0.4	0.3

① 일본인들이 특히 관심을 갖는 한국 제품은 남녀 모두 식품 및 주류였다.
② 식품 · 주류에 이어서 그 다음으로 남성은 한국의 가전제품(31%), 컴퓨터(23%), 여성은 영화(21%), 드라마(20%) 순으로 관심이 높았다.
③ 한국의 영화, 드라마, 음악에 관심을 갖는 사람의 비중은 전체남성의 34%, 전체여성의 49%이다.
④ 남녀간의 관심도가 크게 차이가 나는 항목은 드라마, 컴퓨터, 미용 · 건강식품 등이고 비슷한 관심도를 보이는 것은 연예인, 음악 등이다.

해설

복수선택을 하도록 하였기 때문에 중복계산 될 가능성이 높다.

70 ③ 정답

71 회원관리를 위한 데이터베이스 사용 방법에 대한 설명 중 가장 적절하지 못한 것은?

① 테이블이란 엑세스에서 데이터를 저장하고 관리하는 규칙과 형식을 제공하는 개체이다.
② 쿼리는 반복적인 작업을 자동으로 수행할 수 있도록 하는 기능을 제공하는 개체이다.
③ 폼은 GUI 개념을 도입하여 결과물을 사용자가 사용하기 편하도록 비주얼하게 구성할 수 있도록 하는 개체이다.
④ 페이지는 엑세스에 저장된 데이터를 웹페이지에서 볼 수 있도록 하는 개체이다.

해설

간단한 홈페이지를 개발할 경우 대부분의 홈페이지는 게시판 혹은 방명록 정도의 데이터를 보관할 수 있는 형태의 데이터베이스를 구축하게 된다. 이러한 데이터베이스는 개발자의 의도에 따라 약간씩 다르기는 하지만 대부분 유사한 형태의 구조를 가지는 테이블을 포함하게 되는데, 여기서 사용자 혹은 관리자들은 이러한 테이블에서 특정 조건에 해당하는 자료를 조회하거나 출력하는 등의 작업을 한다. 이렇게 데이터가 입력된 데이터베이스에서 원하는 조건의 데이터를 가져오려면 특정한 구조의 프로그램언어(데이터베이스언어)를 사용하게 되는데 이러한 데이터베이스용 언어를 SQL이라고 한다. 이러한 SQL(Structured Query Language)언어는 대부분의 데이터베이스가 95% 이상 되는 호환성을 가진 언어로 이루어져 있으며 이러한 언어로서 특정 데이터베이스에서 원하는 조건의 데이터를 조작하는 언어의 집합(문장)을 쿼리라 한다. 이러한 쿼리는 데이터베이스를 조작하는 여러 가지 형태로 표현될 수 있으며 데이터를 다루는 프로그램에서는 필수적인 요소이다.

72 다음 기사에 나타난 내용의 회계 정보를 알 수 있는 재무제표로 가장 적절한 것은?

> △△(주)는 정기 이사회에서 유동부채가 2020년도에 비해 63% 이상 증가해 총부채가 차지하는 비율도 40.4%에 달한다면서, 그 증가 원인을 분석하고 관리대책을 논의했다.
>
> – ○○신문, 2022년 7월 17일자 –

① 재무상태표
② 손익계산서
③ 자본변동표
④ 결손금처리계산서

해설

재무상태표는 일정 시점의 재무상태(자산, 부채, 자본)를 나타내는 재무제표이다.

정답 71 ② 72 ①

73 외국계 기업의 비서가 고객파일을 정리하고 있다. 알파벳순으로 정리할 경우 순서가 가장 적절한 것은?

(가) J. H. Arthur (나) James M. Arthor (다) A. G. Brown (라) Anne G. Brown

① (나) - (가) - (다) - (라)
② (나) - (가) - (라) - (다)
③ (다) - (라) - (가) - (나)
④ (라) - (다) - (나) - (가)

해설

성의 알파벳순으로 파일링한다. 성이 같으면 이름의 알파벳순으로 파일링한다.

74 VDT 증후군을 예방하기 위해서 취할 수 있는 대책과 거리가 먼 것은?

① 주변 환경의 조도는 컴퓨터 모니터 조도보다 높게 할 것
② 단말기 조작 시 바른 자세를 유지
③ 작업휴식에 대한 가이드라인 준수
④ 효과적인 커뮤니케이션 설계

해설

VDT 증후군은 컴퓨터에서 방사되는 전자기파로 인한 두통 등의 증세(컴퓨터 단말기 증후군)를 말한다.

75 회사에서 이메일을 관리하기 위한 효과적인 방법과 거리가 가장 먼 것은?

① 회사 메일주소 외에 개인 메일주소를 따로 구분하여 사용하였다.
② 스팸 메일로 분류된 메일은 즉시 모두 삭제하였다.
③ 게시판에 글을 남길 때 가능하면 메일주소를 남기지 않았다.
④ 웹사이트 가입 시에는 가능하면 회사 메일주소를 이용하지 않는다.

해설

스팸 메일로 분류된 메일 중에도 실제로는 스팸 메일이 아닌 경우가 종종 있으므로 즉시 삭제하는 것은 바람직하지 않다.

73 ① 74 ④ 75 ② 정답

76 다음 중 공문서 효력발생시기에 대한 설명으로 적절하지 않은 것은?

① 일반문서는 다른 법령에 특별한 규정이 있는 경우를 제외하고는 수신자에게 도달됨으로써 효력을 발생한다.
② 공고문서는 다른 법령 및 공고문서에 특별히 규정 또는 명시되어 있는 경우를 제외하고는 그 고시 또는 공고가 있은 날부터 효력을 발생한다.
③ 전자문서는 다른 법령에 특별한 규정이 있는 경우를 제외하고는 수신자의 컴퓨터 파일에 등록된 때에 효력을 발생한다.
④ 민원문서는 민원문서를 전산망을 활용하여 접수 · 처리한 경우 당해 민원사항을 규정한 법령에서 정한 절차에 따라 접수 · 처리된 것으로 본다.

해설

공고문서는 다른 법령 및 공고문서에 특별히 규정 또는 명시되어 있는 경우를 제외하고는 그 고시 또는 공고가 있은 후 5일이 경과한 날부터 효력을 발생한다.

77 다음 중 적절한 그래프의 선택으로 가장 거리가 먼 것은?

① 특정 생산품의 브랜드별 시장점유율을 나타내기 위해서 도넛형 그래프를 사용하였다.
② 우리 회사의 직급별 인원수의 비율을 표현하기 위해 세로막대 그래프를 사용하였다.
③ 점심시간을 활용한 사내 영어교육의 찬성, 반대의견을 조사하여 원형 그래프로 표현하였다.
④ 꺾은선 그래프의 가로축에 시간, 세로축에 금리를 표시하여 주요 금리의 변화추세를 표현하였다.

해설

② 원그래프가 전체 또는 부분과 부분의 비율을 이해하기 쉽기 때문에 어떤 대상에 대하여 질적 혹은 양적으로 분류할 때 주로 사용하며, 백분율(%)로 나타내면 효과적이다.

정답 76 ② 77 ②

78 **다음 내용을 지역별 분류법에 따라 문서정리하려고 할 때 정리 순서로 가장 적절한 것은?**

(가) 경기도	(나) 용 인
(다) 안 산	(라) 과 천
(마) 제일전기(용인)	(바) 경기상사(안산)
(사) 한미정밀(과천)	(아) 아남제약(용인)
(자) 보람전자(안산)	(차) 남해물산(과천)

*( )는 소재지를 나타냄

① (가)－(라)－(차)－(마)－(자)－(아)－(나)－(다)－(사)－(바)
② (가)－(라)－(차)－(사)－(다)－(바)－(자)－(나)－(아)－(마)
③ (가)－(라)－(차)－(아)－(나)－(마)－(자)－(다)－(사)－(바)
④ (가)－(라)－(차)－(나)－(자)－(아)－(마)－(다)－(바)－(사)

해설

지역별 분류법은 거래처의 지역이나 범위에 따라 가나다 순으로 분류하는 방법이다. 예를 들어, 거래처가 전국으로 분산되어 있는 경우에는 단계별로 분류하며, 외국의 여러 나라와 거래를 하는 경우에는 국가, 지역, 거래처 명칭 순으로 분류 · 정리한다.

79 **Microsoft Outlook을 이용하여 IMAP을 지원하는 전자메일을 보내려 한다. 전자메일의 계정을 설정하기 위해 알아야 하는 항목으로 가장 적절한 것은?**

① 받는 메일 서버(IMAP), 보내는 메일 서버(SMTP), 메일주소, 암호
② 받는 메일 서버 포트 번호, 보내는 메일 서버 포트 번호, 받는 메일 서버(IMAP), 보내는 메일 서버(SMTP), 메일주소, 암호
③ TCP/IP, 받는 메일 서버(IMAP), 보내는 메일 서버(SMTP), 메일주소, 암호
④ HTTP 서버, 보내는 메일 서버(SMTP), 메일주소, 암호, 계정유형

해설

아웃룩에서 메일 계정을 설정할 때에는 받는 메일 서버 포트 번호, 보내는 메일 서버 포트 번호, 받는 메일 서버(IMAP), 보내는 메일 서버(SMTP), 메일주소, 암호를 미리 알고 설정을 해야 한다.

78 ② 79 ② **정답**

80 **다음 중 비서의 사무환경 관리에 대한 설명으로 적절하지 않은 것은?**

① 소음 방지를 위해서 사무실 바닥에 카펫 설치를 요청하였다.
② 채광을 하측에서 잡히도록 한다.
③ 자주 사용하는 사무용품은 그것을 사용하는 사무원 가까이에 배치한다.
④ 책상, 사무용품, 벽 등은 되도록 자극성이 적은 색을 사용한다.

해설

채광 시 태양광선 중 열선이나 자외선이 지나치게 들어오지 않게 하면서 가시광선만을 활용하도록, 창문의 면적을 넓게 하고 그 위치를 높게 위치시킨다.

정답 80 ②

제 2 회 모의유형문제

제 1 과목 비서실무

01 상사의 의전용 차량을 구입하고자 한다. 비서가 '렌트'와 '리스'에 대한 정보를 수집하여 상사에게 보고한 내용 중 틀린 것은?

① 렌트는 보증보험료 외에 초기비용이 발생하지 않는다.
② 렌트는 임대 고객이 취득 등록세 등 초기비용을 부담할 필요가 없다는 장점이 있다.
③ 리스는 부가세가 발생하며, 월 이용료가 렌트보다 비싸다.
④ 리스는 차량자산에 대해 간편하게 회계처리가 가능하다.

해설

③ 렌트는 부가세가 발생하며, 월 이용료가 리스보다 비싸다.

02 김 비서는 미국 뉴욕지사(Tel : 212-632-2000, Fax : 212-632-2020)에 있는 박 과장과 통화를 하려고 한다. 바른 번호는 몇 번인가?

① 001-212-632-2000
② 002-1-212-632-2000
③ 001-1-212-632-2020
④ 002-1-212-632-2020

해설

발신자국가의 접속번호(한국의 경우 001, 002…)+국가번호(Country Code)+지역번호(Area Code)+상대방전화번호의 순서대로 입력한다. 미국의 국가번호는 '1'번이다.

01 ③ 02 ② 정답

03 다음 중 경조사 업무를 처리할 때 주의해야 할 점으로 틀린 것은?

① 해외출장 중인 사장님께 전화나 e-mail로 연락하여 업무처리에 대한 지시를 받도록 한다.
② 결혼식에 대리로 참석하여 축의금을 전달할 경우 깨끗한 돈을 준비하고 흰 종이에 싸서 겹봉투에 넣은 후 봉하고 접수하는 것이 관례이다.
③ 비서가 대신 조문할 경우, 조의금을 전달하고 상주에게 신분을 밝힌 후 조문을 한다.
④ 조문 시에는 검정색, 감색 등 짙은 색 계열의 옷과 구두, 핸드백이 적당하며 흰색 옷도 무방하다.

해설

결혼식에 대리로 참석하여 축의금을 전달할 경우 깨끗한 종이에 단자(單子)를 써서 함께 넣어 보내는 것이 관습이다. 봉투는 깨끗한 겹봉투를 사용하며 봉해서는 안 된다.

04 다음은 초대장 및 파티에 대한 설명이다. 틀리게 설명된 것은?

① R.S.V.P - Repndez S'il Vous Plait라는 프랑스어의 약자로 파티참석 여부를 사전에 반드시 알려달라는 의미
② Open Bar - 파티 주최측에서 모든 비용을 부담하므로 파티장 내의 바에서 주류나 음료를 무료로 이용할 수 있다는 의미
③ B.Y.O.B - Bring Your Own Bottle의 약자로 자기가 마실 음료를 가져오라는 의미
④ Dress Code - 파티장 입장 시 피하여야 하는 복장 상태를 표기함

해설

Dress Code는 파티장 입장 시 입고 와야 하는 복장의 상태를 의미한다.

05 다음 중 올바른 전화메모 요령으로서 가장 옳은 것은?

① 용건을 받아 적을 시에는 모든 전화 내용을 받아 적는다.
② 상대방이 상사가 자신의 연락처는 알고 있다고 말하면 상대방 이름만 메모해 둔다.
③ 육하원칙 하에 메시지를 정리하는 것이 좋다.
④ 메모는 일정량이 모이면 그때 상사에게 전달하도록 한다.

해설

① 용건 중 요점만 메모한다.
② 만일의 경우를 대비해 연락처를 적어둔다.
④ 메모는 가능한 즉시 전달한다.

정답 03 ② 04 ④ 05 ③

06 다음 중 회의의 용어와 의미가 잘못 짝지어진 것은?

① 발의(發議) : 회의에서 의견을 내는 일
② 정족수(定足數) : 회의를 개최하기 위해 필요한 구성원의 과반 출석 인원수
③ 채택(採擇) : 몇 개의 제안 가운데서 합의에 의하여 뽑는 것
④ 의안(議案) : 회의에서 심의를 위해 제출되는 안건

해설
정족수는 과반수가 아닌, 합의체가 의사를 진행시키거나 의결을 하는 데 필요한 최소한의 인원수를 의미한다.

07 갑자기 일본으로 출장을 가게 된 상사를 위해 비서가 취할 행동으로 가장 옳지 않은 것은?

① 여행자 수표는 수표번호를 미리 적어두면 분실이나 도난을 당했을 때 재발급 받을 수 있다.
② 노트북 컴퓨터를 준비할 때 전원 플러그를 110V 단자에 연결할 수 있는 어댑터를 준비하였다.
③ 출장 경비 환전은 분실 위험성을 고려하여 달러($) 여행자 수표로 준비하였다.
④ 상사의 휴대전화가 자동로밍이 되지 않는 기종이므로 미리 인터넷으로 임대로밍 서비스를 신청해 놓았다.

해설
출장 경비 환전은 사용하기 편리하도록 엔화 여행자 수표로 준비하도록 한다.

08 신입비서 교육용 업무매뉴얼의 내용을 점검할 때 유의해야 할 요소로 가장 부적절한 것은?

① 일상적 업무내용 – 상사가 선호하는 업무처리방식을 기술해 놓는다.
② 업무상 자주 연락하는 전화번호 – 모든 임원의 개인별 정보를 작성해 놓는다.
③ 각종 서류의 위치 – 상사의 기호를 분석하여 기술한다.
④ 자주 사용하는 비품 위치 – 사내 구독하는 정기간행물 관련 정보를 분류하여 표기해 놓는다.

해설
아직 업무에 익숙하지 않은 신입비서에게 모든 임원의 개인별 정보를 제공하는 것은 바람직하지 않다. 신입비서가 회사정보를 적절하게 관리할 수 있는 능력을 갖출 때까지는 업무에 필요한 최소한의 정보만을 제공하는 것이 바람직하다.

06 ② 07 ③ 08 ② 정답

09 **정기총회 도중에 늦게 도착한 주주가 총회장에 입장하기를 희망하고 있다. 이 때 강 비서의 회의 중 업무에 대한 내용으로 가장 옳지 않은 것은?**

① 강 비서는 회의장 안에서 상사와 연락이 쉽고 전체가 잘 보이는 입구 가까운 장소에서 대기하였다.
② 강 비서는 출입구에 '회의 중'이라는 표지판을 붙여 회의와 관련이 없는 사람들의 출입을 막았다.
③ 강 비서는 주주가 맞는지 먼저 주주 명부를 확인하였다.
④ 강 비서는 늦게 도착한 주주에게 안건을 상정 처리하는 도중이라 참석이 어려움을 정중하게 말씀드리고 휴식시간에 들어가도록 안내하였다.

해설

④ 늦게 도착하는 주주를 조용히 장내로 안내해야 하며, 도중에 밖으로 나오는 사람을 안내하고 관계없는 사람이 장내로 들어가지 못하게 한다.

10 **상사의 일정관리에 대한 유의사항 중 옳지 않은 것은?**

① 일정관리의 목적은 상사의 효율적인 시간 관리를 위해서이다.
② 일정은 변하기 쉬운 것이므로 시간적 여유를 충분히 남겨두는 것이 중요하다.
③ 면회 약속 시 정규절차를 거치지 않고 직접 오는 사람에 대해서는 차단을 하는 등 상사가 만나야 할 사람을 선별해야 한다.
④ 상사가 직접 약속을 하여 비서가 모를 경우는 일정표에 기입되지 않았더라도 비서의 책임이라 할 수는 없다.

해설

비서는 자신이 모르는 상태에서 상사가 직접 정한 약속이 없는가를 알아보고, 부득이 약속시간을 어기게 될 때는 미리 전화 연락을 해야 한다.

11 **다음 보기의 수신인 주소에서 밑줄 친 부분의 적절한 영어 표현은?**

> Mr. Gil-dong, Hong
> <u>과장</u>, <u>인사부</u>
> ABC Company
> 46 Bregel Street
> Coral Gables, Florida 33124

① director, planning department
② manager, personal department
③ manager, personnel department
④ section chief, planning department

정답 09 ④ 10 ④ 11 ③

해설

Manager는 대개 부장급을 지칭하지만 과장을 지칭하기도 한다. 과장은 대개 Section Chief라고 표기한다. 인사부는 Personnel Department라고 표기한다. Planning Department는 기획실이다.

12 비서가 상사를 도와 회의를 준비할 때 사전에 하지 않아도 되는 사항은?

① 회의록 및 회의 내용을 작성한다.
② 회의 통지서 및 참석자 명부를 작성한다.
③ 좌석배치표, 명찰을 작성한다.
④ 접수계, 안내계, 기록계들의 사무분담표를 작성한다.

해설

회의록 및 회의 내용을 작성하는 일은 회의 후이다.

13 다음 중 상사의 지시를 받은 때 주의해야 할 점이 아닌 것은?

① 메모를 해야 빠뜨리는 사항이 없이 지시사항을 정확히 이해할 수 있다.
② 상사의 지시 중간에 생긴 의문사항을 잊지 않기 위해 상사의 말이 끝나기 전에 즉각 질문하는 것이 좋다.
③ 지시가 끝난 후에는 복창하여 빠뜨린 내용이 있는지 확인한다.
④ 지시를 받은 후에는 바로 업무에 착수하도록 한다.

해설

상사의 지시 중간에 의문사항이 있으면 상사의 말이 끝나기 전에 질문하기보다는 상사의 말이 끝나면 바로 질문하도록 한다.

14 중간에서 다른 사람을 소개할 때 고려할 사항이 아닌 것은?

① 자기와 가까이 있는 사람을 먼저 소개한다.
② 친소 관계를 따져 자기와 가까운 사람을 먼저 소개한다.
③ 손아래 사람을 손위 사람에게 먼저 소개한다.
④ 남성을 여성에게 먼저 소개한다.

해설

① 위치적으로 멀고 가까움은 다른 사람을 소개할 때 고려할 사항이 아니다. 친소관계를 따져 자신과 가까운 사람을 먼저 소개하고, 손아래 사람을 손위 사람에게 먼저 소개하며 남성을 여성에게 먼저 소개한다.

12 ① 13 ② 14 ① **정답**

15 다음 비서의 인간관계 실천 중에서 가장 바람직한 것은 어느 것인가?

① 상사의 업무에 대해서는 될 수 있는 대로 모든 일에 개입한다.
② 약속이 되어 있지 않더라도 외국 손님이 오면 먼저 응대한다.
③ 후배 비서에게 업무에 관련된 충고를 할 때에는 다른 사람이 없는 자리에서 한다.
④ 회사 내 비공식적 조직에는 일절 참여하지 않는다.

해설

① 상사의 업무 영역에 필요 이상으로 개입해서는 안 된다.
② 손님 접대에 있어서 누구에게나 항상 정중하고 예의바르게 대해야 한다.
④ 회사 내 비공식적 조직에도 적극적으로 참여한다.

16 다음 중 비서의 업무에 해당되지 않는 것은?

① 비서는 상사의 다양한 경영적 잡무를 덜어주고 사무실의 절차와 흐름이 능률적으로 되도록 조정하고 유지하는 역할을 수행한다.
② 상사 부재시 위임된 업무를 수행하는 등 주의를 요하는 일은 대리권 자에게 알리거나 상사 부재 영향을 최소화하는 방식으로 처리하기 위해 창의력과 판단력을 발휘한다.
③ 회의, 작업계획, 보고를 위한 준비로 정보를 조사하고 요약한다. 또한 다른 사람들이 상사에게 제출한 자료를 통합 · 분석하여 편집한다.
④ 비서는 조직 내 참모(Staff)에 속하므로 회사목표달성에 관하여 지시, 결정을 내릴 수 있는 권한과 책임을 수반한다.

해설

비서는 상사가 회사목표달성에 관하여 지시 · 결정하는 데 조력할 뿐 이에 관한 권한과 책임을 가지는 것은 아니다.

17 비서의 내방객 접대 요령으로 가장 옳지 않은 것은?

① 비서가 면회 약속이 없는 내방객을 접대하는 중에 면회 약속이 있는 내방객이 방문한 경우에는 공평을 기하기 위해 도착순으로 상사에게 전한다.
② 내방객과의 상담 중에 전화가 왔을 때에는 "잠깐 실례합니다."하고 손님에게 양해를 구하고 나서 통화를 한다.
③ 내방객이 내민 명함은 두 손으로 받은 후 내방객 앞에서 이름을 확인해 읽고, 읽는 방법을 모를 때에는 물어 본다.
④ 상사가 외출 중일 때 찾아온 내방객에게는 부재중인 것을 알리고, 대리자라도 좋은지 어떤지를 묻는 등 내방객에게 방문이 헛수고였다는 느낌을 갖지 않도록 배려한다.

해설

면회 약속이 있는 내방객을 우선하도록 한다.

정답 15 ③ 16 ④ 17 ①

18 다음 중 비서의 업무보고 방식으로 가장 올바른 것은?

① 지시받은 모든 업무는 완수하였을 때 상사가 회의 중이라도 지체하지 말고 보고한다.
② 업무수행 중 외부 상황의 변화로 업무 내용에 변경이 필요하더라도 상사의 추가 지시가 없다면 최초의 지시 사항에 맞추어 계속 업무를 진행한다.
③ 모든 업무는 상사가 지정한 마감일까지 기다렸다가 보고한다.
④ 업무 지시를 한 상사가 출장으로 자리를 비웠을 경우 급한 일이라고 판단되면 상사에게 연락을 취해 지시를 받도록 한다.

해설

① 상사가 회의 중이면 급한 일이 아닌 이상 회의가 끝나기를 기다렸다가 보고한다.
② 업무수행 중 외부 상황의 변화로 업무 내용에 변경이 필요하다면 융통성을 발휘하여야 한다. 상황을 상사에게 보고하고 지시의 변경을 요청하도록 한다.
③ 업무가 완수되었다면 마감일 전이라도 보고하고 추가지시를 받는다.

19 회사에 내방한 외국인이 건넨 명함이다. 이 명함을 통해 파악할 수 있는 정보로서 틀린 설명은?

International Motor
Dr. Yi Ching CHONG
Vice – President
8 Temasek Boulevard, · 32–03 Suntec Tower 5
Singapore 038988, Singapore
T. 65 6232 8788, F. 65 6232 8789

① 내방객 호칭 시 Dr. Chong이라는 표현을 사용하는 것이 바람직하다.
② 싱가폴에서 온 내방객으로 한국과의 시차가 1시간임을 고려한다.
③ 내방객 호칭 시 직함을 넣어 Vice–President, Mr. Yi라는 표현을 사용해도 좋다.
④ 싱가폴에는 화교 출신이 많으므로 식사 메뉴로 중국식을 선택할 때 신중하도록 한다.

해설

내방한 외국인의 성이 Chong이므로 Mr. Chong이라고 하거나, Mr. Vice–President 또는 Vice–President Chong이라고 한다.

18 ④ 19 ③ 정답

20 다음 중 Petty Cash Report에 포함되기에 가장 적절하지 않은 항목은 무엇인가?

① 퀵서비스요금
② 부의금
③ 회의용 샌드위치 구입액
④ 음료수 구입액

해설

② Petty Cash는 매일 필요한 소액지급을 위하여 사무실(서무계)에 비치해 두는 소액현금을 말한다. 부의금 등은 복리후생비 계정으로 별도 관리된다.

제2과목 경영일반

21 기업은 경영정보시스템을 활용하여 보다 효과적인 경영활동을 수행할 수 있다. 다음 중 경영정보시스템의 활용에 관한 설명으로 가장 적절하지 않은 것은?

① CRM(Customer Relationship Management)은 고객의 내 · 외부 자료를 분석 · 통합한다는 점에서 데이터베이스 마케팅의 성격을 띤다.
② SCM(Supply Chain Management)은 수직계열화와 유사한 개념으로 기업 내부의 각 부문을 하나의 사슬로 연결하여 통합적으로 관리하는 것이다.
③ ERP(Enterprise Resources Planning)는 기업 전체를 경영자원의 효과적 이용이라는 관점에서 통합적으로 관리하고 경영의 효율화를 기하기 위한 수단이다.
④ 성공적 CRM을 위해서는 고객과의 접점인 웹사이트와 내부의 ERP가 통합되어 정보교환이 원활해야 한다.

해설

SCM(Supply Chain Management)은 기업에서 생산 · 유통 등 모든 공급망 단계를 최적화해 수요자가 원하는 제품을 원하는 시간과 장소에 제공하는 '공급망 관리'를 뜻한다. SCM은 부품 공급업체와 생산업체 그리고 고객에 이르기까지 거래관계에 있는 기업들 간 IT를 이용한 실시간 정보공유를 통해 시장이나 수요자들의 요구에 기민하게 대응토록 지원하는 것이다.

22 다음 중 중앙은행이 국채매입 등의 방식으로 통화를 시중에 직접 공급하여 경기를 부양하는 통화정책을 가리키는 경제용어로 가장 적절한 것은?

① 양적완화
② 긴축정책
③ 낙수효과
④ 금리인하

정답 20 ② 21 ② 22 ①

해설

양적완화란 중앙은행이 시중에 돈을 푸는 정책으로, 정부의 국채 및 다양한 금융자산의 매입을 통해 시장에 유동성을 공급하여 신용경색을 해소하고, 경기를 부양시키는 것이 목적이다.

> **각종 통화정책**
> - 긴축정책 : 통화량이 증가하면 화폐의 가치가 떨어져 물가는 상승하게 된다. 이 때 중앙은행이 이를 해결하기 위해 세금인상, 금리인상 등의 정책을 시행하는 것을 말한다.
> - 낙수효과 : 부유층의 소득이 증가하여 그들이 더 많은 투자를 하게 되면 경기가 부양되고 사회전체의 부가 증가함으로써 저소득층에게도 이 혜택이 돌아가 양극화가 해소된다는 이론
> - 금리인하 : 경기침체기에 중앙은행은 경기를 부양시키기 위해 금리를 인하시킴으로써 통화 공급량을 늘린다.

23 일반적으로 증권투자를 할 때 투자자가 고려해야 할 사항과 가장 거리가 먼 것은?

① 투자 위험 – 투자의 현재가치보다 미래가치가 떨어질 수 있는 위험
② 수익률 – 보통 1년 동안 이자나 배당금과 같은 투자대상의 기대수익률
③ 유동성 – 필요 시 투자자금을 얼마나 빨리 회수할 수 있는 정도
④ 가치보존성 – 증권의 가치변화 정도

가치보존성은 증권의 가치변화 정도가 아니라 증권의 가치를 유지하려는 성질을 말한다.

24 재무관리의 목표는 무엇인가?

① 회계적 이익 극대화
② 기업가치의 극대화
③ 실무자의 부의 축적
④ 고객만족

재무관리의 목표는 기업가치의 극대화이다. 일반적으로 기업의 목표는 이익의 극대화라고 하지만 재무관리에서의 이익은 회계적 이익이 아니라 경제적 이익을 말한다.

25 슘페터의 「혁신(Innovation)」에 해당하지 않는 것은?

① 새로운 상품의 도입
② 새로운 제조방법의 도입
③ 새로운 경영자의 영입
④ 새로운 원재료의 확보

해설

최초로 이노베이션을 언급한 사람은 슘페터이다. 그가 개념화한 내용에는 새로운 상품의 도입, 새로운 제조방법의 도입, 새로운 시장의 개척, 원료 및 반제품공급에 있어서의 새로운 원재료의 확보, 그리고 산업에 있어서 새로운 조직의 수행 등이 있다. 따라서 혁신의 유형에는 제품혁신, 공정혁신, 판매혁신 등이 있다.

23 ④ 24 ② 25 ③ 정답

26 수익성 원칙에 대한 설명 중 올바르지 않은 것은?

① 자본에 대한 이익의 관계를 말한다.
② 이윤극대화 원칙과 직결된다.
③ 자본주의 경제체제하의 기업에게는 빠뜨릴 수 없는 원칙이다.
④ 기업목적다원설과 관련된다.

해설

경영학의 연구 대상으로 경험 대상의 지도원칙에는 수익성 원칙과 경제성 원칙이 있다. 수익성 원칙은 자본에 대한 이익의 관계를 설명하며, 자본에 비해 이익이 크면 클수록 좋다는 원칙이다. 이는 이른바 이윤극대화 원칙과 직결된다. 이는 기업목적일원설이며, 기업목적다원설은 경제성원칙에 해당된다.

27 CIO의 역할이 아닌 것은?

① 직원들의 교육과 훈련을 직접 지휘한다.
② 여타의 정보시스템 기술 지원 서비스를 책임진다.
③ 비즈니스 및 정보기술 계획과 전략, 연구 및 개발활동에 집중한다.
④ CEO와 다른 부문의 최고 경영자들과 함께 정보기술의 전략적인 활용방안을 세운다.

해설

CIO는 직원들의 교육과 훈련을 직접 지휘하지는 않는다.

28 다음에서 (가)에 들어갈 내용으로 적절하지 않은 것은?

보도자료		
본 자료는 20XX년 X월 X일부터 보도해 주시기 바랍니다.	담당과	물류교통표준과
	담당자	김○○ 과장
	전화번호	123-4567

물류비 절감 대책

우리 부는 획기적인 물류비 절감과 경쟁력 강화 기틀을
마련하기 위하여 다음 사항을 추진할 예정임.
(가)

① 물류 기반 시설 감축
② 물류 설비 기계화 및 자동화
③ 일관 수송 체계(Unit Load System) 구축
④ 정보 통신 기술 기반의 종합 물류 정보망 구축

정답 26 ④ 27 ① 28 ①

해설

물류비를 절감하고, 경쟁력을 강화할 수 있는 기틀을 마련하기 위하여 물류 기반 시설을 확충, 물류 설비 기계화 및 자동화, 일관 수송 체계 구축, 정보 통신 기술 기반의 종합 물류 정보망 구축, 표준화된 규격의 팰릿과 컨테이너를 사용하는 것 등의 방법이 사용된다.

29 다음은 ○○회사 대표의 시무식 연설 자료이다. 이를 통해 ○○회사 창업 시점의 기업 형태와 재창업할 경우의 기업 형태로 옳은 것은?

> 사원 여러분! 우리 회사는 창업 이래로 무한 책임을 지는 사원과 유한 책임을 지는 사원으로 운영되어 왔습니다. 그러나 기업 경영을 담당해 온 무한 책임 사원의 은퇴를 앞두고 있는 시점에서 우리 회사의 지속적인 성장 발전을 위하여 전문경영인을 영입하고, 누구든지 우리 회사에 투자하여 이익을 분배 받을 수 있는 회사로 재창업할 계획입니다.

	창업 시점	재창업할 경우
①	유한 회사	합자 회사
②	주식 회사	유한 회사
③	합명 회사	주식 회사
④	합자 회사	주식 회사

해설

합자 회사는 무한 책임을 지는 사원과 유한 책임을 지는 사원으로 조직되는 기업으로 기업 경영은 무한 책임을 지는 사원이 담당하며, 유한 책임을 지는 사원은 이익에 대한 이윤을 배당 받으나 경영에는 참가하지 않는다. 주식 회사는 자본을 주식으로 분할하여 개인에게 분할된 주식의 인수가액을 한도로 출자 의무를 부담하게 하는 회사이다.

30 경영조직에 있어서 라인과 스태프를 구별하는 이유를 설명하는 것 중 적당치 않은 것은?

① 책임성을 유지하기 위해서이다.
② 각 조직 간의 권한을 보호하기 위해서이다.
③ 전문화된 협조와 서비스를 제공하기 위해서이다.
④ 적절한 통제와 균형을 유지하기 위해서이다.

해설

라인은 조직목표의 수행에 직접 책임을 지는 것이고, 스태프는 라인을 도와서 조직의 주요 목표를 가장 효과적으로 달성할 수 있도록 하는 것으로, 일반적으로 스태프는 권한을 갖지 않는다.

29 ④ 30 ② **정답**

31 다음 중 리더십 이론에 대한 설명으로 가장 옳지 않은 것은?

① 리더십은 일정한 상황에서 목표달성을 위해 개인이나 집단의 행위에 영향력을 행사하는 과정으로 정의된다.
② 리더십 유형에 대한 초기의 연구는 주로 정치지도자의 행동유형에 대한 것으로, 민주적 · 참가적 리더십, 전제적 · 권위적 리더십, 그리고 자유방임형 리더십으로 분류되었다.
③ 자유방임형 리더는 자신의 권력이나 영향력을 거의 사용하지 않고 부하들에게 독립성과 행동의 자유를 부여하는 리더의 유형이다.
④ 리더십 이론은 행위이론 → 상황이론 → 특성이론의 순으로 발전했다.

해설

리더십 이론은 특성이론 → 행위(행동)이론 → 상황이론의 순으로 발전했다.

32 고과자가 피고과자를 평가함에 있어서 쉽게 기억할 수 있는 최근의 실적이나 능력중심으로 평가하려는 데서 생기는 오류를 무엇이라고 하는가?

① 체계적 오류
② 규칙적 오류
③ 대비오류
④ 시간적 오류

해설

인사고과에서 시간적 오류란 고과자가 피고과자를 평가함에 있어서 쉽게 기억할 수 있는 최근의 실적이나 능력을 중심으로 평가하려는 데서 생기는 오류이며, 피고과자는 그가 평가를 받고 있다고 생각하면 고과자의 눈치를 살피는 것이 보통이다.

33 다음 중 커뮤니케이션에 대한 설명으로 가장 적절하지 않은 것은?

① 공식적인 커뮤니케이션은 조직의 권한체계나 공식적인 구조에 따라 구성원 간에 이루어지는 커뮤니케이션이다.
② 공식적인 관계를 중심으로 정보교환을 하는 커뮤니케이션의 예로는 그레이프바인(Grapevine)이 있다.
③ 비공식 커뮤니케이션이 이루어지는 조직은 자연발생적이고 자의적으로 발생한다.
④ 비공식적 커뮤니케이션이 이루어지는 조직은 감정과 인간적 관계가 중요시된다.

해설

그레이프바인(Grapevine)은 비공식 경로를 통한 의사소통을 말한다. 비공식 의사소통의 경로는 직선적인 것이 아니라 포도넝쿨과 같이 얽힌다는 의미에서 이렇게 불린다. 비공식적 커뮤니케이션은 경직성이 강한 공식적 커뮤니케이션을 도와 효율성을 제고시키는 순기능도 있으나 반대로 공식적 커뮤니케이션을 교란시켜 효율성을 저하시키는 역기능을 초래하기도 한다.

정답 31 ④ 32 ④ 33 ②

34 **제품의 특성과 이에 적합한 판매가격결정 방식이 서로 적절하게 짝지어지지 않은 것은?**

① 경쟁이 심한 제품 : 현행가격채택정책
② 지역에 따라 수요탄력성이 다른 제품 : 차별가격정책
③ 단위당 생산비가 저렴한 제품 : 시장침투가격정책
④ 수요의 탄력성이 높은 제품 : 상층흡수가격정책

해설
수요의 가격탄력성이 높은 제품은 침투가격정책을 적용하여야 한다.

35 **약탈가격(Predatory Pricing)에 대한 다음 설명 중 맞는 것은?**

① 약탈가격이란 암시장에서 거래되는 가격을 말한다.
② 시장점유율이 상대적으로 낮은 제2, 3의 사업자가 제1사업자와 경쟁하기 위해 책정한 담합 가격이다.
③ 약탈가격이란 시장 점유율 확대를 위해 비용보다도 더 낮은 수준에서 책정한 가격을 말한다.
④ 약탈가격이란 사업자 간에 비공식적으로 협약한 일종의 담합가격을 말한다.

해설
약탈가격이란 기업이 가격을 아주 낮게 책정해 경쟁 기업들을 시장에서 몰아낸 뒤 다시 가격을 올려 손실을 회복하려는 가격정책이다. 기업이 시장에 새롭게 진출하거나 기존 시장에서 경쟁자를 몰아낼 목적으로 취하는 수단의 하나로, 불공징거래헹위에 속힌다.

36 **다음 중 인적자원관리의 핵심활동에 대한 설명으로 가장 옳지 않은 것은?**

① 개발관리는 인적자원의 잠재능력을 개발하도록 지원하며 이는 종업원에 대한 교육훈련, 승진관리, 직무순환을 포함한다.
② 보상관리는 인적자원의 조직 공헌에 따라 금전적, 비금전적 대가를 제공하는 활동으로, 기본급 임금체계, 수당 및 퇴직금 지급 등을 포함한다.
③ 평가관리는 직무의 절대적 가치를 체계화하는 직무평가이다.
④ 확보관리는 조직의 목표달성에 적절한 인력의 수와 질을 획득하는 활동으로 직무분석을 통한 인력계획, 채용관리 활동을 포함한다.

해설
평가관리란 평가의 여러 가지 구성요소를 효율적으로 다루는 일련의 질적 통제절차이다. 따라서 직무의 절대적 가치를 체계화하는 과정이 아닌, 평가목표, 평가주체, 평가대상, 평가기준, 평가방법 등과 같은 다양한 구성요소를 효율적으로 관리하는 체제가 필요하다.

34 ④ 35 ③ 36 ③ **정답**

37 **필요한 부품을 필요할 때 필요량만큼 생산 또는 구매하여 공급하고 재고감소, 비용절감, 품질 향상보장, 낭비제거를 통하여 생산성을 향상시킬 수 있는 생산방식은?**

① JIT ② LBO
③ MIS ④ QC

해설

JIT(Just In Time) 생산방식 : 필요한 것을 필요한 때에 필요한 만큼 생산 · 판매 · 구매하는 것으로, 필요한 것 이외에는 모두 생산성을 저하시키는 낭비요인으로 보고 이를 제거하는 것을 말한다. 흐름생산을 통한 생산성 향상, 재료비 절감, 재고 감축 세 가지를 목표로 생산자 위주의 시장보다는 소비자 욕구에 맞는 다품종 소량생산이 필요한 현대에 적합한 능률적인 생산방식이다.

38 **다음에 나타난 문제를 해결하기 위한 기업 경영의 방안으로 볼 수 없는 것은?**

> 우리나라의 많은 기업들은 오랜 기간 동안 분식 회계를 관행처럼 해왔다는 것이 전문가들의 지적이다. 부실기업이 장부를 조작하여 건전한 기업으로 만들면 투자자들은 그 회사를 믿고 주식을 샀다가 엄청난 손실을 보기도 한다. 기업 투명성은 97년 IMF 이후로 꾸준히 개선되고 있는 추세이지만 최근 비자금 사건으로 인하여 기업 투명성이 위협받고 있다.
> ※ 분식 회계 : 기업이 실제보다 자산이나 판매 실적 또는 이익 등이 많은 것처럼 부풀리는 과장된 결산

① 소유와 경영의 분리 ② 투명한 회계 관행 확립
③ 사외 이사제 도입 축소 ④ 기업의 지배 구조 개선

해설

기업의 투명성 확보 방안으로는 문항지에 나타난 제도 외에도 결합 재무 제표 도입, 소액 주주 대표 소송제 도입, 정부 기관과 시민 단체의 지속적 감시 등의 방안이 있다.

39 **다음 중 중소기업과 대기업에 대한 설명으로 옳지 않은 것은?**

① 경영자 입장에서 중소기업은 대기업에 비해 기업환경의 변화에 대해서 보다 임기응변적으로 대처해 나갈 수 있는 이점이 있다.
② 중소기업은 자본력, 생산의 근대화, 시장경쟁력에서 대기업에 비해 유리한 이점이 있다.
③ 대기업에 의한 대량생산보다는 특수기술과 같이 경제시스템 내에서 중소기업에 의해 더 능률적으로 생산될 수 있는 분야가 존재한다.
④ 중소기업 경영자는 대기업에 비하여 조직 내 대부분의 경영활동을 독자적으로 수행해야 하는 경향이 있다.

해설

자본력, 생산의 근대화, 시장경쟁력에서 유리한 이점이 있는 것은 대기업이다.

정답 37 ① 38 ③ 39 ②

40 다음 주장을 뒷받침할 수 있는 근거로 적절한 것을 〈보기〉에서 고르면?

> "광고는 수요의 가격탄력성을 비탄력적으로 만든다."

| 보 기 |

ㄱ. 광고는 소비자에게 특정 상품을 애용하게 만든다.
ㄴ. 광고는 소비자의 상품 구매 선택의 폭을 넓혀 준다.
ㄷ. 광고는 소비자들에게 다양한 상품에 대한 정보를 제공한다.
ㄹ. 광고는 소비자들로 하여금 상품이 차별화되어 있다는 것을 인식하도록 한다.

① ㄱ, ㄷ　　② ㄱ, ㄹ
③ ㄴ, ㄷ　　④ ㄴ, ㄹ

해설

광고는 특정 상품을 애용하게 만들고 상품의 차별화를 통해 수요의 가격탄력성을 비탄력적으로 만든다. 상품 선택의 폭을 넓혀 주는 것과 다양한 상품에 대한 정보를 제공하는 것은 수요의 가격탄력성을 탄력적으로 만드는 요인이다.

제3과목 사무영어

41 Choose the inappropriate etiquette when receiving a phone call.

① Promptness of answering the phone.
② Actively listen for the needs of the caller.
③ Sounding professional and courteous.
④ Forward the call without any explanation.

해설

- promptness : 신속성
- answer the phone : 전화를 받다
- listen for : ~에 귀를 기울이다
- sound professional : 프로(전문가)처럼 들리다
- courteous : 예의바른

전화를 다른 곳으로 연결할 때 쓰는 표현
- Hold on, please.
- I'll transfer your call.
- I'll get Ms. Han for you.
- I'll connect you to the person in charge.

40 ② 41 ④ **정답**

42 Choose the one which does not correctly explain the abbreviations.

① RSVP : Don't reply
② F.O.C : Free of charge
③ C.O.D : Cash on delivery
④ e.g. : For example

해설

RSVP는 프랑스어인 'Repondez S'il Vous Plait'의 약어로, '답장 바랍니다'의 의미이다.
② 무료로
③ 착불, 대금상환인도
④ 예를 들어

자주 쓰이는 비즈니스 약어
- FYI(For Your Information) : 참조로
- N/A(Not Applicable) : 해당 없음
- IOW(In Other Words) : 바꿔 말하면
- NRN(No Response Needed) : 답변하지 않아도 됨
- BBL(Be Back Later) : 또 오겠습니다
- ASAP(As Soon As Possible) : 되도록 빨리
- COLA(Cost Of Living Adjustment) : 의식주 비용
- JAS(Just A Second) : 잠시 기다리세요
- FY(Fiscal Year) : 회계연도
- ETA(Estimated Time of Arrival) : 도착예정시간
- BS(Balance Sheet) : 대차대조표
- P/L(Profit and Loss statement) : 손익계산서

43 Choose the phrase which has a grammatical error.

The ⓐ executive committee decided yesterday ⓑ that the new corporate ⓒ headquarters should be located ⓓ nearby to the beach.

① ⓐ
② ⓑ
③ ⓒ
④ ⓓ

해설

Nearby는 형용사나 부사로 쓰인다. Nearby to라는 말은 맞지 않으며, 뒤에 the beach라는 명사가 뒤따르므로 near라는 전치사가 필요하다.

이사회는 어제 회사의 새로운 본사 건물이 해변 가까이에 위치해야 한다는 결정을 내렸다.

정답 42 ① 43 ④

44 According to the following schedule, which one is not true?

Albert Denton : Tuesday, September 24	
8:30 a.m.	Meeting with S.S. Kim in Metropolitan Hotel lobby Taxi to Extec Factory
9:30~11:30 a.m.	Factory tour
12:00~12:45 p.m.	Lunch in factory cafeteria with quality control supervisors
1:00~2:00 p.m.	Meeting with factory manager
2:00 p.m.	Car to warehouse
2:30~4:00 p.m.	Warehouse tour
4:00 p.m.	Refreshments
5:00 p.m.	Taxi to hotel (approx. 45 min)
7:30 p.m.	Meeting with C.W. Park in lobby
8:00 p.m.	Dinner with senior managers

① They are having lunch at the factory.
② The warehouse tour takes 90 minutes.
③ The factory tour is in the afternoon.
④ Mr. Denton has some spare time before in the afternoon.

해설

③ 일정 중 두 번째인 공장 견학은 오전 9:30~11:30에 예정되어 있으므로 in the morning으로 표현해야 한다.
- quality control supervisor 품질관리 감독자
- car to warehouse 차로 물류창고로 이동
- refreshment 다과

44 ③ **정답**

45 Choose the statement which is not true in the following passage.

> Sales of foreign hybrid cars in Korea jumped 14 percent in the first six months of 2016 from a year earlier, data showed on Monday. Foreign carmakers sold 3,002 hybrid vehicles between January and June, compared with 2,632 hybrid units in the same period in 2015, according to the data compiled by the Korea Automobile Distributors Association. The market share of foreign hybrids stood at 20 percent of a total hybrids sold in Korea in the same period.

① Foreign carmakers sold about 3,000 hybrid cars in the first and second quarter of 2016.
② Sales of foreign hybrid cars in the first half year of 2016 increased by 14% compared with the same period in 2015.
③ The total market size of hybrids reached roughly 15,000 units in the first half year of 2016.
④ Foreign carmakers failed to make inroads to local hybrid market.

해설

④ 외국 자동차 제조업자들은 지역 하이브리드 시장에 진출하는 데에 실패하지 않았다. 2016년 상반기에 전년도보다 매출이 14퍼센트 증가했기 때문이다.
① 외국 자동차제조업자들은 2016년 상반기에 약 3,000대의 하이브리드 차를 팔았다.
② 외국 하이브리드 차 매출은 2015년 같은 기간에 비해 2016년 상반기에 14% 증가했다.
③ 2016년 상반기에 총 하이브리드 시장 규모는 대략 15,000대에 달했다.

> 월요일자 데이터 상에 의하면 한국에서의 외국 하이브리드 차 매출은 2016년 초반부터 6개월 내에 14퍼센트 급등했다. 한국자동차판매협회의 데이터에 의하면 외국 자동차제조업자들은 2015년 같은 기간 2,632대를 판 것에 비해 2016년 1월과 6월 사이에 약 3,000대의 하이브리드 차를 팔았다. 외국 하이브리드 차의 시장 점유는 같은 기간 한국에서 팔린 전체 하이브리드 차의 20퍼센트를 차지했다.

46 Which of the following is providing INCORRECT explanation about the given acronym?

① ETA – Estimated Time of Arrival ② FYR – For your reference
③ TO – Table of Organization ④ VIP – Very Important people

해설

④ VIP : Very Important Person 매우 중요한 인물
① ETA : Estimated Time of Arrival 도착예상시간
② FYR : For Your Reference 참고로
③ TO : Table of Organization 인원편성표

정답 45 ④ 46 ④

47 **Read the following message left on the answering machine and answer the question.**

> Hello, Mrs. Adams. This is Edward Parker from General Insurance. I am afraid that I have to make some changes to our planned meeting on May 12. It turns out that I have to stay here in Washington D.C. during that week because of unexpected situations. However, I would like to suggest that we meet on May 30 when I am back. Please call me and let me know this fits into your schedule. Thanks.

Why does Edward Parker leave the above message on the machine?

① To reschedule an appointment
② To make a business proposal
③ To request information
④ To invite Mrs. Adams to Washington D.C.

Edward Parker는 사정이 생겨 5월 12일의 약속에 차질이 있어 대신 5월 30일로 약속을 변경하도록 제안을 하기 위해서이다.

> Mrs. Adams, General Insurance의 Edward Parker입니다. 5월 12일의 미팅을 변경해야 할 것 같습니다. 예상치 못한 사정으로 그 주에 이곳 워싱턴 D.C.에 머물러야 합니다. 대신 제가 돌아오는 5월 30일에 미팅을 가질 것을 제안하려고 합니다. 제게 전화해 주셔서 일정이 괜찮으신지 알려주시기 바랍니다.

48 **What is the most appropriate expression in the blank?**

> Secretary : Hello. Sky Products, General Affairs Division. How may I help you?
> Thomas : Hello. This is Thomas Davis of Super Electric speaking. Could you confirm that you've received our samples?
> Secretary : Oh, I'm afraid they haven't arrived yet.
> Thomas : Well, we sent them to you by airmail on April 10th.
> Secretary : Strange... We haven't received them yet. Maybe they got lost halfway. Would you mind sending us another set soon please? We need them rather urgently.
> Thomas : All right. (   )
> Secretary : Thank you.

① I'd like a refund.
② How do you want to send it?
③ I'll send another set right away.
④ That's due to the rule.

47 ① 48 ③ **정답**

해설

③ 지금 당장 보내드리겠습니다.
① 돈으로 반환해 주셨으면 하는데요.
② 어떤 방법으로 보내 드릴까요?
④ 그건 규정 때문이에요.

비　서 : 여보세요. Sky Product 총무부입니다. 무엇을 도와드릴까요?
토마스 : 네, 저는 Super Eletric사의 Thomas Davis입니다. 저희가 보내드린 샘플들을 받으셨는지 확인차 전화드렸습니다.
비　서 : 아뇨. 아직 못 받았습니다.
토마스 : 4월 10일에 항공우편으로 보내드렸는데요.
비　서 : 이상하네요. 저희는 아직 못 받았는데요. 아마도 중간에 어디서 잃어버린 것 같은데, 다시 좀 보내주실 수 없겠습니까? 저희가 급하게 그 물건이 필요해서요.
토마스 : 예, 알겠습니다. 지금 당장 보내드리겠습니다.
비　서 : 고맙습니다.

각 부서의 이름
- 총무부 : General Affairs Department
- 인사부 : Personnel Department
- 경리부 : Accounting Department
- 편집부 : Editorial Department
- 영업부 : Sales Department
- 비서실 : Secretarial Department
- 기획실 : Planning Department
- 자재부 : Supplies Department

49 Which of the following means different?

① May I go out for lunch?
② Is it all right if I go out for lunch?
③ How about going out for lunch?
④ Do you mind if I go out for lunch?

해설

③ 점심 먹으러 나가는 게 어때요?
①·②·④ 점심 먹으러 외출해도 될까요?

정답 49 ③

50 Read the letter and answer the questions. Who wrote this letter?

Acme Capital
3024 Crescent Ave. Toronto, CANADA
Tel : (506) 678-8907 Fax : (506) 67808908
July 10, 2013

Mr. Robert Foalkner
Accounting Director
Core Finance, Ltd.
Wall St., New York
NY 10002

Dear Mr. Foalkner :
It is my pleasure that I recommend James Stuart for your consideration.

In the last three years that Mr. Stuart has worked for me, I have come to know him as a meticulous, diligent and optimistic person with tremendous initiative. He began as a part-time assistant in Accounting Division but quickly demonstrated his value in the department and was promoted to executive assistant within six months' time.

Though I will be disappointed to see him go, I also know that Mr. Stuart's ambition should not be held back. He will be a precious asset to any company.

Sincerely,
David Jackson
David Jackson, Supervisor

① A Director at Core Finance
② Mr. Stuart's previous boss
③ Mr. Foalkner's supervisor
④ An executive assistant of Acme Capital

서신의 발신인 David Jackson이 자신이 3년간 거느리고 일하며 높이 평가하게 된 Mr. Stuart를 수신인 Mr. Foalkner에게 추천하고 있으므로 ②의 'Mr. Stuart의 전(前) 상사'가 정답이다.

50 ② 정답

※ Read the following conversation and answer the question. (51~52)

Secretary	: Good morning. Megamart. May I help you?
David	: Yes, good morning. this is David Jones from Asia Corporation. (A) I'm calling to see whether Mr. Edwards might have time to meet with me next month.
Secretary	: I'll see whether Mr. Edwards is available. Could you hold please?
Edwards	: Yes, Tina?
Secretary	: Yes, David Jones is on line 1.
Edwards	: Thank you. David?
David	: Bill, thanks for taking my call.
Edwards	: Nice to hear from you. How are you doing?
David	: Very well, thanks. How about you? An't luck with the rod and reel?
Edwards	: Oh, do you remember that I'm an angler?
David	: Of course.
Edwards	: Well, as a matter of fact, I'm planning a little ___(B)___ for Labor Day weekend.
David	: Great. Anyway, I just found out that I'm going to be in the U.S. next month from the 19th to the 26th. Any chance that you could squeeze me into your schedule?
Edwards	: How much time would you need?
David	: Well, we have several new items I think you'd be interested in, so about an hour if you have it.
Edwards	: I think that's doable. How about Wednesday the 28th from 10:00 to 11:00?
David	: That's perfect.

51 Which of the following is the not appropriate for the blank (A)?

① Would you be free any time during next month?
② Would it be convenient for me to meet Mr. Edwards next month?
③ I'm calling to see whether Mr. Edwards might have time to meet with me next month.
④ There's something I'd like to discuss with you next month.

해설

④ 다음 달에 상의 드리고 싶은 것이 있습니다.
① 다음 달 중으로 언제 시간이 나겠습니까?
② 다음 달에 제가 에드워즈 씨를 만날 시간이 되겠습니까?
③ 다음 달에 에드워즈 씨가 절 만나실 시간이 되실지 알아보려고 전화드렸습니다.

정답 51 ④

52 What is the most appropriate term in the blank (B)?

① getaway
② alternative
③ debate
④ conference

해설

① getaway : 휴가
② alternative : 대안
③ debate : 토론
④ conference : 회의

비　　서 : 안녕하세요. 메가마트입니다. 무엇을 도와드릴까요?
데이비드 : 예, 안녕하세요. 전 아시아 주식회사의 데이비드 존스입니다. 에드워즈 씨가 다음 달에 저와 만나실 시간이 되실지 알아보려고 전화 드렸습니다.
비　　서 : 에드워즈 씨가 전화를 받으실 수 있는지 확인해 보고요. 잠시만 기다려주시겠어요?
에드워즈 : 예, 티나?
비　　서 : 예, 1번 선에 데이비드 존스 씨입니다.
에드워즈 : 고마워요. 데이비드요?
데이비드 : 빌, 전화 받아주셔서 감사합니다.
에드워즈 : 목소리 들으니 반갑군요. 잘 지내고 계신가요?
데이비드 : 아주 잘 지내고 있어요, 감사합니다. 에드워즈 씨는 어떠세요? 낚시는 잘되시나요?
에드워즈 : 오, 내가 낚시꾼이라는 걸 기억하고 있군요?
데이비드 : 물론이죠.
에드워즈 : 음, 사실, 전 노동절 주말에 짧은 휴가를 다녀올 계획입니다.
데이비드 : 잘 됐군요. 그건 그렇고, 제가 다음 달 19일부터 26일까지 미국으로 출장을 가게 되었습니다. 스케줄이 되신다면 절 만나주실 수 있을까요?
에드워즈 : 시간이 얼마나 필요하세요?
데이비드 : 글쎄요, 관심이 가실만한 신제품이 몇 가지 있어서 그러니 한 시간 정도면 되겠네요.
에드워즈 : 그럼 가능할 것 같군요. 28일 수요일 10시부터 11까지가 어떠세요?
데이비드 : 좋습니다.

52 ① **정답**

※ Read the following conversation and answer the question. (53~54)

Secretary	: Good morning. Megamart. May I help you?
Calle	: Yeah, is Mr. Edwards there?
Secretary	: I'm sorry?
Caller	: I want to talk with Mr. Edwards.
Secretary	: May I say who's calling, please?
Caller	: I have a complaint. Your company is incompetent, your products are defective, and your service is pathetic.
Secretary	: Actually, you should direct that to our customer-service department, sir. I'll ___(A)___ you there if you'd like.
Caller	: Are you deaf or something? I said I wanted to talk to Mr. Edwards.
Secretary	: I'm sorry, sir, but Mr. Edwards is not available.
Caller	: Listen, I'm a customer with a major ___(B)___ who has a bone to pick.
Secretary	: I understand that, sir. But Mr. Edwards is not the person you need to speak with.

 What is the most appropriate term in the blank (A)?

① continue ② transfer
③ prosper ④ formalize

해설

② transfer : 전화를 돌려주다
① continue : 연속하다, 계속하다
③ prosper : 번영하다
④ formalize : 형식화하다

 What is the most appropriate term in the blank (B)?

① courtesy ② confidence
③ beef ④ persuasion

해설

③ beef : 불평(complaint보다 일상적인 표현)
① courtesy : 정중함
② confidence : 신용
④ persuasion : 설득

정답 53 ② 54 ③

비　서 : 안녕하세요. 메가마트입니다. 무엇을 도와드릴까요?
발신자 : 예, 에드워즈 씨 계세요?
비　서 : 누구라고 하셨죠?
발신자 : 에드워즈 씨와 통화하고 싶습니다.
비　서 : 누구신지 말씀해 주시겠습니까?
발신자 : 불만 사항이 있는데요. 당신네 회사는 무능력하고, 제품도 형편없고, 서비스도 엉망이에요.
비　서 : 사실, 그런 문제는 고객서비스 부서와 통화하셔야 합니다. 통화를 원하시면 그곳으로 연결해 드리겠습니다.
발신자 : 당신 귀먹었어요? 에드워즈 씨와 통화하고 싶다고 했잖아요.
비　서 : 고객님, 죄송합니다만, 에드워즈 씨는 지금 통화하실 수 없습니다.
발신자 : 잘 들어요, 난 불만을 항의하려는 고객이란 말이오.
비　서 : 그 점은 잘 알겠습니다, 고객님. 하지만 에드워즈씨는 이에 대해 통화해야 할 담당자가 아닙니다.

※ Question 55~56 refer to the following advertisement.

Kensington Park Apartments
Serviced apartments
near Harrods.

Select from studios, one/two bedroom apartments all fully equipped kitchens, with stylish Italian furniture, at competitive prices. Limousine service available.

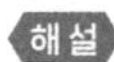

55 **If the tenant is in need of transportation, what can he ask for?**

① Limousine service
② Car rental
③ Bus service
④ Not transportation available

해설
임차인이 교통수단을 필요로 할 경우, 리무진 서비스를 요청할 수 있다.

켄싱톤 공원 아파트
해로드 근처의
서비스가 이루어지는 아파트

1실형 아파트와 침실 한 개 또는 두 개를 갖춘 아파트 중에서 선택하십시오. 모두는 경쟁력 있는 가격에, 모든 것이 딸린 주방과 멋진 이탈리아 가구를 갖추고 있습니다. 리무진을 이용할 수 있습니다.

55 ① 정답

56 Which of the following is NOT listed?

① Studios
② Stylish French furniture
③ Competitive prices
④ Fully equipped kitchens

해설

프랑스 가구가 아니라 이탈리아 가구를 갖추고 있다.
② 멋진 프랑스 가구
① 스튜디오
③ 경쟁력 있는 가격
④ 시설이 완비된 부엌

57 Choose one which is not true to the given text.

To : Mr. Jason Cooper
From : Ms. Olivia Easton
of : B&B Holdings,Ltd.
Contact No. (675) 467-9865
Message : (∨) URGENT!
just called
(∨) please call back
will call later
other
must talk to you before noon today

Message Taken by : Michelle Lee
Time & Date : 10:40 a.m., June 7, 2016

① Ms. Easton left this message.
② Mr. Cooper should call Ms. Easton as soon as he see this message.
③ Michelle is working for B&B holdings
④ This message should be given to Mr. Cooper before 12 o'clock.

해설

B&B Holdings에서 근무하는 사람은 전화를 건 Ms. Easton이다. Michelle은 부재중인 Mr. Cooper를 대신하여 전화를 받은 사람이다.
② 'Message'란을 통해 Mr. Cooper가 긴급히 전화를 걸어야 함을 알 수 있다.
④ 'must talk to you before noon today'를 통해 오전 중에 Mr. Cooper에게 메시지가 전달되어야 함을 알 수 있다.

정답 56 ② 57 ③

58 Choose one that is the most appropriate for the following passage.

> This is a short official note that is sent by one person to another within the same company or organization. It can be sent by e-mail or distributed by hand or posted on a notice board. You do not need to write a salutation, but you should sign or initial on it by hand.

① purchase order
② inter-office memo
③ letter of credit
④ manuscript

해설

같은 회사, 같은 조직에 있는 사람끼리 주고받는 짧은 서신으로 e메일, 직접 전달, 게시판 공지 등으로 발송되며, 인사말을 쓸 필요는 없지만 직접 서명하거나 이니셜을 적어야 하는 것은 '사내 연락문(Interoffice Memorandum)'이다.

① 발주서(Purchase Order, PO)
③ 신용장(Letter of Credit, L/C)
④ 사본(Manuscript, MS)

59 According to the dialogue, choose one which is not true.

> A : Good afternoon, May I help you?
> B : Good afternoon, Is Ms. Smith in?
> A : May I ask your name and nature of your business?
> B : I am John of PAG Life Insurance. I'd like to see her for a few minutes.
> A : I'm sorry Mr. Kim, but could you let me know the nature of your business, too?
> B : I'd like to talk to her about our new insurance product.
> A : I see. I'll see if she's available. One moment, please. I'm sorry but she is talking someone on the phone now. Why don't you make an appointment before you visit her?
> B : I will. Here's my business card. Could you give it to her?
> A : Sure.

① John Kim visited Ms. Smith's office without appointment.
② John Kim visited Ms. Smith to introduce the new insurance product of PAG.
③ Ms. Smith is having conversation on the phone.
④ John Kim informed Ms. Smith of his visit in advance.

해설

'Why don't you ~ visit her?'의 A의 말에 B인 John이 그렇게 하겠다고 대답하고 있으므로 Ms. Smith에게 미리 방문을 알렸다는 ④는 사실이 아니다.

58 ② 59 ④ 정답

60 **According to the time table below, How long is the video conference scheduled for?**

Wednesday, July 9, 2016	
09:00	breakfast meeting with James, Plaza Hotel
11:00	Group meeting (50 minutes)
13:00	luncheon with John & Joseph : (reservation for 1:30)
15:00	discuss Corporate Analysis Report with Susan
17:00	Video conference with East Coast Supervisors(5:00~6:30)
20:00	meet Beth in front of the Sejong Art Center(show starts at 8:30)

① an hour ② half hour
③ an hour and a half ④ 50 minutes

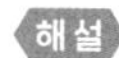
해설

영상회담은 오후 5시부터 6시 30분까지이다.

2016년 7월 9일 수요일	
09:00	플라자 호텔 James 씨와 조찬미팅
11:00	그룹 미팅(50분)
13:00	John & Joseph 씨와 오찬(1:30 예약)
15:00	Susan과 함께 기업분석 토의
17:00	이스트코스트 관리자들과 비디오 회의(5:00~6:30)
20:00	세종 아트센터 앞에서 Beth와 약속(쇼는 8:30 시작)

제4과목 사무정보관리

61 **비서가 회사의 기념일을 축하하기 위해 여러 사람에게 초대장을 보낼 때 사용하는 방법으로 같은 내용의 초청장(혹은 편지)을 수신인을 달리하여 인쇄하는 방법은?**

① 라벨링 ② 메일머지
③ 매크로 ④ 하이퍼링크

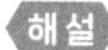
해설

메일머지(Mail Merge)는 전자우편에서 동일한 편지 내용을 여러 사람에게 보낼 수 있는 기능으로 대부분의 워드 프로세서에서 지원하고 있는 기능이다. 프린터를 이용하여 다이렉트메일을 할 수도 있으므로 프린트머지라고도 하고, 여러 개의 파일로부터 데이터를 병합해 전자우편을 발송할 수도 있어 편지병합이라고도 부른다.

정답 60 ③ 61 ②

62 **직무전결규정상 전무이사가 전결인 '과장의 국내출장 건'의 결재를 시행하고자 한다. 박기수 전무이사가 해외출장으로 인해 부재중이어서 직무대행자인 최수영 상무이사가 결재하였다. 이와 관련하여 바르지 않은 것끼리 묶인 것은?**

> 가. 최수영 상무이사가 결재한 것은 전결이다.
> 나. 공문의 결재표상에는 '과장 최경옥 부장 김석호 상무이사 전결 최수영'이라고 표시되어 있다.
> 다. 박기수 전무이사가 출장에서 돌아와서 해당 공문을 검토하는 것은 후결이다.
> 라. 전결사항은 부재중이더라도 돌아와서 후결을 하는 것이 원칙이다.

① 가, 나, 다 ② 가, 나, 라
③ 나, 다, 라 ④ 가, 나, 다, 라

해설

가. 최수영 상무이사가 결재한 것은 대결이다.
나. 공문의 결재표상에는 '과장 최경옥 부장 김석호 상무이사 대결 최수영'이라고 표시되어 있다.
다. 박기수 전무이사가 출장에서 돌아와서 해당 공문을 검토하는 것은 후열이다.
라. 직무대행자가 있을 경우 대결을 한다.

63 **다음 결재에 관한 설명 중에서 대결(代決)로 볼 수 있는 것은?**

① 결재권자가 휴가나 출장 등의 이유로 상당기간 부재중이거나 긴급 문서의 경우 그 직무 대리자가 결재하는 제도이다.
② 정규 결재권자로부터 사전에 위임받은 자가 위임사항에 대해 결재권자를 대신하여 결재하는 제도이다.
③ 최종결재권자가 부재중이거나 사정에 의해 결재할 수 없을 때 최종 결재권자의 차하위자의 결재로서 우선 시행하게 하고, 사후에 최종결재권자의 결재를 받는 조건부 대결을 의미한다.
④ 기안자로부터 최고의사결정권자까지 정상적인 절차를 밟아 하는 결재를 의미한다.

해설

대결은 결재권자가 출장, 휴가, 기타 부득이한 사유로 결재할 수 없는 경우에 그 직무를 대행하는 결재권자가 대신 결재하는 것이다. 대결은 대결자가 자기의 서명란에 대결의 표시를 하고 최종결재자의 결재란에 서명 또는 날인함으로써 행한다. 대결문서는 일상 반복되는 경미한 사항을 제외하고는 정규 결재자의 후결을 받아야 한다.

62 ④ 63 ① **정답**

64 해킹 등 인터넷 사용에 따른 피해를 줄일 수 있는 방법으로 적절하지 않은 것은?

① 공개 게시판에 개인정보가 유출되지 않도록 주의한다.
② 최신 바이러스 백신을 설치하고 주기적으로 업데이트한다.
③ 홈뱅킹을 할 때는 공인 인증서를 사용하는 것이 안전하다.
④ 모르는 사람과 파일을 주고받을 때는 파일 공유(P2P)가 안전하다.

해설

피싱을 예방하기 위해서는 개인정보 유출에 유의하고 바이러스 백신과 보안 설정을 최신 버전으로 업데이트한다.

65 다음은 사무실에서 많이 사용되는 사무용지 사용에 관한 설명이다. 가장 잘못 설명된 것은?

① A4 용지는 문서작성의 기본크기이며 가로 210mm, 세로 297mm이다.
② A3 용지 크기는 A4 용지 크기의 2배이다.
③ A4 용지의 크기는 B4 용지의 크기보다 크다.
④ B5 용지에 있는 내용을 A4 용지 크기에 맞게 확대 복사한다.

해설

A4 용지의 크기는 B4 용지의 크기보다 작다.

사무용지의 규격

명 칭	치수(mm)	명 칭	치수(mm)
A0	841×1,189	B0	1,030×1,456
A1	594×841	B1	728×1,030
A2	420×594	B2	515×728
A3	297×420	B3	364×515
A4	210×297	B4	257×364
A5	148×210	B5	182×257

66 비서는 상사의 지시를 받거나 스스로 판단하여 상사에게 도움이 되는 자료를 스크랩하여 후에 참고자료로 활용할 수 있다. 다음 중 올바른 스크랩 방법이 아닌 것은?

① 인터넷에서 필요한 자료를 찾아 인쇄하여 스크랩하였다.
② 오늘 신문기사 중 관련 내용이 있어 잊어버리기 전에 바로 오려 스크랩하였다.
③ 신문기사 내용 중 필요한 부분을 스크랩북에 맞추어 확대(혹은 축소) 복사한 후 스크랩하였다.
④ 신문기사가 양면에 걸쳐 있어 복사한 후 스크랩하였다.

정답 64 ④ 65 ③ 66 ②

해설

상사가 신문을 보기 전에 기사를 오려서 스크랩하는 것은 큰 실례이다.

67 **다음 중 우편물 분류 및 처리가 가장 적절하지 않은 것은?**

① 상사가 출장으로 인해 부재중인 경우, 상사에게 온 우편물은 커다란 봉투에 넣어 출장지의 상사에게 보낸다.
② 박 비서는 'confidential'이라고 쓰인 우편물을 수신대장에 기록하고 상사에게 직접 전달했다.
③ 김 비서는 상사 앞으로 온 우편물 중 '내년도 사원 교육일정 안내'를 개봉한 후 인사부서에 전달했다.
④ 상사 부재중에 수신한 회의 참석통지서나 초대장, 또는 상사의 의견이 필요한 우편물은 적절한 시기를 놓치지 말고 답해 준다.

해설

출장 중인 상사에게 우편물을 보낼 때는 분실상황에 대비하여 복사본을 마련해 놓고, 상사의 대리권자에게 우편물을 보낼 경우에는 복사본을 전한다.

68 **다음 기사를 통해서 알 수 있는 내용 중 가장 올바른 것은?**

〈전 략〉

8일 한국보건사회연구원이 최근 발간한 '우리나라 가계 소득 및 자산 분포의 특징' 보고서를 보면 우리나라 가계단위의 가처분소득 지니계수는 0.4259인데 반해 순자산 지니계수는 0.6014로 자산불평등이 소득불평등보다 수치가 높았다. 지니계수는 소득이 어느 정도 균등하게 분배되는가를 나타내는 지수로, 0에서 1까지의 수치로 나타내며 1에 가까울수록 불평등이 심하다는 것을 뜻한다. 보고서는 지난 2월 통계청이 발표한 '2014 가계금융 · 복지조사' 자료를 이용해 우리나라 가계의 소득과 자산 분포의 특징을 살폈다.

그 결과 가처분 소득은 상위 10%가 전체 가처분 소득의 29.1%를 보유하고 하위 40%가 13.4%를 갖고 있었던 것과 대조적으로 순자산은 상위 10%가 43.7%, 하위 40%가 5.9%를 보유하는데 그쳤다. 아울러 해당 연령대가 전체 순자산 불평등에 얼마나 기여하는지를 살펴본 결과 45~54세의 상대적 기여율이 23%로 가장 높고 55~64세가 19.5%로 그 뒤를 이었다.

〈후 략〉

〈연합뉴스, 2015. 4. 8〉

① 우리나라 국민의 소득 불평등이 자산 불평등보다 더 심각하다.
② 연령대와 관계없이 소득 불평등은 고르게 나타난다.
③ 가처분 소득 상위 10%가 43.7%의 자산을 보유하고 있다.
④ 가처분 소득 하위 40%가 전체 가처분 소득의 13.4%를 가지고 있다.

67 ① 68 ④ **정답**

해설

① 자산불평등이 소득불평등보다 수치가 높다.
② 45~54세의 상대적 기여율이 23%, 55~64세가 19.5%로 차등된 분포를 나타냈다.
③ 가처분 소득은 상위 10%가 전체 가처분 소득의 29.1%를 보유하고 있다.

69 다음 중 국제표준화기구(ISO)에서 지정한 전자문서 장기 보관 및 보존을 위한 국제 표준 포맷은?

① PDF/A
② PDF/D
③ PDF/S
④ PDF/X

해설

PDF/A는 한국 국가기록원에서도 문서 보존포맷으로 확정된 포맷으로 국제표준화기구(ISO)에서도 인정한 것이다.

70 다음 중 용어에 대한 설명이 가장 적절하지 않은 것은?

① 쿠키 – 특정 홈페이지를 접속할 때 생성되는 정보를 담은 임시 파일
② 악성코드 – 다른 사람의 컴퓨터에 잠입하여 중요한 개인정보를 빼가는 소프트웨어
③ DNS – 숫자로 된 IP 주소를 사람이 이해하기 쉬운 문자 형태로 표현한 것
④ 레지스트리 – 컴퓨터에 설치된 모든 하드웨어와 소프트웨어의 실행 정보를 한군데 모아 관리하는 계층적인 데이터베이스

해설

악성코드란 악의적인 목적을 위해 작성된 실행 가능한 코드의 통칭으로 자기 복제 능력과 감염 대상 유무에 따라 바이러스, 웜, 트로이목마 등으로 분류된다. 다른 사람의 컴퓨터에 잠입하여 중요한 개인정보를 빼가는 소프트웨어는 스파이웨어이다.

정답 69 ① 70 ②

71 **다음은 워드프로세서(한글 프로그램)의 기능을 설명한 것이다. (가), (나)에 들어갈 용어를 바르게 나열한 것은?**

> 워드프로세서의 기능 중 자주 쓰이는 문자열을 따로 등록해 놓았다가, 필요할 때 등록한 준말을 입력하면 본말 전체가 입력되도록 하는 기능을 (가)(이)라고 하고, 본문에 들어가는 그림이나 표, 글상자, 그리기 개체, 수식에 번호와 제목, 간단한 설명 등을 붙이는 기능을 (나)(이)라고 한다.

① (가) 매크로 (나) 메일머지
② (가) 매크로 (나) 캡션달기
③ (가) 상용구 (나) 문단번호
④ (가) 상용구 (나) 캡션달기

해설

(가)는 상용구 기능, (나)는 캡션달기 기능을 설명하고 있다.

72 **다음은 사무실에서 많이 사용되는 사무용지 종류이다. 가장 작은 것부터 큰 순으로 바르게 나열된 것은?**

① B4 – A4 – A3 – B5
② A4 – B4 – A3 – B5
③ B5 – B4 – A4 – A3
④ B5 – A4 – B4 – A3

해설

A3(297×420mm) > B4(257×64mm) > A4(210×297mm) > B5(182×257mm)

73 **한국산업은 네트워크상의 여러 서버에 분산되어 있는 모든 문서 자원을 발생부터 소멸까지 통합관리해주는 문서관리시스템을 도입하였다. 이 문서관리시스템의 장점으로 가장 거리가 먼 것은?**

① 결재과정의 불필요한 시간, 인력, 비용의 낭비를 줄인다.
② 문서의 검색이 신속하고 정확해진다.
③ 결재문서를 불러서 재가공할 수 있어 기안작성의 효율을 도모한다.
④ 지역적으로 떨어져 있는 경우 컴퓨터를 이용해서 원격 전자 회의를 가능하게 한다.

해설

전자문서 관리시스템은 기업과 기업 내 사용자들이 문서를 만들거나 종이 문서를 전자 문서의 형태로 변환한 뒤, 저장 · 편집 · 출력 · 처리할 수 있게 해주며, 텍스트 형태뿐만 아니라 이미지 · 비디오 · 오디오 형태의 문서를 관리할 수 있게 해준다.

71 ④ 72 ④ 73 ④ **정답**

74 다음 내용과 관련되는 컴퓨터 용어로 옳은 것은?

> 부팅 시 컴퓨터에서 삐삐삐 소리가 나면서 모니터 화면이 나오지 않은 경우처럼 경고음을 울려서 컴퓨터 장치의 이상을 알려준다.

① 디버깅
② 컴파일
③ POST
④ LINK

해설

① 디버깅은 컴퓨터 프로그램에서 오류를 찾아 수정하는 것이다.
② 컴파일은 원시프로그램을 번역하는 것이다.
④ LINK는 목적 프로그램을 호출하는 것이다.

75 웹사이트에 주민등록번호 대신 이용할 수 있는 사이버 신원확인번호로서 인터넷상에서 주민등록번호가 무단으로 유출되어 도용되는 부작용을 막기 위해 만들어진 서비스를 무엇이라 하는가?

① 클라우드
② 아이핀
③ 공인인증서
④ 전자서명

해설

아이핀(i–PIN)은 인터넷 개인 식별 번호(Internet Personal Identification Number)의 약자로 주민등록번호 대신 인터넷상에서 신분을 확인하는 데 쓰인다. 기존 주민등록번호로 실명을 인증하는 것과 비슷하지만 웹사이트마다 일일이 실명과 주민등록번호를 입력하는 불편함을 덜어준다.

76 프레젠테이션 자료의 작성에 있어 옳지 않은 것은?

① 가독성을 높이기 위하여 글자모양은 단순하고 명료한 글씨체를 고른다.
② 자료의 설득력을 높이기 위하여 글자를 많이 사용한다.
③ 시장점유율이나 설문에 대한 찬반비율 등은 원(파이)그래프를 사용하는 것이 적절하다.
④ 텍스트에는 지나치게 많은 종류의 색채는 사용하지 않는 것이 좋다.

해설

같은 페이지 안에는 같은 주제에 관련된 문장 · 단락만을 주요 단어 중심으로 간략하게 싣는다.

정답 74 ③ 75 ② 76 ②

77 **엑셀은 데이터의 계산, 정렬, 검색, 추출, 추가, 편집 등을 제공하는 데이터베이스 기능을 포함하고 있어 매우 편리한 프로그램이다. 다음 중 조건에 맞는 데이터를 검색해서 필요한 데이터를 찾아주는 기능은 무엇인가?**

① 부분합　　② 목표 값 찾기
③ 피벗 테이블　　④ 고급 필터

해설

① 부분합 : 부분합은 데이터를 요약해서 분석하는 도구 중의 하나로 원하는 항목별로 기초 데이터베이스 함수를 자동으로 사용하게 하는 기능
② 목표 값 찾기 : 수식에서 원하는 결과 값은 알고 있지만 그 결과 값을 계산하기 위해 필요한 입력 값을 모를 경우 사용하는 기능
③ 피벗 테이블 : 여러 가지 데이터를 사용자가 원하는 대로 손쉽게 요약하고 분석하여 집계표를 만들어 주는 기능

78 **국내 대기업 자동차 회사 사장 비서로 근무하는 A양은 주요 4개 사의 중형 자동차 시장점유율 자료가 입수되면 이들 4개 사의 점유율을 비교하여 그래프로 작성하여 보고한다. 다음 중 이러한 자료를 분석하기 위해 비서가 사용해야 할 그래프로 가장 알맞은 것은?**

① 막대 그래프
② 꺾은 선 그래프
③ 원 그래프
④ 혼합 그래프

해설

③ 원 그래프는 전체 또는 부분과 부분의 비율을 이해하기 쉽기 때문에 어떤 대상에 대하여 질적 혹은 양적으로 분류할 때 주로 사용하며, 백분율(%)로 나타내면 효과적이다.
① 막대 그래프는 수량의 많고 적음이나 늘고 줄어드는 양이나 크고 작음을 비교하거나, 변화 상황의 일별 · 월별 · 연별 통계 · 비교 등에 많이 이용된다.
② 꺾은 선 그래프는 평가결과의 전후 비교하기가 쉽다.

79 **다음 중 국내외 주요 인사에 대한 인물정보를 얻을 수 있는 사이트로 적절하지 않은 것은?**

① 언론사 홈페이지
② 검색 포털 사이트
③ 한국언론진흥재단
④ 페이스북

해설

페이스북의 경우 체계화된 정보 수집에는 한계가 있다.

77 ④ 78 ③ 79 ④ 정답

80 다음은 신문 기사의 일부이다. (   )에 공통적으로 들어갈 단어는?

> 최근 대규모 트래픽을 유발함으로써 서버 과부하 및 서비스 장애를 일으키는 (   )의 빈도가 증가하고 있다. 지난주에는 유명 호스팅 업체가 이로 인해 서비스에 장애가 생기는 사건도 있었다. 최근 새롭게 나타난 (   )의 특징은 정보유출과 병행된다는 점이다. 방어하는 입장에서 중요한 정보나 지적자산을 탈취하기 위한 시도가 동시에 가해질 경우 신속하고 정확한 방어체계를 가동하기가 어렵다.

① 파 밍
② 보이스피싱
③ 스미싱
④ 디도스 공격

해설

④ 디도스 : 해킹 방식의 하나로서 여러 대의 공격자를 분산 배치하여 동시에 '서비스 거부 공격(Denial of Service attack ; DoS)'을 함으로써 시스템이 더 이상 정상적 서비스를 제공할 수 없도록 만드는 것
① 파밍 : 합법적으로 소유하고 있던 사용자의 도메인을 탈취하거나 도메인 네임 시스템(DNS) 또는 프록시 서버의 주소를 변조함으로써 사용자들로 하여금 진짜 사이트로 오인하여 접속하도록 유도한 뒤에 개인정보를 훔치는 새로운 컴퓨터 범죄 수법
② 보이스피싱 : 전화를 통하여 신용카드 번호 등의 개인정보를 알아낸 뒤 이를 범죄에 이용하는 전화금융 사기 수법
③ 스미싱 : 문자 메시지를 이용한 새로운 휴대폰 해킹 기법. 웹사이트 링크가 포함된 문자 메시지를 보내 휴대폰 사용자가 링크를 클릭하면 트로이목마를 주입해 범죄자가 휴대폰을 통제할 수 있게 함

정답 80 ④

제3회 모의유형문제

제1과목 비서실무

01 전무와 상무의 겸임비서가 상무의 지시에 따라 워드프로세서로 문서를 작성하고 있는데, 전무가 "아주 급한 것인데 빨리 작성하여 Fax로 보내줘요."하고 원고를 가져 왔다. 이런 경우에 비서로서 적당한 대응방법은?

① 자신은 상무비서이므로 자신에게 직접 지시하는 것은 곤란하다고 정중하게 거절한다.
② 아주 급한 일이기 때문에 상무에게 양해를 얻은 다음 전무의 일을 먼저 처리한다.
③ 아주 급한 일이므로 곧 처리하지만 전무에게 상무한테 이해를 구해 달라고 부탁한다.
④ 상무의 일은 나중에 해도 지장이 없으므로 급한 전무의 일을 먼저 한다.

해설

비서는 일의 중요도와 긴급도에 따라 우선순위를 매겨 처리한다. 이때의 우선순위는 비서의 기준이 아니라 상사의 기준이 된다.

02 회의 중인 사장님께 GT사의 최 사장님께서 부산 공장 매입 건으로 급히 통화를 원하셔서 회의실에 메모를 넣기로 하였다. 다음 작성된 메모 중 가장 적절한 것은?

① 최 사장님께서 급히 통화를 원하십니다. 통화 가능하십니까?
② 사장님, '부산공장 부지 매각 건'으로 GT사 사장님께서 전화하셨습니다. 꼭 받으셔야 할 것 같습니다.
③ 최 사장님이 '부산공장 부지 매입 건'으로 전화하셨는데 회의실로 지금 연결하겠습니다.
④ 사장님, GT사의 최 사장님께서 '부산공장 부지 매입 건'으로 급히 통화를 원하십니다. 지금 받으시겠습니까?

해설

④ 누군가가 전화로 상사를 급히 찾아서 회의 중인 상사에게 메모를 넣을 때는 구체적이며 간략한 상황설명과 함께 상사가 전화연결을 바로 원하는지 의견을 물어보는 것이 옳다.

01 ② 02 ④ 정답

03 김 비서는 상사의 지시로 신차 발표회에 참석한 해외 거래처 외국인 참석자들을 위한 1-Day 서울 시내 관광 일정을 계획하고 있다. 일정 계획 시 고려해야 할 사항으로 가장 적절한 것은?

① 참석자들의 문화적 기호가 다양하기 때문에 상사가 선호하는 일반화된 주요 관광명소 위주로 프로그램을 준비한다.
② 쇼핑장소는 일정에서 제외하되, 기념품 구입을 희망하는 참석자들을 위해 일정 이후 별도의 차량과 안내자를 제공하도록 한다.
③ 관광 안내자 및 전문 통역사를 섭외한 경우라도 비서는 꼭 동행해야 한다.
④ 식사 장소 선택 시 외국인임을 고려하여 가장 한국적인 장소와 식단으로 결정한다.

해설

① 참석자들의 문화적 기호가 다양하더라도 이를 최대한 만족시킬 수 있도록 프로그램을 준비한다.
③ 관광 안내자 및 전문 통역사를 섭외한 경우 별도의 요청이 없다면 비서가 꼭 동행할 필요는 없다.
④ 너무 한국적인 장소와 식단은 외국인에게 불편할 수 있으므로 미리 사전에 정보를 얻을 수 있으면 그에 따라 준비하고, 아니면 무난한 장소와 식단으로 준비한다.

04 비서의 업무상 비밀보안에 관한 설명으로 적절하지 않은 것은?

① 회사 밖으로 부득이 업무 서류를 갖고 나갈 때는 보안 체계를 거친다.
② 기밀을 내용에 따라 구분하고 별도 관리를 하며, 외부로부터의 비밀 탐지 접근을 예상하여 대응책을 강구한다.
③ 기밀누설요인 중 자동 누설은 외부에서 정보 수집의 목적을 가지고 의도적으로 접근한 자에게 조력하거나 외부에 자발적으로 비밀을 제공하는 것이다.
④ 상사에 관한 기밀을 보안해야 할 사항으로 신상 명세와 성장 과정, 인맥 및 교우관계, 취미 · 종교, 성격 및 인품, 가족 및 인간관계, 업무와 출장 상사의 최근 동향 등 공사를 불문하고 모든 것이 포함된다.

해설

기밀이 누설되는 요인은 자동 누설 또는 타동 누설이 있다. 자동 누설은 비밀을 취급하는 이의 부주의(취급 부주의, 파기물 처리 등)로 인해 발생되는 것이고, 타동 누설은 외부에서 정보 수집의 목적을 가지고 의도적으로 접근한 자에게 조력하거나 외부에 자발적으로 비밀을 제공하는 것이다.

정답 03 ② 04 ③

05 윤 비서는 상사가 머무를 호텔에서 이용할 수 있는 서비스를 알아보았다. 그에 대한 설명으로 옳지 않은 것은?

① Cloak room : 투숙객의 코트나 모자를 맡아두는 서비스
② Express check in/out : 프런트에서 대기해야 할 번거로움을 없애기 위해서 전산처리하는 방법으로 고객의 입실과 퇴실을 신속하게 하기 위한 서비스
③ Happy hour : 현지 활동 및 관광에 대한 정보를 제공하는 서비스
④ Person call : 통화 상대자를 직접 연결하여 통화하게 하고 상대자와 직접 연결되지 않으면 요금을 계산하지 않는 서비스

해설

Happy hour : 호텔 식음료 업장에서 저렴한 가격으로 또는 무료로 음료 및 스넥 등을 제공하는 서비스

06 다음은 비서가 전화를 받는 경우이다. 잘 처리하지 못한 경우는 어느 것인가?

① 전화벨이 울리면 왼손으로 받아 비서의 소속과 이름을 먼저 밝힌다.
② 상사 부재 시 상사를 찾는 전화의 경우, 상대방에게 상사가 있는 곳과 연락처를 친절하게 가르쳐 준다.
③ 상대방의 이름을 물어보았더니 "박이라고 합니다."라고 대답하여 "죄송합니다만 어디 계신 박 선생님이라고 할까요?"라고 다시 물었다.
④ 바쁜 중에 전화가 잘못 걸려왔지만 친절하고 상냥하게 응대해 주었다.

해설

상사 부재 시 상사를 찾는 전화의 경우, 상대방에게 상사가 있는 곳과 연락처를 자세히 알려줄 필요는 없다.

07 다음은 비서 이숙경이 이사회와 관련하여 회의 전후에 처리한 업무내용이다. 바르지 않은 것은?

① 회의 소집 통지문을 이사 및 주주의 수만큼 인쇄하였다.
② 정해진 회의일 열흘 전에 이사회 소집 통지문을 발송하였다.
③ 의사록에는 의사의 안건, 경과요령, 그 결과, 반대하는 자의 그 반대 이유를 기재하였다.
④ 의사록에는 출석한 이사 및 감사가 기명날인 또는 서명하도록 하였다.

해설

이사회는 회사의 업무집행에 관한 의사결정을 위해 이사로 구성되는 주식회사의 상설기관이다. 이사회를 소집하려고 하는 경우에 기일을 정하고 1주일 전에 각 이사와 감사에게 통지를 하여야 한다. 주주에게는 통지할 필요가 없다.

05 ③ 06 ② 07 ① 정답

08 회의용어의 한자어 설명이 바르게 설명된 것끼리 짝지어진 것은?

> (ㄱ) 표결(表決) : 거수나 기립이 아닌 투표로써 채결하는 것
> (ㄴ) 채결(採決) : 의장이 회의 참석자에게 거수, 기립, 투표 등의 방법으로 의안에 대해 찬성/불찬성을 결정하는 것
> (ㄷ) 재청(再請) : 타인의 동의를 얻어 거듭 청하는 것
> (ㄹ) 의안(義眼) : 회의에서 의견을 내는 일

① (ㄴ)-(ㄷ)
② (ㄱ)-(ㄷ)
③ (ㄴ)-(ㄹ)
④ (ㄱ)-(ㄴ)

해설

(ㄱ) 표결(表決)은 안건의 토론 과정이 끝나면 안건을 최종적으로 결정하는 단계이다. 표결에는 거수(擧手), 기립(起立), 투표(投票), 구두(口頭) 등에 의한 표결이 있다.
(ㄹ) 의안(議案)은 회의에서 심의하고 토의할 안건을 말한다. 참고로 의안(義眼)은 인공적으로 만든 눈알을 말한다.

09 상사와의 면담이나 약속에 관한 비서의 일처리로서 적절하지 않은 것은?

① 상사의 하루는 바쁜 일과의 연속이므로 약속간격은 가능한 한 짧게 잡아 상사의 시간을 관리한다.
② 상사의 친우나 윗사람들에게는 용건을 묻는 것을 생략한다.
③ 손님과의 면담이 너무 길어져서 다음 손님이 기다리거나 다음 일정이 있을 때에는 적절한 시간에 상사가 면담을 마칠 수 있도록 다음 일정을 메모로 전한다.
④ 상사 출장 중 요청받은 면담자 목록을 만들어 상사에게 업무진행 우선순위를 확인해 본다.

해설

상사와 개인적인 친분이 있는 방문자의 경우도 직무상 의무로 묻는다는 점에 대해 양해를 구해야 한다.

정답 08 ① 09 ②

10 **계약서 초안 검토 후 중요한 문구수정을 요구하기 위해 호텔 담당자에게 오전 9시 30분경 호텔 사무실로 전화통화를 시도하였으나 담당자는 인도출장 중이다. 이에 대한 오피스 매니저인 최수영의 대처로 가장 바람직한 것은?**

① 계약 건이니만큼 담당자의 휴대전화로 곧바로 연락하여 직접 통화를 시도한다.
② 호텔 사무실 음성메시지에 전화통화를 요청하는 내용을 저장해 놓는다.
③ 호텔 직원에게 상황 설명 후 전화메모 전달 및 통화가능 시간대를 언급하며 회신을 요청해놓는다.
④ 호텔을 통해 인도 체류지를 확인하여 그쪽으로 계약서 원본과 수정사항을 표기한 내용을 팩스 전송 후 회신을 기다린다.

해설

① 해외출장 중인 사람의 휴대전화로 바로 통화를 시도하는 것은 결례가 될 수 있으므로 삼가야 한다.
②·④ 음성메시지에 전화통화를 요청하는 내용을 저장하거나 팩스전송 후 회신을 기다리는 것은 자칫 상대방의 확인이 늦어지면 낭패를 볼 수 있으므로 ③이 가장 바람직하다.

11 **다음 중 상사의 일정 관리 시 비서가 유의해야 할 점으로 옳지 않은 것은?**

① 연간 일정표 작성 시 고정일정은 미리 기입해 둔다.
② 일정이 바쁠 때는 구두로도 상사에게 일정을 확인시켜 드린다.
③ 일정표는 한 번 작성하면 수정이 불가능하므로 작성 시 반드시 확인한다.
④ 회의나 집회 일정을 잡을 때는 회의실 예약도 같이 하면 좋다.

해설

일정표를 확인하는 것은 바람직하지만 상황에 따라서는 수정이 불가피한 경우도 있다.

12 **상사가 해외 출장 시 이용할 차량을 온라인으로 직접 예약하려고 한다. 비서가 예약하는 과정에서 확인하여야 할 정보의 내용으로 짝지어진 것 중 중요도가 가장 낮은 것은?**

① 지불조건 – 임차도시
② 주행거리 제한여부 – 차량모델
③ 연소 운전자 보상 범위 – 운전기사 포함 임차여부
④ 차량 인수 및 반환 시각 – 비용에 포함되어 있는 보험의 내용

해설

③ 지불조건, 임차도시, 주행거리 제한여부, 차량모델, 차량 인수 및 반환 시각, 비용에 포함되어 있는 보험의 내용 등은 기본적으로 알아야 할 정보이지만, 연소 운전자 보상 범위나 운전기사 포함 임차여부는 상대적으로 정보의 중요성이 낮다고 볼 수 있다.

10 ③ 11 ③ 12 ③ **정답**

13 다음 중 비서의 응대 화법으로 가장 바람직하지 않은 것은?

① 내방객에게 한자로 된 명함을 받았으나 모르는 한자여서 "실례입니다만, 무엇으로 읽습니까?"라고 직접 묻는다.
② 부재중인 사람을 찾는 전화에 대해서는 "나중에 다시 전화하세요"라고 응대한다.
③ 상사를 대신하여 직위가 높은 사람과 직접 통화 시에는 "이렇게 직접 전화 드려 죄송합니다."라고 말한다.
④ 지각을 하였을 때에는 "죄송합니다. 제가 늦었습니다."라고 사과한다.

해설

부재중인 사람을 찾는 전화에 대해서는 급한 용무인지를 먼저 묻고 메모를 남기도록 한다.

14 다음 중 비서로서 가져야 할 직업윤리에 대한 설명으로 가장 적절한 것은?

① 비서는 상사 출장 시 상사 대신 업무를 대행할 수 있다.
② 비서는 상사에 대한 충성심이 언제나 최우선이어야 한다.
③ 비서는 기밀 유지를 위해서 회사 모임에는 가입할 수 없다.
④ 비서는 상사가 회사를 위해 비윤리적인 일을 해야만 할 경우에 그 일을 간과하거나 묵과해서는 안 된다.

해설

비서의 기본적인 업무가 상사의 업무진행을 도와 회사에 기여하는 것이지만 불법적이거나 비도덕적인 부분까지 수행하거나 이를 묵과하여야 하는 것은 아니다.

15 거래회사의 본사 부장이 뉴욕 지사장으로 영전되어 간다고 인사차 방문했다. 이때 명함의 분류 · 정리 방법으로 가장 옳은 것은?

① 이전 명함은 그대로 두고 뉴욕 근무이기 때문에 새로 미국 분류함을 만들어 정리한다.
② 이전 명함에 변경사항을 기입하고 새 명함은 파기한다.
③ 이전 명함과 새 명함을 함께 원위치에 보관한다.
④ 새 명함의 뒤에 전 본사부장이라고 써 넣고 옛날 명함과 교체한다.

해설

명함은 언제라도 필요할 때 사용할 수 있도록 최신의 것으로 정리하되 주소 등의 변경이나 승진 등으로 직함이 바뀌었음을 알게 될 경우에는 곧 그 명함에 변경된 내용을 기입한다.

정답 13 ② 14 ④ 15 ④

16 상사로부터 업무 처리와 관련하여 꾸중을 들었다. 올바른 비서의 태도가 아닌 것은?

① 상사에게 꾸중을 들을 때에는 "죄송합니다. 다음부터는 이런 일이 없도록 주의하겠습니다."라고 말한다.
② 잘못한 점이 있다면 솔직히 시인하고 사과하며, 같은 실수가 반복되지 않도록 한다.
③ 상사의 입장에서 보아 자신의 잘못된 점을 찾으려고 노력한다.
④ 나중에 자신의 입장을 설명할 기회가 없다는 판단이 서면 그 자리에서 상사에게 이유를 설명하고 잘못을 가린다.

해설

비록 약간의 억울한 심정이 들더라도 그 자리에서 잘잘못을 가리면 상사에게 대든다는 인상을 줄 수 있으므로 어느 정도 시간적 여유를 가지고 시정하도록 한다.

17 다음 비서의 경조사 처리 방법 중 옳지 않은 것은?

① 상사가 참석하지 못하는 개업식에 상사 지시에 따라 축하 화분을 보낸다.
② 장소가 멀어 참석이 어려운 장소라 조의금을 전달할 경우 우체국의 통화 등기를 이용한다.
③ 조문과 조위전보는 발인 후 해도 되기 때문에 상사일정과 잘 맞추어 본다.
④ 병문안 선물로 꽃다발을 할 경우 병원에 꽃 반입 여부를 문의해보고 결정한다.

해설

조문과 조위전보는 발인 전에 하도록 한다.

18 바쁜 상사들은 은행 관련 업무를 비서가 관리하고 처리하도록 위임하는 경우가 많다. 올바른 은행 업무 방법으로 가장 거리가 먼 것은?

① 신용카드 매출전표와 명세서의 내역 확인이 끝나면 명세서는 폐기해도 된다.
② 대금 지불이 상사 예금 구좌에서 직접 계좌이체 되는 경우 미리 잔고를 확인해 둔다.
③ 상사의 소액 현금관리 금전출납부에 반드시 기입하며 영수증은 잘 보관한다.
④ 보험료가 미납되지 않도록 티클러 파일이나 B/F 파일을 적절하게 이용하도록 한다.

해설

신용카드 매출전표와 명세서의 내역을 확인하였더라도, 일정 기간 폐기하지 않고 보관한다.

16 ④ 17 ③ 18 ① **정답**

19 다음 중 비서가 직장 내에서 보일 수 있는 화법으로 가장 옳은 것은?

① 내방객의 직책을 모르는 경우 무조건 "ㅇㅇㅇ씨, 안내해 드리겠습니다."처럼 '~씨'로 호명해야 한다.
② 다른 부서의 사람을 찾는 전화에 "다른 부서 사람입니다. 부서를 확인해 보시고 다시 전화하세요."라고 응대한다.
③ 복도에서 다른 사람을 앞질러 가는 경우는 "잠깐만 비켜주세요."라고 이야기하고 먼저 앞으로 나간다.
④ 지각을 하였을 때에는 "죄송합니다. 제가 늦었습니다."라고 사과한다.

해설

① 내방객의 직책을 모르는 경우 무조건 ~씨로 호명하기 보다는 상황에 따라 적절하게 호명한다.
② 다른 부서의 사람을 찾는 전화는 가능한 내선연결을 통해 돌려준다.
④ 지각을 하였을 때에는 왜 늦었는지를 사실대로 이야기하고 정중히 사과한다.

20 다음 중 업무처리를 할 때 시간을 절약할 수 있도록 우선순위를 정하는 방법에 있어 가장 잘못된 것은?

① 시간이 오래 걸리는 일부터 한다.
② 시간 제약이 있는 일은 사전에 시간계획을 세운다.
③ 긴급하거나 중요한 일부터 한다.
④ 비서의 우선순위가 아니라 상사의 우선순위가 무엇인지 생각한다.

해설

우선순위를 결정하는 데는 시간 제약, 내용의 중요성, 상사의 의향, 일의 능률성 등 여러 가지 판단기준이 있다.

정답 19 ③ 20 ①

제2과목 경영일반

21 경영자가 어떻게 의사결정을 하느냐에 따라 조직의 효율성과 성과가 결정된다. 다음 중 의사결정의 여러 유형에 관한 설명으로 가장 적절한 것은?

① 사이몬(H. A. Simon)의 관리적 모델에 따르면 경영자는 현상이 목표와 이어질 수 있도록 최적의 대안을 선택하는 합리적인 의사결정을 한다.
② 앤소프(H. I. Ansoff)의 전략적 의사결정은 기업 내부 문제에 관한 결정으로 기업의 여러 자원을 조직화하는 것과 관련된다.
③ 앤소프(H. I. Ansoff)의 업무적 의사결정은 조직의 여러 자원의 변환과정에서 효율성을 극대화하는 것과 관련된 의사결정으로 주로 하위 경영층에 의해 이루어진다.
④ 불확실성의 조건하에서 경영자는 대안과 결과에 대한 부족한 정보에서 합리적인 의사결정이 어렵기 때문에 자신의 추측, 직관 등에 의존하여 의사결정을 할 수 밖에 없다.

해설

① 관리적 모델에서는 경영자가 항상 합리적인 의사결정을 하는 것은 아니라고 설명한다.
② 전략적 의사결정은 기업의 미래 목표와 지속적인 경쟁우위 확보를 목적으로 한다.
④ 추측, 직관 등에 의존하여 의사결정을 하는 것은 더 큰 불확실성을 초래한다.

22 조직문화가 영향을 미치는 경우로 옳지 않은 것은?

① 기업의 전략수행에 영향을 미친다.
② 기존기술의 통합에 영향을 미친다.
③ 조직내 집단 간 갈등에 영향을 미친다.
④ 효과적인 화합과 의사소통에 영향을 미친다.

해설

조직문화는 신기술의 통합에 영향을 미친다. 기업이 새로운 기술을 도입할 경우 구성원들은 이에 대하여 많은 저항을 하게 된다.

21 ③ 22 ② **정답**

23 보통주에 대한 설명으로 틀린 것은?

① 보통주주는 자기가 소유하고 있는 지분에 대한 권리를 행사할 수 없다.
② 주식회사가 출자에 대한 증표로 보통주주에게 발행한 주권을 뜻한다.
③ 보통주주는 회사정리 시 잔여재산처분의 최종적인 참여자가 된다.
④ 보통주의 소유자는 자기가 소유하고 있는 지분에 따라서 회사에서 주인의 역할을 담당한다.

해설

보통주주는 채권자나 우선주주와는 달리 자기가 소유하고 있는 지분에 대한 권리를 행사할 수 있다.

24 다음 중 프로젝트조직과 매트릭스조직에 대한 설명으로 가장 적절한 것은?

① 기능조직에 비하여 안정적으로 운영된다.
② 제품, 지역, 고객관리에 필요한 인적자원 사용이 비탄력적인 모델이다.
③ 프로젝트조직은 과업이 진행됨에 따라 필요한 인원을 모으고, 프로젝트가 완료되면 해산되는 탄력적인 조직구조이다.
④ 매트릭스조직은 전통적 조직화의 원리에 의한 조직구조로서 명령일원화의 원칙에 입각한 조직이다.

해설

프로젝트조직은 특정한 사업목표를 달성하기 위하여 일시적으로 조직 내의 인적 · 물적 자원을 결합하는 조직형태를 말한다. 매트릭스조직은 전통적인 기능적 구조에 프로젝트조직을 결합시킴으로써 수직적 구조와 수평적 구조가 혼합된 동태적 조직의 형태이다.

① 프로젝트 자체가 시간적 유한성을 지니기에 프로젝트 조직도 임시적 · 잠정적이다.
② 인적자원 사용이 매우 탄력적인 모델이다.
④ 매트릭스조직은 i) 계층 원리와 명령 일원화 원리 적용되지 않고, ii) 라인과 스태프 구조가 일치하지 않으며, iii) 프로젝트가 끝나면 원래 조직 업무를 수행한다는 특징이 있다.

25 공기업에 대한 설명으로 올바른 것은?

① 관청기업은 주로 공기업의 초기에 나타난다.
② 공기업은 국가 또는 지방자치단체가 전액을 출자한 기업만을 뜻한다.
③ 공기업은 특별법에 의해서만 설립할 수 있다.
④ 국가 또는 지방자치단체는 재정조달을 목적으로 주식회사를 설립할 수 없다.

해설

공기업은 사기업과 대조되는 기업형태로서 국가, 지방자치단체 등의 공공단체가 출자자가 되어 경영상의 책임을 담당하는 기업형태이다. 공기업의 목적은 영리가 아닌 급부에 있다. 관청기업은 공기업의 초기 형태로 볼 수 있다.

정답 23 ① 24 ③ 25 ①

26 **경기침체와 물가상승이 동시에 나타나는 현상을 무엇이라고 하는가?**

① 리플레이션(Reflation)
② 스태그플레이션(Stagflation)
③ 디스인플레이션(Disinflation)
④ 진정인플레이션(True Inflation)

해설

② 스태그플레이션(Stagflation)은 Stagnation과 Inflation의 합성어로 경기후퇴 속에 생산물이나 노동력이 공급초과를 빚고 있음에도 불구하고 물가가 상승하는 현상을 말한다.
① 리플레이션(Reflation)은 통화재팽창을 의미한다. 디스플레이션에서 벗어났지만 아직은 심한 인플레이션에까지 이르지 않은 상태를 말한다.
③ 디스인플레이션(Disinflation)은 인플레이션을 극복하기 위해 통화증발을 억제하고 재정 · 금융긴축을 주축으로 하는 경제조정정책을 말한다.
④ 진정인플레이션(True Inflation)은 완전고용이 달성된 후까지도 화폐가 증발되면 생산량은 그 이상 증대하지 않고 물가만 오르게 될 뿐이고 물가가 오르면 화폐가 증발되어 악순환이 야기되는 현상을 말한다.

27 **다음은 우리나라의 수출업자인 A사가 미국의 수입업자인 B사와 체결한 계약의 내용이다. 바르게 설명한 것을 〈보기〉에서 고르면?**

- 부산항을 출발항으로 한다.
- 수출업자가 목적지인 뉴욕항까지의 해상 운임과 보험료를 부담한다.
- 상품 대금 결제를 위하여 운송 화물을 담보로 한 화환 어음을 발행한다.

보 기

ㄱ. 대금 지급 방법은 상환급이다.
ㄴ. 화환 어음은 수출상이 발행한다.
ㄷ. 상품의 인도 장소는 뉴욕항의 본선이다.
ㄹ. 가격 조건은 운임 · 보험료 포함 가격(CIF)이다.

① ㄱ, ㄴ
② ㄱ, ㄷ
③ ㄴ, ㄷ
④ ㄴ, ㄹ

해설

수출상이 뉴욕항까지의 운임과 보험료를 부담하는 가격 조건이므로 CIF에 해당하며, 수출상이 발행하는 화환 어음으로 결제를 하게 되므로 이는 후급에 해당하게 된다. 상품의 인도 장소는 출발항인 부산항에서의 본선 갑판이 된다.

26 ② 27 ④ **정답**

28 **다음은 국제 경영의 형태 중 계약 방식에 따른 분류이다. (가), (나)에 해당하는 설명으로 옳은 것은?**

계약 방식	내 용
(가)	특정 기업이 소유한 기술, 특허권, 상표권 등을 이용할 수 있도록 제공하고 사용료를 받는 형태
(나)	본사의 관리 시스템, 경영 기법 등을 가맹점에 제공하고, 상표와 상호의 사용권에 대해 사용료를 받는 형태

① (가)는 BOT 계약 방식에 해당한다.
② (가)는 로열티 획득을 목적으로 한다.
③ (나)는 라이선싱 방식에 해당한다.
④ (가)는 패스트푸드 체인점, (나)는 영화 수출을 예로 들 수 있다.

해설

국제 경영 형태의 계약 방식에는 라이선싱, 프랜차이징, 컨트렉팅, 계약 생산, 경영 관리 계약, BOT 방식이 있다.
①은 라이선싱 ③은 프랜차이징 ④는 (가) 영화 수출, (나) 패스트푸드 체인점이다.

29 **다음과 같이 환어음을 발행하였을 때 지급인과 수취인을 바르게 짝지은 것은?**

> '갑'은 '을'로부터 상품 5,000상자를 매입하고, 그 대금으로 매출처인 '병'을 지명인으로 하는 환어음을 발행하여 교부하였다.
> • 발행일 : 2023년 8월 1일
> • 만기일 : 2023년 9월 1일

	지급인	수취인
①	갑	을
②	을	갑
③	을	병
④	병	을

해설

발행인 갑은 상품 대금을 지급하기 위하여 지명인(갑의 채무자) 병을 지급인으로 하고, 을(갑의 채권자)을 수취인으로 어음을 발행하였다.

정답 28 ② 29 ④

30 다음 ○○기업이 지니고 있는 문제점을 개선하기 위하여 도입해야 할 시스템을 〈보기〉에서 모두 고르면?

- ○○기업은 매출 총액 대비 영업 이익이 경쟁 업체에 비해 낮게 나타나 경쟁력 약화의 주된 요인이 되고 있다.
- 특히 매출 총액 대비 물류비 구성 비율이 경쟁 회사인 △△기업에 비해 운송비가 3.2%, 하역비가 0.8%, 창고비가 2.2% 높게 나타난 것으로 파악되었다.

보 기	
ㄱ. 유닛 로드 시스템	ㄴ. 자동 적재 시스템
ㄷ. 프랜차이즈 시스템	ㄹ. 자동화 창고 시스템

① ㄱ, ㄴ
② ㄱ, ㄷ
③ ㄷ, ㄹ
④ ㄱ, ㄴ, ㄹ

해설

물류비를 절감하고, 경쟁력을 강화하기 위해서는 운송 방법 · 보관 방법 · 하역 방법의 혁신이 이루어져야 한다. 즉, 유닛 로드 시스템, 저온 유통 시스템, 복합 운송 방식, 자동화 창고 시스템, 자동 적재 시스템 등의 도입이 필요하다.

31 라인조직의 장점으로 틀린 것은?

① 조직구조의 단순성으로 책임과 권한의 한계를 쉽게 이해할 수 있다.
② 명령일원화의 원칙에 따라 통솔력이 있다.
③ 의사결정의 신속성을 기대할 수 있다.
④ 부문별 업무 간에 혼란이 적어 효율적이다.

해설

라인조직의 단점으로 부문별 업무 간에 혼란을 야기할 가능성이 있는데 이는 유기적 조정이 불가능하기 때문이다.

30 ④ 31 ④ **정답**

32 직무분석의 내용을 설명한 것 중 옳지 않은 것은?

① 특정 직무의 내용과 성질을 체계적으로 조사 · 연구하여 조직에서의 인간관리에 필요한 직무정보를 제공하는 과정이다.
② 조직이 요구하는 직무수행에 필요한 지식, 능력, 책임 등의 성질과 요건을 명확히 하는 일련의 과정이다.
③ 직무분석의 방법에는 면접법, 관찰법, 질문서법 등이 있다.
④ 직무평가가 먼저 이루어지고 다음에 직무분석, 그리고 인사고과의 순서로 진행된다.

해설

직무분석이 먼저 이루어지고 다음에 직무평가, 그리고 인사고과의 순서로 진행된다.

33 마케팅에 관한 설명 중 옳지 않은 것은?

① 수평적 통합 – 관련업종이나 이질업종을 연결하는 전략이다.
② 수직적 통합 – 생산업자가 도매상 · 소매상을 연결하는 전략이다.
③ 심비오틱마케팅 – 단기보다는 장기에 적합하다.
④ 디마케팅 – 수요를 일시적 혹은 영구적으로 감소시킨다.

해설

심비오틱마케팅은 두 개 이상의 독립된 기업이 제품개발 · 시장개발 · 경로개발 · 판매원 등 마케팅계획과 자원을 공동으로 추진하고 활용함으로써 기업이 개별적으로 어려운 것을 공동으로 하는 데서 얻는 이익과 마케팅문제를 보다 쉽게 해결하고 마케팅관리를 효율적으로 수행할 수 있다.

34 가격관리와 관련된 설명 중 옳지 않은 것은?

① 명성가격결정법은 가격이 높으면 품질이 좋을 것이라고 느끼는 효과를 이용하여 수요가 많은 수준에서 고급상품의 가격결정에 이용된다.
② 상층흡수가격정책은 신제품을 시장에 도입하는 초기에는 고소득층을 대상으로 높은 가격을 받고 그 뒤 차차 가격을 인하하여 저소득층에 침투하는 것이다.
③ 촉진가격결정법은 신제품을 도입하는 초기에 저가격을 설정하여 신속하게 시장에 침투하는 전략으로 수요가 가격에 민감하지 않은 제품에 많이 사용된다.
④ 탄력가격정책은 한 기업의 제품이 여러 제품계열을 포함하는 경우 품질, 성능, 스타일에 따라 서로 다른 가격을 결정하는 것이다.

해설

촉진가격결정법은 기업이 일시적으로 고객을 유인하기 위하여 특정품목의 가격을 정가 이하 또는 원가 이하로 결정하는 것이다.

정답 32 ④ 33 ③ 34 ③

35 **다음 중 개인기업의 한계를 극복하기 위해 등장한 공동기업에 대한 설명으로 가장 적절하지 않은 것은?**

① 합명회사는 2인 이상이 공동으로 출자하고 회사의 채무에 대해서 유한책임을 지면서 직접 회사경영에 참여한다.
② 합자회사는 무한책임을 지는 출자자와 유한책임을 지는 출자자로 구성되는 기업형태이다.
③ 유한회사는 2인 이상 50명 이하의 유한책임사원으로 구성되며, 주식회사보다 설립절차가 간편하여 중소기업에 적합한 기업형태이다.
④ 주식회사는 주식을 통해 자본이 조달되며, 자본의 증권화, 출자자의 유한책임제도, 소유와 경영의 분리라는 특징을 보유한다.

해설

합명회사의 사원은 회사의 채무를 회사채권자에 대하여 직접 연대하여 변제할 무한책임을 진다. 따라서 정관에 다른 규정이 없는 한, 사원은 회사의 업무를 집행하고 회사를 대표하는 권한을 가진다.

36 **다음 중 시스템 경영의 지향 원칙과 관련이 없는 것은?**

① 통합경영 ② 성과주의
③ 효율중시 ④ 경영혁신

해설

① 시스템 경영이란 개인이나 특정 조직에 의존하지 않고 경영 전반에서 효율적인 활동이 가능하도록 조직관리와 절차 등을 체계화해 경영하는 것을 말한다. 즉, 우수한 인재, 탁월한 시스템, 진취적인 기업문화를 바탕으로 성과주의 경영을 통해 조직 구성원 전원이 고효율의 자율 경영을 실행하여 지속적인 고성과를 창출함으로써 조기에 '좋은 기업'으로 성장 · 발전하도록 하는 고유의 경영방법이다. 경영 혁신은 시스템 경영 수준을 지속적으로 업그레이드하기 위한 체계적인 일체의 개선활동을 의미하며 시스템 경영의 운영 메커니즘은 성과주의 경영으로 비전 · 전략 수립과 전략적 성과 관리 사이클로 구성된다.
통합경영시스템(Integrated Management System)이란, 조직의 모든 Sub System과 모든 경영요소를 포함하는 하나의 포괄적인 시스템이다. 조직 내의 상호 모순될 수도 있는 각종 목표와 관련된 서브시스템들과 구성 요소들이 경영의 기본 목적하에서 유기적으로 결합하고, 그에 따라 외부의 환경 변화에 능동적으로 대처할 수 있으며, 나아가 조직의 지속적 발전을 도모하는 시스템이다.

35 ① 36 ① **정답**

37 다음 중 제품수명주기에 관련된 설명으로 가장 적절한 것은?

① 제품수명주기는 신제품의 개발단계에서부터 시장 도입 후 시간경과에 따른 매출액 수준을 나타낸다.
② 제품수명주기의 성숙기는 자사 제품의 경쟁우위 관리가 주목적이므로 이익극대화보다는 차별화된 비용투자가 지속적으로 필요한 시기이다.
③ 산업별 제품수명주기는 기술혁신과 기술개발의 가속화로 그 주기가 점점 길어지고 있다.
④ 제품수명주기의 성숙기에는 경쟁이 치열하여 가격이 떨어지며 판매촉진을 위한 여러 가지 조치가 취해진다.

해설

① 제품수명주기는 하나의 제품이 시장에 도입되어 폐기되기까지의 과정을 말한다. 이 수명의 장단(長短)은 제품의 성격에 따라 다르지만 대체로 도입기 · 성장기 · 성숙기 · 쇠퇴기의 과정으로 나눌 수 있다.
② 성숙기는 그동안 판매량이 증가하면서 성장을 계속하던 제품이 어느 시점에서 판매량이 감소하면서 성장률이 둔화되기 시작하는 단계이다. 그 이유는 이제 거의 다수의 소비자들이 그 제품을 이미 구입한 상태이기 때문이다. 따라서 이 단계에서는 기존의 시장점유율을 유지하려고 노력하게 되는데, 적극적으로 상표를 재활성화할 필요가 있다. 그래서 시장확대전략, 제품수정전략, 그리고 상표재포지셔닝전략 등이 이 단계에서 사용할 수 있는 주요전략이다.
③ 산업별 제품수명주기는 기술혁신과 기술개발의 가속화로 그 주기가 점점 짧아지고 있다.

38 다음 중 성과급 제도를 도입해야 할 바람직한 상황이 아닌 것은?

① 종업원이 인센티브에 민감하게 반응하는 상황
② 종업원의 위험 기피도가 높은 상황
③ 적은 비용으로 생산량 측정이 가능한 조건
④ 이익이 급증해 세금을 많이 내야 하는 상황

해설

이익이 급증해 세금을 많이 내야 하는 상황에서 성과급으로 직원들에게 보상해 주면 급여 비용이 늘어나고 그만큼 이익을 줄여 절세할 수 있다. 또 적은 비용으로 생산량을 측정할 수 있다면 성과급을 도입하기 쉽다. 종업원의 위험 기피도가 높다면 성과급으로 인한 급여 격차에 대해 반발이 클 것이기 때문에 성과급제 도입을 추진하기 어렵다.

정답 37 ④ 38 ②

39 **다음 중 기업의 결합 형태에 대한 설명으로 가장 거리가 먼 것은?**

① 콤비나트(기업집단)란 법률적으로 독립해 있는 몇 개의 기업이 출자 등을 통한 지배 종속관계에 의해 형성되는 기업결합체이다.
② 트러스트(기업합동)란 법률상 뿐 아니라 경영상 내지 실질적으로 완전히 결합된 기업 결합형태로서 일반적으로 거액의 자본을 고정설비에 투하하고 있는 기업의 경우에 이러한 형태가 많다.
③ 조인트벤처(공동출자회사)란 자국의 기업이 외국회사와 공동출자하여 회사를 설립하고 외국기술을 도입하여 이익의 획득을 도모하고 손익을 공동 분담하는 형태이다.
④ 카르텔(기업연합)이란 동종 또는 유사산업에 속하는 기업들이 독립성을 유지하면서 경쟁을 줄이기 위해 협약하는 형태이다.

해설

콤비나트는 일정한 지역에서 기초원료에서 제품에 이르기까지 생산단계가 다른 각종 생산부문이 기술적으로 결부되어 집약적인 계열을 형성한 것을 말한다. 법률적으로 독립해 있는 몇 개의 기업이 출자 등의 자본적 제휴를 기초로 하는 지배, 종속 관계에 의해 형성되는 기업결합체는 콘체른(Konzern)이라고 한다.

40 **마케팅 활동 중 촉진전략에 대한 설명으로 옳지 않은 것은?**

① 광고는 TV, 라디오, 잡지, 신문, 옥외간판 등을 활용하여 소비자들에게 제품에 대해 인식하도록 하는 것이다.
② 인식판매는 세일즈맨이 고객에게 직접 정보를 제공하고 설득하여 구매하도록 유도하는 활동이다.
③ 판매촉진은 제품구매를 유도하기 위해 가격할인, 쿠폰, 무료견본, 경품 등의 단기적 유인수단을 제공하는 활동이다.
④ 홍보는 자사의 브랜드에 대한 인지도와 선호도를 높이기 위한 투자활동으로 법적으로 보호할 수 있도록 등록하는 것이다.

해설

홍보는 자사의 브랜드에 대한 인지도와 선호도를 높이기 위한 투자활동이기는 하지만, 이를 법적으로 보호할 수 있도록 등록하는 것은 별개의 문제이다.

39 ① 40 ④ 정답

제3과목 사무영어

41 What is the theme of the following conversation?

A : Could you help me with ATM?
B : Sure. What do you need?
A : I don't know.
B : Easy. First, put your card in and enter your PIN.
A : Here?
B : That's right. Next, enter the amount of money you want and wait for your card and money. Don't forget to take out card and money.
A : Great, thanks.
B : No problem.

① how to open an account
② how to deposit money
③ how to cash a check
④ how to withdraw money

해설

④ 예금을 인출하는 방법
① 신규계좌를 개설하는 방법
② 입금하는 방법
③ 수표를 현금으로 바꾸는 방법

A : 현금자동인출기를 사용하려는 데 좀 도와주시겠어요?
B : 물론입니다. 무엇을 도와드릴까요?
A : 어떻게 사용해야 할지를 모르겠습니다.
B : 쉽습니다. 먼저 카드를 넣고 비밀번호를 입력하세요.
A : 여기요?
B : 네, 그래요. 다음엔 출금하고 싶은 금액을 입력하시고 카드와 돈이 나오길 기다리시면 됩니다. 카드와 돈을 꺼내시는 걸 잊으시면 안 돼요.
A : 정말 고맙습니다.
B : 별말씀을요.

42 Which of the following means different?

① Thanks for calling.
② I appreciate your calling me up.
③ I'll call you back soon.
④ Thank you for your call.

해설

③ 곧 다시 전화 드리겠습니다.
①·②·④ 전화해 주셔서 고맙습니다.

정답 41 ④ 42 ③

43 Find the one that writes the given Korean address to English appropriately.

① 서울특별시 서초구 서초대로 16길 49-36
49-36, Seocho-daero 16-gil, Seoul, Seocho-gu
② 서울특별시 강남구 압구정로 29길 21
21, Apgujeong-ro 29-gil, Gangnam-gu, Seoul
③ 서울특별시 관악구 청림2길 40-5
Seoul, Gwanak-gu, Cheongnim 2-gil, 40-5
④ 서울특별시 강서구 양천로 14길 84-7
Seoul, Gangseo-gu, 84-7, Yangcheon-ro 14-gil

해설

한글주소의 영문표기법은 정반대 순서로 표기하면 된다. 행정구역 사이에는 (,)로 구분하며 시 · 군 · 구에 해당하는 표기는 (-)로 구분하면 된다.

44 Choose the phrase which has a grammatical error.

> If the organizers of the conference ⓐ have spent a little more time ⓑ preparing, half the ⓒ problems probably wouldn't ⓓ have occurred.

① ⓐ
② ⓑ
③ ⓒ
④ ⓓ

해설

가정법 과거완료의 구문에서 조건절의 시제는 「had+과거분사」의 과거완료가 되어야 한다.

> 회의 주최 측이 준비하는데 좀 더 많은 시간을 소비했다면, 그 문제들의 절반 정도는 발생하지 않았을 것이다.

43 ② 44 ① **정답**

45 Which of the following is the most appropriate for the blank?

> A : Did you expect Frank to come to the party?
> B : No, but I ________ that he would come.

① had hoped
② will hope
③ would hope
④ hopes

해설

동사 hope가 과거완료 형태로 쓰이면 이루지 못한 일을 나타내게 된다. that he would come은 hope의 목적어가 되는 명사절이다.

A : 당신은 프랭크가 파티에 올 것이라고 기대했습니까?
B : 아니오, 하지만 그가 와 주기를 바랐습니다.

46 Which of the following is providing INCORRECT explanation about the given acronym?

① WTO – World Trade Organization
② OECD – Organization for Economic Cooperation and Development
③ DOB – Date Of Birth
④ WHO – World Human Organization

해설

④ WHO : World Health Organization 세계보건기구
① WTO : World Trade Organization 세계무역기구
② OECD : Organization for Economic Cooperation and Development 경제협력개발기구
③ DOB : Date Of Birth 생년월일

정답 45 ① 46 ④

47 **According to the following fax message, which is NOT true?**

FACSIMILE

Imperial Hotel
Tel : 02-566-7568 Fax : 02-566-8921

TO : Crown International Co.
Mr. George Mitchell
Date : May 20, 2013
Sub : Room Reservation
Pages : 3 (including this)

We are pleased to confirm the reservation for you as follows :

Arrival : June 3, 2013 at 14:30 (KE705)
Departure : June 6, 2013

When you arrive at the airport, you may use our Hotel shuttle bus. The shuttle buses run every 20 minutes, and the bus station is in front of Gate 4. You can easily find it. I am sending the time table of the shuttle bus and a copy of the map that shows our hotel area for your information.

Best regards,

Jun Hee Choi
Reservation Manager

① Mr. Mitchell is supposed to stay in the Imperial Hotel.
② Ms. Choi attached a copy of the travel itinerary with this fax.
③ Mr. Mitchell will check out June 6.
④ The hotel runs shuttle buses every 20 minutes from the airport to the hotel.

해설
셔틀버스 시간표와 호텔 주변 지도를 보내준다는 말은 있지만 여행일정표 사본에 관한 언급은 없다.

47 ② 정답

48 What is the most appropriate expression in the blank?

Thomas : Please have a seat.
Miss Kim : Thank you.
Thomas : According to your resume, you've been with K&F Law Firm for 2 years. Please tell me about the work you've done at that firm.
Miss Kim : I worked as a legal secretary.
Thomas : (   )
Miss Kim : I wanted a job that has more opportunities. I majored in English and I'd like a job which can utilize my English communication skills.
Thomas : I see. You would be mainly using English in this job. So you're confident you can handle telephone calls in English?
Miss Kim : Yes, I am.
Thomas : That's good. I'll be in touch with you within a few dates.
Miss Kim : Thank you for your time and I look forward to hear from you soon.

① When was the last time you got a raise?
② What made you decide to leave that position?
③ How long have you been with the company?
④ What position did you hold?

해설

② 왜 그 직장을 그만 두셨죠?
① 마지막 급여 인상은 언제였나요?
③ 그 회사에 근무하신 지 얼마나 됐습니까?
④ 무슨 직책을 맡고 있었나요?

토마스 : 앉으시죠.
미스 김 : 고맙습니다.
토마스 : 이력서에는 2년 동안 K&F 법률회사에서 일한 것으로 되어 있는데 그 회사에서 무슨 일을 하셨나요?
미스 김 : 법률 비서로 일했습니다.
토마스 : 왜 그 직장을 그만 두셨죠?
미스 김 : 저는 좀 더 발전의 기회가 많은 직업을 갖고 싶었습니다. 전 영어를 전공했고 그래서 저의 영어실력을 활용할 수 있는 일을 하고 싶습니다.
토마스 : 알겠습니다. 이 일은 주로 영어를 사용해야 하는 일인데요. 그럼 영어로 전화업무도 하실 수 있겠습니까?
미스 김 : 예, 물론입니다.
토마스 : 좋습니다. 그럼 며칠 내로 연락드리겠습니다.
미스 김 : 시간 내 주셔서 감사합니다. 연락주시길 기다리겠습니다.

정답 48 ②

※ Read the following conversation and answer the question. (49~50)

David	: Bill, how are you?
Edwards	: Okay. A little busy. What's on your mind?
David	: Actually, ______(A)______
Edwards	: Don't be silly. What's up?
David	: Um, well, ______(B)______ He wants me to attend the computer convention that's being held on Friday the 23rd at the Civic Center. Bill, I'm sincerely sorry for causing such a hassle.
Edwards	: It's certainly not your fault. Anyway, let's just meet later that day. Shall we say at 4:00 instead?
David	: Yes, that's fine. And thanks again for your understanding.
Edwards	: Right. See you. Bye.

49 Which of the following is the most appropriate for the blank (A)?

① I'll call again later.
② I'm sorry for having to bother you like this.
③ How quickly can this be done?
④ There's no one here by that name.

해설

② 이렇게 귀찮게 해드려서 죄송합니다.
① 나중에 다시 전화하겠습니다.
③ 이 일은 얼마나 빨리 될 수 있습니까?
④ 그런 사람은 여기에 없는데요.

50 Which of the following is the not appropriate for the blank (B)?

① I just got an unexpected assignment from my manager.
② I have an emergency to deal with.
③ I didn't quite catch your name.
④ Something just suddenly came up.

해설

③ 성함을 확실히 듣지 못했습니다.
① 부장님께 갑작스러운 임무를 받았어요.
② 처리해야 할 급한 일이 생겼습니다.
④ 일이 갑자기 생겼습니다.

49 ② 50 ③ 정답

데이비드 : 빌, 잘 지내시나요?
에드워즈 : 네, 좀 바빠요. 무슨 일이신가요?
데이비드 : 이렇게 귀찮게 해드려 죄송합니다.
에드워즈 : 그런 말 하지 마세요. 무슨 일이죠?
데이비드 : 음, 그게, 방금 부장님께 뜻밖의 임무를 받았어요. 부장님이 저한테 23일 금요일에 시민회관에서 열리는 컴퓨터 박람회에 참가하라고 하시네요. 빌, 귀찮게 해드려서 정말 죄송합니다.
에드워즈 : 당신 잘못이 아니잖아요. 어쨌든 그날 더 늦은 시간에 만나도록 하죠. 대신에 4시가 어떨까요?
데이비드 : 예, 좋아요. 이해해 주셔서 고마워요.
에드워즈 : 그래요. 나중에 뵐게요. 안녕히 계세요.

51 What is the purpose of the following letter?

The best news, of course, is that you'll be making a business trip to Korea in early July. Please keep the evening of July 10th free. My wife and I are going to give a party on that evening for my parents thirtieth wedding anniversary and we'd love to have you with us. I hope that you'll come.

① thanking ② inviting
③ advising ④ celebrating

해설

물론 제일 좋은 뉴스는 당신이 7월 초에 한국에 업무상 방문한다는 것이었습니다. 7월 10일 저녁은 시간을 비워 두시길 바랍니다. 제 아내와 저는 그날 밤에 부모님의 결혼 30주년 기념 파티를 개최할 예정이며 당신을 초대하고 싶습니다. 꼭 참석하길 바랍니다.

52 Choose the most appropriate word for the following conversation.

A : I just bought this last week and I would like to return it.
B : What seems to be the problem?
A : It doesn't work. I was late for office every day this week!
B : Well, I can give you another one of the same type.
A : Will the new one work?
B : Yes, of course. We are very sorry for the trouble.

① computer ② watch
③ bag ④ clothes

정답 51 ② 52 ②

해설

A : 지난주에 이걸 샀는데 반환하고 싶어요.
B : 무슨 문제가 있습니까?
A : 작동이 되지 않아요. 이번 주에는 매일 회사에 늦었어요.
B : 저런, 똑같은 종류로 다른 것을 드리겠습니다.
A : 새 것은 작동이 될까요?
B : 물론입니다. 손님께 곤란을 끼쳐 드려 무척 죄송스럽게 생각합니다.

※ Questions 53~55 refer to the following form.

SAME DAY & OVERNIGHT DRY CLEANING / LAUNDRY SERVICE
SAME DAY : PLEASE LEAVE GARMENTS OUTSIDE ROOM BEFORE 8:30 a.m.
OVERNIGHT : PLEASE LEAVE GARMENTS OUTSIDE ROOM BEFORE 8:00 p.m.
IMPORTANT NOTICE :
– The Hotel assumes no responsibility for wear and tear, color fastness or valuables left in or on garments.
– The Hotel's liability for loss or damage will not exceed ten times the charge on the item.
– Any discrepancies must be reported within twelve hours.
– We will not hold any garments over thirty days without notification.
Exempt : Sundays and Public Holidays
ROOM No. : DATE : NAME :
PLEASE LEAVE THIS LIST & CLOTHING IN YELLOW BAG PROVIDED.

53 **By what time do you have to leave your jacket when you want to wear it in the evening?**

① By 8:00 p.m. ② By 8:30 a.m.
③ Twelve hours ahead. ④ 24 hours ahead.

해설

당일 서비스를 이용하고 싶으면 오전 8시 30분 전에 객실 밖에 옷을 내어 놓아야 한다.

당일 및 일박 드라이크리닝/세탁 서비스
당일 : 오전 8시 30분 전에 객실 밖에 옷을 내어 놓으시오.
일박 : 오후 8시 전에 객실 밖에 옷을 내어 놓으시오.
주의 :
– 호텔측은 닳아 해진 것, 찢김, 착색이나 옷에 들어 있는 귀중품에 대해서는 책임을 지지 않음.
– 분실이나 손상에 대한 호텔 측의 책임한도는 세탁물에 대한 청구 금액의 10배를 초과하지 않음.
– 옷이 뒤바뀐 경우에는 12시간 이내에 신고해야 함.
– 사전통보가 없으면 30일을 초과하여 의복을 보관하지 않음.
일요일과 공휴일은 서비스가 제공되지 않음
객실번호 : 날짜 : 이름 :
이 리스트와 옷을 비치된 노란 백에 넣어 두시오.

53 ② **정답**

54 When is the laundry service not available?

① Weekends.
② Every Sunday only.
③ Sundays and public holidays.
④ During Summer holidays.

일요일과 공휴일은 서비스가 제공되지 않는다.

55 For which case, does the hotel take no responsibility?

① The loss of a silver ring you left in your jacket.
② The loss of your shirt which you left over 30 days with notification.
③ Some damage on your pants.
④ The loss of your dress torn by a nail.

호텔 측은 닳아 해진 것, 찢김, 착색이나 옷에 들어 있는 귀중품에 대해서는 책임을 지지 않는다.
① 재킷에 넣어 둔 은반지 분실
② 사전 통보한 상태에서 30일을 초과한 셔츠의 분실
③ 바지의 손상
④ 못에 찢긴 드레스의 분실

56 Choose the most appropriate word for the blank.

> We are going to have a training sessions for our sales representatives at the end of March and are looking for a hotel which could provide 5 small rooms that can ____________ more than 10 people

① hold
② set
③ occupy
④ provide

해설

• training session : 연수회, 강습회
• sales representative : 판매원, 판매 대리점
• hold~people : ~명을 수용할 수 있는

> 3월 말에 영업사원들을 위한 연수를 하려고 하며, 10명 이상 수용할 수 있는 작은 방을 5개 제공해 주는 호텔을 찾고 있다.

정답 54 ③ 55 ① 56 ①

57 Which is not cover material for a proposal?

① title page ② author identification
③ table of contents ④ abstract

해설
제안서는 제안하고자 하는 바를 통해 얻을 수 있는 효과 및 해결책을 제시하여 고객의 채택을 얻고자 하는 도구라고 할 수 있다. 이러한 점에서 제안서의 표지는 고객의 욕구와 일치시키는 제시로서 그의 흥미를 이끌어내는 것이어야 하므로 작성 시에 매우 유의해야 하는 부분이다. 따라서 ②의 '작성자의 신원'은 제안서의 표지부에 포함시킬 필요가 없다.
① 제목(title) : 무엇을 어떻게 할 것인지 짧고 명료하게 나타내야 한다.
③ 목차(table of contents) : 현실과 목표 · 과제, 과제 해결을 위한 방법, 제안 내용(제품, 서비스)의 순서로 정리한다.
④ 개요(abstract) : 현실, 목표, 방법, 예상 비용 등을 200자 내외로 간추린다.

※ **Questions 58~60 refer to the following service advisory.**

> Should you ever need technical assistance or parts, for the merchandise you have purchased from us, please contact or write your nearest Spears & Hutchins outlet and provide the following :
> Serial number shown on the model plate.
> The part number as shown in the parts list that came with the product.
> Replacement Parts will be provided at current prices. If you order parts by mail, you will pay the transportation charges from the shipping point.

58 What must you include in your request for information or parts?

① Current prices and transportation charges.
② Technical assistance.
③ The part number.
④ The part list that came with the product.

해설
모델 일련번호와 부품 번호를 동봉하여야 한다.
③ 부품번호
① 현재가격과 운송요금
② 기술적 지원
④ 제품에 수반되는 부품 목록

> 당사로부터 구입한 제품에 대해 기술 지원이나 부품이 필요하시면 가장 가까운 스피어즈 앤 허친스 소매점에 전화나 서면으로 아래의 사항을 알려 주십시오 :
> 모델 겉면에 표시된 일련 번호
> 제품과 함께 동봉되어 있던 부품 목록에 표시된 부품 번호
> 대체 부품은 현재 가격으로 제공될 것입니다. 우편으로 부품을 주문하실 경우, 선적 시점으로부터 발생되는 운송비를 귀하가 지불해야 합니다.

57 ② 58 ③ 정답

59 **You should direct your inquiries about the product to the ________ .**

① Spears & Hutchins claims adjuster
② nearest Spears & Hutchins outlet
③ manufacturer
④ maintenance engineer

해설

제품에 대한 기술 지원이나 부품이 필요하면 가장 가까운 스피어즈 앤 허친스 소매점에 전화나 서면으로 요청하면 된다.
② 가장 가까운 spears & Hutchins 소매점
① spears & Hutchins 클레임 조정자
③ 생산자
④ 유지보수 기술자

60 **How much will you have to pay if the parts are mailed to you?**

① The current price plus transportation fees.
② The shipping charges only.
③ The price shown on the parts list.
④ The original price of the product.

해설

우편으로 대체부품을 주문할 경우, 부품의 현재 가격과 운송비를 귀하가 지불해야 한다.

정답 59 ② 60 ①

제4과목 사무정보관리

61 **다음 보기의 각 사람들의 문서 파일을 Filing하려고 한다. 다음 중 Filing 순서가 올바르게 나열된 것은?**

(가) Mr. Eric McDonald	(나) Ms. Stella S. Mattew
(다) Prof. Eric-Williams Snyder Heins	(라) Mr. David B. Mcdonald, Jr.
(마) Dr. E. E. Arthur	

① (마)-(가)-(라)-(나)-(다)
② (라)-(마)-(가)-(다)-(나)
③ (마)-(나)-(가)-(라)-(다)
④ (마)-(다)-(나)-(라)-(가)

해설

성의 알파벳순으로 파일링한다.

62 **한 비서는 업무상 이메일을 사용하고 있다. 다음 중 기능의 활용방법이 가장 적절하지 않은 것은?**

① 메일을 받은 날짜순으로 정렬하기 위해 Sorting 기능을 사용하였다.
② 스팸메일을 수신거부하기 위해 Anti-spam 기능을 사용하였다.
③ 수신하는 메일이 너무 많아서 여러 편지함에 메일을 분류하기 위해 Filtering 기능을 사용하였다.
④ 스마트폰에서 이메일을 확인하기 위해 Forwarding 기능을 사용하였다.

해설

사내 전산망을 외부에서 접속할 수 없을 때 직원들이 회사의 보안을 피해서 문서를 USB에 담아가거나 다른 개인 메일로 포워딩하는 경우가 있는데, 이는 사내 보안시스템을 우회하는 것에 해당하므로 바람직하지 않다.

61 ④ 62 ④ 정답

63 **비서가 컴퓨터로 문서작업을 하다가 자리를 비울 때 취해야 할 행동으로 가장 올바르지 않은 것은?**

① 잠시 자리를 비울 때에는 문서를 저장하고 모니터를 끄고 자리를 떠난다.
② 보안을 유지해야 할 중요한 문서 파일에는 암호를 설정하고 암호는 상사도 함께 알도록 한다.
③ 책상 위에 펼쳐진 서류들은 일단 정리하여 서랍에 넣고 자리를 비운다.
④ 상사가 지나다니면서 작업상황을 체크할 수 있도록 모니터가 통로에서 잘 보이도록 돌려놓는다.

해설

컴퓨터 스크린 위치는 다른 사람이 볼 수 없는 위치에 놓는다.

64 **다음 중 업무 관련 정보 수집을 위해 신문을 이용하는 비서의 행동에 대한 설명으로 가장 옳지 않은 것은?**

① 장 비서는 인물 동정란을 보고 상사 지인들의 승진, 영전, 부고를 찾아본다.
② 강 비서는 효과적인 정보 수집을 위해 매일 모든 기사를 빠짐없이 꼼꼼히 읽는다.
③ 남 비서는 주요 기사를 놓치지 않기 위해 상사의 정보 요구에 적합한 2, 3종의 신문을 선별하여 조사한다.
④ 최 비서는 큰 제목을 기준으로 훑어보아 중요 기사를 파악한 후 관련 기사를 찾아 상세히 읽는다.

해설

매일 모든 기사를 빠짐없이 꼼꼼히 읽는다면 시간이 너무 많이 허비하게 된다. 신문이나 잡지의 스크랩을 할 때는 우선 신문이나 잡지의 제목이나 차례를 훑어보고 주제와 관련된 기사를 찾아내거나 내용을 대강 읽어 보고 스크랩할 것인가를 결정하도록 한다.

65 **윈도우 바탕 화면의 배경을 변경하기 위한 디스플레이 등록 정보창에서 찾아보기를 통해 선택할 수 있는 파일의 확장자가 아닌 것은?**

① avi
② bmp
③ gif
④ jpg

해설

avi는 영상을 PC상에 구현하는 파일 형식이다.

정답 63 ④ 64 ② 65 ①

66 **대부분의 회사에서는 문서를 정리할 때 문서 보존 기간을 미리 정하여 규정에 따라 처리한다. 다음 중 영구 보존해야 할 문서가 아닌 것은?**

① 정관, 중요 계약 관계 서류　　② 등기, 특허 관계 서류
③ 세무 관계 서류　　④ 주주 총회 관계 서류

해설

일반적으로 세무관계서류는 10년간 보관하지만 가벼운 것은 3년간 보관하기도 한다.

67 **자료는 ○○자동차 회사 인도 법인의 사업성과를 나타낸 것이다. 이를 통해 이 회사의 인도 투자 배경을 바르게 추론한 내용을 〈보기〉에서 고른 것은?**

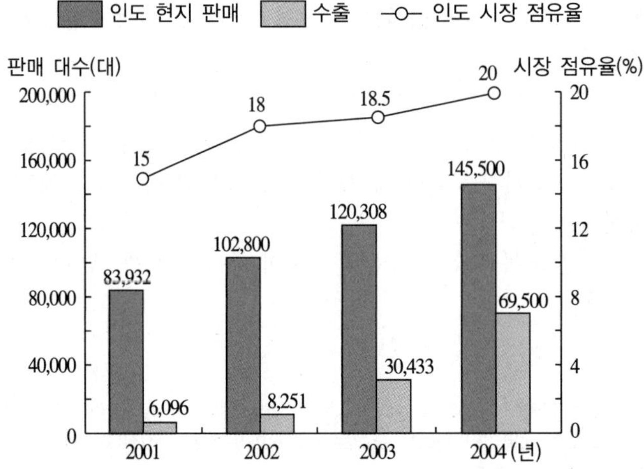

보기

ㄱ. 원자재 및 각종 부품 확보에 유리
ㄴ. 국내 기술 인력의 부족 문제 해소
ㄷ. 신흥 시장 선점을 위한 현지화 전략
ㄹ. 해외 판로 확장을 위한 수출 기지 육성

① ㄱ, ㄴ　　② ㄱ, ㄷ
③ ㄴ, ㄷ　　④ ㄷ, ㄹ

해설

○○자동차 회사의 인도 진출로 인도 내 자동차 판매가 증가하고 다른 지역으로의 수출도 증가됨을 알 수 있다. 이를 통해 인도 시장 선점과 이 지역을 수출기지로 활용하고자 하는 목적을 확인할 수 있다.

66 ③ 67 ④ **정답**

68 **다음 폴더를 알파벳 순서로 정리하려고 한다. 가장 적절하게 정리된 것은?**

(가) A 가이드	(나) B 가이드
(다) A 잡폴더	(라) B 잡폴더
(마) Steven Adam	(바) Alfred Spillway
(사) Harry Brown	(아) Jennings Carl

① (가) – (마) – (다) – (나) – (사) – (라) – (아) – (바)
② (나) – (라) – (사) – (가) – (마) – (다) – (아) – (바)
③ (가) – (나) – (사) – (바) – (마) – (아) – (다) – (라)
④ (가) – (나) – (다) – (바) – (마) – (아) – (라) – (사)

해설

파일의 배열
- 제1가이드(Primary Guide)
- 개별 폴더(Individual Folder)
  – 영문 이름의 경우 Last Name → Middle Name → First Name의 순으로 알파벳 표기 순서대로 정리
- 대출 가이드(Out Guide)
- 특별 가이드(Special Guide)
- 잡(雜)폴더(Miscellaneous Folders)

정답 68 ①

69 다음 〈표〉는 자동차 변속기의 부문별 경쟁력점수를 국가별로 비교한 자료이다. 이에 대한 〈보기〉의 설명 중 옳지 않은 것을 모두 고르면?

〈표〉 자동차 변속기 경쟁력점수의 국가별 비교

부문 \ 국가	A	B	C	D	E
변속감	98	93	102	80	79
내구성	103	109	98	95	93
소 음	107	96	106	97	93
경량화	106	94	105	85	95
연 비	105	96	103	102	100

※ 각국의 전체 경쟁력점수는 각 부문 경쟁력점수의 총합으로 구함

ㄱ. 전체 경쟁력점수는 E국보다 D국이 더 높다.
ㄴ. 경쟁력점수가 가장 높은 부문과 가장 낮은 부문의 차이가 가장 큰 국가는 D이고, 가장 작은 국가는 C이다.
ㄷ. C국을 제외한다면 각 부문에서 경쟁력점수가 가장 높은 국가와 가장 낮은 국가의 차이가 가장 큰 부문은 내구성이고, 가장 작은 부문은 변속감이다.
ㄹ. 내구성 부문에서 경쟁력점수가 가장 높은 국가와 경량화 부문에서 경쟁력점수가 가장 낮은 국가는 동일하다.
ㅁ. 전체 경쟁력점수는 모든 국가 중에서 A국이 가장 높다.

① ㄱ, ㄴ, ㄷ　　② ㄱ, ㄷ, ㄹ
③ ㄱ, ㄷ, ㅁ　　④ ㄴ, ㄹ, ㅁ

해설

ㄱ. 전체경쟁력 점수는 E국이 D국보다 1점 높다. 이 때 E국과 D국의 총합을 각각 계산하는 것보다, E국을 기준으로 D국의 편차를 부문별로 계산하여 판단하는 것이 좋다. 변속감+1, 내구성+2, 소음+4, 경량화−10, 연비+2, 따라서 총합은 +1.
ㄷ. C국을 제외하고 국가간 차이가 가장 큰 부문은 '경량화' 21점, 가장 작은 부분은 '연비' 9점이다.
ㄹ. 내구성이 가장 높은 국가는 B, 경량화가 가장 낮은 국가는 D국으로 다르다.

70 다음은 2016년도의 물가지수에 대한 통계 자료이다. 다음의 설명 중 틀린 것은?

(2015=100, 증가율, %)

구분	생산자물가			소비자물가			수출물가		수입물가		수출단가		수입단가	
	지수	동기비	전년말비	지수	동기비	전년말비	지수	동기비	지수	동기비	지수	동기비	지수	동기비
2016. 1	100.5	2.8	0.7	109.0	3.8	0.6	86.90	△4.3	97.98	2.5	84.9	3.4	94.7	17.6
2	101.1	2.8	1.3	109.6	3.9	1.2	89.03	△3.6	101.37	5.2	84.8	3.3	98.4	22.5
3	102.1	3.3	2.3	110.9	4.5	2.4	91.40	△3.9	103.21	2.8	84.4	△0.5	99.2	20.1
4	101.5	1.9	1.7	110.7	3.7	2.2	88.37	△7.1	98.50	△3.5	83.9	△1.4	95.9	11.6
5	101.0	1.0	1.2	110.5	3.2	2.0	86.25	△5.2	96.36	△2.5	83.7	△1.4	92.5	5.5
6	100.5	1.1	0.7	110.2	3.0	1.8	86.18	△0.9	96.61	1.3	83.7	2.8	92.5	4.4
7	100.7	1.6	0.9	110.1	3.2	1.7	85.76	0.5	96.60	3.2	84.7	1.7	94.2	5.4
8	101.1	1.9	1.3	110.6	3.0	2.1	86.24	△0.1	97.22	2.6	85.2	3.6	94.0	4.0
9	101.5	2.1	1.7	111.6	3.3	3.0	85.17	△2.6	95.50	△1.5	84.8	2.8	93.6	2.4
10	101.8	2.2	2.0	111.7	3.7	3.1	86.16	△3.4	98.44	△0.8	85.2	3.8	93.7	2.7
11	102.2	2.4	2.4	111.5	3.4	3.0	88.41	1.9	101.07	6.4	87.1	6.2	97.3	7.0
12	102.9	3.1	3.1	112.0	3.4	3.4	90.25	3.3	103.37	6.5	88.1	5.4	99.5	9.1

주) △는 감소를 나타냄

① 기준연도와 비교할 때, 소비자 물가가 생산자 물가보다 더 많이 올랐다고 할 수 있다.
② 소비자물가가 계속해서 증가하고 있으므로, 생활수준은 계속 감소하고 있다.
③ 2015년도에 비해서 수출물가가 싸졌으므로, 2015년도보다 수출이 증가하였다는 것을 추정할 수 있다.
④ 2015년도에 비해서 수입물가가 싸졌으므로, 수입이 증가하였을 것이다.

해설

② 소비자물가가 오르더라도 물가상승률 이상의 경제성장률이 있었다면 생활수준은 향상될 수도 있다.

71 안 비서는 상사와 관련된 사람들에 대한 정보를 파일로 만들어 두고 메일이나 연하장 등을 발송할 때 이 자료를 사용한다. 다음 중 메일머지 시 사용가능한 데이터 파일끼리 바르게 묶어진 것은 무엇인가?

① Outlook 주소록, *.pdf
② Outlook 주소록, *.dbf
③ Outlook 주소록, *.pcx
④ Outlook 주소록, *.dmb

해설

dbf는 DataBase File이며, db의 기능을 확장한 포맷이다.

정답 70 ② 71 ②

72 한국섬유에서 근무하고 있는 김 비서가 상사의 지시에 따라 우편물을 보내기 위해 봉투를 작성하고 있다. 이 중 수신자에 대한 경칭이 가장 올바른 것은?

① 아이텍스쳐(주) 대표이사 김만수 귀하
② 아이텍스쳐(주) 김만수 사장님 귀하
③ 아이텍스쳐(주) 대표이사 귀중
④ 아이텍스쳐(주) 임직원 귀하

해설

일반적으로 수신처는 회사 · 관공서 · 단체명을 첫 행에, 직위명 · 성명은 다음 행에 쓴다. 그리고 수신처의 주소는 원칙적으로 쓰지 않는다. 단, 내용증명우편이나 수신처명을 개인적으로 특칭할 필요가 있는 경우는 별도이다. 수신처명에 붙이는 경칭은 다음과 같다.

직위가 있는 수신인 : 귀하	아이텍스쳐(주) 대표이사 김만수 귀하
회사, 단체, 관공서 : 귀중	사단법인 한겨레정책포럼 귀중
직위가 없는 수신인 : 님	서울특별시 마포구 공덕동 264-1 김만수 님
동일문서를 여러 곳에 송부할 경우	협력업체 및 거래처 각위

73 그림은 전자 상거래 유형을 나타낸 것이다. (가)~(다)를 바르게 짝지은 것은?

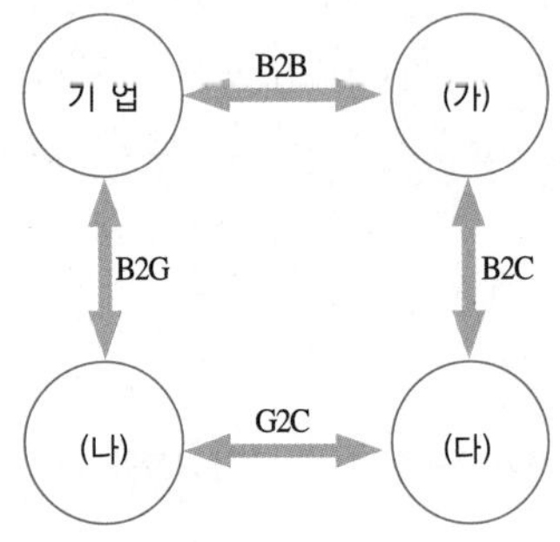

	(가)	(나)	(다)
①	기 업	정 부	소비자
②	기 업	소비자	정 부
③	정 부	기 업	소비자
④	정 부	소비자	기 업

해설

전자 상거래에서 B(Business)는 기업, C(Consumer)는 소비자, G(Government)는 정부를 뜻한다. B2B는 기업과 기업 간의 거래, B2C는 기업과 소비자 간의 거래, B2G는 기업과 정부 간의 거래, G2C는 소비자와 정부 간의 거래가 된다.

72 ① 73 ① **정답**

74 해외출장 중인 상사가 급하게 요청한 문서를 호텔 비즈니스 센터로 팩스 송신하고자 한다. 다음 중 비서의 행동으로 적절하지 않은 것은?

① 팩스 전송결과 기록지에 잘 전송되었다는 메시지를 확인했더라도 전화로 확인한다.
② 신속한 전송을 위해 작은 글씨와 좁은 줄 간격으로 내용을 한 페이지로 작성하였다.
③ 커버페이지의 수신란에 영문으로 수신인을 표시하였다.
④ 커버페이지(Cover Page)에 〈URGENT〉라는 메시지를 적었다.

해설

신속한 전송을 위해 페이지 수를 줄이더라도 수신하는 상사가 내용을 읽기 힘들 정도로 팩스 내용을 줄이면 문제가 발생할 수 있다.

75 개인정보의 입력으로 나타날 수 있는 문제점을 예방하기 위한 대책으로 옳은 것을 〈보기〉에서 모두 고른 것은?

ㄱ. 아이디나 비밀번호는 전화번호, 생년월일 등 추측하기 쉬운 것은 피한다.
ㄴ. 이름은 가급적 가명을 사용하여 정보 유출을 방지한다.
ㄷ. 부득이하게 주민등록번호를 입력할 때는 주민등록번호 생성기를 사용한다.
ㄹ. 분명한 이유가 없이 주민등록번호를 입력하라고 하는 사이트에는 가입하지 않는다.

① ㄱ, ㄴ
② ㄱ, ㄹ
③ ㄴ, ㄷ
④ ㄴ, ㄹ

해설

회원가입 시 타인 또는 가명을 사용하거나 주민등록 생성 프로그램을 사용하여 주민등록번호를 입력하는 것은 정보 통신 윤리 위반에 해당된다.

76 최근에는 모바일 청첩장과 뉴스속보, 무료쿠폰 등을 문자메시지로 전달하여 돈을 빼내는 사건이 자주 발생하고 있다. 문자를 받은 사람이 문자메시지에 링크된 주소를 클릭하는 순간 악성코드가 심어지면서 소액결제가 이뤄지는 것인데 이것을 무엇이라고 하는가?

① 보이스피싱
② 파 밍
③ 스미싱
④ 해 킹

해설

① 보이스피싱 : 음성이라는 뜻의 '보이스(Voice)'와 개인정보라는 의미의 '프라이빗 데이터(Private Data)' 및 낚시라는 뜻의 '피싱(Fishing)'을 결합한 말로, 전화 등으로 상대방을 교묘하게 속여 비밀번호 등 개인 금융정보를 빼내거나 돈을 인출하는 사기수법
② 파밍(Pharming) : 사용자가 자신의 웹 브라우저에서 정확한 웹 페이지 주소를 입력해도 가짜 웹 페이지에 접속하게 하여 개인정보를 훔치는 것
④ 해킹 : 다른 사람의 컴퓨터 시스템에 무단으로 침입하여 데이터와 프로그램을 없애거나 망치는 것

정답 74 ② 75 ② 76 ③

77 **정부의 지정을 받아 타인을 위하여 전자문서를 안전하게 보관하고 전자문서의 내용 및 송·수신 여부 증명 등 전자문서와 관련된 다양한 업무를 수행하는 공신력 있는 제3의 기관을 지정하는 것으로, 전자문서의 신뢰성과 안전성을 확보하기 위한 제도는 무엇인가?**

① 공인전자문서보관소 제도
② 전자파일링관리소 제도
③ 기업정보관리소 제도
④ 데이터베이스관리소 제도

해설

전자문서의 효율성에도 불구하고 전자문서 이용을 저해하는 관행과 제도가 존재하였다. 전자문서의 불변경에 대한 신뢰성 확보와 안전한 보관을 위해 공인전자문서보관소가 탄생했다.

78 **그룹웨어의 기능에 대한 설명으로 적절하지 못한 것은?**

① 전자우편이나 게시판을 통하여 정보를 공유할 수 있다.
② 지역적으로 떨어져 있는 경우 컴퓨터를 이용하여 전자적으로 회의를 할 수도 있다.
③ 비즈니스 규칙이나 작업자들의 역할에 따라 그룹의 업무 처리흐름을 자동화하는 워크플로우 기능이 있다.
④ 결재 부문은 전자결재의 위험성을 무시할 수가 없어 반드시 전통적인 방법으로 결재를 한다.

해설

그룹웨어(Groupware) : 네트워크 체제하에서 여러 사용자가 공유하며 사용할 수 있도록 제작된 소프트웨어

79 **폴더를 취급할 때의 유의점 중 가장 옳은 설명은 어느 것인가?**

① 폴더 한 개에 넣는 문서는 40~50장을 넘지 않도록 유의한다.
② 폴더 안에 문서를 철할 때 종이의 크기가 폴더보다 큰 경우, 발신명의가 보이게 접어서 철한다.
③ 캐비닛에 폴더를 넣을 경우 차례로 눕혀서 넣는 것을 원칙으로 한다.
④ 문서를 꺼낼 때는 반드시 파일 단위로 꺼내어 사용해야 다른 폴더에 삽입하는 실수를 막을 수 있다.

해설

파일 취급 시 유의사항

- 폴더에 넣는 문서는 70~80매를 한도로 한다.
- 꺼낼 때 견출부분만을 잡지 않는다.
- 한 통의 문서가 여러 매수로 되어 있을 때는 풀이나 스테이플러로 왼쪽 윗부분을 철한다.
- 종이 사이즈가 커서 접어 두는 문서는 제목이 보이게 접는다.
- 문서의 입출은 캐비넷에서 반드시 파일 단위로 꺼내어 사용한다.
- 캐비닛의 파일은 항상 정연하고 바로 세워 두도록 한다.

77 ① 78 ④ 79 ④ 정답

80 **아웃도어 업체 대표이사 비서인 신 비서는 다음의 기사를 상사에게 요약 보고하여야 한다. 다음 중 가장 적절하지 않은 것은?**

> 아웃도어 브랜드 '등산용 티셔츠' 허위 · 과대광고 남발
>
> 국내에서 판매되고 있는 유명 아웃도어 브랜드의 반팔 티셔츠 제품들이 상당수 허위 · 과대광고를 하고 있는 것으로 나타났다. 소비자시민모임(이하 소시모)은 30일 서울 신문로 페럼타워에서 기자회견을 열고 '12개 아웃도어 브랜드의 등산용 반팔 티셔츠 품질 및 기능성 시험 결과'를 발표했다. 소시모는 2013년 신상품을 대상으로 아웃도어 의류 매출 상위 7개 브랜드 및 중소기업 5개 브랜드 총 12개 브랜드의 제품을 선정해 시험 · 평가했다. 시험결과 '자외선 차단' 기능이 있다고 표시하고 있는 A사, B사 제품은 자외선 차단 가공 기능이 있다고 보기 어려운 수준인 것으로 드러났다. C사, D사 2개 제품은 제품상에 별도 부착된 태그에서 표시 · 광고하고 있는 기능성 원단과 실제 사용된 원단에 차이가 있는 것으로 확인됐다. D사, E사, F사 등 3개 제품은 의류에 부착된 라벨의 혼용률과 실제 혼용률에 차이가 있는 것으로 조사됐다. 또 일부 제품의 경우 '자외선(UV)차단 기능 50+'라고 표시 · 광고했지만 실제 테스트 결과는 이에 못 미치는 것으로 나타났다. 반면, 기능성 품질 비교를 위한 흡수성, 건조성, 자외선 차단 시험 결과에서는 G사와 H사 제품이 흡수성이 좋은 것으로 확인됐다. 소시모 관계자는 "일부 제품에서는 표시 · 광고하고 있는 기능성 사항이 실제와는 다르게 나타났다"며 "무조건 제품의 광고를 보고 고가 제품의 품질을 막연히 신뢰하기보다는 관련 제품의 라벨 및 표시정보를 꼼꼼히 확인해야 한다"고 밝혔다. 이어 "소비자의 합리적인 선택을 유도할 수 있도록 기능성 제품에 대한 품질 기준 마련이 필요하다"며 "표시 광고 위반 제품에 대해서는 철저한 관리 감독을 요구한다"고 촉구했다.
>
> [뉴시스] 2013년 8월 30일 기사

① A사와 B사 제품은 자외선 차단 효과가 낮고, C사와 D사는 태그에 표시된 원단과 실제 원단이 달랐다.
② 소비자시민모임은 '12개 아웃도어 브랜드의 등산용 반팔 티셔츠 품질 및 기능성 시험 결과'를 발표했다.
③ G사와 H사 제품은 흡수성이 좋은 것으로 확인됐다.
④ 거의 모든 제품에서 표시 · 광고하고 있는 기능성 사항이 실제와는 다르게 나타났다.

해설

④ 거의 모든 제품이 다르다고까지 할 수는 없다. 위의 기사에서 12개 브랜드 중 문제가 된 것은 7개 브랜드였다. 이 중 기능성 사항이 실제와 다르게 나타난 제품은 A사와 B사 및 자외선 차단 기능 테스트에서 미흡했던 일부 제품이다.

제4회 모의유형문제

제1과목 비서실무

01 내방객을 맞이하기 위한 준비 업무로 가장 적절치 않은 것은?

① 처음 온 손님이나 약속하지 않고 온 경우는 상사가 있고 없음을 알리지 말고 용건부터 알아보아야 한다.
② 응접실로 안내할 경우는 손님보다 두세 발자국 앞에서 안내한다.
③ 내방객의 기호를 메모해 두었다가 재방문 시 메모를 확인하여 적당한 음료를 선택하여 준비한다.
④ 거래처 사장님이 사무실에 도착하시면 차를 접대한 후, 회의에 참석할 담당 임원에게 즉시 연락하여 회의실로 오시도록 한다.

해설

거래처 사장님이 오신 후 내부직원에게 연락하는 것이 아니라 미리 회의에 동석할 직원이 회의실에서 준비하고 있어야 한다.

02 다음 중 윤 비서의 주주총회 준비로 올바르지 않은 것은?

① 주주총회 소집 통지서에 의결권위임장을 함께 동봉하여 발송하였다.
② 신문에 정기 총회 공고를 15일 전에 냈다.
③ 총회 장소를 결정할 때는 교통편, 회의의 목적, 참석인원, 비용, 근접성을 총괄적으로 고려하였다.
④ 주주총회장의 좌석배치는 원형으로 하였다.

해설

주주총회와 같이 정보 전달을 주요 목적으로 하는 회의에서는 교실형으로 좌석을 배치하는 것이 바람직하다.

01 ④ 02 ④ 정답

원형	• 회의 참석자 수가 많은 경우 • 자유로운 토론을 원하는 경우 • 서로의 얼굴을 보면서 회의가 가능 • 사회자는 진행이 편리한 곳에 위치함	ㅁ자형	• 인원이 원형/네모형보다 많은 경우 • 네모 밖에만 의자를 배치함
V자형	• 연수와 같은 회의에 좋음 • 벌어진 곳에 진행자가 위치 • 뒤에 흑판/슬라이드를 놓음 • 자리를 이동하지 않고 진행하는 편리함	타원형	• 인원이 많을 경우 사용 • 장점은 원형과 동일 • 회의장 크기 등에 융통성을 가질 수 있음

※ 다음은 가나물산 김형철 사장의 출장과 관련한 항공편 정보이다. 내용을 읽고 질문에 답하시오. (03~04)

Flight	Departure	Arrival	Seat	Status
KE907	Seoul(ICN) 10DEC(MON) 13:10	London(LHR) 10DEC 16:20	Prestige Sleeper Seat	OK
LH921	London(LHR) 13DEC(THU) 06:20	Frankfurt(FRA) 13DEC(THU) 09:00	Business	OK
KE906	Frankfurt(FRA) 14DEC(FRI) 18:55	Seoul(ICN) 15DEC(SAT) 13:15	Prestige Sleeper Seat	OK

03 위의 항공일정을 통해 김형철 사장의 출장일정과 관련하여 알 수 있는 사실로 가장 거리가 먼 것은?

① 김형철 사장의 출장일정은 5박 6일이다.
② 김형철 사장의 출장 지역은 영국과 독일이다.
③ 런던 호텔은 12월 10일에 체크인하고, 12월 13일에 체크아웃하는 3박 일정으로 예약해야 한다.
④ 김형철 사장의 항공좌석은 서울–런던, 프랑크푸르트–서울 구간은 1등석, 런던–프랑크푸르트 구간은 2등석으로 예약되어 있다.

해설

김형철 사장의 항공좌석은 모두 2등석으로 예약되어 있다. 기존의 항공기 좌석등급은 First Class(일등석), Business Class(이등석), Economy Class(삼등석)으로 나누는 게 일반적이다. 이코노미석은 요금이 가장 싼 대신 좁다. 비즈니스석은 이코노미석보다 테이블이 넓고 좌석도 크다. 퍼스트 클래스는 비즈니스석보다 더 크고 편리하며 침대처럼 누울 수도 있다. 최근 '나는 특급호텔'이라는 에어버스 380–800 기종을 도입한 국내 모 항공사는 비행기 안의 좌석 명칭을 다음과 같이 나누었다.

• 일등석은 코스모 스위트(Kosmo Suite)로 '우주에서의 최고 공간'이라는 뜻이다.
• 이등석은 프레스티지 슬리퍼(Prestige Sleepper)로 '일등 침실용 의자'를 겸비한 공간이란 뜻이다.
• 삼등석도 명칭을 'New Economy'로 바꾸었다.

정답 03 ④

04 **김형철 사장의 출장경비를 준비하는 신미나 비서의 업무처리 방법으로 가장 적절치 않은 것은?**

① 유럽지역으로의 출장 일정이므로 유로화로 고액권과 소액권을 섞어 환전하였다.
② 신용카드는 법인카드를 사용하되, 해외사용한도액이 충분한지 미리 확인하였다.
③ 분실 또는 도난에 비교적 안전한 여행자 수표로 준비하였다.
④ 12월 10일(월요일) 오전의 환율을 적용하여 출장비를 외국환으로 환전하였다.

해설

소액권은 현금으로, 고액권은 여행자 수표로 준비한다. 여행자 수표는 해외 여행자의 현금 휴대에 따르는 분실, 도난 등의 위험을 방지하기 위해 고안된 수표로 현금과 동일하게 호텔, 백화점, 음식점 등에서 사용할 수 있고, 은행, 환전상 등에서 현지 통화로 교환할 수 있다. 여행자 수표는 현찰 환전 시 보다 유리한 환율이 적용되므로 수수료를 절감할 수 있는 반면, 해외 이용 시 여행자 수표를 받지 않거나 환전소가 주변에 없으면 불편하다. 따라서 현금과 여행자 수표의 비율을 적절히 조절하고 현금은 소액권으로, 여행자 수표는 고액권으로 환전하는 것이 일반적이다.

05 **다음 중 비서의 바람직한 전화 응대 방법과 가장 거리가 먼 것은?**

① 다른 사무실 비서와의 통화에서 용건이 끝나면 전화를 건 상대방이 먼저 끊는 것을 기다린 후 끊었다.
② 전화 통화 중인 상사를 기다리는 고객에게 "죄송합니다만, 잠시만 기다려 주십시오."라고 말하였다.
③ 통화 중 실수로 전화가 끊어졌을 경우 다시 통화가 이루어졌을 때 "전화가 도중에 끊어졌습니다. 죄송합니다."라고 말하였다.
④ 출장 중인 상사를 찾는 외부 전화에 "죄송합니다. 이사님은 지금 미국에 해외 투자 건으로 회장님과 함께 출장 가셨습니다."라고 자세히 알려드렸다.

해설

상사의 출장이나 행적은 기업 비밀에 해당할 수 있으므로 함부로 누설해서는 안 된다.

06 **다음 중 우편물 발신 업무에 관한 설명으로 가장 적절하지 못한 것은?**

① 회원들에게 정기적으로 안내장 같은 것을 발송할 일이 있다면, 많은 양의 단순 반복 작업을 메일 머지 기능으로 대신할 수 있다.
② 수년간 연하장을 발송한 대상자라도 변경이 있을 수 있으므로 주소 및 인적사항을 재확인한다.
③ 회의 참석 통지문이나 청첩장은 상대방이 하루 전까지는 받을 수 있도록 한다.
④ 다량의 우편물을 발송해야 하는 경우 요금별납 서비스를 이용하도록 한다.

해설

회의 참석 통지문이나 청첩장은 받는 쪽의 스케줄을 생각해서 적어도 10일 전에 알리도록 한다.

04 ① 05 ④ 06 ③ **정답**

07 ㉠~㉢에 들어갈 단어를 순서대로 나타낸 것은?

> • 회사 측은 주민 대표에게 언론에 보도된 내용이 사실과 다르다고 (㉠)하였다.
> • 그는 국회에서 국민의 기본권에 대하여 (㉡)할 기회를 얻었다.
> • 피의자는 뇌물을 받은 적이 없다고 검사에게 (㉢)했다.

① 진술(陳述), 발언(發言), 해명(解明)
② 해명(解明), 발언(發言), 진술(陳述)
③ 발언(發言), 진술(陳述), 해명(解明)
④ 해명(解明), 진술(陳述), 발언(發言)

해설

㉠ 해명(解明) : '까닭이나 내용을 풀어서 밝힘'의 의미
㉡ 발언(發言) : 말을 꺼내어 의견을 나타냄 또는 그 말
㉢ 진술(陳述) : 일이나 상황에 대하여 자세하게 이야기함. 또는 법률 용어로서 구체적인 법률 상황이나 사실에 관한 지식, 관련되는 상황을 알리는 일

08 비서로 근무하는 이선희는 독일로 출장 가는 상사를 위해 다음과 같이 업무처리를 하였다. 다음 중 가장 올바른 태도는?

① 도심공항터미널은 탑승할 비행기가 대기하는 장소가 아니므로 탑승과 입국 수속을 받을 수 없음을 확인시켜드린다.
② 노트북 컴퓨터의 배터리는 출장지에 도착하여 충전하도록 말씀드렸다.
③ 상사의 출장 중에 일어나는 업무는 출장 후에 처리하면 되므로 만약을 대비한 업무 위임에 대해서는 지시를 받지 않았다.
④ 독일로 출장 가는 상사를 위해 달러 여행자 수표로 환전하였다.

해설

② 노트북 컴퓨터의 배터리는 미리 충전해 둔다.
③ 상사의 출장 중 만약을 대비한 업무 위임에 대해서는 반드시 지시를 받도록 한다.
④ 독일은 유로화가 통용되므로 출장 가는 상사를 위해 유로 여행자 수표로 환전하여야 한다.

정답 07 ② 08 ①

09 다음 중 비서가 일정표 기입 시 유의하지 않아도 될 사항은?

① 일정을 기억할 수 있도록 여러 곳에 나누어 기록한다.
② 업무 후의 저녁약속은 개인적인 용무 등을 고려하여 정한다.
③ 상사가 비서를 통하지 않고 직접 정한 일정도 종합일정표에 누락되지 않도록 한다.
④ 최초의 연간 일정은 비서의 종합 일정표에 옮긴다.

해설

일정을 여러 곳에 나누어 기록하면 업무가 번거롭고 일정이 누설될 우려가 있다.

10 내방객이 다음과 같이 항공권의 변경을 비서에게 부탁하였다. 이에 대한 설명으로 틀린 것은?

> "싱가폴에서 한국으로 올 때 오픈(Open)으로 발권을 해 왔습니다. 이 항공권을 5월 3일 홍콩에서 Stop-over하여 다음날 싱가폴로 출발가능한지 확인해 주세요. 한국에서 홍콩으로 이동할 때 이왕이면 싱가폴 항공과 코드쉐어(CODE SHARE)되는 항공사를 이용할 수 있으면 좋겠군요. 내 PNR은 ABCDEF입니다."

① 오픈(Open) 발권 : 출발일만 지정하고 귀국일을 지정하지 않은 항공권
② 코드쉐어(CODE SHARE) : 특정 노선을 취항하는 항공사가 좌석 일부를 다른 항공사와 나누어 운항하는 공동운항 서비스
③ Stop-over : 목적지까지 이동하는 과정에서 중간 기착지에 머무는 시간이 24시간 이상인 체류의 의미
④ PNR : 항공사에 등록된 개인 멤버십 번호를 의미

해설

PNR(예약기록)이란 Passenger Name Record의 약자로 항공여행을 원하는 서비스 예약 등을 요청한 승객의 정보가 저장되어 있는 여객 예약 기록을 말한다. 따라서 항공여행을 하려는 승객이라면 PNR이 존재하여야만 실제로 항공편을 탑승할 수 있다.

11 회장 비서 박장호는 강연과 집필 활동을 활발히 하는 회장님과 회사의 홍보업무를 담당하고 있다. 상사가 새로 집필한 서적의 홍보업무를 확대하기 위한 아이디어로 가장 부적절한 것은?

① 상사의 신간서적 내용을 요약하여 신문사에 팩스전송 및 기사화를 요청한다.
② 신간서적을 담당한 출판사의 홍보 담당자와 유기적 협의를 통하여 전문가의 조언을 참고하여 진행한다.
③ 회사 홈페이지 게시판을 통하여 임직원들에게 알리고 공유한다.
④ 박장호 비서의 개인 블로그에도 출간일정과 내용을 올리고 주변 사람들에게 알린다.

09 ① 10 ④ 11 ④ 정답

해설

비서는 상사의 일정 및 활동 등을 비공식적인 채널을 통해 노출시키면 안 된다. 또한 프로모션이나 홍보 등의 노출이 필요한 경우에는 상사나 조직의 공식적인 지시에 따라야 한다.

12 다음 중 이현경 비서가 상사에게 보고한 선물 매너로 가장 적절하지 못한 것은?

① 중국에서는 '장수'의 긍정적인 의미를 갖는 거북이 상을 선물하는 것이 좋겠습니다.
② 일본에서는 김치, 김, 건어물 종류의 식품과 도자기제품을 선물로 주면 좋습니다.
③ 독일에서 꽃은 짝수가 아닌 홀수로 선물하되 열세송이(13)는 피해야 합니다.
④ 말레이시아에서는 돼지가죽으로 된 물건이나 알코올이 첨가된 향수를 선물하면 안 됩니다.

해설

한국에서 '장수'의 긍정적인 의미를 갖는 거북이는 중국에서 발음이 욕설과 비슷해 선물하지 않는다.

13 다음은 비서의 회의 관련 업무처리의 유의사항을 지적한 것이다. 적절한 내용이 아닌 것은?

① 회의장의 레이아웃 중 V자형은 슬라이드나 VTR을 사용할 경우 구성원이 움직이지 않아도 되기 때문에 편리하다.
② 옵서버는 회의의 정식 구성원이 아니므로 회의에 방해가 되지 않도록 구성원의 뒤에 앉게 한다.
③ 회의장 구석에 전화를 설치하여 회의 참석자가 회의 중 전화를 받을 수 있도록 한다.
④ 비서가 회의의 결과와 경과를 의사록에 기록하는 경우에는 녹음기를 이용, 발언자의 발언 내용을 녹음해 두는 것이 편리하다.

해설

회의 중 출석자에게 걸려오는 전화는 회의에 방해가 되므로 사전에 상사와 상담하여 회의장 밖에서 전화를 받도록 한다.

14 거래처 미국인이 처음 회사를 방문했는데, 이때 비서로서 접대하는 태도 중 바람직하지 못한 것은?

① 상대방의 이름을 확인하고 Mr.를 붙여서 Last name을 불렀다.
② 커피를 대접할 때 어떻게 드시는가를 여쭈어 보았다.
③ 상대방이 말을 걸 때 겸손하게 시선을 밑으로 두었다.
④ 모르는 질문을 하자 잘 모른다고 솔직하게 대답했다.

해설

시선을 아래로 두면 상대방에게 집중하지 않는다는 느낌을 주기 쉽다.

정답 12 ① 13 ③ 14 ③

15 **다음 중 김미영 씨의 경조사 업무 처리 방식으로 가장 적절하지 않은 것은?**

> 서울 강남에 위치한 갑을상사의 이태환 사장은 중국출장 중이다. 10월 21일 오전 비서 김미영 씨는 신문 부고란에서 [홍성호 을지화학 대표 모친상=20일 강남병원 발인 23일 오전 8시 02-788-7777]을 알게 되었다. 을지화학은 갑을상사의 가장 중요한 고객사이다.

① 회사의 경조규정을 확인하여, 회사 경조사 경비로 처리할 수 있는 금액을 확인하였다.
② 상사와 연락이 되지 않아, 상사의 업무 대리자와 의논하였다.
③ 우체국의 경조금 배달 서비스를 이용하여 조의금을 보냈다.
④ 회사명과 대표이사 명의의 조화를 주문하여 보내드렸다.

해설

상사 대신 직원이 조문할지, 아니면 경조금 배달 서비스를 이용하여 조의금만 보낼지를 상사에게 지시 받은 후 처리하여야 한다.

16 **언론사에서 상사에 대한 자세한 프로필을 급히 보내 달라는 연락이 왔지만 상사는 회의에 참석 중이라 연락을 취할 수가 없다. 이러한 경우 비서의 업무 처리로 가장 옳은 것은?**

① 적극적으로 도와주어야 하므로 프로필을 바로 보낸다.
② 우선 프로필을 보내드리고 회의가 끝나는 대로 보고한다.
③ 상사에게 양해를 구한 후 보내야 하기 때문에 조금만 기다려 달라고 요청한다.
④ 상사는 평소 언론사를 좋아하지 않기 때문에 거절한다.

해설

개인적 취향에 따라 드러내고 싶어 하는 프로필의 기준이 다르므로 언론사의 양해를 구하고 상사와 협의하도록 한다.

17 **비서가 상사를 보좌할 때 주의해야 할 사항으로 가장 적당하지 않은 것은?**

① 상사가 비서에게 전적으로 재량권을 부여한 업무일지라도 중요한 일이라고 판단되면 처리하기 전에 상사의 의견을 여쭈어 본다.
② 상사의 사외활동은 개인적인 것이므로 되도록 알려고 하지 않는다.
③ 상사를 보좌하기 위해서는 상사와 취미, 성격 등을 알아 두려고 노력한다.
④ 상사와 조직 내 · 외의 의사소통의 통로 역할을 하기 위하여 조직 내 · 외의 사람들에게 상사와 관계된 많은 정보를 알려서 일처리를 쉽게 한다.

해설

비서는 업무수행 중 알게 된 사항이나 상사와 관련된 사항을 누설해서는 안 된다.

15 ③ 16 ③ 17 ④ **정답**

18 **상사의 방에서 중요한 회의를 하기로 되어 있다. 회의 참석자(김 사장)가 회의시각보다 일찍 도착하였다. 상사는 회의내용을 검토하는 중으로 지금 바쁘다. 이 때 비서가 취해야 할 행동으로 가장 옳은 것은?**

① 상사에게 김 사장님이 오셨음을 알리고 김 사장에게는 양해를 구한 후 응접실에서 기다리시도록 한다.
② 상사와 친한 사이이므로 곧장 상사의 집무실로 안내한다.
③ 상사를 방해해서는 안 되므로 비서가 대신하여 김 사장을 응대한다.
④ 상사의 상황을 김 사장에게 자세히 설명하고 양해를 구한 후 비서실에서 기다리면서 자신과 대화하도록 한다.

해설
내방객이 약속시간보다 일찍 왔다면 상사에게 알린 후 응접실에서 기다리도록 한다.

19 **다음 중 상사의 지시사항을 메모할 때 중점을 두어야 할 사항이 아닌 것은?**

① 지시사항의 요점은 무엇인가를 생각하면서 메모한다.
② 지시사항을 메모한 후에는 복창하여 상사에게 다시 한 번 확인을 받는다.
③ 지시사항의 메모가 끝나면 다시 한 번 검토하여 빠진 내용을 보충한다.
④ 지시사항의 내용을 읽을 수 있도록 될 수 있는 한 바르게 적는다.

해설
메모 시 내용을 정확하게 적되 가능한 한 빠르게 적는다.

20 **비서 이수진은 요즘 부쩍 업무가 많아진 것 같아 시간이 바쁘기도 하고 피곤하여 스트레스가 많다. 업무 스트레스를 줄이기 위해 이수진이 취할 수 있는 방법으로 적절하지 않은 것은?**

① 분량이 많은 업무를 맡을 때는 중간에 예상치 못한 일로 지체될 수 있으므로 마감시간을 여유 있게 잡는다.
② 비슷한 업무는 몰아서 할 수 있도록 가능한 한 많이 모아둔다.
③ 일정 기간 동안 많은 업무를 수행해야 한다면 우선순위에 따라 목록을 작성한다.
④ 업무 처리 방식이 비슷한 업무는 동시에 처리한다.

해설
업무는 가능한 한 바로바로 처리하는 것이 가장 바람직하다.

정답 18 ① 19 ④ 20 ②

제2과목 경영일반

21 다음 중 동기부여 이론에 관한 설명으로 가장 옳지 않은 것은?

① 조직의 관점에서 동기부여는 목표달성을 위한 종업원의 지속적 노력을 효과적으로 발생시키는 것을 의미한다.
② 동기부여가 이루어지는 과정은 대체로 결핍욕구 → 욕구충족 수단의 모색 → 목표지향적 행위 → 성과 → 보상과 벌 → 종업원에 의해 재평가된 결핍욕구 등이다.
③ 허즈버그의 2요인 이론에 따르면 임금수준이 높아지면 직무에 대한 만족도가 높아진다.
④ 브룸의 기대이론에 따르면, 유의성은 결과에 대한 개인의 선호도를 나타내는 것으로 동기를 유발시키는 힘 또는 가치를 뜻한다.

해설
허즈버그는 직무만족에 영향을 주는 요인을 '동기요인(Motivator)'이라고 하고, 직무불만족 요인을 '위생요인(Hygiene Factor)'이라고 명명하였다. 허즈버그는 인간이 자신의 일에 만족감을 느끼지 못하게 되면 위생요인에 관심을 기울이게 되고 이들에 대해 만족하지 못할 경우에는 일의 능률이 크게 저하된다고 주장했다.

22 환경이 동태적이 되게 하는 요인이 아닌 것은?

① 경제상태의 예측 불가능한 변화
② 소비자의 기호와 수요의 점진적 변화
③ 불안정한 정부
④ 이해자 집단들의 영향력 증대

해설
환경이 동태적이 되게 하는 요인으로는 경제상태의 예측 불가능한 변화, 소비자의 기호와 수요에 있어서의 급속한 변화, 불안정한 정부, 이해자 집단들의 영향력 증대, 급속하게 변화하고 있는 기술 등이 있다.

23 직무분석에 대한 기술 중에서 틀린 것은?

① 정태적 조직구조 표현의 한 형식이다.
② 일 중심의 인사관리를 하기 위한 전제조건이다.
③ 직무분석 그 자체가 목적이 된다.
④ 직무정보는 항상 최신의 것으로 대체해야 한다.

21 ③ 22 ② 23 ③ 정답

해설

직무분석은 그 자체가 목적이 아니고 많은 시간과 경비를 소요하므로 분석의 결과를 어떻게 활용한다는 목적을 명확히 하여 이에 적합토록 최대한 단순화할 필요가 있다. 직무분석의 방법에는 면접법, 중요사건법, 관찰법, 설문지법, 워크샘플링법 등이 있다.

24 다음 중 조직계층에 따른 경영정보시스템의 구분에 대한 설명으로 가장 적절하지 않은 것은?

① 관리통제시스템은 조직의 말단부에서 이루어지는 일상 업무처리를 자동화하여 처리하는 시스템이다.
② 운영통제시스템은 규칙이나 절차에 따라 업무가 진행되도록 관리자를 지원하고 업무를 통제할 수 있게 한다.
③ 전략계획시스템은 비반복적, 비구조적 업무의 수행을 위해 직관과 경험에 의한 의사결정을 지원한다.
④ 거래처리시스템은 거래발생, 전표 입력, 보관 등 거래에 대한 모든 자료가 정리될 때까지의 정보를 처리한다.

해설

관리통제시스템은 조직 전체의 업무처리를 관리한다.

25 기업의 경제적 환경은 기업의 일반환경 중에서 가장 중요한 위치를 차지하고 기업활동에 큰 영향을 미치고 있다. 다음 중 기업의 경제적 환경에 대한 설명으로 가장 적절하지 않은 것은?

① 지속적으로 국제수지 흑자를 나타낸다면 국내통화량이 증가하여 물가가 상승하는 부작용이 나타날 수 있다.
② 환율의 상승으로 화폐의 대외가치가 하락하지만 수출 시장에서 기업의 경쟁력은 높아진다.
③ 인플레이션은 기업의 제품가격의 합리적 책정을 어렵게 하지만 기업의 수출경쟁력을 높일 수 있다는 장점이 있다.
④ 정부의 재정금융정책의 일환으로 경기가 과열되면 과세표준을 상향조정하고 은행여신규모를 축소한다.

해설

인플레이션 현상으로 물가가 상승하면 실질환율이 하락하여 순수출이 감소하므로 수출경쟁력이 낮아진다.

정답 24 ① 25 ③

26 전문경영자에 관한 다음 서술 중 가장 올바른 것은?

① 전문경영자는 대주주의 이익을 대표하는 주체이다.
② 전문경영자는 이윤극대화의 목표를 위해서 수단방법을 가리지 않아야 한다.
③ 전문경영자는 수익보다는 노사관계의 개선을 최우선시해야 한다.
④ 전문경영자의 주요 임무는 이해집단의 조정을 통해 기업을 유지 · 발전시키는 것이다.

해설

자본과 경영의 분리로 인해 경영능력, 지식 등이 필요하기 때문에 전문경영자가 그 지위를 물려받게 된다. 이때 전문경영자의 주 임무는 이해자 집단의 조정을 통해 기업을 유지 · 발전시키는 것이다.

27 외부경제(External Economics)란 무엇을 말하는가?

① 기업과 직접 · 간접으로 관련되어 있는 산업이 발달함에 따라 생기는 비용의 절약
② 산출량 증가에 따른 평균비용의 하락
③ 분업의 발달에 의한 비용의 저하
④ 경영의 합리화에 의한 부대비용의 절약

해설

① 마샬(A. Marshall)의 규모의 경제에는 외부경제와 내부경제가 있는데, 전자는 대규모화에 따른 기업 외부조건의 개선에서, 후자는 대량생산에 따른 기업 내부조건의 개선에서 각각 그 평균생산비가 절하되는 현상을 말한다.
② · ③ · ④는 내부경제에 속한다.

28 다음 글을 바탕으로 '블루 오션 전략'에 부합하는 기업 활동을 〈보기〉에서 모두 고른 것은?

사회 전반에 걸쳐 '블루 오션 전략'이 급부상하고 있다. 이 전략은 유혈 경쟁이 벌어지는 기존의 '경쟁시장'(Red Ocean)을 벗어나 '비경쟁의 거대 신시장'(Blue Ocean)을 창출해야 한다는 경영 전략 이론이다. 이것의 핵심은 "사람들이 원하는 것만을 제공하기보다는 그들에게 보다 더 나은 것을 제공하라."는 공급에 의한 수요 창출 원칙에 입각해 있다. 이는 기존의 경쟁 지표가 아닌 새로운 구매자 가치의 창출에 집중하고, 기존의 제품과 산업의 경계를 창조적으로 재정의해야 한다는 시각을 제시하고 있다.

보기

ㄱ. ◇◇컴퓨터 회사는 치열한 경쟁 시장에서 살아남기 위해서 임직원들의 임금 동결을 결정하였다.
ㄴ. 김 사장은 널리 알려진 울릉도 호박엿 대신 울릉도 호박빵을 개발 · 판매하였다.
ㄷ. 한 헬스장에서는 여성만 출입할 수 있는 여성 전용 헬스장을 개설하여 인기를 얻고 있다.
ㄹ. 요구르트 제조업체 K사는 타사와 제휴하여 일정 가격 이하로는 판매하지 않기로 약정하였다.

① ㄱ, ㄴ　　② ㄴ, ㄷ
③ ㄷ, ㄹ　　④ ㄱ, ㄴ, ㄷ

26 ④ 27 ① 28 ② 정답

해설

'블루 오션 전략'은 가격 경쟁이 아니라 새로운 상품이나 시장을 개척하는 방법으로 수익을 창출하려는 전략이다.

29 **시장 환경의 변화에 대응하기 위해 기업이 사내벤처를 지원하는 경우가 있는데, 다음 중 사내벤처에 대한 설명으로 가장 옳은 것은?**

① 사내벤처는 내부자원을 활용하는 방법으로 관리가 용이하지만 내부 의사결정의 제약성 때문에 본업과 연관된 유사제품 개발이 제한될 수 있다.
② 기업이 다각적인 확대전략을 위해 사업내용을 재구축하는 과정으로 사내벤처를 도입할 수 있다.
③ 사내벤처는 스핀오프를 통해 독립된 기업으로 운영되지만 기존 조직과의 상호적합성을 유지해야 한다.
④ 사내벤처는 모기업과의 계약을 통해 가맹점 형태로 운영함으로써 모기업의 기존제품이나 서비스와 관련된다.

해설

사내벤처(내부벤처)
대기업이 회사 내부에 모험 자본을 마련해 놓고 기업 내부의 구성원들에게 사업아이디어를 제안해 벤처비지니스를 설립하게 하는 방식이다. 사내벤처의 목적은 기존 우수인력의 지속적 활용과 이탈 방지, 다양한 사업기회 포착 등이다. 사내벤처로 지정되면 별도 법인으로 독립하기 전까지 일정 기간 동안 회사 측으로부터 지원을 받아 아이템을 사업화하며, 자생력을 가질 때까지 자금과 마케팅, 경영자문으로 경쟁력을 갖출 수 있도록 지원해준다.

30 **다음 자료에서 (가)와 (나)에 해당하는 내용을 바르게 짝지은 것은?**

(가) A회사는 주식을 발행하여 자금을 조달하였다.
(나) 갑은 A회사의 주주가 되면 경영 참가권을 갖는다.

	(가)	(나)
①	자기 자본	의결권
②	자기 자본	전환사채권
③	타인 자본	의결권
④	타인 자본	신주인수권

해설

주식은 자기 자본이고 채권은 타인 자본이다. 주주의 권리로는 다음과 같은 것들이 있다. 경영참가권은 주주가 회사의 최고 의사 결정기관인 주주총회에 출석하여 경영 방침이나 임원 선출에 자신의 의견을 개진할 수 있는 권리(의결권, 1주 1표 원칙)이다. 전환사채권은 사채로 발행되었지만 일정 기간이 지난 후 주식으로 전환할 수 있는 권리이고, 신주인수권은 회사가 새로운 주식을 발행하는 경우 우선적으로 발행 주식을 배정받을 권리이다.

정답 29 ② 30 ①

31 **다음 대화에서 알 수 있는 어음의 당사자를 바르게 짝지은 것은?**

> A사 : 귀사에서 컴퓨터 20대와 프린터 20대를 매입하겠습니다.
> B사 : 대금 결제는 어떻게 하시겠습니까?
> A사 : 3개월 만기의 환어음을 발행해 드려도 괜찮을까요?
> B사 : 예, 괜찮습니다.
> A사 : 그러면 그 어음 대금은 C사에 대한 외상매출금으로 결제되도록 하겠습니다.
> B사 : 그렇게 하십시오.

	발행인	수취인	지급인
①	A사	B사	C사
②	A사	C사	B사
③	B사	A사	C사
④	B사	C사	A사

해설

환어음을 발행하는 A사가 발행인이며, 환어음을 받게 되는 B사는 수취인이다. 어음 대금은 A사가 C사에 대한 외상매출금으로 지급하도록 하게 되므로 지급인은 C사가 된다.

32 **글로벌 금융시장의 불안감 속에서 대기업들이 자금 확보를 위해 회사채 발행을 늘려가고 있다. 다음 회사채에 대한 설명으로 가장 적절하지 않은 것은?**

① 회사가 해산하고 남은 재산을 분배할 때 회사채의 채권자들은 소유주(주주)보다 우선권을 갖는다.
② 회사채는 주식회사가 투자자에게 사업자금을 장기간 빌리려고 발행하는 채권으로 일반적으로 금융채보다 금리가 높다는 이점이 있다.
③ 회사채는 채권자의 권리를 기준으로 일반사채와 특수사채로 구분하고 특수사채에는 전환사채, 신주인수권부사채 등이 있다.
④ 회사채 중 전환사채는 발행 시 주식으로 보유하지만 일정 기간 내에 발행사의 채권으로 전환할 수 있는 청구권을 갖게 된다.

해설

전환사채(CB ; Convertible Bonds)란 주식으로 전환할 수 있는 권리, 즉 주식으로의 전환권이 인정되는 사채를 말한다. 일반 채권과 같이 만기일이 정해져 있고 그때까지는 정기적으로 이자가 지급되는 채권이기도 하다. 투자자는 사채의 확실성과 주식의 투기성을 비교하여 선택할 수 있으며, 발행회사는 전환에 의한 사채상환의 효과를 누릴 수 있고 이자비용의 감소에 의한 자금조달상의 편의를 주는 의미를 지닌다. 발행은 원칙적으로 이사회가 결정하나 정관의 규정에 의해 주주총회가 결정할 수도 있다.

31 ① 32 ④ **정답**

33 다음 마케팅환경 중 거시적 환경에 속하지 않는 것은?

① 인구통계 ② 법 률
③ 기 술 ④ 경쟁자

해설

마케팅환경이란 환경과 목표고객과의 사이에서 마케팅목표의 실현을 위해 수행되는 마케팅 관리활동에 영향을 미치는 여러 행위주체와 영향요인을 말한다.

- 거시적 환경요소 : 인구통계적 환경, 경제적 환경, 자연적 환경, 기술적 환경, 정치적 환경, 법률적 환경, 문화적 환경 등
- 미시적 환경요소 : 기업, 원료공급자, 마케팅 중개기관, 고객 및 시장, 경쟁자 등

34 다음 중 재무제표에 대한 설명으로 가장 옳지 않은 것은?

① 재무상태표로 기업의 영업활동에 사용되는 자산, 부채, 자본 등이 어떻게 구성되었는지를 검토할 수 있다.
② 손익계산서는 일정 시점의 기업의 경영상태를 나타내는 표로서 비용 측면에서 나타낸다.
③ 현금흐름표는 일정기간동안 기업의 현금의 유입과 유출을 영업활동, 투자활동, 재무활동으로 나타낸다.
④ 재무제표는 조직 내외에서 발생한 조직의 각종 거래행위를 화폐가치로 나타낸 여러 가지 표를 말한다.

해설

손익계산서는 기업의 일정 기간의 경영성과를 나타내는 동태적 보고서로서, 모든 수익과 비용을 대비시켜 당해 기간의 순이익을 계산하여 나타낸다.

35 다음 주식회사의 장점과 단점에 대한 설명으로 가장 적절하지 않은 것은?

① 주주는 회사에 대해 개인적으로 출자한 금액한도에서 책임이 부여되기 때문에 안심하고 기업에 출자할 수 있는 점이 장점이다.
② 주식이라는 유가증권을 통해 출자의 단위를 소액단위의 균일한 주식으로 세분하여 출자를 용이하게 하고 이를 주식시장에서 매매 가능하도록 하여 소유권 이전이 용이한 것이 장점이다.
③ 대규모의 자금조달과 기업성장이 상대적으로 어려운 단점이 있다.
④ 회사의 설립이 상대적으로 복잡하고 비용이 많이 드는 단점이 있다.

해설

주식회사는 대규모의 자금조달에 가장 편리한 기업형태이다. 주식회사는 자본금을 균등한 주식으로 분할하여 출자자, 즉 주주는 주식의 인수가액을 한도로 출자의무를 부담할 뿐, 회사의 채무에 대하여 아무런 책임을 지지 않고 회사재산만이 책임을 지는 회사를 말한다.

정답 33 ④ 34 ② 35 ③

36 **단순히 판매에만 주력하는 전략에서 벗어나 자연환경과 생태계 보전을 중시하는 마케팅을 무엇이라고 하는가?**

① 엠부시마케팅
② 그린마케팅
③ 프로슈머마케팅
④ 데카르트마케팅

해설

② 친환경상품을 제조 · 판매해야 한다는 소비자보호운동에 초점을 맞추고, 인간의 삶의 질을 높이려는 기업활동을 지칭한다.

37 **허영심이 많은 유한계층이나 신흥부유층 가운데 가격이 높을수록 더 많이 구입하려는 과시적 소비현상을 설명한 것은?**

① Bandwagon 효과
② Veblen 효과
③ Giffen의 역설
④ 듀젠베리 효과

해설

베블런은 유한계층의 소비특성으로 상품의 질이 검증되지 않은 상태에서 가격이 높을수록 부를 과시하기 위해 더 많은 소비를 하게 된다고 분석하였다. 베블런 효과가 나타나는 재화는 사치재(위풍재)이다. 베블런 효과가 나타나면 선호변화로 인해 수요법칙에서 벗어난다. 기펜재는 선호가 일관된 열등재(필수재)에서 나타나기 때문에 차이가 있다. Bandwagon 효과는 유행성 소비현상이다. 남들이 소비하니까 소비를 늘리는 현상으로 수요가 가격에 더 탄력적이 되도록 한다. 반면, Snob 효과는 백로 효과로서 남들과 다른 소비패턴을 보이려는 속성이다. 이 경우에는 소비의 가격탄력성을 낮춘다. 듀젠베리 효과는 전시 효과로서 자신이 속하고 싶은 집단과 동질성을 보이기 위해 나타나는 소비형태이다. 준거집단에 따라 검소해질 수도 있고, 사치스러워질 수도 있다.

38 **로널드 코우즈(Ronald Coase)는 기업이 존재하는 이유를 조직을 이용한 거래비용(Transaction Costs)의 절감에서 찾았다. 다음 중 거래비용에 해당하지 않는 것은?**

① 거래에 필요한 계약서를 작성하는 비용
② 거래 상대방과 협상하는 비용
③ 거래되는 재화나 서비스의 가격
④ 거래에 필요한 정보를 탐색하는 비용

해설

거래비용은 각종 거래에 수반되는 비용으로 거래 전에 필요한 협상, 정보의 수집과 처리는 물론 계약이 준수되는가를 감시하는 데에 드는 비용 등이 이에 해당된다. 또 거래에 필요한 계약서를 작성하는 비용도 포함된다. 시장이 발전할수록 거래비용이 경제활동에서 차지하는 비율이 증가하는데, 이를 줄이는 것이 기업의 중요한 목표가 된다. 거래되는 재화나 서비스의 가격은 거래에서 발생하는 비용이 아닌 그 자체 가격이므로 거래비용에 포함되지 않는다.

36 ② 37 ② 38 ③ **정답**

39 **다음 중 경영자에 대한 설명으로 가장 적절하지 않은 것은?**

① 경영자는 조직의 목표를 효과적으로 달성하기 위해 조직을 이끌고 그 결과에 책임을 지는 사람을 말한다.
② 경영자는 인간관계역할, 정보관리역할, 의사결정역할을 수행한다.
③ 경영자는 계층에 따라 소유경영자, 고용경영자, 전문경영자로 구분된다.
④ 주인-대리인 문제는 주인인 주주가 직접 일을 할 수 없는 상황에서 대리인인 전문경영자에게 경영활동을 위임할 경우, 주인과 대리인이 다른 개인적 목표를 갖게 되어 주주의 의사대로 일을 수행하지 않는 문제이다.

해설

경영자 계층의 분류

- 최고경영자 : 회장, 부회장, 사장, 부사장, CEO 등의 명칭으로 불리는 이사회 구성 멤버들이 여기에 속한다. 조직 전체의 경영에 책임을 지고 있으며 조직이 나아갈 방향을 제시하는 데 많은 노력을 기울인다.
- 중간경영자 : 처장, 국장, 실장, 부장 그리고 과장 등의 직함을 갖고 있다. 중간경영자는 최고경영자가 정한 목표를 달성하기 위해 자신이 책임지고 있는 하부조직의 구체적인 목표를 세우고 정책을 실행하는 데 중추적인 역할을 한다.
- 일선경영자 : 현장경영자라고도 하며, 작업자의 활동을 감독하고 조정하는 경영자로서 기업 내에서 가장 낮은 단계의 경영자를 말한다. 따라서 일선경영자는 자신이 담당하고 있는 어떤 작업을 직접 실행하는 작업자만을 감독하고 다른 경영자의 활동은 감독하지 않는다. 일선경영자로는 공장의 생산감독자, 기술감독자 또는 관리부서의 사무감독자 등을 들 수 있다.

40 **다음 중 기업의 인수 · 합병과 관련된 설명으로 옳지 않은 것은?**

① 기업합병이란 두 개 이상의 회사가 계약에 의하여 당사자인 회사의 일부 또는 전부가 소멸함과 동시에 소멸회사의 권리와 의무가 포괄적으로 존속회사 또는 신설회사에 이전 · 수용되는 현상을 말한다.
② 기업합병은 당사자 회사의 법률적 관계에 따라 흡수합병과 신설합병으로 구분된다.
③ 기업의 인수 · 합병은 기업의 내적 성장(Internal Growth)의 한 방법이다.
④ 다각적 합병은 경영다각화를 통한 위험의 분산, 인적자원의 효율적 활용 등을 주요 목적으로 한다.

해설

기업이 인수 · 합병을 통해 외적 성장을 추구하는 이유는 신규설립 등을 통한 내적 성장보다 낫다고 판단했기 때문이다. 즉, 기업을 둘러싼 환경 변화 등을 고려해 내적 성장을 통한 투자안의 평가와 외적 성장을 통한 투자안의 평가를 놓고 비교했을 때 M&A의 방법이 낫다고 판단할 경우 M&A가 일어난다.

정답 39 ③ 40 ③

제3과목 사무영어

41 Which of the following is the most appropriate in the blank?

A : (   )?
B : Two teaspoon of sugar and no cream, please.

① What would you like to have
② Which coffee do you like best
③ How would you like your coffee
④ Would you like a cup of coffee

해설

식당 · 레스토랑 등에서 커피를 주문할 때 '~어떻게 해드릴까요'는 'How would you like ~?' 또는 'How do you want ~?'로 질문한다.

42 What is the purpose of the following passage?

The Continental Inn Hotel system is the nation's biggest with 1,100 locations throughout the world. Each hotel, located in major cities throughout the United States and the world, provides many services and luxuries demanded by the discriminating world traveler. Participation by Continental Inns in Avian Airways Travel Bonus Program will be effective on July 10, 2023 for all hotels in the U.S. and will be effective for all other locations on November 21, 2023. Simply by staying at a participating Continental Inn, you'll receive 1,000 bonus miles towards your next FREE Travel Bonus ticket!

① to report
② to advise
③ to criticize
④ to advertise

콘티넨탈 인 호텔 시스템은 전 세계에 걸쳐 1,100개의 체인망을 가지고 있는 국내에서 가장 큰 호텔입니다. 미국과 전 세계의 주요 도시에 위치하고 있는 각 호텔은 안목 있는 세계 여행가가 요구하는 많은 서비스와 얻기 어려운 즐거움을 제공합니다. 콘티넨탈 인이 Avian 항공사의 여행 보너스 프로그램에 참여할 것인데 미국에 있는 전 호텔에 대해서는 2023년 7월 10일에, 그 외 다른 지역의 체인점에서는 2023년 11월 21일에 이 프로그램의 적용을 받게 됩니다. 콘티넨탈 인에 투숙하시기만 하면 다음 번 무료 여행 보너스 비행기 표에 대한 1,000마일의 보너스를 받게 됩니다.

41 ③ 42 ④ 정답

43 Choose the phrase which has a grammatical error.

On behalf ⓐ <u>of</u> Andersen Construction, I ⓑ <u>would</u> like to apologize for all the ⓒ <u>inconvenient</u> that our construction next door is ⓓ <u>causing</u> your customers.

① ⓐ　　② ⓑ
③ ⓒ　　④ ⓓ

for의 목적어가 있어야 하므로 inconvenient의 명사형인 inconvenience가 와야 한다.

앤더슨 건설회사를 대신하여 우리가 이웃에서 공사를 함으로써 여러분의 고객에게 끼치는 모든 불편에 대해 사과드리고 싶습니다.

44 Which of the following is the most appropriate for the blank?

All members of the board are ________ invited to a banquet in honor of our new chairman and his contribution to the company.

① excessively　　② considerably
③ cordially　　④ nutritiously

해설

③ cordially : 진심으로
① excessively : 지나치게
② considerably : 상당히
④ nutritiously : 영양가 있게

새 의장과 회사에 대한 공헌을 기념하기 위하여 연회에 모든 이사회 인원들이 정중히 초대되었다.

45 Which of the following is providing INCORRECT explanation about the given acronym?

① Enc : Enclosure
② FYI : For Your Information
③ NGO : Non-Governmental Organization
④ FAQ : Fast Asked Question

정답　43 ③　44 ③　45 ④

해설

④ FAQ : Frequently Asked Question 흔히 묻는 질문
① Enc. : Enclosure (편지에) 동봉된 것
② FYI : For Your Information 참고로
③ NGO : Non–Governmental Organization 비정부기구

46 What is the purpose of the following passage?

> Thank you for your order, No. HU14449, which we received today. Unfortunately, we do not feel that we can offer the trade discounts which you have asked for 35 percent as we only allow a 25 percent trade discount to all our customers regardless of the quantity they buy. Our prices are extremely competitive and it would not be worthwhile supplying on the allowance you have asked for. Therefore, in this instance, I regret that we have to turn down your order.

① To complain
② To apologize
③ To require price cuts
④ To reject order

오늘 접수한 HU14449번의 주문 감사합니다. 유감스럽게도, 주문량에 관계없이 우리의 모든 고객들에게 25% 할인만을 허용하고 있으므로, 당신이 요구하신 35% 할인 제의에 동의할 수 없을 것 같습니다. 우리의 가격이 지극히 경쟁적이어서, 당신이 제의하신 대로 공급한다면 이윤이 없을 것 같습니다. 그러므로 이번 경우에는 당신의 주문을 사절합니다.

47 Choose the most appropriate word for the following conversation.

> A : Is this letter sufficiently stamped?
> B : No, it's just a bit overweight.
> A : How much do I have to pay then?
> B : 100 won more.
> A : I want to have it registered.
> B : The extra charge for registration is 1,000 won.

① Stationery Shop
② Supermarket
③ Post Office
④ Health Club

46 ④ 47 ③ 정답

해설

A : 우표는 이거면 되나요?
B : 무게가 조금 초과합니다.
A : 그러면 얼마를 더 내야 하나요?
B : 100원 더 주세요.
A : 등기로 부치고 싶습니다.
B : (등기 할증요금은 1,000원입니다.) 그러면 1,000원을 더 내세요.

48 What is the most appropriate expression in the blank?

James	: Excuse me... Are you Ms. Jones?
Secretary	: Yes, that's correct.
James	: Hi, I'm James from A&W Securities Company.
Secretary	: Hello, Mr. James.
James	: Hello, Ms. Jones. Welcome to Korea.
Secretary	: Thanks, it's nice to be here. Well, I'm sorry I'm so late. But my layover at Narita was longer than I had expected. ( )
James	: No, don't worry. Your manager phoned me this morning to let me know that your flight would be delayed at least 2 hours. How was your flight, by the way?
Secretary	: Not too bad, thanks.
James	: I'm sure you're exhausted. Why don't we go to your hotel first? My car is parked just outside.
Secretary	: That's good idea.
James	: Can I take one of your bags?
Secretary	: Thank you.

① I hope you haven't been waiting too long.
② I want to change my reservation.
③ Thank you for picking me up.
④ Please show me how to fill in this form.

해설

① 오래 기다리셨죠?
② 예약을 변경하고 싶습니다.
③ 데리러 와 주셔서 감사합니다.
④ 이 양식을 어떻게 작성하는지 보여주십시오.

정답 48 ①

제임스 : 실례지만 혹시... Ms. Jones 아니세요?
비 서 : 예. 맞습니다.
제임스 : 아, 저는 A&F 증권사의 제임스입니다.
비 서 : 안녕하세요. Mr. 제임스.
제임스 : 안녕하세요. 한국에 오신 걸 환영합니다.
비 서 : 고맙습니다. 그런데 제가 너무 늦었죠? 죄송합니다. 나리타에서 비행기를 갈아타는데 생각보다 시간이 많이 걸렸어요. 오래 기다리셨죠?
제임스 : 아뇨. 그렇지 않습니다. 적어도 2시간 정도 늦어지실 거라고 오늘 아침에 연락받았습니다. 여행은 어떠셨어요?
비 서 : 괜찮았습니다. 고맙습니다.
제임스 : 비행기를 타고 오느라 피곤하시죠? 호텔로 먼저 가시는 게 좋을 것 같은데요. 밖에 자동차가 준비되어 있습니다.
비 서 : 예. 좋습니다.
제임스 : 가방 하나 이리 주시죠.
비 서 : 고맙습니다.

49 According to the following fax, which is true?

FAX from Anna Sullivan
Advantage Supplies INC.
Tel. (324) 371-1121
Fax. (324) 371-1120

# of pages 1 including this page
DATE March 22, 2023
FAX to Debby Weston, Purchasing Manager
PRAM international Inc.
Fax. (734) 253-5454
RE : Your fax · 023 dated March 21, 2023

Thank you for your fax. Most of all, we apologize for the delay in shipping your order. We normally keep to our delivery dates, but in this case, our supplies shipped to us late. Your order will be shipped today, and the date of delivery will be March 27. We are very sorry and will make every effort to prevent a recurrence.

① The fax number of the recipient is 324 371 1120.
② This fax is a complaint about delayed delivery date of order.
③ This is a reply to the fax that Debby sent to Anna on March. 21.
④ The total pages of this fax is 2 including the cover.

해설

① 팩스 수신자의 번호는 (734) 253-5454이다.
② 팩스는 배송이 지연된 데 대한 사과를 내용으로 한다.
④ 팩스는 총 1장이다.

49 ③ 정답

50 **According to the hotel bill, which of the following is NOT true?**

Hotel Bill Summary : Room 101

Total Room charge (Excl. Tax) : $180.00 USD
Telephone Service (Excl. Tax) : $4.17 USD
Additional Service (Excl. Tax) : $8.00 USD
(Mini–bar : 1 bottle of beer)

Bill Summary (Excl. Tax) : $192.17 USD
(Incl. Tax) : $211.39 USD

Guest's Signature	Note :
Scarlet Rhett	Telephone Service Tax : 10%
	Room Service Tax : 10%
	Additional Service Tax : 10%

Sunday, May 30, 2021

① The guest stayed at Room 101.
② The total hotel bill is $211.39 USD including tax.
③ Scarlet Rhett issued the bill.
④ The guest used something from the mini–bar in the room.

해설

Scarlet Rhett가 계산서를 발행한 게 아니라 호텔이 발행한 계산서에 서명한 것이다.

※ Read the following conversation and answer the question. (51~53)

Edwards	: David. Where are you?
David	: I'm in my car, unfortunately.
Edwards	: Where exactly? Do you need directions?
David	: No, thanks. I'm just ___(A)___ in a traffic jam on the expressway. This is unbelievable!
Edwards	: Look, just take it easy, David. What happened? Did your presentation run late?
David	: No, I finished right on time. ______(B)______ I should've figured on some traffic.
Edwards	: Well, it is a Friday afternoon.
David	: Look, Bill. I don't want to make you wait on my account. you should probably just go home and start your weekend.
Edwards	: I wouldn't hear of it. I don't mind waiting.
David	: Well, I'm going to get there if I have to drive right over there cars!
Edwards	: No, no. Just get here in one piece.
David	: Okay. I should be there in less than ten minutes.
Edwards	: David! Glad you got here!
David	: Bill, ___(C)___ You didn't have to do this.
Edwards	: It's not a problem. have a seat and let's get down to business.

51 What is the most appropriate term in the blank (A)?

① stuck ② infect
③ fragile ④ qualified

해설

① stuck : ~에 갇힌, 꼼짝 못하는
② infect : 감염[전염]시키다.
③ fragile : 깨지기 쉬운
④ qualified : 자격이 있는

52 Which of the following is the most appropriate for the blank (B)?

① I just never thought it would take this long to drive six blocks.
② I'm stuck in a traffic jam on the expressway.
③ The traffic is bumper to bumper now.
④ Some people just don't care how to drive.

해설

① 여섯 블록 운전하는 데 이렇게 오래 걸릴 줄은 몰랐습니다.
② 고속도로에서 차가 밀려서 꼼짝 못하고 있네요.
③ 지금 교통이 굉장히 복잡하네요.
④ 어떤 사람들은 제멋대로 운전을 하지요.

51 ① 52 ① 정답

53 What is the most appropriate term in the blank (C)?

① It was a slip of the tongue.
② I'm very sorry about being late.
③ Thanks for your patience.
④ Thanks for waiting.

해설

④ 기다려주셔서 감사합니다.
① 내가 말을 잘못했습니다.
② 늦어서 정말 죄송합니다.
③ 인내심에 감사드립니다.

에드워즈 : 데이비드. 지금 어디 계세요?
데이비드 : 유감스럽게도, 아직 차 안입니다.
에드워즈 : 정확히 어디죠? 길을 가르쳐 드릴까요?
데이비드 : 아니오, 괜찮아요. 고속도로에서 차가 막혀서 꼼짝도 못하고 있어요. 굉장하네요!
에드워즈 : 진정하세요, 데이비드. 그런데 무슨 일이죠? 프레젠테이션이 늦게 끝났나요?
데이비드 : 아니오, 제 시간에 끝났어요. 여섯 블록 운전하는 데 이렇게 오래 걸릴 줄은 몰랐네요. 교통체증을 미리 생각했어야 하는데.
에드워즈 : 금요일 오후잖아요.
데이비드 : 저, 빌. 저 때문에 기다리게 하고 싶지는 않아요. 집에 가셔서 휴일을 즐기셔야죠.
에드워즈 : 말도 안 돼요. 기다릴 수 있어요.
데이비드 : 음, 이 차들 위로 달릴 수만 있다면 거기에 바로 갈 수 있을 텐데요!
에드워즈 : 아니에요. 안전하게 오기만 하세요.
데이비드 : 좋아요. 10분 안에 도착할 수 있을 겁니다.
에드워즈 : 데이비드! 드디어 오셨군요!
데이비드 : 빌, 기다려주셔서 감사합니다. 이렇게까지 안 하셔도 되는데요.
에드워즈 : 괜찮아요. 앉아서 사업 이야기로 들어갑시다.

정답 53 ④

※ Questions 54~55 refer to the following letter.

PACIFIC INVESTING
213 Lincoln Street, New York, NY 10012
Telephone : 212-222-4321
Facsimile : 212-654-0987

Mr. Jinsoo Kim
Vice President
Seoul International Investment, Ltd.
115 Jongno 3ga, Jongno-gu, Seoul
May 6, 1999

Dear Mr. Kim :
We have just been advised by Ms. Park of Seoul Bank that their decision to terminate our services is final, and we have reluctantly accepted their decision. The reason I am writing to you now is to thank you for your attempt to help in this matter. You held many discussions and expended a great deal of time trying to arrive at a compromise that would be acceptable to all concerned. I sincerely appreciate your efforts to mediate the situation. We hope our break with Seoul Bank will not affect our relationship with Seoul International Investment and yourself. If there is anything I can do in the future, do not hesitate to contact me.

Sincerely,
Lawrence Reed
Assistant General Manager

54 Why was this letter written?

① To request help in mediation.
② To offer help in negotiations with Seoul Bank.
③ To express appreciation.
④ To propose a compromise in negotiations.

해설

위의 편지는 감사를 표시하기 위해 작성되었다.

미스터 김 귀하 :
서울 은행의 미즈 박으로부터 우리의 서비스를 종결하겠다는 그들의 결정이 최종안이라는 것을 지금 막 연락받았는데, 우리는 어쩔 수 없이 그들의 결정을 받아들이는 바입니다. 지금 제가 귀하에게 편지를 쓰는 이유는 이 일에 관련한 귀하의 노고에 감사드리기 위한 것입니다. 귀하는 당사자 모두가 수용 가능한 타협안을 찾기 위해 많은 토론을 하고 많은 시간을 소모하였습니다. 이 상황을 조정하기 위해 보여준 귀하의 노력에 진심으로 감사드리는 바입니다. 서울 은행과의 거래 중단이 서울 인터내셔널 투자회사나 귀하와의 관계에 아무런 영향도 미치지 않기를 바랍니다. 향후 제가 도움을 드릴만한 일이 있다면 주저하지 마시고 연락 주십시오.

54 ③ 정답

55 There has apparently been a problem between _________ .

① Ms. Park and Mr. Kim.
② Mr. Kim and the writer.
③ Mr. Reed and Seoul International.
④ Seoul Bank and Pacific Investing.

해설

서울 은행이 퍼시픽 인베스팅의 서비스를 종결하겠다는 내용에서 알 수 있다.

※ Questions 56~58 refer to the following notice.

TELEPHONES :

Coin-operated public phones are located in hotel lobbies, banks, shops, public buildings, post offices and kerbside phone box throughout the city and suburbs. You will need a 20 cent coin and a 10 cent coin to make a local call to a city number, except for emergency calls which are free.
You can make calls to other parts of this country from many public phones (particularly those located at post offices and airports), but you will need a good supply of coins before you start. Instructions for making interstate calls are printed alongside these phones. Alternatively, you can make interstate calls from most hotels or motels. The cost of calls to other parts of country drops significantly after 6 pm. Monday to Saturday, and all day Sunday.

International calls can usually be made from your hotel, or from a post office. Most interstate and overseas calls can be made on a reverse-charge basis, provided the called number is agreeable.

56 Where can you find instructions for making interstate calls?

① In hotel lobbies.
② In banks.
③ In public buildings.
④ Alongside the public phones.

해설

주(州)간 장거리 전화에 대한 이용 설명서는 전화기 옆에 인쇄되어 있다.

동전으로 작동되는 공중전화는 호텔 로비, 은행, 상점, 공공건물, 우체국, 그리고 시내와 교외 전역에 걸쳐 있는 가두 전화 부스에 있다. 사용료 무료의 긴급전화를 제외하고는 시내 번호로 전화하는 지역 통화를 하기 위해서는 20센트 동전과 10센트 동전이 필요하다.
많은 (특히 우체국과 공항에 있는) 공중전화로 국내 다른 지역으로 전화를 할 수는 있지만, 전화를 하기 전에 많은 양의 동전이 마련되어 있어야 할 것이다. 주(州)간 장거리 전화에 대한 이용 설명서는 전화기 옆에 인쇄되어 있다. 다른 방법으로는 대부분의 호텔과 모텔에서 주(州)간 장거리 전화를 할 수도 있다. 월요일에서 토요일 오후 6시 이후와 일요일 종일 동안은 국내 다른 지역으로의 통화료가 크게 낮아진다.
국제 전화는 대개는 호텔이나 우체국에서 할 수 있다. 대부분의 주(州)간 장거리 전화나 해외 전화는 수신자가 동의하기만 한다면 수신자 부담 방식으로 할 수가 있다.

정답 55 ④ 56 ④

 How can you save money on telephone charge?

① Use the phone after 6:00 pm.
② Use one of the hotel phones.
③ Use public phones at post offices.
④ Use the phone on weekends.

해설

월요일에서 토요일 오후 6시 이후와 일요일 종일 동안은 국내 다른 지역으로의 통화료가 크게 낮아진다.

58 Which of the following is not correct according to the above notice?

① Emergency calls are free.
② A lot of coins are needed to make interstate calls.
③ The cost of long-distance calls drops significantly on Sundays.
④ Overseas calls can be made only on a reverse-charge basis.

해설

국제 전화는 호텔이나 우체국에서 할 수 있다. 반드시 수신자 부담으로 해야 하는 것은 아니다.
④ 해외전화는 수신인 부담으로만 할 수 있다.
① 긴급전화는 무료이다.
② 주(州)간 통화는 많은 동전이 필요하다.
③ 일요일에 장거리 전화비용은 크게 낮아진다.

※ Questions 59 and 60 refer to the following message.

EXPRESS LINE Single transactions only : Check cashing, account deposits or account withdrawals. For multiple transactions, please go to the line for the other teller windows. Transfers from one account to another do not count as a single transaction. Please have all checks, deposit or withdrawal slips and currency ready before you get to the window.

59 Where would this sign be found?

① At a box office window.
② In the lobby of a bank.
③ At a foreign currency exchange.
④ By an automatic teller machine.

57 ① 58 ④ 59 ② 정답

해설

입금/출금 등을 담당하므로 은행에 관한 내용이다.

급행창구
수표의 현금 교환, 입금 또는 출금 등 단일 업무만 가능합니다. 복합적인 업무를 원하시는 경우에는 다른 출납창구로 가서 줄을 서십시오. 계좌이체는 단일 업무로 취급하지 않습니다. 창구로 나오시기 전에 수표와 입출금 전표 그리고 돈을 모두 준비해 주시기 바랍니다.

60 What is this line for?

① Making transfers between two accounts.
② Purchasing only a single ticket.
③ Ordering new checks.
④ Conducting only one transaction.

해설

급행창구에서는 단일 업무만 담당한다.
④ 한 건의 이체만 수행, ① 두 계좌 사이에 이체, ② 편도 티켓을 구입, ③ 새로운 체크카드 결제

제4과목 사무정보관리

61 다음 사람들에 대한 서류철을 만들어 문서 정리를 하고자 한다. 순서가 올바르게 나열된 것은?

(가) Jason Anderson	(나) Justin Pepper
(다) Catherine Anderson	(라) Amy Smith
(마) Cathy Son	(바) Anthony Hardy

① (라) – (바) – (다) – (마) – (가) – (나)
② (바) – (라) – (마) – (다) – (나) – (가)
③ (다) – (가) – (바) – (나) – (라) – (마)
④ (다) – (가) – (라) – (마) – (바) – (나)

해설

성의 알파벳순으로 파일링한다. 성이 같으면 이름의 알파벳순으로 파일링한다.

정답 60 ④ 61 ③

62 다음은 대한기업의 결재라인을 보여주는 표이다. 아래 표에 나타나 있는 이철수의 직위는?

취 급	전 화	대표이사
보 존	1년	이철수 대결 11/13
부사장		
전 무		
과 장	전 결	
기 안	홍길동	협 조

① 대표이사　② 부사장
③ 전 무　④ 알 수 없음

해설

과장 전결사항인 문서를 그 직무를 대리하는 자가 대결하는 경우(결재란에 '○○○ 대결' 표시를 한 후 서명)이다.

63 중소기업에 근무하는 서영진 비서는 상사의 임원회의 발표 자료를 만들고 있다. 다음 중 서 비서의 프레젠테이션 자료 작성에 대한 설명으로 가장 적절한 것은?

① 세로 방향보다 가로 방향으로 배치하여 안정감 있게 자료를 작성하였다.
② 발표가 주목받도록 애니메이션과 화면 전환 기능을 되도록 많이 사용하였다.
③ 슬라이드 개수가 많아질 것을 방지하기 위해 한 슬라이드에 내용을 많이 배치하였다.
④ 각각의 장이 강조되도록 슬라이드마다 디자인을 다르게 설정하였다.

해설

사람의 눈은 눈동자가 위아래로 동작할 수 있는 길이보다 좌우로 움직일 수 있는 길이가 길기 때문에 가로 방향으로 배치하는 것이 더 편안하고 안정감 있다.

64 다음 중 우편물을 발송할 때 올바르게 처리하지 못한 경우는?

① 발송한 문서를 파일링할 때는 컴퓨터에서 같은 내용을 새롭게 출력하여 파일링하였다.
② 비밀을 요하는 문서를 봉투에 넣어서 직접 전달한 후 인수자에게 서명을 받았다.
③ 등기로 발송한 우편물에 관한 사항을 우편물 발신부에 기록해두었다.
④ 동봉물이 제대로 잘 첨부되었는지 여러 차례 확인하였다.

해설

컴퓨터에서 같은 내용을 새로 출력할 필요는 없다.

62 ④ 63 ① 64 ① **정답**

65 다음 중 인터넷 사이트를 내 컴퓨터에 저장할 때 나타나는 확장자로 가장 적절한 것은?

① 파일명.ppt
② 파일명.pot
③ 파일명.mht
④ 파일명.pps

해설

파일 확장자

- ppt : 일반적인 파워포인트 형식
- pot : 파워포인트의 디자인 서식 파일
- mht : 인터넷 사이트를 내 컴퓨터에 저장하고 싶을 때 사용하는 파일
- pps : 쇼슬라이드 형식으로 저장하는 경우

66 다음 글의 내용에서 김○○이 이용하고 있는 인터넷 서비스로 옳은 것은?

> 재택근무를 하는 김○○은 집에서 네트워크를 이용하여 회사에 있는 컴퓨터에 접속한 후 업무를 처리한다. 이 때 김○○의 컴퓨터는 단지 단말기 역할을 할 뿐, 모든 프로그램과 데이터는 회사의 컴퓨터에서 처리된다.

① FTP
② 채 팅
③ 텔 넷
④ 유즈넷

해설

사용자가 멀리 떨어진 컴퓨터를 연결해 사용자의 컴퓨터를 원격지 컴퓨터에 연결된 단말기로 만들어 주는 인터넷 표준 프로토콜을 텔넷이라고 한다.

67 다음의 내용을 통해 작성할 수 있는 그래프의 종류는 무엇인가?

> - 가로, 세로축을 긋고 눈금을 매긴다.
> - 가로축에 시간(연, 월, 일 등)을 적는다.
> - 세로축에는 수치를 적는다.
> - 2종류 이상의 데이터를 기입할 때는 선이나 점의 종류를 달리하여 구분한다.

① 막대그래프
② 꺾은선그래프
③ 원그래프
④ 띠그래프

해설

꺾은선 그래프는 막대 대신에 선을 긋는 방법으로 시간의 흐름에 따른 변화를 나타내는데 사용된다. 즉, 그 변화 추이에 관심이 있는 경우에 사용한다.

정답 65 ③ 66 ③ 67 ②

68 **다음은 2016년 1월부터 8월까지 유럽에서 판매된 자동차의 회사별 판매대수와 작년 같은 기간에 대비한 변동지수를 보여주고 있다. 이러한 자료에 근거한 설명으로 옳은 것은?**

자동차회사	판매대수	변동지수(전년 동기간=100)
폭스바겐 그룹	1,752,369	99.5
PSA 그룹	1,474,173	96.6
포드 그룹	1,072,958	103.6
르 노	1,001,763	100.3
GM 그룹	950,832	99.8
피아트 그룹	723,627	103.0
다임러-크라이슬러 그룹	630,912	95.9
도요타	459,063	109.0
BMW 그룹	413,977	107.9
현대 · 기아	292,675	120.6
마쓰다	137,294	124.6
혼 다	130,932	111.1
전 체	9,040,575	102.0

① 일본과 한국 회사들보다 유럽과 미국계 회사들의 판매증가율이 높았다.
② 마쓰다의 판매증가율이 가장 크고, PSA 그룹의 판매감소율이 가장 크다.
③ 4개 기업을 제외하고는 모두 작년 같은 기간에 비해 판매가 줄었다.
④ 작년 같은 기간 동안 판매된 자동차수를 비교하면 다임러-크라이슬러 그룹보다 피아트가 많다.

해설

다음 공식을 활용한다.
- 전년도의 실제 크기=올해의 실제 크기÷배율
- 올해의 실제 크기=전년도 실제 크기×배율

68 ④ **정답**

69 **다음 자료는 우리나라 주요 업종의 영업실적 전망에 대한 것이다. 다음 자료에 대한 설명으로 틀린 것은?**

구 분		2015년	2016년
반도체	영업이익(원)	13조 327억	12조 3929억
	전년대비증가율(%)	81.2	-4.9
통신 서비스	영업이익(원)	5조 8173억	6조 4496억
	전년대비증가율(%)	7.0	10.9
자동차/타이어	영업이익(원)	4조 1214억	5조 361억
	전년대비증가율(%)	2.2	22.2
은 행	영업이익(원)	4조 7160억	7조 202억
	전년대비증가율(%)	205.9	53.3

(가) 은행 부문은 2014년도 영업이익은 4위, 2015년도는 3위, 2016년도는 2위를 기록하는 등 매년 크게 성장하고 있다.
(나) 반도체 부문의 2015년도 영업이익 규모는 다른 3개 부문을 합친 것보다 많을 것으로 예측된다.
(다) 2016년도에 반도체 부문의 영업이익이 4개 부문 전체의 영업이익에서 차지하는 비중은 전년에 비해 줄어들 것으로 예상되지만, 여전히 가장 많은 영업이익을 낼 것으로 추정된다.
(라) 2014년도의 영업이익은 통신서비스 부문이 자동차/타이어 부문보다 적었다.

① (가), (나), (다)
② (가), (나), (라)
③ (나), (다)
④ (나), (라)

해설

(가) 2014년도 은행부문의 영업이익 규모를 A라고 하면, A×3.059=4조 7160억, 전년에 비해 205.9% 성장은 다른 말로 하면 3.059배 증가로 표현할 수 있다. 따라서 A=1조 5,417억으로 영업이익이 4위이다.
(나) 다른 세 부문이 14조가 넘는 것으로 판단되므로 틀린 진술이다.
(다) 2016년에 반도체는 증가율이 (−)이고, 다른 부문은 모두 (+)이므로 전체에서 차지하는 비중이 감소할 것으로 예상된다. 한편 여전히 가장 많은 영업이익을 내는 것은 바로 판단된다.
(라) 2014년도 통신서비스 부분의 영업이익액은 5조 4,367억(=5조 8173억/1.07)이고, 자동차/타이어는 4조 327억(=4조 1214억/1.022)이다.

정답 69 ④

70 스크랩과 관련된 설명 중 가장 적절하지 않은 것은?

① 상사의 관심분야에 대한 내용은 상사가 선호하는 매체를 주로 스크랩하였다.
② 현재 상사가 진행하고 있는 프로젝트와 관련된 분야를 집중 스크랩하였다.
③ 신문이나 정기간행물 등의 스크랩에 있어서 출처를 반드시 명시하여 공신력을 확보하도록 한다.
④ 기사를 잘라서 한 면에 넣기 어려운 내용은 PDF서비스를 이용하여 출력하였다.

해설
관심분야에 대한 내용은 여러 신문을 비교하여 스크랩하도록 한다.

71 다음 중 내용증명 우편제도에 대한 설명으로 가장 적절하지 않은 것은?

① 채무이행청구, 계약해제, 채권양도통지 등 법률상의 의사표시를 기재한 우편물의 문서내용을 증거로 남겨 두어야 할 필요성이 있는 경우에 많이 이용되고 있다.
② 내용증명은 일반적으로 발송된 때에 효력이 발생하는 것이 원칙이다.
③ 작성된 내용증명은 사업자에게 1통 발송하고 1통은 발신인에게, 나머지 1통은 우체국에서 보관한다.
④ 내용증명은 발송 증명만을 받을 수 있을 뿐이지 우편물의 내용상 보증이나 법적 효력을 인정받는 것은 아니다.

해설
내용증명은 민법의 규정에 따라 일반적으로 도달된 때로부터 효력이 발생하나 통신판매, 방문판매, 할부거래에 있어 청약철회를 요청하는 경우에는 발송한 날부터 효력이 발생한다.

 70 ① 71 ② 정답

72 **다음에 보이는 오늘의 환율표에 의거하여 외환업무 처리에 대한 설명이 가장 적절하지 않은 것은?**

구 분	매매 기준율	전일 대비	등락률	현 금		송 금	
				살 때	팔 때	보낼 때	받을 때
미국$	1,040.40	▼1.00	−0.10%	1,058.60	1,022.20	1,050.50	1,030.30
일본¥	1,013.54	▲2.30	+0.20%	1,031.27	995.81	1,023.47	1,003.61
유럽연합₵	1,435.02	▼1.33	−0.12%	1,463.57	1,406.47	1,449.37	1,420.67

① 상사가 뉴욕출장 시 남은 달러를 오늘 원화로 환전하였는데, 어제 했던 것이 더 유리했다.
② 독일에서 유로화로 송금 받은 수출대금이 어제 원화로 환전되었는데, 오늘보다 유리하다.
③ 상사의 오사카 출장을 위해서 어제 엔화 환전했는데, 오늘 환전하는 것보다 유리했다.
④ 미국 회사에 어제 수입대금을 송금한 것이 오늘 송금하는 것보다 유리하다.

해설
④ 환율이 전일대비 하락했으므로 오늘 송금하는 것이 더 유리하다고 볼 수 있다.

73 **표는 돼지고기 가격과 판매량 추이를 나타낸 것이다. 이와 같은 변화의 원인으로 가장 적절한 것은?**

구 분	1월	2월	3월	4월
100g당 가격(원)	1,200	1,300	1,500	1,600
판매량(톤)	60	65	73	80

① 돼지 구제역의 영향으로 도축량이 감소하였다.
② 돼지 사료로 사용되는 옥수수 가격이 하락하였다.
③ 심한 황사로 사람들이 돼지고기를 많이 찾게 되었다.
④ 돼지고기와 대체관계에 있는 닭고기 가격이 인하되었다.

해설
가격이 상승할수록 거래량도 증가하였다. 이는 수요가 증가되었기 때문이다.
① 공급의 감소, ② 공급의 증가, ④ 수요의 감소

정답 72 ④ 73 ③

74 **라벨지를 이용하여 주소를 인쇄하고자 할 경우 사용 가능한 데이터 파일을 모두 고른 것으로 가장 적절한 것은?**

(가) dbf	(나) pcx
(다) pst	(라) ppt
(마) xls	(바) mdb

① (가), (나), (다), (마)
② (가), (다), (라), (마)
③ (가), (나), (라), (바)
④ (가), (다), (마), (바)

해설

- pst : 마이크로소프트 아웃룩 개인 폴더파일
- dbf : 데이터베이스파일
- mdb : 마이크로소프트 액서스 데이터베이스파일
- xls : 마이크로소프트 엑셀파일
- pcx : 페인트브러시 비트맵 파일
- ppt : 파워포인트 파일

75 **명함을 관리하는 요령 중 부적당한 것은?**

① 명함을 명함첩에 가나다순으로 정리하여 둔다.
② 뒷면에 명함 받은 날짜와 용건을 간단히 기입해도 좋다.
③ 명함이 많을 때는 명함상자 대신 명함첩을 이용하는 것이 편리하다.
④ 명함은 개인명 또는 회사명으로 정리하여 둔다.

해설

명함이 많을 때는 명함첩 대신 명함상자를 이용하는 것이 편리하다.

74 ④ 75 ③ 정답

76 **2012년 8월 18일 부로 시행된 정보통신망법 제23조 제2항의 '주민등록번호의 사용제한'에 따른 고객정보관리방법으로 가장 적당하지 않은 것은?**

① 개인식별을 위해 사용해왔던 주민등록번호를 파기하고 핸드폰 번호로 대체한다.
② 고객에게 핸드폰번호, e-mail, 성명, 생년월일을 요청할 수 있다.
③ 멤버십 카드번호와 주민등록번호는 개인식별정보로 사용할 수 없다.
④ 고객에게 ID나 I-pin을 요청할 수 있다.

해설

정보통신서비스 제공자는 다음 각 호의 어느 하나에 해당하는 경우를 제외하고는 이용자의 주민등록번호를 수집 · 이용할 수 없다(정보통신망법 제23조의2).

- 본인확인기관으로 지정받은 경우
- 전기통신사업법 제38조 제1항에 따라 기간통신사업자로부터 이동통신서비스 등을 제공받아 재판매하는 전기통신사업자가 본인확인기관으로 지정받은 이동통신사업자의 본인확인업무 수행과 관련하여 이용자의 주민등록번호를 수집 · 이용하는 경우

77 **프레젠테이션의 준비단계에서 3P분석을 한다. 이에 대한 설명으로 가장 적절하지 않은 것은?**

① 3P는 목적분석, 장소분석, 청중분석을 의미한다.
② 청중의 관심을 유도하고 프레젠테이션의 구조와 내용을 결정한다.
③ 청중의 목적과 프레젠터의 목적을 일치시키는 분석을 포함한다.
④ 3P분석은 프레젠테이션의 내용보다 전달 스킬에 중점을 두는 분석이다.

해설

프레젠테이션의 준비단계에서는 3P 분석이 중요한데, 3P란 사람(People), 목적(Purpose), 장소(Place)를 의미한다. 3P는 프레젠테이션의 내용에 중점을 두는 분석이며, 전달 스킬과 관련해서는 3S가 있다.

3P	• People : 청중, 해당고객, 기업을 철저하게 분석한다. • Purpose : 이루고자 하는 것, 요구하는 것, 기대하는 것을 확실히 명시한다. • Place : 위치와 공간, 설비 및 기자재 · 환경여건을 조사한다.
3S	• Show : 준비한 화면을 잘 보여준다. • See : 청중과 아이컨택을 잘한다. • Speech : 청중에게 명확하게 말한다.

정답 76 ③ 77 ④

78 다음 중 우편물의 개봉과 처리에 관한 사항 중 적절하지 않은 것은?

① 봉투에 '친전' 혹은 'Confidential'이라고 찍힌 우편물은 상사가 직접 개봉하게 한다.
② 상사에게 제출할 우편물은 공적 · 사적 또는 중요도에 따라 분류한다.
③ 봉투는 내용물을 꺼낸 후 바로 폐기하고, 중요한 내용의 서신이 위쪽으로 가게 하여 상사에게 보인다.
④ 개봉 후 받은 날짜와 시간을 서류 여백에 기록하거나 스탬프로 찍는다.

우편물이 사신이거나 친전인 경우 등은 함부로 개봉해서는 안 된다. 또한 봉투를 개봉해도 되는 공적 서신의 경우 봉투를 밑으로 하고 클립으로 묶어서 상사에게 건네야 하며 봉투를 함부로 폐기해서는 안 된다.

79 다음은 인터넷 관련 용어에 대한 설명이다. 이 중 설명이 가장 적절하지 않은 것은?

① 풀(Pull)은 인터넷 사용자가 서버로부터 요청하여 받은 웹 페이지를 컴퓨터 화면에 보여주는 방식이다.
② 푸시(Push)는 인터넷 사용자가 요청하지 않은 정보를 서버가 보내는 것이다.
③ 스미싱(Smishing)은 스마트폰 문자메시지를 통해 소액결제를 유도하는 피싱사기수법이다.
④ 캐싱(Caching)은 인터넷 웹사이트의 방문기록을 남겨 사용자와 웹사이트 사이를 매개해주는 정보를 담은 파일이다.

해설

④ 쿠키에 대한 설명이다. 캐싱은 명령어와 데이터를 캐시 기억장치 또는 디스크 캐시에 일시적으로 저장하는 것이다.

80 다음 중 외래어 표기가 잘못된 것은?

① 테이프(Tape)
② 케잌(Cake)
③ 플루트(Flute)
④ 로봇(Robot)

해설

②의 '케잌'은 [keik]로 발음되므로 '케이크'라고 써야 한다(이중모음 뒤의 자음은 받침으로 표기하지 않는다).

78 ③ 79 ④ 80 ② 정답

제5회 모의유형문제

제1과목 비서실무

01 다음 중 비서가 전화 받는 법으로 옳지 않은 것은?

① 수화기를 들면 우선 자신의 이름을 대고 나서 전화 상대를 확인하며, 사내 전화가 왔을 때에도 반드시 회사명과 부서명을 이야기한다.
② 상대가 통화하고자 하는 사람이 부재중일 경우, 전언을 의뢰받았을 때에는 반드시 자신의 소속 부서명과 이름을 댄다.
③ 전화응대 시 자주 문의를 받는 지사의 연락처 정보는 전화기 옆에 비치하여 쉽게 찾을 수 있도록 한다.
④ 상대가 통화하고자 하는 사람이 부재중일 경우, 전언을 받아놓든지 본인이 귀사 후에 전화를 해야 하는지 확실하게 알아둔다.

해설
사내 전화가 왔을 때에는 부서명과 본인의 이름을 말하는 것이 바람직하다. 회사명을 말할 필요는 없다.

02 인사이동에 관한 컴퓨터 입력 작업이 끝난 후에 평소 친하게 지내는 과장이 상사가 없는 동안 비서에게 와서 인사이동 내용을 물어 보았다. 다음 중 비서가 취할 수 있는 대응방법으로 가장 바람직한 것은?

① 기밀사항이므로 원칙상 말할 수 없다고 하며 부드러운 음성으로 단호히 거절한다.
② 자신은 잘 알지 못한다고 말한다.
③ 친한 사이이므로 스스럼없이 이야기한다.
④ 다른 사원에게는 말하지 말라고 부탁하며 살그머니 이야기해준다.

해설
기본적으로 글로 된 것이든 말로 된 것이든 상사에게서 지시받은 정보는 기밀이라는 원칙 아래 업무를 수행해야 한다.

정답 01 ① 02 ①

※ 다음을 읽고 질문에 답하시오. (03~04)

오늘은 하반기 고객만족도 조사 결과에 따른 환경개선을 위해 컨설팅 업체 선정 인터뷰가 여러 개 잡혀있다. 오후 2시부터 첫 번째 인터뷰 일정이 잡혀있고 약 30분 간격으로 나머지 인터뷰 일정이 연속해 있다.

03 첫 번째 업체의 담당자가 1시 40분경에 도착하여 명함을 건네었다. 비서의 응대로 가장 적절한 것은?

① 사장실로 업체 관계자를 안내하고 사장에게 예정 시간보다 일찍 도착하였음을 알려드린다.
② 업체 관계자가 약속된 시간보다 일찍 도착하였으므로 일단 대기실로 안내하고 상사 지시에 따른다.
③ 일정 시작이 2시이므로 업체 관계자를 대기실로 안내하고 합석의 경우 소개를 하는 등 손님들의 상호관계에 신경을 쓴다.
④ 업체 관계자가 대기실에서 기다리는 동안 참여하는 업체의 수와 관련된 정보를 제공한다.

해설

업체 관계자가 약속된 시간보다 일찍 도착하였다면 사장실로 안내할 것이 아니라 대기실로 안내하고 상사에게 일찍 도착하였음을 알려드린 후 지시에 따른다. 업체 선정에 있어서 상대 업체에 유리하게 작용할 수 있는 정보를 제공하거나 업체 간 합석을 시키는 것은 바람직하지 않다.

04 첫 번째 업체와의 인터뷰가 예정보다 30분이 지나가고 있다. 이러한 상황에 대응하는 비서의 태도로 가장 적절한 것은?

① 예정된 인터뷰가 계속 기다리고 있음을 상기시켜 드릴 수 있도록 상사에게 메모를 넣는다.
② 사정이 있기 때문에 지체되더라도 인터뷰를 방해하지 않는 것이 바람직하다.
③ 예정시간이 다 되었음을 인터폰을 통해 알려드린다.
④ 사장실로 들어가서 손님이 기다리고 계심을 말씀드린다.

해설

인터뷰나 회의 중 상사에게 전달할 사항이 있으면 방해하지 않는 범위 내에서 조용히 메모를 전달하는 방식이 가장 적절하다.

03 ② 04 ① 정답

05 다음 중 의전예우에 대한 기준 설명 중 가장 부적절한 것은?

① 공적 고위직 참석자가 소속되어 있는 기관장의 서열에 따라 의전예우의 기준으로 삼는다.
② 공적 지위가 없는 인사의 경우 전직(前職)을 기준으로 삼는다.
③ 서로 비슷한 위치의 사람인 경우에는 당사자들 간 의견조율을 통하여 예우를 하도록 한다.
④ 공적 지위가 없는 인사의 경우 연령 또한 의전예우의 기준으로 고려될 수 있다.

해설

의전예우의 기준이 없는 일반 참석자의 경우 단하의 일반참석자는 각 분야별로 좌석군을 배치(개인별 좌석을 지정하지 않음), 당해 행사와의 유관도 · 사회적 비중 등을 감안하여 단상을 중심으로 가까운 위치부터 배치, 주관기관의 소속직원은 후면에, 초청인사들은 전면에 배치, 행사진행과 직접 관련이 있는 참여자는 전면에 배치한다.

06 비서의 경력개발 방안으로 바람직하지 않은 것은?

① 인간관계를 위한 네트워킹 차원에서 퇴근 후 회사사람들과 자주 어울려 업무 이야기를 많이 한다.
② 조직에서 인사관리자로서의 역할에 관심을 갖고 지시받은 업무를 수행한다.
③ 새로운 사무관리용 컴퓨터 프로그램의 사용법을 배우기 위해 퇴근 후 학원에 다닌다.
④ 정책관리자로서 신입비서를 위한 업무 매뉴얼을 작성하고 이를 유지하기 위한 방안을 기획한다.

해설

업무 외적인 인간관계에 주력하기보다는 업무와 직접 연관이 있는 능력개발에 주력하도록 한다.

07 비서의 업무에 관한 설명으로 적절하지 않은 것은?

① 상사의 사회 인맥과 교우관계 · 가족관계 · 사적인 관계를 유지하며 인상착의를 기억하는 것이 필요하다.
② 상사는 자기가 원하는 것을 비서에게 구체적으로 말하는 편이므로 함부로 추측하지 말고 지시범위를 정확하게 준수하다.
③ 외부 인사와의 접촉에서 연락상의 실수를 했을 때 책임 소재를 따지기 전에 성실하게 문제 해결에 노력을 기울여야 한다.
④ 출장 계획 수립 시 출장준비 파일을 마련해 꼭 필요한 사항들을 적은 후 하나하나 체크해 나가며 필요한 자료 등을 모아둔다.

해설

일반적으로 상사는 자기가 원하는 것을 비서에게 구체적으로 말하는 경향이 드물다. 따라서 비서는 관찰을 통하여 상사를 객관적으로 분석하는 기간이 필요하다.

정답 05 ③ 06 ① 07 ②

08 다음 중 연수와 특강, 저녁만찬에 가장 바람직한 좌석 배치는?

① 연수-V자형, 특강-교실형, 만찬-원탁형
② 연수-교실형, 특강-ㄷ자형, 만찬-원탁형
③ 연수-V자형, 특강-교실형, 만찬-ㄷ자형
④ 연수-교실형, 특강-ㅁ자형, 만찬-ㅁ자형

해설

연수는 벌어진 곳에 진행자가 위치하고 뒤에 흑판/슬라이드를 놓을 수 있는 V자형이 적당하다. 특강은 100명의 다수인원이 참석하므로 교실형의 좌석배치가 적당하며, 만찬은 10명이므로 원탁형이 적당하다.

09 다음 계약서의 빈칸에 알맞은 한자어로 나열된 것은 어느 것인가?

> **공사도급계약서**
>
> 제9조【지급재료와 대여품】
>
> ① 계약에 의하여 "갑"이 지급하는 재료와 대여품은 공사예정표에 의한 공사일정에 지장이 없도록 (가)에 인도되어야 하며, 그 인도장소는 시방서 등에 따라 정한 바가 없으면 공사현장으로 한다.
>
> ② "을"은 지급재료 및 대여품의 품질 또는 규격이 (나)에 적당하지 아니하다고 인정할 때에는 즉시 "갑"에게 이를 통지하고 그 대체를 요구할 수 있다.
>
> ③ 재료지급의 지연으로 공사가 지연될 우려가 있을 때에는 "을"은 "갑"의 서면 승낙을 얻어 자기가 보유한 재료를 (다) 사용할 수 있다. 이 경우 "갑"은 현품 또는 사용당시 가격을 지체없이 "을"에게 지급하여야 한다.
>
> ④ "을"은 "갑"이 지급한 재료와 기계 · 기구 등 (라)을 선량한 관리자의 주의로 관리하여야 하며, 계약의 목적을 수행하는 데에만 사용하여야 한다.
>
> ⑤ "을"은 공사내용의 변경으로 인하여 필요없게 된 지급재료 또는 사용완료된 대여품을 지체없이 "갑"에게 (마)하여야 한다.

① (가) 適期, (나) 施工, (다) 代替, (라) 貸與品, (마) 返還
② (가) 適期, (나) 施工, (다) 對替, (라) 貸與品, (마) 半圜
③ (가) 敵機, (나) 時空, (다) 對替, (라) 貸與品, (마) 半圜
④ (가) 適期, (나) 時空, (다) 代替, (라) 貸與品, (마) 返還

해설

(가) 적기(適期), (나) 시공(施工), (다) 대체(代替), (라) 대여품(貸與品), (마) 반환(返還)

08 ① 09 ① 정답

10 상사의 해외 출장 시 비서가 준비해야 할 일로 바르지 않은 것은?

① 상사의 여권 만료일을 확인한다.
② 방문국이 한국과 상호 비자 면제 협정이 체결되어 있는지 확인한다.
③ 사고에 대비하여 상사가 출발하기 전에 미리 해외여행자 보험에 가입한다.
④ 환전한 여행자 수표에 미리 서명하여 상사에게 전달한다.

해설

여행자 수표에 미리 서명하면 도난 시 구제받을 수 없게 된다.

11 상사의 일정이나 회사의 행사 등 비서의 업무 대부분은 일정표에 의존한다. 다음 각종 일정표의 설명 중 가장 옳은 것은?

① 연간일정표는 6개월 단위의 정기적인 행사와 전사적 활동일람표로 주주총회, 임원회의, 연회약속 등을 기입한다.
② 월간일정표는 1개월 단위의 행사일정표로 주로 창립기념일, 이사회 등이 세세히 기입된다.
③ 주간일정표는 월간일정표에 기초하여 1주간의 행사와 예정을 기입하며, 오전 · 오후로 나눌 수도 있으며 상사의 개인적인 일도 기입할 수 있다.
④ 일일일정표는 구체적인 당일 스케줄로 전날 오후에 작성하여 다음날 그대로 수정 없이 시행된다.

해설

주간일정표(Weekly Schedule)는 주요 일정, 내방객 방문 일정, 임원회의, 출장 계획, 각 부서의 행사 등을 요일별 · 시간별로 구분하여 작성하는 것으로, 1주일간의 예정을 기록하는 표이다.

12 다음 중 영문 서신의 작성방법으로 적절하지 않은 것은?

① 월, 일, 연도의 세 가지는 행을 바꾸지 않고 한 줄에 기입한다.
② 월(月)을 쓸 때는 철자를 생략하지 않고 쓰며, 일(日)에는 -st, -nd, -rd, -th를 쓰지 않는다.
③ 본문은 서두인사에서 1행을 띄어 쓰며, 용건을 쓴 경우에도 마찬가지로 용건을 쓴 행에서 1행을 띄어 쓴다.
④ Attention은 회사 내의 모든 구성원이나 부서에 서신을 전달하고자 할 때 쓰인다.

해설

Attention은 회사 앞으로 보낸 서신이지만 회사 내의 특정인이나 부서에 서신을 전달하고자 할 때 쓰인다.

정답 10 ④ 11 ③ 12 ④

13 **비서 김미연은 일본에서 진행되는 신규 프로젝트 관계로 일본출장을 가게 되었다. 아래 항공권에 적혀 있는 내용에 대한 설명으로 가장 적절하지 않은 것은?**

여정 정보 (Itinerary Information) ASIANA AIRLINES 인터넷 좌석배정

OZ 142 ASIANA AIRLINES

	도시/공항	일자/시각	터미널	클래스	비행시간	상태
출발	SEOUL INCHEON INT	28JUL 15:00		ECONOMY/E	01:30	OK
도착	KUMAMOTO	28JUL 16:30				

경유지(Via) : 좌석(Seat Number) : 유효 기간(Validity) : Not Valid Before
무료수하물(Baggage) : 20K 운임(Fare Basis) : EHEE2KR Not Valid After 28JUL15

OZ 141 ASIANA AIRLINES

	도시/공항	일자/시각	터미널	클래스	비행시간	상태
출발	KUMAMOTO	20NOV 12:20		ECONOMY/E	01:30	OK
도착	SEOUL INCHEON INT	20NOV 13:50				

경유지(Via) : 좌석(Seat Number) : 유효 기간(Validity) : Not Valid Before
무료수하물(Baggage) : 20K 운임(Fare Basis) : EHEE2KR Not Valid After 28JUL15

항공권 정보 (Ticket Information)

- 발행일/발행처 (Issue Date/Place) : 24JUL14 / BLUEOCEAN TOUR SEOUL KR (17324985)
- 제한사항 (Restriction) : NONENDS NO-MILE UG 4KJBM12JW-3
- 지불수단 (FOP/Tourcode) : CASH / 4KJBM12JW/3
- 운임계산 내역 (Fare Calculation) : SEL OZ KMJ161.85OZ SEL161.85NUC323.70END ROE1019.4
- 항공운임 (Fare Amount) : KRW 330,000
- 세금/기타비용 (Tax/Fee/Charge) : 28000BP 49800YQ
  ※YQ/YR/Q Code는 유류할증료 및 전쟁보험료 부담금 등 입니다.
- **항공운임 총액 (Total Amount)** : KRW 407,800

① 서울 인천공항에서 7월 28일 오후 3시 비행기로 출발하여 일본 구마모토에 4시 30분 도착 예정이다.
② 아시아나항공이 결항되거나 오랜 시간 지체되면 KAL이나 JAL을 이용할 수 있다.
③ 회사여비규정에 따라 김 비서는 이코노미 좌석으로 예약하였다.
④ 무료수하물은 20kg 이내에서 가능하다.

해설

항공기 결항 시 대체수단에 대한 정보에 관한 내용은 항공권에 나와 있지 않다.

14 **다음은 비서의 회의 관련 업무처리의 유의사항을 지적한 것이다. 잘못된 사항은?**

① 회의 중 상사보다 상급자가 상사와 통화를 원하는 경우 회의 중이라 밝히고 상사에게 메모를 넣겠다고 말한다.
② 회의 참석자에게 외부 전화가 왔을 경우 긴급사항이 아니면 비서가 메모하여 두었다가 회의종료 후 전해준다.
③ 직접 통화를 요청하거나 긴급사항인 경우에는 노크 후 회의장에 들어가 해당자에게 말해준다.
④ 회의장 사용시간은 회의가 연장될 수 있으므로 여유 있게 잡아야 한다.

해설

직접 통화를 요청하거나 긴급사항인 경우에는 메모지에 써서 전달한다.

13 ② 14 ③ **정답**

15 **상사는 친구인 김경호 씨를 가까운 시일 안에 만나고 싶은데 어떤지 물어 보라고 지시했다. 비서가 김경호 씨에게 전화를 걸었더니 자동응답기에 출장 중으로 3일 후에 돌아온다는 메시지가 남겨져 있었다. 이 경우 비서의 적절한 업무처리라고 볼 수 있는 것은?**

① 상사에게 김경호 씨는 현재 출장 중이라는 자동응답기의 내용을 보고하고, 어떻게 하면 좋을지 지시를 받는다.
② 상사의 용건과 출장에서 돌아올 즈음에 다시 전화하겠다는 메시지를 김경호 씨에게 남기고, 상사에게는 이것을 보고하고 출장에서 돌아올 무렵 다시 전화하겠다고 말한다.
③ 김경호 씨와 직접 전화통화를 할 수 없으면 의미가 없으므로 아무 말 없이 전화를 끊고 상사에게 그 사실을 보고하고 다시 전화하겠다고 말해둔다.
④ 출장에서 돌아올 즈음에 다시 전화하겠으나 그 때 전화 통화를 할 수 없으면 전화를 부탁한다는 메시지를 김경호 씨에게 남기고 상사에게 그 내용을 보고한다.

해설

상사의 친구가 부재중이면 직접적으로 연락을 부탁하는 메시지를 남기는 것보다 연락한 용건을 남김으로써 간접적으로 부탁하는 것이 바람직하다.

16 **비서가 경조사에 임하는 방법으로 잘못된 것은?**

① 조문 복장으로는 수수한 복장을 하고, 구두도 가급적 진한 색으로 신는다.
② 영전에 분향 시는 향로에 향을 넣는 횟수나 양이 많을수록 좋다.
③ 단자를 써서 봉투에 넣을 때는 축하 문구나 상대방 이름이 접히지 않도록 한다.
④ 축의금이나 조의금은 돈을 단자에 싸서 겹봉투에 넣는다.

해설

향나무를 깎아 만든 나무향이면 오른손을 왼손으로 받치고 오른손의 엄지와 검지로 향을 집어 향로 속에 넣으며, 만수향처럼 긴 향이면 한두 개 집어서 불을 붙인 다음 향로에 정중히 꽂고 일어난다.

정답 15 ② 16 ②

17 **비서의 스트레스 대처 자세로 가장 부적절한 것은?**

① 내 역량보다 높은 수준의 업무를 부여받은 경우에는 솔직하게 자신의 수준을 인정하고 다른사람에게 위임한다.
② 일이 지나치게 많을 때는 업무 위임여부를 상사와 의논해 본다.
③ 스트레스 해소를 위해 활동적인 스포츠나 취미를 개발하여 긴장의 이완을 위해 노력한다.
④ 새로 입사한 동료가 비서보다 나이가 많지만, 개인적 감정과 사내 직위에 따른 상하 관계를 분리하여 객관적으로 행동하고자 노력한다.

해설

비록 자신의 역량보다 높은 수준의 업무를 부여받았다 하더라도 다른 사람에게 위임하기보다는 어느 정도 도움을 받더라도 자신이 직접 수행하려는 자세가 필요하다. 비서를 포함한 직장인들은 현재 자신의 직무 수행에서 부족하다고 느끼는 지식이나 업무 관련 기술은 어떠한 것이 있는지를 파악한 후 부족한 점을 향상시키기 위하여 목표를 세우고 노력해야 한다.

18 **손님으로부터 상사와의 면담이나 약속을 의뢰 받는 경우 비서의 일 처리로서 가장 옳지 않은 것은?**

① 상대방에게 정중히 약속목적을 묻는다.
② 상사의 친우나 윗사람들에게는 용건을 묻는 것을 생략한다.
③ 월요일 아침, 토요일 오후, 점심시간 직전 후의 약속은 되도록 피한다.
④ 약속 간격은 만일의 경우를 대비하여 여유를 두고 잡는다.

해설

상사의 친우나 윗사람이라 하더라도 용건을 반드시 확인한다.

19 **다음 중 박명희 비서가 연하장 발송 리스트를 관리하는 방법으로 가장 적절하지 못한 것은?**

① 연하장 발송 리스트는 매년 명함집을 기초로 새로 작성하여 주요 고객이 누락되는 일이 없도록 한다.
② 상사가 다른 임원과 함께 서명하는 카드는 발송 리스트에 누구와 함께 서명을 해서 보냈는지 표시하여 추후 참고가 되도록 한다.
③ 연하장을 발송할 때는 리스트에 발송하였음을 표시하여 같은 고객에게 두 번 발송하는 실수를 방지한다.
④ 수신된 연하장은 상사에게 전달하기 전에 연하장을 보낸 고객 리스트에 있는지 확인하여 연하장을 이미 보낸 고객임을 표시하고 상사에게 보고한다.

해설

발송 리스트는 매년 새로 작성하는 것보다 전년도 리스트를 보관하여 활용하는 것이 주요 고객의 누락이 발생하지 않아 더 바람직하다.

17 ① 18 ② 19 ① **정답**

20 비서의 시간 관리요령으로 틀린 것은?

① 미루지 말고 즉석에서 처리하고 결정한다.
② 업무수행에 필요한 목적을 설정하고 그 목적을 효과적으로 달성하기 위한 활동의 순서, 지침, 방향을 정한다.
③ 상사와 지속적인 의사소통으로 업무일정을 조율하고 자신의 일정에 맞추어 상사의 시간을 조절한다.
④ 메모지를 준비해서 생각날 때마다 기록하고 모든 물건을 항상 제자리에 놓는다.

해설

상사와 지속적인 의사소통으로 업무일정을 조율하고 상사의 일정에 맞추어 자신의 시간을 조절한다.

제2과목 경영일반

21 다음 중 기업계열화의 형태가 잘못 연결된 것은?

① 수직적 계열화 – 이종생산단계의 통합
② 수평적 계열화 – 동종생산품목의 통합
③ 분기적 계열화 – 이종공정 또는 원료에서 동종제품의 분기
④ 사행적 계열화 – 부산가공물 또는 보조서비스의 계열화

해설

- 분기적 계열화 – 동일공정 또는 원료에서 이종제품의 분기
- 수렴적 계열화 – 이종공정 또는 원료에서 동종제품의 분기

22 직무기술서와 직무명세서에 대한 설명 중 틀린 것은?

① 직무기술서와 직무명세서는 직무분석의 산물이다.
② 직무분석은 직무기술서와 직무명세서의 기초가 된다.
③ 직무기술서는 사람 중심의 직무분석에 의하여 얻어진다.
④ 직무명세서는 종업원의 행동, 기능, 능력, 지식 등을 일정한 양식에 기록한 문서이다.

해설

직무기술서는 과업 중심적인 직무분석에 의하여 얻어지며, 직무명세서는 사람 중심적인 직무분석에 의해 얻어진다.

정답 20 ③ 21 ③ 22 ③

23 다음 중 재무제표에 대한 설명으로 가장 적절하지 않은 것은?

① 재무상태표로 기업의 영업활동에 사용되는 자산, 부채, 자본 등이 어떻게 구성되었는지를 검토할 수 있다.
② 손익계산서는 일정 시점의 기업의 경영상태를 나타내는 표로서 비용 측면에서 나타낸다.
③ 현금흐름표는 일정기간 동안 기업의 현금 유입과 유출을 영업활동, 투자활동, 재무활동으로 나타낸다.
④ 재무제표는 조직 내외에서 발생한 조직의 각종 거래행위를 화폐가치로 나타낸 여러 가지 표를 말한다.

해설

손익계산서는 기업의 일정 기간의 경영성과를 나타내는 동태적 보고서로서, 모든 수익과 비용을 대비시켜 당해 기간의 순이익을 계산하여 나타낸다.

24 비정형적 의사결정 패턴과 관련된 다음 서술 중 타당하지 않는 것은?

① 수학적 분석 모델이 중요하다.
② 최고경영자의 의사결정 패턴이다.
③ 정황에 대한 정보가 부족하거나 거의 없는 경우의 의사결정이다.
④ 경험과 직관이 중요하게 작용한다.

해설

의사결정 유형에는 정형적 의사결정과 비정형적 의사결정이 있다. 전자는 프로그램화된 것으로 수학적 · 분석적 틀을 이용하며 주로 중간관리층 이하에서 많이 한다. 후자는 직관 · 경험에 의존하며, 최고경영자가 많이 사용하는 의사결정 유형이다.

25 기업환경에 대한 설명으로 가장 거리가 먼 것은?

① 기업은 폐쇄시스템하에서 활동하고 있다.
② 과업환경과 일반환경으로 구분된다.
③ 로렌스와 로쉬는 환경을 불확실성으로 설명하고 있다.
④ 반도체회사는 높은 동태성과 복잡성에 처해 있다.

해설

기업은 일반적으로 외부환경과의 끊임없는 상호작용하에 생존하고 성장한다는 점에서 개방시스템하에서 활동하는 것이다. 환경은 내부환경으로 대별되며, 외부환경은 다시 일반환경과 과업환경으로 구분된다. 일반환경은 모든 조직에 영향을 미치는 포괄적인 환경요인이며, 과업환경은 특정 조직에만 영향을 미치는 환경으로서 어느 정도 통제가 가능하다. 반도체회사는 불확실성이 높은(복잡하고, 동태적인) 환경하에 있다.

23 ② 24 ① 25 ① **정답**

26 **선적항의 본선에 화물을 적재할 때까지의 모든 비용과 위험은 판매자가 부담하고, 그 이후의 비용과 위험은 구매자가 부담하는 것을 무엇이라 하는가?**

① CIF ② FOB
③ 구상무역 ④ 플랜트수출

해설

② FOB(Free On Board)는 본선인도조건으로 매도인은 매수인이 지정한 선적항의 본선에 화물을 선적하고 본선상에서 인도하기까지의 일체 비용을 부담하는 조건이다. 한편 CIF(Cost, Insurance and Freight)는 운임보험료부담조건을 의미한다. 무역거래조건의 하나로 FOB와 더불어 가장 넓게 채용되고 있다. 매도자가 상품의 선적에서 목적지까지의 원가격과 운임 · 보험료의 일체를 부담할 것을 조건으로 한 무역계약이다. 즉, 도착항 인도가격이다. FOB가 본선상에서 무역의 인도를 끝마칠 때까지 생기는 일체의 비용과 위험을 매도인이 부담하는 것에 비하여 CIF는 도착항까지의 매도인의 책임을 의미한다.

27 **제시된 금융 상품 모두에 해당하는 설명으로 옳은 것은?**

- 기업어음
- 표지어음
- 양도성예금증서

① 단기금융상품이다. ② 기업을 공개하기 위한 수단이다.
③ 예금자 보호 제도의 적용을 받는다. ④ 시중 통화량을 조절하는 데 사용된다.

해설

단기금융시장은 1년 이내의 기간을 갖는 금융수단이 거래되는 시장을 말한다. 단기금융상품으로는 기업어음, 통화안정증권, 양도성예금증서 등이 있다.

28 **다음 글에 나타난 무역의 종류는?**

ㅇㅇ회사는 8월에 인도네시아로부터 목재를 수입하여 가구를 만들어 일본에 수출하였고, 9월에 인도네시아의 원목 수출 회사와 미국의 가구 제조 회사 간의 거래를 소개하고 수수료를 받았다.

① 가공무역, 중계무역 ② 구상무역, 중계무역
③ 가공무역, 중개무역 ④ 구상무역, 중개무역

해설

가공무역은 원료를 수입하여 가공한 다음 반제품이나 완제품을 수출하는 무역이다. 중개무역은 수출입업자 사이에 제3자가 개입하여 소개하고 수수료를 취하는 무역이다.

정답 26 ② 27 ① 28 ③

29 다음의 e-비즈니스의 유형에 대한 설명 중 가장 적절하지 않은 것은?

① B2B(기업 간 거래) : 두 기업 간의 거래에서 발생하는 것으로 구매와 조달, 재고관리, 영업활동, 지출관리, 서비스와 지원에 인터넷을 활용하는 것이다.
② B2C(기업과 소비자 간 거래) : 기업과 소비자 간의 거래를 말한다.
③ C2C(소비자 간 거래) : 두 고객 간 혹은 고객들 사이에서 이루어지는 거래를 말한다. 판매자와 구매자가 직접 거래를 할 수도 있지만, 경매사이트와 같은 제3자가 관련될 수도 있다.
④ G2C(정부와 소비자 간 거래) : 일반기업과 정부 간에 이루어지는 사업 유형으로, 정부의 공공자원을 일반기업이 구매하거나 기업이 세금 납부를 전자적으로 하는 것이 해당한다.

해설

G2C(Government to Customer)는 정부와 국민 간 전자상거래로 인터넷을 통한 민원서비스 등 대국민서비스 향상을 그 주된 목적으로 하고 있다. B는 원래 비즈니스(Business)를 의미하지만 전자상거래에서는 기업이라는 뜻이며, C는 일반 소비자(Consumer), 고객(Customer), G는 정부(Government)를 뜻한다. 2는 to의 뜻이다.

- C2C : 소비자 간 전자상거래. 옥션, 이베이 등 경매형태
- C2B : 소비자가 주체가 돼서 기업과 상거래를 하는 것. 역경매가 대표적
- C&C2B : 여러 소비자가 기업을 상대하는 것. 즉, 공동 구매
- B2C : 기업과 소비자 간 거래. 일반 소비자가 인터넷쇼핑몰 등에 들어가 물품을 구입하는 형태
- B2B : 기업 간 거래. 조달 · 구매 등 기업들이 협력 · 하청 관계로 인터넷 공간에서 상호 거래 관계를 맺는 행위
- B2G : 기업–정부 간 거래. 조달청의 물품 판매, 공문서 교환 등
- G2B : 정부–기업 간 거래. 정부 전자조달. 물품이나 용역의 입찰, 공문서 교환 등
- B2E : 기업–종업원 간 거래
- C2G : 소비자 대 정부 간 전자상거래. 세금이나 각종 부가세 등을 인터넷으로 처리하는 것
- G2C : 정부와 소비자 간 전자상거래. 정부에서 물품을 소비자에게 조달하는 경우

30 공기업의 특성으로 옳지 않은 것은?

① 공기업은 국가 또는 지방자치단체가 출자해서 설립한 기업이므로 공공성이 있다.
② 공기업은 사기업의 영리를 목적으로 하는 독점행위를 배제하고, 국민경제 측면에서 일반대중을 위해 설립한 기업이므로 공익성이 있다.
③ 공기업은 설립 시 출자액을 기초로 운영에 필요한 비용은 예산회계제도에 따라 지출되고 또 회계감사를 받을 의무가 있으므로 그 통제성이 있다.
④ 공기업은 개인 한 사람에 의해서 출자 · 경영 · 지배되는 기업으로서 그 수는 모든 기업 중에 가장 많이 차지하고 있다.

해설

④ 개인기업에 관한 설명이다.

29 ④ 30 ④ 정답

31 직무평가방법 중의 하나인 점수법에 관한 설명으로 옳지 않은 것은?

① 평가의 대상이 되는 직무 상호 간의 여러 가지 요소를 가려내어 각 요소의 척도에 따라 직무를 평가하는 방법이다.
② 다른 평가방법에 비해 판단의 과오를 최소화할 수 있다.
③ 직무요소가 증가하고 등급이 다양화되면 합리적인 점수배정이 어렵다.
④ 유사한 직무 간의 상대적 가치를 쉽게 결정할 수 있다.

해설

점수법은 유사한 직무 간에는 점수를 부여하기가 어렵기 때문에 상대적 가치를 쉽게 결정할 수 없다는 단점이 있다.

32 집단인센티브제도에 대한 다음의 설명 중 옳은 것은?

① 구성원들 사이의 능력과 성과에 큰 차이가 있을 때 적용해야 한다.
② 생산성에 있어서 개인성과급제보다 항상 효과적이다.
③ 조직체 전체 또는 주요 부분을 중심으로 인센티브를 적용하는 조직체인센티브는 집단인센티브의 한 형태이다.
④ 자동차 조립라인과 같이 기계화된 작업라인에 의하여 생산량이 조정되는 경우 이 제도를 적용할 수 없다.

해설

① 구성원 간의 능력에 큰 차이가 있으면 능력이 많은 사람은 불만을 갖게 된다.
② 직무의 성격에 따라 다르다.
④ 집단인센티브제도는 단일제품의 대량생산체제에 적합한 제도이다.

33 유통경로에 대한 설명 중 옳지 않은 것은?

① 유통경로는 생산자로부터 소비자에게 제품이 전달되는 과정이다.
② 유통경로의 구성원들은 재화를 수송 · 운반하고 저장하며 정보를 수집한다.
③ 유통경로의 길이는 중간상 수준의 수를 말한다.
④ 유통경로는 서비스나 아이디어의 생산자들에게는 큰 의미가 없다.

해설

유통경로는 서비스나 아이디어의 생산자들에게 정보를 원활히 전달할 수 있다.

정답 31 ④ 32 ③ 33 ④

34 **대한기업이 생산하는 제품의 단위당 판매가격이 5만원, 단위당 변동비가 2만원, 총고정비가 600만원일 때, 다음 중 손익분기점(BEP) 매출량은 얼마인가?**

① 200개 ② 300개
③ 400개 ④ 450개

해설
손익분기점의 매출량 = 고정비/(단위당 제품가격 − 단위당 변동비) = 600만원/(5만원 − 2만원) = 200(개)

35 **다음 중 e-비즈니스 환경에서 기업이 기대할 수 있는 공급망관리(SCM)의 효과로 가장 관계가 적은 것은?**

① 시장의 수요변화에 대한 신속하고 경제적인 대응 가능
② 고품질 제품의 제조 및 판매 가능
③ 물류비용의 최소화
④ 신규 사업의 기회 발견

해설
SCM(Supply Chain Management ; 공급망 관리)은 물류의 이동에 따라 제품, 정보, 자금의 흐름을 최적화하여 생산성을 높이고 안전성을 확보하며 최적화를 추구하는 관리방식이다. 기존 사업의 생산성을 높이는 것이 주목적으로 신규사업과는 거리가 있다.

36 **긍정적 외부효과 사례에 해당하는 것은?**

① 농작물 담배에 살충제가 살포되어 잠업 농가가 피해를 본다.
② 합성세제 사용이 줄어들어 한강에서 낚시가 잘된다.
③ 철강공장이 세워짐으로써 자동차 산업이 발전한다.
④ 자동차 조립공장이 세워짐으로써 제철공장이 들어섰다.

해설
한강의 물이 깨끗해져 낚시가 잘되는 것은 +의 만족을 주지만 비용과 가격으로 반영되지 않으므로 긍정적인 외부효과(외부경제)이다. ①은 외부 불경제, ③ · ④는 직접적인 산업연관효과로 시장의 원리에 따라 가격에 반영되므로 외부효과와는 관계없다.

34 ① 35 ④ 36 ② **정답**

37 다음 중 기업이 시장세분화를 결정할 때 고려해야 할 사항으로 가장 옳지 않은 것은?

① 제품수명 주기상 도입기의 경우 시장세분화가 필요하다.
② 시장의 규모가 클 경우 시장세분화가 필요하다.
③ 소비자의 욕구가 다양할수록 시장 세분화가 필요하다.
④ 경쟁브랜드의 수가 많을수록 시장 세분화가 필요하다.

해설

도입기에는 시장이 무차별적이며, 성장기에 세분화가 시작된다. 성숙기에는 세분화가 극대화되며, 쇠퇴기에 역세분화된다.

38 다음 중 기업결합에 대한 설명으로 옳지 않는 것은?

① 카르텔은 유사기업이 경쟁을 제한하기 위한 협정이다.
② 콘체른은 시장통제 및 시장제한을 목적으로 결합된다.
③ 컨글로머레이트(Conglomerate)는 시장, 생산 및 기술상 전혀 관련이 없는 분야의 기업간에 결합하는 형태이다.
④ 결합기업, 다각적 종합기업, 공장집단으로 불려지는 콤비나트는 기업집단의 대표적 형태이다.

해설

콘체른은 법률적으로 독립하고 있는 몇 개의 기업이 출자 등의 자본적 연휴를 기초로 하는 지배 · 종속 관계에 의해 형성되는 기업결합체로 기업결합이라고도 한다. 카르텔이 개개의 기업의 독립성을 보장하고, 트러스트가 동일 산업 내의 기업합동인 점과는 대조적으로 각종 산업에 걸쳐 다각적으로 독점력을 발휘하는 거대한 기업집단이다.

39 다음 중 지식경영에 대한 설명으로 가장 적절하지 않은 것은?

① 지식경영이란 조직이 발달하면서 경쟁우위를 얻기 위해서 지식을 공유하는 과정을 말한다.
② 지식경영최고책임자(CKO ; Chief Knowledge Officer)의 직위는 조직의 지적 자산의 포트폴리오와 지식의 전체 풀을 잘 관리하고 지속해서 재생산하는 것이다.
③ 지식경영의 핵심은 지식의 보안과 개인적 관리를 의미하는 것이며, 목적은 지식을 경영자원으로 활용하여 기업의 가치를 향상시키는 것이다.
④ 지식경영이 성공하기 위해서는 지식공유 및 보상체계 등 지식경영을 조직문화로 정착시키는 것과 권한과 책임의 현장위임과 같은 조직구조를 갖추는 것이 필요하다.

해설

③ 지식경영은 기업이 계획을 진행시키기 위하여 의식적이며 포괄적으로 자사의 지식을 모아 조직화하고, 공유하고, 분석하는 것을 말한다. 이는 조직 내 지식의 활발한 창출과 공유를 제도화시키는 것을 목표로 한다. 이를 위해 조직구성원 개개인의 지식이나 노하우를 체계적으로 발굴하여 조직 내 보편적인 지식으로 공유함으로써 조직 전체의 문제해결 능력을 향상시키려고 노력한다.

정답 37 ① 38 ② 39 ③

40 중소기업과 대기업의 특성 비교에 대한 설명으로 틀린 것은?

① 대기업은 중소기업에 비해 분업이 심화되고 전문화되어 작업이 단조로워지므로 노동소외 현상의 발생 가능성이 높다.
② 중소기업은 대기업에 비해 생산의 기계화가 어려운 노동집약적 제품생산에 알맞다.
③ 중소기업은 대기업에 비해 인적 특성에서 나타나는 비유연성으로 인해 환경적응에 있어 탄력적이지 못하다.
④ 대기업은 중소기업에 비해 자본력과 시장에서의 경쟁력이 강하다.

해설

③ 대기업에 대한 설명이다.

제3과목 사무영어

41 Which of the following is the most appropriate in the blank?

A : Have we heard from the chairman since he left?
B : (   )

① Yeah. I heard of his name.
② Yes. He called in today from Texas.
③ No. He has a hearing problem.
④ The chairman thought you were me.

해설

A : 의장님이 떠난 후 소식이 있었나요?
B : 네 오늘 텍사스에서 전화가 왔습니다.

40 ③ 41 ② 정답

42 Read the following and choose the set which arranges the letter appropriately.

Dear Mr. Grant :

a. We will send you the correct items free of delivery charge.
b. We are sorry to hear that you received the wrong order.
c. Once again, please accept our apologies for the inconvenience, and we look forward to serving you again in the future.
d. Thank you for your letter dated October 28 concerning your recent order.
e. Apparently, this was caused by a processing error.

Yours faithfully,

① c – e – a – d – b
② d – b – e – a – c
③ b – c – a – e – d
④ e – a – b – d – c

해설

그랜트 씨께
d. 당신의 최근 주문에 관한 10월 28일자 편지에 감사드립니다.
b. 주문과 다른 물품을 보내드려 죄송합니다.
e. 명백하게 이것은 진행상 실수로 야기된 것입니다.
a. 주문하신 물품은 배송비를 저희가 부담해서 다시 보내드리겠습니다.
c. 다시 한 번 불편을 끼쳐드린 점에 대해 사과드리며, 다음에도 귀하를 모실 수 있기를 기대합니다.

정답 42 ②

43 What is the most appropriate term in the blank?

> Secretary : I've reserved a room for you at the Hotel Ritz-Carlton.
> James : Thank you for going through the trouble.
> Secretary : It was no trouble at all. After we get to the hotel, would you like to have dinner with me?
> James : Fine, but before that, I'd like to unpack and wash up a little.
> Secretary : Shall we meet around six?
>
> (After dinner)
>
> Secretary : This is the schedule for tomorrow. I'll (   ) a car to pick you up from the hotel. Would 10 a.m. be all right?
> James : That would be fine. Thank you for your hospitality.

① accommodate ② arrange
③ ensure ④ repeal

해설

② arrange : 마련하다, 배치하다
① accommodate : 숙박시키다
③ ensure : 확실하게 하다
④ repeal : 폐기하다

> 비 서 : 리츠 칼튼 호텔에 방을 예약해 두었습니다.
> 제임스 : 애써 주셔서 감사합니다.
> 비 서 : 천만에요. 일단 호텔에 도착하신 후에 저랑 저녁식사를 같이 하시겠어요?
> 제임스 : 좋습니다. 그런데 그 전에 짐부터 풀고 간단히 좀 씻고 싶은데요.
> 비 서 : 그럼 여섯 시쯤 만날까요?
>
> (식사 후)
>
> 비 서 : 내일 일정표입니다. 호텔로 모실 자동차를 준비하겠습니다. 아침 10시쯤이면 괜찮으시겠습니까?
> 제임스 : 예, 좋습니다. 여러 가지로 신경 써주셔서 감사합니다.

43 ② 정답

44 What is the purpose of the following passage?

May I have your attention, please? Welcome to this year's Dallas Video Luncheon. I'm glad you could come, and I think you'll enjoy yourself here today. Unfortunately, our guest speaker will be about thirty minutes late. He called from the airport, and his flight has been canceled, but he's taking another flight. I'm sorry, but these things happen. In the meantime, why don't we take our time and take a leisurely lunch? Then we will begin with some announcements and reports. Thank you for your patience.

① Events introduction
② Notice of Delay
③ Research report
④ Invitation

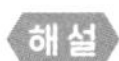

주목해 주시겠습니까? 금년도의 Dallas Video Luncheon에 오신 것을 환영합니다. 여러분들이 와주셔서 감사하고, 오늘 이곳에서 즐거운 시간이 되시리라고 생각합니다. 불행히도, 오늘의 초청 연사께서 약 30분 정도 늦으실 것 같습니다. 공항에서 전화를 하셨는데, 비행기편이 취소되었다고 합니다. 하지만, 그분께서는 다른 비행기편을 타고 오시고 있다고 합니다. 죄송하지만, 이런 일은 있을 수도 있는 일입니다. 기다리는 동안에 시간 여유를 갖고 점심을 즐기는 게 어떨까요? 그러고 나서 발표와 보고회를 갖도록 하겠습니다. 기다려 주셔서 감사합니다.

45 Choose the correct inside address in a business letter.

① Mr. Jason Claus
Global Telcom
Sales & Marketing Director
11 Main Street
Grand Plains, NY 21596

② Sales & Marketing Director
Jason Claus
Global Telcom
11 Main Street
Grand Plains, NY 21596

③ Dear Mr. Jason Claus
11 Main Street
Grand Plains, NY 21596
Global Telcom
Sales & Marketing Director

④ Mr. Jason Claus
Sales & Marketing Director
Global Telcom
11 Main Street
Grand Plains, NY 21596

정답 44 ② 45 ④

해설

Inside address란 봉투 안의 서신에 재차 표기하는 수신인의 주소를 가리킨다.
개인에게 보내는 서신을 그의 회사에 보내는 경우, 주소의 영문표기는 다음의 순서를 따른다.

- 개인의 성명(직책)
- 회사명
- 번지, 도로명
- 구(區) · 시(市) · 주(州) · 우편번호 등
- 국가명

46 Choose the phrase which has a grammatical error.

> The purpose of the meeting was ⓐ to start ⓑ drawing up our next ⓒ five–years plan ⓓ for development.

① ⓐ　　② ⓑ
③ ⓒ　　④ ⓓ

해설

「수사+단위명사」가 명사 앞에서 그 명사를 수식하는 형용사로 쓰일 경우에는 단위명사를 복수로 쓰지 않으므로 five–year이 되어야 한다.

> 회의의 목적은 우리의 다음번 5개년 개발 계획의 입안을 시작하기 위한 것이었다.

47 Which of the following is the most appropriate for the blank?

> The board has made a ________ decision to approve the appointment of our new company president, so I would like to introduce him to you now.

① anonymous　　② unanimous
③ announced　　④ animated

해설

② unanimous : 만장일치, ① anonymous : 익명의, ③ announced : 발표된, ④ animated : 활발한

> 위원회는 새 회장의 임명을 승인하는 만장일치의 결정을 하였으므로 그를 지금 여러분께 소개하고 싶습니다.

48 **Which of the following is providing INCORRECT explanation?**

① Blvd.: Boulevard
② Corp.: Corporation
③ Attn.: Attention
④ Inc.: Including

Inc. : Incorporated 유한 책임 회사, 주식회사(영국에서는 Ltd.를 주로 씀)

49 **Which of the followings is the most appropriate expression for the blank?**

> Mr. Smith : Ms. Lee, can you tell me what my schedule is today?
> Ms. Lee : You have a meeting with Robert Brown of Pacific Holdings at ten a.m. and a luncheon appointment with Ms. Kelly Howard at the Sunny Hotel at noon.
> Mr. Smith : ______________
> Ms. Lee : Mr. Johnson of Central Bank is supposed to be here at three p.m.

① What should I do first?
② I've already done it.
③ Can you cover for me?
④ Anything else?

Mr. Smith는 Ms. Lee에게 일정을 묻고 있고, 밑줄 친 공란 다음에 Ms. Lee가 추가로 일정을 알리고 있으므로 기타 일정은 없는지를 묻는 Anything else?가 적합하다.

50 **Choose the most appropriate word for the following conversation.**

> A : Come in and sit, please. Now, you've filled in your application form, haven't you?
> B : Yes. Here you are.
> A : Mm. How long have you been out of work?
> B : For about eighteen months now. I've been looking for a job since last April, but I haven't had much luck.
> A : Have you ever done this sort of work before?
> B : Yes, I have. I worked in a chemical factory the year before last.
> A : How long did you work there?
> B : I worked there for about six months.

① official meeting
② Christmas party
③ job interview
④ casual talk

정답 48 ④ 49 ④ 50 ③

해설

A : 들어오세요. 앉으세요. 저, 지원서는 작성하셨지요?
B : 네. 여기 있습니다.
A : 음, 실직하신 지는 얼마나 되셨습니까?
B : 이제 18개월쯤 됩니다. 지난 4월부터 일자리를 찾았지만 운이 없더군요.
A : 이런 종류의 일을 전에도 해보신 적이 있습니까?
B : 네, 있습니다. 재작년에 화학 공장에서 일했습니다.
A : 그곳에서는 얼마 동안 일을 하셨는지요?
B : 약 6개월쯤 했습니다.

51 What is the most appropriate expression in the blank?

Receptionist	: Mega Company. Good afternoon.
Secretary	: May I speak to Thomas Davis in International Marketing?
Receptionist	: Certainly. (　　　)
Thomas	: Thomas davis.
Secretary	: Hello, this is Cindy Jones of Asia International.
Thomas	: Hi, Jones. What can I do for you?
Secretary	: It's regarding our order of your new computer software package. I ordered 100 package six weeks ago by mail order, but they haven't arrived yet. I've tried to reach you several times but have not been able to get through. Could you do something about the this right away, please?
Thomas	: One moment, please. Let me check your order on the computer. Oh, dear. I've forgotten to send your the packages. I'm terribly sorry about this. It's certainly my fault. I'll send them right away. I'm so sorry again.
Secretary	: Oh that's all right.

① I'll connect you.
② You have the wrong number.
③ I kept getting a busy signal.
④ I can't think of it off hand.

해설

① 연결시켜 드리겠습니다.
② 전화번호가 잘못됐어요.
③ 통화중 신호만 계속 들립니다.
④ 생각이 얼른 떠오르지 않네요.

51 ① 정답

안내원 : 안녕하세요. Mega Company 입니다.
비　서 : 해외영업부의 Thomas Davis 씨 좀 부탁합니다.
안내원 : 예, 연결시켜 드리겠습니다.
토마스 : Thomas Davis입니다.
비　서 : 안녕하세요. 아시아 인터내셔널의 Cindy Jones입니다.
토마스 : 안녕하세요. Ms. Jones. 무엇을 도와드릴까요?
비　서 : 이번에 귀사에서 새로 개발한 컴퓨터 소프트웨어 주문 건에 관한 일인데요. 6주 전에 100패키지를 우편 주문했는데, 아직 도착하지 않았어요. 제가 여러 번 전화드렸는데, 통화가 안 되었어요. 이 일을 당장 좀 처리해 주시겠어요?
토마스 : 잠시만 기다려주세요. 제가 컴퓨터로 한번 체크해 보겠습니다. 오, 세상에. 제가 물건을 보내 드리는 걸 잊고 있었습니다. 정말 죄송합니다. 제 불찰입니다. 지금 바로 물건들을 보내드리겠습니다. 다시 한 번 죄송합니다.
비　서 : 괜찮습니다.

※ Question 52~54 refer to the following advertisement.

DIRECTOR WANTED

Herald Delta(HD) is rapidly expanding consultancy looking for a Director. We require someone with the technical ability, marketing skills, and motivation to help develop a stronger management consultancy capability.

Applicant will be working with matters involving assessment of economic appraisals in areas such as natural resources, industry, and securities. Working with economists, applicant must welcome the challenge of working in a developing small company.

52 Why is HD looking for a new director?

① It is merging with another company.
② It has moved its headquarters.
③ It is growing rapidly.
④ It is franchising its brand.

해설

HD가 신규 간부사원을 모집하는 이유는 회사가 급속히 성장하고 있기 때문이다.

정답　52 ③

간부직 사원 모집

Herald Delta (HD)는 급속히 성장하고 있는 경영자문회사로 간부직 1명을 모집합니다. 당사에서는 기술적 능력과 판매 기술, 그리고 보다 유능한 경영자문능력을 개발하는 데 기여할 수 있는 의욕적인 분을 원합니다. 지원자는 천연자원, 산업, 증권과 같은 분야들에 있어서의 경제적 평가들의 분석과 관련된 문제들을 다루게 됩니다. 경제학자들과 함께 일하면서 발전하고 있는 중소기업에서 도전적으로 일할 기회를 기꺼이 받아들이려는 의욕적인 지원자를 찾고 있습니다.

53 What will the person who is hired do?

① Develop natural resources
② Enhance opportunities in management consulting
③ Promote the company's image
④ Purchase other small companies

고용된 사람이 하게 될 일은 기술적 능력과 판매 기술, 유능한 경영자문능력을 개발 및 증진하는 것이다.

54 What is one of the duties of the person hired?

① To develop a small company
② To hire economists
③ To motivate marketing skills
④ To make economic appraisals

해설

지원자는 천연자원, 산업, 증권과 같은 분야들에 있어서의 경제적 평가들의 분석과 관련된 문제들을 다루게 된다.

53 ② 54 ④ 정답

※ Questions 55~57 refer to the following advertisement.

FLY-DRIVE PACKAGE TO HAWAII

Between November 10th and December 20th, Colhurst Travel offers an exciting travel package to Hawaii. The package costs between $1,750 and $3,250 per person, and includes airfare, six-night accommodations, special discounts on restaurants and activities, and many other exciting choices. Choose from one of the options below. But be sure to reserve soon. Space is limited.

Honolulu Malakea : from $1,750 per person includes continental breakfast
Hawaii Seafarer : from $2,000 per person includes choice of lunch or dinner
Princess Manoa : from $3,000 per person includes continental breakfast plus four seafood buffet coupons
King Kalowani : from $3,250 per person includes full breakfast, use of sports facilities

55 The Fly-Drive package ________ .

① includes airfare and lodging
② is as expensive as $1,750
③ requires advance reservations
④ is a bargain because of the special discounts

해설

이 패키지 여행에는 비행기 요금, 6일간의 숙박료, 식당과 활동시설 요금, 여러 선택사항들이 포함되어 있다.

하와이로의 비행기-자동차 패키지 여행

11월 10일에서 12월 20일 사이에 콜허스트 여행사에서는 하와이로의 흥겨운 패키지 여행을 제공합니다. 이 패키지 여행은 1인당 1,750달러에서 3,250달러가 들며, 여기에는 비행기 요금, 6일간의 숙박료, 특별 할인된 식당과 활동시설 요금, 그리고 여러가지 다른 흥미로운 선택사항들이 포함되어 있습니다. 아래의 선택사항 중 하나를 고르십시오. 하지만 곧 예약을 하도록 하십시오. 좌석이 제한되어 있습니다.
호놀루루 말라키아 : 간단한 아침식사 포함 1인당 1,750달러부터
하와이 씨페어러 : 점심이나 저녁식사 중 선택해서 1인당 2,000달러부터
프린세스 마노아 : 간단한 아침식사와 4장의 해산물 부페 쿠폰 포함 1인당 3,000달러부터
킹 칼로와니 : 아침 정찬 및 운동시설 이용권 포함 1인당 3,250달러부터

정답 55 ①

56 **Which is one of the options on this package?**

① A choice of destinations.
② A choice of number of nights.
③ A choice of hotel accommodations.
④ A choice of meal plans at your hotel.

선택사항은 식사패키지이다.

57 **The King Kalowani Hotel is unique in its free use of ________ .**

① breakfast
② sports facilities
③ the accommodations
④ luxury surroundings

킹 칼로와니 호텔은 운동시설 이용권이 포함된다는 데 특색이 있다.

※ Questions 58~59 refer to the following advertisement.

Spend an Evening With Nice Food And Enjoy the View Before You.

At the Satellite guests are served with crisp captain flounder, grilled filet and whipped potatoes with gravy while feasting your eyes on a delightful view of the Lake.

Dinner Entrees $11.25 – $23.65 served 6 p.m. to 10 p.m.

Montres includes hors d'oeuvre entree, dessert. Add $5.00 to the price of any entree.

Wide selection of European wines
Reservations : 568-4243~4

58 What is the Satellite?

① A broadcastion station ② An observatory
③ An eating establishment ④ A wine shop

Satellite은 원래 '위성'이라는 뜻이지만 여기서는 음식점의 이름으로 쓰였다.

근사한 음식과 더불어 당신 앞에 펼쳐진 풍경을 감상하세요.
Satellite에서는 호수의 전경을 감상하면서 바삭바삭한 대형 가자미와 필레 쇠고기 그리고 그레비로 맛을 낸 감자요리를 즐기실 수 있습니다.
주메뉴는 오후 6~10시, 가격은 $11.25~$23.65
저녁 Montres에는 전채요리와 후식이 포함됩니다. 주요리 가격에 5달러를 추가하십시오.
다양한 종류의 유럽 와인이 있습니다.
예약 548-4243~4

59 What is "Captain flounder"?

① A type of beef ② A kind of fish
③ Potato salad ④ A good wine

Flounder는 물고기의 일종으로 captain은 식당에서 임의로 붙인 이름이다.

60 Choose the most appropriate word for the following instructions.

- Put in the card.
- Enter your password.
- Choose what you want (cash or check, etc.).
- Then, enter the amount you want.

① Vending machine ② Fax machine
③ ATM ④ Phone card

해설

- 카드를 넣으시오.
- 비밀번호를 입력하시오.
- 원하는 유형을 선택하시오(현금 또는 수표 등).
- 그리고 찾고자 하는 금액을 입력하시오.

정답 58 ③ 59 ② 60 ③

제4과목 사무정보관리

61 다음은 네트워크 관련 용어를 설명한 것이다. 적절한 것은?

- 32bit로 이루어져 있으며 숫자로 표현된다.
- 8bit씩 4묶음 단위로 표현되며 전 세계적으로 관리되고 있다.
- TCP/IP 프로토콜에서 데이터의 전송을 위해 사용되며 중복되어서는 안 된다.

① WWW
② Domain
③ Internet
④ IP 주소

32bit로 이루어졌고 숫자로 표현되며, TCP/IP 프로토콜에서 데이터 전송을 위해 사용되는 것이 IP 주소이다.

62 다음은 직장에서 이루어지는 정치적 대화의 빈도가 민주적 태도에 주는 영향을 나타낸 것이다. 이를 통해 알 수 있는 내용 중 옳지 않은 것은?

태도 / 빈도	관용성	신뢰성	비판정신	권리의식
전혀 없음	−8.7	3.0	−14.8	−0.4
가끔	0.7	1.0	0.6	1.4
자주	7.3	−8.2	12.9	4.5

① 빈도가 증가할수록 관용적이다.
② 빈도는 민주적 태도에 영향을 준다.
③ 빈도가 증가할수록 신뢰성은 낮아진다.
④ 빈도가 증가할수록 권리의식은 약화된다.

해설

위 자료에서 빈도가 많을수록 관용성, 비판정신, 권리의식은 높아지고, 신뢰성은 낮아지는 것을 알 수 있다.

61 ④ 62 ④ 정답

63 다음 업무를 처리하기 위한 응용 소프트웨어로 가장 적합한 것은?

- 영업 실적을 발표하기 위한 자료를 제작한다.
- 각각의 화면에 자료를 배치하여 제작한다.
- 소리, 애니메이션, 이미지를 추가할 수 있다.
- 다양한 화면 전환 효과를 메뉴에서 지정 및 수정할 수 있다.

① 웹 브라우저
② 워드프로세서
③ 프레젠테이션
④ 스프레드시트

해설

프레젠테이션은 소리, 이미지, 애니메이션 등을 추가하여 발표 자료를 쉽게 만들 수 있는 응용 소프트웨어로서 파워포인트 등이 있다.

64 다음 폴더를 알파벳 순서로 정리하려고 한다. 가장 적절하게 정리된 것은?

(가) H 가이드	(나) R 가이드
(다) H 잡폴더	(라) R 잡폴더
(마) Richfield, Stephen p.	(바) Reilly, William
(사) Harry, Adam	(아) Herman, Pauling

① (가)-(아)-(다)-(사)-(나)-(라)-(바)-(마)
② (나)-(라)-(사)-(가)-(마)-(다)-(아)-(바)
③ (가)-(사)-(아)-(다)-(나)-(바)-(마)-(라)
④ (가)-(나)-(다)-(바)-(마)-(아)-(라)-(사)

해설

파일의 배열
- 제1가이드(Primary Guide)
- 개별 폴더(Individual Folder)
- 대출 가이드(Out Guide)
- 특별 가이드(Special Guide)
- 잡(雜)폴더(Miscellaneous Folders)

* 영문 이름의 경우 Last Name → Middle Name → First Name의 순으로 알파벳 표기 순서대로 정리

정답 63 ③ 64 ③

65 **다음 중 마 비서의 공문서 처리방법으로 가장 적절한 것은?**

① 전결권자인 전무님이 출장으로 부재중이어서 직무대행자에게 대결을 받았다.
② 최종결재권자인 사장님이 부재중이어서 직무대행자에게 전결을 받았다.
③ 최고결재권자인 사장님께서 사전에 전무님께 위임하였으므로 전무님께 대결을 받았다.
④ 정규결재절차에 따라 결재권자인 전무님까지 기안자인 노 과장이 올린 기안을 결재받았다.

해설

② 직무대행자에게는 대결을 받는다.
③ 결재권이 위임되면 위임전결권자가 되어 대결이 아닌 전결을 수행한다.
④ 결재라인에 따라 최종결재권자의 승인을 받는다.

66 **다섯 가지 커피에 대한 소비자 선호도 조사를 정리한 자료이다. 조사는 541명의 동일한 소비자를 대상으로 1차와 2차 구매를 통해 이루어졌다. 이 자료에 대한 설명으로 옳은 것으로만 묶인 것은?**

구분		2차 구매					총 계
		A	B	C	D	E	
1차 구매	A	93	17	44	7	10	171
	B	9	46	11	0	9	75
	C	17	11	155	9	12	204
	D	6	4	9	15	2	36
	E	10	4	12	2	27	55
총 계		135	82	231	33	60	541

가. 대부분의 소비자들이 그들의 취향에 맞는 커피를 꾸준히 선택하고 있다.
나. 1차에서 A를 구매한 소비자가 2차 구매에서 C를 구입하는 경우가 그 반대의 경우보다 더 적다.
다. 전체적으로 C를 구입하는 소비자가 제일 많다.

① 가 ② 나, 다
③ 다 ④ 가, 다

해설

(가) 2차 구매 시 1차 구매와 동일한 제품을 구매하는 사람들이 다른 어떤 제품을 구매하는 사람들보다 최소한 2배 이상 높은 것으로 나타났다.
(나) 1차 구매에서 A를 구매한 뒤 2차 구매에서 C를 구매한 사람들은 44명이며, 반대로 1차 구매에서 C를 구매한 뒤 2차 구매에서 A를 구매한 사람들은 17명으로 전자의 경우가 더 많은 것으로 나타났다.
(다) 1차 구매에서 C를 구매한 사람들은 전체 구매자들(541명) 중 37.7%(204명)로 가장 높았고, 2차 구매에서 C를 구매한 사람들은 전체 구매자들 중 42.7%(231명)로 가장 높았다.

65 ① 66 ④ **정답**

67 다음 중 비서가 신문이나 잡지에서 정보검색 및 스크랩하는 방법으로 가장 바람직하지 않은 것은?

① 상사가 신문을 본 후 밑줄이 그어져 있거나 스크랩 표시가 되어 있는 가사를 잘라서 스크랩하였다.
② 잡지기사 중 자료로서 가치가 있는 내용은 그 자리에서 메모하거나 페이지를 복사하여 보관하였다.
③ 중요한 다른 일이 많더라도 신문을 꼼꼼하게 읽고 필요한 기사를 스크랩하는 것을 먼저 처리하였다.
④ 효과적인 정보수집을 위하여 정보요구와 정보수집 목표에 적합한 신문 둘 또는 셋을 선별하여 스크랩하였다.

해설

다른 중요한 일이 많은데도 스크랩을 우선시하는 것은 현명하지 못하다. 업무 우선순위나 업무당 시간 할당을 적절히 조절한다.

68 다음은 수신 우편물을 취급하는 방법을 설명한 것이다. 옳지 않은 것은?

① 일반적으로 수신된 우편물은 문서접수기록대장에 접수한 날짜, 발신처, 수신인, 문서제목, 첨부물 등과 등기 우편물인 경우 등기번호를 기재한다.
② 청구서, 계산서, 송장 등 숫자나 금액이 기입되어 있는 서류는 계산착오나 기입누락이 없는가를 확인하고 오류가 있을 경우 바로 수정하여 상사에게 제출한다.
③ 동봉물의 표시가 있을 경우에는 봉투 속에 실제로 들어있는 것과 대조하여 확인하고, 수표나 우편환으로 송금이 왔을 때는 편지에 적힌 액수를 확인한다.
④ 편지 속의 발신인 주소와 봉투의 주소가 다른 경우, 봉투도 편지와 함께 보관한다.

해설

청구서, 계산서, 송장 등 숫자나 금액이 기입되어 있는 서류는 계산착오나 기입누락이 없는가를 확인하고 상사에게 제출한다. 오류가 있을 경우에도 함부로 수정해서는 안 된다.

정답 67 ③ 68 ②

69 다음 자료에서 설명하는 재무제표로 옳은 것은?

> • 일정 기간 동안 기업에 대한 현금 유입과 현금 유출에 대한 정보를 제공한다.
> • 영업 활동을 통한 현금 창출에 관한 정보, 투자 활동에 관한 정보, 자본 조달을 위한 재무 활동에 관한 정보 등을 제공한다.

① 대차대조표
② 손익계산서
③ 현금흐름표
④ 자본변동표

현금흐름표는 일정 기간 동안의 현금 유입과 현금 유출에 대해 정보를 제공한다.

70 다음은 문서정리 순서를 설명한 것이다. 올바른 순서로 나열된 것은?

> ㉠ 상호 참조 사항을 밝힌다(Cross Referencing).
> ㉡ 결정한 주제를 표시한다(Indexing).
> ㉢ 검사한다(Inspecting).
> ㉣ 정리하는 주제를 결정한다(Coding).
> ㉤ 분류 및 정리한다(Sorting & Storing).

① ㉢ – ㉤ – ㉡ – ㉠ – ㉣
② ㉣ – ㉤ – ㉡ – ㉠ – ㉢
③ ㉢ – ㉡ – ㉠ – ㉣ – ㉤
④ ㉢ – ㉣ – ㉡ – ㉠ – ㉤

해설

문서정리의 순서 : 검사(Inspecting) → 주제 결정(Coding) → 주제 표시(Indexing) → 상호 참조 표시(Cross Referencing) → 분류 및 정리(Sorting & Storing)

69 ③ 70 ④ 정답

71 **다음 중 공문서작성에 대한 설명이 가장 적절하지 못한 것은?**

① 공문서나 유가증권 등에 금액을 표시할 때에는 숫자로 표기하고 그 옆에 괄호를 넣어 한글로 표기한다.
② 원화를 나타내는 ₩ 기호와 숫자 사이, 또는 한글로 표기한 금액의 바로 뒤에나 중간에 숫자나 글자를 삽입할 수 있는 공간을 마련해둔다.
③ 전후관계를 명백히 해야 할 필요가 있는 중요한 문서가 2장 이상으로 이루어진 때에는 면표시를 하고, 양면에 내용이 있는 문서는 양면 모두에 면표시를 한다.
④ 공문서의 본문이 끝났을 경우 1자(2타)를 띄우고 "끝."이라고 표시한다.

해설

원화를 나타내는 ₩ 기호와 숫자 사이, 또는 한글로 표기한 금액의 바로 뒤에나 중간에 숫자나 글자를 삽입할 수 있는 공간이 있으면 위 · 변조의 위험이 있으므로 금물이다.

72 **다음 표는 어느 나라 밀가루 시장의 가격 및 거래량의 동향이다. 이와 같은 변화를 설명할 수 있는 요인을 〈보기〉에서 모두 고르면?**

구 분	3월	4월	5월
톤당 가격	60만 원	50만 원	45만 원
거래량	60톤	70톤	75톤

보 기

ㄱ. 임금의 하락
ㄴ. 제분 기술의 향상
ㄷ. 밀가루 수입의 증가
ㄹ. 빵에 대한 수요 증가

① ㄱ, ㄴ
② ㄱ, ㄷ
③ ㄷ, ㄹ
④ ㄱ, ㄴ, ㄷ

해설

표는 공급의 증가로 설명하여야 한다. 그러므로 수요의 증가인 'ㄹ'은 거래량의 증가로는 연결되지만 가격 하락은 설명하지 못한다.

정답 71 ② 72 ④

73 다음은 비서가 손님에게 받은 명함을 처리한 것이다. 잘못 처리한 것은?

① 명함 뒤에 손님의 특징을 메모해 놓았다.
② 직함이 바뀐 명함은 즉시 수정해 놓았다.
③ 옛날 명함을 최근의 명함과 함께 분류해 놓았다.
④ 1년에 1회 정도 불필요한 명함을 정리 · 폐기했다.

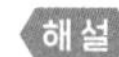

옛날 명함은 최근의 명함으로 대체하고 폐기한다.

74 비서가 상사의 프레젠테이션 자료를 만들려고 할 때 적절한 방법만 모아 놓은 것은?

> ㉠ 자료를 파워 포인트로 작성하여 Beam Projector를 이용하려고 한다.
> ㉡ 도표를 이용하면 문제점을 찾기 어렵기 때문에 숫자로 나열하였다.
> ㉢ 자료는 가능한 그래프를 이용하여 작성하였다.
> ㉣ 자료의 특성상 시계열적 추세나 경향을 파악하는 데 도움이 되는 꺾은선 그래프를 사용하였다.

① ㉠, ㉡
② ㉠, ㉡, ㉢
③ ㉠, ㉢, ㉣
④ ㉡, ㉢, ㉣

수치를 나열하기보다 수치를 가공하여 도표화하게 되면 잠재적인 문제점이 부각된다.

75 상사로부터 우편물을 개봉하여 읽어보고 적절히 처리하도록 권한을 위임받은 비서의 경우에도 특정 우편물은 상사가 직접 개봉하게 하여야 할 필요가 있다. 다음 중 상사가 직접 개봉하는 것이 더 바람직한 우편물은 무엇인가?

① '택배' 혹은 '퀵서비스'로 온 우편물
② 봉투에 '친전' 혹은 'Confidential'이라고 찍힌 우편물
③ '등기속달'로 온 우편물
④ 봉투에 'Air Mail'이라고 찍힌 우편물

해설

'친전(親展)'은 수신인 이외에 다른 사람은 편지를 뜯어보지 말라는 표현으로, 영어로는 'Personal' 혹은 'Personal and Confidential'로 표기한다. Confidential은 비밀 또는 기밀이라는 의미이다.

73 ③ 74 ③ 75 ② 정답

76 다음에서 설명하고 있는 인터넷 용어로 옳은 것은?

> 인터넷상에서 특정 사이트로 동시에 많은 이용자들이 접속하는 것을 방지하기 위하여 같은 내용을 복사해 놓은 사이트

① 미러 사이트(Mirror Site)
② 피싱(Phishing)
③ 포털 사이트(Portal Site)
④ 유비쿼터스(Ubiquitous)

해설

- 미러 사이트(Mirror site) : 인터넷상에서 접속이 너무 많거나 너무 원격지일 경우 과부하나 속도 저하를 막기 위해 동일한 사이트를 여러 곳에 복사해 놓는 것이다.
- 유비쿼터스(Ubiquitous) : 라틴어로 "편재하다(보편적으로 존재하다)"라는 의미로 사용자가 컴퓨터나 네트워크를 의식하지 않고 장소에 상관없이 자유롭게 네트워크에 접속할 수 있는 환경을 말한다.

77 주총을 준비하는 과정에 김 비서는 주주들에게 보내는 권한위임서류를 발송하게 되었다. 이때 수신자인 주주에게 붙이는 경칭은 무엇이 되는가?

① 주주 귀중　　② 주주 귀하
③ 주주 님　　④ 주주 각위

해설

경 칭
④ 각위, 제위 : 다수의 개인이나 법인으로 같은 문서를 받을 경우
① 귀중 : 관공서, 회사 등 단체인 경우
② 귀하 : 직명 또는 개인명을 붙인 직함의 경우
③ 님 : 개인(성명을 썼을 경우)

78 문서정리를 하는 김 비서의 행동 중 가장 부적절한 것은?

① 문서를 보관하기 위해 2단식 파일캐비닛을 구매했다.
② 거래처파일을 명칭별로 정리하기 위해 가이드의 탭에 ㄱ, ㄴ, ㄷ 등을 표시했다.
③ 파일캐비닛 안에 문서를 넣기 위해 행거식 폴더를 구매했다.
④ 잡건의 취급을 위해 색인카드를 만들었다.

해설

잡건의 경우 색인카드를 만들기보다 별도의 철에 보관하는 것이 좋다.

정답 76 ① 77 ④ 78 ④

79 **식품회사에 근무하는 윤 비서는 냉장식품, 냉동식품, 신선식품 등의 매출비율이 10년 전 전체의 몇 %에서 현재 몇 %로 변했는가를 보고자 한다. 이때 사용하기 가장 적절한 그래프의 종류는?**

① 가로 누적 막대 그래프
② 원형 그래프
③ 선형 그래프
④ 혼합형 그래프

해설

원형 그래프는 원 전체를 100%로 보고 각 부분의 비율을 원의 부채꼴 면적으로 표현한 그림으로 전체와 부분, 부분과 부분의 비율을 볼 때 사용된다. 예를 들면 앙케이트에서 모은 데이터의 분류, 불량품의 원인별 분류 등의 경우에 이용하면 효과적인데, 원형 그래프를 만들 경우 항목은 일반적으로 시계방향에 따라 크기순으로 배열한다.

80 **다음 중 사무실 내에서 발생되는 소음을 줄일 수 있는 방법을 모두 고른 것은?**

(가) 소음이 발생하는 기기 아래에 고무판을 깔아 놓는다.
(나) 기계를 놓는 책상 밑은 서랍으로 막아 놓는다.
(다) 사무실 바닥에는 카펫을 깔아 놓는다.
(라) 외래방문객의 출입이 적은 부서를 입구 쪽에 배치한다.
(마) 프린터 구입 시 소음이 나지 않는 종류를 선택한다.

① (가), (나), (다), (라), (마)
② (가), (나), (다), (마)
③ (나), (다), (라)
④ (가), (다), (마)

해설

소음이 발생하는 사무기기는 칸막이를 이용하여 소음을 줄이고 외래방문객은 사무실 안까지 깊숙이 출입하지 않도록 외래방문객을 위한 별도의 공용응접실을 마련하는 것이 좋다.

79 ② 80 ④ 정답

제6회 모의유형문제

제1과목 비서실무

01 김 비서는 현재 회사에서 진행하려는 프로젝트와 관련해 입찰을 원하는 기업 담당자의 방문을 맞이하게 된다. 다음 중 방문자와의 악수예절로 적절하지 않은 것은?

① 너무 세게 쥐거나 약하게 잡아도 안되며 손끝만 내밀고 악수해서도 안 된다.
② 상대방과 악수를 할 때 지나치게 허리를 굽히는 것은 삼가는 것이 좋으며 경우에 따라서는 가벼운 목례도 무방하다.
③ 예식용 장갑은 벗지 않아도 되지만 방한용 장갑은 벗고 악수를 해야 한다.
④ 악수를 할 때 윗사람이 아랫사람에게 먼저 손을 내밀지 않는다.

해설

악수의 원칙적인 기준은 여성이 남성에게, 윗사람(연장자)이 손아래 사람에게, 선배가 후배에게 기혼자가 미혼자에게, 상급자가 하급자에게 한다. 그러나 국가원수, 왕족, 성직자 등은 이러한 기준에서 예외가 된다.

02 다음 중 높임이 가장 정중한 화법은?

① 본인을 비서로 채용해 주신 임원진 여러분에게 감사의 말씀을 드립니다.
② 저를 비서로 채용해 주신 임원진 여러분께 감사의 말씀을 드립니다.
③ 저를 비서로 채용해 주신 임원진 여러분에게 감사의 말씀을 드립니다.
④ 나를 비서로 채용해 주신 임원진 여러분께 감사의 말씀을 드립니다.

해설

'본인, 나' 대신 겸양어 '저'를 쓰는 것, 여격 조사 '에게' 대신 '께'를 쓰는 것은 높임을 실현하여 정중한 느낌을 준다.

정답 01 ④ 02 ②

03 다음 중 상석의 일반적인 기준과 가장 거리가 먼 것은?

① 프레젠테이션 및 발표 자리에서는 출입문에서 멀면서 스크린이 잘 보이는 자리가 상석이 되고, 때에 따라 회의실 가운데를 상석으로 하는 경우도 있다.
② 상석의 일반적인 기준은 중요 인사의 오른쪽과 행사장 앞쪽이다.
③ 응접실에서 창문이 있는 경우 전망을 볼 수 있는 자리가 상석이다.
④ 엘리베이터 내부에서의 상석은 입구와 조작버튼 앞이다.

해설

엘리베이터 내부에서의 상석은 입구와 버튼에서 먼 곳이고 조작버튼 앞이 말석이다.

04 얼마 전 동양방송에서 박혜진 비서가 근무하는 철강회사의 첨단공법을 취재하여 갔다. 이 취재영상을 PI(President Identity) 차원에서 활용하는 안으로 가장 효용도가 낮은 것은?

① 회원이 많은 사이트의 뉴스란 등에 해당 기사를 올린다.
② 직원 연수 시에 회사홍보 및 직원 사기고취 용도로 사용할 수 있도록 한다.
③ 회사 홈페이지에 동영상을 링크시켜서 홍보자료로 사용하도록 한다.
④ 자신의 지인들에게 SNS로 동영상의 내용을 알리고 시청을 권한다.

해설

자신의 지인들은 이미 그를 알고 있는 사람들이고, 숫자상으로도 열세이므로 다른 내용들에 비해서 효용도가 적다고 할 수 있다.

05 다음 비서의 전화 응대 방법으로 가장 적절하지 않은 것은?

① 걸려온 전화는 늦어도 벨이 3번 울리기 전에 받도록 노력한다.
② 상사가 다른 전화를 받고 있어 통화 대기 중인 고객에게 “죄송합니다. 조금 더 기다리셔야 할 것 같습니다만, 계속 기다리시겠습니까? 아니면 저희가 전화를 드릴까요?”라고 묻는다.
③ 전화를 건 사람이 먼저 끊는 것이 원칙이므로 거래처에 전화를 먼저 한 경우 용건이 다하면 상대보다 먼저 끊는다.
④ 전화 메모지를 작성하면서 전화받은 사람의 이름을 반드시 쓴다.

해설

전화를 건 사람이 먼저 끊는 것이라는 원칙은 없으며, 상대방이 먼저 전화를 끊도록 한다.

03 ④ 04 ④ 05 ③ **정답**

06 **다음 중 비서가 처리하여야 할 총무업무와 관련된 사항으로 가장 적절하지 않은 것은?**

① 상사가 신용카드를 잃어버리셔서 재빨리 카드회사에 분실 신고를 하였다.
② 상사가 사용한 카드 대금 명세서는 그때그때 확인하고 폐기하여 정리하였다.
③ 상사에게 부과된 세금이 잘못되어 비서는 60일 이내에 이의 심사청구를 하였다.
④ 상사의 보험증서 번호, 운전면허 번호, 주민등록 번호를 상사 업무 매뉴얼에 기입하여 놓았다.

해설

상사가 사용한 카드 대금 명세서는 세금환급에 제출되는 등 여러모로 필요할 수 있으므로 함부로 폐기하면 안 된다.

07 **비서의 업무에 관한 설명으로 적절하지 않은 것은?**

① 상사의 업무처리 방식이 기존의 것과 일관성이 없다면 과감하게 지적한다.
② 특정한 외부인사나 거래처 사람들에게만 과잉친절을 베풀 경우 다른 인사들은 불쾌감이나 반감을 가질 우려가 있다.
③ 출장업무를 수행하는 비서는 먼저 자신이 소속된 기업과 계약이 체결되어 있는 항공사와 호텔 등에 대한 정보를 얻도록 한다.
④ 자주 전화하는 상대회사 비서의 경우에는 목소리와 이름을 기억해두는 것이 바람직하다.

해설

급변하는 경제 환경 속에서 경영자는 때로는 의외의 결단을 내릴 때도 있고 이미 내렸던 결단이라 해도 무산시켜야 할 경우도 있다.

08 **비서실에 새로 들어온 후배 비서는 업무도 서툴고 비서업무의 특성상 출퇴근이 불규칙한 부분이나 야근에 불만을 노골적으로 토로한다. 선배 비서로서 후배를 조직에 적응시키기 위한 적절한 행동으로 가장 적절치 않은 것은?**

① 자신의 경험을 기초로 현실적인 이해를 하도록 한다.
② 업무매뉴얼을 통해 체계적인 지도를 한다.
③ 초기에는 서툰 일에 대해 업무를 맡기기보다는 일상적인 업무를 주로 하게 한다.
④ 잘한 일에 대해서는 공개적인 칭찬을 하며 실수에 대해서는 여러 사람의 면전이 아닌 곳에서 주의를 준다.

해설

③ 신입직원의 업무처리가 미숙하고 불만이 많다고 해서 일상적인 업무만 하게 하면, 업무에 대한 성취감도 없고 점점 더 싫증을 내게 될 수 있다. 따라서 ②와 같이 업무매뉴얼을 통해 체계적인 지도를 하여 업무에 적응할 수 있도록 조력하는 것이 바람직하다.

정답 06 ② 07 ① 08 ③

09 ㉠~㉢에 들어갈 단어를 순서대로 나타낸 것은?

> • 직원들이 시간대별로 종합 주가지수의 (㉠)을/를 기록하고 있다.
> • 세계 여러 나라의 민주화는 결국 언론이 (㉡) 것이다.
> • 물질 문명은 전통적인 한국의 인간적인 아름다움을 전부 (㉢) 버렸다.

① 추이(推移), 창출(創出)해 낸, 박탈(剝奪)해
② 이동(移動), 창안(創案)해 낸, 탈취(奪取)해
③ 동작(動作), 작성(作成)해 낸, 착취(搾取)해
④ 변모(變貌), 창안(創案)해 낸, 말소(抹消)해

해설

• 변모(變貌) : 모양이 달라지는 것. 또는 그 모습
• 창출(創出) : ① (그전에 없던 것이) 새로 이루어져 생겨나는 것, ② (그전에 없던 것을) 처음으로 생각하여 만들어 내거나 지어내는 것
• 창안(創案) : 처음으로 고안하는 것
• 말소(抹消) : 기록되어 있는 사실을 지워 없애는 것

10 김형철 사장님은 귀국 후 바로 자택으로 귀가한 후 12월 17일 오전 경제인협회 조찬모임에 참석한 후 출근할 예정이다. 신 비서가 상사의 업무를 보좌하는 방법으로 가장 적절치 않은 것은?

① 12월 17일 일일 일정표를 작성하여 상사의 e-mail로 전송한다.
② 상사 부재중 우편물과 업무자료는 중요 사안에 관한 서류, 일반 문서 및 참고사항, 잡지 및 기타 간행물로 분류하여 모두 상사 자택으로 보내둔다.
③ 상사 부재 시 중요 전화나 내방객 명단 목록을 정리하여 차량 기사 편에 전달하도록 한다.
④ 상사의 업무 대행자가 처리한 일은 처리결과를 함께 서류철에 정리하되, 사무실에 출근하신 후 보고 드린다.

해설

부재중 우편물은 상사가 귀사 후 바로 처리할 수 있도록 다음과 같이 분류하여 책상 위에 올려둔다.
1. 돌아오는 즉시 처리해야 할 안건이나 중요한 사안
2. 일반적인 문서나 참고 사항
3. 잡지나 기타 간행물

09 ① 10 ② 정답

11 비서의 상사 일정표 관리업무 내용 중 가장 옳지 않은 것은?

① 비서는 다른 상사의 비서들과도 자주 연락을 취하면서 변경사항 등을 파악한다.
② 예상하지 못한 일의 발생을 대비하여 면담 및 약속 시간은 여유 있게 정한다.
③ 예정표의 형식을 컴퓨터로 만들어 놓고 수시로 변경사항을 점검하고 새로 출력하여 상사에게 드린다.
④ 면담이나 약속 의뢰의 거절을 비서수준에서 처리하는 것은 오해를 불러일으킬 수 있으므로 항상 전화나 서신을 통해 상사가 직접 거절할 수 있도록 준비를 해 둔다.

해설

상사가 직접 거절하기 거북한 면담이나 약속 의뢰를 거절하는 것도 비서의 주요업무 중 하나이다.

※ 다음의 상황을 읽고 다음 물음에 답하시오(12~13).

> 10시에 면담이 예정되어 있었던 글로벌 금융기업인 AT Partners사의 대표인 Mr. John Smith가 방문하였다. 상사의 오늘 일정에는 Mr. Smith와 한 시간정도의 면담이 예정되어 있었고, 점심식사는 거래처 대표와 약속이 되어 있다. 30분 정도 시간이 지난 후, 상사는 신 비서를 불러 면담이 길어질 듯하니 Mr. Smith와 식사를 함께 하며 더 이야기할 수 있도록 일정을 조율하라고 지시했다.

12 상사의 갑작스런 일정조율 지시에 따른 신 비서의 업무 처리에 대한 설명으로 가장 적절치 않은 것은?

① 거래처에 전화를 걸어 사정 설명을 하고, 상사와 재조정된 약속 일자를 알려주었다.
② 점심식사 시간과 장소에 대해 상사에게 여쭙고 지시대로 예약하였다.
③ 운전기사에게 전화를 걸어 변경사항에 대해 알렸다.
④ 상사와 비서의 일정표에 모두 변경된 내용으로 정정하여 정확히 기록한다.

해설

거래처에 전화를 걸어 사정을 설명하고, 재조정된 약속 일자를 일방적으로 통보하는 것이 아니라 논의를 통해 조율할 수 있도록 한다.

13 Mr. Smith가 사장실로 들어온 후 신 비서가 손님을 맞이하는 응대방법으로 가장 적절한 것은?

① 손님의 문화적 배경을 파악하여 알맞게 대응한다.
② 인사는 공손하게 허리를 숙여 절하는 형태를 취한다.
③ 지난번에 방문한 적이 있던 손님이어서 친근하게 John이라고 부른다.
④ 먼저 반갑게 악수를 청해 인사를 한다.

정답 11 ④ 12 ① 13 ①

해설

허리 숙여 인사하거나 또는 먼저 악수를 청하는 것보다, 먼저 문화적 배경을 파악한 후 그에 맞게 응대하도록 한다. 또한 상대방이 본인을 이름으로 부르라고 하지 않은 이상 예의를 갖춰 성으로 부르도록 한다.

14 평소에 잘 알고 지내던 거래처 회사의 사장이 제품 불량으로 인해 화가 나서 전화를 걸었다. 다음 중 상사 부재 시 비서가 취한 행동 중 가장 바람직한 것은?

① 해결해줄 수 있는 제품 관계 부서로 전화를 연결한다.
② 무조건 사과를 한다.
③ 제품 불량에 관한 설명을 열심히 듣고, 위로의 말을 해 드린다.
④ 상사가 부재중이므로 다음에 전화를 하시라고 한다.

해설

상대방이 화가 나있을 때 같이 흥분하거나 맞서는 것은 금물이다.

15 다음은 비서 이선희가 국제회의를 준비하는 과정에서 취한 행동이다. 가장 옳지 않은 것은?

① 입국한 외국인 회의 참석자들이 지정된 호텔로 각자 이동할 수 있는 정보를 초청장에 같이 동봉하여 발송하였다.
② 국제회의 종료 후에 참석자들이 국내 특산품 등 기념품을 마련할 수 있도록 안내자와 이동차량을 수배하였다.
③ 회의장소는 공항과 호텔에서 모두 편리하게 이동할 수 있는 곳으로 선정하였다.
④ 발표자가 모두 영어권 국가에서 왔고, 상사도 영어가 유창하므로 통역사는 따로 부르지 않기로 하였다.

해설

비록 상사의 영어가 유창하더라도 비즈니스 세계에서는 미묘한 뉘앙스의 차이가 사업의 성패를 좌우할 수 있으므로 가능하면 통역사를 대동하도록 한다.

16 비서업무 처리에 관한 다음 사항 중 가장 적절한 것은?

① 상사가 지시하지 않은 업무라도 비서에게 주어진 권한 내에서라면 일을 판단하고 수행한다.
② 상사에게 자주 전화하는 사람들이 전화를 하더라도 실수가 없도록 성함은 언제나 묻고 확인하도록 한다.
③ 상사의 지시사항은 그동안의 비서의 경험을 토대로 판단한다.
④ 결재는 별다른 이유가 없다면 직책에 우선하여 처리한다.

14 ③ 15 ④ 16 ① **정답**

해설

국제 전문 비서 협회는 '비서는 상사를 돕는 보좌로서 사무 기술에 능숙하고 적극적으로 업무에 임하되, 주어진 권한 범위 내에서 감독 없이 정확한 판단력과 의사 결정 능력을 가지고 책임을 완수하는 능력이 있는 사람'이라고 정의하였다.

17 **다음은 비서의 회의 관련 업무처리의 유의사항을 지적한 것이다. 가장 적절하지 못한 것은?**

① 옵서버는 회의의 정식 구성원이 아니므로 회의에 방해가 되지 않도록 구성원의 뒤에 앉게 한다.
② 회의장 구석에 전화를 설치하여 회의 참석자가 회의 중 전화를 받을 수 있도록 한다.
③ 음료를 낼 때는 노크 없이 들어가서 프레젠테이션 화면 반대쪽 동선으로 서열 순서에 따라 낸다.
④ 비서가 회의 결과와 경과를 기록하는 경우 녹음기를 이용하여 발언자의 발언내용을 녹음해 두는 것이 편리하다.

해설

② 회의 중 참석자가 전화통화를 하면 회의 진행에 많은 지장을 줄 수 있다. 따라서 전화통화는 가급적 회의장 외부에서 하도록 하는 것이 원칙이다.

18 **약속을 하지 않은 손님이 방문했을 때 상사가 면담하기를 거절했다. 비서의 접대방법으로 가장 옳은 것은?**

① 현재 상사가 회의 중이므로 다음에 면담 약속을 의뢰하고 오도록 정중히 이야기하고 돌려보낸다.
② 약속이 되어 있지 않으면 만날 수 없다고 솔직히 말한다.
③ 오후에는 상사가 시간이 있을 것 같으니 다시 와 달라고 부탁한다.
④ 응접실에서 계속 기다리도록 하고 상사가 시간 여유가 있을 때 상사에게 의뢰하여 본다.

해설

상사가 면담하기를 거절했다면 손님의 기분이 상하지 않는 방법으로 돌려보내도록 한다.

19 **다음 중 경조사 업무를 처리할 때 주의해야 할 점으로 틀린 것은?**

① 비서는 매일 신문의 인물 동정란이나 경조 기사를 빠짐없이 체크해야 한다.
② 병문안을 갈 경우 먼저 전화로 면회시간을 확인하고 간호사나 환자가족에게 양해를 구하는 것이 예의이다.
③ 조의금 봉투 앞면에는 '賻儀'라고 쓰고, 뒷면의 왼쪽에는 'OOO 謹上'이라고 작성한다.
④ 거래처에 전화하여 상사가 출장 중이어서 찾아뵙지 못하게 되어 죄송하다는 메시지를 전한다.

정답 17 ② 18 ① 19 ④

해설

비서가 임의대로 거래처에 전화하여 출장 중이어서 찾아뵙지 못한다고 하는 것이 아니라, 상사에게 연락하여 업무처리에 대한 지시를 받도록 한다.

20 다음 중 비서가 시간을 절약하고 업무를 효율적으로 처리하기 위하여 할 수 있는 방법으로 가장 바람직하지 못한 것은?

① 옆방 직원에게 빌려준 자료를 반드시 돌려받아 파일에 철해 둔다.
② 다른 부서 책임자 이름을 알아둔다.
③ 자주 걸려오는 전화번호를 자신만이 볼 수 있는 장소에 붙여 둔다.
④ 상사에게 필요한 소득세 자료, 출장자료, 보고서 등을 보관한 철을 잃어버리지 않도록 깊숙이 넣어둔다.

해설

서류철 등을 지나치게 깊숙이 넣어두면 필요할 경우 찾기도 힘들고 꺼내기도 힘들다.

제2과목 경영일반

21 경영목표에 대한 설명으로 잘못된 것은?

① 기업이 그 경영활동을 통하여 실현코자 원하는 상태이다.
② 경영활동의 지침 및 결과를 측정하는 지표이다.
③ 경영이념과 상호작용의 관계에 있다.
④ 현실적 기업경영에서는 회사의 경영신조인 사훈(社訓)으로 명시된다.

해설

④ 경영이념에 대한 설명이다.

22 직무평가에 대한 설명 중에서 틀린 것은?

① 직무의 절대적 가치를 정하는 체계적 방법이다.
② 동일노동, 동일임금을 기본원리로 한다.
③ 직무급제도의 기초가 된다.
④ 일체의 속인적인 조건을 떠난 객관적인 직무에 대한 평가이다.

20 ④ 21 ④ 22 ① 정답

해설

직무평가란 기업이나 기타 조직에 있어서 각 직무의 중요성, 곤란도, 위험도 등을 평가하여 타직무와 비교하여 직무의 상대적 가치를 정하는 체계적 방법이다.

23 옵션에 대한 설명으로 틀린 것은?

① 옵션에는 콜옵션(Call Option)과 풋옵션(Put Option)이 있다.
② 만기에만 행사가 가능한 옵션을 미국형 옵션이라고 부른다.
③ 콜옵션은 특정 증권이나 상품을 살 수 있는 권리를 말한다.
④ 옵션은 결합형태에 따라 기본포지션, 헤지포지션, 스프레드포지션, 컴비네이션 등으로 구분할 수 있다.

해설

만기에만 행사가 가능한 옵션을 유럽형 옵션이라고 하고, 만기일 이전에 언제라도 행사가 가능한 옵션을 미국형 옵션이라고 부른다.

24 마케팅 촉진(Promotion)관리 업무를 풀(Pull) 전략과 푸시(Push) 전략으로 구분할 때, 다음 중 푸시(Push) 전략에 해당하는 것은?

① 광 고 ② 홍 보
③ 소비자 판매촉진 ④ 인적판매

해설

푸시(Push) 전략
중간상들이 자사제품을 취급하도록 하기 위한 목적과 나아가서는 최종소비자에게 자사제품의 구매를 권장하도록 하는 전략으로, 기업이 중간상인이나 판매자들을 대상으로 인센티브 지급 또는 특별 이벤트 등의 각종 프로모션 역량을 펼쳐 직접적으로 소비자들에게 판매를 권유하는 적극적인 마케팅 전략(예 길거리 신용카드 판촉, 화장품 방문판매 등)

25 "다단계 생산공정의 생산시스템은 푸시(Push)와 풀(Pull)의 두 가지 형태가 있다. 이때 푸시는 (　)을 뜻하고 풀은 (　)을 뜻한다"에서 괄호에 알맞은 말을 순서대로 고르면?

① 전통적 서구의 생산시스템 – 일본의 JIT시스템
② 일본의 JIT시스템 – 전통적 서구의 생산시스템
③ 유연생산시스템(FMS) – 셀제조시스템(CMS)
④ 셀제조시스템(CMS) – 유연생산시스템(FMS)

정답 23 ② 24 ④ 25 ①

해설

일반적으로 다단계 생산공정의 생산시스템은 푸시와 풀의 두 가지 형태로 구분될 수 있다. 푸시는 전통적 서구의 생산시스템을 의미하며, 풀은 일본의 JIT시스템을 의미하는 것이다. 전통적인 푸시시스템은 작업이 생산의 첫 단계에서 방출되고 차례로 재공품을 다음 단계로 밀어내어 마지막 단계에서 완제품이 나오게 된다. 풀시스템은 제공품 재고 및 이의 변동을 최소화할 목적으로 설계되며, 재고관리를 단순화함으로써 수요변동에 의한 영향을 감소시키고 분권화에 의하여 작업관리의 수준을 높인다.

26 일종의 허영심에 의해 수요가 발생하는 현상으로, 가격이 상승해도 소비량이 늘어나는 것을 무엇이라 하는가?

① 스놉 효과(Snob Effect)
② 베블런 효과(Veblen Effect)
③ 의존 효과(Dependence Effect)
④ 피셔 효과(Fisher Effect)

해설

② 베블런 효과(Veblen Effect)는 허영심에 의해 수요가 발생하는 것이다. 비쌀수록 수요가 증가하는 다이아몬드가 그 예이다.
① 백로효과(白鷺效果)라고도 하며 밴드왜건 효과와 반대되는 현상으로, 다른 사람들의 소비가 자신의 소비에 반대 방향으로 작용하는 것이다. 주로 자신의 소비를 남이 따라하면 자신은 더 이상 그것을 소비하지 않음으로써 다른 사람과 차별성을 가지고자 하는 심리이다.
③ 소비재에 대한 소비자의 수요가 소비자 자신의 자주적 욕망에 의존하는 것이 아니라 생산자의 광고 · 선전 등에 의존하여 이루어지는 현상을 나타내는 용어이다.
④ 인플레이션이 예상되면 채권자들이 예상 인플레이션율만큼 명목이자율을 높게 설정하게 되는 효과이다.

27 다음 중 마케팅활동에서 주로 사용되는 STP(Segmentation, Targeting, Positioning)전략에 관한 설명으로 가장 적절하지 않은 것은?

① 성공적인 포지셔닝으로 생기는 제품포지션은 표적시장으로 삼은 세분시장에서 그 제품이 갖는 절대적 위치라고 할 수 있다.
② 기업은 미래의 수요예측을 통해서 제품이 진입해야 할 시장을 특성에 따라 나누는 시장세분화를 해야 한다.
③ 세분시장의 매력도, 세분시장에서 가질 수 있는 경쟁우위, 기업의 마케팅 활동과 기업문화와의 적합성은 표적시장 선정에 고려되는 중요한 기준이다.
④ 표적시장 선정과 포지셔닝을 통해 표적시장에 적합한 마케팅 믹스를 개발할 수 있다.

해설

제품이 성공적으로 포지셔닝되었다 하더라도, 제품수명주기(PLC)에 따라 성숙기에 리포지셔닝하는 것이 필요하다.

26 ② 27 ① 정답

28 (가), (나)에 들어갈 기관을 바르게 짝지은 것은?

> • (가)은/는 금융 기관의 감독 · 검사권을 가지고 있다.
> • (나)은/는 상공업의 개선과 발전을 도모하는 민간 경제 단체이다.

	(가)	(나)
①	금융 감독원	대한 상공 회의소
②	금융 감독원	한국 소비자 보호원
③	금융 감독 위원회	한국 소비자 보호원
④	대한 상사 중재원	대한 무역 투자 진흥 공사

해설
(가)는 금융 감독원이고, (나)는 상공 회의소이다.

29 다음 내용과 관계 깊은 무형 재화는?

> • 영화나 사진 등의 예술 작품, 시나 소설 등의 문학 작품, 컴퓨터 프로그램이나 캐릭터 등의 창작물에 대한 배타적 · 독점적 권리를 말한다.
> • 창작물을 무단 복제하여 배포하거나 판매, 출판 등을 하면 법적인 처벌을 받게 된다.
> • 이 권리에 대한 재산권은 원칙적으로 권리를 가진 자가 생존하는 동안과 사망 후 70년간 존속한다.

① 영업권
② 저작권
③ 의장권
④ 상표권

해설
무형재화에 포함되는 저작권에 대한 문제이다. 저작권이란 지적인 저작물(문학 · 연극 · 음악 · 예술 등)에 대하여 저작자가 가지는 독점적 · 배타적인 권리를 말한다.

정답 28 ① 29 ②

30 직무평가의 방법 중 서열법의 단점으로 잘못된 것은?

① 등급을 매기기 위한 일정한 기준이 없다.
② 직무에 대한 기본적 요소를 상세하게 고려하지 않으므로 등급을 매기는 일이 너무 단순하다.
③ 비슷한 명칭을 가진 직무 간에 있어서 혼란이 야기되기 쉽다.
④ 복잡하고 등급을 매기기 어렵다.

해설

서열법은 간단하고 등급을 신속하게 매길 수 있다는 장점이 있다.

31 다음 중 노사관계와 노동조합에 대한 설명으로 가장 옳지 않은 것은?

① 일반 노동조합(General Union)이란 같은 직종이나 같은 직업에 종사하는 노동자가 결성하는 노동조합을 말한다.
② 노사관계는 넓은 범주로는 국가적 수준에 있어서의 노동운동 또는 노동문제까지 포함한다.
③ 우리나라는 노동조합의 가입방식 중 오픈 샵(Open Shop)의 형식을 많이 채택하고 있으며, 이는 노동조합에 가입한 조합원뿐만 아니라 노동조합에 가입하지 않은 노동자도 임의로 채용할 수 있도록 한 제도이다.
④ 기업별 노동조합(Company Union)이란 같은 기업에 종사하는 노동자가 결성하는 노동조합을 말한다.

해설

일반 노동조합(General Union)은 직종이나 산업 또는 지역에 관계없이 모든 노동자들로 조직된 단일노동조합으로서 조합원이 주로 미숙련 노동자이거나 중소기업 노동자들이다.

32 노사관계에 있어서 Check-off란?

① 출근시간을 점검하는 것이다.
② 작업성적을 평가하여 임금결정 시 보완하려는 제도이다.
③ 종합적 근무성적을 인사고과에 반영하는 것이다.
④ 회사급여계산 시 노동조합비를 일괄공제하여 노조에 인도하는 것이다.

해설

Check-off는 노동조합의 안정과 독립을 위한 방법으로 조합비를 징수할 때 급여에서 일괄공제하여 조합에 인도하는 제도이다. 조합원의 2/3 이상의 동의가 있으면 조합은 그 세력확보의 수단으로 체크 오프의 조항을 둘 수 있다.

30 ④ 31 ① 32 ④ **정답**

33 경영정보시스템의 하위시스템을 설명하는 다음 설명 중 가장 적절하지 않은 것은?

① 사무자동화시스템(OAS)은 정보기술이 사용된 사무기기를 이용하여 사무처리를 자동화한 시스템을 말한다.
② 의사결정지원시스템(DSS)은 최고경영자의 활동만을 지원하기 위해 개발된 시스템이다.
③ 거래처리시스템(TPS)은 거래 데이터를 처리하기 위한 시스템이다.
④ 회계정보시스템(AIS)은 이익, 자산 등 기업의 경제적 정보를 측정, 예측하기 위한 시스템이다.

해설

의사결정지원시스템(DSS)은 사용자들이 기업의 의사결정을 보다 쉽게 할 수 있도록 하기 위해 사업 자료를 분석해주는 컴퓨터 응용프로그램을 말한다. 의사결정지원시스템은 정보를 도식화하여 나타내줄 수 있으며, 경우에 따라 전문가시스템이나 인공지능 등이 포함될 수도 있고, 이를 통해 기업의 최고경영자나 다른 의사결정그룹들에게 도움을 줄 수 있다. 의사결정지원시스템을 통해 얻을 수 있는 전형적인 정보로는 다음과 같은 것을 들 수 있다.

- 주간 판매량 비교
- 신제품 판매 전망에 기초한 수입 예측
- 어떤 환경하에서 주어진 과거의 실적에 따라 서로 다른 의사결정 대안별 결과 분석

34 다음 중 인적자원관리와 관련된 조직의 여러 활동에 대한 설명으로 가장 적절하지 않은 것은?

① 직무평가는 개별 직무의 수행에 필요한 지식, 능력, 숙련 등 여러 요건을 기초로 직무의 절대적 가치를 평가하는 체계적인 방법이다.
② 직무순환은 기능이나 작업조건, 책임 등이 현재까지 담당하던 직무와는 성격상 다른 직무로의 이동을 말한다.
③ 보상관리는 조직 내 인적 자원이 조직에 공헌한 만큼 금전적 · 비금전적 대가를 제공하는 활동을 말한다.
④ 노동조합은 조합원의 경제적 · 사회적 지위향상을 위해 경제적 기능, 공제적 기능, 정치적 기능 등을 수행한다.

해설

직무평가란 조직에 있어서 각 직무가 지니는 상대적인 가치를 결정하는 과정을 일컫는 것으로서 직무분석에 의하여 작성된 직무기술서(Job Description) 또는 직무명세서(Job Specification)를 기초로 하여 이루어진다. 직무평가에서 각 직무의 상대적 가치가 높으면 높을수록 조직의 목표 달성에 대한 공헌도가 큰 것으로 평가된다.

정답 33 ② 34 ①

35 상법상 주식회사의 이사회에 관한 설명 중 틀린 것은?

① 이사 및 감사 전원의 동의가 있는 경우에는 소집절차 없이 언제든지 이사회를 개최할 수 있다.
② 지배인의 선임과 해임은 이사회의 전속권한이므로 이를 이사회의 결의 없이 대표이사가 단독으로 하지 못한다.
③ 이사회는 원칙적으로 대표이사가 이를 소집한다.
④ 정관에 정함이 있는 경우에는 준비금의 자본전입, 신주발행사항은 주주총회의 권한으로 할 수 있다.

해설

이사회는 원칙적으로 각 이사가 소집한다.

36 다음 보기에 해당되는 국제금융기구로 옳은 것은?

- 국제수지 조정자금의 지원
- 특별인출권(SDR)의 창출과 운영 관리
- 맹국의 환율정책 및 외환제도에 대한 감시

① 국제결제은행(BIS) ② 국제통화기금(IMF)
③ 국제개발협회(IDA) ④ 아시아개발은행(ADB)

해설

국제통화기금은 1944년 체결된 브레튼 우즈 협정에 따라서 1946년에 설립하였다. 국제수지 적자국에게 국제통화를 대여한다. 우리나라는 1955년에 가입하였다.

37 다음 중 경영통제기법에 대한 설명으로 가장 적절하지 않은 것은?

① 내부감사제도란 내부 견제 제도를 보완하기 위하여 사용한다.
② 통계적 품질관리(SQC)란 대량생산방식에 의해 제조되는 제품관리에 일반적으로 많이 사용된다.
③ 재고관리는 재고자산의 보유에서 발생하는 비용을 최소화시킬 수 있도록 재고수준을 유지해 나가려는 관리통제 활동이다.
④ 자료처리 시스템(DPS)은 경영정보 시스템(MIS)을 통해 도출된 경영정보를 활용하는 데 사용된다.

해설

자료처리 시스템은 경영정보 시스템이 사용할 자료를 처리하는 서브시스템이다.

35 ③ 36 ② 37 ④ 정답

38 다음 중 기업의 사회적 책임에 대한 설명으로 옳지 않은 것은?

① 경영자는 적정이윤을 확보함으로써 계속적으로 기업을 유지하고 발전시켜야 할 책임이 있다.

② 기업이 훌륭한 기업으로 계속 존속하기 위해서는 훌륭한 후계자가 필요하다. 따라서 경영자는 후계자 양성에 대한 책임이 있다.

③ 기업은 다른 기업과 공정한 경쟁보다는 자체 생존경쟁에 역점을 두어, 살아남아야 할 책임이 있다.

④ 기업은 적정이윤을 확보해야 하는 책임과 함께 확보된 이윤을 근로자, 출자자, 국가, 협력업체에 적절하고 공평하게 배분할 책임이 있다.

해설

기업의 사회적 책임은 우리 사회의 목표나 가치적 관점에서 바람직한 정책을 추구하고, 그러한 의사결정을 하거나 그러한 행동들을 추구해야 하는 기업인의 의무이다. 따라서 공정한 경쟁의 틀을 벗어난 기업행위는 생존경쟁을 위한 행위라 하더라도 용납될 수 없다.

39 5S 서비스에 해당하지 않는 것은?

① Substitute Service
② Software Service
③ Special Service
④ Sports Service

해설

5S 서비스는 금융 · 호텔 · 병원 · 수송 등 종래의 전통적인 서비스업 외에 새로 개발된 5가지 서비스 산업을 말한다.

- 기업 · 개인의 업무를 대행하는 섭스티튜트(Substitute) 서비스
- 컴퓨터 시스템의 사용 · 유지관리, 프로그램 등의 소프트웨어(Software) 서비스
- 개인 · 기업의 안전, 생명 · 재산 보호에 대한 시큐리티(Security) 서비스
- 복지사업 등 사회보장 확립을 위한 사회적(Social) 서비스
- 변호사 · 의료 · 사설학원에 의한 특수(Special) 서비스

40 다음 중 경영자의 역할에 대한 설명으로 옳지 않은 것은?

① 경영자는 조직을 대표하여 각종 의식을 주관하는 대표자 역할을 한다.

② 경영자는 조직을 대표하여 여러 가지 협상활동을 수행하는 협상자 역할을 한다.

③ 경영자는 조직목표, 문제 및 요구사항을 해결하기 위해 모든 자원을 통합하는 자원의 통합자 역할을 한다.

④ 경영자는 조직 내부와 조직 외부로부터 지속적으로 정보를 탐색하는 탐색자 역할을 한다.

해설

경영자는 자원분배 역할을 담당한다. 경영자는 주어진 자원을 최대한 효율적으로 활용해 경영목표를 달성하기 위해 인사, 재무, 생산, 판매 등 기업의 각 기능 부문에 신중히 배분해야 한다.

정답 38 ③ 39 ④ 40 ③

제3과목 사무영어

41 **Belows are sets of Korean sentence translated into English. Choose one which matches not correctly each other.**

① 샌프란시스코에는 정시에 도착하나요?
　– Will we reach at San Francisco on time?

② 회의할 때 그의 제안에는 누구도 반대하지 않았습니다.
　– His proposal was opposed by no one at the meeting.

③ 가끔은 버스로 공항에 가는 게 더 빠를 때도 있어요.
　– It's sometimes faster to go to the airport by bus.

④ 연수받으러 가서 새로운 소프트웨어 활용법을 배웠어요.
　– At the workshop, I learned how to use the new software.

reach는 노력과 수고를 들여 '도달하다'의 의미에 가까우며 타동사로서 전치사가 붙지 않는다. 물리적으로 어느 지점에 '도착했다'는 arrive가 적합하다.

42 **Which of the following is the most appropriate in the blank?**

A : I'd like to make a complaint about the table I ordered.
B : What seems to be the problem?
A : It's lovely, but one leg is chipped.
B : We'll send you a replacement or ____________ .

① reimburse you
② forward your request
③ accuse you
④ evaluate the table

해설

A : 내가 주문한 테이블에 대해 항의할 게 있는데요.
B : 문제가 무엇입니까?
A : 좋기는 하지만 다리 하나가 갈라졌는데요.
B : 다른 물건을 보내드리거나 아니면 환불해드리겠습니다.

41 ① 42 ① 정답

43 Read the conversation below and choose one which is not true.

A : Mr. Jones? My name is Clara Smith. We've spoken on the phone before.
B : Yes, how are you?
A : Good. It's so good to finally meet you. So, how did you enjoy your flight to Seoul?
B : It was good though a little bit long.
A : Well, let me give you a ride to the Blue Star Hotel where you're staying.
B : Is the hotel far from the Exhibition Center where I'm going to visit tomorrow?
A : It takes only 5 minutes on foot.
B : Sounds great.

① Mr. Jones came to Seoul by airplane.
② Clara Smith works for the Blue Star Hotel.
③ Mr. Jones and Clara Smith have never met before this meeting.
④ Mr. Jones is going to stay at the hotel near the Exhibition Center.

해설
② Clara Smith는 공항에 Mr. Jones를 차로 모시러(pick up) 갔을 뿐 호텔 직원은 아니다.
① How did you enjoy your flight to Seoul?을 통해 항공기를 이용했음을 알 수 있다.
③ It's so good to finally meet you를 통해 두 사람이 만나는 것은 이번이 처음임을 알 수 있다.
④ Mr. Jones는 전시장에서 걸어서 5분 거리(five minutes on foot)에 있는 호텔에 머무를 것이다.

44 Choose one which is not mentioned in the following passage.

Take two tablets with water, followed by one tablet every eight hours, as required. For maximum nighttime and early morning relief, take two tablets at bedtime. Do not exceed six tablets in 24 hours. For children six to twelve years old, give half the adult dosage. For children under six years old, consult your physician. Reduce dosage if nervousness, restlessness, or sleeplessness occurs.

① The medicine could cause some people to feel nervous.
② The label on this medicine warns not to take more than six tablets a day.
③ If one cannot sleep, it is suggested that he stop taking the medicine.
④ Probably the medicine may be dangerous for small children.

해설
③ 잠을 잘 수 없다면 이 약의 복용을 중단하도록 제안한다.
① 이 약은 어떤 사람에게는 신경과민을 유발할 수 있다.
② 이 약의 라벨은 하루에 6정 이상은 복용하지 말라고 경고한다.
④ 이 약은 어린아이들에게 위험할 수도 있다.

정답 43 ② 44 ③

1회 2정씩 물과 함께 복용하시오. 뒤이어 매 8시간마다 1정씩 요구되는 대로 드시오. 밤이나 새벽의 최대의 진통을 위해, 취침 시 2정을 드시오. 24시간에 6정 이상을 초과하여 복용하지 마시오. 6세에서 12세의 어린 이들에게는 성인 복용량의 절반을 주시오. 6세 이하의 아이들을 위해서는 의사와 상의하여 복용시키시오. 만일 신경과민, 불안, 불면의 증상이 일어나면 복용량을 줄이시오.

45 Choose the phrase which has a grammatical error.

We got quite a few ⓐ responses to our ad ⓑ in "The Daily Times" but almost no ⓒ response to the ⓓ another ones.

① ⓐ
② ⓑ
③ ⓒ
④ ⓓ

ones로 미루어 보아 「다른 하나의」라는 뜻을 가지고 있는 another는 옳지 않으며, other가 맞는 표현이다.

우리는 "데일리 타임즈"에 낸 광고에 대해서는 꽤 많은 응답을 받았지만 다른 광고에 대해서는 거의 아무런 응답도 받지 못했다.

46 Which of the following is the most appropriate for the blank?

The decisions of this company are strongly influenced not only by the needs of its clients, but also by the decisions of the ___________ .

① stockers
② stockbrokers
③ stockade
④ stockholders

해설

② stockbroker : 증권 중개인
③ stockade : 방책, 방파제
④ stockholder(shareholder) : 주주

이 회사의 결정은 고객들의 필요에 의해서뿐 아니라 주주들의 결정에 의해 강력히 영향을 받는다.

45 ④ 46 ④ 정답

47 Which of the following is providing INCORRECT explanation about the given acronym?

① ASAP – As Soon As Possible
② GDP – Ground Domestic Product
③ MBA – Master Business Administration
④ P.S. – Post Script

해설

② GDP : Gross Domestic Product 국내총생산
① ASAP : As Soon As Possible 가능한 한 빨리
③ MBA : Master Business Administration 경영관리학석사
④ P.S. : Post Script 추신

48 According to the conversation, which of the following is true?

Immigration Agent	: Can I help you?
Businessman	: I'd like to apply for an American visa.
Immigration Agent	: What kind of visa do you need? Tourist or Business?
Businessman	: Business.
Immigration Agent	: OK. You need a B–1 business visa. It is valid for fourteen days, after entry.
Businessman	: That's perfect. What's the fee?
Immigration Agent	: You must pay a 75 fee.
Businessman	: Thanks.

① The man is going on a family vacation.
② This conversation takes place at a travel agency.
③ The man will be abroad for less than 14 days.
④ He should pay a fee of sixty–five dollars for B–1 visa.

해설

Immigration Agent	: 무엇을 도와드릴까요?
Businessman	: 미국 비자를 신청하려고 합니다.
Immigration Agent	: 관광이나 비즈니스 중 어떤 종류의 비자가 필요한가요?
Businessman	: 비즈니스입니다.
Immigration Agent	: 알겠습니다. 당신은 B–1 비즈니스 비자가 필요합니다. 그 비자는 입국 후 14일간 유효합니다.
Businessman	: 그거면 됩니다. 수수료는 얼마인가요?
Immigration Agent	: 75달러입니다.
Businessman	: 감사합니다.

정답 47 ② 48 ③

49 According to the passage below, What is qualifications of the secretary?

> Career Opportunity for Executive Secretary at Acme Inc.
> Job Description :
> Responsible for management and administration of top executives and general office affairs.
> Job includes; managing all incoming and outgoing mails, documents processing, scheduling and time managements, conference organization, etc.
> Requirements : College graduate, 3 years of experience
> Contact person : Richard Anderson
> Tel : 212-915-2904 / Fax : 212-915-2905

① A driver's license
② Less than age of 30
③ A college degree
④ a year of relevant experience

해설

비서의 자격요건으로 대학 졸업과 3년간의 유경험자일 것을 요구하고 있다.
③ 대학 학위
① 운전 면허증
② 30세 미만
④ 1년간의 관련 경험

49 ③ **정답**

50 What is the most appropriate expression in the blank?

Thomas : This is Mr. Davis from Jinju Corporation. May I speak to Ms. Cindy Jones, please?
Secretary : I'm sorry, Mr. Lee, but Ms. Jones stepped out for a moment. Would you like to leave a message?
Thomas : Yes, please. Could you ask her to call me back? I'm staying at the Four Seasons Hotel. She can reach me at 889–5566 room 800.
Secretary : May I tell her what it's regarding?
Thomas : I was just calling to see if she would be free for lunch tomorrow.
Secretary : (   )
Thomas : Oh? Why is that?
Secretary : Ms. Jones is off tomorrow.
Thomas : When might she be available?
Secretary : She's free for lunch this Friday.
Thomas : That'd be fine.

① I'm afraid that won't be possible.
② I'm afraid you've mistaken.
③ His line is always busy.
④ It depends on what it is.

해설

① 죄송하지만 안될 것 같습니다.
② 당신이 실수했는지 걱정입니다.
③ 그의 전화는 항상 통화중이지요.
④ 그것이 뭐냐에 달려있죠.

토마스 : 저는 Jinju Corp.의 Davis입니다. Ms. Cindy Jones 부탁드립니다.
비 서 : 죄송합니다만, Jones씨는 잠시 자리를 비우셨는데요. 전화드리라고 전해드릴까요?
토마스 : 예, 부탁드립니다. 저는 포시즌 호텔에 묵고 있습니다. 연락처는 889–5566이고, 800호실로 하시면 됩니다.
비 서 : 무슨 일로 전화하셨는지요?
토마스 : 내일 점심시간 때 시간을 내주실 수 있는지 여쭤보려고요.
비 서 : 죄송하지만 안될 것 같은데요.
토마스 : 네? 왜 그렇지요?
비 서 : Ms. Jones는 내일 비번입니다.
토마스 : 언제 시간이 나실 것 같아요?
비 서 : 이번 주 금요일에 가능하실 겁니다.
토마스 : 좋습니다.

정답 50 ①

51 Choose the statement that is not true according to the following flight schedule.

Flight No.	Departure : Taipei	Arrival : Bangkok
AP 318	8:20 am	11:40 pm
AP 307	5:20 pm	8:50 pm
Flight No.	Departure : Tokyo	Arrival : Seoul
AP 304	10:30 am	12:50 pm
AP 309	7:05 pm	9:25 pm

① The arrival time of AP 318 at Bangkok is 11:40 p.m.
② AP 307 leaves Taipei at 5:20 p.m.
③ AP 304 gets to Seoul at 12:50 p.m.
④ AP 309 leaves for Seoul at 9:25 p.m.

해설

표에 나타난 AP309편의 오후 9시 25분은 서울에 도착하는 시간이다. ④는 서울을 향해 떠나는 시간이므로 타이완을 출발하는 오후 7시 5분이 되어야 맞다.

52 What is the most appropriate term for the blanks ⓐ and ⓑ?

A : Is everything ready for the board meeting tomorrow?
B : Certainly. Here's the list of attendees and ⓐ ______________.
A : Are they all confirmed?
B : Yes, they are.
A : What about the ⓑ ______________? I reviewed your draft the other day and marked on it.
B : Here's the finalized copy.
A : Good. Don't forget to bring your notebook computer. I would like you to take meeting notes.
B : I'll check on it.

① ⓐ participants, ⓑ minutes
② ⓐ board members, ⓑ circular letter
③ ⓐ absentees, ⓑ agenda
④ ⓐ managers, ⓑ itinerary

해설

참석자와 불참자 명단을 주고 있고, 안건에 대해 묻고 있다.
• absentee : 불참자
• agenda : 안건
• minutes : 회의록
• itinerary : 여행일정표

51 ④ 52 ③ 정답

※ Questions 53~54 refer to the following advertisement.

DOWNINGTOWN INN
FREE
Golf/Tennis Package!

Play golf FREE on my private 18-hole championship course. FREE tennis-16 indoor and outdoor courts! FREE indoor and outdoor swimming pools! FREE miniature golf! FREE movies! FREE cocktail party! Top stars! Pussycat lounge – and the finest food – this side of Europe!
3 days, 2 nights from $59 to $79. With gourmet meals. Sunday – to – Friday special – 4 days, 3 nights, deluxe accom., reg $118 – only $88. Now to July 3. Rates per pers. Holidays excluded. $19.50 ea. Per night with meals.

 **53** What is NOT free in Downingtown's Inn?

① Cocktail party ② Movies
③ Tennis ④ Rooms

해설

다우닝타운 호텔에서 무료가 아닌 것은 객실료이다. 무료로 제시되어 있는 것들은 골프와 테니스, 수영장, 영화 및 칵테일파티이다.

다우닝타운 호텔
무료
골프와 테니스 패키지

저희의 개인적인 18홀 챔피언 쉽 코스에서 무료 골프를 즐기십시오. 16개의 실내 및 실외 테니스 코트에서 무료 테니스도 치실 수 있습니다! 무료 실내 및 야외 수영장도 이용하십시오! 무료 미니어쳐 골프와 무료 영화, 무료 칵테일 파티도 있습니다! 탑 스타와 만나십시오! 퍼씨캣 라운지 – 그리고 품위 있는 식사 – 에서 이러한 유럽을 만나십시오!
2박 3일에 59불에서 79불의 비용이면 됩니다. 미식가가 찾는 식사가 갖추어져 있습니다. 일요일에서 금요일까지의 특별 기간, 3박 4일, 호화 숙박시설 – 일반적으로는 118달러인데 단지 88달러에 가능. 지금부터 7월 3일까지. 일인당 요금. 공휴일은 제외됨. 식사가 제공되는 하루 숙박에 각각 19달러 50센트.

54 Who is ideal for this place?

① golf fans ② astronauts
③ windsurfers ④ movie directors

해설

이 광고가 가장 두드러지게 부각시킨 내용은 무료 골프와 테니스이다.

정답 53 ④ 54 ①

※ Questions 55 through 57 refer to the following conversation.

James : Hey cindy. If you have a minute, would you like to go over the financial report with me? I'd like to check that everything's on it before the audit next week.
Cindy : Right now? I can't, actually. I have a doctor's appointment that I have to get going to in 10minutes. How about tomorrow?
James : I'll be in meetings all day tomorrow, so I won't have a chance. I'll just leave a copy of it on your desk and you can read it when you have a minute.
Cindy : Sure thing. I'll take a look at it tomorrow and we can talk about it sometime before next week.

55 What are the speakers discussing?

① An employee memo
② A conference schedule
③ A company downsizing
④ A financial report

해설
제임스는 신디에게 시간이 괜찮으면 함께 재무 보고서를 검토해 보자고 제안하고 있다.

56 Why is cindy leaving the office?

① She has to see a doctor.
② She has to go to a meeting.
③ She finished all of her work.
④ She has to meet a client for dinner.

해설
신디는 병원에 예약이 되어 있어서 퇴근해야 한다는 사실을 알 수 있다.

57 What does cindy say she will do?

① Cancel her appointment
② Check the report tomorrow
③ Give a file to James
④ Review her schedule

55 ④ 56 ① 57 ② 정답

해설

신디는 내일 보고서를 검토할 것이다.

제임스 : 신디, 시간 괜찮으면 같이 재무 보고서 좀 검토할 수 있겠어요? 다음 주 회계 감사 전에 보고서에 모든 게 잘 기록되었는지 확인해보고 싶어서요.
신 디 : 지금이요? 안되는데요. 진료 예약이 있어서 10분 후에 가봐야 해요. 내일은 어때요?
제임스 : 내일은 하루 종일 회의가 있어서 그럴 수가 없어요. 책상 위에 한 부 올려놓을 테니까 시간 날 때 읽어보세요.
신 디 : 그렇게 하죠. 내일 훑어보면 다음 주 전에 논의할 수 있을 거예요.

※ Questions 58~60 refer to the following advertisement.

OVERSEAS ADVENTURES
DISCOUNT AIR FARES

Round-trip ticket prices :
London — $499
Paris — $679
Rome — $699
Frankfurt — $569

We have the lowest ticket prices available for flights to Europe's major cities. We can also arrange additional flights and lodging. One great way to get around the Continent is by train. We have all of the information concerning rail passes. Package tours are available in a variety of forms. Some of them are tightly scheduled and others provide you with plenty of free time to roam around on your own. If you have a group of friends and you want to plan your own tour, we can help you do just that. We will design the tour exactly to your specifications and to your budget. Traveling can be very expensive, but it doesn't have to be. Let us show you how. Call Overseas Adventures at 445-8989.

All departures are from New York, except for Frankfurt which is from Boston. Some restrictions apply :

1. Departure must be no later than March 31.
2. Tickets must be purchased at least two weeks before departure.
3. Length of stay is limited to 60 days.
4. There are penalties for any changes made after tickets have been purchased.
5. Tickets are not refundable.

58 Overseas Adventures suggests that people ________.

① use the train in Europe
② plan luxury tours
③ avoid tight schedules
④ visit all the major cities

해설

유럽대륙을 철도로 여행하는 것도 좋은 방법이라고 제시하고 있다.

왕복 항공권 가격 :
런던 – 499달러
파리 – 679달러
로마 – 699달러
프랑크프루트 – 569달러

유럽의 주요 도시 비행기편에 대해 가장 저렴한 가격의 항공권을 판매하고 있습니다. 또한 추가의 비행기편과 숙박도 준비해 드릴 수 있습니다. 유럽 대륙을 돌아보는 한 가지 좋은 방법은 기차를 이용하는 것입니다. 우리는 철도에 관한 모든 자료를 가지고 있습니다. 패키지 투어도 여러 가지 형태로 준비되어 있습니다. 일정이 꽉 짜여져 있는 상품도 있고, 혼자서 돌아다니실 수 있도록 여유 시간이 풍부한 상품도 있습니다. 친구들과 그룹을 이루어 여행하거나 혼자서 여행을 하실 계획이라면 거기에 맞추어 도와드릴 수 있습니다. 원하시는 세부 사항과 예산에 정확히 맞추어 여행 계획을 세워 드립니다. 여행은 매우 비용이 많이 들 수도 있습니다. 그러나 꼭 그래야만 하는 것은 아닙니다. 어떻게 비용을 덜 들일 수 있는지 보여 드리겠습니다. Overseas Adventures 445-8989로 전화해 주십시오.

보스톤 발 프랑크프루트 행을 제외한 모든 출발지는 뉴욕입니다. 일부 제한사항이 적용됩니다 :

1. 출발은 3월 31일 이전이어야 합니다.
2. 항공권은 최소한 출발 2주전에 구입하셔야 합니다.
3. 체재 기간은 60일로 제한되어 있습니다.
4. 항공권을 사신 이후에 변경된 사항에 대해서는 위약금이 부과됩니다.
5. 항공권은 환불되지 않습니다.

59 One of the restrictions on the air fares states that ________.

① the length of stay is limited to 6 weeks
② refunds will take 60 days
③ there are extra charges for making changes
④ tickets must be purchased by March 31

해설

항공권을 구매한 이후에 변경하면 위약금이 부과되며, 항공권은 환불되지 않는다.

58 ① 59 ③ 정답

60 **What is the fare for the flight leaving from Boston?**

① \$499
② \$569
③ \$679
④ \$699

해설

보스톤 발 프랑크프루트 행을 제외한 모든 출발지는 뉴욕이다.

제4과목 사무정보관리

61 **신문 기사와 같은 환경을 가능하게 하는 컴퓨터 활용 기술로 적절하지 않은 것은?**

> ○○도는 최신 IT기술의 도입을 통한 인터랙티브 노인요양 밸리 구축을 위한 실시간 · 양방향 치매 관리 시스템을 구축하고 있다. 이 사업은 ○○도가 노인 인구 비율이 12.9%로 타 지역보다 높다는 배경에서 출발한다. 우선 도립요양병원을 대상으로 전자태그 기술을 접목하여 치매 노인 환자들의 위치를 실시간으로 파악하고 각종 환자 이력 관리를 통한 신속한 치료 등의 고품격 의료서비스를 도입한다는 계획이다.
> 이와 관련하여 △△시는 내달부터 웨어러블(Wearable) 컴퓨터 시스템 개발 시범 사업과 연계하여 주민들을 대상으로 원격 의료 서비스 사업도 추진할 방침이다.
> 〈○○일보, 2013.06〉

① 원격 진료 시스템
② 웹 기반 교육(WBI)
③ 유비쿼터스(Ubiquitous)
④ 무선 주파수 식별 체계(RFID)

해설

전자태그는 RFID 기술을 활용한 예이다. 실시간 위치 파악은 GPS를 활용한 기술이다. 유비쿼터스는 사용자가 컴퓨터나 네트워크를 의식하지 않고 장소에 상관없이 네트워크에 접속할 수 있는 환경을 뜻한다.

정답 60 ② 61 ②

62 다음의 문서처리인에 대한 설명 중 가장 적절하지 않은 것은?

대리 박진웅	과장 이명수	부장 대결 김진표	이사 전결

① 김진표 부장의 대결로서 우선 시행했으나 사후에 이사의 후열을 받았다.
② 김진표 부장은 이명수 과장의 직무대리자로서 직무를 대행한다.
③ 본 건의 결재는 위임전결규정에 의해서 이사가 전결로 처리하면 된다.
④ 본 문서의 기안자는 박진웅 대리이다.

해설

② 김진표 부장은 이사의 직무대리자로서 이사의 부재중에 직무를 대행한다.

63 전국에 체인을 두고 있는 회사에서 각 매장관련 문서를 쉽게 관리하고, 판매품과 고객과의 관계를 지역별로 파악하고자 하는 경우에 적합한 문서 정리방법은 무엇인가?

① 표제별 분류법
② 지역별 분류법
③ 색인별 분류법
④ 형식적 분류법

해설

판매품과 고객과의 관계를 지역별로 파악하고 매장관련 문서를 쉽게 관리하고자 한다면 지역별 분류법이 가장 합리적이다.

62 ② 63 ② 정답

64 **다음 그래프는 2015년 1월부터 8월까지의 한국과 일본의 경상수지 추이를 보여주는 그래프이다. 이 그래프를 통해서 알 수 있는 내용 중 가장 올바른 것은?**

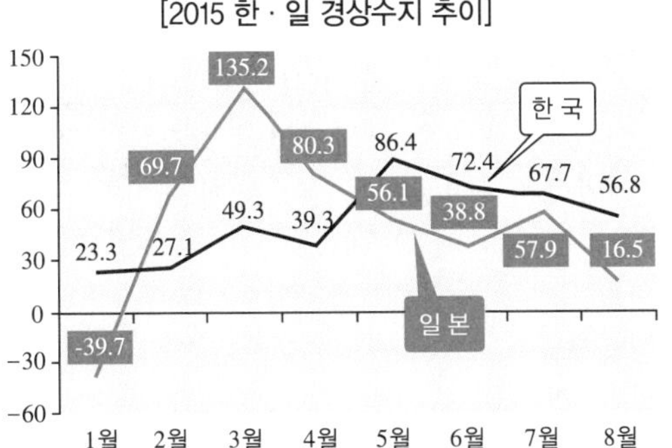

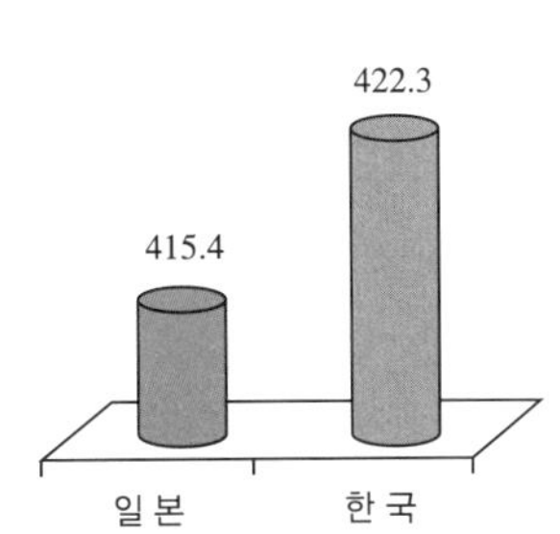

① 2015년 1월 한국과 일본 간 거래에서 일본은 적자를 기록했다.
② 한국은 일본보다 수입금액이 적다.
③ 2015년 1월부터 8월까지 한국은 경상수지가 계속 흑자이다.
④ 한국은 일본보다 국민총소득보다 국민총지출이 많다.

해설

경상수지는 국제 간의 거래에서 자본거래를 제외한 경상적 거래에 관한 수지로 여기에는 상품수지, 서비스수지 등이 포함된다. 자신의 나라의 수지를 파악하는 데 사용되기 때문에 나라 간 거래에서의 +/– 등은 파악할 수 없다. 국민총소득(GNI)은 한 나라의 국민이 일정 기간 생산활동에 참여한 대가로 벌어들인 소득의 합계를, 국민총지출(GNE)은 국민총생산(GNP)을 소비하는 제 지출의 총계를 말한다.

65 **매월 10일에 월간보고서를 제출해야 하는 경우 일주일 전 날짜에 보고서 준비에 필요한 서류를 넣어둠으로써 비서가 실수로 업무를 빠뜨리는 것을 막아주는 역할을 하는 파일의 이름은?**

① 인덱스 파일(Index File)
② 티클러 파일(Tickler File)
③ 상호 참조 파일(Cross–reference File)
④ 리마인더 파일(Reminder File)

해설

티클러 시스템(Ticker System)
매일 처리해야 할 사무 작업을 날짜별 색인 카드에 끼워두었다가 처리해야 할 시간에 서류를 찾아내서 처리하는 것이다. 이는 문서의 반환예정일을 사전에 알 수 있게 함으로써 예정일에 차질 없이 문서가 반환되도록 하는 제도이다.

정답 64 ③ 65 ②

66 사무실의 이전 · 배치와 관련하여 가장 올바르지 않은 것은?

① 상사실 책상은 왼쪽에 채광창이 있도록 배치한다.
② 비서의 책상은 내방객을 맞이할 수 있도록 문에서 보이는 위치에 배치하고, 대신 책상 앞부분에 낮은 칸막이를 하여 서류나 컴퓨터의 내용이 보이지 않도록 한다.
③ 고층이고 북향인 사무실의 위치를 고려하여 벽면은 난색계열의 벽지를 선택한다.
④ 업무의 효율화를 위해 상사의 책상을 밖에서 확인할 수 있는 곳에 배치한다.

해설

사무실 배치원칙
- 입구에서는 상사가 보이지 않아야 한다.
- 비서의 책상은 입구 근처에 두어 출입자를 체크할 수 있도록 한다.
- 상사와 비서의 책상은 마주보지 않는다.

67 다음 중 상사에게 온 우편물의 처리방법에 대한 설명으로 옳지 않은 것은?

① 청구서, 견적서 등 숫자나 금액이 기입되어 있는 것은 계산 착오나 기입 누락이 없는가를 검토한 후 제출한다.
② 우편물 내용을 읽고 중요 서신을 위쪽에 놓아 상사에게 제출한다.
③ 상사에게 온 모든 우편물을 잘 정리하여 상사에게 제출한다.
④ 봉투에 '親展'이라고 쓰여진 우편물은 개봉하지 않고 상사에게 제출한다.

해설

비서에게 도착한 우편물 처리방법은 상사의 지시에 따라 여러 가지로 달라질 수가 있다. 비서에게 우편물 개봉을 허락하지 않는 경우는 분류만 하면 되지만 어떤 비서의 경우에는 우편물을 개봉해서 읽어보고 적절히 처리하도록 권한을 위임받기도 한다.

68 다음 중 인터넷을 이용한 전자우편에 관한 설명으로 옳지 않은 것은?

① 인터넷에 접속하여 사용자들끼리 서로 편지를 주고받을 수 있는 서비스를 말한다.
② 전자 우편 주소는 '사용자ID@호스트' 주소의 형식으로 이루어진다.
③ 일반적으로 SMTP는 메일을 수신하는 용도로, MIME는 송신하는 용도로 사용되는 프로토콜이다.
④ POP3를 이용하면 전자메일 클라이언트를 통해 전자메일을 받아볼 수 있다.

해설

- SMTP : 메일 전송 프로토콜
- POP : 메일 수신 프로토콜
- MIME : 멀티미디어 파일 내용 첨부 프로토콜

66 ④ 67 ③ 68 ③ 정답

69 김 비서는 수신된 우편물의 내용을 읽고 아래와 같은 회사이름으로 주제표시 된 편지를 문서 정리하려고 한다. 파일링 순서를 바르게 나열한 것은?

(가) Owen's Bakery
(나) Kim & Lee Law Office
(다) Kim's Technology
(라) The Military Shop
(마) Kim's Hair Shop

① (마)－(다)－(나)－(가)－(라)
② (마)－(다)－(나)－(라)－(가)
③ (나)－(마)－(다)－(가)－(라)
④ (나)－(마)－(다)－(라)－(가)

해설

앞글자의 알파벳순으로 정리하면 된다. (라)에서는 'Military'의 'M'을 기준으로 한다.

70 다음 내용과 가장 관련 있는 정보화 역기능으로 옳은 것은?

특허괴물(Patent Troll)이란 제품을 제조하거나 판매하지 않고 특허권 사용료 수입으로 이익을 창출하는 특허 관리 전문회사를 가리키는 말이다. 주로 미국에서 활동하는 특허괴물은 특허권을 침해한 기업에게 소송을 제기하여 막대한 이익을 창출하기도 한다.

－ △△△ 백과사전 －

① 사생활 침해
② 개인정보 유출
③ 지적 재산권 침해
④ 불건전 정보 유포

해설

지적 재산권이란 지적 활동을 통해 발생하는 모든 재산권을 의미하며, 크게 특허권을 포함하는 산업 재산권과 저작권으로 분류된다. 따라서 특허권에 관련된 내용은 지적 재산권에 해당된다.

정답 69 ④ 70 ③

71 다음 자료를 보고 추론한 내용으로 틀린 것은?

구분 \ 연도	1970	1990	2010
생산 가능 인구비(%)	58.4	65.3	70.7
노령 인구비(%)	3.5	4.3	5.9
농림어업비율(종사자 기준(%)	45.7	24.9	12.5
평균 가구원 수 (명)	5.0	4.1	3.3

① 핵가족화가 진행되어 왔다.
② 앞으로 노령화 사회가 도래할 것이다.
③ 농림 어업의 경제적 비중이 줄어들었다.
④ 생산 가능 인구가 늘어나 경제 성장에 도움이 되었다.

해설

① 평균가구원수가 감소한 것은 핵가족화가 진행되었다는 것이며, ② 노인인구비가 증가한 것은 이런 추세로 간다면 앞으로 노령화 사회가 도래할 것으로 예측할 수 있고, ③ 농림 어업의 경제적 비중이 줄어들었으며, ④ 생산 가능 인구비는 증가했지만 평균 가구원 수가 감소하면서 생산 가능 인구는 줄어들었다.

72 표는 A~C 기업이 가전제품 시장에 진출할 때 발생하는 진입 장벽을 요인별로 평가한 것이다. 이에 대한 분석으로 옳은 것은? (단, 점수가 클수록 진입 장벽이 높다)

요인 \ 진입 장벽 점수 (5점 만점)	1	2	3	4	5
정부의 규제	B		C	A	
규모의 경제성	A	C		B	
자금 동원 능력			A	C	B
소비자의 브랜드 선호도	A		B		C

① 시장 진입에 가장 유리한 기업은 B이다.
② C기업은 소비자들에게 잘 알려져 있지 않다.
③ B기업은 시장 진입 시 자금 조달이 용이하다.
④ 기업들의 가장 큰 진입장벽 요인은 정부의 규제이다.

해설

기업별 진입장벽 점수를 합하면 A기업은 9점, B기업은 13점, C기업은 14점으로, A기업이 가장 낮으므로 시장 진출에 유리하다. 평가요소별 진입장벽 점수를 합하면 정부의 규제는 8점, 규모의 경제성은 7점, 자금 동원 능력은 12점, 소비자의 브랜드 선호도는 9점으로, 가장 큰 진입장벽 요인은 자금 동원 능력이다.

71 ④ 72 ② 정답

73 다음 달 싱가폴에서 열리는 ICTLT 국제회의에 참가하는 상사인 송 전무는 윤나영 비서에게 전년도 ICTLT 자료가 필요하다고 하였다. 다음 중 윤나영 비서의 자료 수집 방법으로 가장 적절한 것은?

① ICTLT 국제회의 주최 조직에 연락하여 자료를 요청한다.
② 유사한 국제회의에 대해 조사하여 자료를 수집한다.
③ 전년도 유사 회의에 참석했던 사람들에게 자료를 요청한다.
④ 전년도 ICTLT 회의의 개최장소 관계자에게 자료를 요청한다.

해설

사용자로 하여금 필요한 시기, 장소, 형태, 정확한 내용이어야 그 효과가 높으므로 주최 조직에 직접 연락을 하여 자료를 요청하도록 한다.

74 사무시설과 환경이 사무관리에 직접적으로 영향을 주고 있는데, 이와 같이 시설과 환경의 필요성에 대한 설명으로 옳지 않은 것은?

① 인간이 쾌적하게 일할 수 있는 환경을 말한다.
② 고도로 복잡한 사무기기의 등장은 사무환경에 영향을 주고 있다.
③ 작업자의 만족도와 작업의 성취도가 높아진다.
④ 사무실 시설 기준은 법적 기준이 마련되어 있어서 그것을 지키지 않으면 안 된다.

해설

사무실 시설 기준에 법적 강제력은 마련되어 있지 않다.

75 기안문 작성 요령으로 틀린 것은?

① 수신처가 2개 기관 이상일 경우 수신란에는 수신처 참조라고 기재하고 자세한 기관명은 발신명의란 아래 '수신처란'을 만들어 기재한다.
② 아남전자의 대표비서인 김 비서가 작성한 기안문의 발신명의는 '아남전자 사장'이 되어야 한다.
③ 기안문을 작성할 때 주소는 시, 군, 면, 리 같은 글자는 생략하여 기재한다.
④ 내부결재의 경우라도 발신인 명의를 표기해야 한다.

해설

내부결재 문서는 발신명의를 표시하지 않는다.

정답 73 ① 74 ④ 75 ④

76 **다음 중 디지털 기술을 바탕으로 전화, 전신, 텔렉스, 팩시밀리, 컴퓨터 통신 등의 각종 정보 통신망을 하나로 통합한 것은?**

① ISDN(Intergated Services Digital Network)
② VAN(Value Added Network)
③ GSM(Global System for Mobile Communication)
④ CDMA(Code Division Multiple Access)

해설

ISDN(Intergated Services Digital Network) : 다음 망들을 하나로 통합하고 디지털 방식으로 사용한 것
1. 음성의 전송을 위한 공중전화망(PSTN : Public Switched Telephone Network)
2. 데이터의 전송을 위한 공중 회선 교환 데이터망(CSDN : Circuit Switched Data Network)
3. 데이터전송을 위한 패킷 교환 데이터망(PSDN : Packet Switched Data Network)
4. 텔렉스망, 팩시밀리망 등

77 **프레젠테이션 준비 또는 진행 시에 고려할 사항과 가장 거리가 먼 것은?**

① 프레젠테이션의 목적이 정보전달인지, 설득인지, 즐거움을 주기 위한 것인지 분석한다.
② 청중의 규모, 성별, 지식수준, 연령 등을 파악한다.
③ 프레젠테이션 장소의 좌석 배치와 사용가능한 기자재 등을 파악한다.
④ 프레젠테이션 시 사전에 준비한 원고를 완벽하게 외워 그대로 진행한다.

해설

프레젠테이션 시 사전에 준비를 완벽하게 하는 것은 바람직하지만, 원고를 외워서 그대로 진행하기보다는 청중의 반응 등 상황에 맞게 적절히 진행하도록 한다.

78 **다음 중 신문에서 정보를 얻는 방법으로 가장 올바르지 않은 것은?**

① 상사와 관련 있는 사람의 인사이동, 부음란을 살핀다.
② 신문은 보고 바로 버리지 않고 1주일 정도 모아 두었다가 버린다.
③ 신문광고 내용은 사실을 과장한 것이 많으므로 정보로서 활용가치가 없다.
④ 필요한 기사를 언제든지 필요할 때 찾을 수 있도록 파일링해 둔다.

해설

신문광고가 사실을 과장하기도 하지만 기본적인 정보의 존재를 인지하거나 확인할 수 있으므로 정보로서 활용가치가 있다.

76 ① 77 ④ 78 ③ **정답**

79 다음 중 전자문서관리시스템(EDMS)의 특징에 대한 설명으로 가장 옳지 않은 것은?

① EDMS는 Electronic Document Management System의 약자로 문서양식을 단순화시키고 문서작성과 유통을 표준화시킨다.
② 문서작성뿐 아니라 화상회의도 가능하게 하여 빠른 의견 조율이 가능하다.
③ 종이문서 보관장소의 획기적인 절감으로 쾌적한 사무환경 조성이 가능하다.
④ 저장된 결재 문서를 다시 불러내어 재가공할 수 있어 문서 재작성의 번거로움을 줄여준다.

해설

EDMS는 컴퓨터 프로그램과 저장 장치를 이용하여 기업 내의 갖가지 종류의 문서들을 관리하는 것이다. EDMS는 기업과 기업 내 사용자들이 문서를 만들거나, 종이문서를 전자문서의 형태로 변환한 뒤, 저장, 편집, 출력, 처리할 수 있게 해주며, 텍스트 형태뿐 아니라 이미지, 비디오, 오디오 형태의 문서를 관리할 수 있게 해준다. 화상회의를 이용하기 위해서는 그룹웨어 등을 사용하여야 한다.

80 이은정 비서는 한글 프로그램을 이용하여 데이터 파일을 만들고 내용문 파일과 병합하여 데이터가 서로 다른 문서를 한꺼번에 작성하려고 한다. 다음 중 가장 관계가 없는 것은?

① 데이터 파일 첫 줄에 필드의 개수를 쓰고, 둘째 줄부터 한 줄에 한 필드씩 입력한다.
② 데이터 파일은 '데이터.pdf'로 저장한다.
③ 내용문 파일을 작성하면서 데이터 필드를 삽입할 곳에 [메일머지 표시 달기]를 한다.
④ 내용문 파일에 커서를 놓고 [메일머지 만들기]를 실행하고, 데이터 파일을 선택한다.

해설

데이터 파일의 확장자는 .dbf(database file)이다.

정답 79 ② 80 ②

제 7 회 모의유형문제

제 1 과목 비서실무

01 내방객 응대 시 올바른 처리법이라 할 수 없는 것은?

① 손님을 복장이나 모습으로 재빨리 파악해 상사의 불필요한 시간적 낭비를 피하도록 비서의 판단으로 면담을 결정한다.
② 거래처 사장님 비서와 약속 확인을 위한 통화 시 즐기시는 차의 종류를 미리 확인해 둔다.
③ 사무실 도착시각을 예측하기 위해 차량기사에게 미리 부탁하여 식사장소에서 떠나는 시점에 연락을 받도록 한다.
④ 수차례 내방한 손님일 경우는 손님의 기호를 알고 차를 낸다.

해설

일반적으로 내방객의 외모나 복장으로 차별해서는 안 된다.

02 비서의 일정표 작성과 관련한 내용으로 적절하지 않은 것은?

① 사내 정기행사나 일정 등 미리 정해져 있는 것은 먼저 연간 일정표나 월간 일정표에 기입해 둔다.
② 월간 일정표는 당월 초에, 일일 일정표는 전일까지 상사에게 보고할 수 있도록 작성한다.
③ 모든 일정의 최종결정권은 상사에게 있으므로 항상 상사와의 논의를 통하여 일정을 정하고 확인을 받는다.
④ 일정표에는 흔히 사용하는 말을 기호화 해두면 편리하다.

해설

② 월간 일정표는 전월 말에, 주간 일정표는 주말에, 일일 일정표는 전일까지 상사에게 보고할 수 있도록 작성한다.

01 ① 02 ② 정답

03 비서의 업무에 관한 설명으로 적절하지 않은 것은?

① 같은 계열사 비서나 같은 업종 혹은 업무상 관련이 많은 거래처, 상대회사 비서들과의 인간관계도 중요하므로 비서 동호회나 계열사 비서들 간의 모임 등 온라인, 오프라인을 통한 친목관계를 형성한다.
② 회사 밖의 회의나 모임에서 자랑삼아 업무 사항을 발설하지 않는다.
③ 상사의 출장 계획이 수립되면 조직의 출장 규정과 승인 절차를 확인하여 승인을 받도록 한다.
④ 상사와의 커뮤니케이션이 부족해 업무를 잘못 수행한 경우 책임소재를 명확히 가린다.

해설

상사가 잘못된 업무 수행을 비서의 실수로 돌리는 경우도 있을 수 있다. 이런 경우 단순히 업무 수행의 잘못을 가리려 하지 않고, 업적은 상사에게로 돌리고 실수는 비서의 잘못으로 함으로써 잘못된 업무 수행의 여파를 최소화할 수 있게 되며, 동시에 비서와 상사는 높은 신뢰 관계를 쌓을 수 있다.

04 편지 봉투의 수신자란에서, 회사나 단체 이름 뒤에 쓰는 말은?

① 귀하(貴下)
② 좌하(座下)
③ 앞
④ 귀중(貴中)

해설

'귀하(貴下)', '좌하(座下)'는 윗사람의 이름 뒤에 쓰는 말이고 '앞'은 아랫사람에게 쓰는 말이다.

05 런던지사소속 팀장 Ian Poulter란 사람이 한국에 휴가차 입국하며 한국지사를 한번 방문해보고 싶다고 연락을 해왔다. 상사는 마침 출장으로 부재중이며 비서에게 대리접견을 해줄 것을 요청하였다. Ian을 맞이하는 비서의 태도로 가장 부적절한 것은?

① 사내 게시판이나 메일을 통하여 런던지사 직원의 방문을 직원들에게 미리 공지한다.
② 한국지사의 기념품을 미리 준비하여 방문 시 전달하도록 한다.
③ 상사가 부재중이므로 직원회의를 상사 대신 소집하여 서로 인사를 나눌 수 있도록 계획한다.
④ 방문한 Ian에게 회사를 안내해 주며 설명해 준다.

해설

③ 상사가 부재중에는 상사가 위임한 범위 내에서 업무를 수행하여야 한다. 상사가 대리접견을 지시하였다면 그 범위 내에서 진행하여야 하며, 위임범위 밖의 업무는 상사에게 별도로 문의하여야 한다. 비서가 상사 대신 직원회의를 소집하는 것은 명백한 월권행위이다.

정답 03 ④ 04 ④ 05 ③

06 **한빛상사의 신입비서인 정서연 비서는 조직과 직무에 신속히 적응하고 비서로서의 직무수행 능력을 향상시키고자 한다. 정 비서가 직무를 통한 자기개발을 하는 방법으로 가장 적절치 않은 것은?**

① 문서 작성 시 문서의 작성의도와 내용을 이해하고 예상되는 업무처리절차 등을 생각해 본다.
② 상사에게 오는 모든 우편물을 개봉하고 정리하며 내용을 이해하고 답변을 연결해 봄으로써 업무의 진행상황을 파악할 수 있다.
③ 조직 내 문제에 대하여 상사는 어떠한 기준에서 결정을 내리는가를 살펴보고 다양한 각도로 분석해 보는 습관을 키운다.
④ 지금까지 계속해오던 방법이나 전임비서의 업무수행 방식에서 벗어나서 생각해 보며 새로운 아이디어를 생각해 본다.

해설

업무용 우편물 등의 개봉 여부는 상사의 지시에 따른다. 수신된 우편물 중 개인에게 보내온 편지나 친전편지 등은 개봉하지 말고 상사에게 직접 전하는 것이 원칙이다.

07 **다음 중 연하장 발송 업무에 관한 설명으로 가장 적절하지 못한 것은?**

① 상사와 의논하여 발송대상자의 명단을 확정하고, 발송대상자의 주소 및 회사명, 직급 등에 변화가 있는지 확인한다.
② 금년 연하장으로 사용할 샘플을 요청하고 이를 상사께 보여드려 선택한다.
③ 자신이 보좌하는 임원 외에 다른 임원분들도 필요하다고 할 경우 수량을 확인하여 총주문량을 결정한다.
④ 사내 여러 임원이 미국 본사의 동일 인물에게 각각 개별 카드를 보내는 것이 바람직하다.

해설

사내 여러 임원이 미국 본사의 동일 인물에게 개별 카드를 보내는 것보다는 공동명의로 연하장 한 장을 보내는 것이 바람직하다.

08 **비서의 업무상 화법으로 가장 적절하지 않은 것은?**

① "오늘 하루도 수고 많으셨습니다."
② "불편을 끼쳐드려 죄송합니다만 회의참석에 관해서 부탁의 말씀을 드리겠습니다."
③ "사장님께서 다시 검토해 보시고 결재를 올려주셨으면 하고 말씀하십니다."
④ "김진표 회장님의 말씀이 있겠습니다."

06 ② 07 ④ 08 ① 정답

해설

상사에게 수고가 많으셨다는 표현은 적절하지 못하다.

09 다음 중 다양한 문화의 비즈니스 관행에 대한 설명으로 가장 거리가 먼 것은?

① 러시아에서는 처음 만나면 휴대폰 번호를 먼저 교환한다.
② 일본 바이어들과 상담 시 '세계 최고 상품'이라는 말은 함부로 하지 않는다.
③ 인도인과 미팅 시 스케줄을 여유 있게 잡고 다음 스케줄이 영향을 받지 않도록 해야 한다.
④ 인도네시아에서는 되도록 높은 사람과 접촉하는 것이 거래성사의 지름길이다.

해설

자발적으로 번호를 알려주고 전화하라고 하기 전까지는 러시아 바이어에게 휴대폰 번호를 물어보아서는 안 된다. 러시아에서는 휴대폰을 받은 사람도 요금을 지불해야 하며 대부분 회사들이 휴대폰 요금을 지원하지 않아 사적 개인 비용으로 처리해야 하기 때문에 바이어의 휴대폰 번호를 안다 해도 허락 없이 전화하는 것은 큰 실례다. 특히 국제통화일 경우 휴대폰 사용 요금이 매우 높다.

10 다음 중 출장 후 감사편지 작성 시의 유의점으로 가장 적절하지 못한 것은?

① 상사가 받은 호의에 대하여 구체적으로 언급하면서 감사를 표하였다.
② 카드로 보낼 것인지 편지로 보낼 것인지는 상사에게 여쭈어 보는 것이 좋다.
③ 감사편지는 출장에서 돌아온 직후에 보내는 것이 좋다.
④ 선물을 받았을 때는 이메일로 감사편지를 보내는 것이 간편하다.

해설

선물을 받았을 때는 잘 받았다는 감사의 편지나 카드를 보내는 것이 바람직하다. 선물을 받은 후에 대개 7~10일 정도 후에 답례하는 것이 적당하며, 늦어도 1개월 이내에 답하도록 한다.

11 일정관리 시 유의해야 할 사항이다. 잘못된 내용은 어느 것인가?

① 적절한 여유와 휴식을 확보할 수 있도록 시간적으로 배려한다.
② 상사의 스케줄도 일종의 기업 비밀이므로 보안을 유지한다.
③ 출장 직전과 직후의 예약은 시간절약을 위해 가급적 많이 잡는 것이 능률적이다.
④ 우발적인 차질을 막기 위해서는 확인이 필요하다.

해설

출장 직전과 직후의 약속은 피한다. 출장 직전과 직후에는 처리해야 할 일들이 많으므로 이들을 먼저 처리한다.

정답 09 ① 10 ④ 11 ③

12 **조직체 내에는 공식조직과 비공식조직이 함께 존재하며, 특히 비서에게는 조직의 비공식적인 측면을 잘 이해하고 파악함으로써 얻을 수 있는 이점이 있다. 이러한 비공식조직에 대한 설명으로 가장 적절한 것은?**

① 가능한 한 다양한 비공식 조직에 속해 조직 내 의사소통의 흐름에 대처하도록 한다.
② 상사의 비공식 조직은 업무에 활용될 수 있는 정보를 얻을 수 있으므로 상사와 정보를 공유한다.
③ 자신이 인식하지 못하는 사이 직무상 기밀이 누설되지 않도록 각별히 유의한다.
④ 상사와 비공식 조직에서 친분이 있는 사람들과 정기적인 모임을 주선하거나 안부를 전한다.

해설

① 가능한 한 다양한 비공식조직에 속하는 것은 비효율적이라고 볼 수 있다.
② 상사의 비공식조직에 개입해서 업무에 연결 지으려는 것은 자칫 무례할 수 있다.
④ 상사와 비공식조직에서 친분이 있는 사람들과 정기적인 모임을 주선하거나 안부를 전하는 것은 비서의 업무라고 볼 수 없다.

비공식조직의 특징 및 구성

- 구성원 간의 친밀감을 바탕으로 하여 의사소통을 원활하게 함
- 구성원 개인이 좌절이나 불행, 욕구불만 등을 느낄 때 토론하고 해소함으로써 조직 유지의 안전장치 구실
- 구성원에게 일정한 행동양식, 규범, 가치체계 등을 제공함으로써 귀속감, 안정감, 만족감 등 정서적 만족 제공
- 구성원 간의 협동 도모, 의사결정 참여, 유기적 상호관계 증진 등을 도모함으로써 업무를 능률적으로 수행하게 함
- 구성원 간의 커뮤니케이션을 통해 조직의 생리 파악 가능

13 **다음은 회의장 좌석배치에 대한 설명이다. 옳지 않은 것은?**

① 극장형 : 연사 또는 주빈 쪽을 정면으로 바라보도록 좌석을 배열하는 방법이다.
② T자형 : 좁은 공간을 효율적으로 이용할 수 있다.
③ 원탁테이블 : 그룹토의를 진행하는 데 좋다.
④ ㅁ자형 : U자형과 같으나 막혀 있으며, 바깥쪽에만 의자를 배열한다.

해설

T자형으로 좌석을 배치하면 넓은 공간을 효율적으로 이용할 수 있다.

12 ③ 13 ② **정답**

14 **성격이 급하고 모든 일에 완벽을 추구하는 상사를 모시고 있는 비서 이선경은 결재서류를 받으러 왔다가 늘 꾸중을 듣는 분들께 팁(힌트)을 알려 드렸다. 다음 중 비서 이선경이 잘못한 것은?**

① 상사의 심기 상태나 분위기에 대해 미리 알려 준다.
② 직전에 일어난 모든 사항에 대해 가급적 상세히 귀띔해 준다.
③ 경우에 따라 결재에 들어가는 시간을 조절해 준다.
④ 기다리는 분과 관련이 있는 전화나 면담에 대해 객관적인 정보를 준다.

해설

직전에 일어난 모든 사항에 대해 상세히 알려주는 것은 필요하지도 않을뿐더러 도리어 상사의 업무수행에 방해가 될 수 있다.

15 **비서가 상사에게 보고하는 방법으로 다음 중 적당하지 않은 것은?**

① 보고할 때 자료가 있는 경우에는 자료를 첨부하여 보고한다.
② 보고는 실수가 없도록 모든 경과를 보고한 후, 마지막에 결론을 말한다.
③ 경과를 보고할 때는 가능한 한 자신의 주관적인 생각을 넣지 않도록 주의한다.
④ 복잡한 내용을 설명할 경우에는 메모용지 등을 활용하여 보고한다.

해설

결론은 간단, 명료, 구체적으로 하고 설명은 나중에 첨가하는 것이 보고의 원칙이다.

16 **다음 중 비서가 방문객을 소개하는 예절로서 옳지 않은 것은?**

① 지위가 낮은 사람을 윗사람에게 먼저 소개한다.
② 여러 사람과 한 사람이 있을 경우 먼저 여러 사람을 소개한 후 한 사람을 소개한다.
③ 연령 차이가 있을 경우 보통 젊은 사람을 먼저 소개한다.
④ 여러 사람을 그룹별로 소개할 때는 어느 한편의 사람들을 다른 편에다 소개하고 난 후 다른 그룹을 소개한다.

해설

여러 사람과 한 사람이 있을 경우 먼저 한 사람을 여러 사람에게 소개한다.

정답 14 ② 15 ② 16 ②

17 여행사 직원과의 전화내용 중 밑줄 친 부분의 설명으로 틀린 것은?

> 여행사 직원 : 강 비서님, 요즘 ① 유류할증료가 많이 인상되었네요. 더군다나 ② Open Ticket으로 발권할 경우에는 할인가격을 적용할 수가 없습니다. 사장님께서는 바다항공사와 ③ Code Share된 일정은 싫어하시지요? 요청하신 시간대에는 ④ Stop Over 일정밖에 없어서 일정을 다시 한 번 확인해주셔야겠어요.

① 유류할증료 : 유가가 비싸졌을 때 유가 상승분을 일정 승객에게 부담하는 것
② Open Ticket : 귀국 날짜를 구체적으로 정하지 않고 예약한 항공권
③ Code Share : 항공사 간 협정으로 출발편 승객은 갈아탈 시 제휴 항공사의 노선을 사용할 수 있도록 하는 것
④ Stop Over : 최종 목적지 도착 이전의 중간 기착지로서 24시간 이내 공항에서 체류함

해설

스탑 오버는 최종 목적지가 아닌 중간 기착지에서 하루 이상 머무는 것이다. 추가 요금과 공항세가 부가될 수 있다.

18 공휴일 전날에 비서인 내가 퇴근하려고 하는데 상사로부터 "내일 반드시 처리해야 하는 급한 일이 생겼는데 내일 출근을 했으면 좋겠군요."라고 부탁을 받았다. 내일은 저녁에 동창회 모임에 참석해야 하며, 내가 간사를 맡고 있어서 빠지기가 곤란했다. 이 경우 가장 적절한 대응 방법은?

① 누군가 다른 사람에게 대신 부탁하면 안 되겠는가라고 물어본다.
② 출근은 하지만 동창회에 참석할 수 있도록 해달라고 부탁한다.
③ 상사에 속한 비서이므로 동창회에는 다음에 참석한다.
④ 전부터 예정해 온 일이므로 죄송하다고 거절한다.

해설

상사의 업무 지시에 부합하면서 자신의 사생활도 유지할 수 있는 방법을 모색한다.

19 상사는 교제업무를 통한 원활한 인간관계를 위하여 많은 모임에 가입하고 적극적으로 참석한다. 다음 중 비서가 미리 알아야 할 사항이 아닌 것은?

① 상사가 회원으로 되어 있는 모임의 이름과 참석 인원들
② 매달 개최되는 정기 회합의 날짜와 장소
③ 모임의 규모와 재정상태 및 지출내역
④ 모임의 목적, 상사의 직위 및 책임업무

17 ④ 18 ② 19 ③ 정답

해설

상사가 외부회의에 참석할 경우
- 회의 일시와 장소 등을 정확히 확인하여 상사가 정시에 출석할 수 있도록 한다.
- 회의 장소와 회의장 연락처, 담당자 (비서) 이름 등을 알아두어 긴급한 사항 시 상사와 연락을 취할 수 있도록 한다.
- 회의 참석에 필요한 자료는 미리 준비한다.
- 회의 장소를 잘 모를 경우 약도를 준비한다. 기사분이 계시다면 장소확인 후 미리 알려드리고 배차에 신경을 쓴다.
- 회의와 관련하여 변경사항이 발생하는 경우에 대비, 확인하는 습관을 갖는다.
- 회의의 성격은 미리 파악해 두고 비서가 회의에 동행하게 될 때에는 상사의 지시에 따라 행동한다.

20 다음 상황에서 비서가 외부강사를 초청해야 할 때 가장 옳지 않은 행동은?

> 상사인 박 사장은 회사의 간부급 직원들의 프레젠테이션 능력이 부족하다고 생각한다. 따라서 외부강사를 초청하여 15명 내외의 각 부서의 부서장과 임원들을 위해 프레젠테이션 능력 향상 교육을 실시하려고 한다.

① 회의 날짜와 시각, 참석자의 수와 수준, 회의실의 배치 상태를 외부 강사에게 알려준다.
② 연사를 소개할 때 필요한 약력을 미리 알아둔다.
③ 강의안을 참석자들에게 배포해야 하므로 강사에게 강의안을 회의 당일 가져오도록 부탁한다.
④ 외부 강사에게 강연 시 필요한 물품 및 기자재를 사전에 확인한다.

해설

강의안을 참석자들에게 배포하고자 하는 경우 미리 강의안을 확보하여 준비하도록 한다.

제2과목 경영일반

21 경영계획에 대한 서술로 바르지 못한 것은?

① 경영자가 수행하는 경영관리의 최초의 과정이면서 또한 경영관리의 최종적 과정인 경영통제의 전제조건이 된다.
② 기업의 장래 관리활동코스에 대한 의사결정과 그 과정이라고 정의할 수 있다.
③ 경영계획은 가장 넓은 의미로 파악할 경우 목표와 전략을 모두 포함하게 된다.
④ 경영계획과 경영정책은 서로 상반되는 의미를 갖고 있다.

해설

경영계획과 경영정책은 대체적 과정 내지 수단의 선택에 관한 의사결정과 그 과정이라는 점에서는 동일하다고 볼 수 있다.

정답 20 ③ 21 ④

22 다음 중 기업의 경영환경에 대한 설명으로 가장 적절하지 않은 것은?

① 경제환경, 사회환경, 기술환경 등은 기업환경 중 미시적 · 직접적 환경에 속한다.
② 경영자들이 주목하는 경제적 환경요인으로는 GNP나 GDP성장률이 기본적인 경제지표로 활용되며, 이자율, 환율, 세율, 생산/투자/고용/소비지표 등이 많이 활용된다.
③ 기업내부의 조직문화, 조직의 역사 등도 조직경영에 큰 영향을 미칠 수 있기 때문에 조직내부환경도 환경으로 본다.
④ 과업환경은 경영활동에 직접적으로 영향을 미치는 환경요인으로, 고객 · 공급자 · 경쟁자 등으로 구성된다.

해설

경영환경 중 미시적 환경은 각 기업의 특성에 따라 고유하게 나타나며, 직접적인 영향을 미친다. 경제환경, 사회환경, 기술환경 등은 모든 기업에 일반적인 영향을 미치는 거시적 환경에 해당한다.

23 다음 중 재무비율분석의 단점이 아닌 것은?

① 종합적인 분석이 어렵다.
② 비교기준이 되는 표준비율의 선정이 어렵다.
③ 과거의 회계정보에 의존하고 있다.
④ 기업의 재무상태 및 경영성과를 살펴보기 어렵다.

해설

손익계산서나 대차대조표 등의 재무제표를 근거로 한 재무비율 분석은 비교적 쉽게 어떤 기업의 재무상태 및 경영성과를 살펴볼 수 있다는 장점이 있다.

24 다음 중 설명이 틀린 것은?

① 전자상거래 어플리케이션은 인터넷과 엑스트라넷 통한 제품의 구매, 판매, 서비스, 정보 등을 지원한다.
② 내부 업무 어플리케이션은 기업 내부의 업무 프로세스와 작업을 지원한다.
③ e비즈니스 어플리케이션은 전사적 커뮤니케이션과 협업, 전자상거래, 내부 업무시스템으로 분류할 수 있다.
④ 전사적 커뮤니케이션과 협업 어플리케이션에서 팀과 워크그룹 구성원들의 커뮤니케이션 및 조정지원은 하지 않는다.

해설

전사적 커뮤니케이션과 협업 어플리케이션은 팀과 워크그룹 구성원들의 커뮤니케이션 및 조정과 협업을 지원한다.

22 ① 23 ④ 24 ④ 정답

25 다음 중 경영통제 활동에 대한 설명으로 가장 적절하지 않은 것은?

① 기업경영에 있어서 통제활동은 상황에 따라 경영의 모든 프로세스가 대상이 될 수 있다.
② 통제활동은 기준설정, 산출측정, 비교평가의 세 단계를 거친다.
③ 인력의 통제는 필요한 자격을 갖춘 인력을 필요한 숫자만큼 필요한 곳에 공급하는 것을 의미한다.
④ 재무자원통제란 회사운영에 들어가는 운영비 지출을 사후에 통제하는 것을 말한다.

해설

④ 재무통제는 운영비 지출 과정에서 이를 재무목표에 부합하게 관리하는 것이다. 운영비 지출을 사후에 통제하는 것은 재무결산이다.

26 「악화는 양화를 구축한다.」는 말로, 똑같은 명목가치를 지닌 실질가치가 큰 화폐와 작은 화폐가 동시에 유통되면 실질가치가 큰 화폐는 유통과정에서 사라지고 실질가치가 작은 화폐만이 계속 유통된다. 이 현상을 설명한 법칙은?

① 세이의 법칙
② 슈바베의 법칙
③ 그레샴의 법칙
④ 사소함의 법칙

해설

③ 어느 한 사회에서 악화(소재가 나쁜 화폐)와 양화(예컨대 금화)가 동일한 가치를 갖고 함께 유통될 경우, 악화만이 그 명목가치로 유통되고, 양화에는 그 소재가치가 있기 때문에 오히려 재보(財寶)로서 이용되거나 혹은 사람들이 가지고 내놓지 않아 유통에서 없어지고 만다는 것이다.
① 자유경쟁 경제하에서는 일반적인 생산 과잉은 발생하지 않고, 「공급은 그 스스로의 수요를 창조한다.」는 것으로서 세이(J. B. Say)의 시장이론으로 「판로의 법칙」이라고도 한다. 그러나 세계 대공황으로 모순이 일어났으며, 케인즈(J. M. Keynes)의 유효수요 원리에 의하여 비판을 받았다.
② 독일 통계학자 H. 슈바베가 발견한 근로자의 소득과 주거비에 대한 지출의 관계법칙, 소득 수준이 높으면 높을수록 집세에 지출되는 금액은 커지지만 전체 생계비에 대한 주거비의 비율은 낮고, 소득이 낮을수록 전체 생계비에 대한 주거비의 비율은 높아지는 것을 말한다.
④ 금액이 사소한 의안에 대하여 소비한 시간이 금액이 큰 의안에 소비한 시간보다 월등히 큰 것을 말하는 것으로, C. N. 파킨슨이 주장한 법칙이다. 주부들이 콩나물 값을 깎는 데는 온갖 열정으로 시간을 투입하면서도 큰 소비재 구입에는 시간적 배려를 하지 않고 서둘러 결정하는 것과 같은 현상을 말한다.

정답 25 ④ 26 ③

27 **다음은 국내 기업의 해외 시장 진출 사례이다. (가), (나)에 대한 설명으로 옳은 것은?**

> (가) ㅇㅇ기업은 그동안 축적한 경험과 기술 등을 바탕으로 중국 A사의 경영 활동을 대신 수행해 주고 일정한 대가를 받는 방식으로 계약하였다.
> (나) 외식업체로 성공한 △△패스트푸드는 자체 브랜드의 사용을 허용하고, 조직, 마케팅 기법 및 일반 관리 부문까지 지원하는 방식으로 미국의 B사와 계약을 체결하였다.

① (가)는 국제 라이선싱 계약 방식이다.
② (가)는 상호의 사용권에 대한 사용료를 받는다.
③ (나)는 경영권 획득을 목적으로 한다.
④ (나)는 국제 프랜차이징 계약 방식이다.

해설

국제 프랜차이징은 특정 기업이 갖고 있는 상표나 경영 기법을 제공하고 대가를 받으며, 경영 관리 계약은 경영 활동을 대신해 주고 대가를 받는 방식이다. 라이선싱 계약 방식은 국제 간의 기술 이전에 상용되는 가장 대표적인 방식이며 (가), (나) 모두 간접 투자 방식에 해당한다.

28 **다음 중 기업의 성장전략 중 수직적 통합전략에 대한 설명으로 가장 적절하지 않은 것은?**

① 수직적 통합은 생산과정상 또는 유통경로상에서 공급자나 수요자를 통합하는 전략을 말한다.
② 수직적 통합은 원가절감과 안정적 수요와 공급이 가능하다는 전략적 이점을 지니고 있다.
③ 수직적 통합을 통해 기업은 환경변화에 대한 탄력적 대응이나 기술변화에 대한 민감한 반응이 가능하다.
④ 자동차 회사가 부품공급업체를 수직 통합한다면 품질향상과 유지를 통해 제품차별화를 달성할 가능성이 높아질 수 있다.

해설

수직적 통합은 원재료의 획득에서 최종제품의 생산, 판매에 이르는 전체적인 공급과정에서 기업이 일정 부분을 통제하는 전략으로 다각화의 한 방법이다. 수직적 통합은 첫째, 원료의 독점으로 경쟁자를 배제하며, 둘째, 원료 부문에서 수익을 얻고, 셋째, 원료부터 제품까지의 기술적 일관성이 이루어지는 등의 장점이 있다. 그러나 수직적 통합을 하게 되면 경기의 변동이나 기업 내부의 운영에 대한 유연성이 떨어지게 된다. 예를 들어 조선산업이 불황기를 맞게 되면 외부에서 구매하는 부품은 주문을 줄이면 되지만 자체적으로 부품을 만들고 있다면 불황기에도 많은 고정비용은 계속 투입된다.

27 ④ 28 ③ 정답

29 중소기업의 장 · 단점에 대한 설명으로 옳지 않은 것은?

① 경영규모가 작기 때문에 종업원의 전문화가 행해질 수 없으며, 능률적인 경영관리가 힘들다.
② 기계화가 어렵고 자본집약적인 제품생산의 경우 중소규모가 더욱 유리하다.
③ 경영규모가 작기 때문에 수요의 변화에 따라 기민하게 대응할 수가 있다.
④ 기업자본이 적기 때문에 원재료의 구입 등에 불리한 점이 많다.

해설
중소기업의 경우 기계화가 어렵고 노동집약적인 제품생산의 경우 더욱 유리하다.

30 인사고과의 새로운 경향과 관계가 먼 것은?

① 특정직위와 연관된 평가
② 업적에 바탕을 둔 정확한 능력평점
③ 상향적 소청권 부여와 자기고과의 기회
④ 승진과 임금관리 목적의 고과

해설
④ 전통적인 인사고과의 목적이다. 현대의 인사고과에서는 종업원의 업적은 물론 능력, 적성 등의 파악과 평가를 통하여 능력개발과 적재적소의 배치에 연결시키고 있다.

31 경영다각화의 장점이 아닌 것은?

① 경기변동에 따른 위험의 분산
② 경영규모의 확대에 따른 비용절감
③ 시장점유율의 확대
④ 다각화로 인한 전문업종 육성이 용이

해설
경영다각화의 단점으로는 기업조직의 대형화 및 복잡화로 조직의 관료화 · 다각화로 전문업종 육성의 저해, 자본운영의 애로, 종업원 상호간의 대립 등이 있다.

32 노동쟁의 행위 중 사보타지란 무엇을 말하는가?

① 태업으로 노동조합이 취하는 일종의 노동쟁의이다.
② 노동쟁의 중 가장 대규모적인 형태이다.
③ 단체 보이콧을 취하는 행동권이다.
④ 일정한 기간 파업상태에 들어가는 것이다.

해설
사보타지란 태업으로 노조원들이 작업장에 임하긴 하지만 일을 게을리함으로써 기업주에게 골탕먹이는 쟁의행위이다.

정답 29 ② 30 ④ 31 ④ 32 ①

33 시장세분화의 장점이라고 보기 어려운 것은?

① 시장의 세분화를 통하여 마케팅기회를 탐지할 수 있다.
② 제품 및 마케팅활동의 목표시장의 요구에 적합하도록 조정할 수 있다.
③ 규모의 경제가 발생한다.
④ 시장세분화의 반응도에 근거하여 마케팅자원을 보다 효율적으로 배분할 수 있다.

해설

규모의 경제는 생산량이나 판매량의 크기에 따라 나타나는 것이므로 시장 세분화와는 관계가 없다. 한정된 시장에서 세분화하면 각 세분시장의 수요가 더 작아지므로 오히려 규모의 경제는 이루기가 어렵다.

34 프랜차이즈 시스템에서 가맹점의 입장에서 본 긍정적인 효과가 아닌 것은?

① 본부가 기타 활동을 수행해주므로 판매에만 전념할 수 있다.
② 자체 문제해결 노력과 경영개선 노력을 통해 매출을 신장시킨다.
③ 품질과 광고면에서 안정된 공급이 가능하다.
④ 처음부터 지명도가 높아 효과적 경영이 가능하다.

해설

프랜차이즈 시스템이란 특정지역 내에서 일정기간 동안 모기업이 비교적 규모가 작은 개인기업에게 자신들의 제품서비스, 상표 · 상호, 노하우 및 기업운영방식을 계약에 의해 사용하여 영업할 수 있는 권한이나 특권을 주는 유통형태를 말하는 것으로 대부분의 경영활동이 모기업에 의해 좌우되므로 자체 문제해결 노력이나 경영개선의 노력이 등한시되는 부정적 측면이 있게 된다.

35 전략 경영의 과정 및 유형에 대한 설명으로 가장 거리가 먼 것은?

① 시장침투(Market Penetration) 전략은 기존제품을 새로운 시장에 출시하여 시장점유율을 증대시키려는 전략이다.
② SWOT 분석은 외부환경의 기회 및 위협 요소와 내부자원의 강점 및 약점을 파악하여 기업의 전략을 수립하기 위해 사용한다.
③ 전략통제란 기대되는 성과와 실현된 성과를 비교하고 목적에서 이탈된 부분을 수정하는 전략 경영의 과정이다.
④ 제품 포트폴리오 전략은 기업이 취급하는 여러 사업을 전략 단위로 파악하여 사업단위별로 성장시킬 것인지 혹은 포기할 것인지를 파악하기 위한 경영 전략의 유형이다.

해설

시장침투(Market Penetration)는 기존 시장에서 기존 제품으로 승부하는 시장침투 전략이다. 시장침투의 목적은 기존의 시장에서 추가적인 매출을 올리는 데 있으며 가장 보수적인 성장 전략이라고 할 수 있다.

33 ③ 34 ② 35 ① 정답

36 다음에서 '피그말리온 효과'를 가장 잘 설명하고 있는 것은?

① 상사가 부하를 능력 있는 것으로 기대해 주면 부하의 능력이 신장된다.
② 상사의 지능이 높으면 능률이 상승한다.
③ 상사의 부하에 대한 기대보다 열심히 부하를 가르치면 부하의 능력이 신장된다.
④ 부하의 능력이 신장되는 것은 전적으로 상사의 지도능력에 달려있다.

해설

피그말리온 효과
상사가 부하에게 잘 할 수 있을 거라 칭찬 및 격려함으로써 부하의 능력이 향상된다는 이론

37 최근 볼 수 있는 기업 업무와 조직의 변화에 대한 설명으로 맞는 설명은?

① 소득격차의 감소
② 핵심 업무에 집중하며 다른 업무는 아웃소싱으로 처리
③ 제조업 중심의 발전을 추구
④ 여성의 경제활동참가율 저하

해설

최근 노동시장에서는 기업 경영관행의 변화로 고용안정성의 감소, 여자 근로자 증가, 서비스업의 고용 증가, 임금소득의 양극화, 연공적 임금상승 둔화 등의 현상이 나타나고 있다.

38 다음 글의 밑줄 친 '마케팅 기법'에 대한 타당한 설명을 〈보기〉에서 모두 고른 것은?

> 기업들이 신제품을 출시하면서 한정된 수량만 제작 판매하는 한정판 제품을 잇따라 내놓고 있다. 이번 기회가 아니면 더 이상 구입할 수 없다는 메시지를 끊임없이 던지며 소비자의 호기심을 자극하는 <u>마케팅 기법</u>이다. ○○자동차 회사는 가죽 시트와 일부 외형을 기존 제품과 다르게 한 모델을 8,000대 한정 판매하였는데, 단기간에 매진을 기록하였다.

보 기

ㄱ. 소비자의 충동 구매를 유발하기 쉽다.
ㄴ. 이윤 증대를 위한 경영 혁신의 한 사례이다.
ㄷ. 의도적으로 공급의 가격 탄력성을 크게 하는 방법이다.
ㄹ. 소장 가치가 높은 상품을 대상으로 하면 더 효과적이다.

① ㄱ, ㄴ　② ㄱ, ㄷ
③ ㄴ, ㄹ　④ ㄱ, ㄴ, ㄹ

정답 36 ① 37 ② 38 ④

해설

한정 판매 마케팅 기법은 판매 기업의 입장에서는 이윤 증대를 위한 경영 혁신이지만 합리적 소비를 저해할 수 있다. 한정판 제품을 공급하므로 의도적으로 공급의 가격탄력성을 0에 가깝게 조정한 것이다.

39 소유경영자와 전문경영자에 대한 설명 중 옳지 않은 것은?

① 소유경영자는 일반적으로 자본증식이나 수익극대화 같은 목표를 가지지만, 전문경영자는 기업의 성장뿐만 아니라 부의 공정한 분배문제에도 관심을 갖는다.
② 소유경영자는 성취욕과 과감한 리더십으로 경영혁신의 주도적 역할을 수행하는 반면, 소유주 개인의 능력에 따라 기업경영이 좌우될 수 있다.
③ 전문경영자는 민주적 리더십과 자율적 경영을 통해 기업의 안정적 성장을 도모할 수 있지만, 자신의 신분보장 및 보상을 위해 기업의 장기적 성과에 집착하게 된다.
④ 전문경영자는 소유경영자와는 달리 기업내의 각기 다른 이해관계자들의 상호 대립하는 요구를 조정하는 역할을 더욱 효과적으로 수행할 수 있다.

해설

전문경영자는 자신의 신분보장 및 보상을 위해 기업의 단기적 성과에 집착하는 경향이 있다.

40 환율제도에 대한 설명 중 틀린 것은?

① 고정환율제 : 외환시세의 변동을 전혀 인정하지 않고 고정시켜 놓은 환율제도
② 시장평균환율제 : 외환시장의 수요와 공급에 따라 결정되는 환율제도
③ 복수통화바스켓 : 자국과 교역비중이 큰 복수국가의 통화들의 가중치에 따라 반영하는 환율제도
④ 공동변동환율제 : 역내에서는 변동환율제를 채택하고 역외에 대해서는 제한환율제를 택하는 환율제도

해설

④ 역내에서는 제한환율제를 채택하고 역외에 대해서는 공동으로 변동환율제를 채택하는 환율제도

39 ③ 40 ④ 정답

제3과목 사무영어

41 Which of the following is the most appropriate in the blank?

> A : You seem unhappy. Is something bothering you?
> B : Yeah. My boss was in a bad mood today and he (　　　　).

① made me rich　　② took it all out on me
③ praised me　　④ checked my schedule

해설

A : 넌 불행해 보이는구나. 괴로운 일이라도 있니?
B : 응. 오늘 우리 사장님의 심기가 안 좋았는데, 그걸 전부 나한테 퍼부었어.

42 Read four sets of dialogues and choose one which does not match each other.

① A : I'm looking for Mr. Simpson's office. I was told that it is on this floor.
  B : I'm sorry, but his office moved to the third floor.
② A : Could you tell me where the restroom is?
  B : Turn right at the end of the hall, you can't miss it.
③ A : Mr. Jacobs is expecting you in his office.
  B : I'm not sure whether I can reach his expectation or not.
④ A : May I ask the nature of your visit?
  B : I'd like to show Mr. Carter our new products.

해설

③ A : Mr. Jacobs가 사무실에서 귀하를 기다리고 있습니다.
  B : 그 분의 기대를 충족할 수 있을지 모르겠군요.
① A : Mr. Simpson의 사무실을 찾고 있습니다. 이 층에 있다고 들었는데요..
  B : 죄송합니다만, 3층으로 이사했습니다.
② A : 화장실이 어디에 있지요?
  B : 오른쪽으로 돌면 복도 끝에 보일 겁니다.
④ A : 어떤 용무로 방문했습니까?
  B : Mr. Carter에게 저희의 신상품을 보여 드리려 합니다.

정답 41 ② 42 ③

43 Which of the following is the most appropriate in the underline?

A : I looked for a parking place over and over again. I couldn't find one anywhere.
B : So what did you do?
A : I had no choice but to park in a loading zone.
B : ____________________

① Oh, no! You could be fined for that.
② Well! I certainly don't know where it is.
③ O.K! Just follow the directions on the sign.
④ Great! It is not easy to find a parking place here.

해설

A : 저는 주차장을 계속해서 찾았습니다만, 어디에서도 찾을 수 없었습니다.
B : 그래서 어떻게 하셨습니까?
A : 수화물 하차장에 차를 세울 수밖에 없었습니다.
B : 이런! 그로 인해 벌금이 과해질 수도 있습니다.

44 Which of the following will the successful candidate not be responsible for?

IBM, one of the world's leading multinational corporations, is seeking a highly qualified applicant as a Manager of Field Marketing Planning for its China branch based in Beijing. The successful candidate will be responsible for the development and implementation of various field marketing activities, development of channel programs, development of retail sales programs, and development of novelties and prizes. Prospective candidates are invited to send a written application together with a curriculum vitae with recent photograph and letter of introduction of later than August 7, 2022.

① development of novelties　② development of giveaways
③ development of channel programs　④ development of wholesale programs

해설

세계 일류의 다국적 기업인 IBM이 북경에 기반을 둔 중국 지사의 현장 마케팅 플래닝 담당 매니저로서 고도의 자격을 갖춘 지원자를 찾고 있다. 당선자는 다양한 현장 마케팅 활동을 개발하고 이행하는 일, 채널 프로그램을 개발하는 일, 소매 판매 프로그램의 개발, 그리고 신제품 및 명품의 개발과 같은 일들을 책임지게 될 것이다. 채용되고자 하는 후보자들은 최근에 찍은 사진과 2022년 8월 7일 이후에 쓴 자기소개서가 첨부된 이력서와 함께 서면 지원서를 보내도록 요청받고 있다.

43 ① 44 ④ 정답

45 What is the most appropriate expression in the underline?

A : What time is it, Jane?
B : Oh, it's already five.
A : All right. ___________.

① You can say that again.
② This will keep you busy.
③ Make mine the same.
④ Let's call it a day.

A : 제인, 지금 몇 시예요?
B : 벌써 다섯 시군요.
A : 좋아요. 이만 끝냅시다.

46 What was Christine Arthur's last position in R&S Publishing?

We have all gathered here tonight to pay tribute to Christine Arthur, who is retiring after forty years of devoted service to R&S Publishing. She began as a secretary, typing on a manual typewriter and taking shorthand. After five years she was promoted to typesetting, where she remained for ten years until she was hired as an acquisition editor specializing in children's literature. She has excelled in this position for the last twenty-five years. What will R&S do without her? We know Ms. Arthur has great plans for her next decade, which include worldwide travel, gourmet cooking, and reading every bestseller she can get her hands on. I am honored to call her forward to share with her her recollections and thoughts at this emotional time.

① typesetter
② acquisition editor
③ writer for children
④ Excel programmer

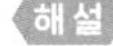

① 식자공, ② 편집자, ③ 어린이 책 작가, ④ 엑셀 프로그래머

우리는 오늘밤 R&S 출판사에서 40년간의 헌신적인 봉사를 하시고 은퇴하는 크리스틴 아서 씨에게 경의를 표하기 위해 이곳에 모두 모였습니다. 그녀는 수동 타자기로 타자를 치고 속기를 하면서 비서로 일을 시작했습니다. 5년 후 그녀는 식자부서로 승진하게 되었고, 그곳에서 10년간 근무하다가 아동문학을 전문으로 하는 부서에서 원고 모집담당 편집자로 고용되었습니다. 그녀는 지난 25년 동안 이 직책에서 탁월했습니다. 그녀가 없다면 R&S는 어떻게 되었을까요? 우리는 아서 씨가 다음 10년 동안 전세계를 여행하고, 맛있는 요리, 베스트셀러를 읽기 등을 포함한 큰 계획을 가지고 계시는 줄 알고 있습니다. 저는 이런 감동적인 때에 그녀의 추억과 생각을 여러분과 함께 나눌 수 있도록 전화를 드릴 수 있게 되어 영광입니다.

정답 45 ④ 46 ②

47 Choose one which has the least appropriate definition for the words underlined.

① If there is a <u>discrepancy</u> between two things that ought to be the same, there is a noticeable difference between them.
② When a group of people are <u>unanimous</u>, they all agree about something or all vote for the same thing.
③ If something is <u>evident</u>, you notice it easily and clearly.
④ Someone or something that is <u>notable</u> is tiny and small.

해설

④ 'notable'은 '주목할 만하거나 눈에 띄는'이라는 뜻이다. 사람이나 물건이 '작거나 아주 작은' 것이 눈에 띈다는 의미에 적절하다고 보기 어렵다.
① discrepancy : 차이, 불일치
② unanimous : 만장일치의
③ evident : 분명한

48 Find the one that writes the given Korean address to English appropriately.

① 대전광역시 중구 과례로 22번길 13-5
Daejeon, Jung-gu, Gwarye-ro 22beon-gil, 13-5
② 전라북도 전주시 완산구 서신로 44-5
44-5, Wansan-gu, Jeonju-si, Seosin-ro, Jeollabuk-do
③ 경상북도 예천군 예천읍 상동길 46
46, Sangdong-gil, Yecheon-eup, Yecheon-gun, Gyeongsangbuk-do
④ 대전광역시 중구 용두로 41-1
Daejeon, 41-1, Yongdu-ro, Jung-gu

해설

한글주소의 영문표기법은 정반대 순서로 표기하면 된다. 행정구역 사이에는 (,)로 구분하며 시 · 군 · 구에 해당하는 표기는 (-)로 구분하면 된다.

49 Choose the phrase which has a grammatical error.

> We can't give you a ⓐ <u>full refund</u> but we would ⓑ <u>be agreeing</u> to replace the ⓒ <u>damaged</u> component at no ⓓ <u>charge</u>.

① ⓐ　　② ⓑ
③ ⓒ　　④ ⓓ

47 ④ 48 ③ 49 ② 정답

Agree는 동작이 아니므로 진행형으로 쓰이지 않는다.

우리는 전액 환불해 드릴 수는 없지만 손상된 부품을 무료로 교환해 드리는 데 동의합니다.

50 Which of the following is the most appropriate for the underline?

> The long-term ________ for economic recovery in this region of the country is fairly good, however it will take a lot of effort by the citizens to make things change.

① fortunetelling ② forecast
③ foreknowledge ④ foreboding

해설

- forecast 전망, 예측
- fortunetelling 점
- foreknowledge 예지, 선견
- foreboding (불길한) 예감, 전조
- foresee 예견하다

이 지역 경제 회복에 대한 장기적인 전망은 대단히 좋지만, 상황을 변화시키려면 시민들이 많은 노력을 해야 할 것이다.

51 Which of the following is providing INCORRECT explanation?

① Junk mail : unwanted mail. Often it is advertising.
② Interoffice mail : delivered to different offices outside the company.
③ Incoming mail : delivered to your company.
④ Enclosure : something extra included with a letter or memo.

해설

② 사내 메모 : 회사 외부의 다른 사무실로 보내지는 메모
① 정크 메일 : 원치 않는 메일. 보통 광고물
③ 수신메일 : 회사로 들어오는 메일
④ 동봉 : 편지나 메모에 같이 넣어서 포함시키는 어떤 것

- Interoffice mail : (동일 조직 내에서) office와 office 간의 부국(部局) 간의 편지
- an Interoffice phone[memo] : 사내 전화[메모]

정답 50 ② 51 ②

52 Look at the following passage and choose the most appropriate words for the blank ⓐ, ⓑ, and ⓒ.

> Many people looking for work and read the ⓐ advertised by companies and employment agencies in the newspapers or on the internet. To reply an advertisement is to apply for a job. You become a candidate or and ⓑ . You write application form, or fill in the company's job description and send it, along with your resume. You often have to give names of two people who are prepared to write ⓒ for you.

	ⓐ	ⓑ	ⓒ
①	job vacancies	applicant	references
②	job promotions	applicant	cover letter
③	job promotions	employee	references
④	job vacancies	employee	cover letter

해설

- job vacancies 결원인 일자리들, 구직정보
- job promotion 승진
- applicant 지원자
- employee 종업원
- references 증빙서류
- cover letter 자기소개서

많은 사람들은 일자리를 구하면서, 기업이나 채용대행사에서 신문이나 인터넷에 광고하는 구직정보를 읽게 된다. 구인광고에 회신을 보내면 그 자리에 지원하게 된다. 당신은 지원자가 되는 것이다. 당신은 지원양식을 작성하거나 식부기술서를 채워서 이력서와 같이 보내게 된다. 종종 당신을 위해 신원보증서를 써줄 사람을 두 명 적어내야 하기도 한다.

53 Choose the most effective subject line that reflects the message below.

> We have had some difficulty arranging parking spaces for all employees. Also, as you know, we have committed to a new green guide for the company. Therefore, we need to bring green practices to our company. We are interested in finding a green solution to the parking problem. A meeting will be held on Thursday, March 23, at 12:30 p.m. to hear your suggestions. We encourage everyone to join the meeting.

① We need your suggestions for parking problem
② Green practices to our company
③ Difficulty of parking
④ Encouraging all employees to arrange meetings

52 ① 53 ① 정답

해설

우리는 모든 직원들에게 주차공간을 배정하는 데 어려움이 있습니다. 또한 여러분도 아시다시피 우리는 회사를 위한 새로운 녹색지침을 천명하였습니다. 그에 따라 우리는 회사가 녹색실천들을 하도록 하여야 합니다. 우리는 주차문제를 해결할 친환경 해법을 찾는 데 관심이 있습니다. 회의는 3월 23일 목요일 오후 12시 30분에 열릴 겁니다. 여러분의 제안을 듣기 위해 모든 분들이 회의에 참석하기를 바랍니다.

※ Questions 54 and 55 refer to the following memorandum.

TO : All office personnel
FROM : John Brizel, Office Mgr.
To reduce paperwork all personnel are advised to sort junk mail before you open it. Try to determine what mail to throw out unopened and which to keep. Some clues you might follow to sort letters are as follows. Is the envelope addressed to you or someone else? Was it addressed by label, typewriter, computer, or handwritten? Notice the postage and color of the envelope. Look at the information on the envelope. Just by paying attention to these clues, you can probably pitch a significant percentage of your mail and increase office productivity.

54 What is the office manager concerned about?

① The proper method of sorting mail.
② Saving time doing paperwork.
③ Looking for clues about opened letters.
④ Throwing away letters that aren't addressed properly.

해설

서류작업 시간을 줄이기 위해 여러 지침을 내리고 있다.

수신 : 전직원
발신 : 존 브리젤, 사무부장
서류작업을 줄이기 위해 모든 직원들은 쓸데없는 우편물들을 개봉하기 전에 분류해 주시기 바랍니다. 어떤 것을 개봉하지 않은 상태에서 폐기할 것인지 그리고 어떤 것을 보관할 것인지 결정하도록 하십시오. 우편물을 분류하는 데 따를 수 있는 몇 가지 지침은 다음과 같습니다. 봉투에 당신의 이름이 적혀 있습니까, 아니면 다른 사람의 이름이 적혀 있습니까? 주소가 딱지로 붙여져 있습니까, 아니면 타자, 컴퓨터, 또는 손으로 직접 쓴 것입니까? 우표와 봉투의 색깔에 유의하십시오. 봉투에 적힌 정보를 살펴보십시오. 이러한 지침에 주의를 기울이기만 하면 우편물의 상당 분을 폐기할 수 있어 업무 생산성을 높일 수 있습니다.

정답 54 ②

55 **What should be done with mail that appears to have no value?**

① It should be decreased.
② It should be sorted.
③ It should be opened and thrown away.
④ It should be discarded without opening.

쓸데없는 우편물들은 개봉하지 않은 상태에서 폐기되도록 지침을 내리고 있다.

※ Questions 56~57 refer to the following letter.

> Dear John :
> I am going to be out of town for the next two weeks. There are several things I would like you to do. First, please make sure all the plants are watered daily. The indoor plants need less water than the outdoor ones. Second, please take in the mail twice a week. The mailbox is small, and doesn't hold too much. Thank you so much for doing all these things for me. I hope I can return the favor someday. See you when I get back from Spain.
>
> Sincerely,
> Jeff

56 **What is Jeff going to do?**

① He is going away for a few days.
② He is going to be back from Spain.
③ He is returning John's favor.
④ He is going on a trip to Spain.

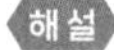

제프는 스페인으로 여행을 갈 예정이다.

> 존에게 :
> 저는 다음 두 주 동안 이곳을 떠나 있을 예정입니다. 당신에게 부탁드리고 싶은 것이 몇 가지 있습니다. 우선, 매일 모든 식물에 물을 주십시오. 실내의 식물은 실외에 있는 것보다 물을 덜 주셔도 됩니다. 둘째, 일주일에 두 번씩 우편물을 수거해 주십시오. 우편함이 작기 때문에 너무 많은 우편물을 수용하지 못합니다. 저를 대신하여 이 모든 일들을 해주시게 되어 진심으로 감사드립니다. 언젠가 이 신세를 갚을 날이 있게 되기를 바랍니다. 스페인에서 돌아와 뵙겠습니다.
> 제프 드림

55 ④ 56 ④ 정답

 The indoor plants should ____________________.

① not get as much water as the outdoor plants
② get more water than the outdoor plants
③ be watered less frequently than the outdoor plants
④ be watered more frequently than the outdoor plants

해설
실내의 식물은 실외에 있는 것보다 물을 덜 주어야 한다.

※ Questions 58~59 refer to the following advertisement.

Rent and Sell
Santa Ines entrance.
Renting luxurious
new 5 bedroom apartment. 4 baths, den,
satellite, guard, parking. $520/monthly
200 sq.ms. tel : 261-7442
Santa Rosa de Lima.
Beautiful 130 sq.ms
3 bedroom apartment. study, view, guard.
$550/monthly Eurorent tel : 285-7067

 Which of the following is NOT mentioned in the advertisements?

① terrace
② den
③ satellite
④ guard

해설
테라스에 관한 언급은 없다.

임대 및 판매
Santa Ines 입구.
침실 5개의 호화로운 신축 아파트 임대.
욕실 4개, 서재, 인공위성, 경비, 주차.
200평방미터, 월 520달러. 전화 261-7442
Santa Rosa de Lima.
130평방미터의 침실 3개의 아름다운 아파트.
서재, 전망, 경비.
월 550달러. eurorent 전화 285-7067

정답 57 ① 58 ①

59 What is the area difference between the two apartments?

① 330 sq.ms　　② 40 sq.ms
③ 70 sq.ms　　④ 30 sq.ms

위의 아파트는 200평방미터, 아래의 아파트는 130평방미터이므로 70평방미터의 차이가 난다.

60 Read the dialogue below and choose one which is not true.

Boss	: There are several tasks to be done by the end of this week. As you know, we're planning to conduct a survey on our new product. So, survey questionnaires should be prepared by this Thursday. Can I leave it to you?
Secretary	: I think I need one more day.
Boss	: Okay, and don't forget to create a sales report of this month.
Secretary	: No, problem.
Boss	: I'd like you to call Ms. Sandra Smith of World Star Advertising and set up a time for a meeting with her.
Secretary	: When would it be convenient for you?
Boss	: This Friday afternoon would be good.
Secretary	: I see. I'll call her now.

① A boss is going to create a sales report by this week.
② A secretary will finish preparing survey questionnaires by this Friday.
③ A secretary will call Ms. Smith to make an appointment.
④ A boss would like to meet Ms. Smith on this Friday afternoon.

Boss가 비서에게 영업 보고서를 작성하는 것을 당부하고 있으므로 Boss가 이번 주까지 영업 보고서를 작성한다는 ①이 대화내용에 일치하지 않는다.

59 ③ 60 ① 정답

제4과목 사무정보관리

61 **김 비서는 다음 달에 있을 신제품 발표회 참석 대상 300명에게 초청장을 보내고자 한다. 다음 중 김 비서의 행동으로 가장 옳지 않은 것은?**

① 김 비서는 편지병합 기능을 사용하여 참석대상자에게 보낼 초청장을 만들기로 하였다.
② 초청장에 필요한 정보가 엑셀에 저장되어 있는 초청자는 해당 파일을 사용하기로 하였으며, 자료가 없는 초청자는 새로 데이터 파일을 만들기로 하였다.
③ 자료가 없는 초청자가 20명이어서 김 비서는 새로운 데이터 파일에 20개의 필드와 3개의 레코드를 가진 데이터베이스 파일을 만들기로 하였다.
④ 초청장을 보낼 편지봉투에 붙이기 위해 김 비서는 데이터와 라벨 용지를 사용하여 라벨링 작업을 하기로 하였다.

해설

엑셀에 번호 순으로 이름을 나열할 것이라면, 20개의 레코드를 기준으로 원하는 항목을 필드명에 구성하고 필드에 그 값을 넣는다.

62 **상사는 어린이날을 맞아 초등학생 자녀를 둔 직원들의 집으로 1만원권 문화상품권 3매를 우편으로 보내라고 강 비서에게 지시하였다. 이 경우 강 비서가 사용하기에 가장 적합한 우편제도는 무엇인가?**

① 배달증명
② 유가증권 등기
③ 통화등기
④ 특급우편

해설

② 유가증권 등기는 우편환증서나 수표 기타 유가증권(상품권 등)을 보험등기봉투에 넣어 직접 수취인에게 송달해 주는 서비스이다. 취급한도액은 10원 이상 2,000만원 이하이다.
① 배달증명은 등기우편물의 배달일자 및 받는 사람을 배달우체국에서 증명하여 보낸 사람에게 알려주는 우편서비스이다.
③ 통화등기란 인터넷우체국을 통해 접수하면 우편으로 현금을 수취인에게 배달해주는 제도이며, 10원부터 100만원까지 보낼 수 있다.
④ 국내특급우편은 등기우편에 한하여 지정된 상호 취급 지역 간에 긴급을 요하는 우편물을, 통상 우편물보다 빠르게 전달하기 위해 신속하게 배달하는 제도이다.

정답 61 ③ 62 ②

63 **다음 중 문서의 폐기에 대한 설명으로 옳지 않은 것은?**

① 문서의 보존기간을 미리 정해진 사무관리규정에 따른다.
② 폐기란 보존기간이 만료되거나 불필요한 기록물을 처분하는 것을 말한다.
③ 문서를 폐기할 때는 보존문서 기록대장에 폐기 사실을 빨간색으로 기입하고 폐기인을 날인한다.
④ 폐기문서는 어떠한 경우에도 재생활용할 수 없으므로 모두 소각처리한다.

해설

폐기문서는 경우에 따라 이면지 등으로 사용될 수도 있다.

64 **박 비서는 한글 프로그램으로 Windows 10에서 인쇄하려고 한다. 이에 대한 설명으로 옳지 않은 것은?**

① 특정한 지정 없이 문서의 인쇄를 선택하면 기본 프린터로 인쇄된다.
② 인쇄 관리자 창에서 파일의 인쇄 진행 상황을 파악할 수 있다.
③ 인쇄 관리자 창에서 인쇄 대기 중인 문서를 편집할 수 있다.
④ 인쇄 관리자 창에서 문서 파일의 인쇄 작업을 취소할 수 있다.

해설

인쇄 관리자 창에서는 인쇄물의 순서나 삭제, 일시정지는 가능하지만 문서의 편집은 불가능하다. 문서편집은 문서편집 프로그램을 이용해 편집한 후 다시 출력해야 한다.

63 ④ 64 ③ 정답

65 **그림은 스프레드시트(엑셀)를 이용하여 진급 대상자 명단을 작성한 것이다. 옳은 설명만을 〈보기〉에서 있는 대로 고른 것은? (단, 순위 [E4:E8]은 '자동채우기' 기능을 사용함)**

	A	B	C	D	E
1	진급 대상자 명단				
2				대상인원 :	5명
3	성명	코드	부서명	승진점수	순위
4	정태정	B	기획부	93	1
5	김태영	C	인사부	80	5
6	한인수	C	인사부	82	4
7	박술희	A	총무부	85	3
8	지명환	A	총무부	92	2
9					

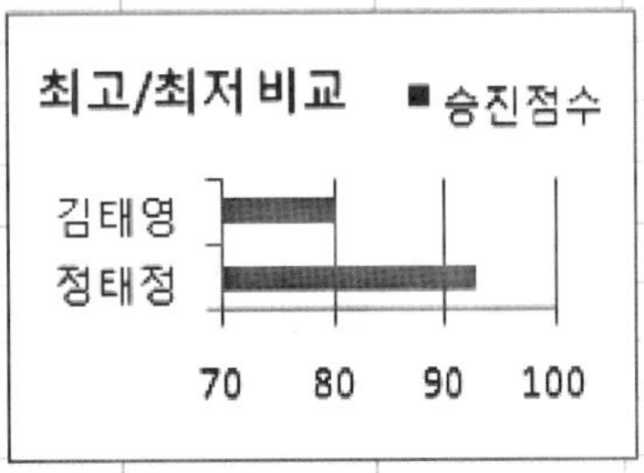

ㄱ. 차트는 '가로 막대형'으로 나타냈다.
ㄴ. 부서명을 기준으로 '오름차순' 정렬을 하였다.
ㄷ. 순위 [E4]셀의 함수식은 '=RANK(D4,$D$4:$D$8,0)'이다.

① ㄱ　　② ㄴ
③ ㄱ, ㄷ　　④ ㄱ, ㄴ, ㄷ

해설

차트는 '가로 막대형'이며, 부서명은 '오름차순', 순위 [E4]셀 함수식은 '=RANK(D4,$D$4:$D$8,0)'이므로 ㄱ, ㄴ, ㄷ 모두 맞다.

66 **김 비서는 상사로부터 받은 거래처 직원의 명함을 정리하려고 한다. 성명으로 정리했을 때와 회사명으로 정리했을 때 바람직한 순서로 짝지어진 것은?**

(가) 삼우전자 선 동 열 부장　　(나) 삼진전기 성 동 일 과장
(다) 삼우전자 차 성 준 사장　　(라) 삼진전기 선 형 민 전무

① 성명순 : (가)－(라)－(나)－(다), 회사명순 : (가)－(다)－(라)－(나)
② 성명순 : (가)－(라)－(나)－(다), 회사명순 : (다)－(가)－(라)－(나)
③ 성명순 : (가)－(나)－(라)－(다), 회사명순 : (가)－(다)－(라)－(나)
④ 성명순 : (가)－(나)－(라)－(다), 회사명순 : (다)－(가)－(라)－(나)

해설

이름의 경우 성의 순서대로 정리하면 된다. 회사명으로 정리할 때 회사명이 같으면 이름순으로 정리한다.

정답 65 ④ 66 ①

67 다음 문서 중 공문서로서 가장 적절하지 않은 것은?

① '국가고용률 70% 달성'에 대해 교육부에서 작성한 국정과제 기본계획
② '전문대학 육성방안'에 대해 교육부 홍보담당관실에서 배포된 보도자료
③ '국가직무능력표준 개발 및 활용 연수 개최 알림'을 작성한 교육부 인재직무능력정책과의 연수 협조문
④ '전문대학 육성방안 상세자료'에 대한 한국대학교 부총장의 대한일보 기사

해설

공문서는 행정기관이 공무상 작성 또는 시행되는 문서와 행정기관이 접수한 모든 문서들을 말한다. 대학교 총장이 신문에 낸 기사는 이에 해당하지 않는다.

68 다음 중 이 비서의 문서관리에 관한 설명으로 가장 적절하지 못한 것은?

① 문서는 내용에 따라 그 처리기간이나 방법이 동일하게 적용되며, 효율적인 업무수행을 위하여 당일처리를 원칙으로 한다.
② 문서는 정해진 사무분장에 따라 각자가 직무의 범위 내에서 책임을 가지고 관계규정에 따라 신속 · 정확하게 처리한다.
③ 문서는 법령의 규정에 따라 일정한 형식 및 요건을 갖추어야 하고, 권한 있는 자에 의하여 작성 및 처리되어야 한다.
④ 문서관리 업무는 문서작성, 배포, 접수, 보관 등 여러 가지가 있고, 이 중 특정 사무에 담당자를 정하여 전담하게 함으로써 전문성을 높일 수 있다.

해설

문서관리는 표준화를 통해 문서사무의 통일성과 객관성을 유지할 수 있다. 이를 통해 같은 내용의 문서는 누가, 언제 처리하더라도 동일한 방법이 적용된다. 그러나 문서의 내용이 다르면 그에 따른 처리기간이나 방법도 달라야 한다.

67 ④ 68 ① 정답

69 다음의 환율 시세표를 읽고 이에 대한 해석으로 옳은 것이 모두 묶여진 것은?

구 분	매매기준율	현찰 살 때[주1)]	현찰 팔 때[주2)]
미국 달러(USD)	1152	1172	1132
일본 엔(PY)[주3)]	1046	1064	1028
유로(EUR)	1390	1418	1362
캐나다 달러(CAD)	887	905	869
영국 파운드(GBP)	2055	2095	2014
호주 달러(AUD)	799	815	783

주1) 현찰 살 때 : 외화를 현찰로 구입할 때 지불해야 하는 한화액
주2) 현찰 팔 때 : 외화를 현찰로 팔 때 받을 수 있는 한화액
주3) PY=100엔

(가) 영국 여행 후 돌아온 철수는 남은 현금 10파운드를 은행에 가서 우리나라 돈으로 바꿨다. 그리고 이 돈으로 다시 미국 달러를 현찰로 사서 약 17달러를 받았다.
(나) 위의 표에서 엔을 제외하고 영국의 파운드가 액면 화폐가치가 가장 높고, 반면에 호주 달러가 가장 낮다.
(다) 매매율 기준으로 1 캐나다 달러는 1.3 미국 달러와 같은 금액이다.

① (가) ② (가), (나)
③ (다) ④ (가), (다)

해설

(가) 영국 10파운드를 현찰로 팔 때 20,140원을 받을 수 있다. 다시 이 돈으로 미국 현찰을 사면 17.18달러를 받을 수 있다(환율 : 1,172원).
(다) 1USD/1152 = 1CAD/887 = 1원
1,152CAD = 887USD
1CAD = 0.769USD

70 일반적인 스프레드시트 프로그램의 기능이 아닌 것은?

① 워드프로세싱 기능 ② 데이터베이스 기능
③ 계산 기능 ④ 프레젠테이션 기능

해설

스프레드시트는 일상 업무에 많이 발생하는 여러 가지 도표 형태의 양식으로 계산하는 사무업무를 자동으로 할 수 있는 표 계산 프로그램이다. 초기에는 몇 개의 셀만을 이용해서 단순 계산만 할 수 있는 프로그램이었으나, 오늘날의 스프레드시트는 작업 능력의 향상과 함께 데이터베이스 및 그래픽 기능이 추가되고 다양한 함수를 제공해 주며 통신기능까지 갖추게 되었다.

정답 69 ② 70 ④

71 **개인정보 유출을 막기 위해 만든 가상번호인 아이핀(i-PIN)에 대한 설명으로 바르지 못한 것은?**

① '인터넷 개인 식별번호(Internet Personal Identification Number)'의 영어 약자다.
② 10자리 숫자로 돼 있으며, 한번 정하면 다시 바꿀 수 없다.
③ 주민번호와 달리 숫자만으로는 성별 · 생년월일 등을 알 수 없다.
④ 방송통신위원회가 주관하며, 공인인증기관에서 발행한다.

해설

② 주민번호처럼 13자리 숫자로 돼 있지만, 사용자가 언제든 번호를 바꿀 수 있다.

72 **비서가 취급하게 되는 다양한 문서는 발생에서부터 폐기할 때까지 일괄해서 관리할 필요가 있다. 이러한 문서의 관리대장에 해당하는 것을 파일기준표라고 할 수 있는데, 이의 올바른 기능 및 관리방법이 아닌 것은?**

① 지금 사용하고 있는 문서의 파일링 위치를 알려준다.
② 보존연한을 표시하여 문서의 보존기간을 파악하게 한다.
③ 보존중인 서류함의 위치를 파악할 수 있게 해준다.
④ 한계연도가 된 문서는 일괄적으로 폐기하며 이 기준표에서도 삭제한다.

해설

④ 문서를 폐기할 때는 보존 문서기록 대장에 폐기 사실을 빨간색으로 기입하고 폐기인을 날인한다.

73 **전자우편을 이용할 때 가장 적절한 방법은?**

① 모든 이메일은 이전의 내용을 참고해야 하므로 지우지 말고 계속적으로 누적하여 보관한다.
② 수신된 모든 내용은 반드시 프린터로 출력하여 파일 캐비닛에 보관해 두어야 한다.
③ 수신된 모든 내용은 지우지 말고 반드시 상사의 지시가 있을 때까지 보관해 둔다.
④ 업무에 필요한 수신 내용을 따로 주제별로 정리하여 폴더를 만들어 저장해 놓는다.

해설

④ 일정한 원칙과 주제를 가지고 주소록을 작성해야 효과적으로 관리할 수 있다.

71 ② 72 ④ 73 ④ 정답

74 박 비서의 소프트웨어 사용방법 중 가장 적절하지 않은 것은?

① 인터넷 동영상을 수강하기 위해서 집에서 초코플레이어를 무료로 사용하였다.
② 회사에서 라이선스로 구매한 엑셀 프로그램을 이용하여 차트를 만들었다.
③ 프리웨어인 PC-CLEAN을 이용해서 업무용 컴퓨터의 필요없는 파일을 정리하였다.
④ 상사의 PDA에 번들로 설치된 outlook에 회사 컴퓨터의 outlook일정을 연동시켰다.

해설

프리웨어를 무료로 사용할 수 있는 것은 일반 사용자에 한한 것이고, 기업 업무용 PC에서 사용하는 등의 상업적 용도로는 사용할 수 없다.

75 공문서처리의 원칙에 대한 설명으로 적절하지 않은 것은?

① 효율적인 업무수행을 위하여 문서는 그날로 처리하는 것이 바람직하며, 가급적 본인이 완결하도록 한다.
② 문서처리에 장시간을 요하는 경우는 상급자의 지시를 받아 처리기간을 명확히 하고 기간 준수에 노력하여야 한다.
③ 문서 시행 후 기관 내부의 다른 부서와 의사불일치로 인하여 업무추진의 통일성 · 일관성이 결여되지 않도록 하여야 한다.
④ 문서는 법령의 규정에 따라 일정한 형식 및 요건을 갖추어야 함은 물론 권한있는 자에 의해 작성 · 처리되어야 한다.

해설

① 문서는 여러 단계를 거쳐 처리되므로 정해진 사무분장에 따라 각자가 직무의 범위 내에서 책임을 가지고 관계 규정에 따라 신속 · 정확하게 처리하여야 한다.

76 전자문서 발생에서 소멸까지 문서의 전 라이프사이클을 통합관리하는 시스템은?

① CALS(Commerce At Light Speed)
② EDI(Electronic Data Interchange)
③ EC(Electronic Commerce)
④ EDMS(Electronic Data Manager System)

해설

① CALS(Commerce At Light Speed) : 제품 생산~폐기 동안 발생 정보를 조직 간 공유. Continuous Acquisition Life-Cycle Support / Computer Aided Acquisition Logistics Support.
② EDI(Electronic Document Interchange) : '전자정보교환'. CALS와 유사. 정형 표준양식과 코드체계 이용, 거래서식을 컴퓨터간 직접 통신하는 시스템. Paperless Work Processing 지향. 자체 구조화, 체계화가 선결 요건
③ EC(Electronic Commerce) : 상품/서비스 관련 정보를 전자매체에 의해 거래

정답 74 ③ 75 ① 76 ④

77 **신문 기사에 나타난 모든 내용의 회계 정보를 파악할 수 있는 재무제표로 옳은 것은?**

> △△기업 순이익 2배 증가
> △△기업은 올 한해 매출액뿐만 아니라 이자수익 등이 꾸준히 늘어 작년에 비해 당기순이익이 2배 이상 증가한 것으로 나타났다.
>
> – ○○신문, 2021년 11월 21일자 –

① 손익계산서　　② 자본변동표
③ 재무상태표　　④ 현금흐름표

해설

손익계산서는 기업의 일정기간에 경영성과를 나타내는 보고서로 수익인 매출액과 이자수익 등에서 비용을 차감하여 당기순손익을 계산한다.

78 **표는 한 · 칠레 자유 무역 협정(FTA)의 주요 내용이다. 이에 대한 분석으로 옳은 것을 〈보기〉에서 고르면?**

(출처 : 외교부)

한국 시장 개방 품목	관세 철폐 시기	칠레 시장 개방 품목
양모, 커피 등 9,740개	즉시 철폐	자동차, TV 등 2,450개
토마토, 돼지고기 등 262개	10년 이내	축전지, 청소기 등 1,190개
마늘, 양파 등 373개	뉴라운드 발효 후 논의	–
쌀, 사과, 배 등 21개	제외 품목	세탁기, 냉장고 등 54개

보 기

ㄱ. 한국의 자동차 수출은 증가할 것이다.
ㄴ. 칠레와는 더 이상의 협상이 필요 없을 것이다.
ㄷ. 칠레는 아무런 조건 없이 시장을 모두 개방하였다.
ㄹ. 한국은 협상 과정에서 농산물 개방 정도를 놓고 고심한 흔적이 보인다.
ㅁ. 한국은 농민의 피해를 최소화하기 위해 다각적인 대책을 세워야 할 것이다.

① ㄱ, ㄴ, ㄷ　　② ㄱ, ㄴ, ㄹ
③ ㄱ, ㄹ, ㅁ　　④ ㄴ, ㄷ, ㅁ

해설

FTA의 내용에서 칠레가 시장을 개방하는 품목은 우리나라가 수출이 증가할 것이며, 관세 철폐시기에 대해 보류 조항과 단서를 붙임으로써 향후 지속적인 협상이 필요함을 알 수 있다. 한국의 일부 농산물이 개방 품목에서 제외되었다.

77 ① 78 ③ **정답**

79 요즘은 스팸문자, 메일이나 전화를 통한 보이스 피싱, 피해자를 사칭한 금융사기 등이 대표적으로 많이 발생한다. 이렇게 개인정보가 유출되어 각종 사기의 피해를 보는 일이 없도록 하려면 평소에 개인정보를 꼼꼼히 관리해야 한다. 다음 중 개인정보 유출을 막기 위해 실천하는 것으로 가장 적절하지 않은 것은?

① 비밀번호를 주기적으로 자주 변경한다.
② 비밀번호는 영문과 숫자, 기호 등을 조합하여 설정한다.
③ PC방 등 공용 컴퓨터를 이용하여 금융거래를 하지 않는다.
④ 문자메시지에 포함되어온 URL은 어떤 경우에도 클릭하지 않는다.

해설

문자메시지에 포함되어온 URL이 업무적으로나 일상적으로 유용하게 쓰이는 경우도 있기 때문에, 어떤 경우에도 클릭하지 않는 것이 아니라 URL 송신 출처 등에 유의해서 현명하게 가려 클릭해야 한다.

80 다음 중 정보 수집 및 신문 스크랩을 위한 김 비서의 행동으로 가장 적합하지 않은 것은?

① 일간지 외에도 여러 종류의 경제 신문을 구독하여 회사업무와 관련된 필요 내용을 스크랩한다.
② 상사는 김 비서가 먼저 신문을 읽고 주요 기사가 눈에 띌 수 있도록 밑줄을 그어 두기를 원하여, 김 비서는 큰 제목을 먼저 훑어보고 회사 관련 기사에 밑줄을 그어 놓는다.
③ 상사가 스크랩을 원하는 기사는 몇 가지 주제로 분류하여, 출처별로 정리한다.
④ 김 비서는 매일 경조사, 인사 동정란을 살펴보고 화환을 보내거나 축전을 보낼 곳이 있으면 즉시 상사에게 보고한다.

해설

③ 스크랩은 항상 몇 가지 주제로 구분하여 정리해야 하며, 기사의 내용에는 반드시 출처와 날짜 정보가 포함되어야 한다. 출처별로 정리하는 것은 적합하지 않다.

정답 79 ④ 80 ③

제8회 실제유형문제

제1과목 비서실무

01 다음 중 비서직에 대한 설명으로 가장 올바른 것은?

① 비서 업무의 범위는 상사의 지위와 업무 위임 정도에 따라 달라진다.
② 모든 조직은 표준화된 비서 직무 기술서(Job Description)에 따라 비서의 자격, 업무, 권한 등이 명시되어 있다.
③ 비서는 경력과 상사의 신임도에 따라 상사의 위임 없이도 업무 의사결정을 할 수 있다.
④ 비서는 조직의 업무 절차 및 문서 서식 등을 상사에 맞추어 개선 및 개발하는 등의 창의적 업무 수행이 가능하다.

해설

② 비서의 자격, 업무, 권한 등을 명시한 표준화된 직무 기술서(Job Description)는 거의 없다.
③ 비서는 경력과 상사의 신임도에 따라 상사의 위임을 받아서 업무 의사결정을 할 수 있다. 참고로 미국의 전문비서협회(IAAP)는 "비서는 사무기술에 숙달되어 있고 책임 맡은 일에 능력을 보이며 판단력과 창의력을 갖추고 있어 주어진 권한 안에서 의사결정을 할 수 있다"라고 정의하였다.
④ 조직에서 사용하는 서식을 개발하는 것이 비서의 창의적 업무에 포함되기는 하지만, 그것을 상사에 맞출 필요는 없다. 창의적 업무에는 이 밖에도 상사가 보고서를 작성할 때 이에 필요한 서류를 상사의 요구 없이 미리 준비해 두거나 신문 · 전문 서적 · 논문 등에서 주요 기사를 발췌하여 상사의 능률을 높이기 위한 참고 자료로 준비하는 일 등이 있다.

01 ① 정답

02 다음은 비서들의 자기계발 사례이다. 다음의 사례 중 비서의 자기계발 태도로 가장 적절하지 않은 것은?

① 강진물산의 허 비서는 요즘 SNS 영상 업로드에 관심이 많아 퇴근 후 영상편집을 배우러 다니고 있다.
② 한국유통의 이 비서는 평생교육원에서 야간에 개설하는 경제 수업을 수강하고 있다.
③ 두리제과의 금 비서는 대학시절 인연으로 멘토가 된 A기업 부장에게 상사에 대한 고민도 애기하고 상사가 지시한 업무 관련 조언도 구한다.
④ 제이상사의 오 비서는 상사가 진행하고 있는 업무의 파악을 위해 상사에게 보고되는 문서들의 내용을 살펴본다.

해설

③ 업무와 관련된 기밀을 지키는 것은 일반 사원에게도 요구되는 직업윤리지만, 특히 비서는 기밀 사항을 다루는 경우가 많으므로 주의해야 한다. 따라서 고의는 물론 실수로 비밀사항을 엿듣거나 누설하는 일이 없도록 해야 한다.

03 다산제강 대표이사의 비서인 이빛나가 회사에 방문한 손님을 응대하는 태도로 가장 적절한 것은?

① 상사와 선약되지 않은 손님이 방문 시 "잠시 자리에 앉아 계시면 사장님께 안내해 드리겠습니다."라고 말하며 손님이 상사를 만날 수 있도록 친절히 도왔다.
② 상사와 개인적으로 약속한 손님이 방문한 경우 이를 사전에 알지 못했을 때 손님에게 "죄송합니다. 사장님께서 제게 알려주지 않으셔서 오늘 방문하시는 것을 미처 몰랐습니다."라고 솔직히 말한다.
③ 상사의 대리로 내방객을 응대할 때 상사로부터 지시받지 못한 부분에 대해 질문을 받자 자신이 알고 있는 모든 지식과 추측을 더하여 손님의 질문에 답하였다.
④ 선약된 손님이 방문하였을 때 상사가 먼저 방문한 손님과 면담이 길어지자 약속이 지연될까 염려되어 손님이 기다리고 있다는 내용을 상사에게 메모로 전달하였다.

해설

① 선약하지 않은 손님인 경우 상사가 반가워하지 않거나 만나고 싶지 않은 손님일 수 있으므로 손님 앞에서 바로 상사에게 연락하기보다는 별도의 방에서 연락하여 지시를 받도록 한다.
② 상사와 개인적으로 약속한 손님이 방문한 경우 이를 사전에 알지 못했을 때는 손님에게 상사와의 선약을 확인하지 못한 점을 사과한다. 그러나 상사가 알려주지 않아서 몰랐다는 사실은 내방객에게 알려서는 안 된다.
③ 비서는 스스로 판단해서 기밀이 누설되지 않도록 최선을 다해야 하며 이를 위해 '필요 없는 말은 화제로 삼지 않는다'는 마음가짐을 가지고 행동하여야 한다.

정답 02 ③ 03 ④

04 다음 중 신입 비서의 행동으로 가장 적절하지 않은 것은?

① 비서실뿐 아니라 일반부서의 직원들과도 좋은 인간관계를 형성하기 위해 노력하였다.
② 상사 두 분이 동시에 업무를 지시할 때는 직급이 높은 상사의 일을 항상 먼저 처리하였다.
③ 예약하지 않은 방문객이 회사에 찾아와도 하던 일을 멈추고 친절하게 인사하였다.
④ 선배 비서가 알려준 업무처리 방식이 학교에서 배운 것과 조금 달랐지만 아직은 회사의 처리방법과 규정을 모르므로 우선은 선배가 알려주는 방법에 따라 일을 처리하였다.

해설

두 명 이상의 상사를 위해 공동으로 업무를 수행하는 비서의 경우, 직위가 높은 상사의 업무를 우선으로 처리하되, 될 수 있으면 업무의 중요성이나 소요 시간을 생각하여 우선순위를 정하고 업무를 처리할 수 있도록 미리 계획을 세운다.

05 다음 상황을 읽고 비서의 응대가 적절하지 않은 것을 모두 고르시오.

(전화벨이 울림)
비 서 : 안녕하십니까? 사장실입니다. (a)
상대방 : 사장님 계신가요?
비 서 : 사장님은 지금 안 계십니다. 누구신가요? (b)
상대방 : 잘 아는 사람인데 언제 통화 가능할까요?
비 서 : 지금 유럽 출장 중이셔서 다음 주나 돼야 돌아오십니다. (c)
상대방 : 알겠습니다.
비 서 : 그럼 다음 주 전화해 주시면 사장님과 통화되실 겁니다. (d)
(전화 통화를 마침)

① (a), (b)
② (b), (c)
③ (b), (c), (d)
④ (a), (b), (c), (d)

04 ② 05 ④ 정답

해설

전화 받는 요령

전화 받는 순서	사례
수화기는 왼손(오른손잡이의 경우)	적어도 벨이 세 번 울리기 전에 든다.
인사 후 소속과 이름	• "안녕하십니까?" • "○○ 부의 ○○○입니다."
상대방 확인 · 인사	• "실례지만, 어디십니까?" • "그동안 안녕하셨습니까?"
용건 청취 · 메모	• "전하실 말씀이 있으십니까?" • 메모를 할 때 적어야 할 것을 미리 살펴둔다.
통화 내용 요약 · 복창	"전하실 용건은 ~에 관한 것 맞습니까?"
끝맺음	• "감사합니다. 안녕히 계십시오." • 상대방이 끊고 난 후 조용히 수화기를 놓는다.

06 다음은 비서의 전화응대 사례이다. 다음의 사례 중 비서의 응대로 가장 적절한 것은?

① 사장 비서인 엄 비서는 상사가 자녀의 졸업식에 참석 후 출근하는 상황에서 가나유통 한 전무가 전화하여 상사를 찾자 "사장님은 오늘 외부일정으로 오후 1시쯤 사무실에 도착하실 예정입니다."라고 하였다.

② 사장 비서인 박 비서는 회장이 전화하여 상사와 통화를 원하자 통화 연결 전 "회장님, 어떤 용건으로 전화 하셨다고 전해 드릴까요?"라고 공손하게 여쭈어보았다.

③ 사장 비서인 고 비서는 전화를 받고 자신이 잘 모르는 이름이었지만 상대방이 상사와 친한 사이라고 이야기하자 미처 몰랐다고 사죄드린 후 바로 상사에게 연결해 드렸다.

④ 사장 비서인 최 비서는 총무팀으로 연결될 전화가 비서실로 잘못 연결되자 "연결에 착오가 있었나 봅니다. 제가 연결해 드리겠습니다."라고 한 후 전화를 연결했다.

해설

② 상급자가 하급자를 찾는 전화에 용건을 물어보는 태도는 바람직하지 않다. 또한 상사보다 직급이 높은 경우에는 용건을 묻지 않아도 무방하며 가능하면 곧바로 연결한다.

③ 처음 전화를 건 사람이 자신의 신분을 밝히지 않으면서 상사를 연결해달라고 하는 경우에는 즉시 연결하지 말고, 메모를 받아 두어야 한다.

④ 전화를 다른 부서로 연결할 때는 끊어질 경우를 대비하여 내선 번호나 전화번호를 안내해주고 연결한다.

정답 06 ①

07 **손 비서는 오늘 오전 10시에 업무체결 가능성을 타진하기 위해 회사를 방문할 호주의 ABC Corp.의 Mr. Richard Miller 본부장을 맞이할 준비를 하고 있다. 상사로부터 중요한 방문객이므로 준비를 철저히 하라는 지시를 받은 손 비서의 응대준비로 가장 적절한 것은?**

① 경비실과 안내실에 미리 전화하여 방문객의 정보를 알려주고 도착 즉시 연락을 부탁하였다.
② 상사와 처음 만나는 분이므로 방문객에 대해 사전 정보를 얻고자 궁금한 점을 정리하여 일주일 전에 여유를 두고 호주 본부장 비서에게 이메일을 보냈다.
③ 상사와 함께 회의에 참석할 사내 임원진들에게 10시까지 회의실에 모이도록 사전에 연락해두었다.
④ 회사 소개 및 협력방안 프레젠테이션 자료를 사전에 ABC 회사에 보내 주어 검토를 부탁하였다.

해설

②·③·④는 손님 응대 전 준비사항이다.

08 **비서 A는 회장 비서로 3년차이고 비서 B는 사장 비서로 6개월 전에 입사하였다. 둘은 같은 층에서 근무하고 있다. 다음 예시 중 원만한 인간관계를 위한 비서의 행동으로 가장 적절한 것은?**

① 비서 A는 비서 B에게 비서라는 직업은 상사와 회사에 관한 보안업무가 많으므로 직장 내 동호회에 가입하지 말라고 조언하였다.
② 비서 B는 A가 입사 선배이고 상사 직위도 높으므로 A의 지시를 따르기로 하였다.
③ 비서 업무평가표가 합리적이지 않다고 판단하여 A와 B는 의논하여 시정 건의서를 작성하여 각자의 상사에게 제출하였다.
④ 비서 B는 사장을 보좌할 때 애로사항이 많아 입사 선배인 A에게 상사보좌의 노하우를 물어 보고 업무 시 적용해 보는 노력을 했다.

해설

① 원만한 인간관계를 위해 비서 동호회나 계열사 비서들 간의 모임 등 온라인, 오프라인을 통한 친목관계를 형성하는 것은 바람직하므로 비서 A의 조언은 적절하지 않다.
② 비서는 자신이 보좌하는 상사의 지시를 따라야 하며 입사 선배 혹은 모시는 상사의 직위가 높다고 하여 그 지시를 따라서는 안 된다.
③ 자신이 상당한 책임을 지고 업무를 수행할 수 있게 되었을 때 개선을 시도하는 것이 좋다.

07 ① 08 ④ **정답**

09 **정도건설 양영수 회장은 오늘 저녁 이수상사 김영한 사장과 우진면옥에서 만찬이 예정되어 있다. 그러나 양 회장 집에 급한 일이 생겨 만찬을 취소해야 하는 상황이다. 이 경우 양 회장 비서의 행동으로 가장 적절한 것은?**

① 김영한 사장 비서에게 전화를 걸어 상사의 정보이므로 이유는 말해줄 수 없지만 부득이하게 오늘 약속을 취소해야 한다고 전하였다.
② 김영한 사장 비서에게 전화를 걸어 김영한 사장의 가능한 대체 일정을 먼저 확인하였다.
③ 따로 예약금을 지불해 놓은 상황은 아니므로 우진면옥에 예약취소 전화를 하지는 않고 자동 취소되기를 기다렸다.
④ 만찬 취소 완료 후 새로운 일정을 기입하고자 이전의 일정을 삭제하였다.

해설

약속의 변경 및 취소 요령

약속의 변경요령	약속의 취소요령
• 일정이 변경되는 경우에는 잊지 말고 반드시 상사용 일정표와 비서용 일정표를 동시에 고쳐 기록한다. • 신속하게 관련 부서 및 담당자, 그리고 운전기사 등 관계자 전원에게 변동사항을 알린다. • 상대방이 이해할 수 있도록 공손하고 예의 바르게 설명한다. • 상대방의 일정에 차질이 없도록 상의하여 조정한다.	• 상대방의 일정에 차질이 없도록 신속하게 통보해야 한다. • 취소 사유를 전해야 하며, 취소 이유를 정확히 전해주는 것을 피해야 하는 경우 너무 긴 변명을 늘어놓지 않도록 한다.

10 **다음 중 식당 예약업무를 진행하는 비서의 태도로 가장 적절한 것은?**

① 이금자 비서는 상사가 요청한 식당으로 4월 15일 오후 6시 예약을 시도하였지만 그 날 자리가 만석으로 예약이 불가하다는 식당측 답변을 들었다. 하지만 포기하지 않고 4월 14일까지 취소자리를 기다리다가 그때도 자리가 없자 상사에게 보고하였다.
② 한영희 비서는 상사가 횟집 '서해마을' 예약을 지시하자 여러 지점 중 상사가 주로 이용하는 '서해마을 일산점'으로 예약을 진행하였다.
③ 윤영아 비서는 상사가 지시한 이태리 식당에 예약을 하며 상사의 이름과 비서의 연락처로 예약을 진행하였다.
④ 고은정 비서는 상사가 7시 가나호텔 식당 예약을 지시하자 오후 7시 만찬으로 예약을 하였다.

해설

① 예약 진행 중에 문제가 발생하면 즉시 상사에게 중간보고를 해야 한다.
② 장소는 회사 인근으로 예약해야 한다.
④ 예약 날짜를 정확히 확인해야 하며 날짜 확인 시 요일도 확인하여 날짜를 혼동하는 일이 없도록 해야 한다.

정답 09 ② 10 ③

11 다음 중 회의 용어를 적절하게 사용하지 못한 것은?

① "오늘 심의할 의안을 말씀드리겠습니다."
② "김영희 위원님의 동의로 사내 휴게실 리모델링이 의결되었습니다."
③ "이번 안건에 대해서는 표결(票決)로 채결을 하겠습니다."
④ "오늘 안건을 추가로 발의하실 분 계십니까?"

해설

'동의(同意)'는 의안이나 발언에 찬성하는 것이고, '의결(議決)'은 '표결에 부친 안건에 대해 가결 혹은 부결을 최종적으로 결정하는 것'이므로 두 언어를 함께 사용하는 것은 적절하지 않다.

12 다음 중 비서의 상사 해외 출장관리 업무로 가장 적절한 것은?

① 휴가철이라 인천공항이 붐비는 관계로 상사 자택과 가까운 도심공항터미널에서 탑승수속을 먼저하고 수하물은 인천공항에서 바로 부칠 수 있게 했다.
② 3주 후 상사의 유럽 출장이 계획되어 있어 비서는 전임 비서가 추천한 기업요금(Commercial Rate)이 적용되는 호텔을 예약하였다.
③ 상사가 출장지에서 업무지시를 원활하게 할 수 있도록 스마트 기기에 애플리케이션을 설치해 드렸다.
④ 6개월 전 미국 출장을 다녀온 상사가 다시 미국으로 출장을 가게 되어 사전입국 승인을 위해 ESTA 작성을 했다.

해설

① 도심공항터미널은 공항이 아닌 시내에서 짐 부치기를 포함 모든 탑승수속을 할 수 있는 곳이므로 수하물을 따로 인천공항에서 부칠 필요 없이 모든 수속을 마치고 공항으로 가면 된다. 국제공항은 탑승 수속을 하려는 사람들로 항상 붐비기 때문에 이곳을 이용하면 편리하다. 서울에는 삼성동과 서울역에, 지방 대도시에는 대부분 도심공항 터미널이 있지만 이용 가능 여부는 항공사에 따라 다르기 때문에 이용할 항공사의 카운터가 있는지 확인해야 한다.
② 전임 비서가 추천한 호텔을 예약하기보다 출장지의 위치와 업무장소, 상사의 취향, 호텔등급, 숙소 내부시설, 서비스 등을 참고하여 정한다.
④ 여권에 미국 비자가 있으면 ESTA(전자여행허가제)의 유효기간(2년) 안에는 ESTA를 다시 작성할 필요가 없다.

11 ② 12 ③ 정답

13 **다음 달에 미국 샌디에고에 위치한 다국적 기업인 ABC회사와 기술제휴 업무협약식을 가질 예정이다. 이를 위해 ABC회사의 대표이사, 국제교류 이사, 그리고 기술개발 연구팀장 3인이 방문할 예정이다. 우리 회사 측에서는 김영철 사장, 권혁수 상무, 김진표 해외영업 팀장, 이진수 기술개발 팀장 4인이 업무협약식에 참석할 예정이다. 김영철 사장 비서는 협약식장의 좌석을 아래 그림과 같이 배치하였다. 다음 내용 중 가장 잘못된 것은?**

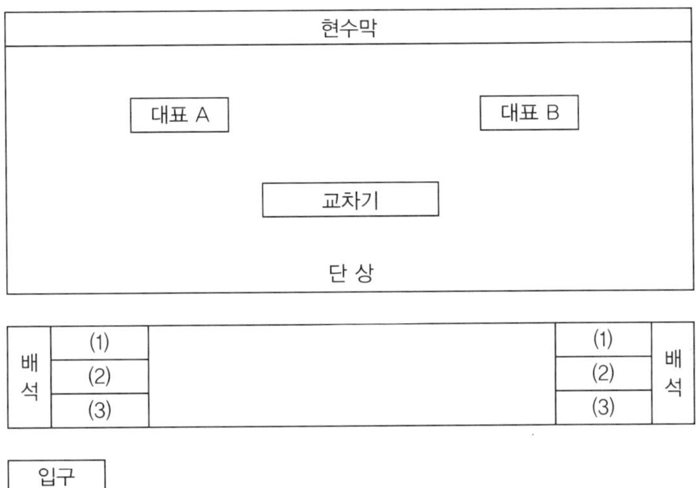

① 단상에 위치한 교차기는 앞에서 볼 때 왼쪽에 태극기가 오도록 한다.
② 단상의 대표 A자리에는 우리 회사의 대표인 김영철 사장이 앉는다.
③ 참석자의 기관명, 직함, 이름을 기재한 명패는 참석자 앞에 상대방에게 글자가 보이도록 놓는다.
④ 협약서는 참석자 수대로 준비하여 식순과 함께 참석자 앞에 준비해 둔다.

해설

식순을 단상에 올려놓아서는 안 된다.

14 **다음 행사 의전에 대한 설명 중 관례상 서열에 관한 설명으로 가장 적절하지 않은 것은?**

① 지위가 비슷한 경우 여자는 남자보다 상위에 위치한다.
② 지위가 비슷한 경우 내국인이 외국인보다 상위에 위치한다.
③ 기혼부인 간의 서열은 남편의 직위에 따른다.
④ 지위가 비슷한 경우 연장자가 연소자보다 상위에 위치한다.

해설

지위가 비슷한 경우 외국인이 내국인보다 상위에 위치한다.

정답 13 ④ 14 ②

15 **다음 중 비서의 공식 만찬 행사 준비로 가장 올바른 것은?**

① 만찬의 드레스코드가 'Business suit w/ tie'라 비서는 상사에게 타이를 매지 않아도 된다고 말씀드렸다.
② 부부 모임의 만찬이므로 사각 테이블의 왼쪽에는 남자가, 오른쪽에는 부인들이 앉도록 자리를 배치하였다.
③ 만찬 오프닝에는 최근의 정치적 이슈와 관련된 내용이 논의될 수 있도록 간략하게 자료를 준비하였다.
④ 만찬 초대장에는 식사 시작 시간을 명시하였다.

해설

① 'Business suit w/ tie'에서 w/는 'with'를 뜻하므로 이 드레스코드는 '비즈니스 정장에 타이 매기'다. 따라서 비서는 상사에게 타이를 매라고 말씀드려야 한다(※ w/o= without).
② 사각 테이블의 오른쪽에는 남자가, 왼쪽에는 부인들이 앉도록 자리를 배치하여야 한다.
③ 만찬 오프닝은 보통 환영 인사말을 하는 짧은 시간이다.

16 **상사가 오전 11시에 비서를 호출하여 갑자기 오늘 제주에 급히 내려갈 일이 생겼으니 항공권을 바로 예매하라는 지시를 하였다. 가능하면 KAL로 예약을 하라고 하였다. 이 지시에 대한 비서의 가장 바람직한 보고는?**

① "사장님, 보고 드리기 죄송합니다만 요즘이 휴가철이라 대한항공의 당일 예매권은 없습니다. 어떻게 할까요?"
② "사장님, 보고 드립니다. KAL은 당일표가 없어서 가장 빨리 갈 수 있는 제주항공편 14시로 일단 예약을 했고, 대한항공편으로 12시 30분 출발하는 비행기가 있어서 대기자 명단에는 올려 두었습니다."
③ "사장님, 송구합니다. 오늘 대한항공 발권은 불가능한데, 죄송합니다만 내일로 일정을 미루실 수는 없으신가요?"
④ "사장님, 바로 알아본 결과 원하시는 대한항공편은 오늘 예약이 안 되는데 다른 항공사 티켓이 있는지 알아볼까요?"

해설

비서는 상사로부터의 지시를 바르게 이해하여 충실히 이행해야 하고 그러기 위해서는 지시에 대한 목적, 내용, 방법, 순서 등을 정확히 알고 있어야 한다. 결과 보고를 할 때는 결론 먼저 간단명료하게 보고한 후에 구체적으로 설명을 첨가해야 한다.

15 ④ 16 ② **정답**

17 다음의 보고서 내용 중 ㉠~㉣의 한자 연결이 올바른 것은?

> 1. 4사분기 경영(㉠) 실적 회의의 주요 정책(㉡) 사항
> 2. 아시아법인(㉢) 실적 개선을 위한 분석(㉣) 내용

① ㉠ 經營 ㉡ 政策 ㉢ 法人 ㉣ 分析
② ㉠ 經營 ㉡ 定策 ㉢ 法人 ㉣ 分石
③ ㉠ 京營 ㉡ 定策 ㉢ 法印 ㉣ 分石
④ ㉠ 京營 ㉡ 政策 ㉢ 法印 ㉣ 分析

해설

㉠ 經(날 경) 營(경영할 영)
㉡ 政(정사 정) 策(채찍 책)
㉢ 法(법 법) 人(사람 인)
㉣ 分(나눌 분) 析(가를 석)

18 다음 중 상사를 보좌하기 위한 비서의 행동으로 가장 적절하지 않은 것은?

① 상사에게 온 우편물을 중요도와 긴급도에 따라 분류하여 올려드렸다.
② 상사의 일정은 매일 아침 출근하여 그 날의 일일 일정표를 작성하였다.
③ 상사의 개인 파일에 상사의 사번, 주민등록번호, 운전면허증, 신용카드번호와 각각의 만기일 등을 기록하고 암호화하였다.
④ 상사가 참여하고 있는 각 모임의 이름과 구성원들의 이름, 소속, 연락처, 기념일 등을 정리해두었다.

해설

일일 일정표는 전일까지 상사에게 보고할 수 있도록 작성한다.

정답 17 ① 18 ②

19 다음 중 경조사 업무를 처리하는 비서의 태도로 가장 바람직하지 않은 것은?

① 경조사가 발생하면 화환이나 부조금을 준비하는 데 회사의 경조 규정을 참고한다.
② 신문의 인물 동정 관련 기사를 매일 빠짐없이 확인하고, 사내 게시판 등에 올라오는 경조사도 확인한다.
③ 경조사가 발생했을 경우에는 시기가 중요하므로 비서가 먼저 처리한 후 추후 상사에게 보고한다.
④ 평소 화원이나 꽃집을 한두 곳 선정해두고 경조사 발생 시 전화나 인터넷을 통하여 주문한다.

해설

③ 경조사가 발생했을 경우에는 상사와 상의하여 경조사에 대한 전화 혹은 문자메시지와 화환 등을 보내고, 상사가 직접 참석해야 하는 경조사는 위치 · 시각 등을 정확히 확인한다.

20 다음은 사내 이메일로 구성원들에게 전송할 상사 모친상의 조문 답례글을 비서가 작성한 것이다. 잘못된 한자어로만 묶인 것은?

> 삼가 감사의 (ㄱ) 人事를 드립니다.
>
> 이번 저희 어머니 (故 ○○○) (ㄴ) 葬禮에 (ㄷ) 弔義와 (ㄹ) 厚意를 베풀어 주신 데 대하여 감사드립니다. 직접 찾아 뵙고 人事드리는 것이 당연한 도리이오나 아직 경황이 없어 이렇게 서면으로 대신함을 너그럽게 (ㅁ) 惠亮해 주시기 바랍니다.
> 귀하의 (ㅂ) 哀事에 꼭 은혜를 갚도록 하겠습니다.
> 항상 건강하시고 댁내 平安하시기를 기원합니다.
>
> ○○○ (ㅅ) 拜相

① ㄱ, ㄴ, ㄷ
② ㄴ, ㄷ, ㄹ
③ ㄷ, ㄹ, ㅁ
④ ㅁ, ㅂ, ㅅ

해설

ㅁ. 理解(다스릴 이, 풀 해), ㅂ. 哀思(슬플 애, 생각할 사), ㅅ. 拜上(절 배, 위 상)

19 ③ 20 ④ **정답**

제2과목 경영일반

21 다음 중 기업의 사회적 책임 범위에 대한 설명으로 가장 적절하지 않은 것은?

① 기업은 이해관계자 집단 간의 이해충돌로 발생하는 문제해결을 위한 이해조정의 책임이 있다.
② 정부에 대해 조세납부, 탈세 금지 등 기업의 영리활동에 따른 의무를 갖는다.
③ 기업은 자원보존의 문제나 공해문제에 대한 사회적 책임을 갖는다.
④ 기업은 이윤 창출을 통해 주주의 자산을 보호하고 증식시켜줄 의무는 갖지 않는다.

해설

기업은 이윤 창출을 통해 주주의 자산을 보호하고 증식시켜줄 의무가 있다.

22 다음은 기업 형태에 대한 설명이다. (   ) 안에 알맞은 말로 올바르게 짝지은 것은?

(A)은/는 자본적인 결합 없이 동종업종 또는 유사업종 기업들이 경쟁을 제한하면서 수평적으로 협정을 맺는 기업결합 형태이며, (B)은/는 자본적으로나 법률적으로 종래의 독립성을 상실하고 상호결합하는 기업집중 형태를 말한다.

① A – 콘체른, B – 지주회사
② A – 카르텔, B – 트러스트
③ A – 지주회사, B – 콤비나트
④ A – 트러스트, B – 콘체른

해설

- 콘체른 : 법률적으로 독립된 몇 개의 기업이 출자 등의 자본적 연휴를 기초로 하는 지배종속관계에 의해 형성되는 기업결합체로 기업결합이라고도 한다.
- 지주회사 : 여러 주식회사의 주식을 보유함으로써 다수 기업을 지배하려는 목적으로 이루어지는 대규모의 기업 집중 형태이다.
- 콤비나트 : 상호보완적인 여러 생산부문이 생산기술적인 관점에서 결합하여 하나의 생산 집합체를 구성하는 결합 형태이다.

정답 21 ④ 22 ②

23 **이사회는 주식회사의 제도적 기관으로 필요상설기관이다. 다음 중 이사회의 결의만으로 효력을 가질 수 없는 내용으로, 이사회가 집행할 수 있는 업무 권한으로 보기에 가장 적절하지 않은 것은?**

① 대표이사의 선임
② 감사의 선임
③ 주주총회의 소집
④ 사채발행의 결정

해설
감사의 선임은 주주총회의 권한이다. 주주총회는 주식회사의 최고기관으로 전체 주주로 구성되고 이사나 감사의 선임 및 해임권이 있으며, 이사나 주주 등은 그 의결에 반드시 복종해야만 한다.

24 **다음은 기업을 둘러싸고 있는 경영환경의 예이다. 그 속성이 다른 것은?**

① 시장의 이자율, 물가, 환율에의 변동
② 새로운 기술 개발 및 기술 혁신
③ 노동조합 설립
④ 공정거래법, 노동법, 독과점 규제법 강화

해설
기업의 경영환경

외부환경 (통제 불가능 요인)	과업환경(미시환경)	고객, 경쟁자, 공급자, 노조, 종업원 등
	일반환경(거시환경)	경제적, 사회적, 정치적, 법률적, 기술적 환경 등
내부환경 (통제 가능 요인)	기업의 연혁, 역량, 조직문화, 조직분위기, 기업 내부자원 등	

25 **다음은 대기업과 비교하여 중소기업의 필요성 및 특징을 설명한 것이다. 이 중에서 가장 거리가 먼 것은?**

① 시장의 수요변동이나 환경변화에 탄력적으로 대응하기 어렵지만 효율적인 경영이 가능하다.
② 기업의 신용도가 낮아 자본조달과 판매활동에 불리하여 대기업의 지배에 들어가기 쉽다.
③ 악기나 도자기, 보석 세공같이 소비자가 요구하는 업종으로 대량생산에 부적당한 업종도 있기 때문이다.
④ 가발제조업과 같이 대규모 시설투자는 필요하지 않고 독특한 기술이나 숙련된 수공을 요하는 업종이 존재하기 때문이다.

23 ② 24 ③ 25 ① 정답

해설

중소기업은 시장의 수요변동이나 환경변화에 탄력적으로 대응하기 쉽다.

중소기업

국민경제에서 차지하는 비중이 크고 대기업과의 상호보완적인 관계를 유지하여 기업 간의 분업을 담당하며 대기업이 제공하지 못하는 재화나 서비스를 제공하고 국민경제 발전에 기여하는 등 중요한 역할을 한다. 중소기업의 개념은 그 범위와 대상 등이 일정하지 않으며 국가별, 시기별 기준에 따라 변하는데 질적 · 양적인 면에서 대기업에 대한 상대적인 개념으로 파악할 수 있다.

26 다음 중 공동기업의 기업형태에 대한 설명으로 옳은 것은?

① 합자회사는 2인 이상의 무한책임사원이 공동출자하여 정관을 법원에 등기함으로써 설립되는 기업형태이다.

② 합명회사는 출자만 하는 유한책임사원과 출자와 경영을 모두 참여하는 무한책임사원으로 구성된 기업형태이다.

③ 익명조합은 조합에 출자를 하고 경영에 참여하는 무한책임영업자와 출자만 하고 경영에는 참여하지 않는 유한책임사원의 익명조합원으로 구성되는 기업형태이다.

④ 주식회사는 2인 이상 50인 이하의 사원이 출자액을 한도로 하여 기업채무에 유한책임을 지는 전원 유한책임사원으로 조직되는 기업형태이다.

해설

① 합자회사 : 무한책임사원과 유한책임사원으로 구성되기 때문에 2원적 회사라고 불리며 폐쇄적인 성격이 강하다.

② 합명회사 : 출자자 전원이 무한책임을 지는 개인적 성격이 강한 회사며 2인 이상의 사원이 공동으로 정관을 작성하고, 총사원이 기명날인 또는 서명함으로써 설립된다.

④ 주식회사 : 주식의 발행을 통해 자본을 조달하는 현대 기업의 대표적인 형태로, 주식회사의 출자자인 주주는 모두 유한책임사원으로서 출자액을 한도로 회사의 적자, 채무, 자본 리스크에 대한 책임을 진다.

27 다음의 기업 사례들은 무엇으로부터 비롯된 것인지, 보기 중 가장 적합한 것은?

A기업 : 최고경영진 3명과 중간관리자들의 분식회계를 통한 이익 허위공시, 2001년도 파산
B기업 : 분식회계를 통한 수익조작, 2002년도에 410억 달러의 부채와 함께 파산 신고

① 조직의 창업주 및 경영이념

② 조직규범및문화

③ 경영자의 도덕적 해이

④ 조직의 사업 및 회계범위의 확장

정답 26 ③ 27 ③

해설

도덕적 해이

본래 미국에서 보험가입자들의 비도덕적 행동을 가리키는 말로 사용한 것으로, 이해당사자들이 책임을 다 하지 않고 상대방을 배려하지 않는 양상을 가리킨다. 경영에서는 주주가 경영을 맡긴 경영자가 내부자 거래로 주주에게 손해를 입히거나 법과 제도의 허점을 악용하여 책임을 등한시하는 등의 문제를 가리키며 그러한 일이 발생하는 이유를 보통 법과 제도의 허점, 정보 획득의 불균등, 혹은 개인의 책임의식 결여 등으로 본다.

28 다음 중 최고경영자 계층의 유형과 역할에 대한 설명으로 가장 거리가 먼 것은?

① 최고경영자 계층은 수탁관리층, 전반관리층, 부문관리층 등으로 나눌 수 있으며 이중 부문관리층은 대개 이사로 선임되어 있는 각 사업부문의 장을 의미한다.
② 최고경영자 계층은 조직 전체와 관련된 총괄적이고 종합적인 의사결정을 행한다.
③ 공장건설, 신제품개발, 기술도입, 기업의 인수와 같은 전략적인 의사결정 문제를 주로 한다.
④ 불확실하고 대개 반복적인 경영전략 수립 등 장래의 정형적인 업무의 의사결정을 주로 한다.

해설

불확실하고 대개 반복적인 경영전략 수립 등 장래의 정형적인 업무의 의사결정을 주로 하는 계층은 중간관리층이다.

29 SWOT분석은 기업의 전략적 계획수립에 빈번히 사용하는 기법이다. 다음 A반도체의 SWOT 분석 내용 중 O에 해당하지 않는 것은?

① 브랜드 신뢰도 확보 및 반도체 시장점유율 확대
② 미국과 중국의 반도체 수요 증가
③ 4차 산업혁명에 따른 메모리 반도체 수요 증가
④ 반도체 산업의 활황세

해설

브랜드 신뢰도 확보 및 반도체 시장점유율 확대는 S(Strength, 강점)에 해당한다.

SWOT분석

구분	의미	비고
강점(Strength)	우리 기업의 강점	우리 기업 내부의 분석
약점(Weakness)	우리 기업의 약점	
기회(Opportunity)	기업의 발전에 기여할 수 있는 요인	외부 환경의 분석
위협(Threat)	기업의 생존에 위협을 주는 요인	

28 ④ 29 ① 정답

30 다음 중 조직문화의 구성요소인 7S에 대한 설명으로 가장 적절한 것은?

① 기업의 구조(Structure)는 기업의 컴퓨터 및 기계장치 등 물리적 하드웨어를 의미한다.
② 공유가치(Shared Value)는 구성원을 이끌어 가는 전반적인 조직관리 형태로 경영관리제도와 절차를 포함한다.
③ 구성원(Staff)은 기업의 인력구성, 능력, 전문성, 구성원의 행동패턴 등을 포함한다.
④ 전략(Strategy)은 기업의 단기적 방향에 따라 실행하는 비공식적인 방법이나 절차를 의미한다.

해설

조직문화의 구성요소(조직 문화의 7S)

구분	내용
공유가치 (Shared Value)	• 조직 구성원이 함께 가지는 신념이나 믿음을 말하며, 이것은 다른 조직 문화의 구성요소에 영향을 줄 수 있다. • 일반적으로 조직의 비전을 달성하기 위해 공유된 가치를 강조하며, 조직 문화 형성에 의미 있는 역할을 한다.
전략 (Strategy)	• 조직의 장기적인 방향과 기본 성격을 결정할 수 있으며, 다른 조직 문화 구성 요소에 큰 영향을 줄 수 있다. • 조직 목표의 달성을 위해 추구하는 방향성을 의미하며, 이러한 전략은 조직의 사명이나 비전에 의해 도출될 수 있다.
조직 구조 (Structure)	• 조직체의 전략수행을 위한 기본 틀로 권한 관계와 방침, 조직구조와 직무설계 등 구성원의 역할과 그들의 상호관계를 지배하는 공식요소를 포함한다. • 조직의 전략에 따른 목표 달성을 위해 요구되는 조직 및 부서 등의 특정한 형태를 말한다. • 고유의 조직 구조에 따라 부서마다 다른 직무를 수행하고 권한이나 책임 등의 범위가 결정될 수 있다.
조직 시스템 (System)	• 조직을 더 효과적으로 운영하기 위해 조직 내에서 실행하는 여러 제도들을 의미한다. • 조직경영의 의사결정과 일상 운영의 틀이 되는 보상 시스템, 복리후생제도, 성과 관리 시스템, 경영계획과 목표설정 시스템, 경영정보와 의사결정 시스템, 결과측정과 조정 · 통제 등 경영 각 분야의 관리제도와 절차를 포함한다.
조직 구성원 (Staff)	• 조직 구성원의 인력 구성에 따른 특징을 의미한다. • 구성원들의 능력, 신념, 전문성, 욕구와 동기, 과업 수행에 필요한 행동이나 조직에 대한 태도와 행동 등을 포함한다.
관리 기술 (Skill)	• 관리자가 조직 구성원을 통제하거나 목표를 달성하기 위해 사용할 수 있는 기법을 의미한다. • 조직체 내 변화 관리, 갈등 관리와 같은 문제를 다루는 데 필수적이라고 할 수 있다.
리더십 스타일 (Style)	• 조직의 구성원을 이끌어 가는 관리자의 유형을 말한다. • 구성원들의 동기부여와 상호작용, 조직분위기 및 조직문화에 직접 영향을 끼친다

정답 30 ③

31 다음 중 리더가 갖는 권력에 대한 설명으로 옳은 것은?

① 준거적 권력과 강제적 권력은 공식적 권력의 예이다.
② 합법적 권력은 부하직원들의 봉급인상, 보너스, 승진 등에 영향력을 미치는 리더의 권력이다.
③ 전문가 권력은 부하직원의 상사에 대한 만족도에 긍정적 영향을 미친다.
④ 보상적 권력은 부하직원의 직무수행에 부정적 영향을 미친다.

해설

리더가 갖는 권력의 유형

강제적 권력	리더의 강압적 권한에 의해 발생한다.
합법적 권력	리더의 공식적인 권위와 개인적인 능력에 의하여 발휘되는 영향력이다.
준거적 권력	리더가 조직에 우호적이고 매력적인 카리스마를 가짐으로써 조직원들에게 믿음을 주며 생기는 영향력이다.
보상적 권력	리더가 조직원에게 원하는 보상을 줄 수 있을 때 발생하는 능력이다.
전문가 권력	능력, 전문 기술, 지식 등 리더의 개인적인 실력을 통하여 발휘되는 영향력이다.

32 다음 중 허즈버그의 2요인 이론에 대한 설명으로 가장 적합한 것은?

① 만족과 불만족을 동일한 개념의 양극으로 보지 않고 두 개의 독립된 개념으로 본다.
② 작업환경, 관리자의 자질, 회사정책은 동기요인에 속한다.
③ 위생요인을 충족시켜주면 직무만족도가 증가하고 결핍되면 직무불만족에 빠지게 된다.
④ 경영자는 종업원의 직무동기를 유발하기 위해서는 종업원의 급여나 대인관계와 같은 동기 요인에 관심을 기울여야 한다.

해설

② 작업환경, 관리자의 자질, 회사정책 등은 위생요인에 속한다.
③ 동기요인을 충족하면 직무만족도가 증가하고 결핍되면 직무불만족에 빠진다.
④ 경영자는 종업원의 직무동기를 유발하기 위해 종업원의 업무에 관한 성취나 성장과 같은 동기요인에 관심을 기울여야 한다.

31 ③ 32 ① 정답

33 아래의 사례를 설명하기에 가장 적합한 경제용어는?

(사례1) 비서 C씨의 사무실 근처 거리에 같은 메뉴를 파는 두 음식점이 있다. A음식점은 줄을 서서 기다리는 반면 B음식점은 한 두 테이블에만 사람이 앉아 있다.
비서 C씨는 '사람이 없는 곳은 다 이유가 있겠지'라는 생각에 A음식점을 선택한다.
(사례2) 비서 C씨는 유행에 따라 물건을 구입하는 경향이 있다.

① 백로효과
② 밴드왜건효과
③ 베블런효과
④ 분수효과

해설

② 밴드왜건효과 : 유행에 따라 상품을 구입하는 소비현상을 뜻하는 경제 용어로 한 소비자가 어떤 재화를 소비할 때, 다른 소비자들이 그 재화를 많이 소비하여 소비가 증가하는 경우를 말한다.
① 백로효과 : 밴드왜건 효과와는 반대로, 우아한 백로와 같이 다른 사람들과 다르게 보이려고 사람들이 많이 구매하여 희소성이 떨어진 것이 아닌 다른 상품을 구매하는 경우를 말한다.
③ 베블런효과 : 가격이 오르는 데도 수요가 줄어들지 않고, 오히려 증가하는 상류층 소비자들의 소비 행태이다. 즉, 필요해서 구입하는 경우가 아니라 자신의 부를 과시하거나 허영심을 채우기 위해 구입하는 현상을 뜻한다.
④ 분수효과 : 낙수효과와는 반대로, 부유층의 세금을 늘리고 복지정책 등으로 저소득층의 소득을 증대시켜 경기를 활성화시키면 결국 고소득층의 소득도 올라가는 효과를 뜻하며 마케팅에서는 맨 아래층에 있는 고객을 위층으로 올라오게 하여 모든 매장이 활기를 띠게 하는 효과를 가리킨다.

34 다음 중 기업의 복리후생제도에 대한 설명으로 가장 적합하지 않은 것은?

① 법정복리후생은 법률에 의해 실시가 의무화되며 종류에 따라 기업이 전액을 부담하거나 기업과 종업원이 공동으로 부담하기도 한다.
② 법정복리후생에는 건강보험, 연금보험, 산업재해보상보험, 고용보험이 있다.
③ 법정외복리후생은 기업이 자율적으로 또는 노동조합과의 교섭에 의해 실행한다.
④ 복리후생은 기본급, 수당 등의 노동에 대한 금전적 보상뿐만 아니라 비금전적 보상도 포함한다.

해설

기본급은 본봉 등 기본적인 급여를 말하는 것으로 복리후생이 아니다.

정답 33 ② 34 ④

35 **IT기술과 자동화시스템이 기업 전반에 영향을 미치면서 과거에는 없었던 컴퓨터 및 정보 관련 문제가 대두되었다. 이에 기업은 전산침해나 정보유출로부터 안전을 유지하기 위한 다양한 대책을 마련하고 있는데, 이 중 적절한 대책으로 가장 거리가 먼 것은?**

① 방화벽 설치
② 인증시스템 도입
③ 개인 USB 사용 금지
④ 패스워드 격년별 정기교체

해설

기업에서 패스워드 교체는 보통 90일마다 요구한다.

36 **다음 보기의 내용은 마케팅 전략 중 무엇을 설명하는 것인가?**

보기

A커피회사는 미국 서부에는 진한 커피를, 동부에는 약한 커피를 공급한다.
B백화점은 각 층별로 영캐주얼층, 남성층, 여성층 등으로 나누어 전시한다.

① 포지셔닝(Positioning)
② 시장세분화(Segmenting)
③ 표적시장(Targeting)
④ 통합화(Integrating)

해설

② 시장세분화(Segmenting) : 하나의 제품시장을 전체 소비자들의 니즈나 행동, 특성 면에서 유사한 하부집단으로 구분하는 것이며, 이때 사용할 수 있는 기준은 인구통계, 사회계층, 문화, 라이프 스타일 등이 될 수 있다.
① 포지셔닝(Positioning) : 소비자들의 마음속에 자사제품의 바람직한 위치를 형성하기 위하여 제품 효익을 개발하고 커뮤니케이션하는 활동을 말한다.
③ 표적시장(Targeting) : 세분시장 중에서 기업이 집중 공략하는 시장을 말한다.
④ 통합화(Integrating) : 산업의 성장성이 높은 경우에 기존 유통경로의 일부를 통합함으로써 시장에서 경쟁적 우위를 확보하려는 성장 전략이다.

35 ④ 36 ② 정답

37 **단체교섭에 대한 설명으로 옳지 않은 것은?**

① 노동조합이 없는 회사에서는 노사교섭의 수단이 전혀 없다.
② 근로자 단체교섭권은 헌법에 명시된 노동3권 중 하나이다.
③ 근로자가 노동조합을 통하여 사용자와 교섭을 벌여야만 단체교섭이다.
④ 단체교섭에서 결정된 사항이 작성된 규정문서를 단체협약서라고 한다.

해설

① 노동조합이 없는 회사는 '노동자 대표'가 노사교섭에 참여하여 노동자의 권리를 대변할 수 있다. 근로 기준법에 의하면 '근로자의 과반수를 대표하는 자'에 대한 제도가 있고, 근로자참여 및 협력증진에 관한 법률(근로자참여법)에 의하면 노사협의회 '근로자위원' 제도가 있다.

38 **A기업의 자본총계는 1억 6천만 원이고 부채총계는 4천만 원이다. 이때 A기업의 자산총계와 부채비율은 각각 얼마인가?**

① 자산총계 – 1억 2천만 원이며, 부채비율 – 20%
② 자산총계 – 1억 6천만 원이며, 부채비율 – 400%
③ 자산총계 – 2억 원이며, 부채비율 – 25%
④ 자산총계 – 2억 4천만 원이며, 부채비율 – 17%

해설

• 자산총계 = 자본총계 + 부채총계 = 160,000,000 + 40,000,000 = 200,000,000
• 부채비율 = (타인자본/자기자본) ×100 = 40,000,000 ÷ 160,000,000 ×100 = 25%

39 **제조 설비를 가지지 않은 유통 전문업체가 개발한 상표로, 유통전문업체가 스스로 독자적인 상품을 기획한 후, 생산만 제조업체에게 의뢰하여 제조된 제품을 무엇이라 하는가?**

① NB 제품(National Brand)
② PB 제품(Private Brand)
③ OB 제품(Objective Brand)
④ IB 제품(International Brand)

해설

PB 제품(Private Brand)은 '개별상표' 상품으로 유통업체가 자체개발한 상품(Store Brand 상품)을 가리키고 NB 제품(National Brand)은 '전국상표' 상품으로 제조업체에 의해 개발 · 생산 · 프로모션 등에 관한 활동이 이루어지고 여러 유통업체에 의해 판매되는 상품을 가리킨다.

정답 37 ① 38 ③ 39 ②

40 다음 중 기업의 자금조달 방식에 대한 설명으로 가장 적합하지 않은 것은?

① 주식은 주식회사의 자본을 이루는 단위로 주주의 권리와 의무를 나타내는 증권이다.
② 회사채는 기업이 일정기간 후 정해진 액면금액과 일정한 이자를 지급할 것을 약속하는 증서를 말한다.
③ 직접금융은 기업의 장기설비 투자를 위한 자금 조달에 용이하다.
④ 간접금융은 자금의 공급자와 수요자 사이에 정부가 신용을 보증하는 방식으로 주식, 채권 등을 통해 이루어진다.

해설

간접금융은 자금의 공급자와 수요자 사이에 금융기관(은행)이 신용을 보증하는 방식이며 당좌차월, 어음할인, 외화차입 등이 이에 속한다. 이에 대응하는 개념인 직접금융은 기업이 금융기관(은행)을 통하지 않고 직접 주식 · 채권 등의 발행으로 자금을 조달하는 방식이며 자금조달 기간이 길기 때문에 기업의 장기설비 투자를 위한 자금 조달에 용이하다.

제3과목 사무영어

41 Choose one that does NOT match each other.

① AKA : Also Knows As
② ISP : Internet Service Product
③ ROI : Return On Investment
④ BOE : Board Of Executives

해설

① AKA : Also known As ~로도 알려진
② ISP : Internet Service Provider 인터넷 서비스 공급자
③ ROI : 투자 수익률
④ BOE : 중역회의

40 ④ 41 ①,② **정답**

42 Choose one that does NOT match each other.

① Branch is one of the offices, shops, or groups which are located in different places.
② Personnel department is responsible for hiring employees and interviewing with candidates.
③ Marketing department talks to clients and persuades them to buy products.
④ Accounting department organizes financial aspects of business.

해설

③ 고객이 제품을 구매할 수 있게끔 이야기하거나 설득하는 것은 마케팅부(Marketing department)가 아니라 영업부(Sales Department)의 일이다.
① 지점은 회사, 매장 혹은 그룹의 하나로 다른 곳에 있는 것을 말한다.
② 인사과는 인력 고용과 지원자 면접을 책임진다.
④ 경리과는 기업의 재정 측면을 편성한다.

43 Which English sentence is grammatically LEAST correct?

① 경제 성장률이 현재 4%에 머무르고 있다.
→ Economic growth now stands at 4 percent.
② 우리는 3년간 흑자입니다.
→ We have been in the red for three years.
③ 올해 순이익은 3천 4백만 달러에 달했다.
→ Net income of this year was 34 million.
④ 파업으로 우리의 매출이 급감했다.
→ Our profits fell sharply because of strikes.

해설

② 'be in the red'는 적자라는 의미다. 흑자를 표현할 때는 'be in the black'이라고 한다.

정답 42 ③ 43 ②

44 Which is a LEAST proper English expression?

① 주문하신 제품을 배송하였음을 알려드립니다. – This is to let you know that we've shipped your order.
② 저는 품질 보증부의 Jack Owen입니다. – My name is Jack Owen in the Warranty Department.
③ 저희 로스엔젤레스 지사의 부장, Michael Hong께서 귀하의 존함을 알려주셨습니다. – I was given by your name of the Director Michael Hong for our Los Angeles office.
④ 제가 도와드릴 수 있는 일이 또 있으면 연락 주십시오. – If there's anything else I can help you, please let me know.

해설

③ 주어진 문장은 "The Director Michael Hong for our Los Angeles office gave me your name."이라는 4형식 능동태 형식을 간접목적어(me)를 주어로 하여 수동태 형식으로 바꾼 것이고 이럴 경우 어순은 '간접목적어(I) + be p.p + 직접목적어 + by 행위자'이므로 "I was given your name by the Director Michael Hong for our Los Angeles office."가 옳은 표현이다.

45 Which of the followings is the MOST appropriate order?

Mr. Banta
Personnel Director
AAA Ltd.
Dear Mr. Banta,

(a) I have been working as a marketing manager at Media.com. I am in charge of directing market research in addition to recommending business strategies and planning.
(b) I believe my education and experience have given me the background you desire for the position.
(c) I would like to apply for the position of marketing manager, which you advertised in the recruiting site on November 10, 2018.
(d) Thank you very much for your consideration, and I look forward to hearing from you soon.
(e) The enclosed resume will provide you further details of my qualifications, and I would appreciate it if you could give me a chance to have an interview.

Sincerely yours,

① (c)–(b)–(a)–(e)–(d)
② (b)–(c)–(e)–(a)–(d)
③ (c)–(d)–(b)–(e)–(a)
④ (b)–(e)–(c)–(d)–(a)

해설

예문은 Cover letter이며 Cover letter는 Resume와 함께 자기소개서를 첨부해 보내기 위해서 지원의사를 밝히는 편지로 (c) 지원경로, (b) 지원동기, (a) 자격요건, (e) 간단한 자기 PR, (d) 마무리 순으로 작성한다.

Mr. Banta
인사부장
AAA Ltd.
Mr. Banta께,
(c) 귀사에서 2018년 11월 10월에 채용 사이트에 공고하신 마케팅 책임자 자리에 지원하고 싶습니다.
(b) 제가 받은 교육과 제가 한 경험이 저에게 귀사에서 그 자리에 바라는 배경이 되어 주리라 확신합니다.
(a) 저는 Media.com에서 마케팅 책임자로 일했습니다. 저는 사업 전략과 계획을 권고하는 일에 덧붙여 사장 조사를 총괄하는 일을 맡았습니다.
(e) 동봉한 이력서에 저의 자격요건에 대해 더 자세히 제시했고 귀사에서 저에게 면접 볼 기회를 주신다면 감사하겠습니다.
(d) 배려에 감사드리며 좋은 소식이 있기를 바랍니다.

46 According to the following text, which one is NOT true?

> To : "Jackie Yang" 〈jyang@cellfirst.com〉
> From : "Samuel Lewis" 〈slewis@cellfirst.com〉
> Date : Monday, October 1, 2019 13:25:30
> Subject : Dinner
>
> Dear Jackie,
>
> This is to remind you of our dinner meeting next Thursday, October 14. Are you okay at 19:00 at the Plough on Harborne Road? I heard this new restaurant has a terrace and it's fabulous. My treat, of course.
> Please confirm and I look forward to seeing you then.
>
> Warm regards,
> Sam

① Plough restaurant has a good condition for dinner.
② It was sent via e-mail.
③ Jackie will be serving meals to Samuel.
④ Dinner was promised in advance.

정답 46 ③

해설

Samuel이 'My treat(내가 낼게)'이라고 말했으므로 식사를 대접하는 사람은 Jackie가 아니라 Samuel이다.

수신자 : "Jackie Yang" 〈jyang@cellfirst.com〉
발신자 : "Samuel Lewis" 〈slewis@cellfirst.com〉
날짜 : 2019년 10월 1일 월요일 13시 25분 30초
제목 : 저녁식사

Jackie에게,

10월 14일, 다음 주 목요일에 함께하기로 한 저녁식사에 대해 다시 한 번 알려주려고 해. Harborne Road에 있는 Plough에서 저녁 7시 괜찮니? 새로 생긴 식당인데 아주 훌륭하다고들 하더라고. 이 새로운 식당에 테라스가 있는데 아주 멋지대. 당연히 내가 낼 거야.
괜찮은지 알려주고 나는 그때 너와 만날 날을 고대해.

안부를 전하며,
Sam

47 Which is NOT correct about this?

The Honorable Tony Knowles, Governor, the State of Alaska
& Mrs. Susan Knowles
request the pleasure of your company
at a reception
to honor the growing ties
between the Republic of Korea and State of Alaska
on Monday,
the 23rd day of September, 2019,
from 6 until 8p.m.
R.S.V.P. 739–8058/9 (Ms. Susan Kim) The Grand Ballroom
The favor of a reply is requested by September 13. Westin Chosun Hotel

① This is the invitation letter to a reception.
② The letter specifies the time, date and venue to invite.
③ The receiver of this letter should notify of the attendance.
④ Tony Knowles and Mrs. Susan Knowles are the receivers of the letter.

해설

'request the pleasure of your company(참석해주시기를 바랍니다)'라는 표현으로 보아 Knowles 부부(Tony Knowles와 Mrs. Susan Knowles)가 초대장의 수신자(Receiver)가 아니라 발신자(Sender)임을 알 수 있다.

47 ④ 정답

알래스카의 주지사이신 Tony Knowles와 Susan Knowles 부부가 한국과 알래스카 주의 커가는 유대관계를 축하하기 위해 연회를 준비했으니 꼭 참석해주시기를 바랍니다.
2019년 9월 23일 월요일 오후 6시부터 8시까지
대연회장[739-8058/9 (Ms. Susan Kim)]으로 회신 부탁드립니다.
9월 13일까지 Westin Chosun 호텔로 회신해주시면 감사하겠습니다.

48 What is MOST proper in the blank?

> Dear Mr. Lawler,
> We received your Purchase Order 456-99.
> Unfortunately,
> the item below is ________ :
> Item No. 45-BC Black Chair
>
> We will back order this item and ship it by February 15.
> The rest of your order is being processed and will be shipped by January 20.
> We appreciate your business and look forward to serving you in the future.

① in stock
② ready
③ not in stock
④ packed

해설

문장 앞에 'Unfortunately(유감스럽게도)'라는 표현이 있으므로 밑줄에 들어갈 알맞은 말은 'not in stock(재고가 없음)'이다.

Mr. Lawler,
귀하께서 보내신 주문서 456-99를 받았습니다.
유감스럽게도 아래 물품은 재고가 없습니다.
물품 번호 45-BC 검은색 의자

저희는 이 물품을 다시 주문했고 2월 15일까지 구입할 예정입니다.
귀하께서 주문하신 나머지 물품은 처리 중이고 1월 20일까지 도착할 것입니다.
거래해주셔서 감사드리며 다음에도 주문해주시기를 바랍니다.

49 Which of the following is a LEAST appropriate expression when closing a meeting?

① Thank you for coming and for your contributions.
② Let's call it a day.
③ Would you like to start with the first point?
④ I declare this meeting adjourned.

해설

③ Would you like to start with the first point(첫 번째 사항으로 시작해볼까요)?라는 말은 회의를 시작할 때 사용하는 표현이다.
① 참석과 기여에 감사드립니다.
② 오늘은 여기까지 하겠습니다.
④ 이 회의의 휴정을 선언합니다.

50 What is the MOST appropriate answer in the conversation?

A : Miss Lee, when is the board meeting? B : ______________________________.

① It's scheduled of the 9th, Friday within 1:00p.m.
② It's scheduling in Friday the 9th, in 1:00p.m.
③ It's scheduling on 1:00p.m. Friday the 9th.
④ It's scheduled on the 9th, Friday at 1:00p.m.

해설

때를 표현할 경우에는 '날짜(the 9th) + 요일(Friday) + 시간(1:00p.m.)'순으로 쓰고, 특정한 날 앞에는 전치사 'on'과 정관사 'the'를 사용(on the 9th)한다.

A : Miss Lee, 이사회는 언제죠?
B : 9일, 금요일 오후 1시로 잡혀 있습니다.

49 ③ 50 ④ **정답**

51 Which is LEAST correct according to the following?

> I have been attempting to schedule a trip to Korea for the past 6 weeks without success. I have been thinking about my schedule this fall and I have realized that it has been a year since the last audit. I would like to schedule an Audit visit on the 1st week of Oct.
> (6th~10th). Please let me know if there are two consecutive days of this week that are available.
> I will send the paperwork and agenda for this activity by Sept. 5, 2019.
> Sincerely yours,
> John Kim

① John could not visit Korea for the last six weeks.
② John is planning to visit Korea.
③ The recent audit was done last year.
④ John would like to do the audit only on Oct. 6th and 10th.

John이 10월 첫째 주에 회계감사 방문 일정을 잡기를 원한다(I would like to schedule an Audit visit on the 1st week of Oct)고 했으므로 '10월 6일과 10일만(Oct. 6th and 10th)'이라고 한 보기 ④는 옳지 않다.

> 저는 지난 6주간 한국행 일정을 잡으려고 애썼지만 잡지 못했습니다. 올가을 일정에 대해 생각하다가 지난 회계감사 이후 1년이 지났다는 것을 깨달았습니다. 저는 10월 첫째 주에 회계감사 방문 일정을 잡기를 원합니다.
> (6일~10일). 이번 주에 이틀 연속으로 시간을 사용할 수 있는 날이 있으면 저에게 알려주십시오.
> 2019년 9월 5일까지 이 일에 필요한 위한 문서 업무와 안건을 보내드릴 것입니다.
> John Kim 드림

① John은 지난 6주간 한국을 방문할 수 없었다.
② John은 한국을 방문할 계획이다.
③ 최근 회계감사는 지난해에 한 것이다.

정답 51 ④

52 According to the following dialogue, which one is NOT true?

Ms. Park : Good morning. May I help you?
Mr. Lee : Good morning. My name is John Lee of ABC Company. I have an appointment with Mr. Howard at 10 o'clock.
Ms. Park : Yes, Mr. Lee. I'll call Mr. Howard's office. One moment, please(Mr. Howard의 비서에게 Mr. Lee의 방문을 알려줌).
Ms. Shin : Oh, yes. Please send him up.
Ms. Park : Yes, thank you. Thank you for waiting, Mr. Lee. Mr. Howard is expecting you. Please take the elevator on your right to the 7th floor. Mr. Howard's office is on the left side.
Mr. Lee : Thank you.

① Ms. Shin is a secretary of Mr. Howard.
② Ms. Park's occupation is receptionist.
③ Mr. Lee made an appointment in advance and visited Mr. Howard.
④ Ms. Park and Ms. Shin are on the same floor.

Ms. Shin이 Ms. Park에게 '그를(John Lee) 올려 보내 달라(send him up)'고 했고 Ms. Park이 그(John Lee)에게 '오른쪽에 있는 엘리베이터를 타고 7층으로 올라가라(Please take the elevator on your right to the 7th floor)'고 했으므로 Ms. Shin은 7층에 있고 Ms. Park은 7층에 있지 않다는 것을 알 수 있다. 그러므로 Ms. Park과 Ms. Shin이 같은 층에 있다고 한 보기 ④는 옳지 않다.

Ms. Park : 안녕하세요? 무엇을 도와드릴까요?
Mr. Lee : 안녕하세요. 저는 ABC 회사의 John Lee입니다. 10시에 Mr. Howard와 만날 약속이 있습니다.
Ms. Park : 예, Mr. Howard의 사무실로 전화하겠습니다. 잠시만 기다려주세요(Mr. Howard의 비서에게 Mr. Lee의 방문을 알려줌).
Ms. Shin : 아, 예, 올라오게 해주세요.
Ms. Park : 예, 고맙습니다. 기다려주셔서 감사합니다. Mr. Howard가 기다리고 계십니다. 오른쪽 엘리베이터를 타고 7층으로 올라가십시오. Mr. Howard의 사무실은 왼쪽에 있습니다.
Mr. Lee : 감사합니다.

① Ms. Shin은 Mr. Howard의 비서다.
② Ms. Park이 있는 곳은 안내 데스크이다.
③ Mr. Lee는 미리 Mr. Howard와 만날 약속을 했다.

52 ④ 정답

53 What are the BEST expressions for the blank ⓐ and ⓑ?

> Most hotels have an alarm clock in each room; however, some hotels use ___ⓐ___. Check-out time is usually between 11:00 a.m. and 1:00 p.m. Most hotels have a ___ⓑ___, if you need to store your luggage after checking out.

① ⓐ get up calls　　ⓑ baggage claim area
② ⓐ morning calls　　ⓑ luggage allowance
③ ⓐ give up calls　　ⓑ laundry service
④ ⓐ wake up calls　　ⓑ luggage storage room

해설

앞에 alarm clock(자명종)이 나와 있으므로 ⓐ에는 그에 대비되는 명사가 나와야 하므로 모닝콜을 의미하는 'wake up calls'가 들어가야 하고, 뒤에 store your luggage(짐을 보관하다)가 나와 있으므로 ⓑ에는 보관실을 의미하는 'luggage storage room'이 들어가는 것이 적절하다.

> 호텔은 대부분 객실마다 자명종이 있다. 하지만 일부 호텔은 ⓐ 모닝콜을 사용한다. 퇴실 시간은 대개 오전 11시에서 오후 1시다. 퇴실 시간 후에 짐을 보관해야 한다면 대부분 호텔은 ⓑ 보관실이 있다.

54 What are the BEST expressions for the blank ⓐ and ⓑ?

> Waiting areas for visitors ⓐ 다릅니다 different companies. Usually visitors wait near the receptionist, but sometimes they may be shown directly to the meeting room and wait there. Coffee or tea is not always served. If you are served coffee, it may be in a cup, a mug or even a ⓑ 일회용 컵. You may also be asked to help yourself to coffee or a soft drink.

① ⓐ differ on　　ⓑ recycled cup
② ⓐ varies on　　ⓑ tumbler
③ ⓐ vary in　　ⓑ disposable cup
④ ⓐ have various　　ⓑ paper cup

해설

'다양하다' 혹은 '여러 가지다'의 의미를 표현할 때는 'vary in'을 사용하며, 일회용 컵의 바른 영어 표현은 'disposable cup'이므로 정답은 ③번이다.

> 방문자 대기실은 회사마다 다르다. 보통 방문객들은 안내원 옆에서 기다리지만 때로는 곧바로 회의실로 안내되어 거기서 기다린다.
> 커피나 차가 반드시 제공되는 것은 아니다. 커피를 제공받는다면, 컵이나 머그잔, 어떨 때는 일회용 컵으로 제공받을지도 모른다. 또한 커피나 청량음료를 마음껏 드시라는 안내를 받을 수도 있다.

정답 53 ④　54 ③

55 Which is CORRECT according to the phone conversation?

S1 : Good morning. Is that Sales Manager's office?
S2 : Yes, it is. How can I help you?
S1 : I'm Miss Chang, secretary to Mr. Brown, Vice President of Diwon Company. Mr. Brown would like to see him to discuss the new products around this week, if that is convenient.
S2 : Yes, Miss Chang. I shall have to check with the Sales Manager. May I call you back?
S1 : Certainly. I'll be here all morning. My number is 254-3928 extension 133.

① Mr. Brown himself called first.
② Sales manager called the Vice President.
③ Vice President had an appointment to meet the Sales Manager this afternoon.
④ Secretary of Sales Manager will call back to Miss Chang.

대화 마지막의 'May I call you back?(전화 드릴까요?)'과 'Certainly(그렇게 해주세요)'로 영업부장의 비서가 Chang 비서에게 전화하리라는 사실을 짐작할 수 있으므로 정답은 ④이다. Brown 부회장이 먼저 전화를 했거나 영업부장이 부회장에게 전화했었다는 근거는 대화 중에 나타나지 않았고, Brown 부회장과 영업부장이 만날 날은 아직 정해지지 않았기 때문에 ①·②·③은 오답이다.

S1 : 안녕하세요? 영업부장실인가요?
S2 : 예, 맞습니다. 무엇을 도와드릴까요?
S1 : 저는 회사 Diwon의 Brown 부회장님 비서인 Miss Chang입니다. 괜찮으시다면, Brown 부회장님이 이번 주쯤에 영업부장님을 만나서 신제품에 대해 의논하고 싶어 하십니다.
S2 : 예, 알겠습니다. 영업부장님께 확인해보겠습니다. 전화 드릴까요?
S1 : 그렇게 해주세요. 오전 중에는 자리를 비우지 않을 것입니다. 전화번호는 254-3928이고, 내선 번호는 133입니다.

① Brown 부회장이 먼저 전화했었다.
② 영업부장이 부회장에게 전화했었다.
③ 부회장은 오늘 오후에 영업부장을 만날 약속이 있었다.
④ 영업부장의 비서가 Chang 비서에게 전화할 것이다.

55 ④ **정답**

56 What is the BEST sentence for the blank?

Operator	: This is the United States operator. Is this 395-4007?
S	: Yes, it is.
Operator	: We have an overseas collect call for Mr. Kim from Mr. John Smith of Pittsburgh. Will you accept the charges?
S	: Yes, thank you.
Operator	: ________________ Go ahead, please.

① How much do you charge?
② Your party is on the line.
③ Put him through.
④ Who do you want to speak to?

해설

S가 통화료를 부담하고 전화를 받겠다(Will you accept the charges? Yes, thank you)고 했으므로 전화교환원이 전화를 건 사람에게 그 사실을 알려준 ②번이 정답이다.

전화 교환원: 저는 미국의 전화 교환원입니다. 전화번호가 395-4007 맞습니까?
S : 예, 그렇습니다.
전화 교환원: 피츠버그에 사시는 Mr. John Smith로부터 Mr. Kim에게 외국 수신자요금부담 전화가 왔습니다. 받으시겠습니까?
S : 예, 감사합니다.
전화 교환원: 통화하실 분이 전화를 받았습니다. 말씀하십시오.

① 요금은 얼마입니까?
③ 연결해드리겠습니다.
④ 누구와 통화하기 원하십니까?

정답 56 ②

57 Belows are sets of phone conversation. Choose one that does NOT match correctly each other.

① A : I'll be waiting, but be sure to call me, will you?
 B : Sure thing. But it may take a while.
② A : We've been out of touch lately, so I thought I'd give you a call.
 B : Thanks. Let's have a drink one of these days.
③ A : Can you tell me how to get there from the hotel?
 B : If you have any question, feel free to call.
④ A : Can I pick you up in front of your house at 9 o'clock?
 B : Thank you. Please do.

해설

A가 호텔에서 그곳에 가는 길을 물었으므로 B는 길을 가르쳐주거나 길을 모른다고 대답해야 하는데, '어떤 것이라도 질문이 있으면 언제든지 전화하세요.'라고 답했으므로 ③번이 오답이다.
① A : 기다리기는 할 건데 꼭 전화해야 해. 알겠지?
 B : 물론이지. 하지만 시간이 좀 걸릴 거야.
② A : 우리가 최근에 연락이 뜸해서 너에게 전화해야겠다고 생각했어.
 B : 고마워. 조만간 한 잔하자.
④ A : 9시에 너희 집 앞으로 데리러 갈까?
 B : 고마워. 그렇게 해 줘.

58 Which is LEAST correctly inferred about the schedule?

Boss : What is today's afternoon schedule?
S : At 3, Mr. Robert White of AIO Insurance Co. will be here to introduce the new chairman. At 4 o'clock, Mrs. Brown wants to see you about purchasing our new products. At 5 o'clock, Mr. Thomas Lee of China Trading Co. would like to see you about your business trip to Taiwan next month. At 6 o'clock, there is a formal sitdown dinner party at the Imperial Hotel to commemorate our 25th anniversary in our business.
Boss : Please call my wife and remind her about the party tonight.
S : Yes, Mr. Kim.

① The schedule of Mr. Kim is occupied this afternoon.
② Mr. Kim is supposed to be introduced a new chairman at 3p.m.
③ Mr. Kim's wife is supposed to attend the dinner party.
④ Casual clothes are appropriate for dinner party.

57 ③ 58 ④ 정답

해설

formal sitdown dinner party(공식 싯다운 디너 파티)라고 했으므로 평상복이 아닌 예복이 적합하다.

사장 : 오늘 오후 일정은 어떻게 되나요?
S : 3시에 AIO Insurance Co.의 Mr. Robert White가 신임 회장을 소개하기 위해 이곳으로 올 것입니다. 4시에는 Mrs. Brown이 우리 회사의 신제품 구매와 관련하여 사장님을 만나고 싶어 합니다. 5시에는 China Trading Co.의 Mr. Thomas Lee가 다음 달 있을 사장님의 대만 출장과 관련하여 사장님을 만나고 싶어 합니다. 6시에는 임페리얼 호텔에서 우리 회사의 창립 25주년을 기념하는 공식 싯다운 디너 파티(앉아서 음식을 제공받는 파티)가 열립니다.
사장 : 내 아내에게 전화해서 오늘밤 파티를 다시 한 번 알려주세요.
S : 알겠습니다.

① Mr. Kim의 일정은 오늘 오후에 꽉 차있다.
② Mr. Kim은 오후 3시에 신임 회장에게 소개될 예정이다.
③ Mr. Kim의 부인은 디너파티에 참석하기로 되어 있다.

59 Which is LEAST correct about Mr. Kim's itinerary?

Itinerary for Mr. Kim
April 3(Monday)
Note : All times are local times.

16:00	Check in at Incheon Airport, Korea Airlinescounter.
18:00	KAL724 to San Francisco
10:45 a.m.	Arrive at San Francisco International Airport
12:00	Check in at St. Francisco Hotel 100 Post Street San Francisco, CA94110
13:00	Lunch with Mr. Jones at Grotto · 9 Restaurant at Fishermen's Wharf
15:00 ~17:00	Staff Meeting at San Francisco Downtown Branch office

① Mr. Kim will have lunch with Mr. Jones in USA.
② The destination of Mr. Kim's flight is San Francisco.
③ Mr. Kim will attend staff meeting in the afternoon at San Francisco.
④ At 14:00 of local time in San Francisco, he is in flight.

해설

13:00부터 15:00까지 Mr. Jones와 점심식사를 하는 것으로 되어 있으므로 Mr. Kim은 샌프란시스코 현지 시간으로 14:00에는 비행기를 타고 있는 것이 아니라 점식식사를 할 것이다. 그러므로 ④번이 오답이다.
① Mr. Kim은 Mr. Jones와 미국에서 점심을 먹을 것이다.
② Mr. Kim의 비행 목적지는 샌프란시스코다.
③ Mr. Kim은 샌프란시스코에서 오후에 직원 회의에 참석할 것이다.

정답 59 ④

60 Which of the following is CORRECT?

Boss	: Miss Lee, please come in.
Secretary	: Yes, Mr. Kim.
Boss	: I want you to deliver this copy to Mr. Park, Mr. Kang, and Mr. Cho.
Secretary	: Yes, I will, right away.
(After 20 minutes)	
Secretary	: Mr. Kim, Mr. Park said to please go ahead with it. Mr. Kang said he has some questions, so he would like to have 15 minutes of your time after lunch. Mr. Cho was out, so I gave it to his secretary, Miss Han and asked her to have him contact you upon his return.
Boss	: Thank you.

① Mr. Park rejected the suggestions of Mr. Kim.
② Mr. Kang wants to meet Mr. Kim in the morning.
③ Miss Han is going to contact Mr. Kim.
④ Mr. Cho will get in touch with Mr. Kim when he gets in.

해설

Mr. Park은 그렇게 추진해 달라(to please go ahead with it)고, Mr. Kang은 사장님께 점심식사 후에 시간을 내달라(to have 15 minutes of your time after lunch)고, Miss Han은 Mr. Cho의 비서로 그에게 사장님과 연락하라고 전달할 사람이므로 ①·②·③은 오답이다.

사장 : Miss Lee, 들어오세요.
비서 : 예, 사장님.
사장 : 이 사본을 Mr. Park, Mr. Kang, Mr. Cho에게 전달해주세요.
비서 : 예, 지금 바로 전달하겠습니다.

(20분 후에)

비서 : 사장님, Mr. Park은 그렇게 추진해달라고 말했습니다. Mr. Kang은 질문이 있다고 점심식사 후에 15분간 시간을 내주셨으면 한다고 했습니다. Mr. Cho는 자리에 없어서 Han 비서에게 사본을 전달하고 그가 돌아오면 사장님과 연락하게 해달라고 했습니다.
사장 : 고마워요.

① Mr. Park은 Mr. Kim의 제안을 거절했다.
② Mr. Kang은 아침에 Mr. Kim을 만나고 싶어 한다.
③ Miss Han은 Mr. Kim에게 연락할 예정이다.

60 ④ **정답**

제4과목 사무정보관리

61 **다음은 공문서의 두문과 결문이다. 이 문서에 관한 설명으로 올바른 것은?**

> 대 한 사 회 과 학 회
>
> 수신자 상공대학교 총장 (인문사회연구소장)
> (경유) 사회과학데이터센터장
> 제목 사회과학연구지 논문모집 안내
>
> – 내용 생략 –
>
> 대 한 사 회 과 학 회 장 [직인생략]
>
> ★ 연구원 홍미순　편집국장 김주현　학회장 양지석
> 협조자 사무국장 윤정혜
> 시행　편집 2019–093 (2019. 8. 2)　접수

① 대한사회과학회에서 상공대학교 사회과학데이터센터로 발송되는 문서이다.
② 홍미순 연구원이 기안해서 김주현 국장의 검토를 거쳐서 양지석 학회장이 결재한 후 윤정혜 사무국장에게 협조받은 문서이다.
③ 이 문서는 사회과학데이터센터의 사무국에서 발송되었다.
④ 이 문서를 최종적으로 받는 사람은 상공대학교 인문사회연구소장이다.

해설

공문서의 형식
- 두문 : 행정기관명, 수신자
- 본문 : 제목, 내용, 붙임
- 결문 : 발신명의
  – 기안자, 검토자, 협조자, 결재권자의 직위 또는 직급 및 서명
  – 생산등록번호와 시행일자, 접수등록번호와 접수일자
  – 발신기관의 우편번호, 주소, 홈페이지 주소
  – 발신기관의 전화번호, 모사전송번호, 담당자 전자우편주소

정답 61 ④

62 다음 중 우편제도를 가장 부적절하게 사용한 경우는?

① 김 비서는 상사의 지시로 결혼식장으로 바로 경조금을 보내기 위해 통화등기를 이용하였다.
② 배 비서는 50만원 상당의 백화점 상품권을 전달하기 위해서 유가증권등기를 이용하였다.
③ 안 비서는 미납금 변제 최고장 발송을 위해 내용증명을 이용하였다.
④ 신 비서는 인터넷으로 작성한 내용을 우편으로 발송하기 위해 e-그린우편을 이용하였다.

해설

통화등기(현금배달서비스)는 도착까지 3~4일이 소요되어 경조금을 바로 보낼 수 없으므로 우편제도를 가장 부적절하게 사용한 것은 ①번이다. '유가증권 등기'는 수표류, 우편환 증서 등을 발송해 주는 서비스로 2천만 원 이내에서 가능하고, '내용증명'은 발송인이 수취인에게 어떤 내용의 문서를 언제 발송하였다는 사실을 우편관서가 증명하여 주는 증명취급제도이며 'e-그린우편'은 편지 내용문과 주소록을 우체국이나 인터넷 우체국에 접수하면 내용문 출력부터 봉투에 넣어 배달해주는 전 과정을 대신해주는 서비스를 말한다.

63 상공건설에 근무하는 김 비서가 아래와 같이 문서 수발신 업무를 처리하고 있다. 다음 중 바람직하지 않은 것끼리 묶인 것은?

> 가) 내일까지 상대편에서 받아야 하는 문서여서 익일특급으로 발송하고 등기번호를 기록해두었다.
> 나) 다른 부서에 전달할 기밀문서는 봉투에 넣어서 봉한 후 직접 전달하였다.
> 다) 직인을 찍어 시행문 발송 후 보관용으로 최종 수정한 워드 파일을 보관해두었다.
> 라) 기밀문서를 발송할 경우에도 문서 발송 대장에 기입해 두었다.
> 마) 문서접수 부서에서 전달받은 문서 중 상품안내와 광고문은 즉시 폐기 처리하였다.

① 가), 라)
② 나), 다)
③ 다), 마)
④ 라), 마)

해설

다) 발신 문서는 전자 파일로 보관하되 필요 시 복사본을 만들어 보관하는 것이 원칙이다.
마) 상품안내와 광고문 등은 자료가 되는지 확인하고 자료가 되지 않는 것은 폐기 처리해야 한다.

62 ① 63 ③ **정답**

64 아래 감사장 내용과 작성에 관련한 설명이 가장 적절하지 않은 것은?

감사의 글
신록의 계절을 맞이하여 귀하의 건강과 발전을 기원합니다. 이번 본인의 대표이사 취임을 축하해주신 문철수 사장님의 많은 관심과 배려에 감사드립니다. 미약한 능력이나마 제게 맡겨진 역할과 임무에 최선을 다해 노력하겠습니다. 아무쪼록 지금과 같이 아낌없는 관심과 지원 부탁드립니다. 시간을 내어 축하해주신 모든 분을 찾아뵈어야 하는데 서면으로 인사를 드리게 되어 송구스럽습니다.

주식회사 상공상사
대표이사 최진우

① 대표이사 취임을 축하해준 문철수 사장에 대한 감사인사를 하기 위해 작성한 것이다.
② 많은 사람에게 동일한 내용을 발송하는 경우 수신자의 이름과 직책은 메일머지를 사용하면 편리하다.
③ 축하해주신 분을 직접 찾아뵙고 감사인사를 드릴 예정임을 미리 알리는 서신이다.
④ 취임에 대한 축하를 받은 후에 일주일 이내에 작성해서 발송하는 것이 좋다.

해설
③ 감사장은 축하나 위문 등을 받았을 때 또는 업무상 협조나 편의를 제공받았을 때 상대방의 호의와 도움에 감사하는 마음을 전하기 위해 작성하는 문서이다.

65 다음 외국인의 명함을 알파벳 순으로 정렬하려고 한다. 순서가 맞는 것은?

(가) Dr. Anne Arthur
(나) Mr. Andrew Arthur, Jr.
(다) Andrew Kim
(라) Ms. April Clinton
(마) Catherine Clinton, ph.D.
(바) Clinton, Alice, CPA

① (나) – (다) – (가) – (라) – (마) – (바)
② (나) – (가) – (바) – (라) – (마) – (다)
③ (다) – (마) – (바) – (가) – (나) – (라)
④ (바) – (나) – (가) – (라) – (마) – (다)

해설
영문명의 명함정리
- 첫째, '성'을 기준으로 알파벳순으로 정리한다.
- 둘째, 성까지 동일할 경우 이름을 기준으로 알파벳순으로 정리한다.

정답 64 ③ 65 ②

66 다음 보기 중에서 문서유형 구분이 동일한 것끼리 묶인 것은?

① 사내문서, 사문서
② 접수문서, 배포문서
③ 대외문서, 폐기문서
④ 공람문서, 의례문서

해설

문서유형의 구분
- 목적 또는 작성주체에 의한 문서의 종류 : 공문서, 사문서
- 문서의 성질에 의한 문서의 종류 : 법규문서, 지시문서, 공고문서, 비치문서, 민원문서, 일반문서
- 수신대상에 의한 문서의 종류 : 사내(대내)문서, 사외(대외)문서[의례문서는 사외(대외) 문서 유형에 속함]
- 처리 단계에 의한 분류 : 접수문서, 배포문서, 기안문서, 완결문서, 시행문서, 보관문서, 보존문서, 폐기문서, 이첩문서, 공람문서, 미결문서
- 문서의 형태에 의한 문서의 종류 : 종이문서, 전자문서

67 다음 중 전자결재 및 전자문서에 관한 설명으로 가장 적절하지 않은 것은?

① 전자결재를 할 때에는 전자문서 서명이나 전자이미지 서명 등을 할 수 있다.
② 전자문서 장기 보관 관리를 위한 국제표준 포맷은 EPUB이다.
③ 전자결재는 미리 설정된 결재라인에 따라 자동으로 결재 파일을 다음 결재자에 넘겨준다.
④ 전자결재는 기본적으로 EDI 시스템하에서 이루어지는 것이다.

해설

전자문서 장기 보관 관리를 위한 국제표준 포맷은 PDF/A이다.

PDF 파일
- 국제표준화기구(ISO)에서 지정한 전자문서 국제표준 포맷이다. 특히 PDF/A는 국제표준화기구(ISO)에서 지정한 전자문서 장기 보관 및 보존을 위한 국제표준 포맷이다.
- 컴퓨터 기종이나 소프트웨어 종류와 관계없이 호환이 가능한 문서 형식이다.
- 암호화 및 압축 기술을 통해 내용의 변조가 어렵다.

66 ② 67 ② 정답

68 **마케팅 이사의 비서로서 상사 및 회사의 소셜미디어 관리를 지원하고 있다. 소셜미디어 관리에 관한 사항으로 가장 적절하지 않은 것은?**

① 소셜미디어에 올라온 우리회사 및 상사와 관련한 정보에 대해 항상 유의한다.
② 우리회사 SNS의 주요 게시물 및 고객의 반응에 대해 모니터링한다.
③ 경쟁사의 소셜미디어 게시물 및 고객 반응에 대해서 모니터링한다.
④ 사용자 수가 감소세에 있는 매체보다는 최근에 사용자 수가 증가하고 있는 매체 중심으로 내용을 업데이트한다.

해설

④ 다양한 SNS에 관심을 가져야 하며 최근 사용추이와 새로운 소셜미디어가 무엇인지 등에 대해 확인해야 한다.

69 **인터넷을 통해서 정보를 찾고 있다. 다음 중 가장 적절하지 않은 방법은?**

① 잘 모르는 시사경제용어가 있어서 네이버 지식백과사전을 활용하여 내용을 확인했다.
② 한국공항공사 홈페이지에서 항공기 이착륙 정보를 확인하였다.
③ 경쟁회사의 소액주주명단 확인을 위해서 전자공시시스템에서 검색하였다.
④ 국가직무능력표준에 입각한 채용을 위하여 NCS홈페이지에서 직무정보를 확인하였다.

해설

전자공시시스템은 회사개황, 순이익, 매출액 등 기업의 '신체검사'가 잘 나타나 있는 기업공시 시스템으로, 소액주주명단은 이 시스템에 나타나지 않는다.

금융감독원의 전자공시 시스템

상장법인 등이 공시서류를 인터넷으로 제출하고, 이용자는 제출 즉시 인터넷을 통해 공시서류를 조회할 수 있도록 하는 기업공시 시스템이다. 이 시스템에는 회사개황은 물론 얼마나 순이익을 내는지, 매출액은 얼마인지 등 기업의 '신체검사'가 잘 나타나 있다.

정답 68 ④ 69 ③

70 다음 신문기사를 통해서 알 수 있는 내용으로 가장 적절하지 않은 것은?

> 올해 상반기 자유무역협정(FTA) 발효국과 교역액이 3천605억 달러로 작년 동기 대비 5.3% 감소했다고 관세청이 30일 밝혔다. 수출은 1천981억 달러로 작년보다 7.9% 감소했고 수입은 1천624억 달러로 2.0% 줄었다. 상반기 우리나라의 전체 해외 교역액은 5천235억 달러로 작년 대비 6.9% 감소한 가운데 FTA 비발효국의 교역액은 1천630억 달러로 작년보다 10.3% 감소한 것으로 집계됐다. FTA 비발효국과 무역수지는 166억 달러 적자인데 비해 발효국과 무역수지는 357억 달러 흑자를 달성했다. 그러나 흑자 규모는 작년 상반기 493억 달러에 비해선 27.5% 줄었다. 관세청은 "글로벌 경기침체에도 불구하고 FTA 교역이 무역수지에 긍정적인 영향을 줬다"고 평가했다.
> 미국과 교역량은 673억 달러로 작년 동기보다 6.1% 늘어났지만 유럽연합(EU)은 545억 달러로 10.5% 줄었고 중국은 1천198억 달러로 8.6% 감소했다.
> 상반기 FTA 활용률은 수출 75.0%, 수입 73.5%로 작년 동기 대비 각각 0.9% 포인트, 1.1% 포인트 증가했다. 수출 활용률은 특혜대상품목 수출액 대비 수출신고서상 원산지증명서 발급 수출액의 백분율이며, 수입 활용률은 특혜대상품목 수입액 대비 실제 특혜관세가 적용된 수입액의 백분율이다.
> FTA 협정별로 수출은 캐나다(96.0%), EU(86.7%), 미국(85.3%), EFTA(84.6%) 등의 활용률이 높게 나타났고 수입은 칠레(99.6%), 뉴질랜드(93.8%), 콜롬비아(85.7%), 호주(84.4%) 순으로 높게 나타났다. 산업별로는 자동차 등 기계류(85.5%), 비금속광물 · 광물성연료 등 광산물(80.4%)은 수출에서 높은 활용률을 보였고 농 · 축 · 수산물 및 가공품(91.5%), 섬유류(85.3%) 등은 수입 활용률이 높았다. 지역별로 대기업이 밀집한 서울(85.3%), 울산(79.8%), 인천(78.5%), 전남(77.4%) 순으로 수출 활용률이 높았고 대구(85.9%), 경북(84.4%), 광주(84.3%), 대전(82.0%) 순으로 내륙지역에서 수입 활용률이 높게 나타났다.
>
> (매경 2019. 7. 30)

① 우리나라의 상반기 해외 교역액이 작년 대비 감소했다.
② FTA 비발효국과는 수출액이 수입액보다 많다.
③ FTA 발효국과는 수출액이 수입액보다 많다.
④ 서울의 FTA 수출활용률이 다른 지역보다 높다.

해설

"FTA 비발효국과 무역수지는 166억 달러 적자"라고 했으므로, FTA 비발효국과는 수출액이 수입액보다 적다.

70 ② 정답

71 컴퓨터를 이용하여 정보관리를 하고 있다. 다음 중 가장 적절하지 않은 사항은?

① 김 비서는 사용이 익숙한 윈도우즈 XP가 설치된 컴퓨터를 사용한다.
② 정 비서는 사용 중인 PC의 IP주소를 확인하기 위해서 IPCONFIG 명령어를 사용하였다.
③ 박 비서는 컴퓨터 보안을 위해서 CMOS에 비밀번호를 지정해 두었다.
④ 한 비서는 백신 프로그램을 주기적으로 업데이트하고 실시간 감시를 켜두었다.

해설

윈도우즈 XP는 2014년에 지원이 중단되었다. 따라서 윈도우즈 XP를 계속 사용할 수는 있지만 보안과 바이러스에 취약하기 때문에 정보관리에 위험이 따르므로 사용해서는 안 되며, 최신 버전으로 업데이트하여 사용하는 것이 좋다.

72 다음 중 사무정보기기 사용이 가장 올바르지 않은 것은?

① 자동공급투입구(ADF)를 이용해 스캔하기 위해 스캔할 면을 아래로 향하게 놓았다.
② 라벨프린터를 이용하여 바코드를 출력하였다.
③ NFC기능 프린터를 이용하여 스마트폰의 문서를 출력하였다.
④ USB를 인식하는 복합기를 사용해서 USB저장매체에 저장된 문서를 바로 출력했다.

해설

자동공급투입구(ADF)를 이용해 스캔할 때는 스캔할 면을 위로 향하게 놓아야 한다.

73 상공홀딩스 대표이사 비서로 일하고 있는 지우정 비서는 상사의 명함 및 내방객 관리 데이터베이스를 MS-Access 프로그램을 이용하여 업무에 활용하고 있다. 다음 중 관리 및 활용이 잘못된 것은?

① 명함스캐너를 이용하여 수집된 데이터를 테이블로 내보내기 하여 저장하였다.
② 연하장 봉투에 붙일 주소를 출력하기 위해서 페이지 기능을 활용하였다.
③ 명함 내용과 방문현황을 화면상에서 한눈에 보기 위해서 하위 폼 기능을 이용하였다.
④ 월별 내방객 수를 계산하여 데이터시트 형태로 보기 위해서 쿼리를 이용하였다.

해설

페이지의 기능은 액세스에 저장된 데이터를 웹페이지에서 볼 수 있게 하는 것이다.

정답 71 ① 72 ① 73 ②

74 최근 정보검색과 관련된 추세로서 가장 적절하지 않은 것은?

① 검색 플랫폼의 축소로 동영상 검색의 신뢰도 저하
② 모바일 중심 이용자 맥락을 반영한 검색 방식 및 편의성 개선
③ 인공지능 및 딥러닝 등 다양한 기술과의 접목
④ 검색 디바이스의 확장으로 인공지능 스피커를 활용한 검색

해설

검색 플랫폼의 축소로 동영상 검색의 신뢰도는 상승하고 있다.

75 다음 중 전자결재 시스템의 특징에 관한 설명으로 옳지 않은 것을 모두 고르시오.

가. 문서 작성 양식이 적용되어 작성이 용이하다.
나. 문서 사무처리 절차가 복잡하다.
다. 문서 작성자의 익명성이 보장된다.
라. 문서 유통 과정이 투명해진다.
마. 문서 보관 시 공간확보가 용이하다.

① 가, 나 ② 나, 다
③ 나, 다, 라 ④ 나, 다, 라, 마

해설

나. 결재 문서의 작성부터 문서의 수신과 발신 및 배부가 온라인으로 처리되어 문서관리가 단순화된다.
다. 결재권자, 검토자, 문서의 최초 기안자가 자동으로 입력되므로 익명성이 보장된다고 보기는 어렵다.

76 상사의 업무를 효율적으로 지원하기 위해 문서작성 업무를 아래와 같이 수행하고 있다. 이 중 가장 적절하지 않은 경우는?

① 정 비서는 상사를 대신하여 인사장을 작성하면서 상사가 평소 자주 사용하는 표현을 활용하여 작성하였다.
② 황 비서는 상사에게 제출할 업무보고서를 작성하면서 한 페이지에 내용이 모두 들어가도록 글자크기를 작게 줄였다.
③ 최 비서는 문서를 전달해야 할 시기가 촉박하므로, 가장 적당한 전달방법을 고려하면서 작성하였다.
④ 윤 비서는 결론적인 메시지가 눈에 잘 띄도록 하였고, 전달할 메시지는 분명하고 간결하게 표현하였다.

74 ① 75 ② 76 ② 정답

해설

업무보고서를 작성할 때 내용이 꼭 한 페이지에 모두 들어가게 할 필요는 없고 글자크기가 너무 작으면 보기에 불편하므로 10~12포인트를 사용한다.

77 **상사를 위해 프레젠테이션 자료를 준비 중에 있다. 일련의 단계를 통해 여러 개의 혼란스러운 내용이 통합된 목표 또는 내용으로 이어질 수 있는지를 보여 주기에 가장 적절한 스마트 아트는?**

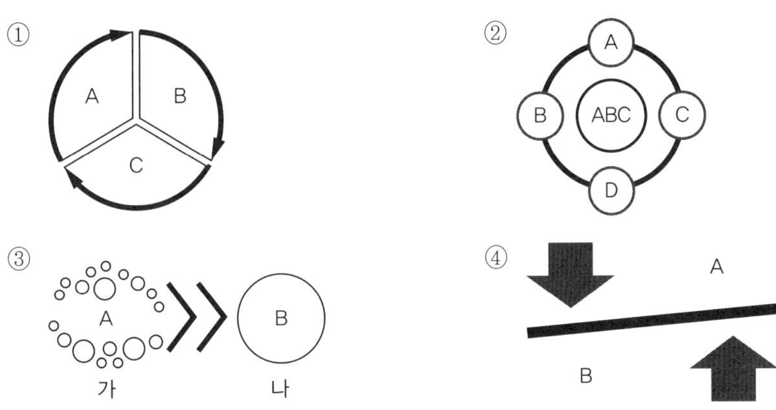

해설

① 작업, 단계, 일의 진행 방향이나 순서를 보여주기에 적합하다.
② 중심에 있는 아이디어와의 관계를 보여주기에 적합하다.
④ 반대되는 두 개의 개념 혹은 아이디어를 보여주기에 적합하다.

78 **대한기업 대표이사 비서는 회의자료 작성을 위해서 다음의 자료를 차트화 하려고 한다. 각 자료에 가장 적합한 그래프의 유형으로 순서대로 표시된 것은?**

(가) 대한기업의 지역별 1월~10월 영업실적 비교
(나) 대한기업의 주요 주주 구성 현황

① (가) 분산형 그래프 (나) 선그래프
② (가) 가로막대 그래프 (나) 100% 누적 막대그래프
③ (가) 다중 선그래프 (나) 도넛형 그래프
④ (가) 누적 막대그래프 (나) 원그래프

정답 77 ③ 78 ③

해설

- 분산형 그래프 : 두 개 이상의 보고서에 있는 데이터 모음과 요약을 활용하여 중요한 정보를 표시할 때 가장 적합하다.
- 선그래프 : 시간별 추세를 표시할 때 가장 적합하다.
- 가로막대 그래프 : 거리 혹은 시간을 비교할 때 가장 적합하다.
- 100% 누적 막대그래프 : 여러 가지 집단이 있을 때 각 집단에 대한 값 사이의 비율이나 각 집단의 합계를 확인할 때 가장 적합하다.
- 누적 막대그래프 : 데이터를 구분 짓고 개개의 데이터를 비교하여 각 카테고리의 차이를 확인할 때 가장 적합하다.
- 원그래프 : 전체를 구성하는 개개의 요소 상태를 비율로 파악할 때 가장 적합하다.

79 다음 중 문장부호 사용법이 잘못된 것은?

① "어디 나하고 한번…."하고 민수가 나섰다.
② 광역시 : 광주, 대구, 대전, …
③ 날짜 : 2019. 10. 9.
④ 상사는 "지금 바로 출발하자."라고 말하며 서둘러 나갔다.

해설

열거할 어구들을 생략할 때 사용하는 줄임표 앞에는 쉼표를 쓰지 않으므로, '광역시 : 광주, 대구, 대전…'이라고 쓰는 것이 바르다.

80 다음 중 결재 받은 공문서의 내용을 일부 삭제 또는 수정할 때의 처리 중 가장 부적절한 내용은?

① 문서의 일부분을 삭제 또는 수정하는 경우, 수정하는 글자의 중앙에 가로로 두 선을 그어 삭제 또는 수정한 후 삭제 또는 수정한 자가 그 곳에 서명 또는 날인한다.
② 원칙은 결재 받은 문서의 일부분을 삭제하거나 수정할 때에는 수정한 내용대로 재작성하여 결재를 받아 시행하여야 한다.
③ 시행문 내용을 삭제하는 경우, 삭제하는 글자의 중앙에 가로로 두 선을 그어 삭제한 후 그 줄의 오른쪽 여백에 삭제한 글자 수를 표시하고 관인으로 날인한다.
④ 문서의 중요한 내용을 삭제 또는 수정한 때에는 문서의 왼쪽 여백에 수정한 글자 수를 표시하고 서명 또는 날인한다.

해설

문서의 중요한 내용을 삭제 또는 수정한 때는 문서의 여백에 삭제 또는 수정한 자수를 표시하고 서명 또는 날인한다.

79 ② 80 ④ **정답**

제 9 회 실제유형문제

제 1 과목 비서실무

01 김 비서는 태평양지역 본부장의 비서로 근무하고 있다. 매월 말에 각 지역 본부장의 월별 일정을 본사에 보고해야 하므로 일정관리 소프트웨어인 아웃룩(Outlook)을 이용하려고 한다. 다음 중 비서의 행동으로 가장 부적절한 것은?

① 상사가 아웃룩에 익숙하지 않다면 비서가 작성한 아웃룩 상의 일정을 상사가 원하는 때에 살펴볼 수 있도록 '캘린더 공유하기(Share Calendar)' 기능부터 설명해 드린다.
② '캘린더 공유하기' 기능에서 비서가 상사의 일정을 볼 수 있도록 설정하면 편리하다.
③ 상사가 '캘린더 공유하기'를 승낙하면 관련된 사람들과도 공유하여 상사의 일정을 열람, 수정 가능하도록 설정한다.
④ 아웃룩으로 일정을 작성해서 비서의 업무용 핸드폰과도 연결하여 수시 확인이 되도록 한다.

해설
상사가 '캘린더 공유하기'를 승낙한다 할지라도 관련된 사람들과 함부로 상사의 일정을 공유하거나 특히 상사의 일정을 수정 가능하도록 설정해서는 안 된다.

02 인공지능 관련 기술이 급속히 발달하고 있는 시대의 흐름에 발맞추어 "미래 비서 직무를 위한 포럼"이 개최되었다. A 회사의 비서들도 포럼에 참가하였고 참가 후 사내 세미나를 열었다. 아래는 포럼에 참가한 비서들의 대화인데 이 중 가장 부적절한 것은?

① "비서의 직무 수행 시 기밀보장, 책임감, 정직, 자기계발, 충성심 등 직업윤리는 앞으로도 중요한 비서의 자질이다."
② "인공지능 기술의 발달로 인해 비서의 직무 중 상사의 경영 활동 보좌는 줄어들고 상사의 행정 업무 보좌에 집중하게 될 것이다."
③ "비서의 직무는 다른 사무직과 비교하여 상대적으로 정형적이지 않고 동시 다발적으로 다양한 업무를 수행하므로, 자동화로 대체할 수 없는 부분에서 역량을 향상시키려는 노력이 요구될 것이다."

정답 01 ③ 02 ②

④ "4차 산업혁명 시대에는 인공지능 기술의 도움을 받을 것이므로 단순 사무 지원 업무보다는 산업에 대한 이해와 업무 관련 IT 기술을 갖춘 실무역량이 요구될 것이다."

해설

인공지능 기술의 발달로 일상적인 업무와 반복적인 업무는 대체될 수 있겠지만, 경영 활동과 행정 업무를 막론하고 비서의 창의력이 필요한 업무나, 대인관계 업무 혹은 비상사태 등이 발생했을 경우와 같이 대체될 수 없는 활동의 보좌에 집중하게 될 것이다.

03 다음 중 경조사 종류에 해당하는 한자어가 잘못 연결된 것은?

① 결혼 : 祝結婚, 祝華婚, 祝聖婚
② 문병 : 賻儀, 謹弔, 弔意
③ 축하 : 祝就任, 祝昇進, 祝榮轉
④ 개업, 창업 : 祝開業, 祝開館, 祝創立

해설

② 賻儀(부의), 謹弔(근조), 弔意(조의)는 사람의 죽음과 관련된 단어이다.
① 祝結婚(축결혼), 祝華婚(축화혼), 祝聖婚(축성혼)
③ 祝就任(축취임), 祝昇進(축승진), 祝榮轉(축영전)
④ 祝開業(축개업), 祝開館(축개관), 祝創立(축창립)

04 다음은 정도물산 김정훈 사장의 비서인 이 비서의 내방객 응대 태도이다. 가장 적절하지 않은 것은?

① 김정훈 사장이 선호하는 내방객 응대 방식을 파악해 두었다.
② 약속이 되어 있는 손님에게는 성함과 직책을 불러드리면서 예약 사항을 비서가 알고 있음을 알려드렸다.
③ 비서가 관리하는 내방객 카드에 회사 방문객의 인상이나 특징을 적어두었다.
④ 내방객 중 상사와 각별하게 친분이 있는 경우, 선착순 응대에 예외를 둔다.

해설

상사와 각별하게 친분이 있는 경우라도 선착순 응대에 예외를 두는 행동은 삼가야 한다.

03 ② 04 ④ 정답

05 비서가 상사의 대외활동을 위해 지원하는 업무로 가장 적절한 것은?

① A비서는 상사의 소셜미디어를 관리하는 차원에서, 올라오는 질문이나 댓글에 답변을 달고 주제별로 답변을 분류하여 매주 보고드리고 있다.
② SNS를 통하여 기업 내 · 외와 소통을 하는 상사를 위해, B비서는 자신의 개인 소셜미디어를 활용해 회사와 상사에 관한 글들을 자주 올리고 있다.
③ C비서는 자신의 개인 소셜미디어에 본인의 소속과 이름, 직책을 명확하게 밝힌 상태에서 회사 제품을 홍보하고 있다.
④ D비서는 상사의 SNS에 팔로워로 동참하면서 불만사항으로 올라온 글들을 이슈별로 정리하여 상사에게 보고하고 소통할 수 있는 방안을 제시해 드리고 있다.

해설

① 상사의 소셜미디어에 올라오는 질문이나 댓글에 대해 비서가 임의로 답변을 달아서는 안 된다.
② 비서 개인의 소셜미디어에 회사와 상사에 관한 글들을 올리는 것은 비서의 첫 번째 덕목인 기밀성을 위반하는 행위가 될 수 있다.
③ 비서 자신의 개인 소셜미디어라 할지라도 본인의 소속과 이름 직책을 명확하게 밝히면 회사에 관한 정보나 상사에 관한 정보가 유출될 수 있으므로 조심해야 한다.

06 사장은 김 비서에게 다음과 같이 지시를 내렸다. 이 때 비서의 지시 받는 모습 중 가장 올바른 대처는?

> "김 비서! 요즘 '직장 내 괴롭힘 금지법'이 큰 이슈라 우리 회사도 이에 대한 매뉴얼을 얼른 만들어야 할 것 같아요. 인사 팀장에게 지금 연락해서 위원구성이랑 앞으로 어떻게 대책을 마련할 것인지에 대해 구상해서 내게 보고 좀 하라고 해주세요."

① "네 알겠습니다."라고 대답을 한 뒤 바로 인사팀장에게 전화를 걸어 "팀장님, 사장님께서 '직장 내 괴롭힘 금지법'에 관한 매뉴얼을 만들어서 보고하라고 하십니다. 언제까지라는 말씀은 없으셨습니다."라고 말씀드린다.
② 지시를 받은 후 "사장님, 그럼 팀장님께는 '직장 내 괴롭힘 금지법' 매뉴얼을 언제까지 만들어서 보고하라고 전달할까요?"라고 질문을 하였다.
③ "네. 알겠습니다."라고 대답을 한 뒤 바로 인사팀장에게 전화를 걸어 "팀장님, 사장님께서 '직장 내 괴롭힘 금지법' 관련 위원회를 구성해 매뉴얼 구상을 보고하라고 하십니다. 언제까지라는 말씀은 안하셨습니다."라고 말씀드린다.
④ 지시를 받은 후 "사장님! '직장 내 괴롭힘 금지법'과 관련해서 우리 회사의 대책 방안에 관한 보고는 언제까지 올리라고 전달할까요?"라고 질문을 하였다.

해설

상사가 '직장 내 괴롭힘 금지법'에 대한 매뉴얼을 인사 팀장으로부터 받기를 원하고 있다. 비서는 지시를 수행하기 전에 상사에게 구체적인 기한을 물어 본 다음 인사 팀장에게 내용을 전달하는 것이 좋다.

정답 05 ④ 06 ④

07 다음은 상사의 미국 출장 일정이다. 비서의 업무 수행 내용으로 가장 적절한 것은?

No	편 명	출 발	도 착	기 종
1	KE085	Seoul (ICN) 4 Apr 11:00	New York (JFK) 4 Apr 10:25	Boeing747
2	KE086	New York (JFK) 9 Apr 21:50	Seoul (ICN) 06:45 (+1)	Boeing747

〈ICN : 인천공항, JFK : 존 F 케네디공항〉

① 비서는 상사의 출장기간을 고려하여 출장 후 국내 협약식 참가 일정을 4월 10일 오전 11시로 계획하였다.
② 출장 전에 참가하여야 할 전략기획회의 일정이 조정되지 않아 4월 4일 오전 7시 조찬으로 전략기획회의 일정을 변경하였다.
③ 비서는 예약된 호텔의 Check-in과 Check-out 시간을 확인하여 상사에게 보고하였다.
④ 상사는 4월 9일 새벽에 인천공항에 도착하므로 시간 맞춰 수행기사가 공항에 나가도록 조치하였다.

해설

① 출장에서 돌아 온 다음 날은 출장과 관련하여 처리해야 할 업무들이 많으므로 일정 계획을 세우는 것을 가급적 피한다.
② 출장 전날에도 출장과 관련하여 준비하고 처리해야 할 업무들이 많으므로 가급적 피한다.
④ 소요 시간 등을 확인하여 수행기사가 공항에 미리 도착 할 수 있도록 조치해야 한다.

07 ③ 정답

08 **박 비서는 상사가 개최하는 행사를 보좌하는 업무를 수행하게 되었다. 다음 중 박 비서의 업무태도로 가장 옳지 않은 것은?**

> 동아은행 김영수 행장 비서로 근무하는 박 비서는 서울에 있는 25개 외국계 금융 기관의 지점장과 본행 임원 및 영업 담당 실무자 15명이 참여하는 회의 개최 준비를 지시받았다. 회의의 명칭은 '사업 추진 전략 회의'이며, 의제는 '현장 지원 중심의 마케팅 활동 강화', 회의 일정은 2020년 6월 26일 오전 9시~오후 6시이다. 오전에는 마케팅 현장 전문가 강연, 오후에는 우수 은행 A와 B의 마케팅 사례발표가 있다. 회의 장소는 웨스틴호텔 2층 다이너스티 룸이며, 회의 이후 Black-tie Dinner가 예정되어 있다.

① 박 비서는 회의 이후 예정된 만찬의 좌석 배치에 관해 상사에게 보고하였다.
② 박비서는 6하 원칙에 따라 Who(김영수 행장), When(2020년 6월 26일), Where(웨스틴호텔 2층 다이너스티 룸), Why(현장 지원 중심의 마케팅 활동 강화), What(사업 추진 전략 수립), How(전문가 강연, 사례발표)로 회의 내용을 정리하였다.
③ 참석자들에게는 행사 후 일주일 이내에 감사장을 보내되, 내용은 우선 감사의 말을 쓰고, 당일 행사 중에 혹 실례를 범했다거나 불편을 준 것은 없었는지 염려하는 마음을 담아 보냈다.
④ 저녁 만찬은 참석자의 서열에 따라 원형 테이블로 배치하고 드레스코드는 격식을 갖춘 연미복 차림이므로 사전에 참석자와 행장님에게 알려 드렸다.

해설

행사의 복장은 주최자가 모임의 성격이나 품격을 고려하여 정하게 된다. 따라서 드레스코드는 행장님께 먼저 여쭈어 본 뒤 정하는 것이 좋다. 또한 연미복은 야간 공식연회 행사나 무도회, 야간 결혼식, 겨울철 만찬 등에서 주로 입는 의복이다. 만찬복의 경우 남자는 흑색 상 · 하의에 흑색 허리띠 또는 조끼를 입고 백색 셔츠를 입는 것이 일반적이다. 여자의 경우 디너 드레스(짧은 것도 가능)에 비단신에 장신구를 착용한다.

09 **다음 중 상사와 원만한 인간관계를 위하여 비서가 취할 가장 적절한 행동은?**

① 비서 A는 상사의 급한 성격 때문에 스트레스를 받아 사내 스트레스 관리 프로그램에 참여하여 매주 자신의 사례를 공유하며 조언을 받았다.
② 비서 B는 상사의 업무지시가 과다하다고 판단되어 상사에게 이메일로 자신의 상황을 전달하였다.
③ 비서 C는 본인 역량을 넘어선 높은 수준의 업무가 주어지자 상사에게 본인의 업무영역이 아니므로 적절한 사람을 추천하겠다는 의견을 제시하였다.
④ 비서 D는 상사의 지시를 받고 나와 보니 이전의 지시와 상반된 내용이 있어 업무를 시작하기 전에 상사에게 확인하였다.

정답 08 ④ 09 ④

해설

① 비서에게는 기밀성이 강조된다. 상사와 관련된 내용을 함부로 공유하여서는 안된다.
② 비록 상사의 업무지시가 과다하다고 판단되더라도 상사에게 곧바로 이메일로 자신의 상황을 전달하기보다는 자신이 해결할 수 있는 한 능력을 발휘하여 업무를 수행하도록 해야 한다.
③ 비서는 직무수행에 있어 책임감이 높아야 한다. 다른 사람에게 위임하기보다는 어느 정도 도움을 받더라도 자신이 직접 수행하려는 자세가 필요하다.

10 전화응대 업무에 대한 설명으로 가장 적절한 것은?

① 상사가 해외에 상품 주문을 요청하여 상품 재고 여부를 직접 전화로 알아보기 위해 국제클로버 서비스가 가능한지 확인해 보았다.
② 업무상 자리를 두 시간 정도 비울 예정이라 발신 전화번호 서비스를 이용하였다.
③ 상사가 회의 중일 때 당사 대표이사로부터 직접 전화가 와서 비서는 상사가 지금 회의 중임을 말씀드리고 회의가 끝나는 대로 바로 전화 연결하겠다고 응대하였다.
④ 상사가 연결해달라고 요청한 상대방이 지금 통화가 힘들다고 하여 비서는 다시 전화하겠다고 한 후 이를 상사에게 보고하였다.

해설

② 걸려오는 전화를 다른 번호에서도 받을 수 있도록 착신을 전환하는 서비스인 착신전환 서비스를 이용하거나 걸려오는 전화를 받을 수 없을 때 부재중으로 인해 전화를 받을 수 없음을 알려주는 부재중 안내 서비스를 이용하는 것이 좋다.
③ 회의가 끝난 후 말씀드려야 하지만 상대방이 상사보다 직위가 높거나 급한 용건일 경우 메모지에 기재한 후 상사에게 전달하는 것이 바람직하다.
④ 상대방에게 통화하기 어려운 이유를 물어본 뒤 그 사유를 상사에게 전달해야 한다.

11 비서의 방문객 응대 태도로 가장 적절한 것은?

① 비서 홍여진 씨는 사장님을 만나고 싶다는 손님이 안내데스크에서 기다린다는 연락을 받았다. 현재 사장님은 부재중이고 선약이 된 손님은 없는 시간이었으므로 사장님이 안 계신다고 손님에게 전해달라고 안내데스크에 이야기 하였다.
② 비서 박희진 씨는 약속한 손님이 정시에 도착하였으나 상사가 면담 중이라 양해를 구하고 접견실로 안내하였다. 그리고 면담 중인 상사에게 손님이 기다린다는 메모를 전달하였다.
③ 비서 김영희 씨는 평소처럼 손님에게 차 종류를 여쭈어보았더니 시원한 물로 달라고 했으나 손님에게 물을 대접하는 것은 예의가 아닌 듯하여 시원한 주스를 드렸다.
④ 비서 채미영 씨는 2시에 예약된 A 손님이 기다리고 있는 시간에 상사와 개인적으로 약속을 한 B 손님과 겹치게 되어 당황했으나 A 손님에게 양해를 구하고 B 손님을 먼저 안내하였다.

10 ① 11 ② 정답

해설

① 손님에게 상사의 부재를 알린 뒤, 방문하신 손님의 소속과 성함 용건 등을 간략히 물어본 후 메모를 남겨 상사에게 전달한다.
③ 손님이 건강상 등의 이유로 마시지 못하는 음료가 존재할 수 있으니, 손님의 기호에 맞춘 음료를 제공하는 것이 바람직하다.
④ 비서가 독자적으로 판단하기보다는 상사에게 상황 보고 후 지시에 따라야 한다.

12 비서의 자기개발 방법으로 가장 적절한 것은?

① 결재 올라온 문서들을 읽으면서 회사의 경영환경 동향을 파악하기 위해 노력한다.
② 상사의 업무처리 방법과 아랫사람을 대하는 태도를 닮도록 노력한다.
③ 회사 거래처 자료를 보관해 두었다가 퇴사 후에도 지속적으로 거래처와 연락을 취하여 그들과의 인간관계가 잘 유지되도록 노력한다.
④ 좀 더 많은 사람들과 좋은 인간관계를 맺기 위해서는 항상 상대방에게 맞추는 연습을 한다.

해설

② 비서는 상사를 보좌하는 입장에서 정중함을 잃지 않아야 한다. 그러기 위해서는 상사의 아랫사람이 자신의 아랫사람이라고 은연중에라도 착각하는 일이 없어야 한다.
③ 비서는 무엇보다 기밀유지가 중요하다. 퇴사 후 개인적으로 회사 거래처 자료를 보관해 두어서는 안 되며 그 거래처와 연락을 취하여 관계를 유지하는 행동도 옳지 못하다.
④ 항상 상대방에게 맞추는 연습을 하기보다는 분별력을 가지고 행동할 줄 알아야 한다.

13 상사의 인간관계 관리자로서 비서의 역할에 대한 설명으로 가장 적절하지 않은 것은?

① 상사가 조직 내외의 사람들과 유기적인 관계가 잘 유지될 수 있도록 상사의 인간관계에 항상 관심을 기울인다.
② 조직 내에 소외되는 사람들이 있을 경우 상사에게 보고하여 상사가 적절한 조치를 취할 수 있도록 한다.
③ 상사의 대내외 인사들과의 만남이 균형 있게 이루어지도록 관련 내용을 데이터베이스화 해 둔다.
④ 상사가 지역 유관기관들과 지속적인 관계를 유지하도록 비서는 스스로 판단하여 필요한 정보를 유관기관들과 공유하도록 한다.

해설

비서 스스로 판단하여서는 안 되며, 독자적인 판단 아래 정보를 유관기관들과 공유하는 것 또한 매우 위험한 행동이다.

정답 12 ① 13 ④

14 **예약 매체에 따른 예약방법에 대한 설명으로 가장 적절하지 않은 것은?**

① 전화 예약은 담당자와 직접 통화하여 실시간으로 정보 확인을 하여 구두로 예약이 가능하므로 추후 다시 확인을 하지 않아도 되는 방법이다.
② 전화 예약 시에는 예약 담당자와 예약 정보를 기록해 두고 가능하면 확인서를 받아 두는 것이 좋다.
③ 인터넷 사이트를 통한 예약은 시간 제약 없이 실시간 정보를 확인하여 직접 예약을 할 수 있으나 인터넷 오류로 인해 문제가 발생되는 경우가 있으므로 반드시 예약 확인이 필요하다.
④ 팩스나 이메일을 통한 예약은 정보가 많거나 복잡하고 문서화가 필요한 경우 주로 사용하는 예약 방법이며, 발신 후 반드시 수신 여부를 확인할 필요가 있다.

해설

구두로 예약이 진행되므로 예약이 정확하게 진행되었는지 재차 확인해야 한다. 예약 담당자와 예약 정보를 기록해 두고 가능하면 확인서를 받아두어야 한다.

15 **상사와 개인적으로 약속을 한 내방객이 방문을 하였다. 같은 시간 선약이 되어 있는 내방객이 있는 경우 비서의 응대 자세로 가장 적절하지 않은 것은?**

① 일정표에 기록되어 있지 않아 예상하지 못한 내방객이기는 하나 난처한 표정을 짓지 않고, 평소와 다름없이 맞이한다.
② 내방객 응대 원칙에 따라 방문객의 소속, 성명, 방문 목적, 선약 유무 등을 확인한다.
③ 상사가 개인적으로 약속하였다는 것을 알게 되었으므로 상사에게 보고 후 지시에 따른다.
④ 개인적 약속을 한 손님에게 양해를 구한 후 예약 순서 원칙에 따라 선약된 손님부터 응대한다.

해설

상사에게 상황을 보고 한 후 상사의 지시에 따른다.

14 ① 15 ④ **정답**

16 다음 중 적절한 화법은?

① "앞으로 나와 주시기를 바라겠습니다."
② "당사는 고객을 위해 고군분투 하겠습니다."
③ "양해 말씀 드립니다."
④ "사장님, 저희 나라는 최근 경기가 좋아지고 있습니다."

해설

① '바라다'는 그 자체가 추측의 의미를 가졌으므로 '겠'을 쓸 필요가 없다. 따라서 "앞으로 나와 주시기를 바랍니다."라고 해야 한다.
③ '양해'란 남의 사정을 잘 헤아려 너그러이 받아들이는 것을 의미한다. 따라서 "양해 말씀 드립니다."는 양해를 구해야 될 사람이 반대로 양해를 하겠다는 의미가 된다. "양해하십시오." 혹은 "사과 말씀 드립니다." 등이 적절하다.
④ '저희 나라'라는 표현은 틀린 것이다. '우리나라'라고 써야 한다.

17 상사의 해외출장 보좌업무를 수행하는 비서의 업무수행 방법으로 적절하지 않은 것은?

① 해외 출장 중 호텔이나 교통편, 식당 이용 시 현금으로 팁을 제공하는 경우가 많으므로 이를 대비하여 소액권을 준비했다.
② 미국은 전자 여행 허가제(ESTA)를 통해 허가를 받으면 90일 동안 무비자로 체류가 가능하므로, 이를 신청하기 위해 전자 여권을 준비했다.
③ 상사가 외국인이기 때문에 여권 관련 업무를 위해 비서가 대신 한국대사관에 방문해서 업무를 처리했다.
④ 상사가 해외 현지 상황을 대비해 출장 준비할 수 있도록 현지 정보를 미리 수집하고 정리하여 상사에게 보고했다.

해설

여권 관련 업무는 대리인이 처리할 수 없는 업무도 존재한다. 또한 상사가 속한 국적의 대사관에 방문해야 한다. 예를 들어 상사가 미국인일 경우 주한미국대사관에 방문해서 업무를 처리해야 한다.

정답 16 ② 17 ③

18 **다음 예약업무 중 가장 올바르게 처리한 것은?**

① 출장지 숙박업소에 대한 정보는 출장지 관계자에게 문의하면 그 곳의 사정을 잘 알고 있기 때문에 도움을 받을 수 있다.
② 항공편 예약 시 상사가 선호하는 항공사와 좌석 선호도를 우선으로 예약하되 항공 기종은 신경 쓰지 않았다.
③ 도착지에 공항이 여러 개가 있는 경우, 가능하면 시설이 편리한 큰 공항으로 도착하는 비행기 편으로 예약하였다.
④ 해외에서 사용할 렌터카의 예약 시 여권이 운전면허증을 대신하므로 여권 앞장을 복사해서 보내고, 만약에 대비해 여권 앞장을 상사 스마트폰에 저장하였다.

해설

② 항공 기종에 따라 좌석등급이나 좌석 위치에 차이가 있을 수 있으므로 항공 기종도 신경 써야 한다.
③ 시설이 편리한 큰 공항보다는 공항의 위치가 출장지와 얼마나 떨어져 있는지를 고려하는 것이 좋다.
④ 해외에서 렌터카를 사용하려면 국제면허증이 필요하다.

19 **국제회의를 준비하며 국기를 게양할 때 가장 적절한 것은?**

① 한국, 브라질, 칠레 3개 국가의 국기를 게양 시, 한국 국기를 단상을 바라보았을 때 맨 왼쪽에 게양하고, 브라질과 칠레의 국기는 알파벳순으로 그 오른쪽에 차례대로 게양하였다.
② 한국과 외국 3개 국가의 국기를 게양 시 우리 국기를 단상을 바라보았을 때 오른쪽에 게양하고 외국 국기를 알파벳순으로 그 왼쪽에 게양하였다.
③ 한국과 중국의 국기를 교차 게양하는 경우, 왼쪽에 태극기가 오도록 하고 그 깃대는 중국 국기의 깃대 앞쪽에 위치하게 하였다.
④ 여러 나라 국기를 한꺼번에 게양할 때는 우리나라의 국기의 크기를 가장 크게 게양하였다.

해설

① 한국 국기를 중앙으로 하고 브라질 국기를 왼편에, 칠레 국기를 오른편에 게양해야 한다.
② 국가가 홀수일 경우 우리 국기를 중앙으로 하고 외국 국기는 단상으로 향해 국명의 알파벳순으로 왼편에 둘째, 오른편에 셋째, 그 밖의 왼편에 넷째, 오른편에 다섯째 등의 순서로 게양한다.
④ 여러 나라 국기를 한꺼번에 게양할 때는 국기의 크기나 깃대의 높이를 똑같이 해야 한다.

18 ① 19 ③ 정답

20 **송파구청장 비서 A양은 서울시 주최, 송파구청 주관으로 한성 백제박물관 개관식 행사를 준비하고 있다. 행사개요는 아래와 같다. 주요 인사들이 많이 초청된 행사라, 자리배치 등 의전에 각별히 신경을 써서 준비하라는 구청장의 특별 지시가 있었다. 테이프커팅식 때 일반적으로 주요 인사들의 서 있는 위치가 정면에서 보았을 때 올바르게 배치된 것은?**

행사개요
일시 : 20XX. 4. 30(월) 09:00~11:05 장소 : 한성백제박물관(송파구 방이동 올림픽공원) 참석 : 500여명 주요참석인사 : 서울시장, 송파구청장, 국회의원, 시의회의장, 문체부차관

※ ① : 서울시장 ② : 문체부차관 ③ : 시의회의장 ④ : 국회의원 ⑤ : 송파구청장

① ④ ② ① ③ ⑤

② ⑤ ③ ① ② ④

③ ① ② ③ ④ ⑤

④ ⑤ ④ ③ ② ①

해설

행사장의 귀빈들을 배치하는 경우에는 행사에 참석한 최상위자를 가운데로 하고, 최상위자의 우측에 차상위자, 좌측에 그 다음 인사를 배치한다. 즉, 최상위자 자리를 중심으로 우–좌 순으로 교차 배치해야 한다.

제2과목 경영일반

21 다음은 기업윤리를 설명한 내용이다. 이 중 가장 적합한 내용은?

① 기업은 소비자와의 관계에서 고객을 통해 얻은 이익을 소비자 중심주의를 채택하여 소비자의 만족도를 높여야 한다.
② 기업이 종업원과의 관계에서 종업원의 승진, 이동, 보상, 해고 등에 대한 내용들은 기업윤리와 상관이 없다.
③ 기업은 투자자와의 관계에서 그들의 권리보장은 관계없이 수익을 최우선적으로 증대시키기 위해 노력해야 한다.
④ 기업은 매일 수 없는 윤리논쟁에 직면하고 있는데, 일반적으로 크게 소비자와의 관계, 기업구성원과의 관계, 기업투자자와의 관계, 국제기업과의 관계로 나눌 수 있다.

해설

② 기업은 인적 차원의 경영자나 구성원을 보다 중요시해야 한다. 따라서 종업원의 승진, 이동, 보상, 해고 등에 대한 내용들도 기업윤리와 상관이 있다.
③ 기업은 수익 창출에 대한 책임도 있지만 투자자들의 권리 또한 보장해주어야 한다.
④ 국제기업과의 관계는 글로벌 경영과 관련이 있다.

22 다음의 경영환경요인들이 알맞게 연결된 것은 무엇인가?

A. 소비자, 경쟁자, 지역사회, 금융기관, 정부 B. 경제적, 기술적, 정치, 법률적, 사회/문화적 환경

① A : 외부환경, 간접환경
② B : 외부환경, 과업환경
③ A : 외부환경, 직접환경
④ B : 내부환경, 일반환경

해설

기업의 외부환경은 기업 외부에 존재하는 환경으로 다양한 기회와 위협을 제공하는 일반환경과 기업목표 달성에 직·간접으로 영향을 미치는 이해관계자 집단을 포함하는 과업환경으로 나눌 수 있다. 직접환경은 기업에 직접적으로 영향을 미치는 환경을 말하며, 간접환경은 광범위하고 포괄적이며 장기적으로 영향을 미치는 환경을 말한다. A는 과업환경으로서 외부환경에 포함되며, 직접적으로 기업에게 영향을 미치는 요인이기 때문에 직접환경이다. B는 외부환경(일반환경), 간접환경에 해당한다.

21 ① 22 ③ 정답

23 다음은 카르텔에 대한 설명이다. 옳지 않은 것은?

① 카르텔은 동종 내지 유사 산업에 속하는 기업이 연합하는 것이다.
② 독립적인 기업들이 연합하는 것으로 서로 기업 활동을 제한하며 법률적, 경제적으로도 상호 의존한다.
③ 카르텔의 종류로 판매 카르텔, 구매 카르텔, 생산 카르텔이 있다.
④ 일부 기업들의 가격담합 등의 폐해가 심각하여 국가에 의한 강제 카르텔 외에는 원칙적으로 금지 또는 규제하고 있다.

해설

카르텔 참가기업들은 법률적으로나 경제적으로 독립성을 유지하면서 협약에 의거, 시장통제에 관한 일정사항에 관해서 협정을 체결한다.

카르텔(Cartel)

독점을 목적으로 하는 기업 간의 협정 또는 협정에 의한 횡적 결합으로 기업연합이라고도 한다. 같거나 유사한 기업 전부나 대부분이 경쟁의 배제로 시장을 통제하고 가격을 유지하기 위해 각자의 독립성을 유지한 채 협정에 가맹하는데, 그 내용에 따라 여러 가지 카르텔로 분류된다. 판매조건을 협정하는 조건카르텔, 판매가격의 최저한을 협정하는 가격 카르텔, 생산량 또는 판매량의 최고한도를 협정하는 공급제한 카르텔, 판매 지역을 협정하는 지역 카르텔 등이 있다. 우리나라에서는 독점규제 및 공정거래법에 의해 카르텔이 금지된다.

24 다음 (㉠)은/는 무엇에 대해 기술한 것인지 보기 중 가장 가까운 답을 고르시오.

> 기업은 하나의 개방시스템으로 자신을 둘러싼 (㉠)과/와 상호작용을 한다. (㉠)은/는 계속해서 변화하는 특징을 가지고 있으며, 경우에 따라서 기업의 활동에 의해 변화하기도 한다. 따라서 경영자는 (㉠)의 중요성을 충분히 인식하고 변화를 사전에 예측하여 이에 적극적으로 대처할 수 있는 통찰력과 판단력을 갖추어야 성공적인 기업경영을 이룰 수 있다.

① 경영통제
② 경영환경
③ 조직문화
④ 정부정책

해설

① 경영통제란 기업에서 결정한 목표 달성을 위해 업무의 실행이 제대로 이루어지고 있는지를 확인하여 시정하도록 하는 것이다.
③ 조직문화란 집단 안에서 개인과 집단이 협력하는 방식을 특징짓는 가치, 규범, 신념, 행동양식의 구성을 의미한다.
④ 정부정책이란 정부에 의해 결정된 행동방침을 의미한다.

정답 23 ② 24 ②

25 **다음 중 벤처캐피탈의 특징에 대한 설명으로 가장 적합하지 않은 것은?**

① 투자수익의 원천을 주식 매각으로부터 얻는 자본수익보다는 배당금을 목적으로 투자하는 자금이다.
② 벤처캐피탈은 위험이 크지만 고수익을 지향하는 투기성 자금이라고 할 수 있다.
③ 투자심사에 있어서 기업의 경영능력, 기술성, 성장성, 수익성 등을 중시한다.
④ 투자기업의 경영권 획득을 목적으로 하지 않고 사업에 참여 방식으로 투자하는 형식을 취한다.

해설

벤처캐피탈은 투자기업을 성장시킨 후 보유주식을 매각하여 자본이익을 얻고자 투자한다.

26 **다음은 인수합병의 장점과 단점을 요약한 것이다. 이 중 가장 거리가 먼 것은?**

① 시장에의 조기 진입 가능
② 취득자산 가치 저하 우려
③ 투자비용의 절약
④ 자금유출로 인한 재무 강화

해설

기업들이 인수 합병 전략을 선택하는 동기에는 자금유출이 아닌 규모의 경제 확보, 조세절감, 자금조달 능력의 확대 등으로 인하여 재무가 강화되는 데 있다.

27 **다음 중 주식회사의 특징으로 가장 거리가 먼 것은?**

① 자본의 증권화, 즉 출자 단위를 균일한 주식으로 세분하여 출자를 용이하게 하고, 이를 증권시장에서 매매가 가능하도록 한다.
② 주식회사가 다액의 자본을 조달하기 쉬운 이유는 출자자의 유한책임제도를 이용하기 때문이다.
③ 주주는 자신의 이익을 위하여 활동하고, 주주들의 부의 극대화가 저해될 때 대리인문제가 발생할 수 있다.
④ 출자와 경영의 분리제도로 주주는 출자를 하여 자본위험을 부담하고, 중역은 경영의 직능을 담당하게 한다.

해설

주식회사인 경우 주주가 직접 일을 할 수 없어 대리인인 전문경영자에게 경영활동을 위임하여 활동하게 된다. 대리인문제란 대리인이 자신의 이익을 위하여 활동할 때 발생된다.

25 ① 26 ④ 27 ③ 정답

28 **기업조직의 통제기능의 필요성을 설명한 내용으로 가장 거리가 먼 것은?**

① 끊임없이 변화하는 경영환경으로 이미 수립된 계획의 타당성 확인을 위해
② 조직의 규모와 활동이 복잡하고 다양화됨에 따라 조직 내에서 발생하는 다양한 활동의 조정 및 통합을 위해
③ 경영자의 의사결정의 오판이나 예측오류의 발생을 예방하고 정정하기 위해
④ 경영자가 조직의 중앙집권화를 위해 권한위임을 최소화하고 부하 구성원 활동에 대한 감독을 강화하기 위해

해설

기업조직의 통제기능은 기업의 목표를 결정하고 이를 달성하기 위한 행동이다. 실제의 경영활동이 계획된 대로 진행될 수 있도록 감시하고, 또 그 계획으로부터 벗어나는 것을 예방하고 수정하는 활동 등을 의미하는 것이 경영자가 조직의 중앙집권화를 위해 권한위임을 최소화하고 부하 구성원 활동에 대한 감독을 강화하기 위해 필요한 것이라고는 보기 어렵다.

29 **다음은 경영자의 의사결정역할에 대한 설명이다. 경영자의 의사결정역할에 대한 설명으로 거리가 먼 것은?**

① 경영자는 새로운 아이디어를 내고 자원 활용과 기술 개발에 대한 결정을 한다.
② 경영자는 기업 외부로부터 투자를 유치하고 기업 홍보와 대변인의 역할을 수행한다.
③ 경영자는 주어진 자원의 효율적 활용을 위해 기업 각 기능의 역할 및 자원 배분에 신중을 기한다.
④ 경영자는 협상에서 많은 시간과 노력을 들여 유리한 결과를 이끌어내도록 최선을 다한다.

해설

경영자의 정보적 역할 중 대변인의 역할에 해당한다.

30 **다음 중 공식조직을 구조화할 때, 고려해야 할 사항에 대한 설명으로 옳지 않은 것은?**

① 그레이프바인 시스템 활성화
② 권한의 위양 정도
③ 조정 절차 매뉴얼
④ 구체적인 정책 수립

해설

그레이프바인은 비공식조직에 해당한다.

정답 28 ④ 29 ② 30 ①

31 **아래 도표와 같이 부하직원을 내집단과 외집단을 구분하여 설명하고 있는 리더십 이론은 무엇인가?**

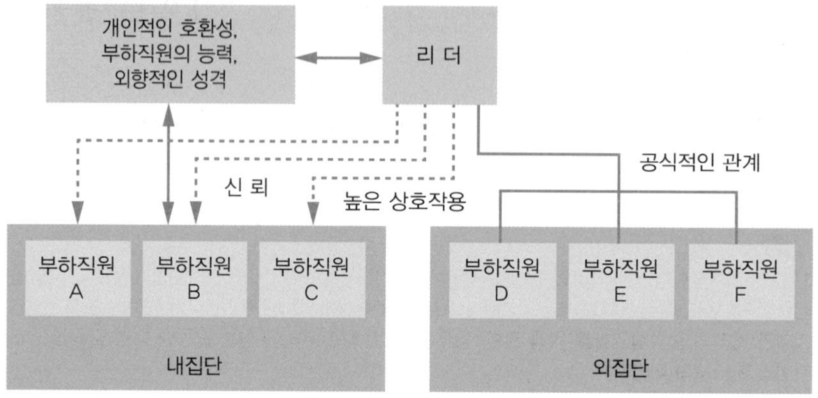

① 리더참여이론
② 상황적합이론
③ 경로–목표이론
④ 리더–부하 교환이론

해설

① 부하들이 구조화되지 않은 과업을 수행 시 필요한 리더십 유형으로서 리더가 부하에게 의사결정 등에 참여하게 함으로써 과업과 역할 기대를 학습하도록 하는 유형이다.
② 리더의 효과성은 상황에 의해 결정된다고 보고 리더의 스타일을 과업 지향적 리더, 인간관계 지향적 리더로 분류하는 이론이다. 상황이 유리하거나 불리할 때는 과업지향형이, 중간정도의 상황에서는 인간관계지향형이 적합하다고 결론 내린다.
③ 하우스와 에반스의 경로–목표 이론은 부하의 특성과 근무환경의 특성에 따라 리더십의 유형을 네 가지로 나눈 것을 말한다. 리더십의 유형에는 지시적, 지지적, 참여적, 성취지향적이 있다.

32 **다음은 매슬로우의 욕구이론과 앨더퍼의 ERG이론을 비교 설명한 것이다. 가장 거리가 먼 내용은 무엇인가?**

① 매슬로우의 생리적욕구와 앨더퍼의 존재욕구는 기본적으로 의식주에 대한 욕구로 조직에서의 기본임금이나 작업환경이 해당된다.
② 앨더퍼의 관계욕구는 매슬로우의 안전의 욕구 및 사회적 욕구, 존경의 욕구 각각의 일부가 이에 해당된다.
③ 앨더퍼의 성장욕구는 매슬로우의 자아실현욕구에 해당하는 것으로 조직 내에서의 능력개발이라기보다는 개인이 일생을 통한 자기능력 극대화와 새로운 능력개발을 말한다.
④ 매슬로우 이론과는 달리 앨더퍼는 욕구가 좌절되면 다시 퇴행할 수 있고, 동시에 여러 욕구가 존재할 수 있다고 주장한다.

31 ④ 32 ③ 정답

해설

앨더퍼의 성장욕구는 개인과 직무에 대한 계속적인 성장과 발전에 대한 욕망에 해당하는 욕구로 매슬로우 이론의 존중욕구 및 자아실현 욕구에 해당한다.

33 다음은 4P 마케팅 믹스의 구체적 내용이다. 옳지 않은 것은?

① Place : 재고, 서비스, 품질보증
② Price : 할인, 보조금, 지불기간
③ Promotion : 광고, 인적판매, 판매촉진
④ Product : 품질, 디자인, 브랜드명

해설

Place는 유통에 해당한다. Place에는 배송, 재고, 물류, 매장 등이 해당한다.

34 다음 (A)제약의 사례는 보기 중 어느 것에 해당되는 것인가?

> (A)제약은 일반 무좀약 시장으로부터 손발톱 무좀약 시장을 독립시켰다. 손발톱 무좀이라는 피부병이 따로 있다는 사실을 잘 모르고 있던 소비자들에게 이를 알리고 새로운 시장을 개척하였다.

① 제품차별화
② 시장세분화
③ 표적시장결정
④ 제품포지셔닝

해설

② 시장세분화란 한 제품시장을 전체 소비자들의 니즈나 행동, 특성 면에서 유사한 하부집단으로 구분하는 것이다. 이것이 성공적으로 이루어지기 위해서는 측정가능성, 접근가능성, 경제적 시장규모, 안정성, 차별적 반응 등의 요건이 충족되어야 한다. 이때 사용될 수 있는 기준은 인구통계, 사회계층, 문화, 라이프스타일 등이 될 수 있다.
① 제품차별화란 판매 전략의 하나로써 기업이 자사 제품에 타사 제품과는 다른 특징이나 특성을 부여하는 것을 의미한다.
③ 표적시장결정이란 상품을 표적으로 하는 시장을 결정하는 것을 의미한다.
④ 제품포지셔닝이란 기업이 자신들의 제품을 사람들에게 바람직한 위치에 인식시키기 위해 마케팅 전략상 이미지를 설정 · 구축하는 것을 의미한다.

정답 33 ① 34 ②

35 **경영활동에 활용되는 정보기술의 보고기능에 대한 설명으로 가장 적합하지 않은 것은?**

① 데이터마트는 기업경영자료를 2차원 또는 3차원으로 나타내어 사용자가 시각적으로 쉽게 자료를 이해할 수 있도록 지원한다.
② 온라인분석처리(OLAP)는 사용자가 다차원 분석도구를 이용하여 의사결정에 활용하는 정보를 분석하는 과정을 말한다.
③ 데이터마이닝은 데이터 사이의 관련성을 규명하여 의사결정에 도움을 주는 고차원의 통계적 알고리즘을 사용한 기법을 의미한다.
④ 의사결정시스템은 경영자들에게 요약, 조직화된 데이터와 정보를 제공함으로써 의사결정을 지원하는 정보시스템을 말한다.

해설

데이터마트는 데이터의 한 부분으로서 특정 사용자가 관심을 갖는 데이터들을 담은 비교적 작은 규모의 데이터 웨어하우스를 의미한다. 일반적인 데이터베이스 형태로 갖고 있는 다양한 정보들을 사용자의 요구 항목에 따라 체계적으로 분석하여 기업의 경영 활동을 돕기 위한 시스템을 말한다.

36 **다음 중 인사고과에서 발생할 수 있는 오류에 관한 설명으로 가장 적절하지 않은 것은?**

① 종업원을 실제보다 높거나 후하게 평가하는 관대화경향이 발생할 수 있다.
② 출신지역, 직무, 인종 등의 특징이나 고정관념으로 평가자의 편견에 비추어 종업원을 평가하는 상동적 태도가 나타날 수 있다.
③ 비교 대상이 무엇인지에 따라 평가결과가 달라지는 대비 오류가 나타날 수 있다.
④ 종업원의 한 면만을 기준으로 다른 것까지 평가해 버리는 중심화경향이 나타날 수 있다.

해설

종업원의 한 면만을 기준으로 다른 것까지 평가해 버리는 것은 후광효과이다. 중심화경향이란 종업원에 대한 평가 점수가 보통 또는 척도상의 중심점에 집중하는 경향을 의미한다.

37 **다음은 재무상태표(대차대조표)를 작성할 때 각각의 계정과목에 대한 설명이다. 이 중 가장 거리가 먼 것은?**

① 유동자산은 재고자산과 당좌자산으로 구성되며, 차변에 기재한다.
② 부채는 유동부채와 비유동부채로 구성되며, 대변에 기재한다.
③ 비유동자산은 유형자산, 무형자산, 투자자산으로 구성되며, 차변에 기재한다.
④ 자본은 자본금, 자본잉여금, 이익잉여금으로 구성되며, 차변에 기재한다.

해설

자본은 자본금, 자본잉여금, 이익잉여금, 자본조정, 기타포괄 손익누계액 등으로 구성되며 대변에 기재한다.

35 ① 36 ④ 37 ④ **정답**

38 아래의 글이 설명하는 용어로 가장 적합한 것은?

> 무리한 인수 · 합병으로 회사 전체가 위험에 빠지고 결국 경영에 독이 되는 현상이 나타나는 경우를 말한다. 예를 들면, 인수자금을 마련하기 위해 빌린 돈의 이자를 부담할 수 없는 상황에 빠져 모기업의 현금흐름마저 이를 감당할 수 없게 되어 기업전체가 휘청거리는 상황에 이르는 현상이다.

① 곰의 포옹
② 흑기사
③ 독약 처방
④ 승자의 저주

해설

① 곰의 포옹이란 기업 인수 합병 전략의 하나로, 사전 경고 없이 매수자가 목표 기업의 경영진에게 편지를 보내 매수 제의를 하고 신속한 의사 결정을 요구하는 방법을 의미한다.
② 흑기사란 적대적 기업 인수 합병을 시도하는 사람이나 기업이 단독으로 필요한 주식을 취득하기가 현실적으로 어려울 때 제3자를 찾아 도움을 구하는 것을 의미한다.
③ 독약 처방이란 적대적 기업 인수 합병 시도가 있을 경우 이사회 결정만으로 신주를 발행해 인수자를 제외한 모든 주주에게 시가의 절반 이하의 가격으로 살 수 있도록 하여 기업 인수 합병을 저지하는 방법을 의미한다.

39 최근 승차공유서비스인 카풀의 경우 택시업계와 갈등을 빚어 왔으며, 승합차 호출서비스와 개인택시 간에 서비스 불법논란이 불거지고 있다. 이처럼 한번 생산된 제품을 여럿이 함께 협력소비를 기본으로 한 방식을 일컫는 용어를 무엇이라 하는가?

① 공유소비
② 공유경영
③ 공유경제
④ 공유사회

해설

공유경제
제품이나 서비스를 소유하는 것이 아니라, 필요에 의해 서로 공유하는 활동을 일컫는다. 공유경제는 유형과 무형을 모두 포함하며 불필요한 낭비가 감소하고 상대적으로 저렴한 가격으로 제품과 서비스를 이용할 수 있는 등의 장점이 있지만, 공동 소유의 경우 관리 책임이 불명확하며 현행 법령을 어길 수 있는 가능성 등의 문제점이 있다.

정답 38 ④ 39 ③

40 빅데이터 분석에 대한 설명으로 가장 적절치 않은 것은?

① 스마트폰 및 소셜미디어 등장으로 생산, 유통, 저장되는 정보량이 기하급수적으로 늘면서 대규모의 디지털 데이터에서 일정한 패턴을 읽고 해석하는 것이다.
② 일반 데이터와의 차이를 3V로 설명할 수 있는데, 용량(Volume), 유효성(Validity), 다양성(Variety)이 있는 자료를 말한다.
③ 빅데이터 분석은 정보량이 방대해 지금까지 분석하기 어렵거나 이해할 수 없던 데이터를 분석하는 기술을 의미한다.
④ 소셜미디어 서비스에서 유통되는 내용을 통해 대중의 심리변화와 소비자의 요구사항도 파악할 수 있어 마케팅 전략에도 이용이 가능하다.

해설

빅데이터의 3V는 크기(Volume), 속도(Velocity), 다양성(Variety)을 의미한다.

제3과목 사무영어

41 According to the following Mr. Lee's schedule, which one is NOT true?

Day & Date	Time	Schedules	Location
Monday 06/22/2020	10:20 am	Appointment with Mr. James Brook of KBC Bank	Office
	11:00 am	Division Meeting with Managers	Meeting Room 304
	6:00 pm	SME Association Monthly Meeting	ABC Hotel, 3rd Floor, Emerald Hall
Tuesday 06/23/2020	9:30 am	Meeting with Branch Managers	Meeting Room 711
	12:00 pm	Lunch with Ms. David Smith of Madison Company	Olive Garden
	4:00 pm	Keynote Speech at the 5th Annual Conference for Administrative Specialists	City Conference Center, 2nd Floor

① Mr. Lee는 월요일 오후 6시에 SME 협회 월간 회의에 참석할 예정이다.
② Mr. Lee는 화요일 오전 9시 30분에 지점 관리자들과 회의실에서 회의가 있다.
③ Mr. Lee는 화요일 오후 4시에 씨티 컨퍼런스 센터에서 폐회사를 한다.
④ Mr. Lee는 월요일 오전 10시 20분에 사무실에서 Mr. James Brook과 만날 예정이다.

40 ② 41 ③ 정답

해설

Mr. Lee는 화요일 오후 4시에 City Conference Center에서 기조연설을 한다.

42 According to the followings, which one is true?

This is the overview of the Sejong Hotel in Seoul.

- Three Diamond downtown hotel with indoor pool
- The Sejong Hotel is a few minutes walking distance from Cityhall Subway Station and Namsan Tower. Approximately a 15-minute walk to Gyeongbokgung Palace and Kyobo Tower is located outside the front door of the hotel.
- We have Business Center, Fitness Center, and Meeting Rooms.
- All guests get free standard Wi-Fi in-room and in the lobby.
- Free cancellation is available up to 5 days before arrival.

① There is no subway station near the hotel.
② Business Center and Fitness Center are in the Sejong Hotel.
③ You can use standard Wi-Fi in your room with charge.
④ You can cancel your reservation up to 3 days before your arrival without charge.

해설

① 세종 호텔 근처에는 Cityhall 지하철 역이 있다.
③ 모든 방문객들은 호텔 로비와 방 안에서 무료 와이 파이를 이용할 수 있다.
④ 예약은 도착 5일 전까지 무료로 취소할 수 있다.

정답 42 ②

43 Which is true according to the following conversation?

Mr. Smith : Good morning, Miss Kim.
Secretary : Good morning, Mr. Smith. What can I do for you?
Mr. Smith : Can I see Mr. Wilson if he is free?
Secretary : Mr. Wilson is quite busy now. But let me check with him. Mr. Wilson, Mr. Smith wants to see you now.
Mr. Wilson : Well, I don't want to be interrupted now. I have to finish this report on which I am working. Could you ask Mr. Smith whether it is an urgent matter?
Secretary : Certainly. Mr. Smith, Mr. Wilson is working on important report and he wants to know if you want to talk about something urgent.
Mr. Smith : I have a VIP Resort Club brochure with me and I want to explain it to Mr. Smith. It's not that urgent and I can come back tomorrow.
Secretary : Then, let me check his schedule. How about tomorrow afternoon, 3 o'clock?
Mr. Smith : That will be fine. Thank you, Miss Kim.

① Mr. Smith는 Mr. Wilson과 선약이 되어 있었다.
② Mr. Smith는 급한 업무로 Mr. Wilson을 만나기를 원했다.
③ Mr. Smith는 VIP Resort Club 브로슈어를 Mr. Wilson에게 설명하고자 하였다.
④ Mr. Wilson은 자신의 일을 미루고 Mr. Smith를 바로 만나기로 하였다.

해설

① Mr. Smith는 Mr. Wilson와 선약이 되어 있지 않은 상태이다.
② Mr. Smith는 급한 업무가 아니고 내일 다시 올 수도 있다고 비서에게 얘기하고 있다.
④ Mr. Wilson은 자신의 업무가 급하니 비서에게 Mr. Smith의 용건이 급한 일인지 물어볼 것을 요청하고 있다.

44 Which is the MOST appropriate expression for the blank below?

A : Hello. This is Tim Starbuck from Starbucks Holdings. May I speak to Mr. Park?
B : I'm sorry, but Mr. Park is in a meeting and asked not to be disturbed.
A : I'm afraid to ask you, but ______________. I have an urgent matter to discuss with him.
B : Well, let me see, but I doubt whether I'll be able to put you through. (To Mr. Park) Mr. Tim Starbuck of Starbucks Holdings is on the line. He said he had an urgent matter to discuss with you.
C : All right. Put him through.

① could you please interrupt him for me?
② please ask him to be on the line.
③ I can't wait until he is on the line.
④ please tell him that I'm on the line.

43 ③ 44 ① 정답

해설

B가 A에게 Park씨가 지금 회의 중에 있으며 그가 방해받지 않기를 요청했다고 말했으나, A가 그래도 Park씨와 긴급한 문제로 논의할 것이 있다며 전화가 연결되기를 원하는 상황이다. could you please interrupt him for me는 위의 상황 상 자신을 위해서 미팅중인 Park씨에게 전화를 받을 수 있도록 방해해줄 수 있는지 요청하는 표현으로 가장 적합하다.

45 **According to the following memo, which is true?**

TELEPHONE MEMO

Date : May 7, 2020 Time : 2:30 p.m.

For : Mr. Max Fisher
From : Ms. Barbara Black of HSB Bank

Tel No. 554-2302 ext. 122

■ Telephoned ☐ Please call
☐ Wants to see you ☐ Will call again
☐ Returned your call ☐ URGENT
☐ Was here to see you

☐ Message : Ms. Black says the meeting on Monday is postponed. Please reschedule for Thursday morning if possible.

Taken by Julie Smith

① Mr. Fisher에게 걸려온 전화의 메모를 Julie Smith가 작성하였다.
② HSB Bank의 Ms. Black은 월요일 회의가 목요일로 연기되었음을 알리기 위해 연락하였다.
③ Mr. Fisher의 전화번호는 554-2302이고 내선번호는 122이다.
④ Ms. Black은 Mr. Fisher가 가능한 빨리 전화해주기를 바란다.

해설

② HSB Bank의 Ms. Black은 월요일 회의가 연기되었으며, 가능하다면 목요일 아침으로 일정을 변경하여 줄 것을 요청하고 있다.
③ Ms. Barbara Black의 전화번호가 554-2302이고 내선번호가 122이다.
④ 가능한 한 빨리 연락을 바라는 것은 나타나지 않는다.

정답 45 ①

46 According to the following invitation, which is NOT true?

You are invited to attend Sales Managers Workshop of March 21, 2020.

To Register

- Click on the registration link for the session you wish to attend. Three sessions will be held.
- On the resulting page, select the "Enrol" button located on the top-right side of the page.
- You will receive an email confirmation and a calendar entry.

Each session has a maximum capacity of 24 seats. Enrolment is on a 'first come first served' basis. If you register but are unable to attend, please send an email to Mirae Lee to cancel your registration.

① 영업 관리자 워크숍에 참석 가능한 최대 인원은 총 72명이다.
② 워크숍 참석 신청은 컴퓨터를 이용해서 3개의 세션에 모두 신청 등록을 해야 한다.
③ 'Enrol' 버튼은 결과 페이지의 상단 오른쪽에 위치한다.
④ 워크숍 참석 신청을 위한 등록은 선착순이다.

해설

참석하고 싶은 세션에만 등록하면 된다.

당신은 2020년 3월 21일에 열리는 판매부장들의 워크숍에 초대되었습니다.

등록하기 위해서

- 당신이 참여하고 싶은 세션의 등록 링크를 클릭하세요. 3개의 세션들이 열릴 것입니다.
- 결과 페이지에서, 페이지 상단 오른쪽에 있는 "등록" 버튼을 누르세요.
- 당신은 확인 이메일과 일정관리 항목을 받을 것입니다.

각각의 세션은 최대 24개의 좌석들까지만 수용할 수 있습니다. '먼저 온 사람에게 우선권이 주어진다'를 기본으로 하여 등록이 진행됩니다. 만약 당신이 등록하였지만 참석하지 못한다면, Mirae Lee에게 당신의 등록을 취소하기 위해 이메일을 보내주세요.

46 ② 정답

47 Read the following letter and choose the one which is NOT true.

> Dear Ms. Kim :
> In reply to your advertisement in Korea Times, I am applying for the position of a secretary. Words such as "responsible" and "administrative ability" in the description of the position immediately appealed to me.
>
> I believe I have the necessary qualification; therefore, I would like to be considered for this position. An examination of my personal data sheet will show that I am well prepared by training and experience for secretarial work. In addition, my extracurricular activities, described in the enclosed personal data sheet, have prepared me work with other people.
>
> I would very much like the opportunity to work in your company and convert my knowledge and well-prepared training to practical use. I should be grateful if you would grant me an interview.
>
> I look forward to hearing from you soon.

① 이 편지는 지원자가 기관의 채용 광고를 본 후 관심 있는 직종에 지원의사를 밝히기 위해 작성한 것이다.
② 지원자는 본 문서에 본인의 이력서를 첨부하였다.
③ 지원자는 비서 경험이 없는 신입비서로서, 입사 후 비서직에서 훈련받기를 원한다는 내용이다.
④ 지원자는 다양한 과외 활동을 통해 협업 능력을 길렀다.

해설

지원자는 비서 업무를 위한 훈련과 경험이 있는 사람이다.

> 친애하는 Ms. Kim에게.
> 저는 코리아 타임즈에 실린 당신의 광고를 보고 비서직에 지원하게 됐습니다. 직책에 대한 설명인 "책임이 있는"과 "행정 수행 능력"이라는 단어들이 곧바로 저에게 다가왔습니다.
> 저는 제가 필요한 자격을 갖추고 있다고 생각합니다. 그러므로 이 직책에 있어 제가 고려되기를 원합니다. 제 개인 데이터 시트를 검사해 보시면 비서 업무를 위한 훈련과 경험으로 준비가 잘 되어 있다는 것을 알 수 있을 것입니다. 또한 동봉된 개인 데이터 시트에 기술된 저의 특별 교육 활동을 통해 저는 다른 사람들과 일할 수 있도록 준비되었습니다.
> 저는 당신의 회사에서 일하면서 저의 지식과 잘 준비된 훈련을 실전에서 사용할 수 있도록 바꿀 수 있는 기회를 정말 갖고 싶습니다. 당신이 저에게 인터뷰를 허락해 준다면 무척 감사할 것입니다.
> 저는 곧 당신으로부터 소식을 들을 수 있기를 고대하겠습니다.

정답 47 ③

48 다음 편지의 구성요소 중 가장 바르게 표현된 것은 무엇인가?

November 15, 2020

Ms. Catherine A. Cox
Manager
Worldwide Travel, Inc.
450 Canyon View Drive East
① Flagstaff. AZ 86001

Dear Ms. Cox :
Our company has decided to hold its regional sales meeting in Scottsdale, Arizona, during the second week of December. I need information on a suitable conference site.
We will need a meeting room with 30 computer workstations, a LCD display, and a microphone and podium.
A final decision on the conference site must be made within the next two weeks. Please send me any information you have for a suitable location in Scottsdale immediately. Thank you for your help.

Sincerely yours,

② Mr. Bill McKay
③ Marketing Manager
④ Enclosing

/jse

① Flagstaff. AZ 86001
② Mr. Bill McKay
③ Marketing Manager
④ Enclosing

해설

① '.'이 아닌 ','를 사용해야 한다.
② 서명 혹은 이름이 들어가야 하는 곳이므로 Bill McKay만 써야 한다.
④ 첨가되는 자료가 있을 경우 Enclosure라고 써야 한다.

48 ③ 정답

49 다음 밑줄 친 단어의 사용이 바르지 않은 것은?

① The minutes of a meeting is the written records of the things that are discussed or decided at it.

② Exchange rate is the money that you need to spend in order to do something.

③ When someone gives you a quotation, he/she tells you how much he/she will charge to do a particular piece of work.

④ An agenda is a list of the items that have to be discussed at a meeting.

해설

② Exchange rate는 환율을 의미한다.
① 회의록은 회의에서 논의되거나 결정된 사항에 대한 서면 기록이다.
③ 누군가 당신에게 견적을 준다는 것은, 그 혹은 그녀가 특정한 작품을 하기 위해 얼마를 청구할지를 알려주는 것이다.
④ 안건은 회의에서 논의해야 할 사항의 목록이다.

50 Which is the MOST appropriate expression for the blank?

A : Ms. Lee, can you come to my office now? I have something to ask you.
B : Sure.
A : Can you make copies of these paper?
B : Yes, just one copy for each?
A : No, I need two copies for them. One for me and the other for the sales manager.
B : Ok. I'll make two copies for them.
A : And please enlarge the size of them. ______________________.
B : No problem. I'll make it enlarged size. Is there anything else?
A : No. Thank you, Ms. Lee.

① Please reduce this paper to 50%.

② The letters are too small to read.

③ Make color copies, please.

④ I've done about half for it.

해설

A는 B에게 서류의 카피본의 사이즈를 더 크게 만들어 달라고 요청하고 있다. 따라서 글자가 읽기에 너무 작으니 사이즈를 크게 만들어 달라고 하는 것이 가장 적절하다.

정답 49 ② 50 ②

51 Read the following conversation and choose one which is NOT true.

Mr. Park : Ms. Kim. Do I have an appointment this morning?
Ms. Kim : Yes. Mr. Hong of Taomi will be here at 11:00.
Mr. Park : Ok. After that?
Ms. Kim : You have a luncheon meeting with the board of directors at the Grace Hotel at noon.
Mr. Park : I'm in busy schedule this morning.
Ms. Kim : Yes. To be on time for the luncheon meeting, you should leave here at 11:30 a.m. But there is no appointment after lunch.
Mr. Park : Hum... If possible, can I meet Mr. Hong 30 minutes earlier?
Ms. Kim : I'll contact him now to see if he can change the schedule.
Mr. Park : Thank you.

① Mr. Park has a full schedule in the afternoon.
② Mr. Park wants to meet Mr. Hong at 10:30.
③ Ms. Kim will call Mr. Hong immediately after talking to her boss.
④ Grace Hotel is located about 30 minutes away from Mr. Park's company.

해설

Mr. Park은 점심 이후의 일정이 없다.

Mr. Park : Ms. Kim 오늘 아침 나의 약속이 있나요?
Ms. Kim : 네. Taomi의 Mr. Hong과 이곳에서 11시에 약속이 있습니다.
Mr. Park : 알겠습니다. 그 다음에는요?
Ms. Kim : 정오에 Grace Hotel에서 이사회와 오찬 회동이 있습니다.
Mr. Park : 오늘 아침은 바쁘군요.
Ms. Kim : 네. 오찬 회동에 제 시간에 도착하기 위해 이곳에서 오전 11시 30분에 출발하셔야 합니다. 그러나 점심 식사 이후에는 약속이 없으십니다.
Mr. Park : 음... 만약 가능하다면 Mr. Hong을 30분 일찍 만날 수 있습니까?
Ms. Kim : 약속 시간을 바꿀 수 있는지 그에게 지금 연락해서 알아보겠습니다.
Mr. Park : 감사합니다.

51 ① 정답

52 What is the MOST proper expression for the blank?

> If a business is "open 24/7", it ______________________.

① is open for 24 days and closed for seven days every month
② opens at 7:00 in the morning
③ never closes
④ is open for seven hours each day

해설

open 24/7은 하루 24시간 1주 7일 동안을 의미한다. 따라서 '문을 닫지 않는다.'라는 의미의 ③번이 적절하다.
① 24일 동안 문을 열고 매달 7일간은 문을 닫는다.
② 아침 7시에 문을 연다.
④ 매일 7시간 동안 문을 연다.

53 Which English sentence is grammatically LEAST correct?

① May I ask what your visit is in regard to?
② I'd like to schedule a meeting for discuss with the project.
③ I think we need at least two hours to plan for that project.
④ You may be asked to help yourself to a soft drink.

해설

discuss는 타동사이므로 뒤에 전치사 with가 나와서는 안 된다.

정답 52 ③ 53 ②

54 Followings are sets of conversation. Choose one that does NOT match correctly each other.

① A : Did you get an email from him?
B : I should have gotten it done tomorrow.
② A : How's the project going?
B : Everything is okay with it.
③ A : I'm sick and tired of writing a report.
B : So am I. I think I have written as many as 200 reports this year.
④ A : Did you finish the sales report?
B : Oops! It slipped my mind.

해설

① A : 그에게서 이메일을 받았습니까?
B : 나는 내일까지 이것을 끝냈어야 했습니다.
② A : 프로젝트는 어떻게 진행되고 있습니까?
B : 순조롭게 진행되고 있습니다.
③ A : 보고서를 작성하느라 아프고 피곤합니다.
B : 나도 그렇습니다. 이번년도에 무려 200장만큼의 많은 보고서를 작성한 것 같습니다.
④ A : 매출 보고서의 작성을 다 끝냈습니까?
B : 아이고! 깜빡 잊어버렸습니다.

55 Followings are sets of Korean sentence translated into English. Which is the LEAST appropriate expression?

① 그 마을에 있는 역사적인 건물들의 본래 외관은 보존될 것이다.
→ The original appearance of the town's historic buildings will be preserved.
② 다른 회사와 합병하는 것은 언제나 어렵고 민감한 문제이다.
→ Merging another company are always a difficult and sensible issue.
③ 숙련된 조립라인 작업자들이 좀 더 세심한 경향이 있다.
→ Experienced assembly-line workers tend to be more attentive.
④ Mr. Nick Jordan은 나의 직속 상사이다.
→ Mr. Nick Jordan is my immediate supervisor.

해설

Merging another company는 동명사로 시작하는 주어이다. 동명사는 단수취급 하므로 복수동사 are이 아닌 단수동사 is가 들어가야 한다.

54 ① 55 ② **정답**

56 **Followings are the mailing information phrases of an envelope. Which is the MOST appropriate description?**

① Do not bend : It will break easily.
② Fragile : It should be sent as quickly as possible.
③ Urgent : Keep it flat.
④ Confidential : Only the addressee should read it.

해설

④ 기밀 우편 : 오로지 수신인만 읽을 수 있다.
① 구부리지 마십시오 : 이것은 쉽게 부서질 것이다.
② 깨지기 쉬운 : 이것은 가능한 한 빨리 전달되어야 한다.
③ 긴급한 : 평평하게 유지해야 한다.

57 **Choose one to fill in the blank below with the MOST appropriate vocabulary term.**

> ______________ immediately, the marketing services division has been reorganized as follows. There will be four separate departments; Customer Services, Market Research, Advertising, and Field Sales.

① Efficient
② Efficiently
③ Effective
④ Effection

해설

Effective immediately는 '지금부터, 즉시, 곧바로'라는 뜻으로 관용구로 쓰이는 말이다.

> 곧바로 마케팅 서비스 부서는 다음과 같이 재편성 되었다. 4개의 별도의 부서가 있을 것이다; 고객 서비스, 시장 조사, 광고, 그리고 현장 판매.

정답 56 ④ 57 ③

58 Which of (a)~(d) has most AWKWARD part?

A : (a) I'm finding for Ms. Johnson's office. I was told that it was on this floor.
B : I'm sorry, but (b) her office moved to the fifth floor. (c) Please take the elevator over there.
A : Thank you.
B : (d) You're welcome.

① (a)
② (b)
③ (c)
④ (d)

해설

① find for은 '~에게 유리한 판결을 내리다, ~를 위해 찾다'라는 의미로 쓰인다. look for을 사용하는 것이 적절하다.

A : 나는 Ms. Johnson의 사무실을 찾고 있습니다. 나는 이 층에 그녀의 사무실이 있다고 들었습니다.
B : 그녀의 사무실은 5층으로 이동했습니다. 저쪽에 있는 엘리베이터를 타세요.
A : 감사합니다.
B : 천만에요.

59 Which is the MOST appropriate expression for the underlined Korean sentence?

I will be on a business trip to London for two weeks. I'm going to meet sales managers and marketing managers in UTS company. I will also attend two conferences and an exhibition. 미스 리가 2주 동안 제 업무를 대신할 것입니다.

① I will substitute Miss Lee for two weeks.
② Miss Lee will get me to replace her work for two weeks.
③ Miss Lee will cover for me for two weeks.
④ I will work instead of Miss Lee for the next two weeks.

해설

③ cover for은 '~을 대신 하다'라는 의미로 쓰인다. 나머지 ①, ②, ④번은 '내가 2주 동안 미스 리의 업무를 대신할 것이다'는 의미를 내포하고 있다.

나는 런던으로 2주 동안 출장을 갈 것입니다. 나는 UTS 회사의 판매 매니저와 마케팅 매니저를 만날 것입니다. 나는 또한 두 번의 회의를 참석하고 전시회를 한 번 방문할 예정입니다.

58 ① 59 ③ 정답

60 **Followings are expressions to confirm an appointment that has already been made. Which is the MOST appropriate expression?**

① Would you like to meet on the 2nd at 10:00?
② I'd like to remind you of the meeting on the 2nd at 10:00.
③ Do you have any schedule on the 2nd at 10:00?
④ Are you free on the 2nd at 10:00?

해설

이미 약속되어 있는 것을 확인하기 위한 표현을 골라야 한다. 따라서 2일 10시에 있는 약속을 상기시켜주고 싶다는 의미를 내포한 ②번이 가장 적절하다. 나머지 보기는 2일 10시에 약속을 잡기 위해 상대방에게 물어보는 것을 의미하고 있다.

제4과목 사무정보관리

61 **다음은 네트워크와 관련 장비에 대한 설명이다. 가장 적절하지 않은 설명은?**

① 랜카드(LAN card) : LAN선을 연결하기 위한 장치로서 회선을 통해 사용자 간의 정보를 전송하거나 전송받을 수 있도록 변환하는 역할을 한다.
② 허브(Hub) : 여러 대의 컴퓨터를 LAN에 접속시키는 네트워크 장치이다.
③ 포트(Port) : 컴퓨터가 통신을 위해 사용해야 하는 컴퓨터의 연결 부분으로 이 장치를 통하여 전용 회선, 프린터, 모니터 등의 주변 장치와 연결이 가능하고 주로 컴퓨터 뒷면에 부착되어 있다.
④ 엑스트라넷(Extranet) : 기존의 인터넷을 이용해 조직 내부에서만 사용하는, 조직 내부의 정보를 공유하며 업무를 통합하는 정보시스템이다.

해설

엑스트라넷은 기업들이 외부 보안을 유지한 채 협력업체들과 서로의 전산망을 이용하여 업무 처리를 도울 수 있도록 협력업체들의 인트라넷을 인터넷으로 연결한 것을 의미한다.

정답 60 ② 61 ④

62 다음 중 아래 신문기사에 대한 내용으로 가장 연관이 적은 것은?

5G 서비스 만족도 30%대 불과…커버리지 불만多

5G 이동통신 서비스 가입자가 400만명을 넘어섰으나, 소비자 만족도는 30%대에 그치는 것으로 조사됐다. 특히, 커버리지에 대한 불만이 가장 많은 것으로 나타났다.

이동통신 전문 리서치기관 컨슈머인사이트는 5G 스마트폰 이용자 3만3295명을 대상으로 조사한 결과, 이같이 집계됐다고 14일 밝혔다.

구체적으로 데이터 속도에서는 ○○텔레콤 34%, □□텔레콤 36%, ☆☆텔레콤 37%의 만족률을 보였다. 5G 커버리지(전국망) 만족률은 ○○텔레콤 28%, □□텔레콤 30%, ☆☆텔레콤 29%다.

5G 데이터 품질(안정성, 끊김 없음)은 ○○텔레콤 32%, □□텔레콤 32%, ☆☆텔레콤 34%, 5G 데이터 전반적 만족도는 ○○텔레콤 31%, □□텔레콤 32%, ☆☆텔레콤 33%에 그쳤다.

컨슈머인사이트는 "통신3사 간 5G 만족도에 큰 차이가 없었으며, 전반적인 만족 수준이 낮다는 점이 특징"이라며 "특히 커버리지 만족률은 3사 모두 30% 이하로 낮은 평가의 원인이 됐다"고 지적했다.

이 같은 5G 만족률은 LTE에 크게 못미치는 수준이다. 컨슈머인사이트의 올해 상반기 조사에 따르면, 전반적인 LTE 데이터 만족도는 53%였다. 당시 LTE 데이터 만족률은 ○○텔레콤 59%, □□텔레콤 49%, ☆☆텔레콤 47% 순이었다.

컨슈머인사이트는 또, 5G 가입자의 빠른 증가 원인으로 예상보다 높지 않은 단말기 가격을 꼽았다. 5G 단말기의 실구입가(프로모션, 보조금 등 제외시)는 71만5000원으로 조사됐다. 이는 지난해 같은 기간 조사 때 LTE 스마트폰의 실구입가 65만 1000원과 5만4000원밖에 차이나지 않았다.

컨슈머인사이트는 "통신사들이 5G 가입자 유치를 위한 프로모션을 펼치면서 실질적인 단말 가격 상승은 크지 않았음을 알 수 있다"고 분석했다.

한국통신사업자연합회(KTOA)에 따르면, 지난달 말 기준 5G 가입자는 433만명을 넘어선 상태다. 이는 전체 휴대전화 이용자의 6%에 달한다.

소비자들은 5G 서비스에서 고화질, 고용량 콘텐츠에 대한 기대(32%)가 가장 컸다. 그러나 '특별히 기대한 것 없음(저렴해서 구입 등)'이라는 응답이 두 번째로 많아(27%) 5G 특유의 장점을 모르거나 중요하지 않다고 느끼며 구입한 경우도 상당했다.

① 가격에 의한 요인으로 5G 가입자는 빠른 속도로 증가하고 있다.
② 5G에 대한 소비자의 만족도는 특히 5G 커버리지(전국망) 만족률에서 낮게 나타났다.
③ 5G 만족도는 통신 3사 모두 낮으며 데이터 속도와 커버리지 만족도는 ○○텔레콤이 가장 높다.
④ 지난달 말 기준 5G 가입자는 전체 휴대전화 이용자의 1/10이 되지 않았다.

해설

③ 데이터 속도에서는 ☆☆텔레콤이 37%로 가장 만족도가 높으며 커버리지 만족도는 □□텔레콤이 30%로 가장 높다.
① 예상보다 높지 않은 단말기 가격이 5G 가입자를 빠른 속도로 증가시키고 있다.
② 커버리지 만족률은 3사 모두 30% 이하로 만족도 조사에서 가장 낮게 나타났다.
④ 5G 가입자는 전체 휴대전화 이용자의 6%에 달한다.

62 ③ 정답

63 다음 중 모바일 기기의 특징으로 가장 적절하지 않은 것은?

① 무선통신
② 휴대성
③ 긴 라이프사이클
④ 터치방식의 입력

라이프사이클은 상품의 수명을 의미한다. 모바일 기기의 라이프사이클은 짧은 편에 속한다.

64 다음 중 문서관리의 원칙과 설명이 적절하게 연결되지 않은 것은?

① 표준화 : 누가, 언제 처리하더라도 같은 방법이 적용될 수 있도록 문서 관리 시스템을 표준화시킴으로써 원하는 문서를 신속하게 처리할 수 있다.
② 간소화 : 중복되는 것이나 불필요한 것을 없애고 원본이 명확하게 정리되어 있는데도 불필요한 복사본을 가지고 있지 않도록 한다.
③ 전문화 : 문서 사무의 숙련도를 높이고 문서 사무의 능률을 증대시킬 수 있다.
④ 자동화 : 필요한 문서를 신속하게 찾을 수 있다. 문서가 보관된 서류함이나 서랍의 위치를 누구나 쉽게 알 수 있도록 소재를 명시해 둔다.

해설

필요한 문서를 신속하게 찾을 수 있고 문서가 보관된 서류함이나 서랍의 위치를 누구나 쉽게 알 수 있도록 소재를 명시해 두는 것은 '신속화'이다. '자동화'는 문서 관리를 자동화함으로써 신속하고 편리하게 관리할 수 있는 것을 의미한다.

65 다음은 여러 가지 문서 작성을 위한 자료 수집 방법이다. 가장 적절하지 않은 것은?

① 초대장을 작성하는 경우 해당 장소로의 접근 방법(이동 경로, 교통편, 주차장 이용 등)에 대한 자료수집이 필요하다.
② 감사장을 작성할 경우 감사장을 받을 상대가 어떤 호의를 왜 베풀었는지에 관한 내용을 수집하는 것이 가장 중요하다.
③ 상사를 대신하여 일처리를 하기 위해 위임장을 작성하는 경우 위임할 사람의 정보, 위임받을 사람의 정보 등이 필요하다.
④ 이메일로 문서를 작성할 경우 전달 방법이 전자적인 형태일 뿐, 문서의 내용상 수집할 사항은 종이 문서와 비교하여 특별히 달라지는 것은 아니다.

정답 63 ③ 64 ④ 65 ②

해설

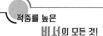

감사장은 상대방의 호의와 도움에 감사하는 마음을 전하기 위하여 작성하는 문서이다. 따라서 '언제 · 어디서 호의를 받았는지', '어떤 일로 호의를 받았는지' 등을 구체적으로 기술하여야 하지만 공손하고 진심어린 마음이 담겨 있어야 하며 감사의 기분을 강조하여 작성하는 것이 중요하다. 또한 겸손하고 정중하면서도 서식에 맞추어서 작성해야 한다.

감사장

상대방에게 호의를 받게 되었을 경우에 상대방에게 감사장을 작성하여 발송한다. 형식적인 문구 대신 진심에서 우러나는 감사의 마음을 표현해야 한다.

66 다음 중 문장부호와 띄어쓰기가 공공언어 바로 쓰기에 맞춰 올바르게 바뀐 것은?

항 목	수정 전	수정 후
가	4. 29 ~ 10. 31	4. 29. ~ 10. 31.
나	1950. 7월 ~ 1953. 1월	1950. 7. ~ 1953. 1.
다	융 · 복합	융복합
라	장 · 차관	장차관
마	21,345천원	2,134만 5천 원

① 가, 나, 다, 라, 마
② 가, 나, 라, 마
③ 가, 나, 다, 마
④ 가, 나, 마

해설

가운뎃점은 열거할 어구들을 일정한 기준으로 묶어서 나타날 때 사용하거나 짝을 이루는 어구들 사이에 사용, 공통 성분을 줄여서 하나의 어구로 묶을 때 사용한다. '장차관'은 표준 국어 대사전에 한 단어로 올라와 있어 굳이 가운뎃점을 쓰지 않아도 된다.

공문서로 날짜를 표기할 때는 숫자로 표기하되 연 · 월 · 일의 글자는 생략하고 그 자리에 마침표(.)를 찍어 표시한다. 숫자로 연 · 월 · 일을 표시할 때 '일'의 마지막에 마침표를 찍어야 한다. '원'은 화폐의 단위를 나타내는 말로 앞 말과 띄어 써야 한다.

66 ② 정답

67 **다음은 사내 문서의 유형을 분류한 것이다. 유형과 종류가 잘못 연결된 것끼리 묶인 것은?**

유 형	종 류
연락 문서	명령서, 통지서, 기획서 등
보고 문서	업무 보고서, 출장 보고서, 조사 보고서, 영업 보고서 등
지시 문서	안내문, 게시문, 업무 협조문, 조회문, 회람문, 통지서 등
기록 문서	회의록, 인사카드, 장표 등
기타 문서	상사의 연설문, 발표 문서 등

① 연락 문서, 기타 문서
② 보고 문서, 지시 문서
③ 기록 문서, 기타 문서
④ 연락 문서, 지시 문서

해설
연락 문서 : 안내문, 게시문, 협조문, 조회문, 회람문, 통지서 등
지시 문서 : 명령서, 지시서, 통지서, 기획서 등

68 **전자문서 관리에 대한 설명으로 틀린 것은?**

① 파일명이 문서 내용을 충분히 반영하여 파일명만으로도 충분히 문서 내용을 유추할 수 있는지 확인한다.
② 전자 문서의 경우, 종이 문서와 동일하게 두 가지 이상의 주제별 정리를 이용할 경우 Cross-reference를 반드시 표시해 두어야 한다.
③ 조직의 업무 분류 체계를 근거로 하여 문서의 종류, 보안 등급에 따라 접근에 대한 권한을 부여하여 분류한다.
④ 진행 중인 문서의 경우, 문서의 진행 처리 단계에 따라서 문서의 파일명을 변경하거나 변경된 폴더로 이동시켜서 정리 · 보관한다.

해설
상호 참조 표시(Cross Referencing)
두 개 이상의 제목으로 요청될 가능성이 있는 문서의 경우, 주된 제목의 폴더에 이 문서를 넣어두고 관계가 적은 편 제목의 폴더에는 상호 참조표를 넣어둠으로써 어느 경우라도 검색이 용이하도록 한다. 혹은 복사를 하여 양쪽에 보관할 수도 있다. 상호 참조를 위한 문서 제목에는 밑줄을 긋고 옆에 ×로 표시한다.

정답 67 ④ 68 ②

69 비서가 업무상 문서를 작성할 때 유의할 사항으로 잘못 기술된 것은?

① 주요 메시지를 문서 작성 시작부분에서 기술하며, 그 이후에는 이에 대한 세부 내용을 구체화하는 형식인 두괄식 구성이 사무 문서에서 대체로 선호된다.
② 간단명료한 문서 작성을 위해 가급적 단어를 적게 사용하면서도 메시지를 분명하게 전달한다.
③ 비서가 상사를 대신하여 작성하는 문서는 상사가 직접 문서를 작성할 수 없는 상황임을 상세하게 밝히고 비서의 이름으로 나가는 것이 원칙이다.
④ 문서가 제시간에 전달되지 못하면 작성된 목적을 달성할 수 없으므로 시간내 전달되기 위한 방식에 맞추어서 문서를 작성하여야 한다.

해설

상사를 대신하여 작성하는 문서라 하더라도 초안 작성 후 상사의 최종 검토와 확인을 받아서 발송되도록 해야 한다. 따라서 상사가 직접 문서를 작성할 수 없는 상황임을 상세하게 밝히고 비서의 이름으로 나가는 것은 원칙이 아니다.

70 MS-Access로 만들어진 방문객 관리 DB를 이용하여 업무처리를 하고 있다. 월별 방문객수 및 방문 목적별 방문객 수와 같이 데이터의 계산을 할 수 있는 개체는?

① 테이블
② 페이지
③ 쿼 리
④ 매크로

해설

쿼리(Query)의 요약 기능
쿼리는 데이터베이스에서 특정한 테이블에 특정한 조건을 주어 검색하는 기능을 뜻하며 데이터베이스에서 기본적이면서도 매우 중요한 요소이다. 테이블을 데이터베이스 자체라고 한다면, 쿼리는 이 데이터베이스에서 필요한 것만을 뽑아내어 가공하는 형태라고 할 수 있다. 요약 기능은 하나 이상의 테이블에서 조건에 맞는 데이터를 검색하여 원하는 순서대로 데이터를 보여주는 기능이다. 또한 데이터를 그룹화하여 합계, 개수, 평균, 기타 요약 계산을 수행할 수 있다.

69 ③ 70 ③ **정답**

71 **다음 그래프를 통해서 알 수 있는 내용으로 가장 적절하지 않은 것은?**

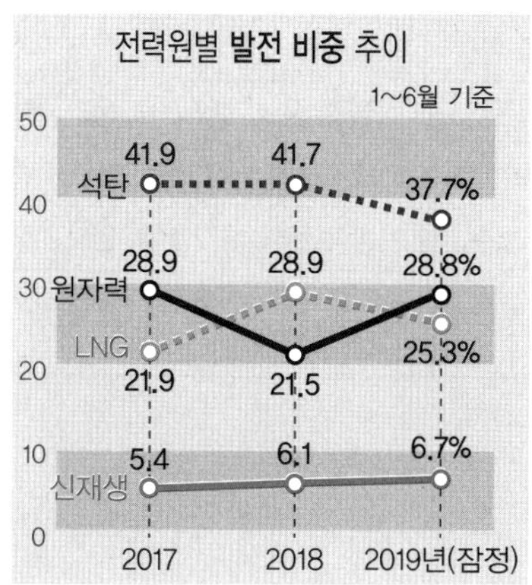

① 신재생 에너지의 비중이 매년 조금씩 증가하고 있는 추세이다.
② 석탄의 비중은 2019년은 2018년에 비해서 4% 감소했다.
③ 원자력은 2018년에는 감소했으나, 2019년에는 2017년 수준으로 거의 회복했다.
④ 2018년에는 석탄>LNG>원자력>신재생 순으로 비중이 높았다.

해설

위의 그래프는 1~6월 기준이라고 표기되어 있으며 2019년도는 '잠정'이라고 나와 있다. 따라서 상반기 기준으로 2019년이 2018년도에 비해서 4% 감소했다고 단정 지을 수는 없다.

72 다음 중 문서의 보존기간과 문서의 종류가 잘못 짝지어진 것은?

연 번	문서 보존 기간	문서의 종류
ㄱ	영구보존	정관, 중요 계약 서류, 등기 · 특허 서류, 품의서, 주주 총회 관련서류 등
ㄴ	10년 보존	세무 관련 서류, 월차 결산서 · 상업장부, 주주 명의부 등
ㄷ	3~5년 보존	왕복 문서, 통지 서류, 일보 · 월보, 조사서, 참고서 등
ㄹ	6개월~1년 보존	주요 전표, 거래 관련 서류, 문서의 수발신 기록, 사원 이동, 급료 수당 관련 서류 등

① ㄱ, ㄴ
② ㄴ, ㄷ
③ ㄷ, ㄹ
④ ㄹ, ㄱ

해설

문서 보존기간에 따른 분류

영구보존	• 복원 불가능 • 정관, 중요 계약 관계 서류 • 등기, 특허 관계 • 품의서, 주주 총회 관계 등
10년 보존	• 복원 가능(비용이 많이 듦) • 세무 관계 • 월차 결산서, 상업 장부 관계 • 주주 명부 관계 등
3~5년 보존	• 복원 가능(비용이 적게 듦) • 주요 전표, 거래 관계 • 문서의 수 · 발신 기록 • 사원 이동, 급료 수당 관계 등
6개월~1년 보존	• 복원할 필요가 없음 • 왕복 문서, 통지 서류 관계 • 일보, 월보 관계 • 내용의 통 · 폐합

72 ③ 정답

73 전자결재시스템의 특징으로 볼 수 없는 것은?

① 전자결재시스템을 통해 시간적 · 공간적 제약성을 극복할 수 있으나, 여러 사람이 동시에 내용을 열람하는 것은 불가능하다.
② 결재권자가 출장 중이라도 평소와 같은 통상적인 업무 수행이 가능하다.
③ 경영 의사결정 사이클을 단축하는 효과를 지닌다.
④ 결재 과정을 단축시키고 직접 접촉에 의한 업무 수행의 제한점을 극복할 수 있다.

해설

전자결재시스템을 사용함으로써 시간적 · 공간적 제약을 극복할 수 있으며, 여러 사람이 동시에 내용을 열람할 수도 있다.

74 윈도우 운영체제를 사용하는 내 컴퓨터의 IP주소를 찾기 위해서, cmd를 실행하여 명령 프롬프트를 연 후 사용할 수 있는 명령어는?

① IPCONFIG
② CONFIGIP
③ IPFINDER
④ MSCONFIG

해설

IP를 확인할 때는 IPCONFIG를 사용한다. cmd는 command(명령어)의 약자이다.

75 다음 중 컴퓨터나 원거리 통신 장비 사이에서 메시지를 주고받는 양식과 규칙의 체계에 해당하지 않는 것은?

① HTTP
② TELNET
③ POP3
④ RFID

해설

④ RFID는 무선 주파수를 이용하여 물건이나 사람 등과 같은 대상을 식별할 수 있도록 해 주는 기술을 의미한다.
① HTTP는 인터넷상에서 정보를 주고받기 위한 프로토콜로 주로 HTML 문서를 주고받는데 쓰인다.
② TELNET은 원격지 컴퓨터에 접속해서 자신의 컴퓨터처럼 사용할 수 있는 것을 말한다. 멀리 떨어져 있는 컴퓨터와 자신의 컴퓨터를 연결하여 터미널을 만들어 주는 프로토콜로, PC통신 등을 인터넷에 연결하면 TELNET으로 들어갈 수 있다.
③ POP3는 메일 서버에 도착한 메일을 클라이언트 사용자가 전송받을 때 이용하는 프로토콜이다.

정답 73 ① 74 ① 75 ④

76 다음 중 밑줄 친 한글맞춤법이 잘못된 것은?

① 신용카드 <u>결제일</u>이 매월 25일이다.
② 난 겨울이 되면 <u>으레</u> 감기가 걸린다.
③ 상무님이 <u>이따가</u> 처리할 테니 두고 가라고 하신다.
④ 도대체 <u>어따 대고</u> 삿대질이야?

해설

④ 어따 대고 → 얻다 대고

77 사이버 환경에 적용 가능한 인증기술 동향에 대한 설명으로 가장 부적절한 것은?

① 지식기반 사용자 인증방식은 사용자와 서버가 미리 설정해 공유한 비밀 정보를 기반으로 사용자를 인증하는 것으로 패스워드 인증이 일반적이다.
② 패스워드 인증 방식은 별도 하드웨어가 필요 없어 적은 비용으로 사용자 편의성을 높이는 장점이 있다.
③ 소유기반 사용자 인증방식은 인증 토큰을 소유하고 이를 기반으로 사용자를 인증한다. 소프트웨어 형태의 예로 OTP 단말기와 하드웨어 형태의 예로 공인인증서로 구분된다.
④ 소유기반 사용자 인증방식은 사용자 토큰에 관련한 인증 시스템 구축이 어렵고, 최소 1회 이상 인증기관 또는 등록 기관과 본인임을 확인해야 한다.

해설

하드웨어 형태의 예가 OTP 단말기이며 소프트웨어 형태의 예가 공인인증서이다.

76 ④ 77 ③ 정답

78 **다음 중 랜섬웨어 감염을 예방하기 위한 행동이 나열되어 있다. 이 중 적절하지 않은 것은?**

가. SNS에 올라온 사진 다운로드 시 주의가 필요하다.
나. 신뢰할 수 없는 사이트의 경우 가급적 방문하지 않는다.
다. P2P사이트에서 파일을 다운로드받지 않는다.
라. 출처가 분명한 이메일이라도 첨부파일 실행은 주의한다.
마. 중요한 자료는 자주 백업해둔다.
바. PC운영체제 및 소프트웨어를 최신 버전으로 유지한다.
사. 백신을 반드시 설치하고 주기적으로 업데이트 및 점검한다.

① 없다. ② 가
③ 다 ④ 라

해설

랜섬웨어(Ransomware)는 사용자 컴퓨터 시스템에 침투하여 시스템에 대한 접근을 제한하고 금품을 요구하는 악성 프로그램으로, 보기의 모든 문항이 랜섬웨어 감염을 예방하기 위한 행동에 해당한다.

79 **다음은 ㈜진우 기업의 문서 접수 대장이다. 문서 접수 대장에 대한 설명이 가장 적절하지 않은 것은?**

일련번호	접수일자	발신처	문서번호	문서제목	상사전달	전달일	담당부서	인수자	기 타
20-112	20.3.16.	보람카드	–	2월 카드명세서	0	3.16			
20-113	20.3.16.	상공협회	상공 20-15	국가자격증 안내		3.16	인사팀	최문영	
20-114	20.3.17.	한울대학	교무-35	취업교육 의뢰		3.17	교육팀	김세인	

① 2020년 3월 16일에 접수한 문서는 두 건이다.
② 한울대학에서 온 취업교육의뢰 문서는 교육팀 김세인 씨가 비서실로 전달해주었다.
③ 상공협회에서 온 국가자격증 안내문서는 인사팀에서 처리할 문서이다.
④ 보람카드에서 온 카드명세서는 상사의 개인 카드 명세서여서 봉투를 개봉하지 않고 전달했다.

해설

한울대학에서 온 취업교육의뢰 문서는 교육팀 김세인 씨가 인수하였다.

정답 78 ① 79 ②

80 **프레젠테이션 과정은 발표 내용결정, 자료작성, 발표준비, 프레젠테이션 단계의 4단계로 구분할 수 있다. 보기 중 나머지와 단계가 다른 하나를 고르시오.**

① 프레젠테이션의 목적 및 전략 설정 과정
② 프레젠테이션 스토리 설정 과정
③ 수신인에 대한 정보 수집 및 분석 과정
④ 청중이 이해하기 쉽게 일상적인 것과 비교할 수 있는 수치 제시 과정

해설

프레젠테이션의 목적 및 전략 설정, 스토리 설정, 수신인에 대한 정보 수집 및 분석 과정은 발표 내용결정에 해당하며 청중이 이해하기 쉽게 일상적인 것과 비교할 수 있는 수치를 제시하는 과정은 프레젠테이션에 해당한다.

80 ④ 정답

제 10 회 실제유형문제

제 1 과목 비서실무

01 다음 비서의 자질과 태도에 관한 설명 중 가장 적합하지 않은 것은?

① 다양한 사무정보 기기를 능숙히 다루기 위하여 많은 노력을 기울인다.
② 바쁜 업무시간 틈틈이 인터넷 강의를 들으며 외국어 공부를 한다.
③ 평소 조직 구성원들과 호의적인 관계를 유지하기 위해 노력한다.
④ 상사의 직접적인 지시가 없어도 비서의 권한 내에서 스스로 업무를 찾아 수행한다.

해설

끊임없는 자기개발이 필요한 비서의 직무 특성상 외국어 능력을 키우는 것도 중요하지만 급하게 처리해야 할 업무가 있거나 많은 양의 업무로 바쁜 경우에는 업무를 처리하는 것이 우선이다.

02 아래는 전문 분야에서 일하고 있는 비서들의 경력개발 사례이다. 가장 적절한 것은?

① A : A씨는 국제기구의 사무총장 비서이다. 다음 달에 상사가 국제회의에 참석하셔야 하므로 이에 대비해 해당 국가에 가서 연수를 받고자 급하게 한 달간의 단기 연수 교육신청을 하였다.
② B : B씨는 종합병원 원장 비서이다. 병원 조직의 효율적인 관리와 의사결정을 위해 의료 서비스 관련법과 행정매뉴얼을 숙지하려고 노력하고 있다.
③ C : C씨는 대형로펌의 법률 비서이다. 법률상담 업무를 능숙하게 하기 위해 법률관련 문서와 판례를 평소에 꾸준하게 읽고 있다.
④ D : D씨는 벤처기업 사장 비서이다. 상사의 투자자를 찾아내고 섭외하는 업무를 보좌하기 위해 투자관련 용어를 학습하고 있다.

해설

비서는 상사가 업무에 전념할 수 있도록 보좌하는 역할을 하는 사람이다. ①·②·③번 모두 상사가 해야 할 업무에 대해 비서가 과도하게 학습하는 상황이다.

정답 01 ② 02 ④

03 다음 중 전화응대 대화 내용으로 가장 적절한 것은?

① "안녕하세요, 이사님. 저는 상공물산 김영호 사장 비서 이인희입니다. 비 오는데 오늘 출근하시는데 어려움은 없으셨는지요? 다름이 아니고 사장님께서 이사님과 다음 주 약속을 위해 편하신 시간을 여쭈어보라고 하셔서 전화드렸습니다."
② "안녕하세요, 상무님. 다음 주 부사장님과 회의가 있는데요, 부사장님은 목요일 점심, 금요일 점심에 시간이 나십니다. 부사장님은 목요일에 관련 회의를 하고 나서 상무님을 뵙는게 낫다고 금요일이 더 좋다고 하십니다. 언제가 편하신가요?"
③ "전무님, 그럼 회의시간이 금요일 12시로 확정되었다고 사장님께 말씀드리겠습니다. 장소도 확정되면 알려 주십시오."
④ "상무님, 사장님께서 급한 일정으로 회의를 취소하게 되었습니다. 제가 사장님을 대신해서 사과드립니다."

해설

① 전화를 하여 인사를 통해 자신을 밝힌 후에는 곧바로 통화 목적으로 들어가는 것이 좋다.
② 용건을 주고받을 때는 예의바르고 조리 있게 자신의 용건을 이야기하고 상대방이 응답할 기회를 주어야 한다. 또한 용건을 표현할 때는 전화를 건 목적, 이유, 설명의 순으로 이야기한다.
④ 비서가 사장님을 대신해서 사과드린다고 표현하지 않고, 사장님이 사과의 말씀을 전해 달라 하셨다고 표현하는 것이 더 바람직하다.

04 다음 중 회의 용어를 올바르게 사용하지 못한 것은?

① "이번 회의는 정족수 부족으로 회의가 성원 되지 못했습니다."
② "김영희 부장이 동의(動議)를 해 주셔서 이번 발의를 채택하도록 하겠습니다."
③ "동의를 얻은 의안에 대해 개의해 주실 분 있으신가요?"
④ "이번 안건에 대해 표결(表決)을 어떤 식으로 할까요?"

해설

의사나 의견을 같이함을 나타내는 동의는 '同意'라고 써야 한다.

03 ③ 04 ② 정답

05 **김 비서의 회사는 현재 비전 컨설팅에 조직개발에 관해 컨설팅 의뢰를 해 둔 상태이다. 다음 대화 중 사장 비서인 김 비서(A)의 전화응대 태도로 가장 적절한 것은?**

① A : 안녕하십니까? 상공물산 대표실입니다.
B : 비전 컨설팅 김태호 대표입니다. 사장님 자리에 계십니까?
A : 무슨 용건이신지요?

② A : 안녕하십니까? 상공물산 대표실입니다.
B : 비전 컨설팅입니다. 김태호 대표님께서 사장님과 통화를 원하시는데 사장님 계십니까?
A : 제가 먼저 연결하겠습니다.

③ A : 안녕하십니까? 상공물산 대표실입니다.
B : 비전 컨설팅 김태호 대표입니다. 사장님 계십니까?
A : 지금 외출 중이십니다. 사장님 돌아오시면 연락드리겠습니다.

④ A : 안녕하십니까? 상공물산입니다.
B : 비전 컨설팅 김태호 대표입니다. 사장님 계신가요?
A : 사장님은 통화중이십니다. 잠시만 기다리시겠습니까? 아니면 사장님 통화 마치시면 저희가 전화드릴까요?
B : 기다리겠습니다.

해설

상사에게 연결해야 하는데 상사가 곧바로 전화를 받지 못하는 경우(부재중, 통화 중 등)에는 그러한 이유를 알리고 계속 기다릴지, 아니면 전화를 이쪽에서 다시 걸지의 여부를 물어보아야 한다. 따라서 ④번이 정답이다.

06 **다음은 비서의 내방객 응대에 관한 대화이다. 가장 부적절한 것은?**

(약속된 내방객이 들어선다.)
비서 : 안녕하세요. 10시에 약속하신 통일위원회 김영호 위원장님이시죠? …… ㉠
김 위원장 : 네, 그렇습니다.
비서 : 원장님께서 기다리고 계십니다. 이쪽에 앉아 잠시만 기다려 주십시오. …… ㉡
김 위원장 : 네.
비서 : 위원장님, 원장님께 어떠한 용건이라고 말씀드릴까요? …… ㉢
김 위원장 : 직접 뵙고 말씀드릴 겁니다.
(원장님께 김 위원장님이 도착하셨음을 알린다.)
비서 : 위원장님, 기다려 주셔서 감사합니다. 이쪽으로 모시겠습니다 …… ㉣
(좌석을 안내한다.)
비서 : 차는 녹차와 커피가 있습니다. 어느 것으로 올릴까요?

① ㉠　　② ㉡
③ ㉢　　④ ㉣

정답 05 ④ 06 ③

해설

비서는 내방객의 약속 여부, 신분 확인, 음료 및 다과 접대, 배웅 등의 기본적인 응대까지만 하면 된다.

07 **상공기획(주) 이영준 대표이사는 중요한 업무 파트너인 서준희 회장님과 중식당에서 오찬을 마친 후 회사 회의실에서 1시간 정도 실무진 임원과 함께 미팅 예정이다. 김미소 비서가 내방객을 맞이하기 위한 준비 업무로 가장 적절치 않은 것은?**

① 김 비서는 상사의 회사 도착시각을 예측하기 위해 기사에게 사전에 오찬장소에서 출발할 때 연락을 하도록 부탁한다.
② 김 비서는 서준희 회장의 내방객 카드를 찾아 평소 즐기는 차의 종류를 미리 확인하여 준비한다.
③ 김 비서는 상사와 서준희 회장이 회의실에 도착하기 전에 회의에 동석하기로 되어 있는 홍보 담당 전무에게 연락하여 회의실에 미리 와 있도록 한다.
④ 회의 자료는 회의 참석자에게 며칠 전에 이메일로 전송하였으므로 참석자에게 상사와 서준희 회장이 회의실에 도착하기 직전에 자료 확인 문자를 넣도록 한다.

해설

회의 자료 확인에 대한 것은 미리 문자를 넣어야 하고, 회의 자료는 회의 시작 전 출력하여 준비해 놓아야 한다.

08 **사무실에 자주 내방하시던 상사의 오랜 지인이 어느 날 강 비서에게 늘 도와줘서 감사하다며 함께 점심 식사를 하자고 하신다. 이에 대처하는 강 비서의 태도로 가장 바람직한 것을 고르시오.**

① 감사하지만 다른 일정으로 참석이 어려움을 밝힌다. 이후 상사에게는 관련 사실을 보고한다.
② 상사 지인에게 단호하게 거절하며 불쾌함을 분명히 표현한다.
③ 사내 여사원 온라인 게시판에 익명으로 관련 내용을 문의한다.
④ 평소에 잘 알고 지내온 터라 편한 마음으로 식사를 함께 하며 상사에게는 특별히 언급하지 않는다.

해설

상사의 지인과 상사를 배제한 채 사적인 만남을 갖는 것은 바람직하지 못하다. 다른 일정이 있어 참석이 어렵다고 말씀드린 뒤 상사에게 이러한 일이 있었다는 사실을 보고하여야 한다.

07 ④ 08 ① 정답

09 다음 중 상사의 교통편을 예약할 시, 가장 적절한 업무 태도는?

① 해외 항공권 예약 시에는 e-티켓으로 예약 확인하고 한 번 더 예약확인서를 문자로 요청하였다.
② 성수기로 항공권 예약이 어려울 것을 예측하여 우선 비서의 이름과 여권번호로 항공권 예약을 해서 좌석을 확보해 둔다.
③ 상사가 선호하는 항공편의 좌석이 없을 때는 일단 다른 비행기를 예약하고, 상사가 원하는 항공편의 좌석이 나왔는지 수시로 확인한다.
④ 상사가 동행인이나 관계자가 있는 경우, 상대방의 형편도 고려하여 출발시간을 잡아 예약한다.

해설

① 예약확인서는 보통 이메일로 발급한다. 또한 간단한 예약 정보 확인을 예약확인서로 하며, 실질적으로는 e-티켓이 더 중요하다.
② 상사와 의논하여 상사의 여권번호를 미리 알아 상사의 이름과 여권번호로 항공권 예약을 해 좌석을 확보해 둔다.
③ 상사가 선호하는 항공편의 좌석이 없을 경우 상사에게 상황을 말씀드려 상사의 지시를 따른다.

10 상사가 출장 출발 전에 비서가 확인해야 할 사항으로 가장 적절하지 않은 것은?

① 출장 중 상사 업무 대행자가 처리할 업무와 출장지의 상사에게 연락해야 할 업무 등을 구분하여 상사로부터 미리 지시를 받는다.
② 상사와 일정한 시간을 정해 놓고 전화 통화를 하거나 email, SNS 등을 이용하면 편리하게 업무보고와 지시를 받을 수 있다.
③ 비서는 상사 출장 중에 그동안 밀렸던 업무를 처리한다.
④ 상사 업무 대행자 지정은 상사가 출발한 후 조직의 규정에 따라 지정하면 된다.

해설

상사 업무 대행자 지정은 출장 전 미리 상사와 상의하여 지정한다.

정답 09 ④ 10 ④

11 회사 50주년을 축하하는 기념식 행사를 준비하는 비서가 행사장의 좌석배치 계획을 수립할 때 다음 중 가장 부적절한 것은?

① 단상에 좌석을 마련할 경우는 행사에 참석한 최상위자를 중심으로 단 아래를 향하여 우좌의 순으로 교차 배치한다.
② 단하에 좌석을 마련할 경우는 분야별로 좌석 군을 정하는 것이 무난하여, 당해 행사의 관련성을 고려하여 단상을 중심으로 가까운 위치부터 배치한다.
③ 단하에 좌석을 마련할 경우 분야별로 양분하는 경우에는 단상에서 단하를 바라보아 연대를 중심으로 왼쪽은 외부초청 인사를, 그 오른쪽은 행사 주관 기관 인사로 구분하여 배치한다.
④ 주관 기관의 소속 직원은 뒤에, 초청 인사는 앞으로 한다. 행사 진행과 직접 관련이 있는 참석자는 단상에 근접하여 배치한다.

해설

오른쪽에 외부 초청 인사를, 왼쪽에 행사 주관기관 인사로 배치하여야 한다.

12 다음 중 한자어가 잘못 기입된 것은?

① 단자(單子) : 부조나 선물 따위의 내용을 적은 종이
② 장지(葬地) : 장사하여 시신을 묻는 장소
③ 빈소(殯所) : 상여가 나갈 때까지 관을 놓아두는 방
④ 발인(發人) : 상여가 떠나는 절차

해설

발인의 한자어는 '發靷'이다.

13 초청장에 명시된 복장규정의 설명이 맞지 않는 것은?

① Business Suit : 남성정장으로 색, 무늬, 스타일 등의 제한을 받는다.
② Lounge Suit : 남성 정장으로 조끼와 자켓을 갖추어 입는다.
③ Black Tie : 예복으로 남성의 경우 검은 나비 타이를 착용한다.
④ Smart Casual : 티셔츠에 면바지가 허용되는 편안한 복장이다.

해설

캐주얼이라는 단어가 들어갔다고 해서 티셔츠에 면바지가 허용되는 편안한 복장을 의미하는 것은 아니다. 라운지 수트(진한 회색이나 감색 정장 등)보다는 편안히 입되, 드레스 셔츠나 넥타이 블레이저 등을 갖춰 입어야 한다.

11 ③ 12 ④ 13 ④ 정답

14 **다음 중 보고 업무를 수행하고 있는 비서의 자세로 가장 적절하지 않은 것은?**

① 위기에 처했을 때 보고하는 것도 중요하지만 평소에 중간보고를 충실히 하여 예측되는 문제를 미연에 방지한다.
② 업무 진행 상황을 자주 보고하여 상사가 일이 어느 정도 속도로, 또 어떤 분위기로 진행되고 있는지 알 수 있도록 한다.
③ 업무의 절차적 당위성을 확보하기 위해 조직 내 공식적인 채널을 통해서만 보고한다.
④ 업무 중간 중간에 상사의 의견을 물어 잘못되었을 경우 수정할 수 있는 시간을 갖는다.

해설

업무의 성격에 따라 공식적인 채널과 비공식적 채널을 적절하게 이용하여 보고하여야 한다.

15 **비서의 직업윤리와 그에 해당하는 상황 설명이 윤리에 적합한 것은?**

	직업윤리	상 황
㉠	시간을 남용하거나 낭비하지 않아야 하므로 근무 시간에 자신의 의무를 충실히 이행하여야 한다.	퇴근 시간이 다가오면 퇴근 후의 일정을 계획하려고 장시간 메신저를 한다.
㉡	회사 비품이나 금전을 개인적인 용도로 쓰지 않아야 한다.	회사에서 직원들을 위해 비치한 생수나 커피 재고가 많이 남아 직원들과 나누어 가져갔다.
㉢	회사나 자신의 지위를 이용하여 개인적인 이득을 얻고자 하지 않는다.	고객이 감사하다며 비서에게 선물을 하여 거절하였다.
㉣	회사나 사업에 관련된 기밀이나 정보를 외부에 누출하지 않는다.	퇴근 후 친구와 SNS로 회사의 고충 상황을 의논하였다.

① ㉠
② ㉡
③ ㉢
④ ㉣

해설

① 퇴근 시간까지 맡은 바 업무를 수행해야 한다. 퇴근 후의 일정을 계획하거나 장시간 메신저를 하는 등의 행동을 해서는 안 된다.
② 회사 비품을 가져가는 등의 행동은 하지 않아야 한다.
④ 비서에게는 무엇보다 기밀성이 강조된다. 많은 사람들에게 노출될 수 있는 SNS 등으로 회사의 고충 상황을 의논하는 것은 옳지 않다.

정답 14 ③ 15 ③

16 **마케팅부 이미영 비서는 '기업의 SNS 마케팅' 특강을 준비하였다. 특강비용처리와 관련하여 가장 적절하지 않은 것은?**

마케팅부 이미영 비서는 마케팅부서 직원 50명을 대상으로 '기업의 SNS 마케팅' 특강을 준비하고 있다.

① 특강에 필요한 물품을 먼저 구입 후 12만원 비용처리를 위해 경리부에 간이영수증을 전달하였다.
② 특강료를 지급하기 위해 외부강사의 주민등록증과 은행계좌를 받아 원천징수한 금액을 외부 강사의 통장으로 입금하였다.
③ 특강강사에게 3만원 이하로 선물을 준비하라는 사장님의 지시를 받고, 선물 구입 후 간이영수증을 제출하였다.
④ 특강 후 상사와 강사, 그리고 특강 수강자들과의 저녁식사가 있어 법인카드를 사용하였다.

해설

3만원이 넘는 경우에는 간이영수증 지출증빙처리가 불가능하다.

16 ① 정답

17 **다음은 상사의 해외 출장 일정이다. 상사의 일정을 관리하는 방법으로 가장 옳지 않은 것은?**

Itinerary			
편명 / 좌석번호	EK323 / 14A	클래스	Business
출발	ICN 08 Aug 23:55	도착	DXB 09 Aug 04:25
비행시간	09H 30M	마일리지	4189
편명 / 좌석번호	EK 237 / 9A	클래스	Business
출발	DXB 11 Aug 08:40	도착	BOS 11 Aug 14:15
비행시간	13H 35M	마일리지	6662
편명 / 좌석번호	EK 201 Operatedby KE086 / 17H	클래스	Business
출발	JFK 15 Aug 00:50	도착	ICN 16 Aug 04:10
비행시간	14H 20M	마일리지	6906

* Business Class Service : Chauffeur–drive services, Business Class Lounge

① 상사의 전체 출장일정은 ICN–DXB–BOS–JFK–ICN 일정으로 8박 9일이다.
② 상사의 DXB 체류 기간은 2박 3일로 여유가 있으므로 도착 당일인 8월 9일 이른 오전 시간부터 업무 일정을 수립하지 않는 것이 바람직하다.
③ 상사가 8월 11일 BOS 시내에서 오후 4시에 개최되는 행사의 Keynote Speech를 할 수 있도록 준비하였다.
④ 상사가 8월 16일 새벽에 도착하므로 주요 일정을 오전에 수립하지 않았다.

해설

상사는 13시간 35분 동안 비행을 하고 BOS에 오후 2시 15분에 도착한다. 따라서 제대로 휴식을 취할 시간도 없이 오후 4시에 시작하는 행사의 기조연설을 할 수 있도록 준비하는 것은 바람직하지 않다.

18 **국회의원 비서로 일하고 있는 비서 A씨는 상사 의정 활동 홍보업무를 하고 있다. 다음 중 가장 적절한 것은?**

① 보좌하고 있는 의원의 활동을 보도하기 위해 배포할 내용을 언론사의 배포 부서별로 선정을 해 두었다.
② 작성된 보도 자료는 보안을 위해 언론사에 직접 방문하여 제출하였다.
③ 보도하고자 하는 내용은 최대한 상세하게 6하원칙에 의해 작성한다.
④ 연설문, 기고문, 축사는 홍보의 내용이 아니므로 전문가의 의견까지 받을 필요가 없다.

해설

② 수많은 언론사들이 존재하므로 그러한 언론사마다 직접 방문하여 보도 자료를 제출하는 것은 효율성이 떨어진다.
③ 육하원칙에 따라 핵심내용을 요약해서 쓴다.
④ 전문가와 상의하여 작성하는 것이 좋다.

정답 17 ③ 18 ①

19 **김 비서의 업무용 프린터가 갑자기 고장 났다. 업무 지연을 방지하기 위하여 서둘러 구매하려고 한다. 다음 중 바르지 않은 것은?**

① 지출 결의서를 작성하여야 하는데, 지출 결의서란 올바른 회계처리를 하기 위한 기초 자료임과 동시에 대표자나 경영진이 올바른 자금 집행을 하기 위한 중요한 서식이다.
② 업무용 프린터 구입이므로 일반 경비 지출 결의서에 작성한다.
③ 매년 정기적으로 구매하는 프린터 용지, 프린터 토너 등의 구입 시에도 지출 요청일 최소 5일 이전에 결재 받아야 한다.
④ 예산 한도 내에서 결제할 때는 결재 받을 필요가 없다.

해설

예산 한도 내일지라도 결재를 받아야 한다.

20 **외국에서 중요한 손님이 우리 회사를 방문할 때 비서의 의전 관련 업무 수행 시 적절하지 않은 것은?**

① 외국 손님의 인적사항은 공식 프로필에서 확인하는 것이 원칙이다.
② 국가에 따라 문화가 다르므로 상호주의 원칙을 따른다.
③ 의전 시 서열 기준은 직위이나 행사 관련성에 따라 서열기준이 바뀔 수 있다.
④ 손님의 선호하는 음식이나 금기 음식을 사전에 확인하여 식당 예약을 한다.

해설

공식 프로필을 확인하되, 비공식적으로 손님에 대한 정보가 있으면 그러한 것들을 모두 고려하여 손님을 맞이하는 것이 좋다.

19 ④ 20 ① 정답

제 2 과목 경영일반

21 기업의 다양한 이해관계자에 대한 설명으로 가장 옳은 것은?

① 지역사회 : 비즈니스 환경에서 동행하며 이들의 요구를 충족시키는 것은 기업 성공의 최고 핵심 조건이다.
② 파트너 : 기업과 파트너십을 맺고 있는 협력업체와의 신뢰 확보는 기업 경쟁력의 버팀목이다.
③ 고객 : 기업이 사업장을 마련하여 이해관계를 같이 하는 곳이다.
④ 투자자 : 기업을 믿고 지지한 주주로서 기업의 고객과 가장 가까운 곳에 위치한다.

해설

① 지역사회 : 일정한 지역, 주민, 공동체 의식을 그 구성요소로 고용 및 소득증대, 지역사회 개발 등을 목적으로 한다. 최근 공해 및 환경 파괴 등으로 기업의 사회적 책임이 부각되면서 그 중요성이 더욱 증가하고 있다.
③ 고객 : 제품소비시장을 형성하면서 구매력과 구매의욕을 가지고 기업이 생산한 상품이나 서비스를 반복하여 구매하는 개인 또는 사회의 여러 기관과 같은 소비주체를 말한다.
④ 투자자 : 기업의 금융 또는 실물 자본 중 자기자본에 해당하는 부분을 제공하는 개인이나 투자집단 또는 투자기관을 말하는데, 투자자가 기업의 고객과 가장 가까운 곳에 위치하지는 않는다.

22 다음 중 기업의 공유가치창출(CSV) 활동의 사례로 보기에 가장 적절한 것은?

① 종업원들에게 경영참가제도와 복지후생제도를 도입 활용한다.
② 제3세계 커피농가에 합리적 가격을 지불하고 사들인 공정무역커피를 판매한다.
③ 저소득층 가정의 학생들에게 아침밥을 제공한다.
④ 제3세계 농부들에게 코코아 재배에 관한 교육을 제공하여 숙련도를 높이고 양질의 코코아를 제공받아 초콜릿을 생산한다.

해설

공유가치창출(CSV)이란 기업의 경제적 가치와 공동체의 사회적 가치를 조화시키는 경영을 의미하는 것으로 사회적 약자와 함께 경제적 이윤과 사회적 가치를 함께 만들고 공유하는 활동을 일컫는다. 따라서 기업의 사업 기회와 지역 사회의 필요가 만나 사업적 가치를 창출하는 보기 ④번이 정답이다.

정답 21 ② 22 ④

23 다음 중 협동조합에 관한 설명으로 가장 적절한 것은?

① 협동조합은 출자액의 규모와 관계없이 1인 1표의 원칙을 갖고 있다.
② 협동조합은 영리를 목적으로 설립한 공동기업의 형태이며 조합원들에게 주식을 배당한다.
③ 소비자협동조합은 비영리 조합원 소유의 금융협동체로서 조합원들에게 대출 서비스를 주요 사업으로 한다.
④ 협동조합은 소수 공동기업으로 운영되며 이익이나 손실에 대해 조합장이 유한책임을 진다.

해설

② 협동조합은 이윤의 배제를 목적으로 공동 사업을 영위하는 것이며, 따라서 영리를 목적으로 한 일반 회사기업과는 다르다.
③ 소비자협동조합은 소비자들이 불필요한 유통경로 같은 불편을 제거하기 위해 각자 연합해 조합을 조직하고 물품을 생산자로부터 직접 대량으로 구입해 소비자에게 직접 분배하려는 조합이다.
④ 협동조합은 소비자, 소규모 생산자 등과 같은 경제적 약자들이 협동하는 조합이며 조합원은 유한책임을 진다.

24 협상을 통해 두 기업이 하나로 합치는 인수 합병(M&A)은 '실사 – 협상 – 계약 – 합병 후 통합' 과정을 거치는데, 각 단계에 대한 설명으로 가장 옳은 것은?

① 실사 : 기업의 인수합병계약 전 대상기업의 재무, 영업, 법적 현황 등을 파악하는 절차
② 협상 : M&A 과정 중 가장 중요한 단계로 계약서를 작성하는 단계
③ 계약 : 계약 체결을 위해 대상기업과의 교섭 단계
④ 합병 후 통합 : 대상기업과의 인수가격, 인수형태 등 법적 절차를 협상하는 단계

해설

② 계약서를 작성하는 단계는 '계약'이다.
③ · ④ '협상' 단계이다.

25 다음 중 기업의 외부환경분석 중 포터(M. Porter)의 산업구조분석모형에서 다섯 가지 세력(5–Forces)에 해당하지 않는 것은?

① 기존 산업 내 경쟁 정도
② 공급자의 협상력
③ 신규 시장 진입자의 위협
④ 정부의 금융 · 재정정책

해설

포터의 산업구조분석모형에서 다섯 가지 세력은 새로운 경쟁기업의 진출 위협, 공급자의 협상력, 구매자의 교섭력, 대체품의 위협, 기존 기업 간의 경쟁강도 등이다.

23 ① 24 ① 25 ④ 정답

26 대기업과 비교할 때 중소기업의 특징에 대한 다음 설명 중 가장 옳지 않은 것은?

① 자금과 인력의 조달이 어렵다.
② 경영진의 영향력이 커서 실행이 보다 용이하다.
③ 규모가 작아 고용 증대에 큰 기여를 하지 못한다.
④ 환경의 변화에 보다 신속하게 대응할 수 있다.

해설
중소기업은 생산과 고용의 증대에 기여를 하며, 산업구조의 저변을 형성한다.

27 경영 조직화의 설명 중 가장 거리가 먼 것은?

① 조직화의 의미는 부서 수준에서 부장, 과장, 대리 등으로 직무를 설계하여 업무가 배분되고 조정되도록 하는 것을 의미한다.
② 조직화 과정에는 일반적으로 계획된 목표달성을 위해 필요한 구체적인 활동을 확정하는 단계가 있다.
③ 구체적인 활동이 확정되면 개개인이 수행할 수 있도록 일정한 패턴이나 구조로 집단화시키는 단계가 있다.
④ 조직화란 과업을 수행하기 위해 구성원과 필요한 자원을 어떻게 배열할 것인가를 구상하는 과정이다.

해설
경영 조직화 활동은 기업의 목표 달성을 최상의 방법으로 실현할 수 있도록 인적 · 물적 경영 자원 등을 배분하고 조정하는 활동을 의미한다. 따라서 부서 수준이 아닌 조직 전체의 수준에서도 일어날 수 있는 일이다.

28 다음 중 조직구조의 유형에 관한 설명으로 가장 적합하지 않은 것은?

① 유기적 조직은 환경이 급변하고 복잡한 경우 기계적 조직보다 적합하다 할 수 있다.
② 기계적 조직은 유기적 조직에 비해 집단화 정도와 공식화 정도가 높다.
③ 유기적 조직은 직무내용이 유사하고 관련성이 높은 업무를 우선적으로 결합하여 업무의 전문성을 우선시하는 조직이라 할 수 있다.
④ 라인(Line)구조는 조직의 목표 달성에 직접적인 책임을 지고 있는 기능을 가지고 있다.

해설
직무내용이 유사하고 관련성이 높은 업무를 우선적으로 결합하여 업무의 전문성을 우선시하는 조직구조는 기계적 조직이다.

정답 26 ③ 27 ① 28 ③

29 **민쯔버그가 제시한 경영자의 역할 중에서 종업원을 동기부여하는 역할로서 가장 적절한 것은?**

① 정보적 역할
② 대인적 역할
③ 의사결정적 역할
④ 협상자 역할

해설

종업원들에게 동기를 부여하고 격려하며, 조직 내 갈등을 해소하는 역할은 대인적 역할의 리더 역할이다.
① 정보적 역할에는 정보를 수집하고 관찰하는 모니터 역할, 수집된 정보를 조직 구성원들에게 알리는 전파자 역할, 투자 유치와 기업 홍보를 위한 대변인의 역할이 있다.
③ 의사결정적 역할에는 창업자로서의 기업가 역할, 조직 내 갈등을 극복하는 문제해결사로서의 분쟁조정자 역할, 주어진 자원을 효율적으로 배분하는 자원배분자 역할, 외부와의 협상에서 회사에 유리한 결과를 이끌어내는 협상자 역할이 있다.
④ 협상자 역할은 외부와의 협상에서 경영자가 회사에 유리한 결과를 이끌어내도록 최선을 다해야 하는 것을 의미한다.

30 **다음 중 리더십이론에 대한 설명으로 가장 적절하지 않은 것은?**

① 블레이크와 모튼의 관리격자이론에서 (1.9)형은 과업형 리더유형이다.
② 피들러는 리더십의 결정요인이 리더가 처해있는 조직 상황에 있다고 주장한다.
③ 허쉬와 블랜차드는 부하의 성숙도가 가장 높을 때는 지시형 리더보다는 위임형 리더가 더 효과적이라고 제안한다.
④ 번즈의 변혁적 리더십은 카리스마, 지적자극, 개별적 배려로 구성되어 있다.

해설

블레이크와 모튼의 관리격자이론에서 (1.9)형은 친목형 리더유형이다.

31 **다음 중 유한회사의 설명으로 가장 거리가 먼 것은?**

① 유한회사의 사원은 의결권 등에서는 주식회사와 유사하다.
② 50인 이하의 유한책임사원과 무한책임사원으로 구성된다.
③ 주식회사보다는 자본규모가 작고 출자지분의 양도도 사원총회의 승인을 받아야 한다.
④ 소수의 사원과 소액의 자본으로 운영되는 중소기업에 적당한 기업형태이다.

해설

유한회사는 주식회사와 같이 출자자 전원이 유한책임을 진다.

29 ② 30 ① 31 ② **정답**

32 경영의사결정이 어려운 이유를 설명한 것 중 가장 거리가 먼 것은?

① 의사결정과 관련된 문제의 복잡성, 모호성, 가변성 등으로 문제를 정확하게 파악하기 어렵다.
② 의사결정과 관련된 기초자료의 불확실성, 주변환경과의 불확실성, 의사결정 후의 불확실성 등으로 의사결정이 어렵다.
③ 의사결정과정은 문제인식, 결정기준의 명시, 대안 도출, 대안평가, 대안 선정의 과정을 포함한다.
④ 다양한 선택기준으로 대안을 비교할 때 하나의 기준이 아닌, 기업의 이익, 비용, 규모, 이미지 등 여러 요소를 고려해야 하기에 의사결정이 어렵다.

해설

③ 경영의사결정이 어려운 이유를 설명한 것이 아닌, 의사결정을 수행하기 위해 취하는 단계를 설명한 것이다.

33 다음의 내용은 무엇에 대한 설명인가?

> (A)은/는 제조공정, 제품개발 등에서 혁신을 가져왔고, 앞으로 (B)로/으로 발전할 것이다. (B)은/는 (A)을/를 부품 등의 설계도를 출력하면 스스로 조립하여 물체가 완성되는 개념으로 무생물인 물질에 생명을 불어넣는 것으로 알려진 (B)의 사례는 여러 가지가 존재한다.

① A : ERP, B : CRM
② A : ERP, B : ES
③ A : 3D프린팅, B : 자율자동차
④ A : 3D프린팅, B : 4D 프린팅

해설

3D프린팅은 프린터로 입체도형을 찍어내는 것을 말한다. 3차원 공간 안에 실제 사물을 인쇄하는 기술로 다양한 종류의 물건을 만들어 낼 수 있는 것이 특징이다. 4D프린팅은 미리 설계된 시간이나 임의의 환경 조건이 충족되면, 스스로 모양을 변경, 제조하여 새로운 형태로 바뀌는 제품을 3D프린팅하는 기술이다. 3D프린팅과 4D프린팅은 의료산업 등 다양한 분야에서 활용될 수 있다.

정답 32 ③ 33 ④

34 **인사관리 중 선발의 경우, 면접 시 생길 수 있는 오류의 설명 중 바르게 설명된 것은?**

① 현혹효과는 후광효과라고도 하는데, 이는 한 측면의 평가결과가 전체 평가를 좌우하는 오류를 말한다.
② 관대화경향은 평가할 때 무조건 적당히 중간 점수로 평가하여 평가치가 중간에 치중하는 현상을 나타나게 하는 오류이다.
③ 스테레오타입오류는 피그말리온효과라고도 하는데, 자기충족적 예언을 의미한다.
④ 다양화오류는 사람들이 경험을 통한 수많은 원판을 마음에 가지고 있다가 그 원판 중에 하나라도 비슷하게 맞아떨어지면 동일한 것으로 간주해버리는 오류를 의미한다.

해설

② 관대화경향은 피고과자의 능력이나 성과를 실제보다 더 높게 평가하는 것이다.
③ 스테레오타입오류는 특정한 사람에게 갖고 있는 고과자의 지각에 의해 나타나는 것이다. 예를 들어 고과자가 평소 특정 종교나 사회단체에 좋지 않은 감정을 갖고 있을 때 이러한 감정이 피고과자의 평가에 영향을 미치는 경우이다.

35 **BSC(Balanced Score Card) 인사평가에서 균형이란 성과평가에서 재무적 · 비재무적 성과를 모두 균형있게 고려한다는 것이다. 재무적 성과와 비재무적 성과를 고려하는 BSC 평가관점이 아닌 것은?**

① 재무적 성과 : 고객 관점
② 재무적 성과 : 재무 관점
③ 비재무적 성과 : 외부 프로세스 관점
④ 비재무적 성과 : 학습과 성장 관점

해설

③ 비재무적 성과 : 내부 프로세스 관점

34 ① 35 ③ 정답

36 다음 중 기업에서 활용되는 다양한 마케팅 활동에 대한 설명으로 가장 적합하지 않은 것은?

① 디마케팅(Demarketing)은 자사 제품이나 서비스에 대한 수요를 일시적 또는 영구적으로 감소시키려는 마케팅이다.
② 퍼미션(Permission)마케팅은 같은 고객에게 관련된 기존 상품 또는 신상품을 판매하는 마케팅이다.
③ 자극(Stimulation)마케팅은 제품에 대한 지식이나 관심이 없는 소비자에게 자극을 주어 욕구를 가지게 하는 마케팅이다.
④ 바이럴(Viral)마케팅은 네티즌들이 이메일이나 다른 전파매체를 통해 자발적으로 제품을 홍보하는 메시지를 퍼트리는 것을 촉진하는 마케팅이다.

해설

퍼미션 마케팅은 고객에게 동의를 받은 마케팅 활동을 말한다.

37 포괄손익계산서 보고서 양식은 다음과 같다. 각 과목에 대한산정방식으로 옳지 않은 것은?

보 기		과 목	계산방식
	(1)	순매출액	
	(2)	매출원가	
①	(3)	매출총이익	(1)–(2)
	(4)	영업비용(판매비와 일반관리비)	
	(5)	영업이익	
	(6)	영업외손익(금융손익 등)	
②	(7)	법인세비용 차감전 순이익	(5)–(6)
	(8)	법인세비용	
③	(9)	당기순이익	(7)–(8)
	(10)	기타포괄손익	
④	(11)	총포괄손익	(5)+(9)

① (3) 매출총이익 = (1)−(2)
② (7) 법인세비용 차감전 순이익 = (5)−(6)
③ (9) 당기순이익 = (7)−(8)
④ (11) 총포괄손익 = (5)+(9)

해설

총포괄손익 = 당기순이익(9)+기타포괄손익(10)

정답 36 ② 37 ④

38 다음 중 아래의 설명이 나타내는 용어로 가장 적합한 것은?

> 고객 중에는 간혹 물건을 오랜 기간 사용하고 물건에 하자가 있다고 환불이나 교환을 요구하거나 멀쩡한 음식물에 고의적으로 이물질을 넣어 보상금을 챙기는 사람들이 있다. 이와 같이 악성민원을 고의적 · 상습적으로 제기하는 소비자를 뜻하는 말이다.

① 블루슈머
② 레드슈머
③ 트윈슈머
④ 블랙컨슈머

해설

① 블루슈머란 경쟁자가 없는 새로운 시장인 블루오션에 존재하는 소비자를 일컫는 말이다.
③ Twin(쌍둥이)과 Consumer(소비자)의 합성어로서 다른 사람들이 제품을 사용한 경험을 중요하게 여겨 사용 후기를 참고하여 물건을 구매하는 소비자를 일컫는다.

39 다음 중 아래와 같은 상황을 뜻하는 용어로 가장 적절한 것은?

> 어느 한 제품의 가격을 올리면 그 제품을 만드는 기업이 유리해진다. 그러나 모든 제품의 가격이 오르면 모든 기업이 이익을 얻으므로 아무도 유리해지지 않으며 오히려 물가만 올라가 나쁜 영향만 미치는 상황이 만들어진다.

① 구성의 오류
② 매몰비용의 오류
③ 인과의 오류
④ 도박사의 오류

해설

② 매몰비용의 오류 : 미래에 발생할 효용이 크지 않음에도 불구하고 과거에 투자한 비용이 아까워서 일을 중단하지 못하는 행동을 의미한다.
③ 인과의 오류 : 어떤 현상이 그 후에 발생한 현상보다 먼저 일어났다고 해서 앞서 일어났던 현상이 원인이라고 단정하는 오류를 말한다.
④ 도박사의 오류 : 도박에서 계속 잃기만 했던 사람이 이번에는 자신이 승리할 것이라고 생각하는 오류를 말한다.

38 ④ 39 ① 정답

40 **은행이 고객으로부터 받은 예금 중에서 중앙은행에 의무적으로 적립해야 하는 비율을 일컫는 용어는?**

① 현금통화비율
② 현금비율
③ 지급준비율
④ 본원통화

해설

① 현금통화비율은 민간보유현금(현금통화)을 통화총량으로 나눈 것으로 민간의 현금보유성향을 일컫는다.
② 현금비율이란 유동자산 중 특히 현금예금과 유동부채와의 관계를 표시해 주는 비율을 말하는데, 유동부채 100에 대해 현금이 몇 %나 되는가를 나타내는 비율이다.
④ 중앙은행인 한국은행이 지폐 및 동전 등 화폐발행의 독점적 권한을 통하여 공급한 통화를 말한다.

제3과목 사무영어

41 **Which pair is NOT proper?**

① 도착 서류함 : in-tray
② 연필깎이 : sharpener
③ 소화기 : fire end
④ (회사명이 들어있는) 편지지 : letterhead paper

해설

소화기 : fire extinguisher

42 **Choose the one which does NOT correctly explain the abbreviations.**

① MOU : Merging of United
② IT : Information Technology
③ CV : Curriculum Vitae
④ M&A : Merger and Acquisition

해설

MOU : Memorandum Of Understanding 양해각서

정답 40 ③ 41 ③ 42 ①

43 Choose the sentence which does NOT have a grammatical error.

① First, let me congratulate you the rapid growth of your operation.
② I'm pleased to learn of the succession you have been.
③ He will be scheduled an appointment with you within a few day.
④ I would like to arrange an appointment with you so that we can go over any questions you might have.

해설

① you the rapid growth → you to the rapid growth
② succession은 연속, 승계의 뜻이다. 문맥상 성공의 의미인 'success'를 사용해야 한다.
③ a few day → a few days

44 What is INCORRECT about the following envelope?

XYZ CORPORATION
12 Broadway
Tulsa, OK 74102

stamp

SPECIAL DELIVERY

CONFIDENTIAL

Mr. Charles Lockwood
Marketing Director
Sharpie Electronics Company
1255 Portland Place
Boulder, CO 80302

① 수신인은 마케팅 이사인 Charles Lockwood이다.
② 이 서신은 빠른우편으로 배송되었다.
③ 이 서신의 내용은 인비이므로 Lockwood가 직접 개봉해야 한다.
④ 이 서신의 발송지는 미국 Oregon주이다.

해설

이 서신의 발송지는 미국 오클라호마 주(Oklahoma, 약자 : OK)이다.

43 ④ 44 ④ 정답

45 **What is the LEAST correct information about the below fax?**

> FAX from : Jefferey Duncan
> ICN Co. ESH Singapore
> Tel. +65 6426 7823
> Fax +65 6426 7824
> # of Pages : 1 including this page
> DATE : May 2, 2020
> FAX to : Kevin Meier of ABC company +81 3 5277 061
>
> MESSAGE
>
> Dear Mr. Meier :
>
> Thank you for your fax. Most of all, we apologize for the delay in shipping your order.
>
> We normally keep to our delivery dates, but in this case our suppliers shipped to us late. Your order will be shipped today, and the date of delivery will be May 11.
>
> We are very sorry for the inconvenience, and will make every effort to prevent a recurrence.

① ICN Co. has had a business with ABC company.
② Kevin Meier is expected to get the ordered goods on May 2.
③ The main purpose of this fax is to apologize for the delay and inform the delivery date.
④ Kevin Meier must have sent a fax to ask for the shipment of his order.

해설

Kevin Meier가 주문한 물건은 오늘 발송되어 5월 11일에 도착할 예정이다.

정답 45 ②

46 **Which of the following is the MOST appropriate expression for the blanks ⓐ, ⓑ, and ⓒ?**

> Dear Dr. Grondahl,
> Charles Lewis has asked me to ⓐ ________________ your luncheon meeting with him and a representative of Third Millennium at noon on Monday, June 3.
> The Moonsoon Restaurant, ⓑ ________________ the Metropolis Hotel at 29 West 49th Street, is convenient to numerous midtown offices and the prime shopping and entertainment districts, and you should have no trouble finding it. You will be Mr. Lewis's guest for lunch.
> I am ⓒ ________________ a map of the New York City area for your convenience.
>
> Sincerely,
> Jane Jones

① ⓐ cancel ⓑ placed in ⓒ sending
② ⓐ confirm ⓑ located in ⓒ enclosing
③ ⓐ remake ⓑ to be placed ⓒ attaching
④ ⓐ call off ⓑ located on ⓒ forwarding

해설

cancel : 취소하다.
placed in, located in, located on : ~에 위치하다.
remake : 새로 만들다.
attaching : 첨부하다
call off : 취소하다
forwarding : 추진, 발송

> Dr. Grondahl께,
> Charles Lewis씨는 나에게 6월 3일 월요일 정오에 있을 Third Millennium 대표와 당신과 함께 오찬 회동을 갖는 것에 대한 확인을 부탁한다고 요청했습니다.
> 29 West 49th Street에 위치한 Metropolis Hotel에 있는 Moonsoon 레스토랑은 수많은 중간지대 사무실과 최고의 쇼핑 및 놀이시설을 편리하게 이용할 수 있는데 있어, 당신은 이곳을 찾는데 어려움이 없을 것입니다. 당신이 Mr. Lewis의 점심식사 손님이 될 것입니다.
> 제가 당신의 편의를 위하여 뉴욕지역의 지도를 첨부하였습니다.
>
> Jane Jones 올림.

46 ② **정답**

47 Which is NOT true according to the following Mr. Smith's itinerary?

WEDNESDAY, MAY 6

01:30 p.m.	Leave Chicago/O'Hare Field American Airlines Flight No. 836 Nonstop
05:10 p.m.	Arrive Boston/Logan Int. Hotel Transportation Provided Phone : 617-267-9314 Hotel : Revere Square Hotel, 9135 Revere Square Dates : May 6 and 7 Confirmation No. 156J92CD (by Joan) Guaranteed Arrival *Note. Upon arrival, contact Tom Kennedy regarding conference presentation.*

THURSDAY, MAY 7

10:00 a.m.	Presentation to National Pharmaceutical Sales Conference, Decker Hall, Revere Square Hotel
11:45 a.m.	Luncheon w/ John Blake, new accountant, Pullman Room, Revere Square Hotel
04:00 p.m.	Meeting w/ all regional sales managers, Hall B, Revere Square Hotel
07:30 p.m.	Conference Banquet, Diamond Hall, Revere Square Hotel

FRIDAY, MAY 8

10:00 a.m.	Leave Boston/Logan Int. American Airlines Flight No. 462 Nonstop

① 스미스씨는 2박 일정으로 Revere Square 호텔을 예약하였다.
② 호텔 예약과 관련하여 문제가 발생했을 경우는 Joan과 연락하면 된다.
③ 연회는 저녁 7시 30분에 Pullman Room에서 개최될 예정이다.
④ 스미스씨는 수요일 오후 1시 30분 시카고 오헤어 공항을 떠나는 일정이다.

해설

연회는 저녁 7시 30분에 Diamond Hall에서 개최될 예정이다.

정답 47 ③

48 Fill in the blanks with the BEST ones.

A : Intercontinental Hotel. How may I direct your call?
B : Reservations, please.
A : Just a moment, please.
C : Reservations. How may I help you?
B : I'd like to make a reservation. Do you have a double room available from the 15th of March through the 17th?
C : Yes, we have. Your room ___________ from March 15th to 17th. May I have your credit card number ___________ your reservation?

① is booked – to guarantee
② booked – to confirm
③ is booked – for reconfirming
④ booked – for making

해설

방의 예약이 '되다'는 의미의 수동태를 사용해야 하므로 'is booked'라고 써야 하며 예약을 보증하기 위한 신용카드 번호가 필요하므로 'guarantee'를 사용해야 한다.

A : Intercontinental Hotel입니다. 어디로 연결해드릴까요?
B : 예약부서로 연결해주세요.
A : 잠시만 기다려주세요.
C : 예약부서입니다. 무엇을 도와드릴까요?
B : 예약을 하고 싶습니다. 3월 15일부터 17일까지 더블룸 예약이 가능한가요?
C : 네. 방이 있습니다. 3월 15일부터 17일까지의 방 예약이 완료되었습니다. 당신의 예약을 보증하기 위한 신용카드 번호를 알려주시겠습니까?

49 Which English sentence is LEAST proper for the given Korean meaning?

① 이사회에 정성어린 축하를 전해주시기 바랍니다. → Please pass on our kindest wishes to the board of directors.
② 귀사의 주요 고객 중 한 분인 Mr. Anderson 씨에게 귀사에 대해 들었습니다. → I've heard about your company from Mr. Anderson, one of your major clients.
③ 용도에 맞게 쓰시라고 전자 상품권을 발행해 드렸습니다. → An electronic voucher has issued for your use.
④ 귀하가 우리 대리점에서 겪으신 불편에 대해 알고 염려가 되었습니다. → We were concerned to learn that you have experienced an inconvenience in our agency.

해설

용도에 맞게 쓰시라고 전자 상품권을 발행해 드렸습니다. → An electronic voucher has been issued for your use.

48 ① 49 ③ 정답

50 What is LEAST proper as a phrase for ending the conference?

① Can we have a quick show of hands?
② Let's try to keep each item to 15 minutes.
③ Thank you for coming and for your contributions.
④ I think we've covered everything on the agenda.

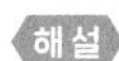

② 각각의 아이템을 15분 동안 유지하도록 하자는 의미로 회의를 종료하는데 쓰이는 어구로는 적절하지 않다.

51 Choose the MOST appropriate expression.

A: Miss Jung, (a) 이사회가 몇 시로 예정되어 있죠?
B: (b) 9일, 금요일 오후 1시입니다.

① (a) when is the board meeting scheduled?
(b) On the 9th, Friday at 1:00 p.m.
② (a) when is the board meeting scheduling?
(b) On Friday, the 9th at 1:00 p.m.
③ (a) when does the board meeting scheduling?
(b) In the 9th, Friday at 1:00 p.m.
④ (a) when has the board meeting been scheduled?
(b) By Friday, the 9th at 1:00 p.m.

이사회가 '예정되다'의 의미이므로 수동태를 사용해야 한다. 따라서 is(be) scheduled를 사용해야 하며 날짜 앞에는 전치사 'on'을 사용한다.

정답 50 ② 51 ①

52 What is MOST appropriate expression for the underlined part?

Visitor	: I'd like to see Mr. Han for a few minutes.
Secretary	: <u>어떤 용무로 그를 만나시려는지 여쭤봐도 될까요?</u>
Visitor	: I'd like to talk to him about our new sales strategies.

① May I ask why you wish to see him?
② May I ask why do you wish to see him?
③ May I ask the reason you wish to see him about?
④ May I ask the reason do you wish to see him?

해설

간접 의문문의 형태는 의문사-주어-동사 순으로 적어야 한다. 따라서 why you wish to see him으로 적은 ①이 정답이다.

53 Among the phone conversations, which is LEAST proper?

① A : Is this Bill speaking?
B : No, it isn't. He is not in right now.
② A : I'm sorry, may I ask who's calling, please?
B : I'm afraid Jaeho Kim doesn't work here.
③ A : Hello, is this Sinae Travel Service?
B : I'm sorry. You have the wrong number.
④ A : May I take a message for him?
B : No, thanks. I will call later.

해설

② A : 실례하지만, 혹시 지금 전화 받고 있는 분은 누구신가요?
B : 죄송하지만 김재호 씨는 이곳에서 일하지 않습니다.
① A : 전화받고 있는 분이 Bill 씨 인가요?
B : 아뇨 아닙니다. 그는 지금 이곳에 없습니다.
③ A : 안녕하세요. Sinae 여행 서비스가 맞습니까?
B : 죄송합니다만 전화 잘못 거셨습니다.
④ A : 그에게 메시지를 남겨드릴까요?
B : 아뇨 괜찮습니다. 제가 나중에 다시 전화하겠습니다.

52 ① 53 ② **정답**

54 According to the followings, which is LEAST true?

S : Mr. Chang. Can I come in and fill you in on your schedule for today?
B : Well, I looked it through before I left home this morning, but come in Ms. Lee. It doesn't harm to double check, does it?
S : Not at all sir. Actually, Mr. Trevor of the finance department dropped by yesterday after you left for home. He wanted to see you to discuss funding for the next year's project.
B : I can see him now.
S : Well. Mr. Trevor has a department meeting at the moment. He will come to see you at 11:00. Mr. Chang, you don't have anything scheduled from 11 until noon.
B : 11 o'clock is good. Let me know when he is here. Anything else?
S : You are scheduled to go to the 5th Annual Meeting for Seoul SME Executives Association.
B : What time is the meeting and where should I go?
S : It is at 6:00 p.m. at the ABC Hotel. Because it's rush hour, I suggest your leaving at least an hour earlier.
B : OK. Thank you. Ms. Lee.

① Mr. Chang will leave for ABC Hotel around 5 o'clock.
② Mr. Trevor wanted to see Mr. Chang yesterday, but he couldn't.
③ Mr. Chang already looked through today's schedule this morning.
④ Ms. Lee is Mr. Trevor's secretary.

해설

Ms. Lee는 Mr. Chang의 비서이다.

S : Mr. Chang. 제가 들어가서 당신의 오늘 스케줄을 작성해도 괜찮겠습니까?
B : 음, 내가 오늘 아침에 집을 나서기 전에 한번 훑어봤는데, 들어오세요. Ms. Lee. 다시 확인해 보아도 나쁘지 않잖아요?
S : 전혀요 선생님. 사실 재무부의 Mr. Trevor가 어제 당신이 집으로 떠난 후에 잠시 들렀습니다. 그는 당신을 만나 내년 프로젝트를 위한 자금에 대해 상의하고 싶어 했습니다.
B : 나는 지금 그를 볼 수 있습니다.
S : 음, Mr. Trevor는 지금 부서 회의가 있습니다. 그는 11:00에 당신을 보러 올 것입니다. Mr. Chang, 당신은 11시부터 정오까지 아무런 스케줄이 없습니다.
B : 11시 괜찮아요. 그가 이곳에 도착하면 알려주세요. 또 다른 건 없습니까?
S : 제5회 서울중소기업 경영자 총협회 총회에 참석할 예정입니다.
B : 회의가 몇 시이고, 어디로 가야 합니까?
S : ABC Hotel에서 오후 6시까지 가야합니다. 혼잡한 시간대이기 때문에 적어도 한 시간 전에는 출발할 것을 조언 드립니다.
B : 알겠습니다. 고마워요 Ms. Lee.

정답 54 ④

55 Which of the following is the MOST appropriate expression for the blank?

A : Hello. This is Paul Morris from Shilla Holdings. May I speak to Mr. Park?
B : I'm sorry, but Mr. Park is in a meeting and asked not to be disturbed.
A : I feel sorry to ask you, but ______________________
I have an urgent matter to discuss with him.
B : Well, let me check, but I doubt I'll be able to put you through.
(To Mr. Park) Mr. Paul Morris from Shilla Holdings is on the line. He said he had an urgent matter to discuss with you.
C : All right. Put him through.

① please ask him to be on the line now.
② could you please interrupt him for me?
③ please tell him Mr. Morris on the line.
④ I will wait for a while.

해설

Mr. Park이 B에게 회의중에 있으니 회의를 방해받지 않기를 원한다고 말했으나 Paul Morris는 급한 문제로 Mr. Park과 연결되기를 원하는 상황이다. 따라서 자신을 위해서 그를 방해해 줄 수 있냐고 물어보는 ②가 정답이다.

A : 안녕하세요. Shilla Holdings의 Paul Morris입니다. Mr. Park과 전화 연결이 가능합니까?
B : 죄송하지만 Mr. Park은 지금 회의중에 있습니다. 그리고 그는 회의를 방해받지 않기를 원한다고 했습니다.
A : 이렇게 요청 드려서 죄송하지만, 저를 위해서 그를 방해해주실 수 있겠습니까?
급한 문제로 그와 의논할 것이 있습니다.
B : 음, 한번 확인해 볼게요. 그러나 연결이 될지는 장담하지 못합니다.
(Mr. Park에게) Shilla Holdings의 Paul Morris 씨와 전화 연결이 되어 있습니다. 그가 급한 문제로 당신과 의논할 것이 있다고 합니다.
C : 알겠습니다. 연결해주세요.

55 ② 정답

56 What kind of letter is this?

Mr. Benjamin Button
HR Director
New Bridge Finance, Ltd.

Dear Mr. Button :

It is my great pleasure to write for Stacy Truman for the opening position in your company. During the past three years that Ms. Truman was with us, I have come to know her as a hard-working, diligent and optimistic person with tremendous initiative. She began as a part-time secretary in Finance division but quickly demonstrated her potential and was promoted to executive secretary within a year's time.

Though I will be disappointed to see her go, I also know that Ms. Truman's ambition should not be held back. I'm sure she will make a valuable asset to any company.

Sincerely,
Richard Branson
Richard Branson,
Executive Vice President

① Condolence Letter
② Congratulatory Letter
③ Resignation Letter
④ Recommendation Letter

해설

④ 추천편지　① 문상편지　② 축하편지　③ 사직서

Mr. Benjamin Button
인사부 이사
New Bridge Finance, Ltd.

Stacy Truman이 위해 귀사에서 직책을 맡게 되어 매우 기쁩니다.
트루먼 양이 우리와 함께 있었던 지난 3년 동안 나는 그녀가 엄청난 진취성을 가지고 열심히 일하고, 부지런하며, 낙천적인 사람이라는 것을 알게 되었습니다. 그녀는 재무부에서 시간제 비서로 일하기 시작했지만 그녀는 그녀의 잠재력을 빠르게 보여주었고, 1년 안에 경영 간부 비서로 승진했습니다.
비록 그녀가 가는 것을 보면 속상하겠지만, Truman 씨의 야망이 억제되어서는 안 된다는 것도 알고 있습니다. 나는 그녀가 어떤 회사에도 귀중한 자산이 될 것이라고 확신합니다.

진정으로,
Richard Branson,
부사장

정답 56 ④

57 **Which of the followings is MOST appropriate for the blank?**

> S : Good afternoon. How may I help you?
> V : Excuse me. Can I see Mr. Parker for a moment?
> S : May I have your name, please?
> V : I am Kelly Lee.
> S : I'm sorry, but Mr. Parker is booked up all day today.
> But let me check if he is available to see you. ______________________
> V : Oh, I just want to say hello to him. I'm his old friend.
>
> (비서가 상사에게 방문객에 대해 보고한다.)
>
> S : Mr. Parker. Ms. Kelly Lee is here to see you. She said she just dropped by to say hello to you.
> B : Oh, really? Please show her in. By the way, do I have any scheduled meeting now?
> S : Not right now. But you have an appointment in 20 minutes.
> B : OK. Please let her in.
>
> (비서가 내방객에게)
>
> S : Ms. Lee. Please go in.
> V : Thank you.

① May I take your message?
② May I ask what the business is?
③ May I ask your name and the nature of your business?
④ May I have your contact number just in case?

해설

상사(Parker)의 오늘 예약은 다 차있는 상태이고, 비서가 상사에게 Kelly Lee 씨가 방문해 상사를 만나고 싶어 한다는 사실을 알리고 있다. 빈칸에 들어갈 말에 대한 대답으로 Kelly Lee가 그의 오랜 친구로서 단지 그를 잠깐 보러 왔다고 대답하고 있다. 따라서 비서가 Kelly Lee 씨에게 어떠한 용건으로 상사를 만나고 싶어 하는 지를 물어본 것이 가장 적절하다.
② 어떠한 용건인지 여쭤 봐도 될까요?
① 메시지를 남겨드릴까요?
③ 성함과, 어떠한 비즈니스를 하고 계시는지 여쭤 봐도 될까요?
④ 혹시 모르니 연락처를 알려주시겠습니까?

57 ② **정답**

58 According to the following conversation, which one is NOT true?

A : Ms. Lee, could you tell me my schedule for today?
B : Yes. Mr. Taylor, there'll be a meeting on our new product promotion at 10:30. Mr. Y. G. Seo, Marketing Director, would like you to join the meeting. At 12:00 you have a lunch appointment with Ms. Jill Sander at the cafeteria.
A : Cafeteria on the first floor?
B : Yes, it is. After lunch, at two o'clock Lawyer Park will visit you to discuss the labor agreement.
A : All right. Tell me how you've planned my business trip to New York.
B : You're leaving Seoul at 9:30 on Tuesday morning on OZ780 and arriving at JFK Airport at 10 o'clock on the same day. Mr. John Park will meet you at the airport and take you to the headquarters.
A : Good.
B : You will be staying at the Royal Garden Hotel for 5 nights.
A : And on the way back?
B : The return flight leaves at 4 o'clock on Sunday afternoon and arrives at the Incheon Airport at 9:00 p.m. next Monday. Mr. Kim, driver, will meet you at the airport.

① Mr. Taylor has a meeting at 10:30 regarding new product promotion.
② Mr. Taylor has a lunch appointment with Ms. JillSander at the cafeteria on the first floor today.
③ Mr. Taylor will fly to New York on a business trip.
④ Mr. John Park will stay at the Royal Garden Hotel for 5 days.

해설

Mr. Taylor가 Royal Garden Hotel에서 5일을 머무를 것이다.

A : Ms. Lee 오늘 일정을 말해주시겠습니까?
B : 네. Mr. Taylor. 10시 30분에 우리의 신제품 프로모션 미팅이 있습니다. 마케팅 디렉터 Y. G. Seo 씨가 당신이 회의에 참석하기를 원합니다. 12시에는 Jill Sander 씨와 카페테리아에서 점심 약속이 있습니다.
A : 일층에 있는 카페테리아 말하는 것인가요?
B : 네 맞습니다. 점심 이후 2시에 변호사 Park 씨가 노사협의로 의논할 것이 있어 방문할 것입니다.
A : 알겠습니다. 뉴욕 비즈니스 출장 계획은 어떻게 되는지 말씀해주세요.
B : 화요일 아침 9시 30분에 OZ780를 타고 서울을 떠나 JFK공항에 같은 날 10시에 도착할 것입니다. John Park 씨가 공항에 마중 나올 것이며 본사로 데려갈 것입니다.
A : 좋습니다.
B : 당신은 Royal Garden Hotel에서 5일간 머무를 것입니다.
A : 그리고 돌아오는 편은 어떻게 됩니까?
B : 돌아오는 비행은 일요일 오후 4시에 떠나는 비행기로 인천 공항에 그 다음 월요일 아홉시에 도착할 것입니다. 운전기사 김 씨께서 공항에 마중 나갈 것입니다.

정답 58 ④

59 What is the main purpose of the following contents?

> Travellers can reduce the effects of jet lag by changing their eating and drinking patterns. If you want to sleep on a plane, you should eat foods such as bread, pasta or cakes. Avoid eating high protein foods such as meat, eggs or cheese. Don't drink tea or coffee for two days before flying. Remember that you don't have to eat and drink everything that they offer you on a plane. You should avoid alcohol and drink at least two liters of water on a six-hour flight. Exercise also helps. You can do simple exercises in your seat, or walk around the plane.

① Rule of conduct on a plane
② Effective Diet Method
③ How to avoid jet lag
④ How to keep your health

해설

③ 시차로 인한 피로감을 줄이는 방법
① 비행기에서의 행동 규칙
② 효과적인 다이어트 방법
④ 건강을 지키는 방법

여행자들은 그들의 식사와 음주 패턴을 변화시킴으로써 시차 적응의 영향을 줄일 수 있습니다. 비행기에서 자고 싶다면 빵이나 파스타, 케이크 같은 음식을 먹어야 합니다. 고기, 계란 또는 치즈와 같은 고단백 음식을 먹는 것을 피해야 합니다. 비행기 타기 이틀 전에는 차나 커피를 마시는 것을 피해야 합니다. 그들이 제공하는 모든 것을 비행기에서 먹고 마실 필요는 없다는 것을 기억하십시오. 당신은 술을 피하고 6시간 비행 시 적어도 2리터의 물을 마셔야 합니다. 운동도 도움이 됩니다. 좌석에서 간단한 운동을 하거나 비행기 주변을 걸을 수 있습니다.

59 ③ **정답**

60 **Choose one pair of dialogue which does NOT match each other.**

① A : It's a little bit early for dinner but would you like to have something?
B : Why don't we have a sandwich?
② A : Do I have any meetings tomorrow?
B : I'll let you know the schedule for tomorrow.
③ A : Do you have any particular brand of car in mind?
B : No, but I'm looking for a compact car.
④ A : Is there some sort of a landmark you can tell me about?
B : You can take a taxi, but it's within walking distance.

해설

④ A : 나에게 말해줄 랜드마크같은 것이 있습니까?
B : 당신은 택시를 탈 수 있지만, 걸어서 갈 수 있는 거리입니다.
① A : 저녁을 먹기에는 조금 이른 시간 이지만, 무언가를 좀 드시겠습니까?
B : 샌드위치를 먹는 게 어떻습니까?
② A : 내일 회의가 잡힌 것이 있습니까?
B : 내일 일정을 알려드리겠습니다.
③ A : 마음에 두고 있는 특정한 브랜드의 차가 있습니까?
B : 아니오. 그러나 나는 소형차를 찾고 있습니다.

제4과목 사무정보관리

61 **다음은 공문서 작성 시 항목(1., 2., 3., 4., …)을 구분하여 작성하는 방법이다. 항목 작성 시 표시위치와 띄어쓰기에 관한 설명이 가장 적절하지 않은 것은?**

① 첫째 항목기호는 왼쪽 처음부터 띄어쓰기 없이 왼쪽 기본선에서 시작한다.
② 하위 항목부터는 상위 항목 위치에서 오른쪽으로 2타씩 옮겨 시작한다.
③ 항목이 한줄 이상인 경우에는 항목 기호(1., 2., 3., 4., …) 위치에 맞추어 정렬한다.
④ 항목이 하나만 있는 경우 항목기호를 부여하지 아니한다.

해설

항목이 두 줄 이상인 경우에 둘째 줄부터는 항목 내용의 첫 글자에 맞추어 정렬한다(예 Shift + Tab 키 사용).

정답 60 ④ 61 ③

62 **다음 중 소통성을 높이고 정확한 표현 사용을 위한 공공언어 바로 쓰기에 맞춰 올바르게 수정되어 변경된 것은?**

항목	수정 전	수정 후
가	MOU	업무협정
나	적극적으로 뒷받침하기 위해	적극 뒷받침하기 위해
다	최선을 다할	만전을 기해 나갈
라	지자체	지방자치단체(이하 지자체)
마	제고하기	높이기

① 가, 나, 다, 라, 마
② 가, 다, 라, 마
③ 가, 나, 다, 마
④ 가, 라, 마

해설

공공언어 바로 쓰기에서는 조사, 어미, –하다 등을 과도하게 생략하지 않아야 한다고 나와 있다. 따라서 항목 '나'의 변경사항은 올바르지 않다. 또한 항목 '다'의 수정 후 사항 같은 어렵고 상투적인 한자 표현을 피하고, 쉬운 표현을 써야 한다.

63 **다음 중 문서의 종류에 대한 설명이 가장 적절하지 못한 것은?**

① 공문서 중 비치문서는 민원인이 행정 기관에 허가, 인가, 그 밖의 처분 등 특정한 행위를 요구하는 문서와 그에 대한 처리 문서를 뜻한다.
② 비서실에서는 거래 문서보다 초대장, 행사 안내문, 인사장, 축하장, 감사장 등과 같은 문서의 비중이 높은 편이다.
③ 전자 문서 시스템, 사무용 소프트웨어뿐 아니라 홈페이지 게시 등과 같이 작성되는 문서도 전자 문서에 속한다.
④ 문서 작성 소프트웨어에 의해 작성되었다고 하더라도 인쇄되어 종이의 형태로 유통된다면 종이 문서라고 할 수 있다.

해설

'비치문서'는 비치대장 · 비치카드 등 소속기관이 일정한 사항을 기록하여 소속기관 내부에 비치하면서 업무에 활용하는 문서이다. 민원인이 행정기관에 허가, 인가, 그 밖의 처분 등 특정한 행위를 요구하는 문서와 그에 대한 처리문서는 민원문서이다.

62 ④ 63 ① 정답

64 다음 중 문장부호의 사용이 가장 올바르지 않은 것은?

① ≪영산강≫은 사진집 〈아름다운 우리나라〉에 실린 작품이다.
② 이번 회의에는 두 명[이혜정(실장), 박철용(과장)]만 빼고 모두 참석했습니다.
③ 내일 오전까지 보고서를 제출할 것.
④ "설마 네가 그럴 줄은…."라고 경수가 탄식했다.

해설

책 제목에는 겹화살괄호를 사용해야 하고 작품의 제목에는 홑화살괄호를 사용한다. 따라서 '〈영산강〉은 사진집 《아름다운 우리나라》에 실린 작품이다'라고 적는 것이 맞다.

65 다음과 같이 감사장을 작성하고 있다. 아래에서 메일머지의 데이터를 이용해서 작성하는 것이 더 효율적인 것이 모두 포함된 것은?

> (가) 상공에너지 (나) 대표이사 (다) 김채용 귀하
> 안녕하십니까?
> 지난 (라) 9월 10일 개최된 (마) 4차산업도래로 인한 사회 변혁포럼에 참석해주셔서 진심으로 감사의 말씀 드립니다. 이번 포럼에서 강연해 주신 (바) "빅데이터의 기업활용 성공 사례" 덕분에 포럼이 더욱 성황리에 마무리되었습니다. 회의 중에 불편한 점이 있으셨다면 양해해 주시기 바랍니다. 일일이 찾아 뵙고 인사드리는 것이 도리이오나 서면으로 대신함을 양해해 주시기 바랍니다. 앞으로도 더 좋은 자리에서 다시 뵙게 되기를 바라며, 항상 건강과 행운이 함께 하시길 바랍니다.
> (사) 2020. 9. 15.
> (아) 한국상공포럼 대표 (자) 김준하

① (나), (다), (바), (사)
② (라), (마), (아), (자)
③ (가), (나), (다), (바)
④ (가), (나), (다), (마)

해설

메일머지
여러 사람의 성명, 직책, 부서 등이 들어있는 데이터 파일과 본문의 내용은 같고 성명, 직책, 부서 등의 개인별 인적 사항이 다른 '초대장', '안내장', '시행문' 발송 등의 본문 파일을 병합하여 서로 다른 문서를 한꺼번에 작성하는 기능이다. 동일한 내용의 편지를 받는 사람의 정보만 달리하여 여러 명에게 보낼 때 사용한다.

정답 64 ① 65 ③

66 **다음은 상사가 해외 출장 후 박 비서에게 전달한 명함이다. 정리순서대로 올바르게 나열한 것을 고르시오.**

(가) Stephen Lee
(나) Dr. Stephanie Leigh
(다) Kimberley, Charles
(라) Mr. Charlie Kimberly, CAP
(마) Eugene Maslow, Jr.
(바) Eric-Charles Maslow, ph.D

① (나)-(바)-(마)-(다)-(라)-(가)
② (다)-(라)-(가)-(나)-(바)-(마)
③ (라)-(바)-(마)-(다)-(나)-(가)
④ (다)-(라)-(나)-(가)-(마)-(바)

해설

영문명의 명함정리는 먼저 '성'을 기준으로 알파벳순으로 정리한다. 성까지 동일할 경우 이름을 기준으로 알파벳순으로 정리한다.

67 **다음 전자문서에 대한 설명으로 가장 올바르지 않은 것은?**

① 비서실에서 종이문서를 일반스캐너를 이용하여 이미지화한 문서는 종이 문서와 동일하게 법적 효력을 인정받는다.
② 전자문서는 특별규정이 없는 한 전자적인 형태로 되어 있다는 이유로 문서로서의 효력이 부인되지 않는다.
③ 전자문서는 일반 문서 작성용 소프트웨어를 사용하여 작성, 저장된 파일도 해당한다.
④ 전자적 이미지 및 영상 등 디지털 콘텐츠도 전자문서에 해당한다.

해설

전자문서의 객관적 증거력(법적, 일반적)을 증명하는 중요한 판단 기준은 전자문서와 관련되어 발생하는 모든 행위에 대한 내역을 생성, 저장, 관리하는 '추적' 행위와 관련이 있다. 추적은 전자문서가 폐기(삭제)되어 더 이상 관리되지 않은 시점까지 전자문서와 관련하여 발생되는 모든 행위에 대한 내역을 생성, 저장, 유지해야 하는 것을 의미하며 종이문서를 일반스캐너를 이용하여 이미지화한다고 해서 법적 효력을 인정받는 것은 아니다.

66 ② 67 ① 정답

68 다음 보기를 읽고 최문영 비서가 문서를 효율적으로 관리하기 위해 1차적으로 어떤 문서 정리방법을 이용하는 것이 가장 적절한 지 고르시오.

> 최문영 비서가 입사한 회사는 축산 가공 식품 회사이다. 전국에 걸쳐 지역별로 이백여 개의 공급처에서 소와 돼지의 고기를 납품받아 햄이나 소시지 등의 제품으로 가공하고 있다. 전국의 납품업체에서는 하루에도 수십 건씩 관련 문서가 팩스로 수발신되고 있다.

① 거래 회사명으로 명칭별 분류법
② 거래 회사 전화번호로 번호식 문서정리방법
③ 부서별로 주제별 문서정리방법
④ 거래 회사 지역별로 명칭별 분류법

해설
전국에 걸쳐 지역별로 이백여 개의 납품업체에서 문서를 받고 있으므로 1차적으로는 거래 회사 지역별 명칭 분류법을 사용하는 것이 가장 적절하다.

69 공공기관의 전자문서에 대한 설명이 가장 적절하지 않은 것은?

① 전자이미지서명이란 기안자 · 검토자 · 협조자 · 결재권자 또는 발신명의인이 전자문서상에 전자적인 이미지 형태로 된 자기의 성명을 표시하는 것을 말한다.
② 전자문자서명이란 기안자 · 검토자 · 협조자 · 결재권자 또는 발신명의인이 전자문서상에 자동 생성된 자기의 성명을 전자적인 문자 형태로 표시하는 것을 말한다.
③ 전자문서는 업무관리시스템 또는 전자문서시스템에서 전자문자서명을 하면 시행문이 된다.
④ 전자문서의 경우에는 수신자가 관리하거나 지정한 전자적 시스템에 입력됨으로써 그 효력을 발생하는 도달주의를 원칙으로 한다.

해설
전자문서를 전자문자서명을 한다고 해서 곧바로 시행문이 되는 것은 아니고, 발신 처리의 과정이 필요하다.

정답 68 ④ 69 ③

70 프레젠테이션을 위한 올바른 슬라이드 작성 방법으로 가장 적절하지 않은 것은?

① 프레젠테이션 슬라이드는 기본적으로 시각 자료이며 텍스트와 그림을 전달내용에 맞추어 적절하게 구성하는 활동이 중요하다.
② 프레젠테이션 슬라이드는 서론, 본론, 결론의 단계성보다는 도형과 그림 중심으로 시각화하는 것이 중요하다.
③ 시각 자료의 양은 발표 분량이나 시간을 고려하여 결정되어야 하며 효과적으로 배치하여야 한다.
④ 프레젠테이션을 구성하는 주제, 내용, 시각자료 등은 논리적 연관관계가 치밀해야 한다.

해설

서론, 본론, 결론의 단계성을 기본으로 하여 도형과 그림 중심의 시각화 자료들을 효과적으로 이용하는 것이 좋다.

71 다음 비서의 정보 수집 방법이 가장 적절하지 않은 것은?

① 강 비서는 상사의 지인에 관련한 부음을 신문에서 보고 해당 인물의 비서실에 전화를 걸어서 확인하였다.
② 민 비서는 보고서 작성을 위해 사내 인트라넷을 이용하여 1차 관련자료를 수집한 후 외부자원을 위해서 추가 자료를 수집하였다.
③ 정 비서는 웹자료를 검색할 때에 정보의 질이 우수하여, 출처가 불분명한 글을 인용하였다.
④ 박 비서는 인터넷 검색이 불가능한 오래된 귀중본 열람을 위해서 소장여부 및 열람가능여부 확인 후 도서관에 직접 방문하였다.

해설

웹자료를 검색할 때 가장 주의해야 하는 것이 자료의 출처이다. 정보의 질이 우수하다고 하더라도 출처가 불분명한 글을 인용하여서는 안 되며, 자료를 인용하였을 경우 반드시 출처를 남겨야 한다.

70 ② 71 ③ 정답

72 다음은 데이터베이스 관련 용어이다. 용어에 대한 설명이 가장 적절하지 못한 것은?

① Big Data : 데이터의 생성 양, 주기, 형식 등이 기존 데이터에 비해 너무 크기 때문에, 어려운 대량의 정형 또는 비정형데이터로 이로부터 경제적 가치를 추출 및 분석할 수 있는 기술이다.

② DQM : 데이터베이스의 최신성, 정확성, 상호연계성을 확보하여 사용자에게 유용한 가치를 줄 수 있는 수준의 품질을 확보하기 위한 일련의 활동이다.

③ Null : 데이터베이스를 사용할 때, 데이터베이스에 접근할 수 있는 데이터베이스 하부 언어를 뜻하며 구조화 질의어라고도 한다.

④ DBMS : 데이터베이스를 구축하는 틀을 제공하고, 효율적으로 데이터를 검색하고 저장하는 기능, 응용 프로그램들이 데이터베이스에 접근할 수 있는 인터페이스 제공, 장애에 대한 복구, 보안 유지 기능 등을 제공하는 시스템이다.

해설

'Null'은 아무 것도 없다는 의미로, 컴퓨터 프로그래밍 언어에 있어서는 아무런 값도 갖고 있지 않은 경우를 의미한다.

정답 72 ③

73 **다음 그래프는 한중 교역량 추이와 중국 입국자 및 한국 관광수지 변화를 보여주는 그래프이다. 이 그래프를 통하여 알 수 있는 내용 중 가장 올바른 정보는?**

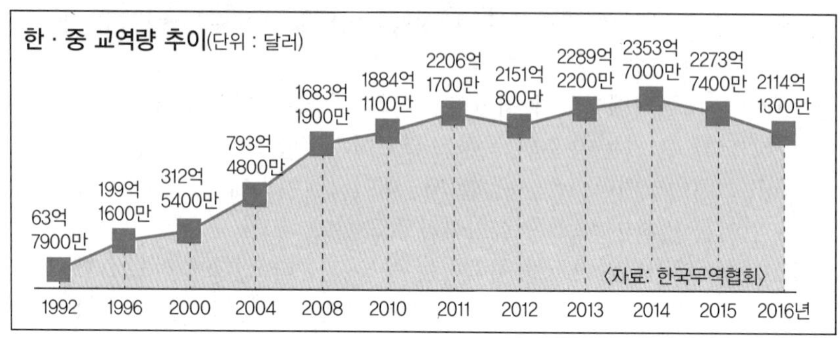

① 한 · 중 교역 규모는 2016년 2114억 1300만 달러로 1992년 교역 규모 대비 33배 축소되었다.
② 관광지식정보시스템 자료에 따르면 한 · 중 교역 규모가 가장 컸던 때는 2014년이었다.
③ 2017년 상반기 방한 중국인은 225만 2915명으로 전년 동기대비 증가했다.
④ 관광수지 적자폭도 2017년 상반기에 전년 동기 16억 8030만 달러에서 62억 3500만 달러로 커졌다.

해설
① 한 · 중 교역 규모는 1992년 대비 2016년에 33배 늘어났다.
② 위의 자료에서는 한국무역협회에 따르면 한 · 중 교역 규모가 가장 컸던 때가 2014년이었다.
③ 2017년 상반기 방한 중국인은 전년 동기대비 감소했다.

74 **사물인터넷에 대한 설명으로 잘못된 것은?**

① 사물인터넷(Internet of Things, IoT)은 사물 등에 센서를 달아 실시간으로 데이터를 수집하고 주고받는 기술이다.
② IoT라는 용어는 1999년에 케빈 애쉬튼이 처음 사용하기 시작했다.
③ 보안 취약성, 개인정보 유출 등에 관한 우려가 존재하여 이에 대한 대응이 요구된다.
④ IoT에 관련한 국제표준이 부재하여 시장 전망에 비해 시장확대 속도가 느린 편이다.

해설
IoT에 관련한 국제표준은 존재한다.

73 ④ 74 ④ 정답

75 다음은 USB 인터페이스에 대한 설명이다. 가장 적절하지 못한 것은?

① USB 2.0에 비해 USB 3.0 버전은 빠른 데이터 전송이 가능하다.
② USB 인터페이스는 전원이 켜진 상태에서도 장치를 연결하거나 분리, 혹은 교환이 가능한 간편한 사용법이 특징이다.
③ USB 3.0 버전은 USB 2.0 버전과 구별하기 위해 보라색 포트 사용을 권장하고 있다.
④ 별도의 소프트웨어 설치 없이도 상당수의 USB 장치(키보드, 마우스, 웹캠, USB 메모리, 외장하드 등)들을 간단히 사용할 수 있다.

해설

USB 3.0 버전은 USB 2.0 버전과 구별하기 위해 파란색 포트 사용을 권장하고 있다.

76 복지 정책 관련 보고서를 작성하고 있는 김 비서는 복지 관련 민원 접수에 대한 다음 표를 작성했다. 아래 표를 읽고 유추할 수 있는 사실과 거리가 가장 먼 것은?

민원구분 / 급 수	민원접수			민원처리완료	
	건 수	2018 이관	2019 신규	건 수	백분율
1급	350	174	176	202	58%
2급	206	68	138	109	53%
3급	152	46	106	101	66%
4급	520	212	308	386	74%
합 계	1,228	500	728	798	65%

① 위 데이터를 이용해 민원접수건수 전체 중 각 급수의 비중을 나타내는 차트로 가장 적절한 차트는 세로 막대형 차트이다.
② 3급 민원 접수 건 중 2018년도에서 이월된 비율은 약 30% 정도이다.
③ 민원처리완료 비율이 가장 높은 순서는 4급-3급-1급-2급 순이다.
④ 평균 민원 처리율은 65%이다.

해설

전체에 대한 각각의 비중이 한 눈에 알아보기 쉬워 위의 표에 적절한 그래프는 원그래프이다. 원그래프는 데이터 전체를 원의 면적 100%로 하여 그 구성 항목을 비율에 의해 부채꼴 형태로 구분한 그래프이다.

정답 75 ③ 76 ①

77 **다음은 외국환율고시표이다. 표를 보고 가장 적절하지 못한 분석은?**

외국환율고시표〈12월 13일〉

(자료=KEB하나은행)

국가명	통화	전신환		현금		매매 기준율	대미 환산율	달러당 환산율
		송금 할 때	송금 받을 때	현금 살 때	현금 팔 때			
미 국	달러	1,183.10	1,160.30	1,192.20	1,151.20	1,171.70	1.0000	1.0000
일 본	엔	1,079.69	1,058.75	1,087.93	1,050.51	1,069.22	0.9125	1.0959
유로통화	유로	1,321.52	1,295.36	1,334.47	1,282.41	1,308.44	1.1167	0.8955
중 국	위안	169.72	166.36	176.44	159.64	168.04	0.1434	6.9727

※ 일본 JPY는 100단위로 고시됩니다.

① 전신환으로 송금하는 경우 현금으로 살 때보다 돈이 덜 든다.
② 미화 100달러를 현금으로 팔아서 받은 돈으로 엔화 10,000엔을 송금하면 돈이 남는다.
③ 10,000위안을 송금받은 돈으로 2,000달러를 현금으로 사는 경우에 돈이 부족하다.
④ 대미환산율을 기준으로 볼 때 1.1167유로가 1달러에 해당한다.

해설

대미환산율을 기준으로 볼 때 1.1167달러가 1유로에 해당한다.

78 **우편봉투 작성 시 사용한 경칭의 예시가 맞는 것을 모두 고르시오.**

(가) 대한비서협회장 귀중
(나) 대표이사 김철수 님
(다) 이소민 귀하
(라) (주)정석컴퓨터 귀중
(마) 회원 제위

① (가), (나), (다), (라), (마)
② (나), (다), (라), (마)
③ (가), (라), (마)
④ (다), (마)

해설

(가)의 '귀중'은 편지나 물품을 받을 단체나 기관의 이름 아래에 쓰는 높임말이다.

77 ④ 78 ② 정답

79 다음 중 사이버 보안위협 내용으로 옳은 것을 모두 고르시오.

(가) 지능형 공격과 결합한 랜섬웨어 공격의 증가
(나) 가상화폐 관련 서비스와 금전이익을 노리는 공격 증가
(다) 보안에 취약한 IoT 기기를 악용한 범죄
(라) 사회적 이슈 관련 대규모 사이버 공격 위협
(마) 불특정 다수를 대상으로 한 스피어피싱의 증가

① (가), (나), (마)
② (가), (나), (다), (마)
③ (가), (나), (다), (라)
④ (나), (다), (라)

해설

(마) 스피어 피싱이란 특정한 개인들이나 회사를 대상으로 한 피싱 공격을 말하며, 공격자가 사전에 공격 성공률을 높이기 위해 공격 대상에 대한 정보를 수집하고 이를 분석하여 피싱 공격을 수행하는 형태를 말한다.

80 아래의 애플리케이션 중 그 성격이 다른 한 가지는?

① 드롭박스
② 구글 드라이브
③ 스카이프
④ 마이크로소프트 원드라이브

해설

드롭박스, 구글 드라이브, 마이크로소프트 원드라이브는 웹 기반 파일 공유 서비스이다. 온라인 저장 공간이라고 볼 수 있으며 스카이프는 인터넷에서 음성 무료 통화를 할 수 있는 프로그램이다.

정답 79 ③ 80 ③

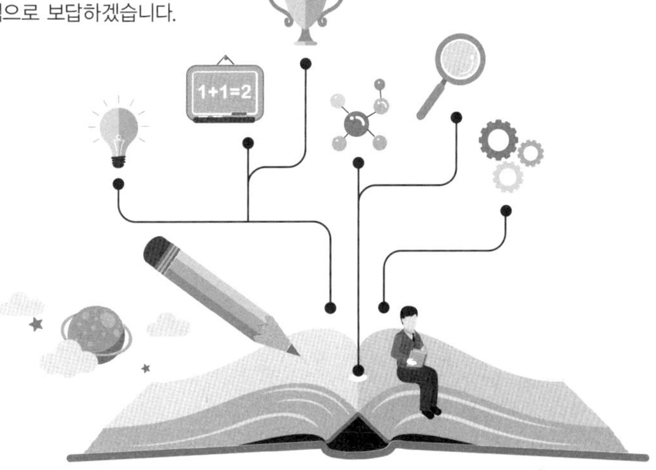

2023 비서 1급 초단기합격

개정10판1쇄 발행	2023년 1월 5일 (인쇄 2022년 9월 14일)
초 판 발 행	2013년 6월 25일 (인쇄 2013년 6월 25일)
발 행 인	박영일
책 임 편 집	이해욱
저 자	비서교육연구소
편 집 진 행	노윤재 · 이혜주
표지디자인	박수영
편집디자인	채경신 · 채현주
발 행 처	(주)시대고시기획
출 판 등 록	제 10-1521호
주 소	서울시 마포구 큰우물로 75[도화동 538 성지B/D] 9F
전 화	1600-3600
팩 스	02-701-8823
홈 페 이 지	www.sdedu.co.kr
I S B N	979-11-383-3126-5(13320)
정 가	27,000원

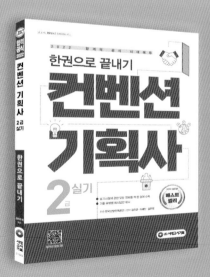

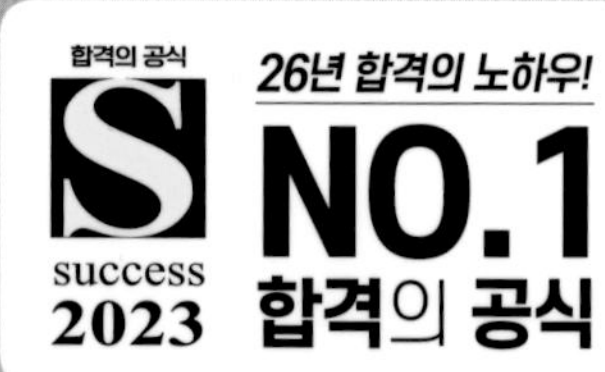

비서 1급
초단기 합격

비서 자격증 부문 (시리즈 전체)

BEST Seller 1위

YES24 월간 베스트 기준 1위
2018년 11개월(1~7, 9~12월) / 2019년 12개월 / 2020년 12개월
2021년 12개월 / 2022년 8개월(1~8월)

SD에듀
(주)시대고시기획

발행일 2023년 1월 5일(초판인쇄일 2013 · 6 · 25)
발행인 박영일
책임편집 이해욱
편저 비서교육연구소
발행처 (주)시대고시기획
등록번호 제10-1521호
주소 서울시 마포구 큰우물로 75 [도화동 538 성지B/D] 9F
대표전화 1600-3600
팩스 (02)701-8823
학습문의 www.sdedu.co.kr

정가 27,000원

ISBN
979-11-383-3126-5